主　办

教育部人文社会科学重点研究基地
上海师范大学都市文化研究中心
上海高校都市文化 E- 研究院

主　编

苏智良　陈　恒

编　委（以姓氏笔画为序）

王安忆　王　旭　王晓明　许纪霖　苏智良　杨远婴　杨剑龙　陆伟芳　陈思和
周大鸣　周振华　唐力行　葛剑雄　詹　丹　熊月之　潘建国　薛　义

本书系国家社科基金重大招标项目多卷本《西方城市史》（17ZDA229）阶段性成果

都市文化研究

Urban Cultural Studies

City and Society
in a Historical Perspective

中文社会科学引文索引（CSSCI）来源集刊

第 29 辑

历史视野下的城市与社会

上海三联书店

CONTENTS | 目

录

艺术中的都市文化

城市史

宾礼之外：文明史视域下的
唐代客馆体系及意义

吴凌杰

　　摘　要：通过对唐代客馆体系的探讨，便可明显发现存在着中央与地方两个不同的层级。中央客馆由四方馆与鸿胪客馆组成，四方馆最初由鸿胪寺管辖，随着归属调整，转入中书省管辖，其职能从外宾接待变为信息文书处理；鸿胪客馆逐渐承担起接待外宾的重任。地方客馆则设置在各个州县，其身份具有两面性，它为官员、百姓提供歇息之处，也在负责信息的传递。唐王朝通过地方客馆及时了解地方动态，外敌也希冀混入客馆刺探情报。地方客馆事务繁重，需抽调当地百姓去配役客馆，加重了百姓的负担，地方官员们亦将新建或重修客馆当作自身值得夸耀的政绩。唐代多元化的客馆体系为周边国家与政权所吸收，通过他们的客馆保持着与唐朝的联系，并逐渐萌生出文明意识，建立起自己的天下观念与外交秩序，亚洲各国文明逐渐走向交流与融合，客馆成为各国文明交流的节点与中转站。由此观之，我们对唐代客馆体系的探讨，或有利于跳出"中国中心论"，用更为广阔的视角看待中古时期的亚洲各国的外交实态。

　　关键词：唐代宾礼　客馆制度　文明观　域外交流

　　唐朝时期，在中央王朝的四周有许多少数民族政权，它们与唐王朝始终保持着或远或近、或亲或疏、或战或和的关系与交流，客馆便成了唐王朝安置外宾的重要场所。

　　有关唐代客馆的研究，目前学界已经取得了相当丰硕的成果，大体研究路数有三:其一是放在外交机构演变中谈论,如王静梳理了先秦到清代鸿胪客馆的变化,并概述了客馆的建制与人员组成。① 何春明考察了四方馆的由来、流变、职能及与其他机构部门的关系,并探讨了唐代诸多外事机构职能的侧重。② 薛宗正探讨汉唐外事行政制度时就指出四方馆不仅是接待外宾的场所,而且还负责刺探番情。③ 石晓军梳理了四方馆并非客馆,而是处理内外各方上奏文书的行政机构等④;其二是将客馆当作外交史、交通史的一部分,在探讨朝贡贸易、民族关系等问题时连带关注。黎虎在论述汉唐外交时,讨论了隋唐四方馆的流变及作用。⑤ 李大龙探讨唐代与边疆少数民族关系时也有考察相关客馆的设置。⑥ 严耕望在《唐代交通图考》中详细考述了地方客馆的设置;⑦ 其三是从职官的角度讨论。如陈仲安、王素在《汉唐职官制度研究》探讨了鸿胪寺具体官职及其职能。⑧ 郁贤皓《唐九卿考》分析考证九寺长官的情况。⑨ 近期孙梓辛探讨了汉代典客、大行等职官更名时,亦有涉及唐代。⑩

　　以上学术史回顾,难免挂一漏万,但总体观之,现有的学界研究多集中关注于客馆的类型、建制及职能,割裂地将其置于官制、外交等角度探讨,对唐代客馆体系的整体性构造、职能变化论述较为不足,特别是由此产生的深入思考,唐代作为东亚时期的大国,它的客馆体系对当时的东亚诸国有无影响? 东亚诸国客馆的职能与作用,以及他们在客馆接待外宾时,反映出怎样的天下观念? 探讨这些"宾礼之外"的问题,⑪ 不仅会加深我们对唐代客馆制度的认识,更有利于打破"中国中心观",从"域外之眼"的角度,反观当时的东亚诸国的文

① 王静:《中国古代中央客馆制度研究》,黑龙江教育出版社 2002 年版。
② 何春明:《唐朝四方馆研究——兼论其在处理中外民族关系中的地位和作用》,中央民族大学博士论文,2011 年。
③ 薛宗正:《大行令、大鸿胪与鸿胪卿——汉唐时期的主管外事、蕃务的行政建置》,《新疆社会科学》2004 年第 5 期。
④ 石晓军:《隋唐四方馆考略》,《唐研究》第七卷,北京大学出版社 2001 年版,第 311—325 页;石晓军:《唐代における鸿胪寺の附属机关について:鸿胪客馆・礼宾院・左右威远营および外宅》,《史泉》1997 年第 86 卷,第 19—34 页。
⑤ 黎虎:《汉唐外交制度史》,兰州大学出版社 1988 年版。
⑥ 李大龙:《唐朝和边疆民族使者往来研究》,黑龙江教育出版社 2001 年版。
⑦ 严耕望:《唐代交通图考》,北京联合出版社 2021 年版。
⑧ 陈仲安、王素:《汉唐职官制度研究》,中西书局 2018 年版。
⑨ 郁贤皓撰,胡可先增订:《唐九卿考(增订本)》,凤凰出版社 2022 年版。
⑩ 孙梓辛:《汉代典客、大行更名考》,《史学月刊》2019 年第 12 期。
⑪ 李丹婕:《宾礼之外:比较视野下的隋唐外交文化》,《读书》2019 年第 12 期。

明交流。本文不揣浅陋,试图对上述问题展开讨论,以供方家批评。

一、迎四方客·政务处理:唐代中央客馆的构造

唐代的客馆体系可分为在长安的中央客馆与地方客馆,中央客馆有在京城的四方馆、鸿胪馆等①,地方客馆则是各州设置的客馆。以往学界多关注到中央客馆的类型及其作用,对中央客馆的区别与具体构造涉及较少,本小节以此为题展开论述。

中央客馆大体有四方馆、鸿胪客馆。有关四方馆的建制,《通典·职官典》"中书省"条云:

> 及炀帝,置谒者台,乃改通事舍人为谒者台职,谓之通事谒者,置二十人。又于建国门外置四方馆,以待四方使者,隶鸿胪寺。(炀帝置四方馆,东曰东夷使者,南曰南蛮使者,西曰西戎使者,北曰北狄使者,各一人,掌其方国及互市事。)大唐废谒者台,复以其地为四方馆,改通事谒者为通事舍人,掌通奏、引纳、辞见、承旨宣劳,皆以善辞令者为之,隶四方馆而文属中书省。②

此段作为四方馆建制之典型史料,向来为学者所熟知,故不赘述。然亦有两处向来为学者忽略:一是四方馆最初的归属部门为鸿胪寺,在唐代转为中书省,从"九寺"转到"三省",表明四方馆作为接待四方使者的客馆,在地位上有所提升;二是隋代的四方馆只掌四方使者的住宿,唐朝将谒者台掌通奏、引纳等职移交四方馆,使得四方馆的职权扩充。③

四方馆作为安置外宾的客馆,在最初应当居住了大量的外邦使节,在武后神功元年(697),杨玄基、张九节等人率兵击溃契丹首领孙万荣,"奴斩其首以降,枭之四方馆门"④,唐王朝选择在四方馆门将孙万荣枭首,自然有告诫诸番使节之心,这从侧面表明当时的四方馆居住着大量的外国使节。白

---

① 有学者认为礼宾院为客馆,实则并非如此,礼宾院只是作为番客的招待部门,不负责番客的起居事务。

② (唐)杜佑撰、王文锦等点校:《通典》卷二一,中华书局 2016 年版,第 566 页。

③ 据最新刊布的《大唐故中散大夫庆王府长史姚府君墓志铭并序》就记载了墓主姚昇"昭武校尉,守右卫左郎将,仍通事舍人知四方馆事"。这表明唐代以通事舍人掌四方馆事,一直得到了执行。参见毛阳光等:《洛阳流散唐代墓志汇编三集》,国家图书馆出版社 2023 年版,第 315 页。

④ (宋)司马光撰:《资治通鉴》卷二〇六,中华书局 2011 年版,第 6637 页。

居易《驯犀》云:"五年驯养始堪献,六译语言方得通。上嘉人兽俱来远,蛮馆四方犀入苑。"①此诗亦表明四方馆内居住有外宾,他们在上林园驯养着进贡的奇珍异兽。据《资治通鉴》玄宗开元四年十一月条:

> 姚崇无居第,寓居罔极寺,以病痁谒告。……(源)乾曜请迁崇于四方馆,仍听家人入侍疾;上许之。崇以四方馆有簿书,非病者所宜处,固辞。上曰:"设四方馆,为官吏也;使卿居之为社稷也。恨不可使卿居禁中耳,此何足辞!"②

源乾曜奏请玄宗将姚崇安置于四方馆,这表明四方馆不仅住着外宾,而且也居住着"内宾"重要朝廷大臣。

随着时间的推移,四方馆原本作为客馆的职能下降,接待使节的任务逐渐转移给了鸿胪客馆,而划归的信息沟通职能不断增强,接待的对象也逐渐从外国使节变成了各地的官员。《旧唐书·德宗纪》云:"常参官、诸道节度观察防御等使、都知兵马使、刺史、少尹、畿赤令、大理司直评事等,授讫三日内,于四方馆上表让一人以自代,其外官委长吏附送其表,付中书门下。每官阙,以举多者授之王府。"③从史书记载可知,四方馆对接待外宾的记载愈发湮没无闻。反而随着四方馆作为信息媒介职能的加强,成为官员处理政务的办公地。

据《唐会要·杂录》云:"大中十二年七月,除宰相夏侯孜为剑南节度。时值中元假,十四日三更三点,通事舍人无在馆者,宣令捧麻,皆两省人吏。自后令通事舍人虽遇假在馆俟命。"④又《新唐书·李训传》云:"会(仇)士良遣神策副使刘泰伦、陈君奕等率卫士五百挺兵出,所值辄杀。杀诸司史六七百人,复分兵屯诸宫门,捕训党千余人斩四方馆,流血成渠。"⑤再又《册府元龟·总录部》"构患"条引云:"其郑注首悬于光宅坊西北角,三日而去之。其时两省官尚多疑惧,不归本署,多寓四方馆暂憩而归。"⑥

从上述材料可知,四方馆的职能从接待外宾转为信息文书的处理,逐渐成

---

① (唐)白居易著,谢思炜校注:《白居易诗集校注》,中华书局 2006 年版,第 2979 页。
② (宋)司马光撰:《资治通鉴》卷二一一,第 6842 页。
③ (五代)刘昫等撰:《旧唐书》卷一二,中华书局 1975 年版,第 324 页。
④ (宋)王溥编:《唐会要》卷五三,上海古籍出版社 2006 年版,第 3084 页。
⑤ (宋)欧阳修撰:《新唐书》卷一七九,中华书局 1975 年版,第 5312 页。
⑥ (宋)王钦若等编,周勋初等校订:《册府元龟》卷九三五,凤凰出版社 2006 年版,第 10832 页。

为了官员的办公地。因馆内配备了相应的生活设施,足以保障官员日常生活所需,这便是前引《通鉴》玄宗所谓"设四方馆,为官吏也"以及甘露之变后"两省官尚多疑惧,不归本署,多寓四方馆"的原因。由于四方馆日常要处理来自各地递送的文书,是京城信息的集散地,属于机要部门,故姚崇拒绝入住。当甘露之变发生时,四方馆内当有官员为李训同党,仇士良诛杀训党,血洗四方馆,不仅是对李训集团的报复,而且有利于切断政变信息的传播,掌控事态的发展。① 当甘露之变发生后,政局尚未稳定,两省的官员不归本署,选择借居四方馆,一方面固然是为自身安全问题考虑,另一方面当含有在四方馆内可以随时了解与交换信息之目的。

现存的敦煌文书 S.6537 背 14 分号有题为唐宪宗元和年间吏部尚书郑余庆撰写的《大唐新定吉凶书仪一部并序》的残卷,其第五篇《诸色笺表》就透露出了四方馆的若干信息,兹摘录于下:

> 封表极式题[表]极式:
> 某道节度观察刺史陛(阶)勋封姓名。□(系)上中书看(省)馆奏事。右表写子(了)即窦讫,从后紧卷至投,勿令心空,则着一色纸直封题讫,入函,[函]用黄杨木为之,三道弦(线)缚面上,则系定。以白蜡填之,火灸,刀子削平。当心书全字。依此样封题讫,则著一片盖板,重三道缚之,以防磨损。并四方馆牒一时入毡袋,布裹封题发遣。
> 上四方馆牒式:外官每上表,皆牒上四方馆。
> 敕某道某州牒上四方馆。如上袋(太子)即云牒上右春坊。表函壹封封印全。为某事牒。前件表笺函印全,递至上都四方馆牒,请准式引进者。谨录上。谨牒。某年月日典本司典姓名封,刺史观察使衔阶名封。
> 转牒式:敕某道节度使等使转牒上都已来。□次馆驿表函壹封印全。为某事牒。前件表函印全。上都四方馆牒在毡袋内,今递至上都,伏请准式送上四方馆,不得□□停留者,送上纥(讫?),所递此牒,□者需事须转牒上都已来,路经(?)州悬(县)驿馆者。谨牒。某年月日典本[司]典姓名牒。②

---

① 事实如此,当甘露之变消息传到地方后,昭义节度使刘从谏手握重兵,素有威名,仇士良等人对他非常忌惮,才在一定程度上保持朝廷的尊严。

② 周一良、赵和平:《唐五代书仪研究》,中国社会科学出版社 1995 年版,第 187—188 页。

往日赵和平、石晓军等先生都对此件文书做过释读,故不赘述。然两位先生似乎都没有关注到文书所见"诸州驿馆"与中央"四方馆"之间的关系,此点似对认识四方馆的转变尤为重要。

众所周知,唐代法律体系由律、令、格、式构成,其中"式"的制定主体是由低于律、令、格制定主体的部、司、监具体部门组成的,在法律位阶上,式要低于律、令、格。①引文所见"上四方馆牒式:外官每上表,皆牒上四方馆"的"式",当是四方馆的公文式。主要规定了官员无论在京城还是地方,奏上文书皆需经四方馆。而"敕某道某州牒上四方馆"的"敕",则是皇帝亲自颁下的敕文,是对前面"上四方馆牒式"在题封、使衔、阶名等方面更加具体的补充。由文书可见,外官上书四方馆的途径有二:一是地方直接向四方馆递交牒文,二是交由地方客馆转递。前者一般是地方长官自己或派专人呈递。如《通典·冬至受朝贺条》云:"自今以后,应贺正使,并取元日,随京官例,序立便见。通事舍人奏知,其表直送四方馆,元日仗下后一时同进。"②就表明诸道上递中央的贺正表,是由诸道长官遣发的贺正使向四方馆递交。这种直接由地方递交四方馆的牒文,所涉及的事务较为重要,如贺正、举表自代皆是此类,而对于一些日常性事务,则是节度使等起草牒文后,转由当地的驿站、客馆传递给四方馆。(后文详论)

随着四方馆政务处理职能的加强,原先安置外宾之职转到鸿胪客馆。如《册府元龟·外臣部》"朝贡·第四"条引云:"(开元五年)十月日本国遣使朝贡,命通事舍人就鸿胪宣慰。"③通事舍人为四方馆的长官,特意前往鸿胪客馆宣慰,这一方面表明四方馆的属部,从鸿胪寺转为中书省后,权责的剥离与明晰,朝廷强化四方馆"掌通奏、引纳、辞见、承旨宣劳",鸿胪客馆掌接待外宾之责;另一方面表明唐朝逐渐厘清九寺五监与三省之间的关系。

能够入住鸿胪客馆的外宾,因其身份较高,故享受着唐王朝的优待。在《旧唐书·回纥传》中记载了德宗贞元三年,回纥使者来唐朝迎亲时,"德宗令朔州、太原分留七百人,其宰相首领皆至,分馆鸿胪,将作"。④表明只有回纥的宰相、首领才能入住鸿胪客馆,其余人则留在朔州当地的客馆居住。也正是由于居住在鸿胪客馆的是具有一定身份等级的外宾,唐王朝对他们给予了优待,

---

① 戴建国:《唐代法律体系中"式"的缘起与功能演变》,《云南社会科学》2019 年第 6 期。

② (唐)杜佑撰,王文锦等点校:《通典》卷七〇,第 1917 页。

③ (宋)王钦若等编,周勋初等校订:《册府元龟》卷九七一,第 11237 页。

④ (五代)刘昫等撰:《旧唐书》卷一九五,第 5208 页。

如《唐会要》"鸿胪寺典客属"条云："鸿胪当司官吏以下,各施门籍出入。其译语掌客出入客馆者,于长官下状牒馆门,然后与监门相兼出入。"①这里的客馆指的便是鸿胪客馆,鸿胪寺对这些外宾配给了相应的翻译人员,以保障言语畅通。如《唐六典》"鸿胪寺·典客署"条云："凡酋渠首领朝见者,则馆而以礼供之。若疾病,所司遣医人给以汤药。若身亡,使主、副及第三等已上官奏闻。其丧事所须,所司量给。"②《册府元龟·外臣部》"褒异·第三"条引云："(贞元)六年十二月丙申,诏九姓回鹘登里罗没密施俱禄忠贞毗伽可汗薨,废朝三日,仍令文武三品已上官就鸿胪吊其使者。"③而这些外宾常仗着身份特殊行为不法,"(大历)十年九月,回纥白昼刺人于东市,市人执之,拘于万年县。其首领赤心闻之,自鸿胪寺驰入县狱,劫囚而出,斫伤狱吏"。④赤心住在鸿胪客馆,其首领的身份特殊,故唐朝对回纥劫狱、斫伤狱吏的行为也不予追究。到了德宗时期,滞留在京城的番客达数千人之多,"先是,天宝末,西域朝贡酋长及安西、北庭校吏岁集京师者数千人,陇右既陷,不得归,皆仰禀鸿胪礼宾,月四万缗,凡四十年,名田养子孙如编民"。⑤他们仰仗政府的供给,在一定程度加重了政府的开支,对此学界论述较详,兹不赘述。

总之,通过以上的探讨,即可表明唐代中央客馆的体系主要由四方馆、鸿胪客馆组成,早期的四方馆归属于鸿胪寺管辖,主要接待远到长安的外宾,而后随着归属机构的调整,四方馆转入中书省管辖,于是其职责也从接待外宾变成为了信息文书的政务处理,成为京城信息的集散地,为朝廷机要部门。与之对应,鸿胪寺下辖的鸿胪客馆逐渐成为接待外宾的中心,通过鸿胪寺与鸿胪客馆,政府给予了外宾极大的优待。由此可见,唐王朝对四方馆与鸿胪客馆职责的调整,让"九寺五监"与"三省"之间的权责更为清晰,使得唐王朝的政务机构变得更为通畅。

二、信息传递·商业经营:唐代地方客馆的功能

地方客馆亦如此,它们的职能也经历了从接待过往的外国使者到传达情报的转变。《旧唐书·北狄传》记载奚与契丹每岁朝贺时,"常各遣数百人至幽

① (宋)王溥编:《唐会要》卷六六,第1361页。
② (唐)李林甫撰,陈仲夫点校:《唐六典》卷一八,中华书局2014年版,第506页。
③ (宋)王钦若等编,周勋初等校订:《册府元龟》卷九七六,第11295页。
④ (五代)刘昫等撰:《旧唐书》卷一九五,第5207页。
⑤ (宋)欧阳修撰:《新唐书》卷一七〇,第5169页。

州,则选其酋渠三五十人赴阙,引见于麟德殿"。①这数百人中,除了酋渠三五十人要赴闻麟德殿,被安排住在长安外,其余人等则被安排在幽州客馆安置。由此可见,地方客馆起到了接待路过使节、替长安分流安置的作用。

与四方馆类似,地方客馆的信息媒介功能也逐渐强化。前引敦煌文书S.6537《诸色笺表》云:"转牒式:敕某道节度使等使转牒上都已来。□次馆驿表函壹封印全。为某事牒。前件表函印全。上都四方馆牒在毡袋内,今递至上都,伏请准式送上四方馆,不得□□停留者,送上纥(讫?),所递此牒,□者需事须转牒上都已来,路经(?)州悬(县)驿馆者。谨牒。某年月日典本[司]典姓名牒。"表明地方客馆的配套建立,一方面帮助地方长官处理日常政务,起到了直连中央、行动迅速的效果,另一方面也促使了位居中央的四方馆与诸地方的客馆,构成了庞大的蜘蛛网式的信息传递网络,地方客馆源源不断地将牒文传递到四方馆,使得四方馆与地方客馆形成了实质上的"上下级"关系。

统治者通过"四方馆—地方客馆"体系,随时了解地方的动态,加强自身的统治,《新唐书·则天武皇后传》云:"(武后)又畏天下有谋反逆者,诏许上变,……凡言变,吏不得何诘,虽耘夫荛子必亲延见,稟之客馆。"②武后即通过地方客馆采集信息,防止谋反之人。而敌人也希冀通过监视客馆盗取信息,《新唐书·史宪忠传》云:"(史)宪忠,字符贞,……魏乱,奔京师,加累检校右散骑常侍、陇州刺史。增亭鄣,徙客馆于外,戎谍无所伺。"③史宪忠通过增加亭障的方式,阻止了敌人间谍对客馆所递送信息的刺探。

当然,地方客馆除了接待外宾与传递信息外,主要服务对象还是"内宾"。如为路过的在职官员及马匹提供食宿。岑参的《凉州馆中与诸判官夜集》《宿铁关西馆》等诗,都是他在上任途中借住地方客馆的事情。而杨国忠打击政敌罗希奭的借口之一,便是在罗氏外放于始安任职时,为贬谪的吉温等人提供客馆住宿,从"应是流贬,公然安置。……或辍借馆宇,侵扰人吏"④的罪责可知,地方客馆的服务对象为在职官员,而非贬谪官。

出土的吐鲁番文书有大量地方客馆为官方马匹供给草料的账簿,如《武周某馆驿给乘长行马驴及粟草帐》《唐天宝十四载(公元七五五年)交河郡某馆具

---

① (五代)刘昫等撰:《旧唐书》卷一九九下,第5356页。
② (宋)欧阳修:《新唐书》卷七六,第3479页。
③ (宋)欧阳修:《新唐书》卷一四八,第4791页。
④ (五代)刘昫等撰:《旧唐书》卷一八六下,第4858页。

上载帖马食历上郡长行坊状》《唐天宝十四载(公元七五五年)柳中县具属馆私供马料帐历上郡长行坊牒》等,以吐鲁番阿斯塔那 35 号墓出土的《武周某馆驿给乘长行马驴及粟草帐》为例,截录部分引文如下:①

1	右肆(月)
2	判官等乘往柳谷回
3	粟壹　捌胜同达　　草壹拾贰束同达
4	右同(日)给高昌县长行驴壹拾贰头,秦惠等乘往柳谷回,壹日料。
5	粟贰　叁胜同达　草拾束同达

可见,当地客馆不仅需要为马匹提供草料,还需要写下马匹的具体信息、官员前往路线,以及所需草料的具体数量,以便向长行坊汇报。除了官员、马匹外,客馆也为旅客提供服务,杜甫《唐兴县客馆记》云:"中兴之四年,王潜为唐兴宰……邑中之政,庶几缮完矣。惟宾馆上漏下湿,吾人犹不堪其居,以容四方宾,宾其谓我何?"②杜牧在《唐故进士龚轺墓志》中,描写了进士龚轺"昼坐客馆"受"马惊堕地而卒"之事;《太平广记》"崔道纪"条引云:"唐前进士崔道纪,及第后,游江淮间。遇酒醉甚,卧于客馆中③等。这表明地方客馆接待了往来的旅客,在一定程度上对当时的商业发展起到了重要的作用。

地方客馆即能传递信息,又能接待过往的官员旅客,促进商业发展,故唐王朝对它相当重视。从柳宗元《馆驿使壁记》云:"故馆驿之制,于千里之内尤重。"④与独孤及的《抚州南城县客馆新亭记》云:"里不授馆,而盘飧薪刍之赆弄如也。"⑤可知唐人对地方客馆的重要性具有清晰的认知。在客馆建设上,唐王朝每年要预支部分的赋税以供地方客馆,据陆贽《论度支令京兆府折税市草事状》云:"臣等谨检京兆府应征地税草数,每年不过三百万束,其中除留供诸县馆驿及镇军之外,应合入城输纳,唯二百三十万而已。"⑥可见朝廷对地方

①　唐长孺主编:《吐鲁番出土文书(第三册)》,文物出版社 1981 年版,第 531 页。
②　(唐)杜甫著,谢思炜校注:《杜甫集校注》,上海古籍出版社 2015 年版,第 2979 页。
③　(宋)李昉等编:《太平广记》卷一三三,中华书局 2020 年版,第 817 页。
④　吴文治等点校:《柳宗元集》卷二六,中华书局 1996 年版,第 703 页。
⑤　(唐)独孤及撰:《毗陵集》,上海古籍出版社 1993 年版,第 134 页。
⑥　(唐)陆贽撰,王素点校:《陆贽集》,中华书局 2006 年版,第 655 页。

客馆的运营给予了支持,"留供诸县馆驿及镇军"的税草达七十万之巨。

由于地方客馆事务繁多,政府会配役百姓去客馆劳作,阿斯塔纳 215 号墓出土的《唐张惟迁等配役名籍》云:①

```
1    四人
2    十人
3      张惟迁  [下残]
4    烧炭五人
5    安昌馆四人
```

安昌是西州下辖的县城之一,从文书可见有四个人被当地的官员派到安昌馆服役。又《新获吐鲁番文书》收录《唐天宝十载七月交河郡长行坊牒为补充缺人事》云:②

```
1    礌石馆  [
2    牒:献芝共张秀瓘同捉  [
3    天威健儿赴碎叶,准  [敕
4    徭役一切并令放免,献  [芝
5    馆即阙人,伏望准格   敕  [
6    天宝十载七月  [
7    付司  [
8   (中缺)
9    □□□
10   检责仙[
```

以上皆表明客馆劳作属于当时百姓的一种杂徭,当一些人选择参加天威军,成为天威健儿为国打仗后,就当"徭役一切并令放免",故在礌石馆缺员时,地方政府不得从天威健儿中抽调配役,只得逐级上报,另行择人。

---

① 唐长孺主编:《吐鲁番出土文书(第四册)》,文物出版社 1983 年版,第 244 页。
② 荣新江等主编:《新获吐鲁番出土文献》,中华书局 2008 年版,第 344 页。

中央政府高度重视地方客馆的发展,于是地方官也以修缮客馆揽取政绩。前引《唐兴客馆记》即是杜甫为夸耀王潜重修客馆之功而作;李翱在《唐故金紫光禄大夫检校礼部尚书使持节都督广州诸军事兼广州刺史兼御史大夫充岭南节度营田观察制置本管经略等使东海郡开国公食邑二千户徐公(申)行状》中云:"刺史以官属迁于新城,县令之下各返其室,创六驿,新大市,二道四馆,用皆具。曲江县五百人以状诣观察使,请作碑立生祠。"①也写道刺史徐申修缮客馆之事,虽然他是否真的为百姓所感念,暂且不表,但李翱将此事写入行状,无疑表明修缮客馆是徐申此生值得一提的政绩。

总之,通过以上探讨,便可发现地方客馆的身份具有两面性:一方面唐王朝重视地方客馆的建设,不仅因为它能在信息传递中起到了上传下达的作用,而且能通过客馆实时了解与掌控地方动态,故外敌也希冀通过刺探客馆获得情报;另一方面,地方客馆要接待过路的官员百姓,事务繁重,政府抽调当地百姓去配役客馆,加重了百姓的负担,而官员亦将新建或重修客馆,当作值得夸耀的政绩。

三、宾礼之外:唐代客馆体系对周边政权与国家的影响

唐王朝组建的完整、多元的客馆体系,亦为当时周边国家和政权所吸纳,它们远慕华风、效仿唐朝,在自己的统治区也相应地建立了客馆。以往学界较少关注到唐朝对周边国家和政权客馆制度的影响,偶尔的提及亦多征引传世文献,本小节选取了归义军政权、高昌、南诏与日本作为研究对象,尽量使用除了传世文献之外的,诸如出土文献、域外文献进行论述,以期看到唐朝客馆体系对周边国家和政权的影响。

众所周知,张义潮建立的归义军政权虽然效忠唐朝,承认其为唐朝的疆土,但长期为吐蕃所隔绝,孤悬于西北,难以得到唐朝的有力支持,故实属地方独立的政权。归义军政权亦效仿唐朝设置客馆,从敦煌出土的《张义潮变文》提供了诸多的信息:

> 先去大中十载,大唐差册立回鹘使御史中丞王瑞(端)章持节赴单于,下有押衙陈元弘走至沙州界内,与游弈使佐承珍相见。承珍忽于旷野之

---

① (唐)李翱撰,郝润华、杜学林校注:《李翱文集校注》,中华书局 2021 年版,第 175 页。

中迥然逢着一人，猖狂奔走，遂处分左右领至马前，登时盘诘。陈元弘进步向前，称是"汉朝使命，北入回鹘充册立使，行至雪山南畔，被背乱回鹘劫夺国信，所以各自波逃，信脚而走，得至此间，不是恶人。伏望将军，希垂照察"。承珍知是汉朝使人，与马驮至沙州，即引入参见仆射。……仆射闻言，心生大怒。"这贼争敢辄尔猖狂，恣行凶害。"向陈元弘道："使人且归公馆，便与跟寻。"①

此变文主要讲述唐朝遣王瑞章、陈元弘等人赴回鹘册封，却为背乱回鹘劫掠国信，陈元弘在逃亡途中被归义军游弈使抓获，最终得以面见张义潮之事。往日荣新江先生对它的具体信息进行过解读，兹不赘述。②从变文可知，张义潮建立的归义军政权，虽隔绝于唐王朝的统治版图之外，但是他依旧效仿唐代建立客馆，并在得知陈元弘等人的遭遇后，让他们"且归公馆"居住下来，以便进一步地探寻相关事件的发展。

又如高昌国，它是最早被唐朝灭亡的国家，现今出土的吐鲁番文书为我们了解尚未灭亡前的高昌国，其客馆体系的模样。其中在《高昌延寿十四年（公元六三七年）兵部差人看客馆客使文书》就有"郑海儿贰人，付参军海相，用看客馆伍日"等字样。③虽然此客馆到底是高昌政府统一设立，还是兵部专属客馆，学界尚有争论，但文书内容至少表明高昌国确实效仿唐朝建立了客馆体系。④

再者如南诏。南诏一直与唐朝保持着或战或和的关系。现今有关南诏的史料较少，集中在樊绰所著的《蛮书》，其中亦记载了南诏国设立的各种客馆及方位。如卷五"阳苴咩城"条云：

阳苴咩城，南诏大衙门。……两边皆有门楼。下临清池，大厅后小

---

① 项楚：《敦煌变文选注（增订本）》，中华书局 2006 年版，第 320—321 页。
② 荣新江：《大中十年唐朝遣使册立回鹘史事新证》，《敦煌研究》2013 年第 3 期。
③ 唐长孺主编：《吐鲁番出土文书（第二册）》，文物出版社 1981 年版，第 76 页。
④ 杨际平先生最早关注此问题，并认为兵部配合看护客馆之役是五日一轮换。自后姜伯勤、孟宪实等先生均赞同此说，不同之处在于姜伯勤先生认为此客馆乃为"兵部客馆"，而孟宪实先生则认为此为主客曹的客馆。王素先生在承认姜伯勤先生"兵部客馆"的基础上指出，之所以将客人接待地放在兵部客馆而非政府的客馆，是因为政府客馆较为公开，而兵部客馆较为隐蔽，文书所接见的客人当是涉及特殊任务的密使，故在兵部客馆举行，也能由兵部提供安全保卫。参见杨际平：《麴氏高昌赋役制度管见》，《中国社会经济史研究》1989 年第 2 期；姜伯勤：《敦煌吐鲁番文书与丝绸之路》，文物出版社 1994 年版，第 159 页；王素：《高昌史稿·统治篇》，文物出版社，1998 年版。

厅,小厅后即南诏宅也。客馆在门楼外,东南二里。馆前有亭,亭临方池,周回七里,水深数丈,鱼鳖悉有。①

阳苴咩城是南诏控制的大型城镇,属"六睑"之一,其内部的设施齐全,不仅有门楼、宅邸,也建立有客馆,客馆的布置雅致,馆前立亭做池,养有鱼鳖。到了德宗贞元九年(793),南诏王异牟寻派使者请求归唐,德宗派遣袁滋出使云南。②南诏为了表示对唐使节的欢迎:

> 南诏遣大军将李凤岚将细马一千匹并伎乐来迎。渠敛道中路客馆馆前父老二百余人,蛮夷百姓五六十人,路迎马前。大军将喻于俭出马步军三百队夹路排立,引马六十匹,步枪三百人,去城五里迎候。南诏妹李波罗诺将细马一十匹来迎,入龙尾城客馆。③

由此可见,南诏设立的客馆既是经商的重要府邸,又是贵宾的招待所,来往的旅客以及宣奉传旨的使节都可以在客馆落脚休息。而樊绰在《蛮书》的开篇,便详细记录了前往南诏具体的路径与方向,并提供了诸多客馆之间的详细距离。靠近内地的客馆,如南场馆、曲江馆为唐王朝设立,但越过被唐人视为"云南蛮界"的嶲州(今四川西昌),深入云南内部的客馆,如沙却馆、求赠馆则是南诏建立,由此可见,南诏通过修立客馆与唐王朝在交通上保持联系。

最后如日本。日本曾多次派遣唐使与唐王朝交流,故对唐代的文化制度进行了积极的吸收。日本自己也常常受到外国使者的拜访,如日本的《日本记略》就记载宇多天皇(867—931)"(宽平四年壬子正月)八日甲寅渤海客来出云国,十一日丁巳,以少内记藤原菅根,大学大允小野良弼为渤海客存问使,八月七日戊寅存问渤海客使奏闻归来"。④此次渤海国遣使节是为了庆贺宇多天皇的登极。相似的记载还有《日本记略》云:

① (唐)樊绰撰,向达校注:《蛮书校注》卷五,中华书局 2018 年版,第 118—119 页。
② (五代)刘昫等撰:《旧唐书》卷一三,第 378 页。
③ (唐)樊绰撰,向达校注:《蛮书校注》卷一〇,第 250—251 页。
④ [日]东京大学史料编纂所编:《大日本史料》第 1 编之第 2《宇多天皇》,东京大学出版会 1989 年版,第 2 页。

（宽平七年五月）十一日渤海大使裴颋等鸿胪馆に着す,是日,豊楽院に行幸あらせられ,渤海使等を召して饌を賜ひ、位阶を授けらる。①

《续日本纪》云:

圣武天皇(? —756)(天平十二年春正月)丙辰,遣使就客馆赠渤海大使忠武将军胥要德从二位,首领无位已闲弃蒙从五位下,并赐调布庸布一百十五端,庸布六十端。②

《延喜式·内记条》云:

凡赐渤海答书日,内记从使赴于客馆。③

《延喜式·大藏省条》云:

凡蕃客来朝应交关者,丞录史生率藏部价长等赴客馆,与内藏寮共交关,讫录色目申官,其价物,东绅一百匹,调棉一千屯,钱卅贯文,若有残者同申返上。④

《海河抄》云:

延喜八年(908)五月十一日,御记云,赐大使裴璆别贡答物,其物御衣一袭,青白橡表袍,二蓝下重具如例。⑤

凡此种种,皆可见在奈良、平城之际时的日本,已为外国使节所频频访问。日本为应对日益密切的域外交流,学习唐朝建立客馆制度,其客馆之职能亦如

---

① ［日］东京大学史料编纂所编.:《大日本史料》第 1 编之第 2《宇多天皇》,第 231 页。
② ［日］藤原继绳等编:《续日本纪》卷一三,经济杂志社 1897 年版,第 223 页。
③ ［日］黑板盛美、国史大系编修会:《延喜式(后篇)》卷一二,吉川弘文馆 1988 年版,第 367 页。
④ ［日］黑板盛美、国史大系编修会:《延喜式(后篇)》卷三〇,第 367 页。
⑤ ［日］东京大学史料编纂所编:《大日本史料》第 1 编之第 3《醍醐天皇》,东京大学出版会 1989 年版,第 934 页。

唐代,不仅负责外宾的饮食起居,与他们进行商业贸易,而且还负责向外宾宣读诏敕、慰赠钱物等。而日本对外宾的态度,则可见于《本朝文粹》所引词云:

> 延喜八年,天下太平,海外慕化,北客算彼星躔,朝此日域,望扶木而鸟集,涉沧溟而子来,我后怜其志,褒其劳,或降恩,或增爵,于是饯宴之礼已毕,……愧对辽水之客,敢陈孟浪之词云尔。[1]

这首词便是日本鸿胪客臣大江朝纲在延喜八年渤海国使裴璆的饯宴会上题写的。从"我后怜其志,褒其劳,或降恩,或增爵"及前引"遣使就客馆赠渤海大使忠武将军胥要德从二位,首领无位已阙弃蒙从五位下,并赐调布庸布一百十五端,庸布六十端"等记载可知,在当时的天皇与臣子心中,日本乃是与唐朝平起平坐的大国,两边的皇帝分别为"日出天子"与"日落天子",其他如渤海等小国,则是自己的藩属国,对于这些藩属国使节的朝见,自当以厚赐为主,不仅要赏赐布帛等物,而且将其视为自己的臣下,赐予他们官职,从而展现出自身作为"上国"的气度。在此过程中,客馆成为了重要的外交场地,天皇对它给予了高度的重视,"(嵯峨天皇六年)三月癸酉,制,蕃國之使,入朝有期,客館之設,常須牢固云々,宜令彈正台並京職檢校"。[2]可知,天皇不仅专门安排官员负责客馆的事务,而且多次下令保证客馆的安全。

换言之,日本自视为大国,建立起了一套符合自身的朝贡体系,在这个朝贡体系中自己处于万国来朝的中心,渤海等国为其附属,亦是"海外慕化"的对象,故当渤海使者"朝此日域,望扶木而鸟集,涉沧溟而子来"时,自当"怜其志,褒其劳",以厚赐为主,"或降恩,或增爵",由此展现日本作为"上国"的气度,也能使附属国蹶角受化。

总之,通过以上的探讨便可发现,唐王朝建立的客馆体系为周边政权和国家所吸收,他们建立客馆供宾客歇息、进行商业贸易,同时也沟通着自己与唐朝的联系。在唐朝文化的染慕之下,促使周边国家和政权萌发出自己的文明意识,并模仿唐朝形成自己的天下观念与天下秩序,亚洲各国文明开始交流与融合,客馆便成了文明交流的节点,这种文明交流不为军事对峙所打断,也不

---

① [日]东京大学史料编纂所编:《大日本史料》第1编之第3《醍醐天皇》,第936—937页。
② [日]黑板盛美、国史大系编修会:《延喜式(后篇)》卷三一,第376页。

为山海远隔所停滞。

结　语

　　归纳全文,通过我们对唐代客馆体系的探讨,便可明显发现存在着中央与地方两个不同的层级。中央客馆由四方馆与鸿胪客馆组成,四方馆最初由鸿胪寺管辖,随着归属调整,转入中书省管辖,其职能从外宾接待变为信息文书处理;鸿胪客馆逐渐承担起接待外宾的重任。地方客馆则设置在各个州县,其身份具有两面性,它为过往的官员、百姓提供歇息之处,促进了商业发展。在政府信息传递中也起到了上传下达的作用,而且通过地方客馆,唐王朝可以及时了解与掌控地方的动态,故外敌也希冀混入客馆刺探情报。由于地方客馆事务繁重,需抽调当地百姓去配役客馆,加重了百姓的负担,地方官员们亦将新建或重修客馆当作自身值得夸耀的政绩。总体观之,唐代的客馆是一个从中央到地方层层构建的多元化体系,犹如一只长着无数触角的章鱼,朝廷通过设置客馆使得政令得以下沉到地方,又通过客馆将地方的诸多信息汇总到中央,为朝廷的决策提供帮助,这些客馆犹如棋盘上星罗密布的棋子,维护了国家的正常运转。

　　唐代多元化的客馆体系为周边国家与政权所吸收,这些国家与政权在自己的领土纷纷建立客馆进行商业贸易,同时也保持着与唐朝的联系,并逐渐为唐朝文化所染慕,萌生出文明意识,并建立起自己的天下观念与外交秩序,亚洲各国文明逐渐走向交流与融合,客馆成为各国文明交流的节点与中转站,这种文明交流不为军事对峙所打断,也不为山海远隔所停滞。由此观之,我们对唐代客馆体系的探讨,或有利于跳出"中国中心论",用更为广阔的视角看待中古时期的亚洲各国的外交实态。

Beyond the Bentley: The System of Tang Dynasty Guest Houses in the Perspective of Civilization History

Abstract: Through the exploration of the Tang Dynasty's guesthouse system, it is evident that there were two different levels of hierarchy: central and local. The central guesthouses were comprised of the Sifang Hall and the Honglu Guesthouse. The Sifang Hall was initially managed by the Honglu Monastery but was later transferred to the Zhongshu Province, and its functions shifted from receiving foreign guests to processing information and documents. The Honglu Guesthouse gradually took on the responsibility of receiving foreign guests. Local guesthouses were set up in various counties and had a dual identity. They provided a place for officials and civilians to rest while also being responsible for the transmission of information. The Tang Dynasty was able to keep up with the regional situation through local guesthouses, and foreign enemies also hoped to infiltrate guesthouses to gather intelligence. Local guesthouses had heavy workloads, requiring local residents to be drafted to assist, increasing the burden on the people. Local officials also viewed the construction or renovation of guest-houses as a political achievement worth bragging about. The diversified guesthouse system of the Tang Dynasty was absorbed by neighboring countries and regimes, maintaining contact with the Tang Dynasty through their guesthouses, gradually giving rise to a sense of civilization and establishing their own worldviews and diplomatic orders. The civilizations of various Asian countries gradually moved toward communication and integration, and guesthouses became nodes and transfer stations for the exchange of different civilizations. Therefore, our exploration of the Tang Dynasty's guesthouse system may be beneficial in breaking away from the "China-centered" perspective and viewing the diplomatic reality of various countries in ancient Asia from a broader perspective.

Key words: Tang Dynasty; Guesthouse system; Civilization view; Foreign exchanges

作者简介:吴凌杰,中山大学历史学系博士研究生,研究方向为中古史、礼制史

从观光到规划:近代日绘哈尔滨城市地图的演变

田　清

摘　要:近代日绘哈尔滨城市地图的发展历程以 1917 年和 1932 年为界可划分成三个阶段,前两阶段的地图绘制与出版以观光市街图为主,第三阶段转向至城市规划图的编绘。本文通过图史结合的分析方法,认为近代日绘哈尔滨观光市街图是以早期俄绘城市图为底本、以旅游业为导向而编绘的地图,其表现形式也反作用于俄绘地图。城市规划图则是日本非法侵占东北土地权后,为呈现其对哈尔滨城市规划方案而绘制的地图。

关键词:近代　哈尔滨　城市地图　日绘

一、近代哈尔滨城市地图概述

近代哈尔滨城市史肇始于 1898 年中东铁路的修建。中东铁路修筑之前,哈尔滨地区只是一个传统的以分散自然村落经济占主导地位的社区系统。[①]1896 年《清俄密约》的签订使沙俄获得了在黑龙江、吉林二省内修筑中东铁路的权利。由于哈尔滨具备经松花江与第二松花江、嫩江、乌苏里江、黑龙江通航并出海的水运条件,因而被沙俄特别考察队选中作为中东铁路的枢纽,并在建设时期成为工程指挥中心和器材、物资集散中心[②],由此也拉开了哈尔滨城市近代化的帷幕。其后,哈尔滨地区历经军阀、中国共产党和日伪经营统治,

---

① 李士良、石方、高凌:《哈尔滨史略(上篇)》,黑龙江人民出版社 1994 年版,第 117 页。
② 哈尔滨市地方志编纂委员会:《哈尔滨市志·城市规划》,黑龙江人民出版社 1998 年版,第 80 页。

至 1946 年 4 月 28 日东北人民自卫军进入哈尔滨市区,哈尔滨市得到解放。依据哈尔滨城市发展史,本文所言"近代哈尔滨"这一时段即以 1898 年和 1946 年为起讫点。

1898 至 1931 年间,俄国当局在哈尔滨成立中东铁路管理局作为当地的殖民地管理局,对哈尔滨的规划与建设主要由建筑师弗拉基米尔·普兰森(Vladimir Planson)、A. K. 列夫捷耶夫(A. K. Levteev)和 I. I. 奥洛米耶夫斯基(I. I. Oblomievskii)完成①,城区以松花江为北界,城内铁道将哈尔滨划分为香坊、南岗、道里、道外四个基本功能区。在哈尔滨城市规划进程之初,各区之间交往较少,随着铁路的建成开通,各城区之间往来甚密,城市功能逐渐齐全且形成人口流动拉力,在此期间吸引了大量世界各地的移民与游客,成为沟通中国与世界的贸易中心②。这一过程中展现哈尔滨城市形态与内部肌理的地图也自此不断涌现,"哈尔滨"不再仅以一个地名标识作为配角身份出现在其他城市的地图之中,随着俄国对哈尔滨城市规划的开展,哈尔滨的城市用地不断以松花江与铁路之交点为核心在地图中蔓延和扩展。表 1 中列举了俄国人在规划哈尔滨城市建设过程中采用投影实测法绘制的城市地图,这些地图以城市规划图为主,规划图绘制在城市布局真正落实之前,因而既能以符号和地块直观展现既有的城市布局,也能表达规划者心目中理想的城市形态,不同时期的城市地图也为了解哈尔滨城市内部结构和更迭提供了媒介。

表 1　俄绘哈尔滨城市地图③

编号	图　名	绘制者	绘制时间	馆藏单位/书名
1	松花江铁路村规划设计图 ПЛАНЬ	—	1899	哈尔滨市博物馆
2	哈尔滨及郊区规划图 ПЛАНЬ ГОР. ХАРБИНА И ОКРЕСТНОСТЕЙ	—	1902	哈尔滨市博物馆

---

① Geng, Shiran, Chau, Hing-Wah, Wang, Tian and Yan, Se(2021) *Influences of Russian Culture on Harbin's Urban Planning from 1898 to 1931 and Conservation Recommendations*. Journal of Chinese Architecture and Urbanism, 2021, 3(1). pp.1—25.

② Guo H, Chen Y, Shao Y, et al. *A study on spatial vitality and mechanism of influence on typical blocks of the Old Town of Harbin*. Architectural Journal, 2020, 2:114—119.

③ 表中收录地图的图名、绘制者原均为俄文,中文为笔者翻译。

续　表

编号	图　名	绘制者	绘制时间	馆藏单位/书名
3	哈尔滨及郊区规划图 ПЛАНЪ ХАРБИНА И ОКРЕСТНОСТЕЙ	中东铁路公司 ВЪ ПРЕДБЛАХЪ ПОЛОСЫ ОТЧУЖДЕНІЯ КІТАЙСКОЙ ВОСТОЧНОЙ ЖЕЛВЗНОЙ ДОРОГИ	1903	美国国会图书馆
4	哈尔滨及郊区规划图 ПЛАНЪ ХАРБИНА И ОКРЕСТНОСТЕЙ	—	1903	《哈尔滨市志》①
5	哈尔滨及郊区规划图 ПЛАНЪ ХАРБИНА И ОКРЕСТНОСТЕЙ	中东铁路公司 ВЪ ПРЕДБЛАХЪ ПОЛОСЫ ОТЧУЖДЕНІЯ КІТАЙСКОЙ ВОСТОЧНОЙ ЖЕЛВЗНОЙ ДОРОГИ	1905	美国国会图书馆
6	哈尔滨及郊区规划图 ПЛАНЪ ГОР. ХАРБИНА И ОКРЕСТНОСТЕЙ	—	1906	哈尔滨市博物馆
7	哈尔滨市图	中东铁路局	1907	《黑龙江省志》②
8	哈尔滨平面简图	—	1910	哈尔滨市博物馆
9	哈尔滨城市规划图 План города ХАРБИНА③	—	1911	
10	新哈尔滨城市规划图 Планъ Новый Харбина	—	1912	美国国会图书馆
11	哈尔滨及附近城市图 Планъ Харбина и окрестностей	—	1912	美国国会图书馆

---

① 哈尔滨市地方志编纂委员会:《哈尔滨市志·城市规划　土地　市政公用建设》,黑龙江人民出版社 1998 年版。

② 黑龙江省地方志编纂委员会:《黑龙江省志·测绘志》,黑龙江人民出版社 1996 年版,第 312 页。

③ https://ru.wikipedia.org/wiki/%D0%A4%D0%B0%D0%B9%D0%BB:%D0%A5%D0%B0%D1%80%D0%B1%D0%B8%D0%BD_1911.jpg。

续　表

编号	图　名	绘制者	绘制时间	馆藏单位/书名
12	哈尔滨城市规划图 Общій планъ расположенія Города Харбина	Ка 1-е Яивара	1917	哈尔滨市博物馆
13	План Харбина и его окрестностей①	—	1920	滨海边疆区（GAPK）国家档案馆科学参考图书馆（NSB）Научно-справочная библиотека（НСБ）Государственного архива Приморского края（ГАПК）
14	哈尔滨城市地图 MANCHURIA-HARBIN（CITY）	—	1921	美国国会图书馆
15	哈尔滨城市规划图 Общій планъ расположенія Города	—	1923	哈尔滨市博物馆
16	江北船口地区平面图 Частн. Затон	—	1923年左右	［俄］克拉金著《哈尔滨——俄罗斯人心中的理想城市》（哈尔滨出版社2007年版）附图
17	傅家甸平面图 Фудзядян	—		
18	奥斯特罗乌莫夫区平面图	—		
19	马家沟及关达基耶夫卡平面图 Модягоу	—		

① http://xn--80aphn.xn--p1ai/news/2022-03-09/obnaruzhen-plan-goroda-kharbina-1920-goda.

续　表

编号	图　名	绘制者	绘制时间	馆藏单位/书名
20	斯拉夫区平面图 Славянскій гор	—	1923年左右	［俄］克拉金著《哈尔滨——俄罗斯人心中的理想城市》（哈尔滨出版社2007年版）附图
21	旧哈尔滨平面图 Старый Харбин	—		
22	埠头区平面图 РЪКАСУНГАРИ	—		
23	南岗区平面图	—		
24	哈尔滨及傅家甸城市规划图（新编号） ПЛАН ГОРОДА（Харбина и Ф удзядяна сприлегающими окрестостями НОВАЯ НУМЕАЦИЯ）①	V.N. ROSEN-TZAREGORODTZEFF/ Ф. Любавина	1924	美国国会图书馆
25	哈尔滨城市规划图 План города ХАРБИНА	С.М. ФОМЕНКО	192-	美国国会图书馆
26	哈尔滨城市地图 MANCHURIA-HARBIN (CITY)	—	193-	美国国会图书馆

　　1920年以后,北洋政府陆续收回中东铁路的相关权益,1923年8月1日成立东省特别区地亩管理局,并在哈尔滨设立地亩分局管理中东铁路地亩事宜。同年,东省特别区市政管理局编制《哈尔滨城市规划全图》,将铁路附属地组成统一城区,以马家沟以南为新的市中心区,以八边形环状放射式路网与各区相连。②1927年5月,东省特别区警察管理处还编绘《东省特别区哈尔滨街市全图》来展现哈尔滨街市布局情况③。1932年2月5日,哈尔滨沦陷,由日

---

① https://www.loc.gov/item/2019585143/.
② 哈尔滨市地方志编纂委员会:《哈尔滨市志·城市规划　土地　市政公用建设》,黑龙江人民出版社1998年版,第9页。
③ 北京图书馆善本特藏部舆图组编:《舆图要录》(北京图书馆出版社1997年版,第218页)载:"《东省特别区哈尔滨街市全图暨街道新旧名称对照表》。图凡12幅。内有第一区警察第一至第五署中、俄文街市图各1幅,及第一区水上警察署中、俄文街市图各1幅。各图均附署界内各街道中俄文新旧名称对照表。"

本关东军司令部统治。但日本绘制哈尔滨城市地图这项活动并非自此才开始，早在 20 世纪初俄国人统治哈尔滨期间，日本就绘制了大量哈尔滨城市地图，其契机在于日俄战争。

1904 年 2 月 10 日，日本对俄宣战，两国于次年签订《朴茨茅斯和约》（日文：ポーツマス条约或日露講和条约，俄文：Портсмутский мирный договор），日本便以不正当手段获取了东北境内长春至大连南满铁路的控制权及驻军权，并始终觊觎哈尔滨。战后两国之间的关系反而愈加紧密，至 1917 年前日俄之间多次签署密约以共同抵制英美等国在中国东北的竞争。1905 年 12 月 22 日，日本又与清政府签订《清日会议东三省事宜条约》《附约》十二款允将东三省内凤凰城、辽阳、新民屯、铁岭、通江子、法库门、长春、吉林、哈尔滨、宁古塔、珲春、三姓、齐齐哈尔、海拉尔、瑷珲、满洲里 16 地开埠通商①。在此背景下，哈尔滨作为东北地区南北部交通枢纽城市进一步强化了它的区域首位城市地位②，各国资本相继涌入，从 1906 至 1928 年间，相继有 40 家中外银行在哈尔滨设立分行、发行货币、开办汇兑业务③，在哈日商和报社逐渐增多，旅哈居民会等日人团体接连成立。据日本驻哈领事馆统计，1907 年 12 月 20 日在哈日本人 109 户 627 人，1917 年 8 月侨哈日人达 775 户 2 287 人，1918 年 1 月侨哈日人计 2 287 人，1925 年 5 月 12 日驻哈日本领事馆公布侨哈日人共 3 407 人，1927 年 6 月侨哈日人 1 088 户 3 773 人，1928 年 11 月日本驻哈总领事馆调查侨哈日人 3 867 人④。自此以后日绘哈尔滨城市地图数量大增，旨在为旅哈日人提供城市区划、风景名胜、交通住宿等方面的向导。

九一八事变后日本军队侵占哈尔滨，使哈尔滨不单是日本人的旅居地，也成为其规划开发的地理单元。对比前后两期人口数据足以见得日本人在开发哈尔滨过程中的计划性和目的性，哈尔滨沦陷以前在哈日人数量增长缓慢，而自 1935 年日本拓务省出台《关于满洲移民基本方策》后便开始了有计划的大批量移民活动，至 1936 年 2 月在哈日人增至 28 403 人⑤，此后进行过十余次

---

① 黑龙江省社会科学院历史研究所：《黑龙江近代历史大事记》，黑龙江人民出版社 1987 年版，第 63 页。
② 曲晓范：《近代东北城市的历史变迁》，东北师范大学出版社 2011 年版，第 139 页。
③ 曲晓范：《近代东北城市的历史变迁》，东北师范大学出版社 2011 年版，第 147 页。
④ 李述笑：《哈尔滨历史编年》，哈尔滨市人民政府地方志编纂办公室出版 1986 年版，第 28、63、69、139、166、170 页。
⑤ 李述笑：《哈尔滨历史编年》，哈尔滨市人民政府地方志编纂办公室出版 1986 年版，第 244 页。

有计划的移民。结合当时的历史背景,这一时期的日绘哈尔滨城市地图的绘制不再单纯以旅游业为导向,还衍生出重点表现规划与利用哈尔滨城区的地图。近代日绘哈尔滨城市地图如表2所示。

表2　日绘哈尔滨城市地图①

编号	图　名	绘制者	绘制时间	馆藏单位
1	Harbin(哈尔滨)②	日本旅游局大连分局(Japan Tourist Bureau, Dairen Branch)测绘编制/日本東京 the Tokyo Printing Co. Ltd 印刷	约1911—1912	美国哈佛大学图书馆
2	哈爾賓市街地图(附東清鐵道線路圖)③	铃木完孝编纂/铃木北冥堂发行/财藤胜藏印刷/安藤商店同大阪屋号书店发卖	1913.11	北海道大学
3	哈爾賓市街地图(附東清鐵道線路圖)④	铃木完孝编纂/铃木北冥堂发行/财藤胜藏印刷/安藤商店同大阪屋号书店发卖	1913.11	防衛省防衛研究所
4	哈爾賓市街全图⑤	佚名	1917	上海师范大学城市地图研究中心(复制件)
5	濱江街市全圖⑥	坂井清一测绘编制,山田活版所	1923.3	日本京都大学人文科学研究所
6	哈爾濱市街全圖⑦	坂井清一测绘编制,满洲日日新闻社印刷,哈尔滨商品陈列馆发行	1926.8	美国国会图书馆
7	哈爾濱市街全圖(第四版)⑧	宝珠山弥高编辑兼发行人/哈尔滨商品陈列馆发行	1929.8	国际日本文化研究中心

① 表中图名照录地图原图名,图名文字中的繁简体、异体字不作统一。
②⑤ 李孝聪、钟翀:《外国所绘近代中国城市地图总目提要》,中西书局2020年版,第160页。
③ http://srcmaterials-hokudai.jp/photolist_mm.php?photo=mm01.
④ 「附図　哈爾浜市街地図」JACAR(アジア歴史資料センター)Ref.C11111513100、第16 師団参謀長　中澤三夫大佐　関係資料　第5地図　昭和12年8月～昭和13年8月(防衛省防衛研究所)。
⑥ 李孝聪、钟翀:《外国所绘近代中国城市地图总目提要》,中西书局2020年版,第161页。
⑦ 李孝聪、钟翀:《外国所绘近代中国城市地图总目提要》,中西书局2020年版,第162页。
⑧ https://lapis.nichibun.ac.jp/chizu/map_detail.php?id=002237857.

续　表

编号	图　名	绘制者	绘制时间	馆藏单位
8	哈爾濱市街全圖①	岩间商会宝石部测绘编制	约1929	日本岐阜县图书馆
9	哈爾賓附近	—	1930	
10	哈爾濱市街全圖（第六版）②	宝珠山弥高编辑兼发行人/哈尔滨商品陈列馆发行	1932.4	国际日本文化研究中心
11	哈爾濱市街全圖（第七版）③	宝珠山弥高编辑兼发行人/哈尔滨商品陈列馆发行	1932.10	哈佛大学图书馆
12	大哈爾濱圖④	哈尔滨日本帝国总领事馆许可大哈尔滨案内社绘制出版	1933	中国国家图书馆；加州大学洛杉矶分校
13	哈爾濱市街圖（附《市街视察箇所略圖》)⑤	南满洲铁道株式会社	1933	东洋文库
14	哈爾濱特別市地圖⑥	哈爾濱特别市公署	1933.8	滋贺大学经济经营研究所
15	哈爾濱都邑計畫概要圖⑦	哈爾濱特别市公署	1934	滋贺大学经济经营研究所
16	哈爾濱都邑計畫圖⑧	哈尔滨特别市公署都市建设局/近泽洋行印刷	1934	永森书店

① 李孝聪、钟翀:《外国所绘近代中国城市地图总目提要》,中西书局2020年版,第163页。
② https://lapis.nichibun.ac.jp/chizu/zoomify/mapview.php?m=002698041_o(访问日期:2023年5月16日).
③ https://digitalcollections.library.harvard.edu/catalog/990146314360203941(访问日期:2023年5月16日).
④ 北京图书馆善本特藏部舆图组:《舆图要录:北京图书馆藏6827种中外文古旧地图目录》,北京图书馆出版社1997年版,第218页。
⑤ https://app.toyobunko-lab.jp/s/main/document/c24c2d59-720f-48c2-6cc0-a224a51f6128(访问日期:2023年5月16日).
⑥⑦ https://mokuroku.biwako.shiga-u.ac.jp/keywords/43683(访问日期:2023年5月16日).
⑧ http://nagamori.jimbou.net/catalog/product_info.php/products_id/12976(访问日期:2023年5月16日).

续　表

编号	图　名	绘制者	绘制时间	馆藏单位
17	哈爾濱特別市全図（附《滿洲國略圖》）①	哈爾濱特別市公署総務処調査股編	1934.1	防衛省防衛研究所
18	哈爾濱市街地圖②	哈尔滨市立工艺养成所制/哈尔滨登喜和百货店发卖/哈尔滨满洲发展社小岛信治经办	1934—1936	上海师范大学城市地图研究中心
19	哈爾濱都邑計畫概要圖③	哈尔滨特别市公署都市建设局制/近泽洋行发行	1935	美国国会图书馆
20	哈市八區土地利用概況圖④	南满洲铁道株式会社经济调查会制	1935	出自《哈尔滨都市建设方案》,日本国立国会图书馆
21	大哈爾濱案内圖⑤	武藤勇郎著作编辑/奉天山本版画所制版/大阪印刷工厂印刷/满洲广告社发行	1935	岐阜县图书馆
22	哈爾濱都邑計畫圖（附《哈爾濱總圖》）	哈尔滨特别市公署都市建设局制/近泽洋行发行	1936	哈尔滨市博物馆
23	哈爾濱特別市全圖（附《哈爾濱特別市區域》图）⑥	哈尔滨兴信所发行	1936	日本国际文化研究中心
24	哈爾濱特別市全圖⑦	哈尔滨兴信所发行	1936.5	日本京都大学人文科学研究所
25	哈爾濱市街地圖⑧	哈尔滨市公署发行	1937—1939	日本地图中心（日本地図センタ）

① https://www.jacar.archives.go.jp/aj/meta/result?DB_ID=G0000101EXTERNAL&DEF_XSL=default&ON_LYD=on&IS_INTERNAL=false&IS_STYLE=default&IS_KIND=detail&IS_START=1&IS_NUMBER=1&IS_TAG_S18=eadid&IS_KEY_S18=M2014030614075149488(访问日期:2023年5月16日).
②⑦ 李孝聪、钟翀:《外国所绘近代中国城市地图总目提要》,中西书局2020年版,第166页。
③④⑤ 李孝聪、钟翀:《外国所绘近代中国城市地图总目提要》,中西书局2020年版,第165页。
⑥ https://lapis.nichibun.ac.jp/chizu/map_detail.php?id=003510963(访问日期:2023年5月16日).
⑧ https://net.jmc.or.jp/mapdata/oldmap/foreigncity.html#wrap(访问日期:2023年5月16日).

续　表

编号	图　名	绘制者	绘制时间	馆藏单位
26	哈爾濱案內圖（附《近郊四勝》圖）	近泽洋行印刷/哈尔滨观光协会藏版	1937.8	日本国立国会图书馆
27	哈爾濱市街圖①	大正写真工艺所新京营业部	1937	永森书店
28	哈爾濱市街地圖②	哈尔滨市公署制/近泽洋行发行	1938	日本国土地理院
29	ПЛАН ХАРБИНА 哈爾濱全圖③	满洲帝国白系ロシア人事务局	1938	永森书店
30	哈尔滨市全图	广冈光治制/近泽洋行泽田佐市印刷部印刷/哈尔滨兴信所发行	1938	中国国家图书馆
31	哈爾濱市全圖④	哈尔滨市公署制/近泽洋行发行	1938	日本京都大学藏谦光社制黑白复印件（原图为彩色）
32	観光の哈爾濱⑤	林岭华绘/日本名所绘图社印刷	1939	选中自《旧城胜景》
33	哈爾賓最新地圖 Plan of Harbin⑥	A.M. Urbanovitch	1939	国际日本文化研究中心
34	最新詳密哈爾濱市街全圖⑦	木崎纯一制/东洋印刷兴业株式会社印刷/动静伊林书店发行	1939.1	永森书店
35	哈爾濱案內圖⑧	日本青云堂印刷所印刷/日信洋行发行	1939.11	私藏

---

① http://nagamori.jimbou.net/catalog/product_info.php/products_id/23762（访问日期：2023 年 5月 16 日）.

② 李孝聪、钟翀：《外国所绘近代中国城市地图总目提要》，中西书局 2020 年版，第 167 页。

③ http://nagamori.jimbou.net/catalog/product_info.php/products_id/13019（访问日期：2023 年 5月 16 日）.

④⑦⑧　李孝聪、钟翀：《外国所绘近代中国城市地图总目提要》，中西书局 2020 年版，第 168 页。

⑤ 钟翀：《旧城胜景：日绘近代中国都市鸟瞰地图》，上海书画出版社 2011 年版，第 83 页。

⑥ https://lapis.nichibun.ac.jp/chizu/map_detail.php?id=005358395（访问日期：2023 年 5 月 16 日）.

续　表

编号	图　名	绘制者	绘制时间	馆藏单位
36	哈爾濱市街圖①	广冈光治制/井口印刷合名会社印刷/哈尔滨兴信所发行	1941	日本岐阜县图书馆
37	哈爾濱市全圖②	广冈光治制/近泽洋行泽田佐市印刷部印刷/哈尔滨兴信所发行	1942	私藏
38	哈爾濱案内圖③	—	1942	日本の古本屋
39	最新詳密哈爾濱市街圖④	日信洋行藤井金十郎发行/日本名所图绘社小山吉三印刷	1943	国际日本文化研究中心

这些城市地图能够直观反映城市的内部构造、分布和外部形态,因而近代哈尔滨城市地图在表现哈尔滨城市发展和演变过程方面具有十分直观的作用,是直接呈现俄国人、中国人、日本人开发与规划哈尔滨之理念的宝贵史料。此外,近代日绘哈尔滨案内地图这类旅行资料介绍了城市内部的交通路线和名胜古迹等信息,这对于了解日本人的城市认知具有重要价值,这些地图也对后来兴起的城市指南类文献产生了重要影响,但学界尚未对这类旅行地图予以充分重视。目前,李孝聪、钟翀在《外国所绘近代中国城市地图总目提要》中收录并介绍了 37 幅近代外国绘制的哈尔滨城市地图(其中俄绘 12 幅、日绘 19 幅、英绘 6 幅)⑤,高龙彬通过比对康熙满文《皇舆全览图》、雍正满文《十排图》、乾隆汉文《十三排图》《皇朝中外一统舆图》《黑龙江舆图》《哈尔滨及郊区规划图》《哈尔滨平面简图》等地图内容说明了哈尔滨地名的由来与满语中的扁岛有关⑥,中西僚太郎结合 29 种案内书籍和 22 种市街图,统计得出哈尔滨案内图的出版高峰在 1939 年,认为这与大量日本人到中国旅行和移居中

---

①② 李孝聪、钟翀:《外国所绘近代中国城市地图总目提要》,中西书局 2020 年版,第 170 页。

③ https://www.kosho.or.jp/products/detail.php?product_id=389817360(访问日期:2023 年 5 月 16 日).

④ https://lapis.nichibun.ac.jp/chizu/map_detail.php?id=003021177(访问日期:2023 年 5 月 16 日).

⑤ 李孝聪、钟翀:《外国所绘近代中国城市地图总目提要》,中西书局 2020 年版,第 159—173 页。此外,钟翀《旧城胜景:日绘近代中国都市鸟瞰地图》(上海书画出版社 2011 年版,第 85—86 页)中也收录了一幅哈尔滨观光图。

⑥ 高龙彬:《清代地图与"哈尔滨"地名考证》,《地域文化研究》2020 年第 1 期。

国有关①,但未对地图的信息来源和功用予以说明。综观目前学界多利用哈尔滨城市地图梳理城市发展史或开展地名研究,缺乏对哈尔滨城市地图进行系统的整理与研究,亦不涉及地图种类与绘制过程的讨论。在笔者目之所及的近代哈尔滨城市地图中,出自日本人之手的地图在数量上更为丰富,在性质上富有双重属性,因而相对而言更具代表性。此即本文着眼于近代日绘哈尔滨城市地图的原因,笔者意在梳理近代哈尔滨城市地图发展简史的基础上,以日绘哈尔滨城市地图为研究对象,辅以志书、游记、档案等文字文献厘清近代日绘哈尔滨城市地图之谱系与演变阶段,并力求探明这些地图的绘制过程与利用情况。

二、近代日绘哈尔滨城市地图的种类

近代日绘哈尔滨城市地图,指 1898 年至 1946 年间日本人以实测手段编绘出版的反映其时哈尔滨城市形态与内部肌理的地图。经笔者普查,国内外馆藏机构如中国国家图书馆、哈尔滨市博物馆、日本国立国会图书馆、国际日本文化研究中心、日本岐阜县图书馆、美国国会图书馆、哈佛大学图书馆等单位收藏哈尔滨城市地图共三十余种,书籍附图也纳入统计之列。围绕这三十余种日绘哈尔滨城市地图,结合哈尔滨城市发展进程,笔者从绘制内容和使用目的角度将其分为"观光市街图"与"城市规划图"两大类。

(一) 观光市街图

观光市街图表现哈尔滨城市既有的城市区划与交通道路,其图名具有一致性即皆以"市街"二字命名,受众群体主要是来哈旅行的日本游客、商人、学生等暂居者,因而编绘者往往还在地图周围刊登商铺广告、风光影像、旅店指南、中日俄文地名对照等内容,旨在为旅居于哈尔滨的外国人提供精细的向导。以《哈尔滨市街地图》为例,该图由铃木完孝编纂,于大正二年(1913)十一月十日由财藤胜藏印刷,于同年十一月十五日由铃木北冥堂发行,在安藤商店与大阪屋号书店发卖,售价五十哥②。该图(图 1)为纸本墨线单色绘制,以右上方为北,绘出哈尔滨之埠头区、傅家甸、新市街、东清铁道。图之右上角书图

---

① 中西僚太郎:《20 世纪前半における日本人作成のハルビン案内書と市街地図》,《歴史人類》2022 年,第 1—27 页。

② "哥"为日文中对俄罗斯货币单位"戈比"(日文:コペイカ,俄文:копейка)的汉字缩写。参看"ロシア貨幣の用語集",http://www.a-saida.jp/russ/imperija/termin.htm(访问日期:2023 年 5 月 16 日)。

名与出版时间，右下方注明凡例及出版信息，左下角附《东清铁道线路图》，图
之外围刊登银行、办事处、商店、烟草、电器等类别的图片广告 37 则，为民众提
供出行指南①。图中地名分别以俄文、日文、中文标注，由此可知该图的阅读
群体为俄、日、中三国民众。从傅家甸地区仅用中文地名标注这一现象文字也
可看出此地为当时中国人在哈尔滨的聚居区。

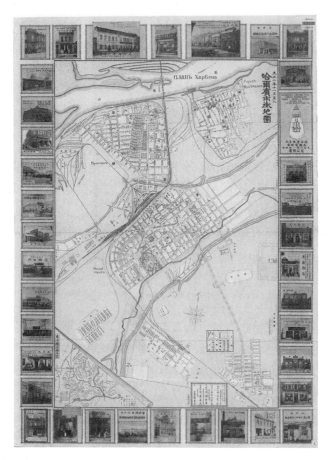

图 1 《哈尔滨市街地图》

---

① 笔者未曾目验该图之版本，但通过比较印有地图的一面可以看出，该图与《外国所绘近代中国城
市地图总目提要》(第 159 页)中介绍的《Harbin》一图形制较为相似，书中提及"《Harbin》)图双面
印刷，不注比例尺，采用上西下东的方位。全图内容覆盖旧哈尔滨、新市街、埠头及傅家甸等区
域。图幅四周是哈尔滨主要建筑照片，与地图相匹配。……图的背面是关于哈尔滨各城区的介
绍、英俄对照的部分旅行常用单词、公共服务设施信息等"，故笔者推测该图也可能为双面印制。

　　为进一步增强地图的实用功能,编绘者在保留双面编绘形式的基础上,将地图四周的宣传照片移至地图反面,这样一来既充分保证了地图的展示空间,又能在反面将照片作为文字插图以达到提升读者阅读体验的目的。逐渐地,以《哈尔滨市街全图》(图2)为代表的这种双面印制的地图系列发展成为一种典型。《哈尔滨市街全图》由宝珠山弥高编辑,于昭和四年(1929)八月三十一日由哈尔滨商品陈列馆发行。哈尔滨商品陈列馆成立于1918年9月1日,以陈列各类商品展览为主。该图为彩色印刷,以上为北,表现出埠头区、偏脸子、八区、傅家甸、新市街、马家沟。图之左上方书图题、图例、指北针及比例尺,比例尺为1∶20 000,右侧列"露支市街名对照表"。左下方列出图中重要地点之序号,包括日本总领事馆、日本居留民会及图书馆、伊藤公纪念堂、哈尔滨日本商业会议所、哈尔滨商品陈列馆、横滨正金银行、东省铁路管理局等47地,并且于图中以红色实线标记前往各地之路径,这些地点集中位于埠头区、傅家甸和新市街。图之背面刊登旅店、商店、书店、医院等图片广告。之所以称《哈尔滨市街全图》是双面印刷地图系列中的典型,源于其出版活动具有连续性和迭代更新性。该图始发行于大正十二年(1923)三月,此后分别于大正十五年(1926)八月、昭和三年(1928)十二月、昭和四年八月、昭和五年(1930)十一月、昭和七年(1932)四月、昭和七年十月共更新六个版本,也就是说,此种地图连续发行流通了十年之久并产生了七个版本,从侧面反映出此种地图的利用价值和程度都比较高,得到了使用者的认可。

　　随着移居至哈尔滨的日本人数量的增多,在哈日人对哈尔滨这座城市的自然环境、历史沿革、交通信息、日常生活等信息的兴趣日渐浓厚,地图提供的单纯的交通、观光信息已无法满足在哈日人对哈尔滨历史文化的深入了解,在这种需求的催生下,演变出一种承载更多文字信息的地图手册。正如这本《哈尔滨》地图册,昭和八年南满洲铁道株式会社发行的旅行手册《哈尔滨》中附着一张《哈尔滨市街图》,该图(图3)为彩色印刷,上方书图题,左上角附"市街视察各所略图",右上角列旅店指南。表现哈尔滨城内埠头区、八区、新市街、马家沟、秦家。该图左侧印刷傅家甸埠头、市街、北满铁路管理局、松花江、日本小学学校的照片以展现哈尔滨城内之自然与人文风光。在这本地图手册中,除以地图提供交通信息外,文字所提供的信息占有更大比重,提供了与人们生活密切相关的各类指南,内容涵盖气候、地名起源、城区沿革、工商业、时差、重要机关,以及旅馆、饮食、土特产、影院等休闲娱乐信息。

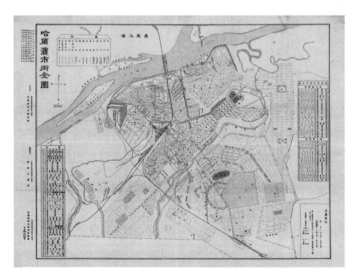

图 2　第四、六、七版《哈尔滨市街全图》对比①

---

①　综合此前版本样式来看,第七版《哈尔滨市街全图》地图背面应该也有广告内容,但由于该图馆藏单位(哈佛大学图书馆)数字化成果未包含此部分,故未能得见。

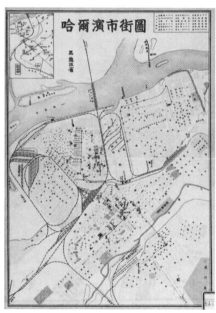

图 3 《哈尔滨市街图》局部

(二) 城市规划图

城市规划图是表现对城市土地开发和城区规划方式之设想的地图,在呈现既有城市布局的同时,还要以另一种方式(多数情况下以虚线地块表示)绘制出即将要实施的城市开发计划。"康德二年"(1934)哈尔滨特别市公署出版

《大哈尔滨特别市的现况》，该书主要阐述日本侵占哈尔滨后的城市建设计划，包含北满回顾、哈尔滨概念、哈尔滨特别市市制概要、税制概要、财政概要、主要事业概略、行政一般概要、都市计划概要八章。哈尔滨特别市公署绘制于"大同二年"(1933)的《哈尔滨特别市地图》是该书的一部分。该图(图4)右侧书图名，黑白印刷，图之方向上西下东，重点表现松花江沿岸两侧之城市构造，比例尺为1∶50 000。表现出哈尔滨市内之水乡区、松浦区、正阳河区、新安埠区、埠头区、八站、傅家甸、南岗区、马家沟、太平区、沙曼区、顾乡屯、懒汉屯、病院屯、旧哈尔滨区、香坊16区。松花江上有松花江铁桥与滨北线铁桥。与以往哈尔滨城市地图最大的区别在于，由于《哈尔滨特别市地图》意在重点表现松花江流向、沿岸之码头以及两岸城市构造，因而整幅地图以右为北，将松花江置于图之中央。

图4　《哈尔滨特别市地图》

该书中的另一幅地图《哈尔滨都邑计划概要图》(图5)为彩色印刷,右上角书图题,左上方附图例,图之方向以上为北,比例尺为1∶100 000。该图以分区域设色的方式表现出市内松浦区、顾乡屯、正阳河、傅家甸、新安埠、埠头区、八区、马家沟、南岗、沙曼屯、王兆屯、旧哈尔滨共12区。该图重点想呈现的内容是未来对哈尔滨城市用地的规划,从左侧凡例可以看出,绘制者在表现哈尔滨既有区域形态的基础上,以另一种点和线段结合的方式表现计划的市街区域,以实线绘出主要道路的计划,以线段绘出对铁道的计划,此外还包括运河、堤防的修建计划,以白、粉、蓝、黄、紫、绿、橙七种颜色的色块区分市内的居住地、商业地、工业地、临江地、铁道用地、公园墓地其他绿地和其他公共用地的空间。

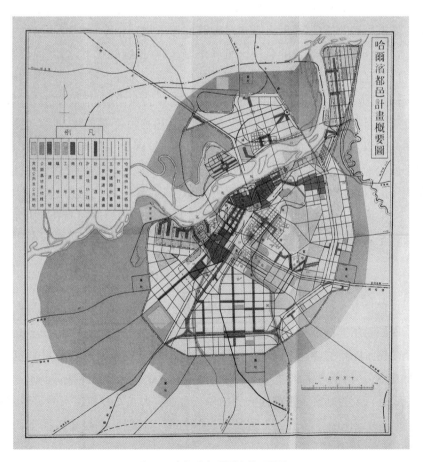

图5 《哈尔滨都邑计划概要图》

(三) 小结

自 1932 年哈尔滨沦陷后,日本人在哈尔滨所扮演的角色从观光客转变为开发者。日绘哈尔滨城市地图也从以服务于旅游观光向表现城市规划与开发的功能转变。因而从地图的表现内容和功能角度看,日绘哈尔滨城市地图以1932 年为界形成两个发展阶段,前一阶段出版观光市街图,后一阶段主要绘制城市规划图。但从文字注记角度,观光市街图的发展实则也存在两个过程,即俄日文地图和中日文地图,与哈尔滨这座城市的发展历史息息相关,这将在下文详述。

这两种类型的地图在绘制目的、内容、形式等方面存在诸多不同。在绘制目的上,前者服务于旅游业,后者则服务于日伪政府;在绘制内容上,前者在提供城区、街道、交通等基本信息的基础上,还提供住宿、商业广告、风景介绍等表现城市风光的信息,而后者重点呈现既有城市规划和即将进行的精细城区计划,并注重以不同颜色的色块区分各个城区;在出版形式上,前者为旅游手册或广告宣传单的组成部分,后者多单独出版或作为城市规划方案中的内容出版;在出版机构上,前者多由洋行、报社等商业公司出版,后者则由领事馆、市公署等日伪政府下设机构出版。除从以上几种角度对比外,两类地图的底图来源以及地图的地理信息来源也各不相同,观光市街图的绘图数据来源于俄绘地图,这一时期日方出版的哈尔滨城市地图在某种程度上说是俄绘地图的日文译本。而日伪政府侵占哈尔滨后,其出版的城市地图之数据源于实地测量。下文即就近代日绘哈尔滨城市地图的绘制过程与利用情况展开讨论。

三、近代日绘哈尔滨城市地图的绘制与使用

近代日本人对哈尔滨城市地图的绘制历经从翻译、编绘到自测的过程。

回溯哈尔滨城市测量史,该地区的城市测量是随着沙俄获得东北地区铁路经营权而展开的,沙俄军队的测量数据成为哈尔滨城市规划的最早资料。1895 年 8 月,沙俄考察队进入东北勘测西伯利亚铁路的修筑路线,同年 10 月,又组织近百人的勘察队伍前往齐齐哈尔、宁古塔、大兴安岭和辽东湾等地进行勘测①。考察队中一名俄国工程师果科沙依斯基随船队溯松花江而上,于今

---

① 李济棠:《中东铁路——沙俄侵华的工具》,黑龙江人民出版社 1979 年版,第 64 页。

松花江地段绘出《松花江两岸目测图》,如图 6 所示,图中明确标出"松花江北岸清兵营盘""田家烧锅""哈尔滨清兵营盘""松花江畔的哈尔滨渡口""松花江边集市""傅家甸的村落"等地物。但此时哈尔滨地区尚未形成明确的市界和城市内部肌理。

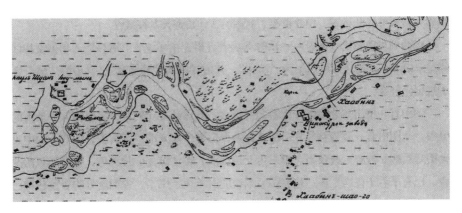

图 6 《松花江两岸目测图》

　　1896 年至 1898 年间,俄国皇家地理学会工程师 E.E.阿涅尔特率"考察队"沿松花江流域非法进行地质考察。[①]1898 年,中东铁路管理局对哈尔滨部分地区进行了控制测量,为 1901 年哈尔滨市的第一次城市规划提供了资料。[②]沙俄约最早在 1899 年绘制《松花江铁路村规划设计图》,并且自 20 世纪初至 20 世纪 20 年代多次绘制《哈尔滨及郊区规划图》以及各区划之分图,这些地图资料成为日本人出版哈尔滨城市地图的资料来源。其实日本人在地图方面不只参考俄国人绘制的城市地图,俄绘军事地图也是日本人在秘密测绘中不可或缺的资料。1931 年 6 月 6 日,日本参谋本部非法进入洮索铁路沿线军事要塞区进行盗测时就曾携带该地区俄文军用地图作为参考[③]。

　　日本人旅居中国早有先例,19 世纪 70 年代中日两国正式外交关系的建立鼓励和方便了日本官民组织或个人出入中国,这些日本人的目的多种多样,包括观光旅行、求学工作、情报搜集等。但在沙俄侵占哈尔滨之后,日本人只能作为游客、留学生、商人等局外人身份来哈。在哈日商面对世界各地来哈游

---

① 李述笑:《哈尔滨历史编年》,哈尔滨市人民政府地方志编纂办公室 1986 年版,第 1 页。
② 黑龙江省地方志编纂委员会:《黑龙江省志·测绘志》,黑龙江人民出版社 1996 年版,第 233 页。
③ 黑龙江省地方志编纂委员会:《黑龙江省志·测绘志》,黑龙江人民出版社 1996 年版,第 7 页。

览参观人数逐年增加的态势,便以观光市街图类型的哈尔滨城市地图服务于旅游业,为游客提供便利向导。哈尔滨商品陈列馆发行的《哈尔滨市街全图》就是为满足游客需求而绘制的城市地图,目的在于为游客、视察团提供游览和住宿参考①。

但这类地图并非日本人实地测绘而成,而是翻译自俄国人绘制的哈尔滨地图。日本人仅出版观光市街类地图不只因为服务于旅游业,还有另外一层也是更为重要的原因制约着日绘哈尔滨地图的出版,那就是俄国人对在华日人活动的监管与提防。俄国人不单禁止日本人携带地图前往满洲里、对日本居民使用土地采取严格措施、阻止日本人看到哈尔滨地图尤其是地形图②,并且会对带有测绘工具绘制地图的日本人施行监禁,俄国人认为日本人绘制的地图向来以精确而闻名,一旦日人进入满洲开展测绘,必将威胁到自己的势力③,因此这一时期日本出版商也只能出版旅游指南性质的城市地图。在沙俄管控下,日本人出版的哈尔滨城市地图只能从翻译俄文版哈尔滨城市地图入手,这一点可以从早期出版的日绘哈尔滨城市地图中看出。以 1913 年由铃木北冥堂发行的《哈尔滨市街地图》为例,这一时期哈尔滨城市开发尚处于初步阶段,埠头区、新市街和旧哈尔滨区是俄国人主要开发的区域,图中区划名称、铁路、街道、菏泽、商铺等皆标注俄文,旁边为日文译文,如图 7 所示。这种兼用俄日文标注地名的地图比比皆是,究其原因有二,一方面因以俄文地图为底本,另一方面当时哈尔滨各类地名确实多以俄文命名,地图中同时标注俄日文能起到对照翻译的作用。

但随着沙俄在哈势力逐渐衰减,中国重新拿回地权,日本人便不再以俄文标注地图,而是改以中日文。1917 年苏俄十月革命后,俄国逐渐丧失在中东铁路的原有特权,日本与俄国的联盟破裂并转向联合英国,1917 年 2 月 25 日

---

① 哈爾濱商品陳列館編《哈爾濱商品陳列館十年誌》(哈尔滨日日新闻社印刷部昭和二年版,第 46 页)载:"邦人は勿論朝鮮支那又は外人の個人又は團體もしての來哈は年も共に増加し殊に兩三年前より激増したるは甚だ喜はしき現象にして、本館は其都度館員を派し送迎並に案内に當り、地圖參考書類及案内書を呈し便宜を計つて居る、左に開設以來の案内者を掲くれは。"关于到哈视察团的记录,据《哈尔滨历史编年》记载,1919 年 6 月 16 日日本大阪教育视察团到哈(第 89 页),1921 年 9 月 24 日日本学务视察团到哈(第 111 页),1925 年 8 月 2 日日本全国中学历史地理课教员参观团来哈(第 140 页)、1927 年 12 月 4 日日本广岛县海外教育视察团前田清等一行 13 人到哈(第 161 页)。

② [日]戸水寛人:《東亜旅行談》,慶應義塾図書館藏本,第 82—83 页。

③ [日]戸水寛人:《東亜旅行談》,慶應義塾図書館藏本,第 78—79 页。

图 7 《哈尔滨市街地图》局部

日本加入《英俄协定》,居住在中东铁路沿线的日本人开始纳税和享受"自治"权①。1921 年,中国北京政府颁布大总统令,专门设置东省特别区市政管理局,接收原由中东铁路管理局辖治的哈尔滨市政权。②这一时期日本人出版的哈尔滨城市地图便不再出现俄文,但此时的地图出版也依然以旅游业为导向。前文提及的 1923 年至 1932 年间连续发行七版的《哈尔滨市街全图》是这一时期地图出版的典型范例。

① 李述笑:《哈尔滨历史编年》,哈尔滨市人民政府地方志编纂办公室 1986 年版,第 59 页。
② 李士良、石方、高凌:《哈尔滨史略(上篇)》,黑龙江人民出版社 1994 年版,第 162 页。

值得一提的是,日本人出版观光市街图之地理信息虽以俄文版城市地图为原本,但其出版的地图样式也对俄国人的地图绘制产生了影响,呈现出日俄之间在地图编绘过程上的互动。例如 1933 年俄国人柳巴文(Ф.Любавина)编绘的《哈尔滨及傅家甸城市规划图》(ПЛАН ГОРОДА)不同于以往的俄绘哈尔滨地图,该图(图 8)的绘制者与日本人的做法相似,在空余处刊登了商业广告。

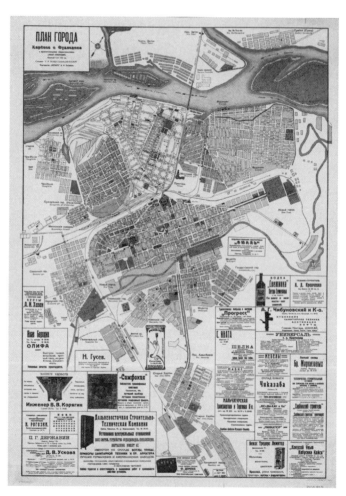

图 8 《哈尔滨及傅家甸城市规划图》

直至 1933 年 2 月 6 日,伪满洲国务院会议通过"商移办法",日本人在我国东北攫取自由居住、往来,从事农、工、商业和担任公私职务,享有关于土地的一切特权。①在土地测量方面,日伪当局哈尔滨市都邑计划股和地籍管理所在哈尔滨地区布设了天文点、基线网点、三角点和沿江三角锁网,城市测绘面积达 100 多平方公里。②这一阶段的日绘哈尔滨城市图多出自日本人对哈尔滨的城市开发计划方案,由哈尔滨特别市公署和南满洲铁道株式会社经济调查会编制,服务于其对哈尔滨的城市规划活动。1934 年,哈尔滨特别市公署出版《大哈尔滨特别市的现况》中绘制的《哈尔滨都邑计划概要图》展现了日本人对哈尔滨城市规划的设想,将哈尔滨城市用地分为住居地域、商业地域、工业地域、临江地域、铁道用地、公园墓地其他绿地、公共用地七类,对市街、道路、铁道、运河、堤坝的修建计划均在地图中呈现出来。而对比另一幅 1943 年 5 月日信洋行发行的《最新详密哈尔滨市街图》可以验证这种设想并未得以实现。

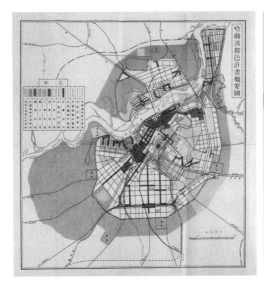

图 9 《哈尔滨都邑计划概要图》与《最新详密哈尔滨市街图》对比

如图 9 所示,可以很明显地看出日本人对哈尔滨的城市规划从范围上扩展到郊外地带,并且开发松花江北岸用地,为防止松花江汛期涨水危及傅家甸及道里区,计划在沿岸修建堤坝,于下游开挖运河。但从《最新详密哈

① 李述笑:《哈尔滨历史编年》,哈尔滨市人民政府地方志编纂办公室 1986 年版,第 218 页。
② 黑龙江省地方志编纂委员会:《黑龙江省志·测绘志》,黑龙江人民出版社 1996 年版,第 233 页。

尔滨市街图》中可以看出,至 1943 年松花江北岸用地并未得到大面积开发利用,新阳区西部、马家沟南部、沙曼屯西部、王兆屯和香坊区还有大面积待开发区域。

四、结　语

虽然近代时期沙俄带来的折衷主义、巴洛克等风格的建筑为哈尔滨这座城市打上了深刻烙印,但留存至今的日绘城市地图却诉说和争辩着日本人在哈尔滨城市发展史中的过往。

结合地图、游记、档案等史料分析,近代日绘哈尔滨城市地图内容和种类的发展变化与哈尔滨这座城市的命运密切相关。1898 年至 1917 年沙俄控制时期,以编绘出版俄日文观光市街图为主,1917 年至 1932 年军阀统治时期,改以中日文编绘出版观光市街图,至日伪政府时期更加重视城市规划图的编绘与出版。地图种类是面对不同的市场需求和时局政策的产物,这在近代日本人编绘出版的哈尔滨城市地图上体现得更为明显,这也是日绘哈尔滨城市地图从观光市街图到城市规划图转向的根本原因。

地图表现的空间虽然是二维的,城市地图再现的城市布局、交通道路虽然是客观的,但地图的呈现方式是主观选择的结果,因而解读地图需要从历史、空间、社会等方面进行多维度分析。如果从地图绘制思想角度对比两类地图,探究编绘者在两类地图中角色的转换,就可以发现这两类城市地图在地理情感上的微妙变化。日绘哈尔滨观光市街图中的编绘总是以“人”为核心,地图的内容、图文布局、版式设计、文字类型皆以人的需求为导向,内容更是涵盖衣食住行等方方面面,使读者群即城市民众具有很强的参与感,地图的实用性与读者的体验感成为市街图在绘制过程中必须时刻关注和反思的问题。观光市街图作为一种旅行地图,实用性是其最大特点。而日绘哈尔滨城市规划图则转移到另一维度俯瞰城市和街道布局、地块面积的扩展、河堤大桥的修建,在这类城市图中,“人”不再是被重视和关照的焦点,读者失去了话语权,编绘者才是地图制作这项活动中的主导者,规划图更能突出地体现出编绘者意志的主导作用。总之,从编绘观光市街图转变到城市规划图的这个过程,不仅仅是地图种类的改变,绘制内容的增删,更重要的是现象背后所蕴藏的编绘者在地方情感和身份认知上的变化。

From Sightseeing to Planning: the Evolutionary Development of the Modern Japanese City Map of Harbin

Abstract: The development of the modern Japanese city map of Harbin can be divided into three stages, with the first two stages focusing on the production and publication of tourist city maps, and the third stage moving on to the production of city plans. Through a combination of historical and graphical analysis, this paper argues that the modern Japanese maps of Harbin were based on the earlier Russian maps of the city, and that they were oriented towards tourism, and that their presentation was also a reaction to the Russian maps. The city plan is a map drawn up to present Japan's urban planning scheme for Harbin after its illegal seizure of land rights in the North east China.

Key words: modern; Harbin; city maps; Japanese maps

作者简介:田清,复旦大学历史地理研究中心博士研究生。

清末民国吴语区宝卷的城市化^①

尚丽新　李文昕

　　摘　要：清末民国时期，宣卷在长三角城市群现代化进程的剧变中，沿着商业化、娱乐化、时政化、学术化的道路高速发展，这是吴语区宝卷的独有现象。受都市商业化、娱乐化的影响，宣卷不仅满足民众的信仰需求，也进入娱乐性商演之中，部分宣卷人转变为职业艺人，表演方式上曲艺化、戏曲化明显。宣卷与都市流行的曲艺、戏曲交互影响，共同促成了吴语区民间文艺的繁荣。商业化也促使宝卷文本的案头化，尤其是石印本世俗故事宝卷由信仰文本变为通俗文艺读本，进而促使宝卷文体发生了类似于从"话本"到"拟话本"的转变。在风云变幻的时代环境之下，吴语区城市宝卷也向着服务政府、服务社会的方向发展，权力阶层和精英阶层开始发掘其正能量的一面，知识阶层也将之纳入研究视野之中，宝卷终于得到一个被公正客观地认识和对待的机会。在吴语区宝卷的城市化进程中，宝卷的性质和功能发生了部分改变，但它仍然保持着服务于民间信仰的基本性质和职能，在城市的多元信仰中占据一定的空间。

　　关键词：宝卷　宣卷　民间宝卷　宝卷城市化

　　清末民国宝卷城市化是吴语区宝卷的独有现象。江南城市之发达古已有之，鸦片战争之后，通商口岸的开放促成了长三角城市群的形成。这一地带原本就是宝卷信仰隆盛之地，加之大量具有宝卷信仰的民众从乡村进入城市，在

---

①　本文为国家社科基金重大项目"民间宝卷文献集成及研究"（19ZDA286）的阶段性成果。

近现代新旧交替、风云骤变的大背景之下,在城市经济高速发展,商业化、娱乐化不断加强的境况之中,江南宣卷走上了城市化的独特道路。清末民国宝卷的城市化是宝卷发展史上的重要一环,它促成了宝卷表演方式的改进、宝卷文体的演变,乃至宝卷功能和性质的部分改变。这一过程虽然昙花一现,但对于研究吴语区宝卷近现代的嬗变具有重要意义。关于这一论题,前辈学者多有精辟论述,诸如李世瑜《江浙诸省的宣卷》(《文学遗产增刊·第七辑》,中华书局 1959 年)、泽田瑞穗《增补宝卷の研究》(国书刊行会 1975 年版)、桑毓喜《苏州宣卷考略》(《艺术百家》1992 年第 3 期)、车锡伦《中国宝卷研究》(广西师范大学出版社 2009 年版)等,笔者试图在综合诸家论述的基础上做一系统研究。

一、吴语区宝卷城市化的动因和轨迹

学界普遍认可宝卷源出佛教俗讲,车锡伦《中国宝卷研究》进一步指出宋代佛教僧侣为世俗信徒做的各种法会道场孕育了宝卷[1];那么,从起源上来看,宣卷的功能就是向世俗信徒传道布教和满足其信仰需求。宋元时期,宣卷的执仪者是僧尼,这种情况在明代发生了变化,宣卷人不再限于佛教的僧尼,非正规的火居僧道也加入到宣卷人的行列之中。成化、正德年间散曲家陈铎《滑稽余韵》[满庭芳·道人]和《秋碧轩稿》[北南吕—枝花·道人应付]两首散曲,描画的是倚称佛教、没有师传的"道人非是道,僧众不是僧"的"道人",这些道人的职业是"揽斋事",服务对象主要是民间的小门小户,所谓"小家儿图减省"。[2]陈铎久居金陵,对都市生活极为熟悉,他的《滑稽余韵》写的就是城市中的各行各业,但这些"道人"不仅出现在城市,且应遍布城乡。"道人"的出现与明太祖抬高瑜伽教僧的地位有关。明洪武十五年(1382),明太祖赋予瑜伽教僧专职经忏师的地位,同时统整了瑜伽教科仪和经忏的价格。瑜伽教僧于是成为从事经忏法事的专职僧人,而他们的宗教服务就变成了与信众之间的市场性供需消费行为。由于瑜伽法事易学易行又易于获利,所以一般在家人士也想从中获利,应赴僧、火居道士就在这种背景下产生了。[3]陈铎散曲中的"道人",其实就是火居僧道。明太祖对瑜伽教科仪和经忏进行全国统一定价,而

---

① 车锡伦:《中国宝卷研究》,广西师范大学出版社 2009 年版,第 62 页。
② 谢伯阳:《全明散曲》(第一册),齐鲁书社 1988 年版,第 547、613—614 页。
③ 陈玉女:《明代瑜伽教僧的专职化及其经忏活动》,陈玉女:《明代的佛教与社会》,北京大学出版社 2011 年版,第 266—270 页。

忽视了地区差别和城乡差别；这就更进一步造成了"道人"之类的民间执仪者存在的必要性。到了正德年间，罗教大兴，此后各种民间教派兴起，这些教派中的执仪人也自然成为宣卷人，他们的宣卷活动既是为了传教，也服务于民间信仰。这样，正规的、非正规的各类宣卷人游走于民间，遍布城乡。

可以说，自产生之日起，宣卷就分布于城乡；只不过较之都市，大约乡村中"小家儿图减省"更为普遍一些。明清的小说戏曲中有一些城市宣卷的描写。诸如明嘉靖年间山东剧作家李开先《宝剑记》传奇第四十一出中写到林冲妻子张贞娘的母亲亡故，贞娘让王妈妈去请僧人宣卷追荐①；《金瓶梅》中活跃在清河县、多次在西门庆家中宣卷的尼姑②；《型世言》第二十八回描述了湖州张秀才请野和尚颖如以佛头的身份在家中做法事③。以上这些宣卷活动都是为了满足民间信仰。而随着城市经济的发展，宣卷也可以成为一种卖艺赚钱的商业行为。成书于雍正庚戌(1730)的曹去晶《姑妄言》第十一回中有一个在南京宣卷的老和尚，他本是个混吃骗喝的闲人，走投无路了，"没奈何，才出了家。他又不会经典，因幼年时读过书，认得些字，自幼好看说唱本儿。大来游手好闲，无事时常常听人说唱。他记性颇好，学会了许多宣卷在肚里。他要出来说唱化缘，料道哄不动男人，只好骗女人们几个钱用用"④。这位在南京城里用宣卷骗钱的老和尚，颇像一个流浪艺人。宣卷本来从属于佛教忏法，应当由正规僧尼来执仪，但大约由于简单易学，它也成了"道人"们的专长。这也就是为什么在明清关于宝卷的文献记载中，宣卷人多是些道德败坏的僧尼或者招摇撞骗的假和尚。

在清道光之前，城市中的宣卷是民众诸多信仰活动中的一种，同时也存在商业性质的卖艺行为。城乡宣卷的差别不大。但从清道光年间开始，吴语区的城市宣卷发生了真正的改变，开始走向兴盛。之所以城市宣卷的兴盛只发生在吴语区，一是因为吴语区的民间信仰在很大程度上与宝卷高度结合，二是因为长江中下游地区通商口岸的开放造成了这一地区都市的繁荣发展。清代吴语区的民间宣卷主要分布在常州府、苏州府、松江府、嘉兴府、湖州府、杭州

---

① 傅惜华：《水浒戏曲集》(第二集)，上海古籍出版社1985年版，第74页。

② (明)兰陵笑笑生著，戴鸿森校点，《金瓶梅词话》人民文学出版社1992年版。

③ (明)陆人龙《型世言》第二十八回"痴郎被困名缰，恶髡竟投利网"写到野和尚颖如以佛头的身份在张秀才家中做仪式："先发符三日，然后斋天送表。每日颖如做个佛头，张秀才夫妇随在后边念佛，做晚功课。"(明)陆人龙《型世言》，江苏古籍出版社1993年版，第466—471页。

④ (清)曹去晶：《姑妄言》，中国文联出版公司1999年版，第559—560页。

府、绍兴府和宁波府,正是长三角城市群的产生之地。从道光年间开始,随着通商口岸的开放,近现代意义的城市产生并迅速发展。江南经济发达,城乡关系原本就极为密切,农民离开土地去城市谋生并不少见;开埠通商之后,近现代工商业发展起来,一方面是大量乡村劳动力涌入城市,另一方面是城市间的人口流动加剧,而上海更是成为长三角城市群中最具有吸引力的城市。由于以宣卷满足民间信仰在吴语区普遍存在,这些流动人口进城的同时也带去了他们对宣卷的需求,客观上就壮大了城市宣卷的队伍和声势。清末吴语区宝卷的"进城"指的是宝卷由乡村进入城市,汇入到城市已有的宣卷之中,在长三角城市群现代化进程的剧变中,沿着商业化、娱乐化、艺术化的道路高速发展。

吴语区城市宣卷在同治、光绪年间已成盛况。光绪末年苏州出现了宣卷艺人的行业组织"宣扬公所",标志着宣卷人职业化的完成和宣卷正式加入了民间演艺的行列。商业化的宣卷主要以唱堂会的形式满足城市中的信仰需求;同时为了迎合市民的审美趣味,宣卷艺人不断提高宣卷技术,宣卷艺术取得了长足发展,丝弦宣卷在城市中大盛。随着宣卷艺术水平的不断提高,宣卷也逐渐偏离信仰轨道,在商业化、娱乐化的道路上越走越远,到了 20 世纪 20 至 30 年代,上海、苏州、杭州、绍兴、宁波这五所城市的宣卷达到极盛,部分宣卷人活跃于舞台和电台,成为职业艺人。民国时期的上海是亚洲最繁华的都市,也是外来人口流动最活跃的城市,苏州、杭州、绍兴、宁波的宣卷齐聚上海,其中苏州宣卷和宁波宣卷尤为兴盛。苏州宣卷的兴盛是因为明清时期苏州府和松江府逐渐建立起紧密的经济文化联系;宁波宣卷的兴盛则是因为在 20 世纪 30 年代的移民潮中大量的宁波人涌入上海。20 世纪 30 年代后期,受战争的影响,做堂会、商业演出锐减,吴语区城乡宣卷都开始衰落,一些宣卷艺人回到乡村重操旧业,一些宣卷艺人改行加入剧团,还有一些宣卷艺人游走于城乡之间。1949 年之后,宝卷淡出历史舞台,城市宣卷彻底谢幕。20 世纪 70 年代之后乡村宣卷复兴,城市宣卷只在上海、苏州、绍兴的一些地方的丝弦宣卷中留有余韵。

二、吴语区城市中宝卷的商业化、娱乐化走向

与在乡村一样,宝卷进城后最主要的功能仍是做会宣卷,满足当地民众的信仰需求。做会的主要形式就是堂会。苏州宣卷的堂会可分为人家堂会、香

汛堂会、庙会堂会、庵观堂会和妓院堂会五类①，香汛堂会、庙会堂会、庵观堂会都是在固定的时间举行，而人家堂会和妓院堂会则没有时间限制，需求量更大。人家堂会适用于结婚闹丧、祝寿求子、生病遇灾、小儿满月、新房落成等各种场合，1915 年 6 月 15 日《申报》刊登的《奢侈税征收法》明确规定"凡人家喜庆、小儿剃头满岁、做堂戏，唱滩簧、念宣卷等事须预缴奢侈税"②，由征收奢侈税可见人家堂会之盛。至于妓家宣卷在上海、苏州的兴盛，一来是因为这些从吴地各乡村进城的妓女本身有以宣卷满足信仰的需求和习惯，二来是妓院堂会的费用由恩客赞助，攀比竞争之下已成为有利可图的"大买卖"。由此形成了"此事妓家最盛行，或因家中寿诞，或因禳解疾病，无不宣卷也"③的盛况。

做会宣卷之外，吴语区的城市宣卷也登上了商业演出的舞台。像上文《姑妄言》中提到的冒充和尚在街头以宣卷为名卖艺赚钱，这也是娱乐性的商业行为，可见宝卷的商演在雍正年间已经在城市中零星存在了。20 世纪 20 至 30 年代，吴语区都市中的部分宣卷人又纷纷登上舞台，在娱乐场所和电台进行商演，宣卷的娱乐性商演进入极盛期。上海先施乐园、大世界、绣云天、天韵楼等游乐场都活跃着宣卷先生的影子，较为活跃的有袁澄泉、史鉴渊文明宣卷，华子卿改良宣卷，曹少堂文明宣卷，褚似馨文明宣卷等。当时上海的《民国日报》《时事新报》等各大报纸，经常刊登宣卷名家登台演出的广告。舞台表演以满足观众的娱乐需求为主要目的，提高技术水平，追新逐异成为宣卷人的新追求，由此也就促成了化装宣卷、女子宣卷的兴起。1926 年 2 月 26 日《民国日报》刊登《杭州简短》报道省厅严厉打击西湖娱乐（即大世界变相）违章扮演淫剧，及化装宣卷等。④说明这一时期杭州化装宣卷十分流行，大世界游乐场以此为卖点吸引观众。1924 年 12 月 3 日刊登于《申报》的《顾曲偶谈》提及大世界游艺场中有顾咏梅、钱凤池的女子宣卷。⑤20 世纪 30 至 40 年代，在以上海为中心的江浙大城市中，电台宣卷已经成为宝卷传播的一种新方式。从民国时期的电台节目报刊来看，上海和宁波的众多电台都在固定的时间播放宣卷节目。播放四明宣卷的电台主要有：上海的胜利、台名、军声·军迅、新运、政

---

① 桑毓喜：《苏州宣卷考略》，《艺术百家》1992 年第 3 期。
② 觉迷：《奢侈税征收法》，《申报》1915 年 6 月 15 日，第 14 版。
③ 陈汝衡：《说书史话》，作家出版社 1958 年版，第 128 页。
④ 《杭州简短》，《民国日报》1926 年 2 月 26 日，第 4 版。
⑤ 《顾曲偶谈》，《申报》1924 年 12 月 3 日，第 16 版。

声、大亚、华泰、东陆、大来、华英、利利、凤鸣等,宁波的宁声、宁钟、宁波等。活跃在上海电台的四明宣卷的艺人有应克俭、忻礼红、张仁心、刘心田、筱显民、赵孝本、童香山等,为数不少。这些艺人并不是专宣四明宝卷,通常他们也精通宁波乃至上海、苏州、绍兴等地的其他曲艺和地方戏,像四明南词、改良甬剧、宁绍弹唱、四明快书、四明滑稽、苏滩、申曲等。从电台节目表中可以看出,电台播放宣卷的时间最短为四十分钟,最长为两个小时。由于宣卷时间缩短了,完整地宣一部宝卷可能性不大,长篇的宝卷会被切分成若干段,电台宣卷中选段和小卷会比较流行。电台宣卷更进一步催化了宣卷的曲艺化、戏曲化。

不管是在做会宣卷还是在舞台宣卷中,都可以清晰地看到清末民国长三角城市群的经济发展将宣卷卷入商业大潮之中,朝着商业化、娱乐化的方向迅速发展,由此而产生了三个结果:一是宣卷技艺的曲艺化、戏曲化,二是宣卷人的职业艺人化,三是宝卷文本的读物化。以下分述之。

(一)宣卷技艺的曲艺化、戏曲化

宣卷技艺的曲艺化、戏曲化在宝卷进城之前就开始了。道光以来通俗文艺的大发展使宝卷裹挟其中,使宝卷在题材内容和表演方式上都向其他民间文艺靠拢。只不过在乡村时期宣卷的性质和功能以信仰为主,其技艺的演进与否也受制于信仰。对于水平较高的民间艺人来说,从技艺上借鉴其他民间文艺并非难事,是否进行技术上的改进关键是观念上的突破。当信仰在宣卷中占据上风之时,宣卷技术是相对稳定的,变或不变都要取决于信仰的需求。而宝卷进城之后,受到都市审美的影响,在技艺上更加讲究;更为重要的是,作为娱乐性商业演出的宣卷,就必须通过改进技术来提高竞争能力。正是都市娱乐的需求,放大了宣卷的娱乐功能,使得宣卷能够突破信仰的藩篱吸取其他民间文艺的优长迅速提高自己的技术和艺术水平。不管是舞台宣卷还是电台宣卷,它都要和曲艺说唱、地方戏荟萃一堂,为了争取观众,行业间的竞争是不可避免的。民国初年,宣卷艺人为了取悦听众,演唱一些苏滩的传统剧目,被苏滩艺人告到官府打官司,官府判决宣卷艺人只可用一把胡琴伴奏。[1]1929年《苏州明报》刊登的一则《协约声明》记载南词与宣扬社之间存在营业上的争执,因此双方签订协约。[2]这两起案例有力地证明了宣卷艺人的偷师学艺且青

---

[1] 车锡伦:《中国宝卷研究》,第213页。
[2] 《协约声明》,《苏州明报》1929年11月28日,第12版。

出于蓝。

　　宣卷技艺的曲艺化、戏曲化使朴素的木鱼宣卷演进为丝弦宣卷,弹词、滩簧等江浙流行的民间文艺成为宣卷借鉴技艺的重要对象,文明宣卷、新法宣卷这些新名词的出现更多地反映的是宣卷技艺的革新。苏州、绍兴、杭州的宣卷都出现了不同程度的戏曲化。苏州宣卷的曲艺、戏曲化主要来自苏滩和弹词的影响,受弹词影响的书派宣卷尤其著名,起角色、丝弦伴奏是其特点。绍兴宣卷也起角色、丝弦伴奏,但受滩簧影响比较明显。杭州宣卷则是典型的化装宣卷,最终发展为杭剧。民国十年(1921)裘逢春、金月红等艺人将杭州宣卷带进杭州大世界游艺场演出,在曲调上增加了流行的民间小调,在伴奏乐器方面除用原有的木鱼击节外,加进了二胡等弦乐器。1923年裘逢春等组织行会民乐社,改革宣卷调、吸收扬州清音,以胡琴、三弦及锣鼓伴奏。1924年1月首次在杭州大世界游乐场挂出"武林班"牌子公演,化装上演了《卖油郎独占花魁女》。民国十四年(1925)民乐社改称"武林班","武林班"在化装、表演、伴奏上都模仿京剧和扬州清音,其基本曲调统称为"武林调",当时杭州的各宣卷班纷纷改唱"武林调"。到了1949年,"武林调"正式定名为"杭剧"。①

　　从杭剧的发展过程可见这一剧种的成立并非宣卷的一己之力,而是当地多种民间文艺的合力。宣卷之于杭剧,类似于盐溶于水。宣卷在吸收其他民间文艺的优长的同时也被其他民间文艺借鉴。一个宣卷艺人通常是既擅长宣卷又擅长当地流行的各种说唱和地方戏。1939年刊登于《申报》的《沦陷中的苏州游艺界》记载了苏州沦陷后堂会宣卷衰亡,宣卷艺人改唱苏滩的实况:"现因人口骤减,世家他迁,即有喜庆,亦都尽力缩减,堂会乃至绝无仅有,营业一落千丈,遂不得不改变方针,另谋出路,纷纷搭班组织滩簧场子,冀图维持。"②上文中提到在电台表演四明宣卷的艺人通常也精通宁波乃至上海、苏州、绍兴等地的其他曲艺和地方戏。甬剧的创立者贺显民就是其中的代表。他幼时师从其姑父(宣卷艺人曹显民)学唱宣卷,1936年在上海的"华泰""航业""中西"等电台演唱宣卷。后来又学习四明南词、宁波滩簧,将宣卷、四明南词与滩簧融会贯通,创立了甬剧。清末绍兴文戏也即后来的越剧,就是在吸收宣卷调及民间小调的基础上逐步成为戏曲剧种。沪剧(上海)、姚剧(余姚)、苏剧(苏

① 车锡伦:《中国宝卷研究》,第215页。
② 韦修:《沦陷中的苏州游艺界》,《申报》1939年2月12日,第18版。

州)、锡剧(无锡)等地方曲艺的形成与江南滩簧有着密切关系,而清末民国时期江南滩簧的曲目和曲调也都受过江南宣卷和当地民间小调的影响。可见江浙民间宣卷对于江南戏曲曲艺的兴盛产生过巨大影响。

不可否认,在清末民国江南都市文艺大发展的背景之下,都市宣卷在与其他民间文艺的交互影响中嬗变着。都市宣卷在大肆汲取江南流行民间文艺的营养的同时被同化,舞台商演使之丧失了信仰性、仪式性的本性,朝着曲艺化、戏曲化的方向狂奔,并随着江南流行民间文艺的盛衰而盛衰。

(二) 宣卷人的职业艺人化

明清时期活跃在城乡的"道人"(应赴僧人和伙居道士)是职业、半职业的非正规宗教执仪者,而清康熙之后随着民间宝卷的兴盛产生的大量乡村宣卷人并不是职业宣卷人,他们仅在做会宣卷时是执仪者的身份,其他时间都是以种地为生的农民。清道光之后,乡村宣卷人大量涌入城市之后,不再以土地为生,做会宣卷成了他们的主业,半职业、职业的宣卷人才产生了。由于宣卷活动具有很大的不确定性,单纯宣卷尚不足以养家糊口,所以宣卷人大多兼职理发、茶馆等其他业务。据桑毓喜考证至晚在清道光、咸丰年间,苏州已有职业宣卷人存在,他们在宣卷的同时经营着茶馆,茶馆通常也是交流、接洽宣卷业务之地。①光绪末年苏州出现了宣卷艺人的行业组织"宣扬公所",标志着宣卷人职业化的完成。1909 年,上海刊行的《图画日报》连载《营业写真》,其中介绍到"宣卷"这一职业:"非僧非道亦非尼,宣卷先生老面皮。经卷高宣法器响,当当齐当齐当齐。宣卷判到结缘好,妇女同声齐喊妙。卷中夹杂唱滩簧,其名叫啥大四套。"②"清末民初至二十年代,苏州宣卷最盛行时,从业人员达四百余人。"③

到了 20 世纪 20 年代,除了做会宣卷之外,吴语区都市中的部分宣卷人又纷纷登上舞台,在娱乐场所和电台进行商演,成为职业艺人。像上文中提到的在电台宣卷的艺人,以及杭剧、甬剧的创始者。其中少数人成为娱乐明星。例如心里红,他是 1936 年前后活跃在上海电台的四明宣卷明星艺人。他姓忻,名字有"礼红""礼洪""礼鸿"多种写法,而"心里红"是艺名。1936 年 4 月凤鸣广播电台《凤鸣月刊》(袁凤举为主编,凤鸣广告社出版,1937 年 6 月停刊)创

---

①③ 桑毓喜:《苏州宣卷考略》。
② 《营业写真·宣卷》,《图画日报》1909 年第 5 期,第 8 页。

刊,在《创刊号》上刊载了倚剑楼主所作的《宁波名人开篇》,《开篇》中的第十位名人就是忻礼红,称他是"改良宁波讲卷忻礼洪,讲卷道中顶顶红。每日播音讲劝听众,劝人行善莫行凶"。心里红在凤鸣电台唱四明宣卷,被称为改革四明宣卷的发明家,在他的结婚报道中更是将之尊为四明宣卷的泰斗,可见他是当时上海听众心目中的电台红人,可惜这位明星艺人不知所终。从事娱乐性商演的宣卷人的身份就转变为演员或艺人;而参与做会宣卷的宣卷人,尽管他们的宣演是商业行为,也表现出很强的娱乐性,但他们宣卷目的是为民间信仰服务的,执仪人的身份感更强烈一些。不过,对于大多数城市宣卷人来说,他们不可能是完全意义上的执仪者或艺人,他们通常具有执仪者和艺人的双重身份。当都市宣卷衰落之后,少数宣卷人改行成为职业演员,大多数返乡后重操旧业。

总之,从明代到民国吴语区城市宣卷人的身份从明清的非正规宗教执仪者一变为清末职业、半职业的民间信仰执仪者,再变为民国时期执仪者和商演艺人的双重身份,且其中少数人成为从事娱乐性商演的专职艺人。造成这种身份变化的关键因素是近现代城市经济发展的大背景之下宣卷的商业化。

(三) 宝卷文本的读物化

宝卷源出佛教的俗讲,宝卷文本不管在形式上还是功能上都模仿佛经,在信众眼中宝卷是作为神圣文本存在的。不管是刻本,还是抄本;不管是使用在仪式之中,还是在流通、供奉之时,处处都彰显着它的神圣性。但这种局面在宝卷进城之后被打破了,都市商业化不仅改变着宣卷的传播方式、性质和功能,而且也改变着宝卷文本的传播方式、性质和功能。

宣卷艺人不再将传抄宝卷视为功德,宣卷班社内的抄本宝卷多为演出用的脚本,由于商业原因成为"秘本"。1949 年后宣卷没落,宣卷艺人将这些脚本卖出,"从这些宝卷中可以约略分出江浙宣卷艺人的家数或派系来"。[①]而受都市商业化影响更大的是刻本宝卷。当时江浙的刻本宝卷主要有两个来源:一是经房、善书房刊刻的偏重信仰、劝善的卷本,二是普通印书局刊印的讲述世俗故事的宝卷。当然,二者之间有交集,诸如《香山宝卷》《雪山宝卷》之类的神灵故事宝卷、《刘香女宝卷》《黄氏女宝卷》之类的女性修行宝卷、《珍珠塔宝卷》《卖花宝卷》之类具有纯正教化思想的世俗故事宝卷。偏重信仰教化的宝

---

① 　李世瑜:《江浙诸省的宣卷》,《文学遗产增刊·第七辑》,中华书局 1959 年版。

卷,通常由玛瑙经房、慧空经房等经坊和翼化堂善书坊、宏大善书局等善书坊出版,早期为木刻本,清末民国时期多为石印本;讲述世俗故事的宝卷由上海文益书局、惜阴书局等普通印书局出版,基本为石印本,有个别铅印本。这些印本宝卷发行全国,基本上不作为宣卷的底本被使用和流通,一般被视为案头本。

其中印书局石印的大量通俗故事宝卷,接近通俗文艺读物。李世瑜据550余种印本做过统计,上海惜阴书局、文益书局、文元书局出版石印本宝卷200种上下[1],此外,绍兴的聚元堂书局,宁波的学林堂书局、朱彬记书局也大量刊印石印本故事宝卷。它们从重视信仰、教化功能向娱乐功能倾斜,部分新编的宝卷甚至就是在都市娱乐的旋涡中赶时髦。这些宝卷客观上会吸引更多的读者,其影响已远在宝卷信仰群体之外。而且这批被整理改编的阅读文本使得宝卷文体发生了类似于从"话本"到"拟话本"的转变,由此也就形成了"拟宝卷"这样一种重要的俗文学文体。石印本故事宝卷是吴语区城市宝卷商业化、娱乐化的产物,它们努力向通俗文学方向靠拢,力图汇入到近现代的都市通俗文艺之中。

以上阐述了商业化、娱乐化影响之下吴语区城市中宣卷的曲艺化、戏曲化,宣卷人的职业艺人化以及宝卷文本的读物化。在此再补充一点,当宝卷被卷入都市的商业化、娱乐化大潮之中,它的性质和功能也在发生转变,甚至走向"消亡"。"宣卷调"被其他民间文艺吸收,化身千亿;职业的宣卷艺人身兼多艺,可以随着娱乐的流行风向随意转型。一味为了迎合市民的审美趣味,也产生了部分媚俗、低俗之作。诸如上海滑稽戏中的部分滑稽宣卷将宣卷低俗化,已毫无信仰、教化的庄重;新编的《莲英宝卷》《黄慧如宝卷》之类均出于都市八卦的猎奇心理;还有一些用作商业广告的宝卷已经彻底脱离了宝卷的信仰性质和功能。这些状况表明,当宝卷一味沿着商业化、娱乐化方向发展之时,它的信仰、教化功能就会被削弱,它的性质也会发生改变。

三、吴语区城市宝卷的时政化、学术化走向

在明清的官方记载和知识阶层的文学作品和风土笔记中,宣卷者要么是白莲教惑众的妖人,要么是道德败坏、危害社会治安的黠尼淫僧或野路子的迷

[1] 李世瑜:《江浙诸省的宣卷》。

信职业者。在吴语区清末民国的政府公告中也可以看到对宣卷的禁止、取缔和规范,在各类报刊中也会刊登一些宣卷者作奸犯科的案例。清光绪年间创刊于上海的报纸《益闻录》在1882年时刊登过《宣卷被辱》一文,记载了某日宣卷先生到主家宣卷,因语言污秽被主家扫地出门。[1]1892年6月9日《申报》刊载的《论讲乡约之有益》对宣卷大加批评:"本埠之宣卷与请僧道拜忏也者,夫宣卷之人不僧不俗,木鱼铙鼓,日夜喧呶,殊令人可笑之极。而愚夫愚妇信之甚深,且较僧道礼忏之生意为更佳。其所言者亦自称为故事,实则穿凿附会,不堪入耳。甚至有以靡靡之音,动人之听者,淫词艳曲与梵呗声错杂其间,而听者不觉焉。"[2]从"穿凿附会""不堪入耳""靡靡之音""淫词艳曲"这些字眼可见其对宣卷之鄙夷。直到民国时期,此类评价仍然存在。例如1936年8月14日《时事新报》刊载《交部广播音电台的儿童播音竞赛会》一文尖锐地指出"广播的节目,都是迎合小市民的低俗趣味的污秽俚俗的滩簧、滑稽、宣卷等"[3]。

客观来说,任何职业中都有不守行规、道德败坏者,且清末民国时期吴语区的都市宣卷也确实存在着媚俗化、低俗化的问题;然而,并不能抹杀宣卷在社会中所起的积极作用。在盛行宣卷的乡土社会中,民众通过宣卷这种信仰方式来实现基层社会的自为性发展。一方面通过满足民众信仰来维持社会的稳定发展和生产生活的顺利进行;另一方面在阶级矛盾、民族矛盾激化的时期,基层民众就会用"自己的神"来争取权益。后一种行为在统治阶级眼中是具有反动性的,所以自然会对其进行污名化的打压,很大程度上导致宝卷在基层社会中发挥的积极作用长时间被权力阶层和知识阶层所忽视。清末民国,吴语区的宝卷活跃在人文荟萃、经济发达的长三角城市群中,又适逢近现代社会的巨变,其性质和功能发生了一定程度的改变,且权力阶层和精英阶层对宣卷的认识和态度也在发生着转变。

(一) 吴语区城市中宝卷的时政化

清末民国吴语区都市中出现了一批反映时局变化和社会问题的宝卷,处处透露着对时政的关心,表现出一种时代的进步性。这类宝卷数量也不少,笔者目前所见有30多种,实际不止此数。其中反映重大政治事件的有:唱述太

---

① 《宣卷被辱》,《益闻录》(第四册)总第213期,1882年,第487页。

② 《论讲乡约之有益》,《申报》1892年6月9日,第1版。

③ 柳:《交部广播音电台的儿童播音竞赛会》,《时事新报》1936年8月14日,第1版。

平天国领袖周立春抗清事迹的《花甲宝卷》①;唱述 1860 年至 1863 年太平军攻占苏州的《长毛宝卷》②;唱述太平天国起义的《长毛花名》(拟名)③;唱述中法战争,歌颂左宗棠的《左宗棠花名》④;唱述辛亥革命的《革命花名》⑤;唱述奉军溃退山东,联军占领徐州的《联军占领徐州》;唱述抗日战争的《新宣卷》⑥《滑稽小偈》⑦《杭州偈文》⑧《蔡廷锴花名》⑨《战事花名》⑩《国难新宣卷》⑪;批判民国政府贪污腐败的《贪官十八变(宣卷)》;评述国民党发行金圆券的《金圆券万岁(宣卷)》⑫等。比较重大社会事件的有:道光年间编写的江苏无锡西北乡乡民同城中绅士为开坝放水抗旱而引起抗争事件的《显应桥宝卷》⑬;据道光年间江苏淮安县(旧称山阳县)发生的图谋家产冤案改编的《山阳县宝卷》;据清末徐氏杀子案改编的《杀子报宝卷》;唱述光绪末年苏州到上海开通铁路之事的《铁路花名》⑭等。还有为数众多的劝世小卷:劝戒鸦片的《烟鬼还魂宝卷》⑮《鸦片宝卷》⑯;劝诫社会各界人士安分守己的《警世十劝宝卷》⑰;奉劝大家搞好家庭团结,过好美满生活,修养品德教育的《新编花名宝卷》;劝大众讲卫生的《嗡嗡宝卷》⑱;劝人戒赌的《赌钱新宝卷》⑲;劝人戒嫖的《嫖妓新宝卷》⑳;劝导人们不要贪财的《黄金梦(宣卷)》㉑等。此外还有专为赈灾而编的

---

①　李世瑜:《江浙诸省的宣卷》。
②　清同治三年(1864)谢万灏抄本《长毛宝卷》,北京师范大学图书馆藏本。
③　李正中:《中国宝卷精粹》,兰台出版社 2010 年版,第 385 页。
④　李正中:《中国宝卷精粹》,第 389—390 页。
⑤　李正中:《中国宝卷精粹》,第 382 页。
⑥　小喜儿:《新宣卷》,《人报》1932 年 9 月 10 日,第 3 版。
⑦　民国常熟抄本《小偈宝卷》。
⑧　濮文起:《宗教历史文献·民间宝卷》第 14 册,黄山书社 2005 年版,第 334—339 页。
⑨　民国二十五年(1936)常州丁记抄本《小卷集》。
⑩　车锡伦:《中国宝卷研究》,第 14—15 页。
⑪　小喜儿:《国难新宣卷》,《人报》1932 年 9 月 11 日,第 3 版。
⑫　《金圆券万岁(宣卷)》,《怪现象》1948 年第 4 期,第 52—53 页。
⑬　车锡伦、钱铁民:《中国民间宝卷文献集成·江苏无锡卷》第 14 册,商务印书馆 2014 版,第 7425 页。
⑭　李正中:《中国宝卷精粹》,第 379—380 页。
⑮　新树:《烟鬼还魂宝卷》,《余兴》1916 年第 16 期,第 143—146 页。
⑯　《鸦片宝卷》,《民报》1929 年 9 月 10 日,第 4 版。
⑰　月影、含茹:《警世十劝宝卷》,《余兴》1917 年第 29 期,第 74—80 页。
⑱　饭牛翁:《嗡嗡宝卷》,《红杂志》1922 年第 1 期。
⑲⑳　《时调大观·二集》,上海文益书局民国十一年(1922)石印本,第 12 页。
㉑　筱快乐:《黄金梦(宣卷)》,《筱快乐特刊》,出版机构不详,1947 年版,第 124—125 页。

《为灾民宣卷》①《劝赈文明宣卷》②等。

　　最突出的是那些反映抗战的宝卷。从 1931 年日寇侵入我国东北三省开始,民族矛盾成为主要矛盾,宣卷艺人也投身到抗战之中,涌现出一批反映抗战的卷本,如《新宣卷》(觉世宝卷初展开,爱国菩萨降临来)、《滑稽小偈》、《蔡廷锴花名》、《杭州偈文》、《战事花名》、《国难新宣卷》。内容大多是陈述日寇侵华事实、讽刺政府官员不作为,以期唤醒民众的抗日热情。例如常熟的《滑稽小偈》从民国二十年(1931)江淮大水说起,蒋总司令贴出告示赈济百姓,灾民嗷嗷待哺,但是各级官吏从中中饱私囊,不过是"大人一口五百文,小囡改半赈济银";接着写日本趁机侵略中国,占领山海关外五省,在"山海关外五省地"沦陷之时,上级军官只想贪赃欺民,张学良不抵抗,置国家民族于危亡而不顾,"上级军官不同心,只想贪赃糊涂欺穷人""兵马也不操练熟,也不教训小兵丁。张学良,坏良心,心里不顾中国人。听得日本人来打,缩首但毙不出兵。心中常想不抵抗,任凭矮奴乱杀人";主体部分是上海民众"一·二八"抗战,既有对十九路军取得胜利的颂扬——"矮奴天天吃败涨(仗),中国人日日胜涨(仗)赢。打得矮奴身自刎,呜呼一命命归阴",也揭示了战争带来的巨大灾难——"可怜闸北一段伤心处,多少房屋化灰尘。商务书馆尽烧坏,北火车站也无存";最终以"善人不犯枪炮死,恶人难逃命归阴;善人日后好收成,火光贼盗不相侵"的善恶报应结束,显示出认识上的局限性。虽然《滑稽小偈》的历史局限性极为明显,但它真实地反映出江南民众高涨的抗日情绪。宝卷投入抗日救亡运动之中,不仅体现在文本上,也表现在实际行动中。1932 年 1 月 16 日上海《民国日报》刊登的《中学抗日会今日举行化装宣传》中提到:"本市各中等学校学生抗日救国联合会,前以国难期内,非有广大宣传不足以唤起民众,是有化妆宣传委员会之组织,筹备多时,始定今日(十六日)下午一时,在小西门上海中学化装表演。参加者另有女中校二十余校,并请教育局长吴佩璜及江问渔、郑西谷等莅场演说,会场内,并由上海市公安局派警及浦东泉漳两校义勇军维持秩序。"③化装宣传委员会所罗列的游艺节目的第七项便是"抗日救国宣卷"。

---

①　周午三:《为灾民宣卷》,《新世界》1923 年 1 月 10 日,第 2 版。

②　少鼎:《劝赈文明宣卷》,《新无锡》1917 年 11 月 2 日,第 6 版。

③　《中学抗日会今日举行化装宣传》,《民国日报》1932 年 1 月 16 日,第 8 版。

教化是宝卷信仰、教化、娱乐三大功能之一,清末民国吴语区都市中产生的劝世宝卷也打上明显的时代的烙印,禁食鸦片、戒赌、戒嫖、普及卫生知识、建立新道德这些主题都是前所未有的。民国时期,宣卷艺人不仅以《烟鬼还魂宝卷》《鸦片宝卷》之类的新编卷本唱述吸食鸦片的危害,也配合政府参与到宣扬戒烟的活动之中。1922年上海的《红杂志》第1期刊载的《嗡嗡宝卷》的主题是劝大家讲卫生。卷中列举蚊子、苍蝇的种种可恶之处,重点描写了吃了被苍蝇污染的饭食之后引发肠胃炎的种种痛苦,进而号召大家要"子子(仔仔)细细讲卫生"。①19世纪末20世纪初,随着上海人口的激增,城市卫生问题不容乐观;不少有识之士开始宣传和普及卫生知识,政府和民众的卫生意识渐渐觉醒。此点反映在卷中的"现在上海卫生会,劝人招纸密层层"。对于当时的卫生救国思潮和官方的改善国民卫生观念,《嗡嗡宝卷》做出了积极的回应。吴语区城市中的部分宣卷艺人还积极参加社会公益活动,在慈善赈灾会上常常有宣卷艺人身影。1922年11月30日上海《时事新报》刊登《浙东水灾会将开幕》载有赈灾会上有包括宣卷的各种表演:"第一日有上海共舞台艺员合演之《狸猫换太子》,第二日大舞台艺员合演之《沈万山得宝》等戏,其外各种艺术,如宁波赛会、民兴社新剧、上海雅歌集、票友安串、文明宣卷、女子苏滩、光裕社会书、电光影戏、中西魔术,届时必有一番热闹也。"②1931年10月17日《苏州明报》刊登的《各界筹募江苏水灾》中也记载了宣扬社为江苏水灾义赈捐款③,《劝赈文明宣卷》和《为灾民宣卷》便是宣卷人为呼吁社会各界助赈救灾而新编的卷本。

从上述宣卷参与时政的种种表现可以看出内因和外因均发生了改变。宣卷在都市中更容易感知时代潮流的动向,也在做着与时俱进的努力,不仅仅停留在娱乐化的追新逐异之上,也在内部酝酿着一些进步的力量。从20世纪20年代起,在民国报刊中关于宣卷艺人积极响应政府号召、热心于各种社会公共事业的报道多了起来。他们开始与时代主旋律合拍了。政府对待宣卷态度也在转变,利用宣卷宣传教育、开启民智,以期充分发挥宣卷的劝善功能,起到广泛宣传的作用。与此同时,晚清民国以来,有识之士为救亡图存、开启民智奔走努力,也很看重宣卷的劝善功能,也希望宣卷在社会层面能起到更多积极作

① 饭牛翁:《嗡嗡宝卷》,《红杂志》1922年第1期。
② 《浙东水灾会将开幕》,《时事新报》1922年11月30日,第8版。
③ 《各界筹募江苏水灾》,《苏州明报》1931年10月17日,第7版。

用。1924年郑惠珍在《劝善》杂志发表的《对于宣卷的意见》一文指出:"上海所宣的卷,不下一百种,而各卷内容大概不外中国旧小说及戏曲、弹词、鼓词等窠臼……名义上说是劝善,实际上也和坊间流行的诲淫小说,和卑俗秽亵的新剧相差得并不怎远……好的宝卷可收多少劝善的成绩,那么坏的宝卷一定要得多少导淫的成绩,所以我对于世俗的宝卷,应当从严的加以选别禁倡,并愿世上的文学家小说家词曲家多多制作关于真实劝善的宝卷,这倒也是社会前途的重要问题咧。"①而且,民国时期发表在报刊杂志上的时政类、劝善类宝卷不一定都是职业宣卷人所为,其中很大一部分极有可能就是这些有识之士新编的。

宝卷进城后表现出来的这种服务政府、服务社会的新发展趋向,一方面是宝卷与时俱进的自为性发展的内在需求,另一方面是政府与进步人士带有一定功利性的引导,二者在救亡图存、慈善公益上找到了交集,把宝卷从旧时代带入新时代,从传统的旧道德转向近现代的新道德。

(二) 城市中宝卷学术研究的肇始

宝卷的学术研究也肇始于城市。1924年至1925年顾颉刚在《歌谣》周刊上全文刊载了民国乙卯年(1915)岭南永裕谦刊本《孟姜仙女宝卷》,并指出"宝卷的起源甚古",②由此拉开了宝卷学术研究的序幕。

从20世纪20年代到1949年之前,宝卷研究主要集中于两方面:一是将宝卷纳入俗文学(或"平民文学")的研究体系之中,二是展开了宝卷文献的收集整理工作。1927年郑振铎在其主编的《小说月报》17卷号外"中国文学研究"专号上发表《研究中国文学的新途径》一文,提出要开拓中国文学史研究的新领域——包括变文、宝卷、弹词、民间戏曲等在内的、未被纳入中国文学史研究体系的俗文学作品。③1934年郑振铎在《文学》杂志二卷六号上发表《三十年来中国文学新资料的发现史略》,提出"宝卷是变文的嫡系儿孙"的观点,并对《香山宝卷》《刘香女宝卷》《土地宝卷》给予高度评价。④1938年郑振铎《中国俗文学史》出版,该书第十一章是"宝卷"专章,此章是在郑氏此前的宝卷研究成

---

① 郑惠珍:《对于宣卷的意见》,《劝善》1924年第3期。

② 《歌谣》周刊"孟姜女故事研究专号"分六次刊载,1924年11月23日第69期至1925年6月21日第96期。

③ 郑振铎:《研究中国文学的新途径》,《小说月报》1927年第17卷。

④ 郑振铎:《三十年来中国文学新资料的发现史略》,《文学》1934年第6期。

果的基础上修订补充而成的;探讨了宝卷作为独立文体的起源、定型,指出"宝卷其产生年代最早可追溯到宋代"。①郑氏之外的一些学者也对宝卷的性质和归属问题发表了各自的看法。1936 年《歌谣》周刊复刊后,学者们围绕宝卷与影戏的关系、宝卷在文学史上的地位等问题展开了激烈的讨论。佟晶心《探论"宝卷"在俗文学上的地位》提出"唐代俗讲与后来一切平民歌曲都有关系""宝卷的前身是变文""影戏在宋朝所使用的剧本是当时的话本,但近代的使用宝卷""各地方戏不一定都从宝卷中分离,但可以说中国地方戏受宝卷影响"等观点。②吴晓玲《关于"影戏"与"宝卷"及"滦州影戏"的名称》不同意佟晶心的观点,认为影戏的剧本"在宋朝不一定用话本,近代也不一定用宝卷",理由是"戏剧重在表演,文辞代言体,宝卷和话本重在演说,文辞叙述体。二者在应用方面迥乎不同"。③总之,郑振铎等人对于宝卷的研究,逐渐将宝卷纳入中国俗文学研究的系统之中,在宝卷研究和中国俗文学研究史上都具有开拓性意义。

随着对宝卷价值的深入发掘,民国时期的许多学者开始有意识地搜集和整理宝卷文献。郑振铎、傅惜华、赵景深、杜颖陶等人,均兼具研究者和收藏家的双重身份。他们收藏的大量珍本宝卷为后世的宝卷研究奠定了坚实的文献基础。同时,宝卷文献的整理和研究工作也初步展开。1931 年胡适在《国立北平图书馆馆刊》发表《跋销释真空宝卷》一文,通过一步步考释卷中孔子尊号、和尚法号以及唐僧西天取经的故事,判断《销释真空宝卷》为晚明时期的本。④陈寅恪同年 3 月 30 日给胡适的私信中赞同了胡适的判断。⑤1933 年俞平伯在《文学》杂志上发表《驳〈跋销释真空宝卷〉》,认为胡适的判断证据不足,《销释真空宝卷》应为元抄或明初抄本。⑥1934 年郑振铎发表的《三十年来中国文学新资料的发现史略》认为是元代的版本。较之后世的宝卷文献研究,胡适、陈寅恪、俞平伯、郑振铎关于《销释真空宝卷》产生时代的探讨显得比较简单,但成功吸引了学术界对宝卷文献的关注。传统文献学视目录学为治学的门径,宝卷亦不例外,宝卷编目亦是宝卷文献学的门径。宝卷编目始于 1928 年郑振铎的《佛曲叙录》,其中收录宝卷 28 种(《小说月报》第十七卷号外),随

---

① 郑振铎:《中国俗文学史》,商务印书馆 2005 年版,第 537—576 页。
② 佟晶心:《探论"宝卷"在俗文学上的地位》,《歌谣》1937 年 6 月第 2 卷第 37 期。
③ 吴晓玲:《关于"影戏"与"宝卷"及"滦州影戏"的名称》,《歌谣》1937 年 12 月第 2 卷第 40 期。
④ 胡适:《跋销释真空宝卷》,《国立北平图书馆馆刊》1931 第 5 卷第 3 号。
⑤ 陈寅恪:《陈寅恪集·书信集》,生活·读书·新知三联书店 2009 年版,第 138 页。
⑥ 俞平伯:《驳〈跋销释真空宝卷〉》,《文学》1933 年 7 月创刊号。

后有 30 至 40 年代发表于《大晚报》《中央日报》上的陈志良《宝卷提要》、恽楚材《宝卷叙录》《访卷偶识》《访卷续志》等等。

综上可见,民国时期的学者对宝卷研究进行了筚路蓝缕的探索;而且,这些学术研究活动大都发生在北平、上海及其周边城市。北平、上海是民国时期的文化中心,且两个城市之间学者流动频繁,学术交流密切。《歌谣》周刊虽为北京大学歌谣研究会主办,但在 1924 年至 1928 年间,被上海中华书局作为"平民文学丛书"四年内连续三次印刷。从事宝卷收藏和宝卷文献整理的民国学者大多活跃于京津地区或者江浙沪地区。上海是文化和学术的重镇,上文中提到的报刊杂志多集中于上海:《小说月报》由上海商务印书馆出版,《文学》杂志由上海文学社出版,《大晚报》当年为上海各晚报之最。部分学者更是生长在江浙宣卷之地,他们对于宝卷有一种天然的熟悉。诸如郑振铎青少年时期在温州度过,俞平伯长于苏州,恽楚材是常州人。至于周作人,他的家乡绍兴本来就是宣卷兴盛之地,他 1936 年发表的《刘香女》、1945 年发表的《无生老母的信息》虽然不是学术论文而是散文,但通过《刘香女宝卷》《佛说离山老母宝卷》透露出作者对基层民众生活的深刻思考和殷切关怀。不可否认,民国时期与宝卷相关的学术研究和学术活动都是在城市中展开的,其最为可贵之处在于知识阶层越来越认识到宝卷之类的民间文化的重要性,将此前被上层社会鄙视的民间文化纳入研究视野之中,宝卷终于得到一个被公正客观地认识和对待的机会。

总之,宝卷进城之后,跟随时代大潮,被商业化、娱乐化之外,也向着服务政府、服务社会的方向发展;社会各阶层对宝卷的看法逐渐发生了微妙的转变,权力阶层和精英阶层开始发掘其正能量的一面;而且,更为重要的是,宝卷也开始受到知识阶层的重视,被纳入学术研究的视野之中。

结　语

纵观宝卷发展史,吴语区宝卷城市化仅是昙花一现,但不可否认的是,它对宝卷的发展影响深刻。

受都市娱乐化的影响,宝卷与曲艺、地方戏的交互影响更容易实现。宝卷吸收了弹词、滩簧、越剧等地方戏的音乐元素和表演方式,从木鱼宣卷发展到丝弦宣卷,乃至发展到起角色的书派宣卷、化装宣卷。同时,吴语区的曲艺、地方戏也吸收、化用了宣卷的艺术元素。二者的交互影响,共同缔造了吴语区民间文艺的繁荣。民国石印本宝卷的广泛流传促成了案头本宝卷的产生,尤其是那些世俗故事宝卷由信仰文本变为娱乐性的通俗文艺读本,且使得宝卷文体发生了类似于从"话本"到"拟话本"的转变,由此也就成为一种重要的俗文学文体。离开乡村简朴单纯的环境之后,在繁华的都市里宝卷受到更多因素的影响,它的发展也更为多元。在风云变幻的时代环境之下,宝卷也向着服务政府、服务社会的方向发展;社会各阶层对宝卷的看法逐渐发生了微妙的转变,权力阶层和精英阶层开始发掘其正能量的一面。民国时期与宝卷相关的学术研究和学术活动都是在城市中展开的,知识阶层越来越认识到作为民间文化的宝卷的重要性,将之纳入研究视野之中,宝卷终于得到一个被公正客观地认识和对待的机会。

在传统农业社会里,宝卷的性质和功能是稳定的,而在近现代都市的商业大潮中,宣卷技艺的曲艺化、戏曲化、职业艺人的跨界表演、宝卷文本的通俗读物化——都标示着宣卷的性质和功能发生了部分改变。可以想象,在过度商业化、娱乐化之后就是宝卷的消亡和新品种民间文艺的产生。不过,即使没有战争、政治等因素打断了城市宝卷的发展,宝卷也不会消亡,或完全走上娱乐化道路。宝卷从产生起就为信仰服务,在吴语区宝卷的城市化进程中,它仍然保持着服务于民间信仰的基本性质和职能,在城市的多元信仰中占据一定的空间。虽然进城的宝卷并未融入时代的主旋律,进化成近现代社会的先进事物,然而作为一种地域性的民间信仰活动,宝卷根植于民间文化的深厚土壤,与民众的生活息息相关。实际上,时至今日城市中也一直存在着关乎民间信仰的各种新旧问题,有时一些市民也会回到乡村去解决信仰问题。这是个值得深思的问题。因此,不论农村还是城市中,宝卷这种民间信仰活动是会长期存在下去的,即宝卷顽强的生命力源自民间社会的信仰土壤,这也是宝卷在基层社会长久存在的合理性。

The Urbanization of the Wu-speaking District of Baojuan in the Late Qing and Republic of China

Abstract: During the late Qing and Republican periods, Xuanjuan developed at a high rate along the path of commercialisation, entertainment, topicality and academicisation in the dramatic changes of the modernisation process of the Yangtze River Delta urban agglomeration, a phenomenon unique to the Wu-speaking region of Baojuan. Influenced by the commercialisation and entertainment of the city, Xuanjuan has not only met the faith needs of the people, but has also entered into entertaining commercial performances, with some Xuanjuan artists transforming into professional entertainers, with a marked quasi-artistic and theatricalisation of their performances. The interaction between the Xuanjuan and the popular urban operas and songs contributed to the prosperity of folklore in the Wu-speaking region. Commercialisation also led to the deskilling of the text, especially the lithographed secular storytelling scrolls, which were transformed from faith-based texts into popular literary readings, and in turn led to a shift in the style of the scrolls, similar to the shift from "hua-ben" to "NiHuaBen". Under the changing circumstances of the times, the urban poetry Baojuan of the Wu-speaking region also developed in the direction of serving the government and society, as the power elite and the elite began to explore their positive aspects, and the intellectuals also included them in their research, giving the Baojuan a chance to be understood and treated in an impartial and objective manner. During the urbanisation of the Baojuan in the Wu-speaking area, their nature and functions have partially changed, but they still maintain their basic nature and function of serving folk beliefs and occupying a certain space in the pluralistic beliefs of the city.

Key words：Baojuan；Xuanjuan；Folk Baojuan；Baojuan Urbanisation

作者简介：尚丽新，山西大学文学院教授、博士生导师；李文昕，山西大学文学院在读研究生。

译介、检视与擘画：欧美市制在近代中国的流播

张　茜

摘　要：20世纪20年代，"学校市"制度曾流行一时，其本质是在学校施行城市政府制度，以期实现学生自治，这提醒我们"市制"在时人心中的分量。在近代中国知识与制度转移的情境下，市政学自西徂东而来，作为其核心内容的城市政治制度亦经译介引入进而流播。译介过程中，重视城市体制、对城市根本法的诉求及考评市制优劣显现时人旨趣。随着欧美市制在近代中国的根植，反求诸己，检视既有市制，进而擘画出符合国情的理想市制，亦是他们的关注所在。而市权集中、效率优先、专家治市成为时人构建理想市制的基本理念。

关键词：市制　市政学　市权集中　行政效率　专家治市

1918年秋季学期，上海市立旦华小学公布《学校市组织法》，规定"本市由本校全体儿童及教职员共同组织之，本校儿童及教职员均为本市市民"，[①]由市民选举市议会与市政厅两部自治机关，议决执行市务。因卓有成效，受到江苏省视学的嘉奖。[②]无独有偶，1920年10月，上海暨南学校亦颁布《暨南市制章程》，规定暨南市由暨南学校全体学生组织，以练习办理自治事宜为宗旨。以师范、商业和中学三门学科为行政分区标准，将全市分为三个区。学生即为

---

① 《学校市组织法（上海市立旦华小学校）》，《教育潮》1919年第1卷第1期，第96页。
② 《奖惩学校之厅令》，《申报》1919年3月23日，第11版。

市民,选举产生市议会及市政所,办理全市事宜。①而到了 1925 年末,厦门集美学校中学部第八组的学生更进一步,自行起草市政府组织大纲,组织成立了"中八组市政府",明确采用时髦的市经理制,并开设教育、游艺、卫生和财政四局分管事务,以练习团体生活及养成公民资格为宗旨。②此即民国时期流行一时的"学校市"制度。③

　　大中小学欲实施学生自治,却要借助市制的外壳,改校为市,这看似奇特的举动凸显了市制这件外衣在当时的光鲜亮丽。学者将 1921 年左右称为市制勃兴之时期。④其实,近代国人对城市的兴趣由来已久。从驻外使节和留洋人士惊叹西洋城市之发达,到一城之内租界和华界的鲜明反差,时人对市政的兴致从萌发到嬗变,并出现了新动向,开始关注到城市体制层面。尔后在地方自治浪潮的推动下,各地所办自治报刊亦多有对欧美市制的译介;及至 20 世纪 20 年代,随着赴欧美习市政学及相关学科的留学生归国,加上国内市政改革运动的如火如荼,多方声浪汇聚共同探讨市制,并开始出现检讨反思的声音及对理想市制的擘画。

　　囿于视角和资料,既有研究多关注近代市制在中国的确立及其对中国城市发展产生的具体影响,⑤疏于对欧美市制从域外引入到本土根植的整体脉络把握,相关史料和关键人物仍有较大挖掘空间。有鉴于此,本文拟回顾时人对源自西方的市制的接受和认知史,梳理欧美市制在近代中国流播的历史本相。

一、他山之石——对欧美市制的译介

　　工业革命后,为应对突飞猛进的城市化势头,法、德、英等老牌资本主义大国相继开展以城市体制改革和职能范围推广为主要内容的市政改革运动,完

---

① 《暨南市制章程》,《新民报》1920 年第 7 卷第 11 期,第 3 页。
② 《中八组市政府组织大纲》,《集美周刊》1925 年第 124 期,第 9 页。
③ 关于"学校市"的来龙去脉,学界已有研究成果,参见李林:《学校市:民国时期一种"学生自治"的实践及得失》,《近代史研究》2020 年第 3 期,第 149—159 页。
④ 钱端升等:《民国政制史》,上海人民出版社 2011 年版,第 684 页。
⑤ 代表性成果有:翁有为、张学武:《近代西方市制的引入与近代中国城市制度的转型》,载上海市档案馆编:《近代城市发展与社会转型——上海档案史料研究(第四辑)》,上海三联书店 2008 年版。徐鹏:《民国前期市政改革思潮研究(1912—1928)》,载王元周、徐鹏主编:《城市:生活空间、权力结构与文化衍生》,江苏人民出版社 2018 年版。赵斐:《制度、法律与观念:民国时期的设"市"纠纷》,《城市史研究》2019 年第 2 期。

成了市政由传统向现代的转化。①19 世纪末 20 世纪初，后起之秀的美国掀起一场涉及经济、政治、社会等多方位变革的"进步运动"，在市制层面推陈出新，形成了委员会制和经理制两种全新市制类型。市政改革的成功带来的直观变化即是城市面貌的焕然一新，晚清驻外使节和留洋人士亲睹中西城市的天壤之别，歆羡的同时也开始留意导致这些差距的体制原因。

　　1877 年，首位驻英公使郭嵩焘在推考英国政教原始时，就注意到城市政治制度，认为其国势持久且益彰的原因在于"巴力门议政院有维持国是之义；设买阿尔治民，有顺从民愿之情。二者相持，是以君与民交相维系"②。巴力门（Parliament）即议会，买阿尔（Mayor）即市长。日俄战争后，为因应朝野高涨的立宪呼声，摆脱内忧外患的困境，清廷选派宗亲枢臣组成考察团，分赴东西洋各国考求政治，拉开预备立宪的大幕。考察团历时 8 个月，游历 15 国，先后于 1906 年回国。除上陈奏折外，戴鸿慈、端方等人亦将考察所得编译成册出版刊行，其中《欧美政治要义》③《列国政要》及《列国政要续编》多有对各国地方行政制度的译介。《欧美政治要义》第 16 章"地方自治制度"开篇即谓："泰西各国行政之编制，其最宜于中国者则地方自治制度也。"④认为欧美地方自治制度契合中国传统的成周六乡之法，故而只需依循惯例大为扩张即可。《列国政要》是关于西洋法政知识的百科全书式资料汇编，全书计分宪法、官制、地方制度、教育、陆军、海军、商政、工艺、财政、法律、教务等 11 类目。在"商政"目中，编者介绍了美国的市制，如市典的颁布、市会制度的运行、市长权责的扩张、市政各局隶属及官吏选任等。⑤1911 年刊行的《列国政要续编》"地方制度"条目则从历史的维度考察了城市的起源和发展，并梳理了美国、法国、德国城市的自治历史。⑥

　　在开风气之先的广东，由立宪团体广东地方自治研究社创刊的《广东地方自治研究录》，在宣扬君主立宪的同时，对市政制度亦有观照。该刊第 2 期登载《设立羊城市会私议》一文，作者张树枬为留日学生，他结合广州城市沿革、

① 赵可：《市政改革与城市发展》，中国大百科全书出版社 2004 年版，第 24 页。
② 郭嵩焘：《郭嵩焘日记》第 3 卷，湖南人民出版社 1982 年版，第 373 页。
③ 据孙宏云考证，《欧美政治要义》的原著者应为日人有贺长雄。孙宏云：《清末预备立宪中的外方因素：有贺长雄一脉》，《历史研究》2013 年第 5 期，第 100—102 页。
④ 《欧美政治要义》，商务印书馆 1907 年版，第 154 页。
⑤ 戴鸿慈、端方：《列国政要》第 91 卷，商务印书馆 1908 年第 4 版。
⑥ 戴鸿慈、端方：《列国政要续编》第 10—14 卷，商务印书馆 1911 年版。

经济及政治特点,提出设立兼具行政和立法职能的"市会"以实行城市自治。"命曰市会者,兼议事会与董事会言之。与日本市制上所谓'市会'意义固殊也。"①该文被认为是较早且较系统的关于建立广州市地方组织机构及市政职能的议论文。②

此外,这时期的法政类报刊也登载不少译介市制的文章,如《市长论》和《亚美利加委员政治之市制》。《市长论》泛论欧美各国市长的地位及权责,原著为美国密歇根大学行政法学副教授极因甫嗳林,日本法学士岛田俊雄将其译为日文,上海《预备立宪公会报》编辑何械再译为中文,意在为《城镇乡地方自治章程》中的董事会之地位提供参照。③《亚美利加委员政治之市制》为日本法学者野村淳治原著,王倬翻译登于上海《法政杂志》。该文为国内最早关注到美国新型市制的文章,详述委员会市制的由来及内容,并考其利害得失。④

20世纪20年代前后,随着赴欧美习市政学、政治学及相关学科的留学生归国,绍介欧美市制的话语权逐渐倾向留学界人士。他们具备专业学识,且多曾在欧美市政府考察实习,回国后通过演讲、办报、刊文等方式宣讲法、德、英、美等主要欧美国家市制,分析内容更具系统条理化。主要代表人物有研习政治学的林云陔、张君劢、刘洒诚和研习市政学的张慰慈、董修甲、张锐等人。

较早系统论述欧美市制的是林云陔的《欧美市制概论》。林云陔早年随孙中山从事革命活动,后赴美学习法政,获硕士学位,回国后任《建设》杂志编辑。《欧美市制概论》即载于该刊1919年第1卷第2期上,文章开篇即论都市与文明之关系,指出都市为文明发生之中心点,都市制度愈良,其文明必愈发达。继而分述德国、英国、法国的市政体制,更以图表的方式直观呈现美国市长制、委员制和总理制三种制度的运行机理。⑤1920年1—2月,北京大学法科教授、爱荷华州立大学博士张慰慈接连在《新青年》发表《美国城市自治的约章制度》和《美国委员式的和经理式的城市政府》二文。他认为美国市政的腐败一是由于城市政体组织不良;二是因为市政府与州政府权限不清,致使频生龃龉。因

---

① 张树枬:《设立羊城市会私议》,《广东地方自治研究录》1908年第2期,第9页。转引自许瑞生:《广州近代市政制度与城市空间》,广东人民出版社2010年版,第35页。
② 许瑞生:《广州近代市政制度与城市空间》,广东人民出版社2010年版,第35页。
③ 何械译:《市长论》,《预备立宪公会报》1909年第2卷第15期,第35页。
④ 王倬译:《亚美利加委员政治之市制》,《法政杂志》1914年第10期。
⑤ 林云陔:《欧美市制概论》,《建设》1919年第1卷第2期。

此,主张在革新城市体制的同时也要制定城市根本法,保障城市自治权限。①

发表之外,亦有学者登坛演讲。1922 年 3 月,旅欧归国不久的张君劢出席江苏苏社第三届大会,宣讲英德美三国市制并予以点评,认为三国之制,各有特点,但若"仅学其条文,而不先养成运用其制之人才,则自治者则虚有其表"。②此后,张君劢便致力于办学,张慰慈治学兴趣转向政治学,林云陔则继续从事革命。译介欧美市制任务落在新近归国的董修甲、臧启芳、张锐和刘迺诚等人身上。

加州大学硕士董修甲自学成归国后,便从事市政相关工作。除在北京、上海各校兼职讲授市政学外,也积极投身市制起草工作,担任吴淞市政筹备处欧美市政调查主任;后又联合同人组织成立中华市政学会,并在《申报》《时事新报》等大报开辟"市政"专栏,传播市政学知识。在市制层面,他先后撰写《美国市制之研究》《论法国市制》《介绍美国一种最新最良之市制》等论文,出版《市宪议》《市组织论》等专论城市体制的专著。哈佛大学硕士张锐编著的《市制新论》分述英、法、德、意、美、日各国市制的演进,并擘画出心中的理想市制,得到梁启超的校阅。伦敦政治经济学院博士刘迺诚虽以政治学为志业,但曾选修多种地方政府和行政方面的课程,自修市政学和市政问题方面的书籍,博士学位论文即研究中国市政府改革,题目为"Reform of Chinese city government based on European experience"。③还先后到访柏林大学、巴黎大学等市政学研究机构进修,并利用暑期实地考察比利时、荷兰、奥地利、瑞士、意大利等国市政,回国后任教武汉大学,将收集的市政资料整理出版《比较市政学》一书,对英、法、德、美四国的市制沿革和实施进行比较研究。

随着国内市政学教学和研究的推进,本土学者也多有介绍欧美市制的论著面世,如杨哲明的《市政组织 ABC》、杨朝杰的《现代市制大纲》、姚希明的《美国现行市制总说》、李振铎的《现代各国市制概观及其趋势》、夏咸炎的《英国市制之研究》、程德谐的《卅年来之美国市制》等,但在内容和体例上多有模仿前人著述之嫌。此外,部分学者的研究视野突破英法德美等主要欧美国家,关注到市制新近发生变化的国家,如林笃信的《最近苏俄市制概要》、梁大鹏的《丹

---

① 张慰慈:《美国城市自治的约章制度》,《新青年》1920 年第 7 卷第 2 期,第 31 页。

② 张君劢:《英德美三国市制及广州市制上之观察》,《苏社特刊》1922 年第 2 期,第 22 页。

③ Tung-li Yuan, "Doctoral Dissertations by Chinese Students in Great Britain and Northern Ireland, 1916—1961", *Chinese Culture*, Vol.Ⅳ, No.4(1963), p.114.

麦市制》、殷体扬的《苏俄和瑞士的市制度》等。

通过阅读分析这时期绍介欧美市制的论著,可以基本分类归纳出他们的旨趣所在。

第一,意识到市政制度是市政改革的先决条件。"若要改造都市,真是千头万绪,也像一部二十四史,不知从何说起。然千头万绪中,找出一个系统方法,无过于市政府的组织了。"①提出"市制为市政府之基础,市政之良恶,要以市制之良恶为定"。②"盖市制良者,既有适宜之办事机关,又得专门之人才,且使市政府各科部职责严明,如是则市政进行,有条不紊,易收成效。"③

第二,对城市根本法的诉求。张慰慈分析美国市政腐败的原因除了市制不良外,州议会蛮横干涉市政府行政亦是重要因素,认为"城市自治约章制度是最有效力阻止邦议会干预城市政治"。④主张通过制定自治约章(董修甲称之为"市宪")确定城市的自治权限与双重地位,即"一方面准许城市有办理自治性质之事相当自由,另一方面,办理与全国有关系之事,受相当之行政监督",⑤以此厘清城市与省、国家之关系。

第三,推介欧美市制,注重考其利弊。欧美城市采用何种市制? 有何优劣? 这是时人关注市制的核心视点。因此,论者在叙述欧美市制沿革之外,格外注意评其长短,常于文末列举优缺点。对于通行欧洲各国的市长议会制,刘迺诚有精彩的论断:"市长议会制是根据分权的原则和衡制的意念,立法机关每易受政党之支配,执行机关则受立法机关之牵制,行事多致迟缓,不能增进效率。在常态状况之下,这类市政府虽尚可以维持现状,一遇非常之灾,必致一筹莫展,势不得不应用新方法,采取新组织,这种新组织必是放弃分权的原则和衡制的意念,而能集中一切权力,始能措置裕如。"⑥因此,当美国城市遭遇飓风袭击,旧有市制瘫痪无能,在被称为"市政实验室"⑦的美国诞生出集立法行政于一身的委员会市制就不足为奇。但特殊时期的产物势不能长久,过于集权也使委员会制遭到诟病。因此,基于委员会制并加以改良的市经理制,

① 陈公博:《我们怎样去组织市政府》,《政衡》1920 年第 1 卷第 2 期,第 9 页。
② 董修甲:《介绍美国一种最新最良之市制》,《道路月刊》1927 年第 22 卷第 1 期,第 20 页。
③ 李振铎:《现代各国市制概观及其趋势》,《法学周刊》1930 年第 7 卷第 56 期,第 7 页。
④ 张慰慈:《美国城市自治的约章制度》,《新青年》1920 年第 7 卷第 2 期,第 33 页。
⑤ 董修甲:《市宪议》,上海新月书店 1928 年版,第 7 页。
⑥ 刘迺诚:《现代市制之趋向》,《国立武汉大学社会科学季刊》1936 年第 6 卷第 4 期,第 782 页。
⑦ 程德谓:《卅年来之美国市制》,《复旦学报》1935 年第 2 期,第 18 页。

被认为是"既能分工，又能集权，一方面符合民治精神，一方面又可以维持行政效率，故为最优的政府形式"，①被誉为"空前最善市制"。②

二、反求诸己——对既有市制的检视

自清廷颁布《城镇乡地方自治章程》起，至全面抗战爆发，中央政府和省政府仿行欧美市制，先后制定各种市制章程条例，计有《江苏暂行市乡制》《广州市暂行条例》《市自治制》《淞沪市自治制》《特别市组织法》《市组织法》等。那么，这些市制有何特色？时人又是怎样检讨审视的？

1909年1月18日，清廷顺应时势要求，以日本市制町村制为蓝本，颁布《城镇乡地方自治章程》，规定府厅州县治城厢地方为城，其余市镇村庄屯集等各地方，人口满五万以上者为镇，人口不满五万者为乡。市政体制采用分权市制，立法权与行政权分属议事会与董事会。章程被认为是"我国市制订立之第一声"。③但其规定的笼统和分类的不当引起梁启超的质疑，在与日本市制町村制比较后，梁启超在《城镇乡自治章程质疑》一文中列举三大疑思："第一，自治章程之名称果适当否乎？第二，城镇乡三者能同适用一种之章程乎？第三，城镇乡之名称及其分类果适当乎？"④首先，关于名称，梁启超认为城镇乡虽属地方自治团体，办理本团体固有事务，但同时又为国家行政区域，办理国家委办事务，故而命为"自治章程"容易引起权限之争或致职务放弃。其次，将三百万人口之城与不满千人之乡共用一种章程，势必窒碍难通，主张"京城及各大省省会之自治团体，当别为立一名称，而别制章程，略仿欧美各国大都市之制"。⑤最后，城之资格以行政官驻地为唯一条件，忽视城厢的差异性，必致偏远狭小之城议事会与董事会无事可办，徒耗薪水。孟森则更关注具体，他通过对《城镇乡自治章程》条款的细致分析，注意到章程较先前出台的《谘议局章程》的进步，如选民选举资格的改进，"凡谘议局章程所贻为口实者，于自治章程中一一纠正"，⑥但仍存在将地方税名为公益捐以及自治经费筹措不当等问题。

① 刘廼诚：《现代市制之趋向》，《国立武汉大学社会科学季刊》1936年第6卷第4期，第783页。
② 何炳贤：《近代市制》，《学艺》1926年第7卷第7期，第13页。
③ 张振东：《中国现行市制之分析》，《市政期刊》1930年创刊号，第164页。
④ 沧江：《城镇乡自治章程质疑》，《国风报》第一年（1909）第五号，第39页。
⑤ 沧江：《城镇乡自治章程质疑》，《国风报》第一年（1909）第五号，第44页。
⑥ 孟森：《读地方自治章程》，《预备立宪公会报》1909年第2卷第4期，第1页。

清朝覆灭后,《城镇乡地方自治章程》为后来者承袭,即江苏省临时省议会议决的《江苏暂行市乡制》,"除少数不同各点外,大体上无甚区别"。①但因为是江苏军政府治辖下的产物,相关条款规定"民政长有按照法律申请都督府解散市乡议事会、市董事会及撤销职员之权",被批评"徒开军人干涉自治事业之恶例"。②尔后,在由董修甲撰著、中华市政学会审订的《训宪政时期江苏市制之商榷》一书中,董修甲对《江苏暂行市乡制》进行了系统的检视。在江苏城市分类问题上,《江苏暂行市乡制》规定"凡县治城厢地方为市,其余市镇村庄屯集等各地方人口满5万以上者为市",董修甲认为此规定忽视了不同城市间的问题复杂及需求,弊病较多,因此建议按照城市通商与否分类,"凡通商大埠之城厢与市镇村庄屯集等各地方人口满5万者为甲种城市;凡无通商关系之内地城厢与市镇村庄屯集等各地方人口满5万者为乙种城市",③如此可免既有弊病。在市制层面,对于《江苏暂行市乡制》规定的市议事会与董事会之分权市制,董修甲力主改进,认为情形复杂的通商口岸城市应采用集权市长制,方能措置裕如;对于情形简易的内地小城市则应采用市经理制。

此后数年间,"中央既未颁统一之市制,各省亦无特殊市制之可言,民十年市制中始放一异彩,此即为广州市暂行条例"。④1921年2月15日,经广东省长陈炯明核准公布,《广州市暂行条例》正式施行。该条例由"留美有年,夙专研各国市政"⑤的孙科为主的法制编纂委员会负责起草,仿美国委员会市制,并定下"保育主义"⑥的基调。根据条例规定,市组织机关包含市行政委员会、市参事会和审计处。行政委员会兼具行政及议决权,由市长及各局局长组成,市长任委员会主席,总理全市行政事务;市参事会为代表市民辅助市行政之代议机关,由省长指派、市民直选和各界推选组成;审计处则负责处理审计事项。论者指出,"广州市暂行条例,组织完密,实开我国市制之新纪元"。⑦"广州自采用这个制以后,因时会适巧,任用得人,上级政府有观成之望,市政当局亦措

①　蒋慎吾:《近代中国市政》,中华书局1937年版,第25页。

②　董修甲:《市组织论》,上海商务印书馆1928年版,第78页。

③　董修甲:《训宪政时期江苏市制之商榷》,上海青年协会书局1928年版,第4页。

④　钱端升等:《民国政制史》,上海人民出版社2011年版,第690页。

⑤　黄炎培:《一岁之广州市》,上海商务印书馆1922年版,第3页。

⑥　《市制暂取保育主义》,《香港华字日报》,1920年12月6日,第3张第4页。

⑦　白敦庸:《市政举要》,上海大东书局1931年版,第15页。

施自由,办理数年,成绩斐然,一时推为全国的模范市,实为吾国举办市政以来,第一次的成功。"①

　　赞誉之外亦不乏质疑之声。正如黄炎培所言:"依吾人旧有之法律意识,不言自治则已,一言自治,若非有议会不可者。"②广州市制摒弃过去的议决交由市议会,执行交由董事会的分权市制,转而引进美国的委员会市制,势必引起反弹。阻力首先来自内部,条例施行不久,广东省议会就以条例"偏重官治,未能与民治潮流适合,且条例为一种单行法,应由省议会议决"③等理由发难,咨请省长陈炯明暂缓施行。陈炯明在复函中,从历史的维度考察市制的更新,指出"市会制为过去不良之制,既绝无采用之余地;市经理制则事权更专于一人,惟委员制折衷于两者之间,是以几经考虑,始行决定采用";反讥省议会"只持市会制之眼光,为委员制之批评,致根本上发生误会";强硬表示"目前暂行条例除由本省长颁行外,已经由军政府政务会议议决令准在案,于法理事实均不容变更"。④

　　另一批评则主要集中在保育主义上,即规定条例施行 5 年内,市长、各局局长和审计处长均由省长委任。《香港华字日报》记者首先开炮,痛斥"保育主义即干涉主义,即专制主义"。⑤董修甲也表示,"由省长委任市长,殊与民治潮流相抵触"。⑥张君劢直言:"既名为自治,而市长则由省长委任,而局长则由市长荐任,此乃纯粹之官治,不得以陈炯明所委任,则谓为自治,北方督军所委任则谓官治。亦不以当市长者为孙科,则曰自治,其非孙科,则名曰官治。要之既言自治,必以民选为前提,此自治之根本精神,不容丝毫让步者也。"⑦

　　此外,广州市制究竟是否为委员会市制也引发议论。张锐直言:"广州市制与美委员会制之真神,迥不相类,决不可以为广制已尽具委员会制之长。"⑧

①　顾敦鍒:《中国市制概观》,《东方杂志》,1929 年第 26 卷第 17 期,第 37 页。
②　黄炎培:《一岁之广州市》,上海商务印书馆 1922 年版,第 1 页。
③　《咨复广东省议会查照广州市暂行条例不容变更文》(1921 年 3 月 14 日),段云章、倪俊明主编:《陈炯明集》,中山大学出版社 2007 年版,第 573 页。
④　《咨复广东省议会查照广州市暂行条例不容变更文》(1921 年 3 月 14 日),段云章、倪俊明主编:《陈炯明集》,中山大学出版社 2007 年版,第 574—575 页。
⑤　《省议会与市制》,《香港华字日报》,1921 年 2 月 19 日,第 1 张第 3 页。
⑥　董修甲:《市组织论》,上海商务印书馆 1928 年版,第 101 页。
⑦　张君劢:《英德美三国市制及广州市制上之观察》,《苏社特刊》1922 年第 2 期,第 20—21 页。
⑧　张锐:《市制新论》,北京商务印书馆 1926 年版,第 60 页。

首先,委员会制之委员均由民选产生,而广州市制则规定在暂行条例未修改前,市长、局长及审计处长皆由省长委任。其次,委员会制虽推一人为市长,但委员之职务系由选票多寡决定,且委员之间地位平等,广州市制则规定局长由市长举荐,且市长对局长有监督权,委员之间权力不等。最后,委员会制无市议会一层,监督权由市民行使,而广州市制则"拖入一非驴非马、权力微弱之市参事会",名为辅助行政之代议机关,但当与行政委员会发生争执时,仍需省长裁决,"此实可以证明广制畏首畏尾、乱加敷衍之情形……凡此种种,安得谓广制即委员会制乎?"①

　　1921年7月,北京政府内务部订定《市自治制》,将城市分为特别市与普通市两种,明确规定市为法人,立法与行政机关分别为市自治会和参事会(普通市为市政公所)。论者在分析该制时表示"虽系优点较多于劣点,但各优点皆无足轻重之事,而劣点之第一条,关于市权事,实为根本上之劣点"②。关于城市权限,《市自治制》以概括法标明"应兴应革及整理事宜",但具体为何,并不列明,董修甲认为此举"徒使各市办理市政时,多生误会,多增困难"③。张锐认为"自行政组织方面而言,自培植自治方面而言,实较广州市制为强。市行政吏员任用专家之规定,尤为此制之特色。惟对于市民直接监督市自治会及市长之权力及财政之审计均无明确之规定,未免美中不足"④。该制是民国以来,中央政府所颁布的第一个正式市制,但囿于政局,仅施行于青岛特别市,"实施运用,乏成绩之可言,此则广州市制名噪于时,而此项市制颇少为人谈及之故也"⑤。

　　此外,在联省自治思潮的影响下,浙江、湖南、四川、广东等省相继制定省宪,并对市制有规定。1921年9月,浙江省公布省宪,有关于特别市与普通市之条款规定。1922年1月1日,湖南省公布省宪,"以人口聚会之多少为标准",将城市分为三等。"该省宪中最特别之一点,为规定'一等市之公民对于市之重要立法有直接提案及总投票之复决权',此为以前各市制所未有者。"⑥但由于这些市制多依附于省宪之内,因而多被诟病过于简略。董修甲就认为:

---

① 张锐:《市制新论》,北京商务印书馆1926年版,第61—62页。
② 董修甲:《论内务部所订之市自治制》,《清华学报》1924年第1卷第1期,第80页。
③ 董修甲:《论内务部所订之市自治制》,《清华学报》1924年第1卷第1期,第78页。
④⑤ 张锐:《比较市政府》,上海华通书局1931年版,第566页。
⑥ 钱端升等:《民国政制史》,上海人民出版社2011年版,第693页。

"湖南市制至为简当,其实尚有甚多条文,与市组织之良恶有莫大关系者,皆未明定,是讨论湖南市组织之优劣时,不能彻底评断也。"①四川省宪与广东省宪中关于市制之规定,也被批评异常简略。②

而在上海,1925年春,北京政府因欲避免江浙当局对上海之纷争,命令撤废兵工厂,规定淞沪为特别商埠,永不驻兵。江苏省长韩国钧特设淞沪特别市筹备会,负责起草《淞沪特别市公约》。《淞沪特别市公约草案理由书》在分析当今四大市制后认为:"委员会制与经理制与吾国情断难适合。何也? 美人经政党把持之后,痛恶民选之繁重,乃以全权属之委员会或经理,并议会而亦废止之。此在美人自有其惩前毖后之理由,非可一例以绳吾国者也。……吾国可行之制,唯有美之新市长制而已,以市长负行政之责,而以市会议监督之。"③由于公约并未规定上级行政部门的监督权,作为主要起草者的董修甲自诩"淞沪特别市公约之组织,为纯粹自治精神,不受官厅束缚之市组织"。④然而,《淞沪特别市公约》并未被北京政府所承认,取而代之的《淞沪市自治制》开篇即规定"淞沪市为自治团体,受淞沪市区督办之监督……市长由市议会选出三人,经由督办呈请临时执政择一任命"。⑤如此一来,"淞沪市区督办者,实操市政大权。淞沪市制虽有提倡市自治之名,终难免官办市政之讥也"。⑥

南京国民政府成立后,以广州市制为样本,出台《特别市组织法》和《市组织法》,规定市长由国民政府任命,由市民代表组成参议会,但须由国民政府核准设立,且其职权亦仅限于向市长提建议案。有论者即感叹:"现行的地方自治,只能认为训政到宪政时期历程上的权宜制度,因为民治的真精神,始终没有表现出来。"⑦董修甲在《时事新报》"市政"专栏刊发《评审查中之两种市组织法》一文,列举亟待商榷之处,如城市行政与国家行政混淆不清,致使自治空间被压缩;各机关权责未能专一,致遇过则互相推诿,遇功则互相争夺;而市政府常任职员,未规定为专门人才,更是被指为"极大错误"。⑧

---

① 董修甲:《市组织论》,上海商务印书馆1928年版,第106页。
② 钱端升等:《民国政制史》,上海人民出版社2011年版,第694页。
③ 《淞沪特别市公约草案理由书》,《太平导报》1926年第1卷第11/12期,第45页。
④ 董修甲:《市组织论》,上海商务印书馆1928年版,第110页。
⑤ 《淞沪市自治制》,《东方杂志》1925年第22卷第16期,第123—127页。
⑥ 张锐:《比较市政府》,上海华通书局1931年版,第579页。
⑦ 庄恭:《中国市制的商榷》,《三民半月刊》1929年第2卷第9期,第3—4页。
⑧ 董修甲:《评审查中之两种市组织法》,《时事新报》1928年6月29日,第2张第4版。

　　1930年,南京国民政府颁布新的《市组织法》,取消特别市与普通市的分类,按人口多寡分为行政院辖市和各省辖市,同时新设区坊闾邻,完善城市下级自治组织。杨朝杰认为"新市法系应中国国情,专为训政时期而制定的"。①市公民可以出席闾邻居民会议、坊民大会和区民大会,对于区坊公所自治事务,可行使选举、罢免、创制、复决四权,"如此,地方自治之真精神得以充分表现,而树立民主政治之稳固的基础"。②张振东注意到《市组织法》是基于三民主义之市制,并加以党化教育。如该法第6条规定公民资格需宣誓登记后方可生效,第7条规定宣誓词为"某某正心诚意,当众宣誓,从此去旧更新,自立为国民,尽忠竭力,拥护中华民国,实行三民主义,采用五权宪法,务使政治修明,人民安乐,措国基于永固,维世界之和平",即"以三民主义之信徒为市之公民"。③第84条规定坊公所应开设国民补习班,其主要课程为中国国民党党义,即"市教育之党化"。④此外,由于《市组织法》规定院辖市人口应在百万以上,省辖市人口应在三十万以上,"以人口与财赋二者之不合市之条件,于是各省裁撤市之动机,又因法律明白规定而愈趋愈紧"。⑤严格的设市标准引发了不小的撤市风潮,抑制了市制在近代中国的流播。据统计,《市组织法》出台一年后,隶属于行政院者,仅南京、北平、青岛、上海四市;隶属于省政府者,仅广州、天津、杭州、昆明、汕头、成都、汉口、济南八市。⑥江苏苏州、无锡,安徽安庆、蚌埠、芜湖,山东烟台,浙江宁波,广东江门、梅菉,广西梧州、南宁等先后被撤市。⑦

三、走向何方——对理想市制的擘画

　　译介欧美市制和检视既有市制的同时,时人亦在擘画心中的理想市制方案。这些方案既有主张学习英国市议会制,又有倡导采纳美国新式委员会制和市经理制,更有鼓吹施行集权市长制。提出方案者既包含了张君劢、董修甲、张锐这样的留洋人士,又包括了当时还是青年学生的陈公博、陈晓钟、郑鹤等本土学人。

---

①　杨朝杰:《中国现行之市制》,《广州市政公报》1930年第375期,第12页。

②　杨朝杰:《中国现行之市制》,《广州市政公报》1930年第375期,第11页。

③④　张振东:《中国现行市制之分析》,《市政期刊》1930年创刊号,第165页。

⑤⑥　石克士:《现行市制衰落之原因及其补救方法》,杭州《市政月刊》1931年第4卷第7期,第1页。

⑦　钱端升等:《民国政制史》,上海人民出版社2011年版,第760—761页。

　　1920 年夏,陈公博和同乡谭平山一起从北京大学毕业后,来到上海,创办了《政衡》杂志,以"政治主根本革新,社会主根本改造,各种问题主根本解决"为宗旨。①二人相约,谭平山研究农村改造,陈公博研究城市改造。正是在这样的背景下,陈公博发表了《我们怎样去组织市政府》一文,刊载《政衡》第 1 卷第 2 期上。陈公博认为:"组织市政府是民治主义的第一步……政治不是 of people,万没有 by people,for people。"②因此,他主张城市政府的组织分为市政府和市议会两部分,市府是执行机关,市会是立法机关,皆由市民直接投票选举,"那么政治既 of people,自然是 for people 的了"。③在文末自拟的《市政府条例》中,"市政府得设行政委员 6 至 10 人"和"市政委员治理市务以合议制行之"的规定说明陈公博设计的市制乃是委员会市制的雏形,这比孙科提议仿美国市制改革广州市政体制要早。

　　张君劢则坚决反对委员会制。他说:"以我所见,则将来之市制中,美之委员制,绝对不适于中国,而其故有三:行政集中,并立法机关而不设,必至陷于专制,其不可一;吾国公民无政治上之常识,若曰以公民监督,即等于无监督,其不可二;各市人口无西洋之集中,不分区之选举,势不易办,其不可三。"④在他看来,"英国一切之制,常不易令人模仿,不独市制为然也。若夫德国之制,则以文官久于其任之制,而参以科学家之智识。美则以商业公司董事会组织,施之市政,故运用灵活,而计算精核。若此二制,其师法也,似尚有道。欲师德制,则宜养成服务于地方之政法专家与卫生工程专家。欲师美制,则宜罗致实业家、商业家之办事敏捷,而精于计算者于市政之中。而一切市政簿册,悉依西方市政会计之格式行之。能合此两种精神,庶几吾国市制之基立矣"。⑤为此,他设计的市制折衷于英德美三制,"各市设市长,为独任制,不采委员会之会议制","市长由市议会选举,对市议会负责",即流行于欧洲大陆的市长市议会分权市制。

　　沪江大学社会学系学生郑鹤推崇英国的市议会制。在 1921 年江苏演说竞进会上,他作了一场题为《新市政之计划》的演讲。开篇即谓:"我的市政计

① 石源华:《陈公博的一生》,上海书店出版社 2019 年版,第 39 页。
② 陈公博:《我们怎样去组织市政府》,《政衡》1920 年第 1 卷第 2 期,第 2 页。
③ 陈公博:《我们怎样去组织市政府》,《政衡》1920 年第 1 卷第 2 期,第 3 页。
④ 张君劢:《英德美三国市制及广州市制上之观察》,《苏社特刊》1922 年第 2 期,第 21 页。
⑤ 张君劢:《英德美三国市制及广州市制上之观察》,《苏社特刊》1922 年第 2 期,第 22—23 页。

划,是要从市议会办起。"他认为法国的市政是集权于中央政府的,美国的市政是集权于市长一人的。"这两种制度,既适应'推给在上的'的缺点,又不脱专制的气味,都不足法。欲求一重民意,讲地方自治,适合于今日中国者,莫若英国的制度。"①依他所见,"只要有了市议会,有了选举得法的市议会,有了权力的市议会,就是有了市民的民意机关、市政的政治头脑,其余一切详细办法,如物质上的造屋筑路、开沟通河等等建设,精神方面的道德、教育、卫生、社交种种改造,都可以不用我们现在凭空费心,自有市议会因时因地或因人制宜地替我们去谋划"。②

哈佛大学硕士张锐认为:"市政制度之于市,如衣服之于人。然世无可以尽合全世人类之衣服,亦固无尽合各市之一种市制度也。"③因此,他在参酌欧美各国制度,审度中国国情后,制定了心中的理想市制。第一,市长。市设市长(或市经理)为独任制,不采委员会之会议制;市长须具备市政经验或学识,由市自治会选出,由省长任命;各局处职员由市长直接委任,对市长负责。第二,市自治会。市自治会为代表民意、立法及监督市长之机关,会员由人民直接选举,人数不得超过 9 人;市自治会有弹劾或警告市长之权。第三,监督机构。市分为普通、特别两种,普通市由省政府监督,特别市由中央政府监督;监督官署经市民半数以上呈请,可解散市自治会。他自信擘画的理想市制虽非独一无二,却是"顺世界潮流,合我国国情"。④

而毕业于清华大学的陈晓钟则力推美国最新的市经理制。他自述曾潜心研究市政,但苦于不得师传,未能奋进,后将四年来课外研究成果结集出版成《新中国之市制》一书。⑤该书分论市经理制与我国城市财政、公用、教育、警察等各种行政革新之关系,点出"市经理制之神髓,在于效能"。⑥认为"新中国之城市,无论自政治方面着眼,自经济方面着眼,自学理方面着眼,自史实方面着眼,抑或自实际方面着眼,皆有采行最为现代最有效能的市制之必要。此制非他,即市经理制是也"。⑦具体而言:一、市经理应如欧洲各市市长,代行中央或

①② 　郑鹤:《新市政计划》,《沪江大学月刊》1922 年第 11 卷第 2 期。上海理工大学档案馆编:《沪江大学学术讲演录》,上海交通大学出版社 2011 年版,第 297 页。
③ 　张锐:《市制新论》,北京商务印书馆 1926 年版,第 81 页。
④ 　张锐:《市制新论》,北京商务印书馆 1926 年版,第 92 页。
⑤ 　陈晓钟:《新中国之市制》,北京书店 1929 年版,"自序"。
⑥ 　陈晓钟:《新中国之市制》,北京书店 1929 年版,第 74 页。
⑦ 　陈晓钟:《新中国之市制》,北京书店 1929 年版,第 91 页。

省政府职务,处双重之地位,受上级政府监督。二、市经理宜回避本籍,且须有商人色彩。三、市府各行政局所宜仿德制,加入市民代表,以为行政监督及专门顾问。四、市议会名额以各地实情为主,使平均为7人。五、具有社会公益性质之机关,最好由市议会选举市民中有声望者组织。六、候补市经理,须经合格审试,合格者给以证明,供各城市自由聘任。

不同于上述方案的纸上谈兵,董修甲不仅术业专攻,且有实际市政经验①,因此他的方案或许既能符合时代潮流,又可贴近社会实情。1928年4月,商务印书馆发行董修甲著的《市组织论》一书,列入"市政丛书"。该书对欧美各国及南京国民政府成立前的中国市制进行了翔实的分析,并品评其优劣。最后一章"市组织之采择"列举了他的市制方案,其中为普通市制定市议会与市长制、市委员会制和集权市长制三种市制,为特别市制定集权市长制和市委员会经理制两种市制,供城市自由选择。②在《市政学纲要》一书中,董修甲明确提出市制应与城市大小相匹配,即"较小之城市采用经理制,以市议决机关专管议事,再以市经理,一方面对市议决机关负责,一方面有主持市执行部一切特权,则小市市政,不难办理完善。至大城市,事务繁杂,顷刻万变,市权务须集中于执行首长一人之手,方能虑事适宜,再以人民代表机关,随时监督执行首长之举动,使之对于市政之办理,不敢违背民意,有害地方,斯为善矣"。③

通过分析时人论著和所拟市制草案,可总结出他们关于构建理想市制的基本理念。

第一,市权集中,权责专一。张慰慈在总结美国二十年市制改革经验时指出,"分权制度是美国城市政府组织的根本缺点",④"三权分立、代议制度等在中央政府也许有成立的理由,但在城市政府是万万不能适用的"。⑤因为中央政府有决定和执行两种职务,所以必须要有立法部与行政部,但城市政府的工作重心则是在几种实实在在的事务上。因此,他认为"初办市政时候,一切的组织,总以愈简愈妙。城市政府的性质和中央政府绝对不相同,我们万不可拘

① 董修甲曾参与起草《淞沪特别市公约》,后历任杭州市政府参事,上海特别市政府参议,武汉市政委员会秘书长,汉口特别市政府工务局局长、公用局局长,江苏省政府委员兼建设厅厅长。
② 董修甲:《市组织论》,上海商务印书馆1928年版,第140—185页。
③ 董修甲:《市政学纲要》,上海商务印书馆1928年版,第165—166页。
④ 张慰慈:《市政制度》,上海亚东图书馆1925年版,第315页。
⑤ 张慰慈:《二十年来美国城市政府的改革》,《东方杂志》1924年第21卷第1期,第42页。

束于普通的民治主义观念,去讲哲理原则,而不去注重于事实一方面",提出城市政府组织最重要的原则是"职权必须集中、责任必须确定、民选的官吏万不可过多"。①董修甲也赞同"市组织之优良与否,最重要者,市权集中也。市权集中,功过方有负责之人"。②提出符合立法与行政原理的市制应该是"立法宜用合议制,所以收集思广益之效,行政宜采独裁制,可免延误要公之弊"。③

第二,城市行政,效率为先。20世纪30年代,随着行政学的大规模输入和本土行政研究的兴起,追求行政效率成为时人注目的焦点。④刘洒诚说:"所谓市制问题,就是如何采取固定原则,以实现所希冀之目的,拟定一种新组织,使市内机关间有和协的运行,行政效率得以增高。"⑤在他看来,"相对的美好政府之组织,必能符合民治精神,其行政必有相当效率,一种组织而能调和这两种意念,才能称为比较好的市制"。⑥臧启芳在探求促进市政的方法时提到,"就市政之实际设施而言,必须竭力讲求效率。所谓效率,包含用人的效率与用钱的效率"。⑦杨朝杰在梳理美国市制的演进时注意到,市制的演变是民治主义的演变,也是对城市行政效率的追求,甚至喊出"关于政府的形式,且让愚痴者去争辩,只要能够在行政上收得实效的,就是好政府"。⑧能否确保行政效率,成为判断市制优劣的标准。

第三,专门人才,专家治市。在擘画理想市制的同时,时人也清醒地意识到,"市制者,法律条文耳。所以神而明之,运而用之者,则存乎其人。欧美各国市制,各有其特点在。吾而仅学其条文,而不养成运用此制之人才,犹之有规矩而无良匠以运用之也"。⑨故而在译介欧美市制、检视本土市制和擘画理想市制时,均提到专门人才和专家治市的重要性。杨朝杰分析市经理制在美国城市中流行的缘故,"就在于此种新制,能够使专家主持政务,可以得到市行政的实效,集中市政府的责任"。⑩陈晓钟在总结"我国城市政府之弱点"时亦

---

① 张慰慈:《市政问题》,《努力周报》1922年7月23日,第2版。
② 董修甲:《市组织论》,上海商务印书馆1928年版,第134页。
③ 董修甲:《介绍美国一种最新最良之市制》,《道路月刊》1927年第22卷第1期,第31页。
④ 参见孙宏云:《抗战前行政学输入与行政研究的兴起》,《学术研究》2016年第12期。
⑤ 刘洒诚:《现代市制之趋向》,《国立武汉大学社会科学季刊》1936年第6卷第4期,第760页。
⑥ 刘洒诚:《现代市制之趋向》,《国立武汉大学社会科学季刊》1936年第6卷第4期,第783页。
⑦ 臧启芳:《市政和促进市政之方法》,《东方杂志》1925年第22卷第11期,第28页。
⑧ 杨朝杰:《美国市制之演进》,《社会科学杂志》1930年第2卷第1期,第11页。
⑨ 张锐:《市制新论》,北京商务印书馆1926年版,第93页。
⑩ 杨朝杰:《美国市制之演进》,《社会科学杂志》1930年第2卷第1期,第9页。

感叹"专门人才之缺乏"。①董修甲在自拟的多种市制中,均规定市府各级职员须有专门学识或经验。宣传之外,更投身实践,无论是创办国立自治学院的张君劢,手执教鞭的董修甲、刘迺诚,还是执掌天津市政传习所的张锐,都致力于市政专门人才的培养。

四、结　语

1925 年,胡适在给好友张慰慈的《市政制度》一书作序时说:"现在中国的情形很像有从乡村生活变到城市生活的趋势了。上海、广州、汉口、天津等处的人口的骤增,各处商埠的渐渐发达,都是朝着这个方向走的。我们这个民族自有史以来,不曾有过这样人口众多、生活复杂的大城市。大城市逼人而来了! 我们怎么办呢? 我们有没有治理城市的能力呢?"②城市何去何从,成为时人的关切点。

在近代中国知识与制度转移的历史语境下,市政学自西徂东而来,作为其核心内容的城市政府制度亦经引介继而在国内流播。译介过程中,重视城市体制、对城市根本法的诉求以及考评各种市制优劣显现时人的旨趣所在。随着欧美市制在近代中国的根植,反求诸己,检视晚清以降各种市制法规,亦是他们的关注所在。与此同时,究竟何种市制适合中国国情,也引发思考,部分学人依托所学,擘画了心中的理想市制,市权集中、效率优先、专家治市成为他们构建市制的三大理念。进入 20 世纪 30 年代,南京国民政府颁布统一的城市组织法规,注入训政和党化色彩,市制讨论的空间被极大压缩,转而寻求增进城市行政效率、培养市政人才成为时人的务实之举。

Translation, Inspection and Design: The Spread of European and American Municipal System in Modern China

Abstract: In the 1920s, the "school city" system was once popular. The essence was to implement the city government system in schools, in order to achieve student autonomy, which reminded us of the importance of the "city government system" in the minds of the peo-

---

① 陈晓钟:《新中国之市制》,北京书店 1929 年版,第 19 页。
② 张慰慈:《市政制度》,上海亚东图书馆 1925 年版,"胡适序"。

ple at that time. In the context of the transfer of knowledge and systems in modern China, municipal science came from the west to the east, and the city government system as its core content was also spread through translation and introduction. In the process of translation and introduction, the emphasis on the city government system, the appeal to the city charter and the evaluation of the advantages and disadvantages of the city government system were presented. With the establishment of the European and American municipal system in modern China, they also focused on creating an ideal municipal system in line with the national conditions. The centralization of municipal power, the priority of administrative efficiency and expert governance became the basic ideas of the ideal municipal system.

Key words: municipal system; municipal science; the centralization of municipal power; administrative efficiency; expert governance

作者简介:张茜,中山大学历史学系博士研究生。

英国兰开夏奥尔德姆的
近代社会转型初探

——一种城市史视角①

余志乔

摘　要： 英国在中世纪晚期就开始社会转型，兰开夏的奥尔德姆就是英国从传统的封建生产方式向资本主义生产方式转变的一个案例。它从一个以传统农业生产方式为主的乡村，转变成为工业城镇。这种转变既是传统农业生产方式向工业生产方式的转变，也包括人口从农业性质向工业和雇佣劳动的转变，包括从乡村向城镇的聚居的转变。

关键词： 英国　奥尔德姆　工业化　封建生产方式　资本主义

中世纪晚期，英格兰西北地区开始了原工业化的进程，特别是在兰开夏与约克郡等丘陵地带。在这个过程中，原先的农业地带逐渐转变成工业与半工业地带，也逐渐改变了生产方式，转变为手工工场与雇佣劳动，成为资本主义的生产方式，工业化和城市化进程最终完成了这种转变历程。在兰开夏腹地的奥尔德姆（Oldham）就是这种转型的一个例证。

一

英格兰原农村地带工业的诞生与成长，成为英国资本主义发展的重要现象。因此，农村生产方式的转换是英国社会生产关系变迁的一个重要方面。

---

①　本文系国家社科基金重大项目"多卷本《西方城市史》"(17ZDA229)的阶段性成果。

一方面,资本主义的大租地农场逐渐取代了封建的小农经营;另一方面,原工业的发展,使原先的农村地区转变为工业村庄、工业城镇,彻底改变原先的乡村生产生活方式。

英国乡村地区转变为工业化地区,是与水力的使用分不开的。在罗马不列颠时代,英格兰就用奴隶或牲畜来推动磨盘。后来,英格兰逐渐出现了用水力推动的磨坊。水力磨坊的广泛流行,又推动了其他水力机械的出现。在英格兰,首先模仿水力磨坊,较大规模利用水力的行业是呢绒业。它最初是利用水力进行漂洗,也就是通过凸轮与水轮驱动的水力锤来捣捶敲击呢绒坯布,以代替过去赤脚踩踏或双手打、搓的程序,旨在除去大量残留在织物中的羊脂,并使羊毛密致,纤维黏结。英国最早的 4 个漂洗坊大约始于亨利二世时代(1154—1189)的 1185 年,分别是位于威尔特郡(Wiltshire)马登河畔(Madden River)的斯坦利村(Stanley)、林肯郡(Lincolnshire)培因河畔的柯尔比村(Kirkby on Bain)及约克郡和科兹沃尔兹(Cotswolds)的圣殿骑士团的领地。到爱德华一世时代(1274—1307),漂洗坊的数目逐渐增多。到 1327 年前,英国有文字记载可查的漂洗坊已有 150—160 个,实际上可能还不止于此。①

水力推动的机械在中世纪英国的广泛流行,具有重大的经济意义与社会意义,给包括奥尔德姆这样的乡村的工业化提供了条件。"13 世纪产业革命推动了英国乡村和农业小城镇毛纺织业的勃兴,加之摆脱了手工业行会的束缚,资本主义生产关系萌芽的两大前提条件——自由的劳动力和充裕的资金,不仅有可能,而且也有条件互相结合,由此促进了乡村和农业小城镇毛纺织业生产关系的质变。"②水力机械作为蒸汽机械的先导,是动力机械代替手工劳动的先河,有的学者把中世纪水力机械的流行,视为"产业革命在中世纪时的萌芽";甚至把 13 世纪漂洗机的开始流行,视为"真正的'产业革命'",视为"十三世纪的一次产业革命",如已故伦敦大学教授、著名经济学家埃莉诺拉·卡勒斯-威尔逊、华东师范大学金志霖教授等。③虽然这些说法可能还需要进一

①　陈兆璋:《论中世纪英国向资本主义的过渡》,《厦门大学学报》(哲社版)1987 年第 3 期。
②　金志霖:《13 世纪产业革命及其影响初探》,《史林》2007 年第 5 期,第 134 页。
③　参阅 E.M. Carus-Wilson, "An Industrial Revolution of the Thirteenth Century", *Economic History Review*, vol. XI(1941); M.M. Postan, & E. Miller, eds., *The Cambridge Economic History of Europe*, vol. II, Cambridge University Press, 1987; K.G. Ponting, *The Woollen Industry of South-West England*, Adams & Dart, 1971;马克垚:《西欧封建经济形态研究》,人民出版社 1985 年版;陈曦文:《英国 16 世纪经济变革与政策研究》,首都师范大学出版社 1995 年版;金志霖:"13 世纪产业革命及其影响初探",《史林》2007 年第 5 期。

步论证,但水力的广泛运用在推动英国社会经济的发展与转型方面,确实起了重大的作用。而水力或者说有一定流速、足以推动轮子运转的地方,集中在英格兰西北部的山岳和丘陵地带,有助于改变这些地区农业不发达的状况却是可能的。

地处英格兰西北部兰开夏的奥尔德姆从一个农业地带转变成工业地带,逐渐变成雇佣劳动的生产方式,就得益于水力漂洗带动了呢绒业向乡村的转移的广泛社会变革,包括乡村工业的发展以及后来的工业革命进程。兰开夏飞跃的关键,是棉麻混纺引进的棉花,这也是它后来脱颖而出的秘密武器。从17世纪初起,棉麻粗布在布莱克本(Blackburn)和博尔顿(Bolton)一带迅速发展。到1630年,在后来的奥尔德姆一带牢固地确立起来,到世纪晚期正渗透曼彻斯特地区本身。到这时,棉布也引进到传统的兰开夏亚麻业中,生产出亚麻棉混纺布的多种产品。而纯亚麻布生产转到兰开夏西部一带,尤其是在普勒斯顿(Preston)、柯卡姆(Kirkham)和沃灵顿(Warrington)。①

16—17世纪的土地变动,为随后的土地经营模式的变化创造了条件。奥尔德姆的大部分是山岳区域,土地贫瘠,土壤层太薄,山坡上的酸性土壤限制了燕麦种植,不适宜耕种农作物,所以很早就转变为牧场,由此产生了牧羊业,②这为当地的羊毛织机贸易提供了原材料。直到16世纪中期,这里总体上仍然是传统的经营模式,有一些绵羊产业,经济上比较落后的。当时奥尔德姆16平方英里可能只能支持不到700户家庭的生存——仅占奥尔德姆19世纪中期人口的5%而已。不过,这片土地的性质在随后的岁月里发生了质变。它们当时主要属于7个家族,即阿什顿家(Ashton)、拜伦家(Byron)、查德顿家(Chadderton)、卡特沃斯家(Cudworth)、雷德克立夫家(Radclyffe)、泰勒家(Taylor)和泰特罗家(Tetlow),他们似乎仍然依靠从农民那里收取罚金、租金和服务为生。然而,在不到100年的时间里,这一切都改变了。这些原来的封建地主逐渐消失,其中2个家族因在宗教改革中坚持信奉天主教而受到重罚;7个人中有6个人在内战中站在了输掉的王党一方。这样,到17世纪末,除了

① John K. Walton, "Proto-industrialisation and the first industrial revolution: the case of Lancashire", in Pat Hudson, ed., *Regions and Industries a Perspective on the Industrial Revolution in Britain*, Cambridge University Press, 1989, p.46.

② Edwin Butterworth, *Historical Sketches of Oldham with an Appendix Containing the History of the Town to the Present Time*, John Hirst, 1856, p.79.

雷德克立夫家族之外,其他所有人都已经卖掉了他们的土地——在接下来的一个世纪里,雷德克立夫家族也失去了他们的大部分土地。①封建地主一去不复返了。大家族们的土地去向何处了呢? 他们的土地归两类买主:富裕的农民如里斯(Lees);更多的卖给了寻找投资的富庶外地商人,如伦敦的伍德(Wood)和霍顿(Horton)、曼彻斯特的雷格里(Wrigley)和后来的帕西维尔(Perceval)。所以,从某种意义上说,16—17 世纪以来的土地变动,直接为随后工业的发展创造了条件。经济变动造成了大量的无地居民和一小群相对富裕的农民。这些富有的农民和外来投资商为如曼彻斯特的商人组织生产。

同时,市场需求也促使工业向乡村地区的转移。当时,欧洲对低质量的"新窗帘"的大量需求,促使商人们将生产带到迄今未触及的农村地区。奥尔德姆就是这样一个地区。奥尔德姆 16 世纪末和 17 世纪初人口迅速增长。在全国范围内,同一时期,国家通过执行学徒制或垄断公司来管理生产的任何企图都结束了。1758 年,一位地方法官将其描述为"在半饥半饱、半衣无缝的贫穷织工中,有几个富有的商人"。村民们为了生存,必须让家里的每一个人尽快挣到工资。②农业生产方式无可避免地向工业生产方式转变,这似乎是资本主义在兰开夏郡一小块地区的工业化前发展的经济影响。

由此可见,正是水力的广泛运用、原工业化及工业化进程,把兰开夏(包括奥尔德姆)原来的牧场变成工厂,把乡野变成了都市,实现从封建生产方式向资本主义生产方式的转变。正如马克思在《资本论》中指出的,"15 世纪 70 年代到 16 世纪初的几十年拉开了变革的序幕,为资本主义生产方式奠定了基础"。③

二

奥尔德姆是今天英格兰西北部兰开夏大曼彻斯特的一个城镇。在原工业化中,奥尔德姆逐渐从传统乡村生产方式转变成工业生产方式;但只有工业革命的进程,才最终促进了奥尔德姆确立起资本主义的生产方式。

---

① John Foster, *Class Struggle and the Industrial Revolution*: *Early industrial capitalism in three English towns*, Methuen & Co. Ltd., 1974, p.21.

② John Foster, *Class Struggle and the Industrial Revolution*: *Early industrial capitalism in three English towns*, Methuen & Co. Ltd., 1974, pp.22—23.

③ 《马克思恩格斯选集》第 2 卷,人民出版社 1972 年版,第 238 页。

　　虽然地处兰开夏,但奥尔德姆的地理条件并不优越,在工业化进程中起步较晚。奥尔德姆位于曼彻斯特东北 11.1 公里处,在另一个城镇罗奇代尔东南 8.5 公里处,地处奔宁山脉(Pennine)中间,海拔 200 米,在伊尔克河和梅德洛克河之间。境内没有主要河流或可见的自然资源优势,与周边其他城镇相比,奥尔德姆的地理条件不佳,因此在工业革命的初期没有发挥积极作用。后来由于曼彻斯特和约克郡西南部劳动力方面的便利地位,才成为明显的工业化地区。[①]当时曼彻斯特和哈利法克斯曾是重要的羊绒纺织业中心,而奥尔德姆地处两者中间,可以参与到这两地间的商业活动中,所以成为重要的羊毛贸易场所。[②]可见,它从乡村属性向工业城镇的转变,得益于兰开夏的转变,得益于工业革命的摇篮曼彻斯特棉纺织业的发展。[③]

　　奥尔德姆的许多历史都与工业革命时期的纺织制造有关;有人甚至这么说,"如果工业革命在世界地图上稳稳当当地放置一座城镇的话,那么这个城镇就是奥尔德姆"。[④]17 世纪初,棉花与亚麻混纺在奥尔德姆及周围已经变得相当普遍。1723 年,泰勒家、格劳德维克(Glodwick)家、巴克莱(Buckley)家是当地的羊毛布制造商。[⑤]奥尔德姆以制造帽子而闻名,该制帽最早可追溯到 15 世纪,到 1756 年,奥尔德姆已经成为英国帽子产业的中心。到 19 世纪仍有一定的延续。[⑥]直到 18 世纪的最后 25 年,奥尔德姆才从一个通过家庭体力劳动生产羊毛服装的家庭工业乡镇变成了一个庞大的纺织工厂工业大都市。[⑦]成为曼彻斯特棉纺织业都市的一个有机组成部分。

　　制造业的发展使本地区土地增值,加速了土地的工业化使用进程。1801 年,一些居民采取一些措施,圈占奥尔德姆外围 200 多英亩的荒地并进行开

[①⑦] Oldham beyond, A version of borough of oldham—A report by ... URBED, Comedia, S333, King Sturge and WSP April 2004, p.9.

[②] Edwin Butterworth, *Historical Sketches of Oldham with an Appendix Containing the History of the Town to the Present Time*, John Hirst, 1856, p.79.

[③] John Foster, *Class Struggle and the Industrial Revoluion: Early Industrial Capitalism in Three English Towns*, Methuen & Co. Ltd., 1974, p.76.

[④] N.J. Frangopulo, *Tradition in Action: The Historical Evolution of the Greater Manchester County*, EP Publishing, 1977, p.154.

[⑤] Edwin Butterworth, *Historical Sketches of Oldham with an Appendix Containing the History of the Town to the Present Time*, John Hirst, 1856, p.85, p.95.

[⑥] "Ogbourn-Oldham", in *A Topographica l Dictionary of England*, ed. Samuel Lewis(London: S Lewis, 1848), pp.472—476. *British History Online*, accessed March 26, 2021, http://www.british-history.ac.uk/topographical-dict/england/, pp.472—476.

发。1802—1803 年的议会法案,赋予分配和封闭公地的权力。到 1807 年,该镇外围的荒地——格林纳尔(Greenacres)、北高地(North)、上沼地、下沼地、莎拉沼地(Sarah)和霍林伍德沼地(Hollinwood)——已全部成为相邻的土地所有者和占用者的土地。其中,霍林伍德沼地分割为 39 个块地,格林纳尔沼地分为 29 块,北沼分为 23 块,莎拉沼地为 19 块。这样,土地的分割与易手,有利于这些土地向工业和城镇性质转变。比如一块叫"Mumps"的地方,原来曾是约曼农巴克莱(Buckley)和邓克莱(Dunkerley)家族的地方。约瑟夫·邓克莱(Joseph Dunkerley)是当地最早的棉花制造业商,其子约翰·邓克莱(John Dunkerley)继承棉纺织业。①

由于奥尔德姆的自然基础差,因此其发展完全得益于曼彻斯特发展的辐射效应。奥尔德姆的工业发展大致以 19 世纪 30 年代为界分为两个阶段。在第一个阶段是机器制造与手工织机的竞争时期,第二个阶段机器纺纱机械化对手工织机取得最后胜利、并大力推进时期。

在 18 世纪 70 年代晚期,棉花业主要集中在曼彻斯特周边地区。到 90 年代初,它已经遍布整个南兰开夏,并影响和扩展到约克郡和德比郡一带。由此带动建立了相应经济基础设施(公路、运河、鼓励辅助工业的发展)建设高潮,建立起一整套的工业体系。这就是 1792—1793 年的情况。奥尔德姆恰好就在这个体系的中间,便于未来奔宁山脉约克郡尚未开发的劳动力储备的使用。②

18 世纪下半叶,奥尔德姆开始从呢绒向棉纺织发展。1750—1770 年期间,奥尔德姆出现了一批重要棉纺织工厂主。③奥尔德姆棉业起源于 1778 年,威廉·克莱格(William Clegg)建造的里斯工厂(Lees Hall),④这是该地城市化和社会经济转型螺旋式上升过程的起点。在一年内,还建造了 11 个其他工厂。⑤1778—1788 年,奥尔德姆镇的棉纺织厂新增 5 个。1788 年该镇总计有

① Edwin Butterworth, *Historical Sketches of Oldham with an Appendix Containing the History of the Town to the Present Time*, John Hirst, 1856, p.156, p.58.

② John Foster, *Class Struggle and the Industrial Revolution: Early industrial capitalism in three English towns*, Methuen & Co Ltd, 1974, pp.74—76.

③ Edwin Butterworth, *Historical Sketches of Oldham with an Appendix Containing the History of the Town to the Present Time*, John Hirst, 1856, p.115.

④ Duncan Gurr & Julian Hunt, *The Cotton Mills of Oldham*, Oldham Education & Leisure, 1998, p.1.

⑤ Hartley Bateson, *A Centenary History of Oldham*, Oldham County Borough Council, 1949.

11 家,全堂区有 25 家。1778 年镇外 6 家,到 1788 年增加了 8 家。1791—1796 年,在奥尔德姆镇的纺织厂增加了 4 家,全部是纺纱厂,所以 1796 年总计有 22 家。1796—1800 年,奥尔德姆有 7 家棉纺织厂使用蒸汽机。[1]1776 年至 1811 年间,在奥尔德汉姆建立的首批 42 家棉纺厂中,绝大多数是由拥有资本的人建立的,而且大多数是由很有钱的人:煤老板、银行家、商人、批发商、约曼农制造商建造的。大概只有两个是由工人出身的人建造的。一个由贵格会(Quaker)的机械师詹姆斯·里斯(James Lees)建立,但该厂似乎只存在了 12 年。另一个由制鞋匠詹姆斯·格莱德希尔(James Gledhill)建立,他发财后就卖掉了工厂。[2]对社会转型来说,约曼农转变成棉业制造商有着特殊的意义。1775 年,一位叫约翰·里斯(John Lees)的农夫,在教堂巷尾附近开始了棉花生意,他逐渐扩展其制造业,大约在 1780 年建立教堂巷厂房,到 1795 年购买了新的地产。1783—1785 年左右,约曼农约瑟夫·邓克莱(Joseph Dunkerley)投身棉业,建立起厂房。其子约翰·邓克莱(John Dunkerley)进一步扩大了生产。1791 年前,约翰·里斯的兄弟丹尼尔·里斯(Daniel Lee)在公爵街开设棉纺纱厂。1795 年,在曼彻斯特路(也叫新路)建立起了一座纺织厂,叫滨河厂。他后来成为该地区最为富裕的工厂主之一。[3]

约曼农在英国是一个特殊的社会群体,"作为一个社会群体由那些以土地耕作为生,主要从土地上获得利益,并在 16—17 世纪英格兰等级社会中达到一定殷实程度,以及在乡村社会里具有中下等社会地位的人组成"。[4]换言之,约曼农是英国社会转型时期的乡村精英,对社会和生产生活方式的改变有着重大影响,是英国资本主义的启动者。正是像约曼农这样的人,开始从农业经营转向了制造业,从而改变了土地的经营方式与生产方式。

90 年代后期,机器纺纱(使用的劳动力相对较少,集中在曼彻斯特及其邻近地区)经历了加速增长的时期。正是这些年里,奥尔德姆利用了手工纺纱经济的危机与欧洲大陆的危机,快速建立起自己的特色行业——纺纱,而且是成

[1] Edwin Butterworth, *Historical Sketches of Oldham with an Appendix Containing the History of the Town to the Present Time*, John Hirst, 1856, p.140, p.145.

[2] John Foster, *Class Struggle and the Industrial Revolution: Early industrial capitalism in three English towns*, Methuen & Co. Ltd., 1974, p.9.

[3] Edwin Butterworth, *Historical Sketches of Oldham with an Appendix Containing the History of the Town to the Present Time*, John Hirst, 1856, p.129, p.130, p.139.

[4] 许洁明:《十七世纪的英国社会》,中国社会科学出版社 2004 年版,第 56 页。

立了一批主要从事出口的专业纺纱公司。这是奥尔德姆从乡村属性迅速成为城镇的一个重要因素。

不过,尽管这个行业的平衡发生了这种变化,手织机仍然存在,而且仍然是未来 20 年来最大的雇主。在 19 世纪 20 年代,奥尔德姆的农村几乎完全依赖手工织布的工业化地带(out-townships),仍然占当地几乎一半人口。虽然它们的增长在 19 世纪后有所放缓,但直到 19 世纪 20 年代末、30 年代初引入有效的纺织机械后,手工织机行业才遭受到彻底的人口减少。[1]到 1818 年,就拥有了 19 家工厂。当然,可能与其他地方相比,这个数量并不多。但就在这个发展进程中,边远村庄的工人大量移徙而来,使奥尔德姆的人口大大增加,人口从 1801 年的 12 000 多人增加到 1901 年的 137 000 人。[2]

正如恩格斯在《英国工人阶级状况》中指出的那样:

> 英国工业的发展,先从它的主要部门棉纺织业开始。……这种工业的中心是郎卡郡,郎卡郡是棉纺织业的摇篮,而棉纺织业又使得郎卡郡完全革命化,把它从一个偏僻的很少开垦的沼泽地变成了热闹的熙熙攘攘的地方;这种工业在八十年内使郎卡郡的人口增加了 9 倍,并且好像用魔杖一挥,创造了居民共达 70 万的利物浦和曼彻斯特这样的大城市及其附近的城市:波尔顿(60 000 居民)、罗契得尔(75 000 居民)、奥尔德姆(50 000 居民)、普累斯顿(60 000 居民)、埃士顿和斯泰里布雷芝(共 4 000 居民)以及一系列的其他工厂城市。在南郎卡郡的历史上可以看到近代的一些最大的奇迹(虽然这一点从来没有人谈到过),所有这些奇迹都是棉纺织业造成的。[3]

这样,“棉业都市”曼彻斯特带动了周边城镇的发展,如奥尔德姆,形成了一个巨大的棉纺织业工业区域。凯伊的“飞梭”和各种纺纱机造就了新型棉纺织城市曼彻斯特,纺织机械的链状革新和发明,使棉纺织业的产量成百倍地提高。据研究,工业革命初期的棉纺织业生产,从脱籽、漂洗、烘干、纺纱、织布、

① John Foster, *Class Struggle and the Industrial Revolution*: *Early Industrial Capitalism in Three English towns*, Methuen & Co. Ltd., 1974, p.76.

② R.McNeil & M.Nevell, *A Guide to the Industrial Archaeology of Greater Manchester*, Association for Industrial Archaeology, 2000.

③ 恩格斯:《英国工人阶级状况》,《马恩全集第二卷》,第 287—288 页。

漂白、染色和印花等工序大多集中在一个工厂里完成,而且纺织厂几乎都集中在市中心。1785 年,奥尔德姆有 6 家棉纺织厂,到 1815 年有 47 家,1839 年有 94 家。①在奥尔德姆镇,1791 年时的 18 家棉纺织企业,到 1821 年只有 3 家仍然从事这个行业,余下的或者转到了其他企业或其他家族手中。在 1800 年的 24 家中,到 1810 年只有 9 家存续,其余的转到了他人手中。在 1846 年的 138 家中,只有 4 家仍然是 1800 年时的主人家庭。在 1821—1824 年间,就有 15 家新棉纺织厂创立。②棉纺织业似乎转手较快,有着比较大的流动性。

19 世纪 30 年代,奥尔德姆的工业转型进入第二个阶段,即工厂制取代手工作坊的阶段。在 19 世纪 30 年代,该镇的整个工业规模明显改变。尽管有几百个手工织机一直挣扎到 19 世纪 40 年代,但大部分的织机生产在这十年结束之前就已经机械化了。③仅仅在 1840—1847 年间,奥尔德姆镇的棉业工厂就增加了 9 家。④

到 19 世纪中叶,奥尔德姆的主要生产商品是花呢绒、平绒、棉毛混纺以及棉纺,其中最重要的是棉纺织。工厂规模更大了,而且它们都是用蒸汽推动工作的。附近开采大量煤炭运往曼彻斯特,煤矿雇用了大量劳动力。

奥尔德姆在 19 世纪下半叶成为世界棉纺织制造中心。1851 年,奥尔德姆超过 30% 的人口受雇于纺纱部门,而全英国的比例仅有 5%。由于 19 世纪 60—70 年代的纺纱工厂建设热潮,它超过了曼彻斯特和博尔顿,在这一时期,奥尔德姆成为世界上生产最多的棉纺城。1871 年,奥尔德姆的纺锤比世界上的任何国家都多(除美国以外),1909 年,奥尔德姆的纺纱量比法国和德国的总和还多。1928 年,随着奥尔德姆建成英国最大纺织厂,它达到了制造业的顶峰。在鼎盛时期,有 360 多家工厂日夜运转。⑤

奥尔德姆这样的卫星城市开始专注于纺纱:在 1890 年的顶峰时期,奥尔

---

① L.P. Green, *Provincial Metropolis: The Future of Local Government in South Lancashire. A Study in Metropolitan Analysis*, Allen and Unwin, 1959, p.60.

② Edwin Butterworth, *Historical Sketches of Oldham with an Appendix Containing the History of the Town to the Present Time*, John Hirst, 1856, p.178.

③ John Foster, *Class Struggle and the Industrial Revolution: Early Industrial Capitalism in Three English Towns*, Methuen & Co Ltd, 1974, p.77.

④ Edwin Butterworth, *Historical Sketches of Oldham with an Appendix Containing the History of the Town to the Present Time*, John Hirst, 1856, p.223.

⑤ https://en.jinzhao.wiki/wiki/Oldham#cite_ref-FOOTNOTEMcNeilNevell2000_18-3.

德姆拥有 330 家工厂,拥有世界八分之一的纺锤。从兰开夏郡纺纱厂所拥有的纺锤数量看,奥尔德姆在 19 世纪末 20 世纪初都是出类拔萃的,其拥有的纺锤数量远远超过曼彻斯特及其周围的棉业城镇。(表 1)

表 1　兰开夏郡纺纱厂生产纺纱线的纺锤(1883—1913 年)　　　　单位:千[①]

	1883	1893	1903	1913
布莱克本	1 671	1 398	1 321	1 280
博尔顿	4 086	4 770	5 457	6 797
伯　里	875	899	833	955
曼彻斯特	2 445	2 353	2 225	3 703
奥尔德姆	9 311	11 159	12 230	16 909
普勒斯顿	2 146	1 883	2 074	2 161
斯托克波特	1 601	1 742	1 568	2 266
威　根	864	775	888	1 085

再对照其行业构成分析(图 1),其中制造业从 19 世纪下半叶起一直占据着绝对优势,而农业已经缩减到几乎可以忽略不计的比例。

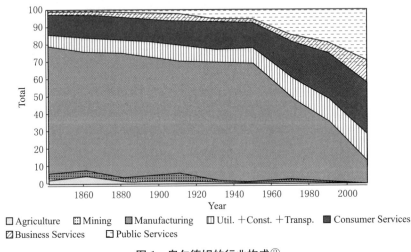

图 1　奥尔德姆的行业构成[②]

①　Mike Williams & D.A. Farnie, *Cotton Mills of Greater Manchester*, Carnegie Publishing, 1992.

②　*Vision of Britain through Time*, https://www.visionofbritain.org.uk/unit/10216163/cube/IND_SECTOR_GEN.

从 1840—1940 年奥尔德姆的制造业比率(深黑色线),对照大不列颠整体的水平(浅黑色线),可以看出奥尔德姆远远超出平均水平(图 2)。1778 年,奥尔德姆堂区的 12 家工厂工人总数可能不超过 360 人(当时该堂区人口在 8 000—10 000 人左右),到 1816 年,该堂区的棉纺织厂有 111 家,雇用了 20 673 人。①

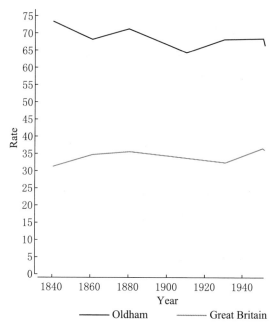

图 2　1840—1940 年英国与奥尔德姆的制造业比率对比表②

奥尔德姆是兰开夏郡最重要的纺纱中心,当时是世界棉花工业中心。奥尔德姆也是领先的棉花机械制造商,在 19 世纪 90 年代,韦纳茨(Platts of Werneth)雇用了 15 000 人。正是在 19 世纪,兰开夏郡从一个“模糊的、偏远的、岛屿的”落后地区变成了世界上最富有的工业化地区。这是由纺织和纺纱、蒸汽机、运河和铁路方面的技术创新驱动的。这导致了曼彻斯特的爆炸性增长。③

①　Edwin Butterworth, *Historical Sketches of Oldham with an Appendix Containing the History of the Town to the Present Time* , John Hirst, 1856, p.119.

②　*Vision of Britain through Time* , https://www. visionofbritain. org. uk/unit/10216163/rate/IND_MAN.

③　Oldham beyond, A version of borough of Oldham: A reportby ... URBED, Comedia, S333, King Sturge and WSP April 2004, p.8.

奥尔德姆的纺织、制帽业、煤炭开采和早期的棉纺厂结合在一起。[1]1846
年,该自治市镇内用于棉纺织、机械制造、铸铁、漂白和原木研磨的蒸汽机数量
为 179 台,煤炭业 58 台,用于玉米研磨 1 台;总共 238 台蒸汽机,功率为 5 695
马力。[2]奥尔德姆镇的财产(土地、租金、其他财产)大大增值,从 1692 年的 287
英镑 9 先令 7 便士,增长到 1815 年的 29 970 英镑,1841 年 107 500 英镑。[3]也
就是说,从 1692 的农业时代到 1841 年的工业时代,该镇财产增长了 374 倍。

毫无疑问,经过 19 世纪的棉纺织工业的发展,作为曼彻斯特棉业都市圈
的城镇,奥尔德姆完成了从传统的封建生产方式向资本主义生产方式的转型。

三

奥尔德姆不仅生产方式逐渐从封建的向资本主义的转变,而且人口与社
会生活方面也逐渐向资本主义性质转变。

首先,奥尔德姆人口实现了持续稳定增长。1801 年,它就已经从传统的
乡村变成城镇了,此后又持续增长,逐渐变成一座大城镇。从 1801 年的 1.2 万
人增长到 1901 年的 13 万多人,增长了 10 倍多(表 2),这完全是一种城镇人口
增长,不再是传统乡村模式与风格。

表 2　1801—1939 年奥尔德姆人口变动[4]

年	1801	1811	1821	1831	1841	1851	1861	1871	1881	1891	1901
人口	12 024	16 690	21 662	32 381	42 595	52 820	72 333	82 629	111 349	131 463	137 246

其次,到 19 世纪,奥尔德姆的人口性质实现了转型。在 19 世纪的第二个
十年,手工织工在整个地区的 7 000 名成年男性工人中也有 3 000—4 000 人,
工厂里只有大约 500 名男子,其余的要么是帽匠(也是家内工人)、矿工、机器
制造商或建筑工人。尽管工厂还有 2 000 多名妇女和儿童在工作,但他们的

① Peter Clark, ed., *The Cambridge Urban History of Britain*, Vol. II, Cambridge University Press, 2000, p.126.
② "Ogbourn-Oldham", in *A Topographical Dictionary of England*, ed. Samuel Lewis (London: S Lewis, 1848), pp.472—476. *British History Online*, accessed March 26, 2021, http://www. british-history.ac.uk/topographical-dict/england/, pp.472—476.
③ Edwin Butterworth, *Historical Sketches of Oldham with an Appendix Containing the History of the Town to the Present Time*, John Hirst, 1856, p.166.
④ Hartley Bateson, *A Centenary History of Oldham*, Oldham County Borough Council, 1949, p.232.

工资只能稍微缓和织布业不断加剧的危机的影响。这种情况下,奥尔德姆可能会成为推动彻底社会变革的一个场所。早在18世纪末,人口就业的性质就逐渐改变,工厂工人逐渐替代手工艺人。在19世纪20年代,奥尔德姆的农村几乎完全依赖手工织布的工业化地带,仍然占当地几乎一半的人口。虽然它们的增长在19世纪后有所放缓,但直到19世纪20年代末和19世纪30年代初引入有效的纺织机械后,手工织机行业才遭受到彻底的人口减少。①从1789—1871年奥尔德姆不同类型区域人口变动情况看(图3),都处于增长状态,说明生产方式的转变并不是局部的、片面的,而是全方位的。

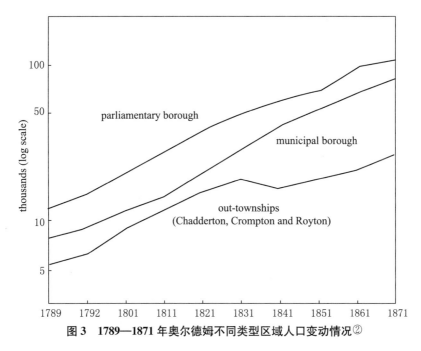

图3 1789—1871年奥尔德姆不同类型区域人口变动情况②

19世纪30年代奥尔德姆工厂制取代手工作坊的阶段。到1841年,棉纺厂(50个大型蒸汽动力工厂和一大批小企业)雇用了该地区劳动力的绝对多数:26 000人中的14 000人;且工厂规模趋于较大。在1841年,超过四分之三的棉花工人受雇于拥有100多名工人的纺纱厂,而大多数人则受雇于拥有更

---

① John Foster, *Class Struggle and the Industrial Revolution: Early Industrial Capitalism in Three English Towns*, Methuen & Co. Ltd., 1974, p.76.
② John Foster, *Class Struggle and the Industrial Revolution: Early Industrial Capitalism in Three English Towns*, Methuen & Co. Ltd., 1974, p.26.

多工人的纺纱厂。①(参照表 3)

表3　曼彻斯特和奥尔德姆棉纺织厂规模②

	城镇	厂数	工人数	每厂工人数
1838	曼彻斯特	182	39 363	216.3
	奥尔德姆	220	15 291	76.5
1841	曼彻斯特	115	30 316	263.6
	奥尔德姆	201	15 947	79.3

　　第三,奥尔德姆的城镇化发展。这个原先的大农村奥尔德姆,以前甚至都不是市场城镇,几乎没有工业前的历史可言。但在这种快速发展中,实际上成为了一座工业城镇。

　　直到 17 世纪晚期,奥尔德姆的城市等级地位仍然是很低的。它是曼彻斯特纺织区的城市网络下面的次级区域,如其南部擅长棉花纺制(Macclesfield专长于丝绸),而在北部和东北地区城镇化发展稍差的地区则更长久地集中在手织机编织,其中奥尔德姆和普雷斯顿、斯托克波特、博尔顿、布莱克本就是这种次中心。③

　　工业化进程中,曼彻斯特周围发展出的典型的棉纺织业城镇群。从 19 世纪起,棉布生产的每个部门都发展成独立的专业生产工厂,甚至于打包、运输都发展成独立的行业,形成专业性很强的一系列轻工业城镇。曼彻斯特的市中心成为专门的商品交易和金融业中心。这些专业性生产向周围分散开来,逐步向市郊及邻近地区扩展。纺纱业大多集中到兰开夏南部和柴郡北部,纺纱和棉被业集中到博尔顿,奥尔德姆、布莱克本、伯里和普勒斯顿则精于织布④。虽然博尔顿与奥尔德姆都以纺纱胜,但两者还是有区别的,奥尔德姆以小企业多,通常由从前制帽或棉麻编织的人创业,他们生产粗支纱;而博尔顿

① John Foster, *Class Struggle and the Industrial Revolution: Early Industrial Capitalism in Three English Towns*, Methuen & Co. Ltd., 1974, p.77.
② D.S. Gadian, "Class Consciousness in Oldham and Other North-West Industrial Towns 1830—1850", *The Historical Journal*, Mar., 1978, Vol.21, No.1(Mar., 1978), p.168.
③ Peter Clark, ed., *The Cambridge Urban History of Britain*, Vol.Ⅱ, Cambridge University Press, 2000, pp.115—116.
④ Gary S Messinger, *Manchester in the Victorian Age: the Half-Known City*, Manchester Univ. Press, 1986, p.118.

的工厂规模宏大,通常由实力雄厚的厂主建立,精于生产精细纱线。①

在圈地前9年,格林纳尔沼地已成为中等规模的村庄,由于棉花生产初期的繁荣,因而在荒地的各个部分都建有许多房屋。荒地开垦后的两年内,格林纳尔这个地方迅速增长,以至变成了奥尔德姆的大郊区,在一定程度上相当于奥尔德姆镇的三分之一,在接下来的20年中,变成了镇上其余部分的一半。霍林伍德沼地的人口增长并没有迅速地增加,但该村庄的面积是格林纳尔的三分之一以上。在圈地后八年的时间里,霍林伍德村已经相当于格林斯郊区近六分之四的沼地。北部荒原的人口增长同样是显著的。②奥尔德姆不像罗奇代尔(Rochdale)或博尔顿,不是一个传统的市场城镇/集镇。它只不过是一个被工业革命从默默无闻中脱颖而出的村庄,在50年内成为英国最重要的城镇之一。其人口从19世纪30年代的12 000人增加到第一次世界大战时的近15万人。③因此,不仅是曼彻斯特,其他兰开夏的工业村庄或城镇都得到了巨大发展机遇,人口迅速增长。其中,1851年奥尔德姆人口增长到5.3万。④

奥尔德姆与附近工业城镇的连通性日益改善与增强,真正成为兰开夏工业城镇中的不可或缺的一员。根据1792年获得通过的法案建造的奥尔德姆运河,极大地促进了该镇西端的贸易。该运河把奥尔德姆西部的霍林伍德与曼彻斯特、阿什顿和斯托克波特都直接联系起来了。罗奇代尔运河穿过查德顿镇。铁路线也逐渐建成。有一条铁路支线从奥尔德姆到曼彻斯特和利兹铁路;1847年11月1日,从这里分出的一条支线,从该镇西部通到东边的莫帕斯(Mumps)或者格林纳尔沼地。1846年,通过了一项法案,开一条到曼彻斯特和哈德斯菲尔德铁路的支线,长度为4.25英里,该分支机构的延伸是从镇的西部到东部的莫帕斯或格林纳尔沼泽。⑤

① Pat Hudson, "Industrial Organisation and Structure", in Roderick Floud & Paul Johnson, eds., *The Cambridge Economic History of Modern Britain: Industrialisation*, Vol.1. Cambridge University Press, 2004, p.45.
② Edwin Butterworth, *Historical Sketches of Oldham with an Appendix Containing the History of the Town to the Present Time*, John Hirst, 1856, pp.156—157.
③ Oldham beyond, A version of borough of oldham—A reportby ... URBED, Comedia, S333, King Sturge and WSP April 2004, p.8.
④ Richard Dennis, *English Industrial Cities of the Nineteenth Century*, Cambridge University Press, 1984, pp.30—31.
⑤ "Ogbourn-Oldham", in *A Topographical Dictionary of England*, ed. Samuel Lewis (London: S Lewis, 1848), pp.472—476. *British History Online*, accessed March 26, 2021, http://www.british-history.ac.uk/topographical-dict/england/, pp.472—476.

　　第四,奥尔德姆城镇存在着其他工业城镇一样的繁荣与危机。奥尔德姆的城市景观以独特的长方形砖厂为主。19 世纪 40 年代的奥尔德姆已经不再是 20 年前的半农村地区。6 万人口中的大部分人现在被挤进市中心的没有下水道的贫民窟,失业的人不再能在小块土地上种植马铃薯过日子。雇主豪宅仍然留在城镇边缘的防御良好的飞地中,据估计,居住这些豪宅里的 50 个家庭已经得到了社区全部收入的一半。对于其他 99% 的人口来说,《晨报》称"整个地方都是一副破旧不堪的样子。工人们房屋的总体外观是肮脏和潮湿的。没有空气的小后街和近乎肮脏的大杂院是常见的。一片片凄凉的荒地——所有的泥浆和成堆的黑砖覆盖着花环把磨坊分开—— 一群憔悴的、没有刮胡子的人忧郁、懒洋洋地躺在人行道上……各种各样的狗比比皆是"。[1]恩格斯也描述奥尔德姆等城镇是"……城市本身的建筑都坏而杂乱,有许多肮脏的大杂院、街道和小胡同,到处都弥漫着煤烟,由于它们的建筑物是用鲜红的、但时间一久就会变成黑的砖(这里普遍使用的建筑材料)修成的,就给人一种特别阴暗的印象"。[2]奥尔德姆在 1861—1865 年的兰开夏郡棉花饥荒中遭受重创,当时美国的原棉供应被切断。棉花饥荒完全依赖纺织业,造成该镇长期失业。到 1863 年,在中央政府的援助下成立了一个委员会,购买了土地,目的是雇用当地棉花工人建造亚历山德拉公园,该公园于 1865 年 8 月 28 日开放。由于在经济上过度依赖纺织部门,到 20 世纪,随着廉价外国纱线的进口增长,奥尔德姆的经济陷入萧条。[3]

　　毫无疑问,英国从封建社会生产方式向资本社会生产方式的转变是必然的,这是生产力发展的必然要求,它体现了经济发展的内在必然性和规律性。位于兰开夏腹地的奥尔德姆从一个大村庄的传统牧业经营模式,逐渐转变为工业的生产方式;在物质形态上,也从一个村庄转变成城镇和大城镇;其居民也从以农业为生依次转变为手工艺工人、工厂工人。

---

[1] John Foster, *Class Struggle and the Industrial Revolution: Early Industrial Capitalism in Three English Towns*, Methuen & Co. Ltd., 1974, pp.80—81.

[2] 恩格斯:《英国工人阶级状况》,《马克思恩格斯全集》(第二卷),人民出版社 1972 年版,第 323 页。

[3] Oldham beyond, A version of borough of oldham—A report by ... URBED, Comedia, S333, King Sturge and WSP April 2004, p.9.

On British Modern Capitalism Social Transformation:
Taking Oldham in Lancashire as Example

Abstract: Britain began its social transformation in the late Middle Ages. During this period, Oldham in Lancashire transformed from a village dominated by traditional agricultural production methods to an industrial town. This transformation is not only the transformation of traditional agricultural production methods to industrial production methods, but also the transformation of population from agricultural nature to industry and employed labor, including the transformation from rural to urban settlements. Therefore, Oldham's change is a case of Britain's transition from a traditional feudal mode of production to a capitalist mode of production.

Key words: Britain; Oldham; industrialization; feudal mode of production; capitalism

作者简介:余志乔,上海师范大学都市文化研究中心博士研究生。

论希伯来圣经中"逃城"的渊源与意义

周琳玥

摘　要：在摩西五经以及《约书亚记》中，多处可见关于"逃城"(Cities of Refuge)的记载。"逃城"制度为解决以色列人之间的人命纠纷提供了一种新的模式与途径，其主要规定是：在以色列国土中设立一批特定城市，犯下非故意杀人罪的凶手可逃往这些城市，免遭受害者亲属的报复；行凶者需在逃城中被审判，满足一系列条件后方可免除罪责。逃城及其庇护机制与以色列杀人律法紧密相连，折射出以色列民族从游牧到定居，从民族集团到城市共同体，以及从神权到世俗的变迁。

关键词：希伯来圣经　逃城　血仇　庇护　祭坛

一、"逃城"：地点、目的与规则

正如圣经文本批评经常发生的情况一样，关于逃城选定的位置、庇护机制的运行规则，及其在社会中发挥的实际作用等问题，学者们的看法常常是不同的，甚至存在抵牾。希伯来圣经中关于逃城的记载主要见于《出埃及记》第21章、《民数记》第35章、《申命记》第4、19章，以及《约书亚记》第20章。基于这些记载的异同之处，学者们提出了关于逃城制度的各种理论。如帕梅拉·巴马什(Pamela Barmash)曾指出，圣经中这些律法的来源"均是相互独立的，它们没有共同的文学渊源，并且植根于不同的历史和意识形态及神学背景"[1]，但这些段落间的承袭关系似乎印证了"逃城"是一种长期存在的庇护机制，而

---

[1]　Pamela Barmash, *Homicide in the Biblical World*, Cambridge University Press, 2005, p.83.

并非某一时期的创新。详细考察这些经文的内容及其联系将有助于我们对该机制的理解。

出埃及记 21:12—14

希伯来圣经中关于逃城的构想最早可追溯至《出埃及记》，即耶和华所颁布的惩罚暴行的条例："打人以至打死的，必要把他治死。人若不是埋伏着杀人，乃是神交在他手中，我就设下一个地方，他可以往那里逃跑。"（出 21:12—13）耶和华只说"设下一个地方"，该处模糊的定语并未明确提及城市，但明确了杀人者能够获得庇护的两个先决条件：1.非故意杀人（没有经过埋伏，即杀戮行为没有事先计划）。2.神圣意志的作用（被杀者是被"神交到他手中"的）。约翰·韦尔奇（John W. Welch）认为，"至少需满足这两个条件中的一个，在摩西律法下杀人才是合法的"①。该节经文初步描述了逃城的设立逻辑。

民数记 35:1—34

第一次明确提到逃城是在《民数记》中。以色列人即将结束四十年的旷野流浪时，耶和华晓谕摩西，要从给利未人的四十八座城市中划出六座作为逃城："你们给利未人的城邑，其中当有六座逃城，使误杀人的可以逃到那里。"（民 35:6）在接下来的段落中，进一步规定了逃城的作用——使误杀人的人能够逃避报仇人，不至于死，并使其能够站在会众面前听审判（民 35:12）；逃城的适用范围——以色列人、外人和寄居者（民 35:15）；以及对犯罪者的最终处置——若是非故意杀人，那么他得住在逃城里，直到大祭司死了，才可以返回原先的居住地（民 35:25）。该章还列出了区分故意杀人和意外杀人的依据：简言之，物理上，凡是用可致人死命的铁器、木器、石头打人以致死的，为故意杀人；心理上，出于仇怨而杀人，或杀人前有预先埋伏，亦被视为故意杀人，反之则是意外。此外，立法补充了证人作证的必要性（民 35:30），禁止通过支付赎金的方式逃脱判决（民 35:31—32），以及流血行为对土地的玷污（民 35:33—34）。

对照《出埃及记》与《民数记》，二者的主要区别在于《出埃及记》中的律法允许临时避难，但没有指定明确的地点，而《民数记》大大扩展了逃城律法的细则：如更仔细地区分了谋杀和误杀，并将决议有罪或无罪的责任放在了城内的

---

① John W.Welch, "Legal Perspectives on the Slaying of Laban", *Journal of Book of Mormon Studies*, vol.1, no.1, 1992, p.123.

会众的手中,并规定了犯罪方在逃城内的停留时间。

申命记 4:41—43, 19:1—13

各逃城的名称见于《申命记》(4:41—43),摩西在约旦河东岸划定了三座城市为逃城:旷野平原的比悉、基列的拉末、巴珊的哥兰。这三座城分属于利未支派的流便人、迦得人、玛拿西人。它们的地理分布十分广阔,凶手可以逃往其中任意一座寻求庇护。值得注意的是,《民数记》中明确提到了耶和华要求划出六座逃城,但这里只指定了三座。原因可能在于领袖摩西并未被允许进入应许之地,所以应在约旦河西岸设立的另三座逃城尚处于未明了的状态。但《申命记》也指出,只要以色列人敬爱耶和华,遵行其一切诫命,耶和华必将扩张以色列的地界,届时就将"在这三座城之外,再添三座城"(申 19:7—9)。两段经文有着密切的联系,如克拉克(T.A. Clarke)曾评论道:"申 4:41—43 中提到的这些城市,便是耶和华将约旦河东的土地赐给忠诚的以色列人民的具体例证,而申 19:8—10 中更多城市和土地的承诺也被作为使以色列人进一步服从耶和华的诱因。"[1]

同时,《申命记》进一步补充了《民数记》中对犯罪者的最终处置——若是谋杀,那么"本城的长老就要打发人去,从那里带他出来,交在报血仇的手中,将他治死"(申 19:12)。特伦特·巴特勒(Trent C. Butler)指出:"城市长老代表了古代近东地区一个重要的政治和法律机构……他们在申命记律法中扮演着特殊的角色。"[2]这反映出长老阶层这一从部落游牧时期中保留下来的权力主体仍是以色列法律体系的重要环节。

约书亚记 20:1—9

《约书亚记》中对逃城的描述可视为对《申命记》的进一步补充。耶和华晓谕约书亚,要像他曾经晓谕摩西那样,吩咐以色列人为自己设立逃城。《申命记》中只记述了摩西在约旦河东岸指定的三座逃城,而剩下三座位于约旦河西岸的逃城此时才被揭示,它们是:属于拿弗他利支派的基低斯、以法莲支派的示剑、犹大支派的基列亚巴(即希伯仑)。

《约书亚记》重申了《申命记》中逃城的设立目的——为误杀人者提供一个可躲避"报血仇者"的地方;审判主体——逃城的会众,以及对误杀人者的处

---

① 　T. Desmond Alexander and David W. Baker, eds., *Dictionary of the Old Testament*: *Pentateuch*, Inter Varsity Press, 2003, pp.127—128.

② 　Trent C. Butler, *Word Biblical Commentary*: *Joshua*, Word Books, 1983, p.217.

置——他直到大祭司死了才能回到出逃前的本城本家,但补充了一个附加条件:要求来逃城寻求庇护的人必须先站在城门口,向该城的长老们陈述自己的情况,被接纳后方能暂住城中,择期再在会众面前听候审判(约 20:4—6)。长老又一次扮演了关键的角色:在《申命记》中,律法只涉及了凶手所属城市的长老(负责将故意杀人者交到报血仇者手中),《约书亚记》中则扩展至逃城的长老(使误杀者不至落入报血仇者手中),二者履行的职责是一体两面的。此外,《约书亚记》20:4—5 中关于误杀人者不会被交给报血仇的人,而是会在逃城中拥有住处,与该城居民一起生活的表述,不免会让人联想到《申命记》23:15—16——其中规定逃跑的奴隶不会被交给他的主人,而是会生活在以色列人中间。

综合以上经文,我们可归纳出"逃城"运行的一般规则:

1. 犯杀人罪的凶手从自己所属城市前往逃城。如果在这段路程中他被报血仇者赶上并杀死,那么后者不犯"流血之罪"。(民 35:27,申 19:6)

2. 凶手到达逃城,在城门口向该城长老陈述原因。之后可在城内暂住,不受报血仇者的侵害。(约 20:4—5)

3. 逃城内组织会众对凶手进行审判。(民 35:12,约 20:6)

4. 依据审判结果决定凶手去向:若判故意杀人,凶手所属城市的长老将派人将之带回,交给报血仇者治死(申 19:12);若判误杀,凶手则可以在城中居住,直到大祭司死后方可返回其原来的城市(民 35:28,约 20:6)。

由以上可知,逃城的庇护机制是与以色列杀人律法紧密联系在一起的,不同时期的律法可能会存在程序上的差异,但其基本作用是一致的。接下来我们继续考察逃城自身的特质。希伯来圣经中共记载了六座逃城,如下表所示:

表 1 希伯来圣经中的"逃城"

名　　称	所属支派	地理位置
比悉	流便	约旦河东岸
拉末	迦得	约旦河东岸
哥兰	玛拿西	约旦河东岸
基低斯	拿弗他利	约旦河西岸
示剑	以法莲	约旦河西岸
基列亚巴(希伯伦)	犹大	约旦河西岸

　　已知的是六座逃城均属于利未人,但希伯来圣经并未明确指出原因,以及利未人在逃城中扮演了什么样的角色。以色列民族中,利未支派是一个特殊的支派,其被耶和华所拣选,世代担任祭司职责,在以色列境内不可拥有产业(民 18:20)。这一规定乍看似乎与利未人获得包括六座逃城在内的四十八座城市的说法相矛盾。对此,梅纳海姆·哈兰(Menahem Haran)解释道,"这四十八座城市被授予了利未人,没有附带任何地产。因此,它们不能充当农业用地的'等价物',也不能作为收入和财富的来源"①,所以矛盾并不存在。也有如韦尔豪森(Wellhausen)这样的学者认为,"对利未城市的记载是一个完全虚构的乌托邦方案,从来没有任何历史依据"②。但哈兰坚持强调"以《以西结书》中关于'圣地'的规划为例(以 45:1—5;48:8—14),对利未城市的描述包含了非常明显的现实主义特征,不能将其视为纯粹的虚构"③。

　　此外,被选为"逃城"的利未城市似乎天然带有神圣的意味,但"无法解释为什么像伯特利(Bethel)和但(Dan)这样的宗教中心,其神圣性一直延续到君主制建立很久之后,直到其被摧毁,但却被从利未城市的名单中删除了。除此之外还可以加上其他的宗教中心,如吉甲(Gilgal)、伯利恒(Bethlehem)、别是巴(Beersheba)和米斯巴(Mizpah)——所有这些城市都不在这份名单中"。④同时我们也应注意到,为了给误杀人者提供平等和方便的通道,这些选中的城市需均匀分布在约旦河流域整个以色列的领土上——这似乎又暗示了一个城市是否成为"逃城"并不取决于其是否具有神圣性,而更多是考虑到其地理位置。

　　如哈兰所言,"对利未城市的描述在本质上过于独特和复杂,它融合了历史和乌托邦的元素,所以不能以非此即彼的方式来理解"。⑤可以说,尽管关于利未人的城市是否在现实中存在的问题一直是激烈争论的主题,然而人们对具有庇护功能的逃城的存在几乎没有怀疑。

二、血仇与庇护机制

　　杀人者之所以要前往逃城,是为了逃避"报血仇的人"(Avenger of

①　Menahem Haran, *Temples and Temple-Service in Ancient Israel*, Eisenbrauns, 1985, p.116.
②　qtd. in Menahem Haran, *Temples and Temple-Service in Ancient Israel*, p.112.
③　Menahem Haran, *Temples and Temple-Service in Ancient Israel*, p.125.
④　Menahem Haran, *Temples and Temple-Service in Ancient Israel*, p.114.
⑤　Menahem Haran, *Temples and Temple-Service in Ancient Israel*, p.122.

Blood)——"报血仇的必亲自杀那故杀人的,一遇见就杀他"。(民 35:19)由是,以色列民族中血腥复仇的习俗和过失杀人律法的存在,造就了逃城的庇护机制。在此我们必须先明晰两个概念:何谓"报血仇的人"? 以及仇杀为何被冠以"血"的定语?

在其最基本的意义上,"报血仇的人"指的是一位与受害人属于同一家族,为亲属之死寻求复仇的人。根据丹尼尔·霍克(L. Daniel Hawk)的定义:"在以色列亲属体系中,报复的正义性要求以命换命。当一名家族成员被杀后,一名近亲成为了'血的复仇者',并被赋予了杀死凶手来为被害者报仇的责任。"①也就是说,在以色列社会中,受害者的家人承担了确保凶手对其罪行负责的义务。菲利普·巴德(Philip J. Budd)强调,"'复仇者'这一角色被认为是为了履行正义的责任,而不是愤怒或杀戮欲的化身"。②这也是为什么在"血仇"传统中,家族成员有权利杀死凶手,且在多数情况下可以不受惩罚。

"血"在以色列民族中具有特殊的神圣性。耶和华曾藉摩西晓谕众人:"一切活物的生命,就在血中"(利 17:14);"因血里有生命,所以能赎罪"(利 17:11)。以色列人禁止食用动物的血,否则该人必被剪除;而使人流血(即杀人)是更大的罪孽,《创世纪》中耶和华曾与挪亚立约:"凡流人血的,他的血也必被人所流,因为神造人,是照自己的形象造的。"(创 9:6)由是,"立法者试图使现有制度适应《圣经》的观念,即只有上帝对人与动物的生命及蕴蓄生命的血液有绝对的支配权"。③因此,以色列人将杀人罪与血相联系,称复仇者为"报血仇的人",并赋予其正义性,也就情有可原了。

圣经学者大卫·斯珀林(David Sperling)曾提出一个有代表性的观点——"被翻译为'复仇者'(avenger)的名词是理解圣经中'血之复仇者'(blood avenger)这一概念的关键,但把这个词翻译为'恢复者'(restorer)或许更为准确"。④他进一步解释道:

> "血之复仇者"的字面意思是"收回鲜血"(taker back of the blood),即

---

① L. Daniel Hawk, "Cities of Refuge", in *The New Interpreter's Dictionary of the Bible*(vol.1), Katharine DoobSakenfeld, ed., Abingdon, 2009, p.678.

② Philip J. Budd, *Word Biblical Commentary: Numbers*, Word Books, 1984, p.383.

③ David S. Sperling, "Avenger of Blood", in David Noel Freedman, ed., *The Anchor Bible Dictionary*, Doubleday, 1992, p.763.

④ David S. Sperling, "Avenger of Blood", p.763.

具有特殊功能的收赎者(redeemer)。当一名氏族成员被杀害,其余成员不仅会将其视为集体之血的流失,而且还认为凶手侵占了原属于整个集体的血。报血仇者的责任即是通过杀死最初犯下流血罪的人来收回被侵占的血。[1]

　　早期社会组织以家庭或氏族这样的血缘集体为基础,在一个以这种方式建立起来的社会中,亲属集团需对其下的每一成员负责。这在希伯来圣经中可找到与之对应的例证,如:近亲有义务替贫困的亲属赎回其所售出的土地——“你的弟兄,若渐渐穷乏,卖了几分地业,他至近的亲属,就要来把弟兄所卖的赎回”(利 25:25)——以使家族的地业得以留存。同理,如果一个血缘集体的成员对另一个血缘集体的成员犯下罪行,那么被侵犯者所属的血缘集体就有义务向犯罪者所属的血缘集体寻求补救,使之“恢复到原来的状态”。

　　“摩西十诫”第六诫中明确规定“不可杀人”(出 20:13),《民数记》(35:31)中亦规定“故意杀人、犯死罪的,你们不可收赎价代替他的命;他必被治死”。坚持以命换命,杜绝金钱代赎,显示了在古代近东律法中生命远远凌驾于财产。但在实际执行中,死刑只适用于故意杀人,区别于没有预谋的过失杀人或意外杀人。逃城的存在就是为后一种情况所预备的。但必须认识到,逃城固然为误杀人者提供了庇护,但并不意味着误杀行为就是纯然“无罪”的——如摩西·格林伯格(Moshe Greenberg)所言,“每当一个无辜的人被杀害,法律在一定程度上即认为凶手有罪。让一个无辜的人流血,即使是无意的,也会涉及血罪”[2]。背后的原因或许在于希伯来圣经对人类生命和作为耶和华居所的土地的终极尊重。逃城律法规定误杀人者如果在去往逃城的途中被报血仇者追上,后者可以将其杀死而不受惩罚;不能用金钱赔偿来与被杀者一方达成协议;以及误杀者必须住在逃城中,等大祭司死后才能回到原居住地,这些都表明“误杀无罪”并不令人信服。以上三条规定都带有惩罚的性质,其中最后一条尤其值得注意。

　　《民数记》和《约书亚记》都提到误杀人者必须住在逃城中,等大祭司死后才能返回(民 35:28,约 20:6),但并未说明这样规定的原因,导致学者们无法

---

[1]　David S. Sperling, "Avenger of Blood", p.763.

[2]　Moshe Greenberg, "The Biblical Conception of Asylum", *Journal of Biblical Literature*, vol.78, no.2, 1959, p.127.

令人信服地定义这种赎罪的性质或它的必要性。格林伯格指出,"大赦作为一种迎合民众的政治手段,多发生在新统治者上台的时候。让大祭司的死亡成为特赦的理由,这是一个奇怪的想法"。①乔治·布坎南·格雷(George Buchanan Gray)认为,"律法以大祭司的生命为期来扣留杀人者,这在巴比伦流放后的法律中可能是全新的规定。……它也可能是早期诉讼程序改良的遗留物;这可能源自古代以色列的一些庇护所,杀人者被扣留在那,直到掌管庇护所的大祭司死亡"。②既然"流血之罪"在圣经中是一项严厉的指控,只有一命换一命的死亡才能弥补,那么逃城收容本应被处死的误杀人者,一定意义上就阻碍了律令的推行。逃城的庇护制度必须在二者间寻求一定的平衡。在上一节已提及,六座逃城都是利未人的城市,利未人世袭祭司职能,这意味着每一座逃城都是重要的祭司家庭的所在地。那么,祭司的独特地位似乎就为杀人者洗清罪责提供了支持:"像血罪这样的宗教罪只能以宗教的方式来赎罪……只有献出另一条人命才能弥补意外杀人的罪责",而"如果说有一个人的死能给广大人民带来赎罪价值,那么其唯一的人选就是大祭司——这是由他在宗教崇拜中的重要地位所决定的"。③《出埃及记》曾记载了祭司在圣所供职时的条例——亚伦需将精金制成的牌戴在额上,以"担当干犯圣物条例的罪孽"(出 28:38)。以祭司之死来作为误杀人者重获自由的条件,可能正是在这一意义上弥合了这一矛盾。

另一方面,"误杀人者直到大祭司死后才能返回原来的城市"在一定程度上也暗示了逃城所具有的监禁性质,这或可视为一种对犯罪者的惩罚。如格林伯格所言,"他们被囚禁的城市既有监狱的性质,又有庇护所的性质"④。在圣经《列王纪》中,所罗门将示每限制在耶路撒冷的地界内,他一旦离开就会被处死(王上 2:36—37),可看作一个与之相呼应的例子。但也有学者提出相异的看法,如罗伯特·瓦沙尔兹(Robert Vashalz)的评论:

> 被告是无辜的,他愿意服从适当的权威,只要大祭司活着,他就留在逃城里……因此,利未人的逃城并不是一座监狱,而是一个庇护所,供那

---

① Moshe Greenberg, "The Biblical Conception of Asylum", p.127.

② George Buchanan Gray, *A critical and exegetical commentary on Numbers*, Scribner, 1903, p.475.

③ Moshe Greenberg, "The Biblical Conception of Asylum", *Journal of Biblical Literature*, pp.129—130.

④ Moshe Greenberg, "The Biblical Conception of Asylum", *Journal of Biblical Literature*, p.131.

些真正尊重律法的人,而非杀人犯居住。①

　　在瓦沙尔兹这里,逃城的庇护性质压倒了其监禁性质,留在逃城内被视为
自愿服从权威、履行法规的表现。本·锡安·以利亚什(Ben Zion Eliash)则提
出了另一种不同的观点,他认为"犹太律法为过失杀人者创造了一种独特的惩
罚方式——流放惩罚"②。以祭司之死为期限将误杀人留在逃城内,对凶手原
来的城市而言,此举即为"流放"。但格林伯格认为,"在圣经律法中,流放并不
是一种惩罚,因为流放意味着与耶和华断绝联系,在最坏的情况下,被迫崇拜
其他神"。③无论是监禁还是流放,其所带有的惩罚性质都只是理论上的推测。
　　总体而言,逃城制度对当时的以色列社会来说具有积极的导向作用。尽
管如亨利·麦基廷(Henry McKeating)这样的学者认为"当时当局仍在试图规
范而不是推翻基于宗族的司法",但无可否认的是"相较于古代近东地区允许
家族成员自行执法的惯例,以色列关于逃城的律法是一种进步"④。在以色
列,像在其他古代文明中一样,如"血仇"这样的私人报复是习以为常的。而逃
城律法建立起了一个受保护的公共空间和决定罪与罚的程序,将杀戮—复仇
的暴力循环移交至第三方进行调解。公共司法的介入限制了"报血仇者"的权
力,为解决纠纷提供了更稳定、可靠的途径。从这里可看出,逃城律法的服务
对象显然已超越了以家庭、氏族或部落为基础的亲属团体,而在更广泛的意义
上,适用于已在城市定居的以色列民族。随着君主制的发展,以前被认为是对
亲属团体的犯罪,现在被认为是对国家安宁的侵犯,如麦基廷所言,"申命记作
者关注的并不是落在氏族或个人身上的罪,而是玷污整个国家的鲜血……他
已经把处置不正当的流血视为国家的责任"。⑤逃城庇护机制的作用主要体现
于既确保纠正错误,又将暴力控制在集体可控的范围。

---

① Robert Vasholz, "Israel's Cities of Refuge", in Preston L. Mayes, "Cities of Refuge", *Calvary Baptist Theological Journal* 14.1(1998), p.15.

② Ben Zion Eliash, "Negligent Homicide in Jewish Criminal Law: Old Wine in a New Bottle", *National Jewish Law Review* 3(1988), p.65.

③ Moshe Greenberg, "The Biblical Conception of Asylum", p.128.

④ T. Desmond Alexander and David W. Baker, eds., *Dictionary of the Old Testament: Pentateuch*, p.126.

⑤ Henry McKeating, "The Development of the Law on Homicide in Ancient Israel", *Vetus Testamentum*, vol.25, 1975, p.64.

三、从祭坛到逃城

"庇护"是古代近东地区一个历史悠久的习俗。按德·马丁(De Martin)的定义,庇护指的是"在一个不可侵犯的地点向一个人提供保护,使他不能成为任何胁迫措施的对象"①。英文"refuge"一词兼有避难—庇护的双重意蕴,在中译官话和合本中,以犯罪者的角度将之译为"逃城",但"庇护城市"或许是更为准确的译法——杀人者逃往这些城市,而这些城市因循律法给予其庇护;在相关研究中,看重的亦是其特殊的庇护功能,而非逃亡的行动。

从《出埃及记》中可看出,逃城的前身与祭坛紧密相关:

> 人若不是埋伏着杀人,乃是神交在他手中,我就设下一个地方,他可以往那里逃跑。人若任意用诡计杀了他的邻舍,就是逃到我的坛那里,也当捉去把他治死。(出 21:13—14)

在《出埃及记》的背景下,这里的"坛"指的是帐幕的祭坛。这段经文显示,在古代以色列法律发展的最早阶段,祭坛具有庇护的功能:意外杀人者被允许逃到祭坛上,抓住祭坛的角作为寻求庇护的手段,只要他留在那里,就会保持安全。乔纳森·伯恩赛德(Jonathan Burnside)指出,"抓住'祭坛的角'这一制高点的做法,可能被理解为一种抓住作为'至高者'的上帝的代表性方式"②:

> 住在至高者隐秘处的,必住在全能者的荫下。
>
> 我要论到耶和华说:"他是我的避难所,是我的山寨,是我的神,是我所倚靠的。"
>
> 他必救你脱离捕鸟人的网罗和毒害的瘟疫。
>
> 他必用自己的翎毛遮蔽你,你要投靠在他的翅膀底下。
>
> (诗篇 91:1—4)

---

① qtd. in Alison V.P. Coutts, "The Cities of Refuge and Biblical Asylum", PhD diss., Brigham Young University, 2000, p.48.

② Jonathan Burnside, *God, Justice, and Society: Aspects of Law and Legality in the Bible*, Oxford University Press, 2011, p.265.

伯恩赛德补充道:祭坛的"角"或"突出物"可能看起来像翅膀,因此,《诗篇》中提到的"庇护之翼"可以看作一种诗意地描述寻求法律庇护的行为。①

圣经中,亚多尼雅和约押的故事证明了祭坛庇护在早期君主制中的存在:"亚多尼雅惧怕所罗门,就起来,去抓住祭坛的角。"(王上 1:50)所罗门向其起誓不杀他之后,亚多尼亚才从坛上下来。在这一案例中,亚多尼雅并未犯杀人罪,他曾试图夺取所罗门的王位,现在因感到生命威胁而到祭坛寻求政治庇护。短暂脱险后,他最终因为自己的又一次政治不端行为(求娶大卫的妃嫔)而被处死。而归从亚多尼雅的约押听闻其死后,同样"逃到耶和华的帐幕,抓住祭坛的角"(王上 2:28),但一案例中庇护并未奏效,他因谋杀押尼珥和亚玛撒而被从祭坛上带走并处死。这就引出了两个问题:同是行使庇护功能,祭坛和逃城之间的联系是什么? 以及为什么祭坛后来被逃城所取代?

由《出埃及记》的背景可知,涉及"祭坛庇护"的第 21 章对应的是以色列民族的旷野流浪时期。据普雷斯顿·梅斯(Preston L. Mayes)的推测,"游牧民族过的是群居生活,可能在他们中发生了意外谋杀,在这种情况下,有罪的一方会逃到营地内的祭坛寻求保护"②。但随着以色列从旷野向迦南迁移,他们被分成多个部落,散布在广阔的地理区域,这使得大多数人不再靠近位于中心的圣所。因此,有必要在各地划定新的场所,以便过失杀人者能够及时寻求庇护。所以在《民数记》和《申命记》中,即将完成迁徙的以色列民众收到了耶和华关于建造逃城,及其数量和位置的指示。亚历山大·罗夫(Alexander Rofé)也持相似的观点,他认为"一旦以色列部落迁入迦南并建立了居所,他们到约柜所在的中心区域的距离,及祭坛的距离将会太远,逃跑的杀人者必然会被要求报血仇的、愤怒的受害者家人所追上。因此,规定了各地区可供庇护的城市"。③由此可知,庇护机制从祭坛到逃城的变化是与以色列民族的历史变迁息息相关的。

我们已确定了逃城的特殊地位与古代祭坛的存在有关。但逃城建立的时间仍存在争议。马克斯·洛尔(Max Löhr)、罗兰·德·沃克斯(Rolandde Vaux)等学者将时间追溯到大卫或所罗门的统治时期,尼科尔斯基(N.M.

① Jonathan Burnside, *God, Justice, and Society: Aspects of Law and Legality in the Bible*, p.266.
② Preston L. Mayes, "Cities of Refuge", *Calvary Baptist Theological Journal* 14.1(1998), p.4.
③ Alexander Rofé, "The History of the Cities of Refuge in Biblical Law", in Alison V.P. Coutts, "The Cities of Refuge and Biblical Asylum", 2000, p.77.

Nicolsky)等学者则认为 7 世纪是一个较为可靠的临界点,他们认为"逃城在七世纪后期的申命记改革之前并不存在"①。一些学者推断,将某座城指定为庇护城市是由于其作为圣城的地位或祭坛的存在,但如哈兰这样的学者则认为,当逃城被建立后,祭坛庇护与逃城庇护仍"同时存在,彼此平行",且"逃城的庇护功能可能与城市内存在的圣殿或祭坛无关"②。对于祭坛与城市的关系,雅各布·米尔格罗姆(Jacob Milgrom)作出了两种假设:一种是"庇护城市是围绕一个祭坛而建立的,该祭坛必然是一个重要的祭坛,其被广泛承认的权力随后扩展到整个城市",另一种是"祭坛和城市庇护同时出现","城市的意义是为在其祭坛上寻求保护的避难者提供长期的住所"③。无论从哪一方面来说,从祭坛到逃城的演进都是值得肯定的,逃城的设立无疑完善了庇护机制:最直观地来说,祭坛仅提供临时庇护,使误杀人者可以暂时躲避复仇者的追捕;而逃城无限期地保障误杀者的生命,并划定了赎罪完成的条件(大祭司之死)。

从祭坛到逃城的变化也折射出以色列社会的政治进程。大多数批评者认为,逃城是以色列统治者指定的,以取代无政府权力的祭坛。该理论的支持者声称,当约西亚致力于宗教改革时,有必要消除地方祭坛的突出地位,因为它们已经成为了偶像崇拜的中心。④由是,逃城接管了祭坛的庇护功能,国家政治机构接管了宗教机构,这代表了旧习俗的一种世俗化。

需指出的是,以祭坛与逃城为基础的庇护机制并非以色列民族独有的,而很可能是历史上各民族文化交织的产物。如德·马丁指出:"几乎所有民族在其历史上的某个时期,都认为他们的神的庙宇具有保护力量。"⑤以古希腊为例,在这个以神话奠基的社会,诸神的圣殿或由其守护的城市对凡人而言往往具有一定的庇护作用。在埃斯库罗斯《俄瑞斯忒亚》三部曲末章的《报仇神》中,阿波罗引导犯下弑母罪行的俄瑞斯特斯逃跑,要他——"去到帕拉斯的城市,在那里坐着恳求,把她的古老的神像抱在怀里"⑥,并指出那里有判断案件

① Pamela Barmash, *Homicide in the Biblical World*, p.72.
② Menahem Haran, *Temples and Temple-Service in Ancient Israel*, p.121.
③ Jacob Milgrom, "Sancta Contagion and Altar/City Asylum", *Vetus Testamentum Supplement* 32 (1981), p.300.
④ Preston L. Mayes, "Cities of Refuge", p.3.
⑤ qtd. in Alison V.P. Coutts, *The Cities of Refuge and Biblical Asylum*, p.48.
⑥ 埃斯库罗斯:《报仇神》。参见:罗念生译著《罗念生全集·补卷:埃斯库罗斯悲剧三种、索福克勒斯悲剧一种、古希腊碑铭体诗歌选》,上海人民出版社 2007 年版,第 89 页。

的陪审员和答辩环节,能使他摆脱这场灾难。这与希伯来圣经中记载的逃城制度颇有相似之处。

西蒙·戈德希尔(Simon Goldhill)认为该剧"从周而复始的血亲家族仇杀转向了城邦的秩序世界及其制度,从而提供了法律制度的起源神话"①,但无论是从哪个层面来看,古希腊文化中的正义都表现为神的正义——"此剧的终结是女神的劝说与城邦的赞颂,并不是法律程序本身释放了《俄瑞斯忒亚》的张力"。②相较而言,以色列民族的逃城庇护制度虽由耶和华晓谕摩西、约书亚的方式建立,但在其实施上完全将权力移交给了城市的长老及会众(杀人者一旦进入逃城,就要接受审判,以确定他是故意杀人还是意外杀人)。伯恩赛德指出,圣经裁决的基石是相信上帝是正义的最终源泉,他们能够审判案件,是因为"《圣经》中的法官都符合'智者'的形象,他与上帝亲密相处并遵从他的意愿"③。简言之,长老和会众的权力倚仗于上帝作出的司法任命。逃城制度在很大程度上与圣经观念相适应,但也推动了正式审判的形成,显示出世俗化的特征。

结　语

逃城制度可谓以色列文化的一个创举。从部落时期到君主时期,逃城及其庇护制度在以色列延续了多个世纪,以至希伯来圣经中"描述该机制的每一段落也都受其所处环境的影响"④。尽管如麦基廷这样的学者提出过一些有争议的论点,譬如"关于逃城的律法可能是理想化的,或仿古的立法;即不是真正的、有效的法律"。⑤但无可否认的是,逃城制度的构想是历史、神学与律法的有机结合,映射出鲜明的时代品格与民族特质。其中所蕴含的人道主义精神在当今仍有其现实意义——许多学者将之延伸至当今社会的移民和旅居者的庇护问题——"逃城律法最近被用作各种庇护运动的理由。这些运动为那些在本国可能因政治、种族或宗教迫害而处于危险境地的人提供了安全之地"。⑥这表明现代读者不仅应从古代社会和法律规范的角度来看待这些发

---

① 西蒙·戈德希尔:《奥瑞斯提亚》,颜荻译,三联书店 2018 年版,第 38 页。
② 西蒙·戈德希尔:《奥瑞斯提亚》,颜荻译,三联书店 2018 年版,第 40 页。
③ Jonathan Burnside, *God*, *Justice*, *and Society*: *Aspects of Law and Legality in the Bible*, p.125.
④ Trent C. Butler, *Word Biblical Commentary*: *Joshua*, p.216.
⑤ Henry McKeating, "The Development of the Law on Homicide in Ancient Israel", p.55.
⑥ Preston L. Mayes, "Cities of Refuge", pp.21—22.

展,更可从中考察并提炼出对当代社会的启示。

On the Origin and Significance of "Cities of Refuge" in the Hebrew Bible

Abstract: In the *Pentateuch* and the *Joshua*, there are numerous references to "Cities of Refuge". The system provided a new model and means of settling disputes over human life among the Israelites, the main provisions of which are: To set up a number of specific cities in the land of Israel, to which the perpetrators of unintentional homicide can flee to avoid retaliation by the victims' relatives; The perpetrator must be tried in the city, and meet a series of conditions before they can be exonerated. The cities of refuge and their mechanism are closely linked to Israel's homicide law, reflecting the transformation of the Israelite nation from nomadic to sedentary, from clan groups to urban communities, and from theocratic to secular.

Key words: Hebrew Bible; Cities of Refuge; Avenger of Blood; asylum; altar

作者简介:周琳玥,南开大学文学院比较文学与世界文学专业博士生。

城市与社会

论英国文艺复兴的时间观念
及其对莎剧创作之影响①

王星月

摘　要:认识时间就是认识我们人类存在的方式。时间作为英国文艺复兴时期人类的重要发现,它深刻影响着时人的认知结构与行事准则。本文将这一时期多样化的时间观念作为切入点,论述英国文艺复兴时期时间观念是如何形成,且何以作为中世纪时间的延续和现代时间的开端;同时探索该时期时间观念对莎剧创作的影响,即莎士比亚是如何利用纷繁复杂的时间观念来搭建戏剧情节、设置戏剧场景、塑造人物形象和丰富语言修辞的。

关键词:英国文艺复兴　时间观念　莎士比亚　戏剧创作

如古列维奇所述,没有什么能够比时间的计算方式更清楚地体现一种文化的本质了。因为时间的计算方式可以"对人们的行为习惯、思考方式、生活节奏及他们与事物的关系产生决定性影响"②。因此,不同时间观念可以体现人们"对待生活所产生的根本不同的态度"③。换言之,人们对生活的态度可以直接影响到他们对时间的感知与时间观的形成。

文艺复兴时期的英国充满了动荡与激变,它经历了王室政权的更迭、宗教改革的撞击、科学知识的更新、文化艺术的光耀,这一时期既承接了中世纪的

---

① 本文为国家社科基金艺术学重大项目"当代欧美戏剧研究"(19ZD10)的阶段性成果。

② Aron Gurevich, *Categories of Medieval Culture*, trans. By G. L. Campbell, Routledge & Kegan Paul, 1985, p.94.

③ Aron Gurevich, *Categories of Medieval Culture*, p.94.

文化传统，又萌发着现代文明的活力，这种承接与萌发所摩擦出的变革引发出这一时期纷繁复杂的时间观念，这些时间观念深刻地影响了时下人的思维和行为方式，并在莎剧中得到了丰富的展现。

学界对莎剧的研究虽数不胜数，但多集中在该时期戏剧文本及相关思想的研究，而较少从时间观念这一视角探索其对莎剧创作的影响。本文的目的有二：一是表明英国文艺复兴时期多样化的时间观念是如何形成，且何以作为中世纪时间的延续，和现代时间的开端；二是探索该时期时间观念对莎剧创作的影响，即莎士比亚是如何将时间作为戏剧创作的手段，或者说，他是如何利用时间来搭建戏剧情节、设置戏剧场景、塑造人物形象和丰富语言修辞的。

一、中世纪时间的延续：蕴含生命的主观时间

英国文艺复兴作为中世纪的承接，也将中世纪的时间观念进行了延伸。在机械尚未普及的中世纪，人们的日常生活离不开自然、王室统治与宗教。在三者的影响下，分别形成农业时间（agricultural time）、世代时间（generation time）和神学时间（theological time）。由于三种时间的建构与自然节律、生命内涵和宗教信仰相关，人类便将自己的主观感情与想象赋予其中。因此，这些时间观念不仅蕴含着自然的节律，也饱含了生命的活力。同时，由于时间换算的参照物是充满变化的自然和人文活动，它们并非始终如一的恒定之物，那么时间的测算也并不精确。这三种时间观念不仅影响着中世纪社会，也浸染着文艺复兴时期的英国。

（一）农业时间

农业时间作为中世纪的主要时间，对文艺复兴时期的英国也产生了重大影响。人们在中世纪以农耕为主，"土地是这个世界的基本资源，几乎整个社会，不论贫富，均以土地为生，因此农业时间是主要的时间参照系"[1]。由于人们与自然的关系十分切近，农业时间就由自然的变化决定。与自然的循环一致，农业时间亦是周期性"时间的循环"[2]。这时，"由自然循环所确定的时间规则不仅决定了人们要根据季节更迭活动，也决定了他独特的认知结构"[3]。中世纪时期人们对农业时间的认知就与自然的循环密切相关。

---

① Jacques Le Goff, *Medieval Civilization 400—1500*, trans. By Julia Barrow, Blackwell, 1988, p.177.

② Aron Gurevich, *Categories of Medieval Culture*, p.95.

③ Aron Gurevich, *Categories of Medieval Culture*, pp.97—98.

在没有电力且科技尚不发达的年代，人们对季节轮转和昼夜交替尤为敏感。根据中世纪日历对于季节的描述，春季适宜打理花园、夏季适于牧羊、秋季要准备丰收、冬季则应该烤火①。人们根据四季的循环规划相应的劳作。譬如，夏季草木茂盛，这不仅为羊羔提供了丰富的粮食，而修剪下的"羊毛意味着财富"②。之后的几个世纪中，夏季盛产的"羊毛和衣料贸易驱动了西欧的经济发展"③。与之相对，冬季被认为是围在炉边烤火的时节。因为"一月和二月是寒冷的月份，它们主导的黄道十二宫清楚地表明这些月份也总是有令人不快的潮湿"④，那么在炉边烤火去除湿气就是冬季的事宜。季节的轮转主宰着人们的生活内容。

依据季节的时间算法显示出自然在人类生产生活中的权威性，这种权威也由季节的属性对应至人类自身的感知，继而延伸至文学艺术的想象与表达中。譬如夏季的富足与冬季的阴冷潮湿形成对比，因此有"夏季被认为是繁盛滋养的时节，而冬季则是消耗的时节"⑤的说法。时人对夏季满怀赞美和积极的态度，对冬季则充满了恐惧和厌恶情绪就在《理查三世》有所体现。葛罗斯特在开场时说道"约克家的儿子已像太阳一样把令我们烦恼的冬天化作了辉煌的夏日"⑥。约克家的儿子是指葛罗斯特的哥哥爱德华四世，他继位后的情景被比喻为世间由令人恼怒的冬天变成灿烂的夏天，可见此时国泰民安，爱德华四世也深受民众爱戴。

莎翁不仅用季节表达情绪，还将季节的变化对应至作物的生长，使其戏剧语言更为生动。《第十二夜》中，薇奥拉上门求见，马伏里奥对她的描述是"就像是一颗没有成熟的豆荚，或是一只半生的苹果，所谓介乎两可之间"⑦。之后，奥丽维娅对女扮男装的薇奥拉说"可是等到才情和青春成熟之后，你的妻子将会收获到一个出色的男人"⑧。他们将年轻俊美的薇奥拉形容为春夏季

---

① Bridget Ann Henisch, *The Medieval Calendar Year*, The Pennsylvania State University Press, 1999.
② Bridget Ann Henisch, *The Medieval Calendar Year*, p.86.
③ Bridget Ann Henisch, *The Medieval Calendar Year*, p.85.
④ Bridget Ann Henisch, *The Medieval Calendar Year*, pp.38—39.
⑤ Albrecht Classen, "Winter as a Phenomenon in Medieval Literature A Transgression of the Traditional Chronotope?" *Mediaevistik*, Band.24, (2011), p.128.
⑥ 莎士比亚：《莎士比亚全集　史剧卷上》，索天章、孙法理译，译林出版社1999年版，第265页。
⑦ 莎士比亚：《莎士比亚全集　喜剧卷下》，朱生豪译，译林出版社1999年版，第194页。
⑧ 莎士比亚：《莎士比亚全集　喜剧卷下》，第223页。

节未成熟的豆芽,半生的苹果,和还未收获的庄稼,这种比喻可以吸引来自乡野、亲眼见证作物生长成熟过程的农夫观众。因为对他们而言,听到与农业时间有关的修辞是十分亲切的。

　　农业时间也包括昼夜交替。中世纪的人们认为夜晚是属于魔鬼和巫师的,是危险且充满鬼魅的。在史诗中,"黑夜满含痛苦与冒险,且通常与其他黑暗的空间,如森林相联系"①。勒高夫列举了《大脚贝莎》(*Berthe au grand pied*)中迷失在森林里心神不宁的贝莎对黑夜的恐惧。与之相对,白天与阳光则是善良美丽的代名词。这种想象也被莎剧所认同。《麦克白》中麦克白夫人计划谋杀邓肯,她残忍地谋划着"来,阴沉的黑夜,用最昏暗的地狱中的浓烟罩住你自己,让我的锐利的刀瞧不见它自己切下的伤口,让青天不能从黑暗的重衾里探出头来高喊'住手,住手'"②。麦克白夫人将黑夜、地狱与谋杀连结,一是因为这次谋杀发生在黑夜,二是用黑夜制造出杀人的恐怖氛围,黑夜将刀的"眼睛"蒙住,使杀人的凶器都无法看到自己迫害的对象,但麦克白夫人却甘愿在杀人的道路上一往无前,她对黑夜的联想也显示出其心狠手辣。在邓肯被杀后,洛斯说"照终点现在应该是白天了,可是黑夜的魔手却把那盏在天空中运行的明灯遮蔽得不露一丝光亮。难道黑夜已经统治一切,还是因为白昼不屑露面,所以在这应该有阳光遍吻大地的时候,地面上却被无边的黑暗所笼罩"③。他将光明正统的邓肯比喻为了白昼与太阳,将夺权篡位的麦克白比喻为黑夜。白天与黑夜形成光明与黑暗、正义与邪恶的对照,由此诉说了麦克白弑君的恐怖行径。

　　时间观念也影响着莎剧的场景设置。根据莫蒂默在《漫游伊丽莎白时代的英格兰》中的描述,此时的英国不仅有伦敦这样剧场云聚、人声鼎沸的大都市,还有大面积的田野和林地。繁华都市与广袤绿地不仅呈现出伦敦的地理景观差异,也显现出两种不同的时间观念。田野等绿地代表了农业社会的自然景象,这里的居民与自然亲近,多用农业时间。宫廷贵族和城市居民则多使用下文所讨论的商业时间。莎士比亚将《仲夏夜之梦》《皆大欢喜》等剧的部分场景设置在了城市之外的森林、荒原,这不仅是对文艺复兴时期英国多种地理景观的呼应,也是为吸引使用不同时间观念的观众而创作。

---

① Jacques Le Goff, *Medieval Civilization 400—1500*, p.178.
② 莎士比亚:《莎士比亚全集　悲剧卷下》,朱生豪译,译林出版社1999年版,第123页。
③ 莎士比亚:《莎士比亚全集　悲剧卷下》,第137页。

(二) 世代时间

英国在文艺复兴时期经历了都铎王朝(The Tudors)和斯图亚特王朝(The Stuart)的更迭,王朝的流转使强调家族统治的世代时间有着举足轻重的地位,它在莎士比亚的悲剧和历史剧中体现得尤为明显。世代时间有两个特点,一是以人类活动为标记,二是蕴含道德意义。

世代时间来源已久,且人类活动包含其中。根据古列维奇的解释,在古斯堪的纳维亚人的意识中,"时间不会在人类世界以外的地方流动,时间充满了人的内容"①。这一观点可以从语源学得到解释。在冰岛语中,"öld"一词除有"时间""时代"的意义外,该词在《老伊达》(*Elder Edda*)等诗歌中也有"人的世界"或"人们"的意思。同时,öld 可能与意为"养育""给予生命"的"ala"一词有关联②。从"öld"的含义可以看出,时间与人类生命近乎等同。不仅如此,"在古斯堪的纳维亚人看来,时间并非一个空洞的形式,而是总有其自身、一贯的具体内容"③。譬如根据《海姆斯克林拉》(*Heimskringla*)中的描述,古代冰岛有"火葬时代"(brunaöld)和"埋葬时代"(hanugsöld)的划分,这些时代划分的依据是死者及其财务是被火葬,或是被埋葬的区别。由此可见,时间自古就蕴含着人类生命,且世代时间记录着人类行为。

在《亨利四世下》中,诺森伯兰听到"谣言"的一席虚假言论后说道"时代已经发了疯,斗争像饱餐了精饲料的马发起疯来,挣脱了缰绳,踏倒了它面前的一切"④。在亨利四世统治时期的什鲁斯伯雷战场上,哈利王子击败了烈火骑士,叛变者被王族制伏,但绘满舌头的谣言将信息误传,使事实颠倒,诺森伯兰信以为真,将复杂的个人感情赋予了亨利四世所统治的时代,"发疯"这一拟人的修辞不仅体现出世代时间所蕴含的混乱残酷的战争现实,也暗含了其中真假难辨的战斗消息。

世代时间富有道德意涵。含有王室血脉延续的世代时间也是基诺内斯所述的"扩充时间"⑤。他认为"家族线——它的关系及其行为指南——是扩充

① Aron Gurevich, *Categories of Medieval Culture*, p.96.
② Aron Gurevich, *Categories of Medieval Culture*, p.97.
③ Aron Gurevich, *Categories of Medieval Culture*, p.97.
④ 莎士比亚:《莎士比亚全集 史剧卷下》,孙法理、刘炳善译,译林出版社 1999 年版,第 105 页。
⑤ Ricardo Quinones, "Views of Time in Shakespeare", *Journal of the History of Ideas*, Vol.26, No.3 (Jul.—Sep., 1965), p.328.

时间之核心"①,扩充时间是"一种精神面貌,其重要性并不随(剧情的)政治性而结束"②。精神面貌是指世代时间所包含的人类道德。莎翁的历史剧和部分悲剧即是围绕包含家族关系和道德内涵的世代时间所展开。具体来看,王权的合法继承是对世代时间的延续和扩充时间的延长,夺权篡位则是对世代时间的阻碍和扩充时间的中断。可见世代时间的延续依赖道德的正当性与社会合法性。

对世代时间正当性的追求推动着莎剧情节,也建构着莎剧主题。《哈姆雷特》中,哈姆雷特用"颠倒混乱的时代"③形容正义的消亡和世代时间的阻断,表达出对叔父谋杀老国王篡夺王位、迎娶国王遗孀的罪恶行为的憎恶。全剧围绕他为维护世代时间的正义性重整乾坤进行复仇的行动展开剧情。《李尔王》中,李尔在开篇称"我在这里宣布和你断绝一切父女之情和血亲的关系"④,他将自己与科迪利娅的家族关系割裂后就开启了悲剧之旅。《麦克白》中,麦克白对女巫预言的践行、为满足内心欲望而弑君篡位是对合法的世代时间的打破,他被杀的结局也反映出正义的道德惩戒。《亨利六世下》一戏的开场,约克公爵等人讨论的不仅是王权继承的合法性,也有世代时间延续的合理性:

> 亨利王:你要我站着,可是你却坐在我的宝座上吗?
>
> ……
>
> 华列克:你能提出证据来,你就当国王。
>
> 亨利王:亨利四世是因为战功获得王位的。
>
> 约克:他是对他的君王造反篡夺到王位的。
>
> ……
>
> 亨利王:……理查二世是在公卿大人们面前让位给亨利四世的,我父亲亨利五世是他的继承人,我是我父亲的继承人。⑤

---

① Ricardo Quinones, "Views of Time in Shakespeare", p.332.
② Ricardo Quinones, "Views of Time in Shakespeare", p.328.
③ 莎士比亚:《莎士比亚全集 悲剧卷上》,第 290 页。
④ 莎士比亚:《莎士比亚全集 悲剧卷下》,朱生豪译,译林出版社 1999 年版,第 8 页。
⑤ 莎士比亚:《莎士比亚全集 史剧卷上》,第 179—181 页。

这段对于世代时间合法性的辩论是"一个象征性的情境……清晰地揭示出扩充时间非此即彼的必要性"①,因此王位只能由一个人享有。亨利六世政治无能且"不具备让扩充时间延续所需的品质"②,约克等人想要夺取王位,他们列举了这段王族世代时间的不合法性,即列华克等人认为亨利六世的祖先——亨利四世是篡位理查二世夺得政权的,那么亨利六世继承王位就不合法。而亨利六世则辩称是理查二世让位于亨利四世,这是在维护王权的合法性和王族世代时间的延续性。

(三) 神学时间

欧洲中世纪是宗教的世界,宗教信仰占据人们心头,教堂是大家经常出入的场所。人们借由神父的布道和弥撒活动、教堂中华丽的浮雕与金灿灿的壁画了解圣经故事,建构自己的道德标准与价值理念。宗教不仅触及欧洲人的个人生活,也影响到人们对历史时间的认知。文艺复兴时期的法国诗人弗朗索瓦·德·贝尔福雷斯特(François de Belleforest)明确将历史分成三种维度:"人类的历史、自然的历史和神圣的历史。"③其中神圣的历史即为宗教的历史,它由神的活动引发,并由此引导出神学时间。在法国历史学家克鲁泽特看来,"十六世纪的欧洲被不同宗教之间的矛盾撕裂开来,时间的二分观念是文艺复兴时期的核心"④。时间的二分观念是指,"神为了进入人类的历史时间,便化身为耶稣基督,一个'上帝所造之人'。这时便有两个世界和两种元时间了:一方面是世界与世俗的短暂时间,另一方面是天堂与神圣的时间,这二者在创世首日起就彼此分离了"⑤。进一步看,人类生活的俗世时间与神学时间是两种时间观念。俗世时间与人类生产生活有关,前文讨论的自然时间与世代时间,就属于俗世时间。神学时间则与主耶稣基督发生的重大事件相关。

对中世纪经常出入教堂的基督徒而言,他们面对的"首先是一种神学时间"⑥。在时人的认知里,神学时间"'始于上帝',并'由他主宰'"⑦,它是"每一

---

① Ricardo Quinones, "Views of Time in Shakespeare", pp.330—331.

② Ricardo Quinones, "Views of Time in Shakespeare", p.331.

③ Étienne Bourdon, "Temporalities and History in the Renaissance", *Journal of Early Modern Studies*, n.6(2017), p.41.

④ 转引自:Étienne Bourdon, "Temporalities and History in the Renaissance", p.43.

⑤ 转引自:Étienne Bourdon, "Temporalities and History in the Renaissance", p.42.

⑥ Jacques Le Goff, *Time, Work & Culture in the Middle Ages*, trans. By Arthur Goldhammer, The University of Chicago Press, 1980, p.30.

⑦ Jacques Le Goff, *Time, Work & Culture in the Middle Ages*, p.30.

个'神圣'行为的必要和自然条件"①。神学时间指向了上帝的神圣行为。正因如此,基督教的庆典日与"上帝在人类时间中的主动行为,即那些对人类的救赎事件"②相关。譬如,复活节(Easter)是纪念耶稣基督受难与复活的重要节日,主显节(Epiphany)是为纪念东方三博士对耶稣基督的朝拜,四月斋(Lent)是基督徒反省自己的罪恶,并准备庆祝耶稣基督由死刑复活的节期。

英国文艺复兴时期经历了激烈的宗教改革。随着 1534 年《至尊法案》(*Act of Supremacy*)的通过,亨利八世与罗马教正式决裂,英国社会拉开了宗教改革的大幕。随之而来的是爱德华六世对天主教旧教的镇压,继而是玛丽一世时期旧教的复辟和对基督教新教的打压,伊丽莎白一世再次对新教进行了恢复。这一系列强制性又紧张的宗教变革带来的不仅是教派间的斗争,它对当时英国人生活的方方面面都打下了深刻烙印。在文艺复兴时期,"宗教是大多数人理解世界如何运行的基础——从万物一直到个人健康"③。这种理解世界的方式的表现在于,教徒们以宗教神学时间记事,而非以具体的年月日记事,这是神学时间进入俗世生活的体现。

在《亨利四世上》第一幕第四场的东市野猪头酒店里,哈尔亲王拿小酒保法兰西斯打趣时有一段对话:

> 法兰西斯:啊大人,先生,我可以用全英国的《圣经》起誓,我打心眼儿里愿意——
> ……
> 亲王:你多大了。法兰西斯?
> 法兰西斯:我算算看——到迈克尔节就满——
> 波因斯:(在内)法兰西斯!④

在这段对话中,法兰西斯在回答亲王是否愿意违反酒店的合同"撒开脚丫子就跑"⑤时,法兰西斯以《圣经》做起誓说愿意逃走,此处表明法兰西斯的教

---

① Jacques Le Goff, *Time*, *Work & Culture in the Middle Ages*, p.30.
② Jacques Le Goff, *Time*, *Work & Culture in the Middle Ages*, p.33.
③ 伊安·莫蒂默:《漫游伊丽莎白时代的英格兰》,成一农译,商务印书馆 2020 年版,第 83 页。
④ 莎士比亚:《莎士比亚全集 史剧卷下》,第 35—36 页。
⑤ 莎士比亚:《莎士比亚全集 史剧卷下》,第 35 页。

徒身份。当亲王问法兰西斯的年龄时,法兰西斯并没有直接回答具体的年龄数字,而是以迈克尔节作为年龄跨度的起点。以宗教节日代替具体生辰日期,这里反映出神学时间是世人计算人生大事件的重要标志。以神学时间记事和进行描述在莎剧中屡见不鲜:朱丽叶"到收获节的晚上她才满十四岁"①、《威尼斯商人》中朗斯洛特"那一年正是在圣灰节星期三第四年的下午"②、《错误的喜剧》中大德洛米奥说"挪亚时代的洪水都不能把她冲干净"③等都与神学时间相关。

上帝化身为人所带来的并非只是神学时间进入到俗世时间,时人对神学时间的重视与强调也引起了他们时空观念的转变。如勒高夫所言"中世纪不仅混淆了天堂和人间——或者更确切地来讲,将它们视为空间的延续——他们将时间视为永恒的一瞬"④。在中世纪人的眼中,"上帝的时间是持续的、线性的"⑤,而人类的时间只是上帝永恒时间中的一瞬间而已。"时间被视为是上帝的,人类只能置身于时间之外"⑥。秉持这种宗教时间观的人,很容易闲散和懒惰,在他们看来,他们浪费的不是自己的时间,而是上帝的时间。

《第十二夜》中的托比和安德鲁两人白天喝酒,晚上唱歌,作弄管家马伏里奥,他们认为"生命不过是吃吃喝喝而已"⑦,因为神学时间告诉他们,他们虚度的是上帝的光阴。两人还说"咱们的命宫不是金牛星吗"⑧?金牛星被中世纪的人们用来代指四月,代表"听花儿唱歌"⑨的春天,这里也蕴含了前文所讨论的农业时间。在农业时间与神学时间的共同影响下,两人将终日玩乐视为理所应当。

该部分讨论了作为中世纪时间延续的三种时间观念:农业时间、世代时间和神学时间。它们内在于人类生产生活,人们将生活的经验与现实的想象赋予时间,并将生命与情感传递给时间。但随着文艺复兴时期英国的城市化发展,时间的内涵转变了。它从蕴含生命的"人类世代的链条"⑩变得与人类生

---

① 莎士比亚:《莎士比亚全集 悲剧卷上》,第 97 页。
② 莎士比亚:《莎士比亚全集 喜剧卷上》,朱生豪译,译林出版社 1999 年版,第 401 页。
③ 莎士比亚:《莎士比亚全集 喜剧卷上》,第 29 页。
④⑤⑥ Jacques Le Goff, *Medieval Civilization 400—1500*, p.165.
⑦ 莎士比亚:《莎士比亚全集 喜剧卷下》,第 203 页。
⑧ 莎士比亚:《莎士比亚全集 喜剧卷下》,第 188 页。
⑨ Bridget Ann Henisch, *The Medieval Calendar Year*, p.3.
⑩ Aron Gurevich, *Categories of Medieval Culture*, p.103.

命情感相脱离。钟表的发明使时间逐渐机械化,在聪明的商人眼中,时间变成了谋取利益的工具,之后又发展为同质而空洞的冰冷概念。

二、现代时间的开启:机械化带来的客观时间

现代时间以理性计算为基础,但时间的理性计算并非一蹴而就,而是慢慢发展而成。在中世纪,人们依据日出日落对昼夜进行划分,但这种划分方法并不准确,因为夏季的白天比夜晚时间长,而冬季则相反。人们也会以燃蜡烛、燃油灯、阅读《圣经》页数、唱赞美诗的多少等方式计算时间,但人为因素也会带来计算的误差。人们还会依据教堂的钟声获知时间进行祷告,这时,24小时仅被分为大致的7段。随后,人们运用科学知识设计日晷、沙漏、水钟等度量仪器观测时间。但这些仪器价格高昂,是少数人才能拥有的奢侈品。它们测算的时间也不准确:日晷观测时间会因阴天和夜晚受阻,沙漏的流速会受沙砾的大小影响、水温也会作用于水的流速。中世纪人们的生活多与农事劳作、宗教活动相关,他们以年、季节、月份、天作为时间单位,因此没有必要将时间进行均等划分,也就无法感受到时间的价值和时间带来的紧迫感。尽管计时仪器所度量的时间并不精准,但人类切割时间的意识逐渐显现。

十四世纪初机械钟的发明标志着人类开始将时间进行精确划分,它"不止是计时仪器的机械化,也可以说,是时间本身的机械化"[1]。机械钟的发明是为适应人们城市化的生活节奏。十二世纪末的伦敦已经呈现出了纷繁的城市生活景象[2],其中"手工业和商业贸易已经多种多样了,其市场可以延伸地更远"[3]。至文艺复兴时期,伦敦"庞大的城市规模及其需求支持了诸多工匠和工艺的高度专业化。作为贸易和政治中心,它为优质产品创造出独特需求,使其在英国各地成为创新中心,市场和生产组织的中心"[4]。从描述中可以看出,伦敦城市化的发展与手工业和商贸从业者的增加同时增进。手工业者凭

---

① Marc Bloch, *Feudal Society 1. The Growth of Ties of Dependence*, trans. By LA Manyon, Taylor & Francis Group, p.74.

② 参见:Jacques Rossiaud, "The City-dweller and Life in Cities and Towns", in Jacques Le Goff, ed., *The Medieval Worldthe History of European Society*, trans. By Lydia Cochrame, Parkgate Book, 1997, p.139 中两段对伦敦的描述。

③ Jacques Rossiaud, "The City-dweller and Life in Cities and Towns", p.140.

④ Derek Keene, "Material London in Time and Space", in Lena Cowen Orlin, ed., *Material London, ca. 1600*, University of Pennsylvania Press, 2000, p.57.

技艺制造出各种生活器具和纺织物品,车间的雇主们需要得知精确时间来计算工人们的工作效率和时长。他们摆脱了农业时间的束缚,将时间精确划分已成为必要,机械钟就是精细划分时间的工具。从十六世纪至十七世纪初,机械钟表从教堂的室外移至室内,手表亦被发明出来,钟表在英国已十分普及。"在众多计时工具中,钟表是最重要的——在莎士比亚时期的英国,钟表是范围最广、变化最多、最具象征性的时间承载物"①,钟表可以告知时间,这时,时间转变为了手工业者衡量工作尺度和商人度量利益的标准。商业时间(merchant's time)逐渐走进了城市居民的生活。不仅如此,机械化的时间也生发出同质而空洞的现代时间,它使时间从原本温暖的世界中抽离,变得理性且冰冷。

(一) 商人的时间

根据上文对神学时间的讨论,教徒们认为时间是属于上帝的,不应该成为谋利的手段,那么与之相对的是商人的时间。因为在商人眼中,"盈利意味着以时间作为贷款"②。勒高夫认为,"一旦商业网络建立起来,时间就变为了计量的对象"③,商人时间由此运作。木匠、裁缝等手工业者构建起了商业网络,他们的劳作时间需要被精确地计算,因为其劳动时间与收益挂钩。钟表为商人时间的计算提供了技术条件。

生活在伦敦的莎翁对商人时间也十分熟悉,他以时间观念的冲突搭建戏剧结构。《威尼斯商人》就是一部商人时间与神学时间相冲突的戏。安东尼奥为朋友巴萨尼奥向犹太人夏洛克借钱,两人因借钱是否应该收取利息有着不同观点:

> 夏洛克:……我恨他因为他是个基督徒,可是尤其因为他是个傻子,借钱给人不取利钱,把咱们在威尼斯城里放债这一行的利息都压低了……他憎恶我们神圣的民族,甚至在商人会集的地方当众辱骂我,辱骂我的交易,辱骂我辛辛苦苦赚下来的钱,说那些都是暴利……④

---

① Matthew Wagner, *Shakespeare, Theatre, and Time*, Routledge 2012, p.50.
② Jacques Le Goff, *Time, Work & Culture in the Middle Ages*, p.29.
③ Jacques Le Goff, *Time, Work & Culture in the Middle Ages*, p.35.
④ 莎士比亚:《莎士比亚全集 喜剧卷上》,第387页。

在夏洛克的描述中,我们知道安东尼奥是基督徒,他所使用的神学时间告诉他,时间是上帝的,人类"把握时间、测量时间、用时间获利,都是罪恶的。以不正当的手段利用时间就是偷窃"①。在收利是对上帝时间的出售这种观念的指引下,安东尼奥不仅不收利息,还以收取利息为罪过。但夏洛克是异教徒,也是商人,他理所应当地将时间作为自己的财产。他引用《圣经》中雅各使用技巧获得小羊的方法,为自己收取利息的行为辩护道"只要不是偷窃,会打算盘总是好事"②。夏洛克将精明与盘算作用于时间并从中获利。

随着对时间的重视与强调,"在伊丽莎白时代,时间已经变得标准化了"③。将时间视为个人财富的理念不仅影响着商业交易,也渗透到了市民生活。在《第十二夜》中,小丑与薇奥拉有一番对话:

> 小丑:先生,这一堆钱会不会养儿子?
> 薇奥拉:会的,你只要拿它们去放债取利息就行。④

奥丽维娅的花园里,薇奥拉和小丑相互打趣,她赏给小丑几个钱。虽然明知不可能,小丑依旧装傻地问起她这几个钱能不能养活儿子,薇奥拉的回答与夏洛克的观念如出一辙:将钱财放债,依靠时间获利。

在商人时间引导下,时间从上帝的财富变为个人财富,珍惜时间勤劳地工作甚至被纳入法规⑤。《亨利四世上》中福斯塔夫的作为与珍惜时间的态度背道而驰,他的时间观由哈尔亲王道出:

> 福斯塔夫:嗨,哈尔,什么时候了,孩子?
> 亲王:你这是老萨克葡萄酒灌得太多,晚饭后解开扣子就睡,午餐后往长凳上一倒又睡,所以睡糊涂了,忘了问你真正想知道的东西。知道时间对你有什么鬼用处?一小时又不是一杯萨克葡萄酒;一分钟又不是一只阉鸡;时钟又不是窑姐儿的舌头;钟面又不是妓院的招牌;神圣的太阳

① Jacques Le Goff, *Medieval Civilization 400—1500*, p.165.
② 莎士比亚:《莎士比亚全集 喜剧卷上》,第388页。
③ 伊安·莫蒂默:《漫游伊丽莎白时代的英格兰》,第152页。
④ 莎士比亚:《莎士比亚全集 喜剧卷下》,第220页。
⑤ 参见:伊安·莫蒂默:《漫游伊丽莎白时代的英格兰》,第153页。

又不是风骚漂亮、穿着火红软缎的娘们儿，你怎么会平白无故问起时间来了，我可琢磨不出个道理来。①

　　从哈尔亲王对福斯塔夫的打趣与讥讽中可以看出，哈尔亲王与福斯塔夫生活在两个时间世界。哈尔将时间机械化，这意味着"节制、节欲和自控"②。哈尔亲王是时钟世界里的人，从他对时间：一小时、一分钟、时钟、钟面、太阳这样的细微拆解和划分，可见哈尔对时间的留意与珍视，这也为他日后争分夺秒取得战争的胜利打下基础。对于福斯塔夫这样一个好酒贪杯、寻花问柳的寄生落魄贵族而言，时间完全不如他平日纵情享乐的美酒、美食和女人珍贵，他使用农业时间，活在寻欢作乐和丰收庆典的世界里。在故事之初两人虽共同放浪形骸，但通过他们对待时间的不同态度，可知哈尔与福斯塔夫终究是不同世界的人，这也成为哈尔登基后说"我不认识你，老头儿"③的前兆。

（二）同质空洞的时间

　　关于现代时间的讨论众说纷纭，本部分会在时间机械化的基础上，论述莎剧所表露出的"同质而空洞的时间"（homogeneous，empty time）。此观念由本雅明在《论历史概念》中提出，后被班纳迪克·安德森在《想象的共同体——民族主义的起源与散布》中用以论述民族国家的起源与形成条件。安德森认为，十八世纪欧洲的两种想象形式——小说与报纸为建构想象的共同体提供了技术手段，这种技术手段将同一民族的人民以想象的共同体的形式黏合，同质而空洞的时间也因此体现。结合安德森的论述，同质而空洞的时间是指"时间作为一条同质的、均匀的河流，可以被分为大小相同，性质相同的单位"④，它是一种"纯粹形式，一段不受外物所累的期间"⑤。当时间不再与生命相连，它就变得均质且线性化了。想象的共同体中的人民便共同"穿越时间的稳定而坚实的同时性"⑥。

① 莎士比亚：《莎士比亚全集　史剧卷下》，第10页。
② Adam Max Cohen, *Shakespeare and Technology Dramatizing Early Modern Technological Revolutions*, Palgrave Macmillan, 2006, p.141.
③ 莎士比亚：《莎士比亚全集　史剧卷下》，第200页。
④ Aron Gurevich, *Categories of Medieval Culture*, p.148.
⑤ Aron Gurevich, *Categories of Medieval Culture*, p.150.
⑥ Benedict Anderson, *Imagined Communities Reflections on the Origin and Spread of Nationalism*, Verso, 2006, p.63.

基于安德森的论述,本文的立场是,同质而空洞的时间不仅是现代思想的产物和理性思维的结果,它也是马克思主义者眼中"一种资本的时间"①,由于便于计算劳动利润,资本(或现代性)就是这种时间所蕴含的属性②。既然商人对时间精打细算作为致富的资本,那么强调时间资本价值的商人时间就可以萌生出同质而空洞的现代时间观念。划分时刻的钟表同样可以作为这种时间观念的显现物。

同质而空洞的现代时间观念在英国文艺复兴时期虽不普及,但已被感知。莎翁用这种时间塑造出诸多令人印象深刻的戏剧人物。现代时间的特质在《皆大欢喜》中由试金石道出:"现在是十点钟了。我们可以从这里看出世界是怎样在变迁着:一小时之前还不过是九点钟,而再过一小时便是十一点钟了;照这样,一小时一小时地过去,我们越来越老,越来越不中用。"③试金石虽是穿彩衣的傻子,却可以感受出现代时间的道理:时间就是时间本身,它是均质且直线向前的。通过杰奎斯的评论"我听见这个穿彩衣的傻子对事件大发了这么一通玄论,我的胸头两叶肺都要像公鸡一样咯咯地叫起来了,纳罕着傻子居然会有这样深刻的思想"④可知,这个道理在文艺复兴时期的英国并未被普遍接受,却被一个傻子道出,因此傻子才是剧中的聪明人。

莎士比亚经常将舞台角色比喻为钟表的部件,其原因在于"这不仅是长期以来的文学传统,也是他对日趋流行的钟表工业的认可"⑤。《理查二世》中,被废黜的理查二世将悲伤的主观情绪赋予至了流逝的时间。

> 理查王:……我当初糟蹋了时间,现在只好受到时间的作践,因为现在时间已使我变成它的计时钟:我的思想是逝去的每一分,它用嗒嗒的哀叹向我的眼睛报时——我的眼睛是钟面,我的手指像指针。指针不断在计时,就是说总在抹着泪。现在,先生,报时的声音是喧哗的呻吟,声声打在我的心上,那便是钟鸣。因此叹息、眼泪和呻吟表示出了分、刻和小时。我的时间匆匆飞逝,波令勃洛克却满心欢喜,踌躇满志。我成了钟里报时

① Partha Chatterjee, "The Nation in Heterogeneous Time", *Futures* 37(2005), p.925.

② 参见:Partha Chatterjee, "The Nation in Heterogeneous Time", p.926.

③④ 莎士比亚:《莎士比亚全集 喜剧卷下》,第120—121页。

⑤ Adam Max Cohen, *Shakespeare and Technology Dramatizing Early Modern Technological Revolutions*, pp.140—141.

的小人儿,站在这儿没事瞎忙……①

从理查二世将时间与钟表进行反复对比的感叹中可以获知:钟表与时间是一组相对的概念,因为"钟表是一物,而时间不是"②。所以机械化的钟表通常表示客观时间,而加入感情和想象的时间则是主观时间。理查二世被关在了城堡的地牢里,变成了时间的计时钟:眼睛是流泪的钟面、手指是抹着眼泪计时的指针、报时声则是呻吟。"钟表作为一种独立物体,不仅告知人们时间,还让人们掌控时间"③。理查毫无作为,也无法掌控时间,得胜的波令勃洛克却成为时间的主人。客观的机械时间对于两人是相同的,但他们所感受的主观时间却完全不同。"客观时间根植于,且源于主观时间"④,换言之,我们平时是不会特地去感受客观时间的,只有主观感知的时间才能衬托出客观时间的存在。莎翁就以理查二世所感受到的悲伤的主观时间,让读者/观众获悉到隐藏在主观时间背后的客观时间。理查二世的悲伤也表明,时间可以被赋予情绪,但时间不会被个人的主观意识挽留,当时间被机械化和标准化后就有了时间面前人人平等的同质属性。

该部分讨论了莎翁剧中的两种现代时间:商人时间和同质而空洞的时间。钟表技术与社会需求相互增进,这时,时间从人类生产生活中分离,变得客观且机械化。机械化的时间成为商人计算利益的理性基础,蕴含资本的商人时间又生发出同质而空洞的时间,这两种时间影响着现代人的思维方式与情感表达,并在莎剧中得以体现。

三、结　论

圣·奥古斯丁的《忏悔录》是世界上第一部讨论时间的哲学著作。从此之后,自然科学家和人文科学家们将理性与情感注入时间,不断地探索时间的意义,丰富时间的内涵。海德格尔呼吁"将时间作为理解存在视野的最初的阐释"⑤。同时,"如果我们可以正确地看待并正确地解释,那么时间现象就是所有本体论的核心问题"⑥。可以说,理解时间是如此重要,因为理解时间就是

---

① 莎士比亚:《莎士比亚全集　史剧卷上》,第 546 页。
② Matthew Wagner, *Shakespeare*, *Theatre*, *and Time*, p.51.
③ Matthew Wagner, *Shakespeare*, *Theatre*, *and Time*, p.53.
④ Matthew Wagner, *Shakespeare*, *Theatre*, *and Time*, p.15.
⑤⑥ 转引自:Matthew D. Wagner, *Shakespeare*, *Theatre*, *and Time*, p.10.

理解我们人类存在的方式。

如基诺内斯所言,"对文艺复兴时期的人类而言……时间是一个伟大的发现"①。在戏剧的舞台上,莎翁通过角色对话让时间以多种形式亮相。本文的目的有二,一是通过时人的生活方式探索英国文艺复兴时期的多种时间观念。具体来讲,英国文艺复兴是中世纪与现代社会的交替时期,这一时期的英国社会既延续了中世纪的三种时间观念:农业时间、世代时间和神学时间。在机械钟的影响下,又开启了两种现代时间观念:商人时间与同质空洞的时间。这些时间观念在英国文艺复兴时期同时存在,它们共同影响着人们的认知与行为方式并在莎剧中得以体现。二是探索莎翁是如何用这些时间观念进行戏剧创作的。莎翁描绘了不同的时间世界与身处其中的戏剧角色,对时间的不同态度塑造出他们极具差异的世界观和价值观,观念的差异为莎剧带来曲折的戏剧情节、多变的戏剧场景、智趣的人物形象和精妙的语言修辞,莎剧也因此广受欢迎。

The Concept of Time in the English Renaissance and Its Influence on the Playwriting of Shakespeare

Abstract: To know time is to know the way we exist as human beings. As an important discovery of human beings in the English Renaissance, time profoundly influenced the cognitive structure and codes of action of people at that time. This paper takes the diverse conceptions of time in this period as an entry point to discuss how the conception of time in English Renaissance was formed and how it served as a continuation of medieval time and the beginning of modern time. The paper also explores the influence of the concept of time on the Playwriting of Shakespeare, that is how Shakespeare used the complex concept of time to build plots, set scenes, portray characters and enrich linguistic rhetoric.

Key words: English Renaissance; Concept of Time; Shakespeare; Playwriting

作者简介:王星月,山西师范大学戏剧与影视学院讲师。

---

① John Steadman, "Reviews of Ricardo J. Quinones, The Renaissance Discovery of Time", *Renaissance Quarterly*, Vol.27, No.1(Spring, 1974), p.55.

身穿汉服的莎士比亚

——邵挺与许绍珊文言文《罗马大将该撒》考释①

李伟民　廖　红

摘　要:邵挺、许绍珊以文言文形式译莎士比亚的《罗马大将该撒》是中国莎学传播史上继《天仇记》之后,第二部以文言文形式翻译的全本"莎士比亚'诗剧'",因而在中国莎士比亚研究中具有特殊意义。《罗马大将该撒》以文言文译莎剧,既显示出国人对莎剧翻译形式的多方面探索,也彰显出文言文译本区别于其他一切白话散文、诗体译本的独有品格。以文言文译《罗马大将该撒》与译者所秉持的文化立场有关;给莎士比亚身着汉服,偏离了原作的内容与形式;归化的译文强调了儒家的"仁爱"思想。文言文《罗马大将该撒》尽管存在着诸多不足,但以文言文形式传播莎剧在中国莎学史上却是具有特殊的价值。

关键词:《罗马大将该撒》　邵挺与许绍珊　莎士比亚　文言文　中国

在现代中国的莎剧翻译中,民国时期出现了多种 *Julius Caesar* 的汉译本,当时一般以《罗马大将该撒》(以下简称《该撒》)命名。民国时期译者为何对《该撒》翻译如此热衷,个中原因值得玩味。而在所有的这些中译本中尤以邵挺、许绍珊(啸山)在民国十四年一月以文言文形式合译的索士比著《该撒》以独有的语言形式,显示出与其他白话莎剧散文、诗体译本的不同。尽管《瀚

---

① 本文为国家社会科学基金后期资助暨优秀博士论文项目"莎士比亚在近现代中国的传播与流变研究"(21FWWB008)的阶段性成果。

外奇谭》《英国诗人吟边燕语》也采用文言文译莎,但终归是对删改了的《莎士比亚故事集》的译介,其说书性质的讲故事特点与全本莎剧的翻译还是具有很大距离,不可同日而语。由新文化运动开启的白话文摒弃文言,借鉴欧化语,并且形成声势之际,邵挺留恋文言文,以古文典故比喻、解释原作内容,无视白话文表达人的思想感情等方面的现代价值,亦造成《该撒》终究乃是文言文译莎昙花一现之终结。言语形式不仅受语言思想的影响,而且受到历史、文化的制约,是时代物质和精神的产物。从今天的角度观察,尽管文言文《该撒》的译文存在着诸多不足,例如语言表达相对简略、译文过多迁就汉语文言形式、漏译之处颇多、任意归化、阅读起来相对困难等差强人意之处外;但却在汉语文言这一语言形式下,既对剧中人物形象、情感、心理给予了完整再现,也不失为对"五四"以来"生吞活剥"的"硬译"①的反拨。《该撒》可谓与其他译本一道参与了莎士比亚戏剧在中国的经典化过程。随着时代的发展,以文言文形式传播莎剧与文明戏莎剧演出,已经成为中国莎学史上的遗响。该文言文译本在中国莎学史上可谓身着汉服的莎士比亚,其深层次原因值得我们深入探讨。

一、表与里之间:"汉服"合身与否

在"五四"运动之前,中国知识界对莎氏作品已经有所了解,例如1915年出版的《辞源》就详细介绍了"'莎士比亚'的生平,'英国之剧本家。号为世界最大文豪……专从事于剧本。其名作约三十五编。皆文学之至宝也'"。②如果我们把邵挺的文言文莎剧放到民国初期,新旧文学之争、文言与白话此消彼长的论争层面来看的话,就能明白,即使当时在一批留学西方的学者、文人中间,仍然对文言文怀有特殊的情感,而且白话文也尚处于不断成熟的阶段。因此采用文言译莎剧和西方文学作品,自然也就成为他们的不二选择。词语的选择不仅承载了民族审美观念,而且也与传播者的政治立场有着紧密联系。即使在北洋政府1920年宣布废除小学文言文教材,推行"国语"运动,"五四"文学革命已经深入知识界、文艺界、思想界,使用白话文成为人们共识之际,仍然有一些文人固执的坚守自己的主张,以文言文翻译莎剧。这一状况表明,对于以汉语译莎剧采用何种文体? 采用何种语言形式? 彼时的译家也在通过翻

---

① 梁实秋:《欧化文》,《梁实秋文集》(第1卷),鹭江出版社2002年版,第490页。
② 商务印书馆:《辞源》,商务印书馆1915年版,第2124页。

译实践处于不断摸索之中。虽然,学界近百年来对邵挺、许绍珊的《该撒》缺乏深入研究,但我们通过学界对《天仇记》的褒贬亦可知对《该撒》及其文言译文的态度。邵挺译《天仇记》文言文译本首版于 1924 年,吴宓认为:邵挺的《该撒》和《天仇记》"均用文言,且多作韵文及诗句,气骨遒劲,辞藻俊美,而短歌尤精绝。其人盖于风、骚、乐府、古诗根柢甚深,又富于文学之鉴别力,故其译笔求工而不谐俗",①吴宓盼望邵挺能以文言文续译其余莎剧,以竟文言文莎剧全集之"全功"。梁实秋 1932 年在《图书评论》第 1 卷第 2 期对《天仇记》"疵谬百出"②提出批评;周兆祥认为《天仇记》只是"利用古文修辞特点,加上相当的创造力和想象力,保留了一些字义搬弄、意象、特别句式等风格特色"③;陈汝衡强调《天仇记》"简洁和凝重,夹以有韵的文辞"④;李伟民提出《天仇记》"并非是单纯的译本,而是融入中国古典文学评点的莎剧译本",⑤由此可见对文言文译莎褒贬不一。

1925 年 1 月,邵挺、许绍珊合译的《该撒》就在邵挺"瀛海奔波,客岁在厦"⑥期间,有感于《哈姆雷特》《该撒》两部大悲剧在英美学校"脍炙人口",而国内中等以上学校学生往往在采读《该撒》时,苦无译本以资参考,于是遂决定采用与林纾、魏易译《吟边燕语》大致相同的方式,经二人"口述笔译"⑦于民国十四年一月在北京京华印书局出版。毫无疑问,译者弃"白话"而用"文言"译《该撒》,乃是旧文学形式的还魂,也是以"卫道"的立场对林纾译莎形式的青睐与文化观的认同。文言文《天仇记》与《该撒》可视为早期莎译之"双璧"。⑧《该

① 吴宓:《世界文学史大纲》,商务印书馆 2020 年版,第 527 页。

② 梁实秋:《莎翁名著〈哈姆雷特〉的两种译本》,《梁实秋文集》(第 8 卷),鹭江出版社 2002 年版,第 555 页。

③ 周兆祥:《汉译〈哈姆雷特〉研究》,香港中文大学出版社 1981 年版,第 379—380 页。

④ 陈汝衡:《莎氏悲剧〈哈姆莱特〉及其中译本〈天仇记〉》,中国莎士比亚研究会:《莎士比亚研究》,浙江文艺出版社 1994 年版,第 265 页。

⑤ 李伟民:《东西方文化交流中的〈哈姆莱特〉——莎士比亚〈哈姆莱特〉的一个特殊译本〈天仇记〉》,《国外文学》2008 年第 3 期,第 35—43 页。

⑥⑦ 莎士比亚:《罗马大将该撒》,邵挺、许绍珊译,京华印书局 1925 年版,第 1 页。

⑧ 在文言本的《罗马大将该撒》和《天仇记》问世的年代,我们感受到了新文化运动和"五四"文学革命的深刻影响以及新旧文学之间的斗争。即使是在影响颇大的电视剧《觉醒年代》中坚守文言的辜鸿铭在北京大学课堂上讲授、书写《哈姆雷特》时,提到著名的"To be, or not to be, —that is the question"仍然采用的朱生豪 1943 年译《哈姆雷特》的译文,该剧 1947 年在世界书局出版《莎士比亚戏剧全集》中的译文为"生存还是毁灭,这是一个值得考虑的问题",二者之间的时差近三十年,可谓文学上经常可见的"时代错误"。见李伟民:《莎剧译文选择可商榷》,《社会科学报》2022 年 1 月 19 日,第 8 版。

撒》与《天仇记》的文言译本组成了莎士比亚作品早期翻译中的不可缺少的重要一环,那么,《该撒》文言文莎剧译本又有哪些特点呢?

《该撒》采用了文言这一特殊的语言形式,尽管译文存在漏译、错译之不足。但是,总体来看,《该撒》译本并非为故事译述形式的译本,而是该剧直接从英文译为汉语最早的全译本。①这说明,此时译者对莎剧的文体已经有相当明确的认识,即莎氏虽为“大诗家”,但《该撒》既不是“诗歌”,也非类似于“说部”的小说,而是“剧本”。笔者在对比邵挺两个文言译本的基础上看到,与1924年邵挺译《天仇记》②不同,在《该撒》译本中虽然还保留了一些以汉语中特有的文化、风土人情的文言词汇,机械生硬的对译原作的归化译文外,译者带有强烈主观意识的评介性文字已经明显减少。这一变化表明译者已经认识到归化式翻译的局限性以及与原作之间的文化错位。我们知道,归化式的译文虽然有助于读者通过借助本土文化了解莎氏原作的大意。但很显然,也由于过度的归化而会使译文具有了更多的译入语的民族文化色彩,甚至更多地表现为译文与原作之间的南辕北辙和语言、文化错位,表明由于文化身份意识的强弱,对采用何种形式的目标语有很大的影响。例如《该撒》中仍然保留了带有鲜明中华文化印迹的词汇,例如:第二幕布景三:“其以泰山置吾心于舌间”③的“泰山”,第一幕布景三中的“瀛海”④,卜鲁他,安东尼等人的对话中常称对方为“君”,如“君畏死,固不敢也,”⑤以及皇冕、成仁则杀身、碧血、仁爱、黄泉、傩舞等等词汇多次出现在译文中。但与《天仇记》相比,《该撒》“大量袭用传统典故与词汇……令台上扮西洋人的演员说一些西方世界所无的典故……”⑥的译文在数量上已经减少。我们认为,这一变化不仅是传播观念的改变,而且也是文化立场的进步。但是,总体来说,邵挺采用文言形式译莎剧,偏离了原作的内容与形式,以文言固有模式要求莎剧“迁就本国读者”,所以“邵本是旧时代的产物”。⑦由于译者的文化身份使然,虽然译者在翻译的过程

---

① 李伟民:《诞生于烽火硝烟年代的莎士比亚译著——孙伟佛译莎剧〈该撒大将〉》,《东方翻译》,2018年第6期,第40—45页。

② 李伟民:《东西方文化交流中的〈哈姆莱特〉——莎士比亚〈哈姆莱特〉的一个特殊译本〈天仇记〉》,《国外文学》2008年第3期,第35—43页。

③ 莎士比亚:《罗马大将该撒》,邵挺、许绍珊译,京华印书局1925年版,第53页。

④ 莎士比亚:《罗马大将该撒》,邵挺、许绍珊译,京华印书局1925年版,第21页。

⑤ 莎士比亚:《罗马大将该撒》,邵挺、许绍珊译,京华印书局1925年版,第97页。

⑥ 周兆祥:《汉译〈哈姆雷特〉研究》,香港中文大学出版社1981年版,第373页。

⑦ 周兆祥:《汉译〈哈姆雷特〉研究》,香港中文大学出版社1981年版,第367页。

中也自觉避免把自己的主观评析、解释掺入莎剧译文之中,但强加于原作的归化译文仍然难以杜绝。

1. 衍变为正文的注释及添加的插入语

《该撒》中虽然减少了译者随处添加的"舞台指示",但是仍然存在着对西方典故、故事背景、人物臧否、剧情分析与介绍、抒发译者感慨的解释性文字。这就是说,按照现代翻译规律,帮助读者了解文本背景,本应出现在页脚或文尾的注释中,却衍变成了正文。这些"解释性的文字"在《该撒》中主要可以分为两类。

第一类,为了帮助读者阅读理解原文,添加对西方典故、故事内容介绍译者的解释性"插入语",例如第一幕"布景一"中马鲁拉、弗赖卑雅与工匠的对话中,就插入了"以下对马鲁拉言""罗马社稷庙'为罗马国庙,祝木星之神'",[①]或对剧作背景进行说明和解释的文字,例如:"彭备子为该撒所诛。"[②]第二幕布景一中泽沙言"彼乐闻故事如独角兽抵树",注"此兽善扑人,人环树走,则以角抵树,不能自拔,转成擒,此一故事也"。[③]第一幕布景二中卜鲁他和克侧在长篇对白中发泄对该撒的不满中有,"Colossus 一铜像也两脚立 Rhodes 两岸""Titi nius 乃该撒良友""言崇拜该撒之耻"。[④]"希腊攻 Troy 时,撄系 Troy 一大将。"[⑤]第二幕布景一中提到"三月早春",后注"西历"[⑥],这些文字固然有助于读者克服阅读中对西方文化、莎作典故不够熟悉的障碍,但并不是莎氏原作中的文字。

第二类是译者"插入语",主要为简单套用中国典故的说明性文字。译者为了便于读者了解剧情,故在《该撒》中添加有舞台指示作用的"插入语"共 30多处,这些"插入语"作用在于使读者了解原作背景、或为上下文之间的衔接、或为介绍原作中涉及的典故、或为提示读者体会人物心理、情感,生造出原作所没有的"插入语"。显然,译者的最初目的是使读者对原作有更清晰更深入的理解。这些"插入语"主要集中于对剧情、人物、心理的说明,作用在于引导读者克服阅读文本时的障碍。例如《该撒》第一幕布景一中弗赖卑雅一段话中

①② 莎士比亚:《罗马大将该撒》,邵挺、许绍珊译,京华印书局 1925 年版,第 3 页。
③ 莎士比亚:《罗马大将该撒》,邵挺、许绍珊译,京华印书局 1925 年版,第 38 页。
④ 莎士比亚:《罗马大将该撒》,邵挺、许绍珊译,京华印书局 1925 年版,第 11 页。
⑤ 莎士比亚:《罗马大将该撒》,邵挺、许绍珊译,京华印书局 1925 年版,第 10 页。
⑥ 莎士比亚:《罗马大将该撒》,邵挺、许绍珊译,京华印书局 1925 年版,第 34 页。

的"以下对马鲁拉言",①第四幕"布景一"安东尼言"此庸碌人也",注"礼必德也",②第一幕布景二中克侧对卜鲁他说的"骤然中断意在言外",③第一幕布景三中克侧对哈什佳说:"然则该撒何能残暴若此?",注有"上言太吐露,下急转以试哈什佳之心",④第三幕布景三中,第四公民对话时言:"此言对众人说",⑤第四幕布景三中卢遮言"我主,琴弦坏极",注为"呓语"⑥、亚大弼言,标注为"对士兵言"⑦、"第二该撒"标注"指己身"⑧。由于读者阅读的只是剧本,在阅读剧本时,译者主观上认为,需要随时把文本中的对话还原为某种舞台动作以及对话中某种具体的对象、情感,以增加对人物形象、心理和矛盾冲突之间的理解,在邵挺、许绍珊看来,增加这样的"插入语"有助于读者理解原作,明了剧情脉络,人物之间的关系、内心矛盾、戏剧动作等,尤其译者能够帮助读者从台词、对话和心理冲突的角度理解原作。但是,这种在正文中随处增加原作没有的插入语必然会对原作的经典性造成不必要的干扰。

2. 偏爱中国成语、熟语、典故

文言文《该撒》最为突出的特点还是在译文中大量使用中国成语、熟语、典故,可以说这是早期中国在莎剧传播中经常采用的翻译策略之一。而且"译者的最终目标是把莎剧变成地道中国旧文学形式的作品,而不是要带引读者跨越文化的鸿沟,看到原作的本来面貌"。⑨早期国人翻译域外文学作品多喜欢采用以中国成语、熟语、俗语、典故翻译原作。这样的做法有时对译入语可以起到画龙点睛的作用,但是更多的时候则会造成画蛇添足式的误读,或削足适履机械对待原作,邵挺、许绍珊译《该撒》也不例外。

但是,我们也必须看到,邵挺以文言译《该撒》,尽管在译文中还存在不少汉语成语,但是,相比于《天仇记》,以成语、熟语、中华典故、中国诗歌比附原文的泛滥,已经显得有所节制。根据笔者的理解,《该撒》使用汉语成语是传播者

---

① 莎士比亚:《罗马大将该撒》,邵挺、许绍珊译,京华印书局1925年版,第3页。
② 莎士比亚:《罗马大将该撒》,邵挺、许绍珊译,京华印书局1925年版,第89页。
③ 莎士比亚:《罗马大将该撒》,邵挺、许绍珊译,京华印书局1925年版,第12页。
④ 莎士比亚:《罗马大将该撒》,邵挺、许绍珊译,京华印书局1925年版,第25页。
⑤ 莎士比亚:《罗马大将该撒》,邵挺、许绍珊译,京华印书局1925年版,第87页。
⑥ 莎士比亚:《罗马大将该撒》,邵挺、许绍珊译,京华印书局1925年版,第10页。
⑦ 莎士比亚:《罗马大将该撒》,邵挺、许绍珊译,京华印书局1925年版,第113页。
⑧ 莎士比亚:《罗马大将该撒》,邵挺、许绍珊译,京华印书局1925年版,第114页。
⑨ 周兆祥:《汉译〈哈姆雷特〉研究》,香港中文大学出版社1981年版,第379页。

文化选择和审美选择的产物,这些"化英为中"的成语主要有:相依为命、奋翅高飞、杀身成仁、天寒地冻、狂风怒号、寥寥数语、喜怒笑骂、博览群书、光怪陆离、如火如荼、恻隐之心、食不甘味、寝不安席、自知之明、坐以待毙、作奸犯科、倒行逆施、见义勇为、轻举妄动、自视甚高、巧言令色、摇尾乞怜、三寸之舌、破涕为笑、吹毛求疵、舞文弄墨、血气方刚、外强中干、先礼后兵、将信将疑、苟延残喘、出师未捷、踌躇满志、千钧一发、正人君子等等,而且有的成语在译文中反复出现。在《该撒》译者的心目中,使用汉语成语会形成特殊的言语形式美,变英语的形合,为汉语的意合。这样的莎剧台词在词语之间的结合形成了新的涵义,而且"四字成语本身具有音律优势(即语音审美属性)说话人愿意选择它来表现美……是天成的对称……意义对称与节奏对称……连续两个或三个成语放在一起,形成的音韵和节奏更容易串成起伏的音波和旋律,乐音化趋向变成乐音化现实"。①显然,《该撒》译文中的成语是与译者选择以文言译原作的初衷和文化立场难以分开的。

　　《该撒》中的台词,有时把成语、熟语、俗语颠倒使用或略加改写。在邵挺的文化观念中,文言译文句式更易体现,"齐一与节奏,对比与均衡,比例与和谐,不仅能在空间(线与形)得到表现,也能在时间里得到……优美的音韵和适当的节奏"。②《该撒》中的台词,有时为了造成一气呵成的言语效果,即使不是成语,也三字、四字、五字句连续使用,以适合文言文特殊的言语韵律,造成停顿、强调的音韵效果。我们认为《该撒》中的台词在使用成语的过程中形成了对原文改造、浓缩的文字效果,形成了明显的音韵律感。有时甚至是以文言形式连续构成排比句式,以便达到韵律整齐,回环反复,既整齐又错落有致的文言美感要求,诚如德里达所言:"语言保持差别,差别保持语言",③例如第一幕布景二该撒对安东尼言:"他读过许多书;他的眼光很厉害,能够窥测他人的行动",④而在邵译本中则扩展为:"彼博览群书,静观世故,善知人意,能见肺肝",⑤"怒涛翻覆,密云连蔽,形益默淡",⑥哈什佳:"睹一狮奔赴罗马神庙中,目闪闪视我,怒行而过,然不我伤,众妇旁观,骇无人色,状如鬼物",⑦第一

---

①②　钱冠连:《美学语言学——语言美和言语美》,高等教育出版社 2004 年版,34—35 页。

③　德里达:《论文文字学》,汪家堂译,译文出版社 2005 年版,第 2 页。

④　莎士比亚:《莎士比亚全集》(第三卷),朱生豪、陈才宇译,浙江工商大学出版社 2015 年版,第 140 页。

⑤　莎士比亚:《罗马大将该撒》,邵挺、许绍珊译,京华印书局 1925 年版,第 14 页。

⑥　莎士比亚:《罗马大将该撒》,邵挺、许绍珊译,京华印书局 1925 年版,第 20 页。

⑦　莎士比亚:《罗马大将该撒》,邵挺、许绍珊译,京华印书局 1925 年版,第 21—22 页。

幕布景三中克侧言："君以为可畏，君以为可疑：但君熟思之，何为有是火，何为有是鬼"，①第四幕布景三中克侧言："疲其人马，馁其士气；而吾人深沟固垒，蓄锐养精，以乘之。"②上述句式的使用往往以文言文特有的韵律感，在文本中形成了回环往复、整齐押韵的节奏以及对称美的音韵效果，以便台词能够顺畅地抒发人物强烈的感情或扭曲的心理，但在正确理解原作思想、情感、心理、人物形象、动作等方面却打了不小的折扣。

二、"仁爱"思想的泛滥

《该撒》的台词中，长篇的对白、独白较多。这些长篇对白或独白对于刻画人物性格、塑造人物形象、展示人物情感、剖析人物心理具有重要作用。在主张白话文者看来，中国文在"组织上"的"简单""铺张"，思想上缺乏"深度""精密"，而"文学的精神，全仗着语言的因素"，"思想依靠语言，犹之乎语言依靠思想"。③但是《该撒》由于采用文言译文的形式，离忠实的译文有不小的距离，甚至在思想层面也严重偏离了原作。例如在《该撒》第一幕第二景中凯歇斯以他的自诩，煽动更甚于自诩道德、荣誉的布鲁托斯背叛该撒。

朱生豪译文为：

> 凯歇斯　我知道您有那样内在的美德，布鲁托斯，正像我知道您的外貌一样。好，光荣正是我的谈话的题目。我不知道您和其他的人对于这一个人生抱着怎样的观念，可是拿我个人而论，假如要我为了自己而担惊受怕，那么我还是不要活着的好……④

邵挺译文为：

> 克侧　予知君有此美德，观君容表，已可察知，杀身成仁乃予目的，汝与世人想像此世如何，予难擅断，而我自身方面，人亦犹我，吾倘畏之者，

① 莎士比亚：《罗马大将该撒》，邵挺、许绍珊译，京华印书局 1925 年版，第 23 页。
② 莎士比亚：《罗马大将该撒》，邵挺、许绍珊译，京华印书局 1925 年版，第 105 页。
③ 傅斯年：《怎样写白话文》，《中国新文学大系·建设理论集》，上海良友图书印刷公司 1935 年版，第 226 页。
④ 莎士比亚：《莎士比亚全集》（第三卷），朱生豪、陈才宇译，浙江工商大学出版社 2015 年版，第 138 页。

吾勿宁死……①

此处，克侧迷惑、恭维卜鲁他的美德，以"自由"的名义，把自己打扮成反对该撒独裁和"恶魔统治"的战士，利用"光荣"作为诱饵，表明自己对该撒早已不满，而且已经埋藏下了深仇大恨；邵挺的译文则以"杀身成仁"美化克侧形象。在儒家学说中，"仁"乃"仁爱"之意，"仁"者，"仁者爱人"是也，"仁"一般被认为代表了儒家文化的最高标准，指为了正义舍弃自己的生命，"杀身成仁"不但不是克侧的目的，而是克侧早已知道这一次阴谋如果不成功，自己也会人头搬家，故克侧发出："孰敢妄言罗马之钜墉仅唯独一伟人乎?"②以这样的煽动性语言，用来掩盖自己政变的野心家的真实意图。

在《该撒》中，邵挺往往不厌其烦地用儒家的"仁爱"来解释剧中人物的思想、情感。实则是"为旧文体的成式所拘，不能尽量的精微的达出"。③邵挺的译文把人物性格聚焦于"仁义""仁爱"范畴，其实是无视剧中人物的性格特征，单纯把剧中人物固定于中国儒家传统道德框架内，一味宣扬儒家主张，实际上已经与原作中的人物形象拉开了距离。

三、政治、权力博弈中的"音感召唤"

在该剧第三幕第二场，安东尼在听了卜鲁他暗杀该撒的自我辩解后，一般认为安东尼在卜鲁他之后接着发表一篇演说，奸诈然而却非常成功地煽动了罗马民众反对卜鲁他，把叛乱者赶出了罗马。安东尼在大市场上一连发表了4段长篇演讲，在连续演讲中，安东尼的很多话都具有反讽性质，而且在这4段演讲中不厌其烦地10次提到"正人君子"，仅仅在第一段演讲中就5次称卜鲁他为"正人君子"；而邵挺的译文中，安东尼与卜鲁他运用的语体不同，他不像卜鲁他采用"不自然"的散文，而是采用节奏明显、铿锵有力的"自然"④的诗歌言语，谴责卜鲁他这样的"可敬之人"⑤，而且也一连在对比中重复了4次。

---

① 莎士比亚：《罗马大将该撒》，邵挺、许绍珊译，京华印书局1925年版，第9—10页。
② 莎士比亚：《罗马大将该撒》，邵挺、许绍珊译，京华印书局1925年版，第12页。
③ 郑振铎：《语体文欧化之我观》，贾植芳等，《文学研究资料》，河南人民出版社1985年版，第189页。
④ Garry Wills, *Rome and Rhetoric*: *Shakespeare's Julius Caesar*. New Haven & London: Yale University Press, 2011, p.58.
⑤ 莎士比亚：《罗马大将该撒》，邵挺、许绍珊译，京华印书局1925年版，第75—76页。

邵挺把 honourable 译为"可敬之人"而没有译为"正人君子"。其实"正人君子"更能够说明卜鲁他这个人物的性格特征。of distinguished rank 是"身份高贵的"和 noble"高贵的"的意思，与"正人君子"相比，显然在体现人物性格特点和讽刺力度上，明显逊色于朱译本。"可敬之人"与"正人君子"之间并不能画等号。

尽管《该撒》的译文存在着诸多不足，却也基本反映出安东尼和卜鲁他之间斗智斗勇的情景，所以译文"再造事物的形象或者引起特定情绪"①的目的已经达到。在第一阶段的演说中，安东尼首先大声疾呼：

> 朋友乎，罗马人乎，国人乎，谛听吾言。吾来火葬该撒，非来颂其功德；恶人死有余臭，善行与骨同枯，尔辈至于该撒，可作如是观。②

在这里语言与审美观念相观照，《该撒》译文尤其垂青于对偶句，诚如马建忠言："凡有数句，其字数略同，而句意又相类，或排两句，或叠数句，经典中最习用也"，③其中："吾来|火葬|该撒，非来|颂其|功德；恶人|死有|余臭，善行|与骨|同枯，尔辈|至于|该撒"，句子之间即形成了一定的对偶关系，其中"该撒"对"功德""余臭"对"同枯"，音节数目一致，句式整齐对称，形成了"音组"④的节奏美，演说者凭自己强烈感情伴随的言语行为调动民众的情感。对偶形成的音组，正如王力所言："故丽辞之体，凡有四对；言对为易，事对为难，反对为优，正对为劣。"⑤安东尼的修辞玩弄"自我韬晦"(self-effacement)的修辞手法，强调："他们也都是正人君子"⑥一句，邵挺译为"彼党亦可敬者"⑦，安东尼以所谓的"遁入野兽心中"⑧的理性的"正人君子"和该撒的言行进行对照，意在说明，"公断之理也！汝已由人心窜入兽心，令人无是非之心矣……"⑨

在紧接着的第二、三、四段长篇演说中，安东尼表面上说自己"设予来兹，

---

① 钱冠连：《美学语言学——语言美和言语美》，高等教育出版社 2004 年版，第 56 页。
②⑦ 莎士比亚：《罗马大将该撒》，邵挺、许绍珊译，京华书局 1925 年版，第 75 页。
③ 马建忠：《马氏文通》，上海商务印书馆 1932 年版，第 58 页。
④ 孙大雨：《诗歌底格律》(续)，《复旦学报—人文科学》1957 年第 1 期，第 9 页。
⑤ 王力：《中国古典文论中谈到的语言形式美》，王力：《龙虫并雕斋文集》，中华书局 1980 年版，第458 页。
⑥ 莎士比亚：《莎士比亚全集》(第三卷)，朱生豪、陈才宇译，浙江工商大学出版社 2015 年版，第167 页。
⑧ 莎士比亚：《罗马大将该撒》，邵挺、许绍珊译，京华书局 1925 年版，第 167 页。
⑨ 莎士比亚：《罗马大将该撒》，邵挺、许绍珊译，京华书局 1925 年版，第 76 页。

故欲煽动诸君生暴乱,则予获罪于卜鲁他",①实际上是揭露以克侧和卜鲁他为首的叛乱集团中"可敬之人"伪善的虔敬,以便激起民众的同情心;第三段长篇演说通过该撒受到的虐杀,卜鲁他的无情背叛,激起民众对叛徒的憎恨,促使民众认清卜鲁他等人的真正面目,并号召民众向叛逆者复仇,原作中的"…(Which all the while ran blood)great Caesar fell"中"单音节 fell 的加重强调显得特别有力"。②安东尼为自己的演说增加了"有力度"的乐音化宣传效果。邵挺的译文为"大衫反掩其颜,跌彭備像侧,血流不止;国人乎! 斯跌也,关系何钜",③"钜"又同"讵",《荀子正论》:"是岂钜知见侮之不辱哉",表示反问、难道、哪里的意思,该撒没有牺牲在战场上,而是倒在了部下和朋友背叛的血泊之中;在第四段长篇演讲中,安东尼表面上是要减弱暴动的怒火,与卜鲁他等人站在一起,实际上是运用韬晦性修辞以退为进,鼓动民众为该撒复仇,激起民众愤怒的烈火,即使是"彼之安东尼自能以安东尼之名动诸君心,能令该撒之诸创口言,能令罗马顽石飞走而作乱。"④安东尼谴责这些"正人君子"满怀着"私人的怨恨",他要求民众追问:"彼辈与该撒缔结何种私仇,致生杀心。"⑤现实社会中的野心与篡夺最高权力,往往与戏剧作品攫取王位一样,都是在"自由! 自由! 暴政毙矣"⑥口号下颠覆王者之治的政治化"音感召唤"⑦,它渲染了环境、强化了台词的表现力,甚至达到了中国戏曲的字有定声,词有定腔,句有定式的艺术效果。

安东尼需要用语言表露情感和信念时,既运用语言的准确性达到身份识别的目的,又利用言语对比和隐喻阐释自己的爱与恨,以此达到煽动民众的目的。在邵挺的《该撒》中,安东尼的 4 段演说文言译文由声调高低、音节整齐与参差形成了乐音般的旋律,汉语以空间性的流散为特点,"汉语的字就是音节",文言文的台词以"一连串字的字调变化连成句,就相当于乐音的旋律"。⑧

---

① 莎士比亚:《罗马大将该撒》,邵挺、许绍珊译,京华印书局 1925 年版,第 77 页。
② 陈国华、段素萍:《从语言学视角看莎剧汉译中的"亦步亦趋"》,《外语教学与研究》2016 年第 6 期,第 870 页。
③ 莎士比亚:《罗马大将该撒》,邵挺、许绍珊译,京华印书局 1925 年版,第 80 页。
④ 莎士比亚:《罗马大将该撒》,邵挺、许绍珊译,京华印书局 1925 年版,第 81—82 页。
⑤ 莎士比亚:《罗马大将该撒》,邵挺、许绍珊译,京华印书局 1925 年版,第 81 页。
⑥ 莎士比亚:《罗马大将该撒》,邵挺、许绍珊译,京华印书局 1925 年版,第 61 页。
⑦ 钱冠连:《语言全息论》,商务印书馆 2002 年版,第 293 页。
⑧ 钱冠连:《语言全息论》,商务印书馆 2002 年版,第 128 页。

尽管字句声色体现了言语美的精妙,但实际上揭示了,在安东尼修辞术背后民众对战争的厌恶,对安定和平生活的渴望,对小人的极端鄙视,对叛徒的愤怒。至此,安东尼的目的已经达到,"正人君子"的面目昭然若揭,平叛会给民众带来施惠的理想君主,反叛即将开始,民众们要求用"火炬焚叛徒之宅"①以雪自己的一腔怒火。可以说《该撒》的译文总体上已经通过安东尼的雄辩促使民众对社会现实进行政治权力的反思,②译文言语通过形式上的音韵美、节奏美,让汉语读者更为明确地意识到,是谁更爱罗马的子民? 是该撒,是安东尼,还是卜鲁他和克侧?

四、结　语

邵挺翻译莎剧《该撒》采用文言形式,可以说,表现为处于白话和文言之争中对文言文的偏爱,其实也是译者文化立场的显现。要深刻认识《该撒》这一大悲剧的深刻性,就在于不为表面的"独裁""民主"的形式与口号所迷惑,《该撒》有其深刻的悲悯与忧虑在于"莎士比亚并不寄希望于卜鲁他宣扬的'民主国家模式'或'共和政体';相反,他看到了这种'民主国家模式''共和政体'的脆弱性、虚假性和不现实性"③的深层隐喻。邵挺的《该撒》以文言文译莎士比亚原作,让莎士比亚身着冕冠华服,在偏向文言的言语美选择中,更多地表现为以"权衡中正"的儒家"仁者爱人"思想贯穿于文本之中,可谓传播者以"天人合一"的文化认知,为《该撒》这一莎剧剧本披上了一件中华汉服。但是,作为莎剧经典化过程中不可多得的文言文莎剧译本,我们是不应忘记它的历史价值的。

Shakespeare in a Chinese Costume: Shao Ting & Xu Shaoshan's Translation of *The Tragedy of Julius Caesar* in Classical Chinese

Li Weimin　　Liao Hong

Abstract: In 1925, Shao Ting & Xu Shaoshan translated *The Tragedy of Julius Caesar*

---

① 莎士比亚:《罗马大将该撒》,邵挺、许绍珊译,京华印书局 1925 年版,第 83 页。
② Timothy W. *Burns*, *Shakespeare's Political Wisdom*. New York: Palgrave macmillan, 2013, p.15.
③ 李伟民:《莎士比亚是共和派吗? ——试论〈裘力斯·凯撒〉》,《外国文学评论》1997 年第 4 期,第 125—131 页。

in classical Chinese. This version is the second "Shakespeare's 'Poetic Drama' translated in classical Chinese after *Tian Qiu Ji*", thus having special significance in studying Shakespeare. Translating it in a form of classical Chinese not only shows the various explorations of forms of translating Shakespeare by the Chinese people at early stage but also demonstrates the unique feature of the classical Chinese translations from all other vernacular prose translations. Despite the many shortcomings in the classical Chinese, this translation is of special value to spread Shakespeare in the form of classical Chinese in the history of Chinese Shakespeare.

Key words：*The Tragedy of Julius Caesar*；Shao Ting & Xu Shaoshan；Shakespeare；classical Chinese；China

作者简介：李伟民，浙江越秀外国语学院教授，四川外国语大学莎士比亚研究中心教授；廖红，攀枝花学院外国语学院教授。

泰朱・科尔《开放的城市》中
非洲世界公民的漫游^①

胥维维

摘　要：泰朱・科尔《开放的城市》的主人公朱利叶斯可被看作是一个典型的非洲世界公民，小说通过知识渊博、游历甚广的朱利叶斯在纽约和布鲁塞尔的漫游，对一系列政治、社会问题进行了反思。在保持漫游者匿名性的同时，朱利叶斯在他漫无目的的行走中屡次遭遇属下阶层的视角，挑战霸权叙事，为替代历史发声。曾经易知的都市地理空间，在非洲世界公民的新解读下，变得复杂，因为这些解读承认存在于同一景观中、却往往相互冲突的历史层面和问题。朱利叶斯的漫游对全球资本主义假定的后种族时代提出质询，是泰朱・科尔批判性讨论后殖民性和世界主义的概念工具。

关键词：泰朱・科尔　《开放的城市》　非洲世界公民　漫游　非洲世界主义

　　尼日利亚籍美国作家、摄影师、艺术史学家和批评家泰朱・科尔（Teju Cole），现已是非洲文学及思想中最具活力和最重要的声音之一，让他声名大噪的是其屡获殊荣的处女作《开放的城市》（*Open City*）^②。小说的叙述者、主人公朱利叶斯是一名尼日利亚和德国混血的精神科住院医师，他漫无目的地游荡于"后9·11时代"的纽约和布鲁塞尔，挖掘、讲述掩藏在那些被毁灭和被遗忘的都市景观背后的历史。鉴于其身体流动性，学界普遍视朱利叶斯为典

---

①　本文系国家社科基金后期资助项目"文学地图学原理"（14FWW003）的阶段性成果。
②　该书获得 2012 年海明威奖和 2013 年德国豪斯国际文学奖，并入围 2012 年美国国家书评人协会奖和英国皇家文学学会翁达杰奖。

型的漫游者,而他复杂、特殊的身份背景让他能更全面、更辩证地理解国际大都市的整体性,避免落入主导叙事的陷阱。如亚历山大·格里尔·哈特威格尔(Alexander Greer Hartwiger)就把朱利叶斯描述为一个"后殖民漫游者",其兼具局内人和局外人的双重视角使他得以"通过被边缘化、被剥夺公民权的人口的历史、生活和死亡,对城市进行对位阅读"①。在漫游的过程中,朱利叶斯遇见来自世界各地、身份背景五花八门的移民和难民,倾听他们的故事,反思殖民主义、跨文化暴力和全球资本主义间的密切联系。虽然《开放的城市》被誉为体现了世界主义包容性的独创性典范,但是也有一些评论家争辩,对该书的世界主义解读不应以一种轻松愉快的方式,只集中在世界主义文学、艺术推崇的想象力的流动性及跨文化好奇心上,而要通过揭示徒有新自由主义外表的世界主义理想无法解决不平等这一不足来实现②。总的来说,《开放的城市》迫使读者重新思考关于差异、复调和混杂等支撑当代众多批判理论的简单假设。

本文从世界主义的新兴分支——非洲世界主义的角度解读《开放的城市》,考察非洲世界主义的特征,它们在小说中如何运作,以及小说对它们的展现和补充。通过塑造一位非洲世界公民的形象,泰朱·科尔重写了长期伴随非洲的负面、刻板话语,超越了关于非洲的单一叙事,对非洲人民在全球空间中的生活进行了多重再现。作为一名非裔流散作家,泰朱·科尔表现出一种面向全球的批判性视角,这一视角不只是赞颂全球化的可能性,其重要性还在于审视持续存在的权力差异和不公。朱利叶斯的漫游使对漫游者的许多假定,如白人化和休闲观光性等,变得陌生化,并把帝国的历史创伤带到城市文本表面。在《开放的城市》中,泰朱·科尔从非洲中心性角度,把对意义和价值的多层次、甚至矛盾解读引入到有关流动性、全球化和世界主义的公众对话中,证明了非洲世界主义概念的变革能力。

一、围绕非洲世界主义的争议

虽然"非洲世界主义"一词的起源较难追溯,但是可以确定的是,对它的使

---

① Alexander Greer Hartwiger, "The Postcolonial Flâneur: *Open City* and the Urban Palimpsest", *Postcolonial Text*, Vol.11, No.1(2016), pp.1—17.

② Madhu Krishnan, "Postcoloniality, Spatiality and Cosmopolitanism in the Open City", *Textual Practice*, Vol.29, No.4(2015), pp.675—696.

用围绕着最初由具有尼日利亚、加纳血统的英裔美籍作家泰耶·塞拉西（Taiye Selasi）和喀麦隆哲学家阿基利·姆本贝（Achille Mbembe）等人的主张展开而成。在 2005 年的《再见，理发师》（"Bye-Bye Babar"）一文中，塞拉西从全球资本主义在非洲生活中的中心地位出发，阐释了非洲世界主义传递的理念：

> 你会通过我们有趣地融合了伦敦的时尚、纽约的行话、非洲的伦理道德和学术成就来了解我们。我们中的一些人是混血儿，如加纳和加拿大混血、尼日利亚和瑞士混血；其他人则只是文化上的混杂，如美国口音、欧洲情感和非洲气质。我们大多数人都通晓多种语言：除了英语和一两种浪漫的语言外，我们还懂一些土著语言，会说一点城市方言……我们把自己的自我意识与非洲大陆上的至少一个地方联系在一起：或是一个民族国家（如埃塞俄比亚），抑或是一座城市（如伊巴丹），又或是某位阿姨的厨房。我们还对八国集团的两三个城市了如指掌。我们是非洲世界公民：不只是某一国的国民，而是属于全世界的非洲人。①

塞拉西借用世界主义话语，描述了新一代的非洲移民及其光明前景，他们以国际化的职业和都市化的时尚生活为标志，与非洲的关系虽深厚却不稳定，传统的中心—边缘二元对立模式已不足以捕捉他们在文化杂糅的后现代世界中身份认同的复杂性。尼日利亚籍美国文学评论家西蒙·吉坎迪（Simon Gikandi）认为，塞拉西界定的非洲世界主义与用贫穷、苦难来再现非洲的非洲悲观主义相对，把非洲都市文化的全球化活力视作非洲大陆必要转型进程中的决定性因素，关注新一代非洲人的"可能性条件"，这是一种积极的思维和自我理解模式。吉坎迪称："要成为非洲世界公民，就要与易知的非洲社群、国家和传统相联系，但同时也过着一种跨越不同文化、语言和情境的生活。其目的在于拥抱、庆祝文化混杂的状态，即既属于非洲，又是其他世界的一员。"②可见，非洲世界主义以空间和文化流动性的加强在世界各地创造出新的非洲流散者为特

---

① Taiye Selasi. "Bye-Bye Babar", *The LIP Magazine*, 3 March 2005, accessed 6 May 2023.

② Simon Gikandi, "Foreword: On Afropolitanism." in Jennifer Wawrzinek and J.K.S. Makokha, eds. By *Negotiating Afropolitanism: Essays on Borders and Spaces in Contemporary African Literature and Folklore*, Rodopi, 2011, p.9.

征,包含了一种源于自我与他者、熟悉与陌生交叠的文化融合,是一种跨越国界和差异政治的物质、意识形态条件。而在理解和探讨人口流动问题时,姆本贝则更进一步,提倡一种世界与人不停移动、与本土主义相对立的形象。他认为,本土主义是一种生物种族主义,以温和的方式美化多样性,而在更激进的版本中,它为维护其基础——文化和传统的纯粹性而战。这种对纯粹性的幻想从个人到社群或国家层面转化为政治法规,或允许、或禁止人们迁移到其他地方,追寻不同的生活。通过审视早期的黑人文化认同运动,并重新定义跨国流动的起源和现实,姆本贝所表达的非洲世界主义承认迁徙是一种自然、普遍、非单向的人类现象,树立了"此处和别处相互交织的意识"①,以弱化国家边界、促进跨文化理解。这样,非洲世界主义不仅把流散族裔文化和非洲城市文化都包括在内,还超越了种族问题:只要认同非洲,而不是把非洲本质化或西方化,那么南非的白人和散居亚洲的非洲人等都可以是非洲世界主义的一部分;如果世界各处都有富有文化生产力的非洲流散族裔,那么非洲就一直是真正为非洲的多样性做贡献的移民的归宿。总的说来,塞拉西和姆本贝等对新的非洲身份认同的设想是一致的,即挑战、摒弃非洲及其人民以"受害者作为话语和自我认知的起点"②,赞颂非洲的混杂性及其主体在全球空间中成功应对身份认同冲突的能力,这有利于引导非洲身份政治的整体转变。他们提出的非洲世界主义与反本质主义的世界主义观一脉相承,对文化和智性的混杂持开放态度,但又被赋予高度关注非洲历史创伤的特殊意识,有助于推进非洲尚未完成的去殖民化进程。

过去的十几年间,一大批被誉为非洲世界公民的作家不仅出版了多部备受赞誉的作品③,用文学手段开辟出广阔的跨国空间,使跨国经验已成为日常现实的读者产生强烈共鸣,还积极出席各种国际会议和签售会,接受著名文学期刊杂志的约稿和采访,并活跃于各大社交媒体。非洲世界主义发展成一种描述、评价非洲跨国身份认同的量规,学界对它的关注热度也达到顶点。但是,认为非洲世界主义肤浅的批评之声也随之而来,主要集中于三点:阶级偏

① Achille Mbembe, "Afropolitanism." in Simon Njami and Lucy Durán, eds., *Africa Remix: Contemporary Art of a Continent*, Jacana Media(Pty) Ltd, 2007, p.28.
② Chielozona Eze, "Rethinking African Culture and Identity: The Afropolitan Model", *Journal of African Cultural Studies*, Vol.26, No.2(2014), pp.234—247.
③ 其中较具代表性的如塞拉西的《加纳必须走》(*Ghana Must Go*)和尼日利亚作家奇玛曼达·恩戈兹·阿迪契(Chimamanda Ngozi Adichie)的《美国佬》(*Americanah*)。

见,精英主义生活方式,以及为迎合欧美市场和消费者被过度商业化、品牌化。"非洲世界主义"这个词本身就表明,它是一种起源、并根植于非洲的世界主义,所以对它的批评与世界主义遭受的诟病是可比较的。旅行一般被看成是"一种变形和转变之旅",强调自我因为"在差异辩证中遭遇他异性的经历"① 而发生改变,因此,当一个人通过旅行浸淫在其他文化中,"似乎很难不会想成为一个世界公民",世界主义也由此具有"相当大的修辞优势"②,它被概念化为"一种取向,一种与他者打交道的意愿"③,用开放、沟通的态度看待交汇中的各种文化。但是这也表示,世界主义在很大程度上"立即唤起特权人士的形象:一个凭借独立的手段、高科技产品以及全球流动性而自称是'世界公民'的人"④。换句话说,只有具有较高的经济、社会地位,掌握一定文化资源,世界公民才能保障其身体流动性,进而培养出对待差异性的开放态度。呈现出精英化倾向的世界主义模糊了世界公民的主体地位,忽视了全球性迁移、旅行中的权力层级结构。普通民众(尤其是难民和劳工移民等流散人群)的跨国迁移被认为无法与主动选择不受民族国家束缚的精英分子的全球旅行相提并论,他们的现实经历使他们不能以好奇、宽容及同情之心对待陌生人,无法具有世界性视野⑤。同理,非洲世界主义也被认为标志着或等同于"上层阶级,有价值的公民身份及与之相关联的在黑人中的声望,相比较而言的特权和个人能动性"⑥。

---

① Barry Curtis, and Claire Pajaczkowska, "'Getting There': Travel, Time and Narrative." in George Robertson, Melinda Mash, Lisa Tickner, Jon Bird, Barry Curtis, and Tim Putnam, eds., *Travellers' Tales: Narratives of Home and Displacement*, Routledge, 1994, p.206.

② Craig Calhoun, "The Class Consciousness of Frequent Travellers: Towards a Critique of Actually Existing Cosmopolitanism." in Steven Vertovec, and Robbin Cohen, eds., *Conceiving Cosmopolitanism: Theory, Context, and Practice*, Oxford University Press, 2002, p.89.

③ Ulf Hannerz, "Cosmopolitans and Locals in World Culture", *Theory, Culture & Society*, Vol.7 (1990), pp.237—251.

④ 布鲁斯·鲁宾斯:《比较的世界主义》,《江南大学学报(人文社会科学版)》2013 年第 4 期,第 106 页。

⑤ 自 20 世纪 90 年代,西方学界借助后殖民理论,针对长期对世界公民的狭隘界定,提出以移民和难民为首的跨国社群主力军同样有能力具有精英人士对待其他文化的宽容、开放态度,其后殖民经验更契合世界主义的当代语境。如人类学家詹姆斯·克利福德(James Clifford)提出的"差异性世界主义"、后殖民理论家霍米·巴巴(Homi Bhabha)的"本土世界主义"和人类学家普尼娜·韦勒(Pnina Werbner)的"工人阶级世界主义"等,都对跨国移动性、阶级地位和世界主义三者间的理论联系进行了反思,聚焦弱势群体的世界主义经验。

⑥ Amatoritsero Ede, "The Politics of Afropolitanism", *Journal of African Cultural Studies*, Vol.28, No.1(2016), pp.88—100.

许多学者都表达了对非洲世界主义可能变相发展成另一种新的单一故事的担忧,即对出身富裕、享有全球流动性的非洲移民的关注,会将与塞拉西等人的描述截然相反的非洲的贫困现实从文学景观中抹去。尼日利亚裔爱尔兰籍社会史学家艾玛·达比里(Emma Dabiri)写道:

> 非洲世界主义成为非洲之声的危险可以与对女权运动第二次浪潮的控诉联系起来。正如那些女权主义者没能将自己的特权认定为白人和中产阶级才能享有的特权,却声称为所有的女性发声一样,虽然我们都是非洲人,但是我作为非洲人的经历和我父亲僮仆的经历却天差地别……问题不在于非洲世界公民本身享有特权,而在于,当数百万人还难以摆脱贫困时,少数特权人士的叙事却告诉我们一切都多好,有多少机会和潜力,这可能会压过连基本生存机会都被剥夺的大多数人的声音。①

达比里把非洲世界主义视为一种西方都市等级制度所造成的文化生产意识形态条件,进而创造出自己的社会等级制度和阶级构成。简而言之,文化和消费间的密切关系是对非洲世界主义的主要批判点所在:非洲文化在全球范围内被资本主义文化挪用及商品化,并不能改变全球的权力关系及其条件。

本文旨在论述的既不是非洲世界公民的成功之处,也不是围绕非洲世界主义的概念之争。就泰朱·科尔这样的作家而言,其小说以复杂的非洲世界公民人物为特色,其立场也更有哲学深度,那么问题就不在于非洲世界主义是否应被定性为一种精英现象,抑或关于跨国消费者生活方式和非洲中产阶级生活经验的非政治叙事,而更事关吉坎迪所说的"非洲人在世界上的存在方式"②是否及如何具有批判性和变革性。毕竟,非洲世界主义"不仅承认在世界上的特定地位,还表达出对世界的某种倾向"③,这一点无可厚非。像泰朱·科尔这样的作家,虽然其生平经历可被解读为世界主义的典型,但是这并

①　Emma Dabiri. "Why I Am Not an Afropolitan." *Africa is a Country*, 21 Jan. 2014, accessed 6 May 2023.

②　Simon Gikandi, "Foreword: On Afropolitanism." p.9.

③　Miriam Pahl, "Afropolitanism as Critical Consciousness: Chimamanda Ngozi Adichie's and Teju Cole's Internet Presence", *Journal of African Cultural Studies*, Vol.28, No.1(2016), pp.73—87.

不意味着他们的创作总是延续、加强了结构性权力差异。对于他这一代非洲作家的公众形象及作品大都被贴上非洲世界公民的标签,泰朱·科尔本人就持保留态度。他在一次访谈中说:"问题是,如果你只与一个群体联系在一起,你的可能性和身份认同就会降低……贴标签很少是问题所在。仅限于一个标签才是问题所在。你只是这一样东西,那你就不能成为其他任何别的。事实上,人有不同的身份和层次,这并不那么难以理解。"他承认有必要对具有相同身份认同的人及其被边缘化的方式表现出一定的团结精神,但是他更倾向于从根本上关注、解决独立个体的存在问题①。可见,他的目标在于,通过其作品形成一种面向全球的批判性视角,以及以包容和调和、而不是排外或分隔为导向的社会思维。本文借助泰朱·科尔的《开放的城市》,论证非洲世界主义具有这样的多层次性,它可以作为一个描述并分析全球化世界中种族、正义及人权问题的批判性概念焕发活力。

二、《开放的城市》中的非洲世界公民及其非洲世界主义

《开放的城市》中的朱利叶斯是一个游历广泛的非洲年轻人,在尼日利亚、美国和比利时的跨国边界中穿梭;他在纽约这个世界大都市生活、工作,在学术上小有成就。通过塑造这个完全符合塞拉西对非洲世界公民界定的人物,《开放的城市》在许多方面与世界主义倡导的美德产生了共鸣,如超越习惯的好奇心、跨文化对话的能力以及尊重多元化的意愿等。首先,虽然总的来看,这部小说对作为一种社会流动形式的高雅艺术表现出更强的倾向性,但不可否认的是,其跨国文化能指极为丰富,朱利叶斯的思想由一个涉及世界文学、音乐和视觉艺术的互文性网络组成,使他有资格被视为精英知识分子世界公民的原型。如以文学为例,朱利叶斯提及了 J.M.库切、弗拉基米尔·纳博科夫、伊塔洛·卡尔维诺、普里莫·列维、塔哈尔·本·杰伦、穆罕默德·乔克里的《只为面包》、阿尔伯特·加缪、列夫·托尔斯泰的《安娜·卡列尼娜》、赫尔曼·梅尔维尔的《白鲸》、阿维洛伊、尼采、瓦尔特·本雅明以及弗洛伊德的《哀悼与忧郁》和《自我与本我》等。他还援引了本尼迪克特·安德森、罗兰·巴特、保罗·德曼、诺姆·乔姆斯基和爱德华·萨义德等文学和文化理论家的观

---

① James M. Hodapp, "Lumpy Sympathies: An Interview in Beirut with Teju Cole", *Research in African Literatures*, Vol.48, No.4(2017), pp.243—249.

点。又以音乐为例,小说大量引用了亨利·普赛尔、法鲁西奥·布索尼、古斯塔夫·马勒、弗朗茨·舒伯特、乔治·弗里德里克·亨德尔、德米特里·德米特里耶维奇·肖斯塔科维奇和弗雷德里克·弗朗索瓦·肖邦等古典音乐作曲家的作品。小说一开篇,朱利叶斯就向读者描述了他喜欢听古典音乐这一审美消费习惯,并强调,他通常避免收听美国的电台,因为它们不停地插播商业广告,打断音乐的流动①。尽管语言不通,他还是醉心于欧洲的古典广播电台,暗指通过旅行、传输和迁移等手段,与其他空间、文化和语言交织在一起,超越当下②。再以绘画为例,朱利叶斯谈到了约翰内斯·维米尔、扬·范·艾克、埃尔·格列柯、迭戈·委拉兹开斯、弗朗西斯科·戈雅、居斯塔夫·库尔贝和老彼得·勃鲁盖尔等人的画作。朱利叶斯的文化好奇心使《开放的城市》像是一部艺术家成长小说。其次,作为一名游走于各大都市的世界公民,朱利叶斯始终保持对他人多元身份背景的敏锐度,拒绝单一化的标签。他尤为关注他所听到的各种语言和口音,就是最好的例证。他察觉到美国民俗艺术博物馆的一个保安有加勒比海地区的口音,他在布鲁塞尔偶遇的一名捷克女人说的是"带着东欧语调、结结巴巴的英语"③,他自己的日常表达里也夹杂着荷兰语、汉语、阿拉伯语和西班牙语里的一些词汇。在从纽约飞往布鲁塞尔的飞机上,移居美国多年、却仍稍带欧洲口音的安妮特·马约特医生询问朱利叶斯的母语是什么,他回答说约鲁巴语。当安妮特·马约特医生妄自推断英语是朱利叶斯的第二语言,他很想说,德语才是他的第二语言,并非英语,因为他在五岁之前,母亲和他都是用德语交流,只是后来,随着与母亲的疏远,他把德语忘光了④。只是碍于不便向初次见面之人透露太多私事,他并未多做解释。身处一个以杂糅和重写为特征的大杂烩世界,朱利叶斯的文化参照不是来自与人产生关联的身份认同,而是源于世界主义对差异和个人的尊重,他对消除文化浸染的尝试持批判态度。

在培养并保持对人文艺术的好奇心的同时,朱利叶斯又像任何一个无根的世界公民一样,自我意识强烈,孤独而疏离,叙事语气平淡、冷漠。他的父亲

① Teju Cole, *Open City*, Faber and Faber, 2012, p.4.
② Birgit Neumann, and Yvonne Kappel, "Music and Latency in Teju Cole's *Open City*: Presences of the Past", *Ariel: A Review of International English Literature*, Vol.50, No.1(2019), pp.31—62.
③ Teju Cole, *Open City*, p.109.
④ Teju Cole, *Open City*, p.142.

于 1989 年 4 月去世,享年 49 岁。14 岁的朱利叶斯不感悲痛,只有坚忍和泰然,因为他"不想也没时间扮作无助的孤儿"①。后来,他之所以能一直记得父亲下葬的日子,是因为那天正好也是法西斯德国签署无条件投降书的日子——5 月 9 号。17 岁时,朱利叶斯与母亲疏远,秘密申请到美国的一所大学读书,带着叔伯们借他的钱离开了。在纽约,朱利叶斯甚少承认其他黑人流散主体的存在,也很少肯定他们基于彼此的非洲血统就声称要同他发展兄弟情谊的主张,这不仅表现出他对种族刻板印象的担忧和厌恶,还体现出他的世界公民身份中典型的既认同、又分离的辩证特点。比如,在观赏了失聪画家约翰·布鲁斯特的聋人肖像画之后,朱利叶斯还久久沉浸在那个无声的封闭世界里,连坐上出租车也忘了向黑人司机问好。司机大为恼火,说:"嘿,我和你一样是非洲人,你为什么要这么做?"②并故意把朱利叶斯送到了错误的地址。在宾夕法尼亚车站,朱利叶斯想象自己遇到了 200 多年前来自海地的擦鞋匠皮埃尔。根据皮埃尔的独白,他在海地革命期间逃往美国,在纽约的黄热病大爆发中幸存下来,还和妻子建立了一所免费的黑人学校。皮埃尔的逃亡经历和非法存在挑战、控诉了杀戮黑人的国家行为,揭示出非裔流散存在的复杂性及多方向的可能性。但是,即便如此,朱利叶斯也没有对皮埃尔的话做出任何回应,后文也再也没有提到皮埃尔,把他"刻意拒绝接受种族团结比喻的质询"③的世界主义原则贯彻到底。朱利叶斯甚至对自称诗人、激进分子的非裔美国人特伦斯·麦金尼作秀似的喊他"兄弟"、与他套近乎感到厌烦,暗自提醒自己以后要避开去特伦斯·麦金尼工作的邮局。讽刺的是,临近小说结尾,当朱利叶斯在一瞬间以为自己能因同样的肤色、年龄和性别而与街上的一群非裔年轻男子建立起一种"短暂的团结"④,他却误读了同他们的眼神交会,遭到无情的殴打和抢劫。朱利叶斯遭遇的暴力揭露了全球空间里黑人间脆弱而不稳定的关系。这印证了当代文化研究之父斯图尔特·霍尔(Stuart Hall)对非裔流散身份认同的反思:"我们不能长期在不承认身份认同的另一面——断裂和不连续性——的情况下,确切地谈论'一种经历,一个身份'。"⑤换句话说,

① Teju Cole, *Open City*, p.81.

② Teju Cole, *Open City*, p.40.

③ Louis Chude-Sokei, "The Newly Black Americans", *Transition*, Vol.113(2014), pp.52—71.

④ Teju Cole, *Open City*, p.212.

⑤ Stuart Hall, "Cultural Identity and Diaspora." in Patrick Williams, and Laura Chrisman, eds., *Colonial Discourse and Post-Colonial Theory*, Colombia University Press, 1994, p.394.

共有的种族身份或民族遗产并不能保证群体团结。在《开放的城市》中,朱利叶斯就否定了他与黑人有优先关系的看法,反倒对其进行重塑。

不论故事发生在纽约和布鲁塞尔,还是朱利叶斯记忆中的尼日利亚,《开放的城市》都是一部讲述不同背景移民遭遇的小说,朱利叶斯在他的漫游中与一大批少数族裔交谈,并站在他们的边缘人角度倾听他们的故事和看法,这是他为多样性做贡献的方式。美国政治哲学家、文化理论家奎迈·安东尼·阿皮亚(Kwame Anthony Appiah)倡导的跨越边界、理性沟通对话的世界主义理念贯穿整本小说,即"既尊重差异,也尊重真实的个人,还尊重以信念形式表达的人类感情"①。小说一开篇,朱利叶斯就告诉读者,"书暗示着对话:一个人同另一个人说话,听得见的声音正是或者应该是这种交流的固有特性";他认为,"除了处于谈话中或被吵闹人群包围的安全感中,我们不再习惯于自己的声音"②,这是一种损失。在布鲁塞尔,摩洛哥移民、伊斯兰教徒法鲁克工作的网吧是通过多种语言把全球紧密相联起来的枢纽站,是世界主义习俗的微缩模型。法鲁克用法语向一位进店的女士打招呼,她则用阿拉伯语回应说"赞美真主"。法鲁克向朱利叶斯展示每逢新年或开斋节,网吧的生意会多么繁忙——"他指着身后的电脑显示器,上面记录着 12 个卡座的通话记录:哥伦比亚、埃及、塞内加尔、巴西、法国和德国。一小群人正打电话到世界上如此广泛的地方,这看起来像虚构的一样"。法鲁克视这为对其世界主义信念的测试用例,即"人们可以共同生活,但仍保持自己的价值观完好无损。我人性的一面和知性的一面都对这群来自不同地方的人产生了兴趣"③。法鲁克还向朱利叶斯讲述了他在布鲁塞尔的悲惨经历:他在一所美国大学的布鲁塞尔分校当清洁工,偶然与校长聊起了法国后现代哲学家吉尔·德勒兹,校长热情地邀他到办公室深谈,但是当他去到办公室,校长却假装不认识他,拒绝与他谈话;他到一所布鲁塞尔大学攻读批评理论方向的硕士学位,立志要成为下一个萨义德,但是他研究法国哲学家加斯东·巴什拉的《空间的诗学》的毕业论文却在"9·11"事件后几天被学院以剽窃为名否决,实则却是要么拒绝相信他掌握的英语和理论知识,要么就是为了他在其中并没有扮演任何角色的世界大事而惩罚他④。

---

① 奎迈·安东尼·阿皮亚:《世界主义:陌生人世界里的道德规范》,苗华建译,中央编译出版社 2012 年版,第 166 页。
② Teju Cole, *Open City*, p.5.
③ Teju Cole, *Open City*, p.112.
④ Teju Cole, *Open City*, p.128.

尽管如此,法鲁克还是告诉朱利叶斯:"我坚信,人们可以生活在一起,我想了解这如何发生。它小规模地发生在这里,在这家店里,我想知道它怎样在更大的范围内发生。"①法鲁克体现了阿皮亚对世界主义的界定——"普遍主义加上尊重差异"②。回到纽约后,朱利叶斯到邮局给法鲁克寄去了阿皮亚的《世界主义》一书,且没有选择国旗样式的邮票,而是挑了更中立、更有趣的被子图案邮票贴在信封上。这一举动可以被看作是朱利叶斯邀请法鲁克继续对话、交换意见的隐喻。可以说,《开放的城市》与好奇心、杂糅、浸染和开放性等世界主义观念产生了积极互动,并力证多元化和差异性不能被削减或整合为一个同质化整体。

三、《开放的城市》中"后 9·11 时代"黑人漫游的都市经验

从表面上看,非洲世界公民朱利叶斯是非裔移民在美国出人头地、在世界各地周游的成功案例。但是,在《开放的城市》中,行走虽是一个中心主题,却与历史景观和社会空间等议题密切相关,并非世界主义魅力四射的标志。正如苏珊娜·格尔曼(Susanne Gehrmann)所说,朱利叶斯身体流动性的特殊性在于,"它不仅存在于当前时刻的空间,还跨越时间和文化,从个人记忆到集体历史记忆,来回游荡"③。泰朱·科尔始终聚焦、并突出朱利叶斯的黑人漫游者身份,揭示其所见所闻及其背后的暴力暗流,为非洲世界主义增添了更多的批判和创新元素。漫游者这一形象成形于德国哲学家、文学家瓦尔特·本雅明(Walter Benjamin)对法国象征派诗歌先驱夏尔·波德莱尔(Charles Baude-laire)的研究:漫游者是一个闲逛的观察者和消费者,既耽于幻想都市意象,又质疑它们与十九世纪巴黎的商品形式和公共空间的关系。虽然漫游主要被视为一种以资产阶级闲暇为基础的白人男性的观看和鉴赏形式,揭示了资本主义的危机,但是其外延和内涵早已超越其原初语境,漫游者也以各种面目和姿态出现在各种文本中,如女性漫游者和有色人种漫游者等,极大地挑战了城市对性别和种族的区分。如果说传统漫游者的疏离和超脱是建立在白人自由主义者的自由以及与之相伴的特权基础之上,那么朱利叶斯就被泰朱·科尔打

---

① Teju Cole, *Open City*, p.113.

② 奎迈·安东尼·阿皮亚:《世界主义:陌生人世界里的道德规范》,第 227 页。

③ Susanne Gehrmann, "Cosmopolitanism with African Roots. Afropolitanism's Ambivalent Mobilities", *Journal of African Cultural Studies*, Vol.28, No.1(2016), pp.61—72.

造成了"后9·11时代"的新式漫游者:他的文化折中主义让他成为一个后现代变体,他的政治意识又让他同时是一个后殖民变体。在《开放的城市》中,漫游是一种表现和协商黑人主体无家可归、身份错位和文化疏离的形式,世界性的文化成就也化作记录、警示人类最野蛮暴行的目录簿。

虽然白人漫游者像"一位处处得享微行之便的君王"①,可以畅游任何空间,还能在人群中保持无可争议的隐匿性,但是黑皮肤的朱利叶斯所处的社会阶层不仅不能保证他融入大都市的社会文化空间,而且让他在街道上的存在备受质疑,其自由移动的权利处处受限,他不得不时时保持警惕,片刻不敢松懈。以朱利叶斯在纽约上西区的淘儿唱片店的经历为例。尽管朱利叶斯觉得唱片店应该是安静的空间,但是当他听到音响中传来奥地利作曲家古斯塔夫·马勒创作的交响乐《大地之歌》时,他还是"适应了"音乐,专心致志地倾听乐曲的振动共鸣和情感变化以及德国女中音歌唱家克丽斯塔·路德维希的动人演唱,陷入了一种"遐想"②。朱利叶斯与音乐的交融,类似于漫游者与人群的融合:朱利叶斯的个体性被流动的音乐所吞没,以此为自己创造出一种独特的都市体验。只是与渴望观看和窥探的白人漫游者相比,黑人漫游者无法逃离白人的凝视。当《大地之歌》播放到最后一个乐章"永别",其悲凉凄切的情绪像一束亮光"毫无预警地"射进朱利叶斯的双眼,让他意识到,"不可能在那个公共空间里完全沉浸在音乐中"③,暗指身处一个根植于视觉捕捉的世界,黑人所遭受的种族监视和暴力执法。在一个白人性占支配地位、黑人的命一文不值的世界,白人凝视产生的疏离效果割裂了朱利叶斯对来自其他地域、社会的居民的情感认同。走出唱片店,马勒的音乐还回响在朱利叶斯耳畔,甚至第二天,当他在医院上班时,音乐也一直萦绕于他的脑海,使他觉得自己变成了一个幽灵般的身影,漂游不定。然而,当朱利叶斯离开代表科学、理性的医院,走近黑人聚居的哈莱姆区,具有精英化倾向和诗意化特征的西方古典音乐突然安静下来,无法穿透那里的空间。与马勒的管弦乐织体重塑繁华的曼哈顿上城区的方式形成鲜明对比的是,这种流动的聆听体验并没能为贫困率和犯罪率双高的哈莱姆配乐,或改变其形态。这并非在哈莱姆需要其他形式的节奏或试音,而是因为那里的夜晚不见一个白人,一片死寂:在人行道旁做生

---

① 波德莱尔:《波德莱尔美学论文选》,郭宏安译,人民文学出版社1987年版,第482页。

② Teju Cole, *Open City*, p.16.

③ Teju Cole, *Open City*, p.17.

意的小摊贩静静地摆放本地手工艺品及 20 世纪初非裔美国人被处私刑的照片售卖,搞非正式经济的年轻人像"编排一支隐晦得只有他们自己才懂的舞蹈"似的悄悄传递信息和包裹,朱利叶斯则默默地回应一位老年人对他"无声的问候"[1]。后来,小说接近尾声时,朱利叶斯去听马勒《第九交响曲》的音乐会。虽然他享受到了审美的愉悦,但是却敏感地意识到自己在听众中是个扎眼的边缘化存在——"几乎所有人,就像通常在这样的音乐会上一样,都是白人"[2]。在卡耐基音乐厅种族边界明显的社会公共空间里,朱利叶斯的身体就像本雅明笔下被漫游者好奇凝视的玻璃拱廊里具有异国风情的商品一样,成为一种迎合白人窥视快感的奇观,强化了他在都市生活中的局外人身份——"人们看我的眼神让我觉得自己好像 1906 年在布朗克斯动物园猴舍展出的姆巴提人奥塔·本加"[3]。奥塔·本加和朱利叶斯遭受的白人凝视有力地说明了殖民主义和种族主义延续至今,而具有种族意识意味着,像朱利叶斯这样一个流散、异质的主体必须进行调整和适应,以便在同质化的都市环境中正常运转。音乐会结束后,迷失方向的朱利叶斯意外地使用了紧急出口,把自己锁在了楼外的太平梯上,风吹雨淋,无法回到象征白人把西方文明制度化的音乐厅里。这一怪诞场景是黑人身体被禁锢的又一例证:黑人的漫游总是遭遇危险,其日常策略也是挪用和规避并行,这揭露了理想化的世界主义的不足之处。

不同于白人漫游者超越公共场所的具体化外观,揭示商品资本主义的幻象,黑人漫游者从其边缘地位解读城市,阐明种族主义经济剥夺、镇压的历史共构,曝光其背后的暴力根源及地域归属的随意边界。朱利叶斯的精英地位没有阻碍他对以流散的非洲族裔为代表的弱势群体困境的关注。比如,在他看来,"9·11"国家纪念博物馆不仅旨在唤起民众对"9·11 事件"的集体记忆,该遗址的地理空间还象征着丰富的迁移史:

> 这不是对这个地方的第一次擦除。在双子塔建成之前,有许多热闹的小街巷横穿这部分城区。为了给世贸中心腾出地方,罗宾逊街、劳伦斯街、大学城都在 20 世纪 60 年代被毁掉了,现在都被遗忘殆尽。旧的华盛

---

[1]　Teju Cole, *Open City*, p.18.

[2]　Teju Cole, *Open City*, p.253.

[3]　Teju Cole, *Open City*, p.252.

顿市场、忙碌的码头、卖鱼妇及 19 世纪末叙利亚基督徒在这里建立的飞地,也消失不见了。叙利亚人、黎巴嫩人和其他来自黎凡特的人被迫去了河对面的布鲁克林,在大西洋大道和布鲁克林高地安顿下来。还有,在那之前呢? 雷纳佩小路的碎石下埋藏着什么? 这个地方和整个城市一样,都是一个被书写、抹除、改写的重写本。在哥伦布启航前,在韦拉扎诺将他的船只停泊在狭隘的水道上之前,或者在葡萄牙奴隶贩子在哈德逊河上扬帆而上之前,这里曾有过生态群落,人类曾居住在这里。①

朱利叶斯把"9·11 事件"置于一个新的语境中考虑:那场恐怖袭击并非该地区经历的第一次物理清除,双子塔之所以能矗立于此,只是因为从 500 多年前起,那里的痕迹就多次被涂抹。这不应被看作是朱利叶斯贬低了"9·11 事件"本身的恐怖性,而是他对此次事件使美国的安全、无辜蒙受损失的看法表现出拒斥,因为对世贸中心的袭击与其所在区域遭受的暴力、位移实质上是一脉相承的。泰朱·科尔以此为信号,促使读者发出疑问,以白人为中心的资本主义是不是还享有特权,其蒙受的损失是否仍凌驾于世贸中心遗址所代表的其他苦难之上。又如,当朱利叶斯坐在炮台公园里,看着孩子们荡秋千,他想到的是空间在奴隶贸易中扮演的关键角色。虽然游戏、娱乐空间和黑人非人化空间似乎互不相容,但是它们在此处的风景中却交叠在一起。朱利叶斯回想起,美国南北战争前,这一地区的银行家们既为联邦提供资金,又从南方奴隶制中获利颇丰。当一群中国妇女跳健身操的流行音乐暂停,朱利叶斯听到公园另一头传来正在演奏的二胡声音,这一中国传统拉弦乐器不仅让他想到李白和王维的诗歌、美国作曲家哈里·帕奇的作品和英国作曲家朱迪思·韦尔的歌剧《学术的慰藉》等与中国音乐有直接关联的东西,其近乎幻听音乐的声音还使他心神不宁,脑海里浮现出美洲原住民的亡灵以及他研究印第安人大屠杀的病人 V.为此饱受的精神折磨。美国文学理论家汉斯-乌尔里希·贡布莱希特(Hans-Ulrich Gumbrecht)认为,音乐所创造的情绪具有生产潜力,因为它们把我们的注意力吸引到现实中迄今为止被忽视的方面,并要求新的感知和描述模式:"正如为乐器调音暗示的那样,特定的情绪和氛围像音阶一样,是在一个连续体上被经历的。它们向我们呈现出挑战我们的识别能力和描述

---

① Teju Cole, *Open City*, pp.58—59.

能力以及捕捉它们的语言潜力的细微差别。"①因此,情绪或氛围是一种能量来源,它作为一种模糊不堪、常常难以解释的不祥之兆起作用,暗指流连于表面之下的潜在现实②。对朱利叶斯来说,二胡的声音唤起了掩盖于资本主义商业繁荣之下的暴力历史和边缘化经历,如把歧视、侮辱华人合法化的《排华法案》③以及美国土著居民遭受的不可挽回的毁灭;他揭露了种族资本主义空间化暴力的历史延续和纠缠,以及支撑城市发展的系统性剥削和扩张形式。当朱利叶斯去到布鲁塞尔,那些掩埋在壮丽街道之下的殖民剥削历史痕迹也萦绕不去,与纽约属下阶层的历史产生了共鸣。如果说"历史的商品化和帝国主义剥削给 19 世纪最初的世界公民漫游者带去了愉悦,并维持了帝国不平衡的阶级和空间边界"④,《开放的城市》对时间和空间的对读则揭示了这一进程的残酷性,以及种族等级划分如何对以黑人离散者为代表的后殖民移民主体产生负面影响,如何对全球的都市空间构成阻挠。

　　《开放的城市》是一部通过表现空间和文化流动性展现政治承诺和社会责任感的小说。它具有高度的种族和阶级意识,捕捉到了非洲移民的主体性和位置性,明确反对极权主义和仇外暴力,是对差异和复杂性持宽容态度的非洲世界主义的具体体现。虽然世界主义意味着一个他人的信仰和价值观更受尊重的环境,但是朱利叶斯不只是一个知识渊博的世界公民兼都市漫游者,他更是一个以迁移和流散为特征的后殖民主体,不仅无法完全融入西方不友善的全球空间,还由于其种族身份而被边缘化,无法摆脱其局外人身份。他的跨文化审美常常将他置于有形的时间和空间以外的领域,然而即使是在纽约和布鲁塞尔开放的都市空间里,他的非洲血统也总是把他拉回令人不安的经历和记忆之中。他对被刻意抹除的历史、对当今全球性问题的关注始终立足非洲

---

① Hans-Ulrich Gumbrecht, *After 1945*: *Latency as Origin of the Present*, Stanford University Press, 2013, p.4.

② Hans-Ulrich Gumbrecht, *Atmosphere*, *Mood*, *Stimmung*: *On a Hidden Potential of Literature*, trans. By Erik Butler, Stanford University Press, 2012, p.18.

③ 《排华法案》是美国国会于 1882 年 5 月签署的一项法案:禁止一切华人劳工移民进入美国,在美华人在出入境时必须携带工作证明,否则签证官有权拒绝其再次入境,同时禁止已获得永久居住权的中国人入籍成为美国公民。《排华法案》生效期间,在美华人生存状况非常恶劣。

④ Edward P. Comentale, "Database Regionalism in *Infinite Jest* and *Open City*", *Australasian Journal of American Studies*, Vol.36, No.2(2017), pp.79—114.

中心性，商议、挑战、并解构资本主义和文化层级的主导意识形态，批评美国的白人中心主义。《开放的城市》反映了结构性不平等对流散族裔的生活产生的负面影响，这显然与非洲世界主义对多样性和包容性的呼吁相距甚远。小说探讨的核心问题是：在20世纪众多暴行和恐怖事件的阴影笼罩下，是否还有美学和伦理层面的世界主义可言？或者说，朱利叶斯遵从世界主义传统的都市漫游是否只能提供偶尔的或暂时的庇护？泰朱·科尔再现非洲世界主义的方式不应被过度简化，即如某些评论家所说，非洲世界主义这一概念被过于市场化或商业化；相反，他审视全球化进程中权力差异的方式表明，在商业上取得成功的东西仍可具批判性和变革性。《开放的城市》就为揭示当代流散非裔的身份政治开辟出了一片丰硕的文学景观。

The Afropolitan Flânerie in Teju Cole's *Open City*

Abstract：Teju Cole's *Open City* presents a series of political and social reflections issued in the flânerie of its knowledgeable, well-traveled protagonist Julius, who can be identified as a typical Afropolitan, in New York and Brussels. Maintaining the flaneur's anonymity, Julius repeatedly encounters the perspective of the subaltern in his aimless walks, challenging the hegemonic narratives and giving voice to alternative histories. The once knowable metropolitan geographic spaces are complicated through the Afropolitan flaneur's new readings that acknowledge the often-conflicting layers and issues of history that exist in the same landscape. Julius's flânerie, which interrogates a putatively post-racial era of global capitalism, is the conceptual vehicle for Teju Cole's critiques of post-coloniality and cosmopolitanism.

Key words：Teju Cole; *Open City*; Afropolitan; flânerie; Afropolitanism

作者简介：胥维维，西南大学外国语学院副教授、西南大学文学地图学研究中心研究员。

澳门文学奖与"文学澳门"的生产

霍超群

摘　要：在建构澳门文学形象的过程中，"文学澳门"是一个重要的维度。但由于澳门和澳门文学长期形成的边缘地位，来自本土的声音其实是被压抑的。澳门文学是一种不被看见的"隐形文学"。1993 年筹划设立的澳门文学奖，鼓励澳门人写澳门事，看似在鼓励本土性知识的生产，实际上，由于长期以来各区域文学间的不平等关系及引入了跨域评审机制，澳门文学奖所建构的"澳门"，在很大程度上只是域外视角下一种确证想象本身具有合理性的文化构想物。在审美霸权的制约和参赛者的迎合下，一批又一批"自我澳门化"的作品得以生产，最终形成了关于澳门的刻板印象。以梁淑淇为代表的部分参赛者，以"无地域空间"写作和"日常生活"书写这两种策略挑战了域外想象澳门的话语体系，具有一定的抗辩色彩，但不具备根本的反叛性，其在澳门文学奖中所扮演的角色更多是审美霸权的延伸。澳门文学奖是澳门文学青年晋身文坛的必由之路，考察它的运作机制，有助于理解当代澳门作家的局限和澳门文坛的困境所在。

关键词：澳门文学奖　文学澳门　本土书写

战争阴云对 20 世纪中国文学的影响之一，便是切割了原本均质的文学空间。20 世纪 70 年代末，中国大陆迎来新变局，人们发现，所谓的"一体化文学"只不过是一个民族想象的神话，台港文坛呈现的是另一方风景。不过，与台港有着相似命运的澳门，其文学却处于失语状态。与此同时，国内外大量新移民涌入澳门，使得多股有所区隔的文学力量交汇于此。有感于"在文化艺术方面长期寂寂无闻",澳门本土文艺界认为"澳门应该修建自己的文坛"①以及"建立'澳门文学'的形象"②。这一理论倡导成为了 20 世纪 80 年代以来澳门文学发展的原动力。

在如何发展澳门本土文学这一问题上,倡导者韩牧以新诗体裁为例,认为"地方色彩"应是"澳门文学"成立的前提:"澳门新诗,对内来说,首先服务于澳门,对外来说,它反映了澳门的社会、人情。否则,与香港新诗何异呢? 地方色彩,不但是牌坊、观音堂,不但是松山的早晨,西环的黄昏,还有现实上的社会、人情。……澳门新诗的前路上将会出现一些这样的诗作:反映市街的、工厂的、学校的,以及土生葡人和新移民的生活的,甚至是反映和探索中葡关系、新澳门的一国两制、澳人治澳等等新情况的诗作。"③韩牧对澳门新诗的想象涉及一个重要的理论问题,那就是,怎样的写作才会被认为是"澳门的"文学。他的观点更多是针对书写题材而阐发的,换言之,韩牧心目中的"澳门文学",很有可能是以"写什么"作为其建构起点的。在《建立"澳门文学"的形象》这篇对澳门文坛而言具有划时代意义的文章当中,他就如何发展澳门文学提出了三项建议,其中一项是"举办文学奖"④。此后,澳门文坛的确以各种名义举办过各类文学赛事,其中包括:1985 年由《华侨报》主办的"澳门青年文学奖"、澳门文学奖(1993—　　)、1995 年"东望洋杯"澳门青年新诗大赛、澳门书刊读后感征文比赛(1995—　　)、"我心中的澳门"全球华文散文大赛(2004—2016)、城市文学创作奖(2006—2014?)、澳门中篇小说征稿(2008—2014,下称"中篇小说征稿")、"隽文不朽"短篇小说比赛(2012—2019?)、澳门文学创作奖励计划——纪念李鹏翥文学奖(2017—　　)和粤港澳大湾区文学征文大赛(2020—　　)。除去近年开始设立的奖项尚难以估测其"寿命"外,坚持下来的只有"澳门中学生读后感征文比赛"和"澳门文学奖"两种,其中,后者在推动澳门作家队伍的建设、参与澳门文学经典的构建以及跨区域的文学交流等方面大有可观,已成为当代澳门文坛最重要的文化活动,值得专门研究。

在进入本文的论述之前,有必要回顾一下澳门文学奖的发展史。1993年,澳门基金会与澳门笔会策划设立两年一度的澳门文学奖;1995 年,首届澳

---

① 云力:《〈镜海〉发刊词》,芦荻等著:《澳门文学论集》,澳门文化学会 1988 年版,第 190 页。
② 韩牧:《建立"澳门文学"的形象》,芦荻等著:《澳门文学论集》,澳门文化学会 1988 年版,第 191 页。
③ 韩牧:《澳门新诗的前路》,芦荻等著:《澳门文学论集》,澳门文化学会 1988 年版,第 106 页。
④ 韩牧:《建立"澳门文学"的形象》,芦荻等著:《澳门文学论集》,澳门文化学会 1988 年版,第 197 页。

门文学奖正式接受报名,征稿对象为澳门居民,分短篇小说、散文及新诗三组别;1997 年,第二届澳门文学奖增设了戏剧组,至此,四大体裁俱全。2016 年,为扩大澳门文学奖的影响力,主办单位把原本三年一届的"中篇小说征稿"活动以及两年一届的"我心中的澳门"全球华文散文大赛统一纳入澳门文学奖。改组后的澳门文学奖的参赛组别分公开组和本地组两类,公开组的参赛对象是全球华人,暂只接受散文和短篇小说两类,且只接受已刊发作品;本地组的征稿对象仍为澳门居民,除原来的散文、新诗、戏剧及短篇小说四大文类外,新增了"中篇小说"类,设入选奖、优秀奖及鼓励奖。

澳门文学奖之所以走上合并之路,是因为主办单位看到了这三大奖项的共性——鼓励写作者创作与澳门有关的文学作品,质言之,澳门文学奖是一个鼓励全球华人生产"文学澳门"的奖项。本文以此为起点,试图考察如下问题:在奖励机制的触发/引导/规训下,一个怎样的澳门形象才会被认可?"谁"是澳门形象的生产者?对澳门人应该写什么题材/值得写什么澳门故事的反思,与澳门文学奖本身构成了怎样的关系?

一、"域外"发明"本土"

所有的文学奖都有相应的文学观和审美标准,澳门文学奖也不例外。起初,策划者对澳门文学奖的定位是展现澳门文坛的创作实力和培养新一代文学青年,对参赛作品应该"写什么"的意见,并没有多着笔墨。到了第三届,程文超和熊国华两位评委不约而同地提到他们对澳门题材的期待。以程文超为例:

> 澳门给了人们最复杂的人生体验,澳门给了文学异常丰厚的创作资源。生活在这块土地上的人们,不可能不受到各种文化、各种人生方式的冲撞,不可能对这种冲撞没有感受。只要他把这种感受艺术地写下来,那就是文学。①

往后,呼吁本土题材的声音越来越清晰,已成为每届评委意见中的"指定动作"。如李宇梁认为第八届戏剧组"值得欣赏的地方是,其中很大部分的题材

---

① 程文超:《关不住的春色——读第三届澳门文学奖参赛小说》,《澳门笔汇》第 14 期。

都面向我们身处的社会,都以澳门为故事背景"①;丁启阵更是直接说"澳门散文写作要想取得理想的成绩,努力的方向,便是深化与加长。即,继续深入挖掘澳门素材,进一步加强跟外面世界的联系"②。其实,如前文所述,此类论调在韩牧的《澳门新诗的前路》一文中已提及,但那时只是"个人意见",而一旦这些"个人意见"被一种具有明确导向性的生产机制所吸纳时,它便成为游戏参与者必须遵循的"金规铁律"。

对本土题材的期待充其量只能证明澳门文学奖对某种"地方性知识"的鼓励乃至猎奇;在实际的评选过程中,什么才是"值得书写"的澳门题材,也有相应的"指导意见"。张堂锜在第四届评审意见中首次表达了"评判们共同的审美标准",其中第三项为"对澳门文化、历史、风情的呈现与反思":

> 作为澳门最具代表性的文学奖,我们盼望能看到属于澳门独有特色的探掘与反映之作,例如殖民期间的各种复杂关系,华人、葡人、土生之间,祖国、本地、回归等时代议题、重大事件,种族冲突与融合等,这些正是澳门文学在世界华文文学中可以突显的特色之一。这类题材作品若处理得当,我们自然会给予较高的名次。过去三届小说作品其实不乏此类之作(暂且不论优劣),但很可惜的,本届却几乎未见。对许多小说作品而言,"澳门"只是一个"背景",而处理的题材仍多半集中于书写人性、婚姻、情欲等无国界(地区)色彩的普遍性生活(生存)课题与现象。当然,这类题材要写得深刻并不容易,但这正是澳门作家创造澳门文学的挑战,也是责无旁贷的使命,不是吗?设若自己都不能、不愿去面对、处理澳门文化或历史的相关题材,而企望"外人"来关心、写作这方面的作品,只怕是缘木求鱼。③

如果说,一些评委只是宽泛地鼓励参赛者关注"本土",那么,张堂锜则试图为澳门的"本土"填充"血肉"。在另一篇文章中,他将本土题材"具体化"为

① 李宇梁:《第八届澳门文学奖戏剧组评审总结》,吴志良、李鹏翥主编:《澳门文学十届得奖文集·戏剧(1993—2013)》,澳门基金会2014年版,第308页。
② 丁启阵:《澳门散文的支点》,吴志良、李鹏翥主编:《澳门文学十届得奖文集·十届纪事、散文、新诗(1993—2013)》,澳门基金会2014年版,第161页。
③ 张堂锜:《听见花开的声音——文学奖小说作品观察》,《澳门笔汇》第19期。

以下事件：

> 澳门历史上发生过的重大事件如"洛雷罗事件""严亚照案""1849 年
> 关闸事件""林则徐澳门禁烟""路环惨案""封锁澳门事件""拉塔石炮台之
> 战""一二·三事件"等等都无人以文学的笔触深入这些领域，殊属可惜。
> 澳门作家在这方面虽然已经有所觉醒，也初步做了一些尝试，但仍有无限
> 的可能性等待有心人的开发。①

可见，张堂锜所期待/认定的澳门题材是关于澳门的大叙事和大历史。类似
地，丁启阵也在一篇名为《澳门文学路在何方？》②的评审意见中展开了他的澳
门想象。在他看来，澳门的魅力在于它是矛盾的统一体，是中西文化交汇之
地，是多语地区，是不夜城。丁氏认为"矛盾"是解读文化澳门的绝佳切口，他
十分期盼澳门作者能将澳门的这些"特性"用形象的文字表达出来。

在批评机制的运作下，评委心中的澳门形象逐渐内化为参赛者的经验结
构。其实，无论是"历史澳门"还是"矛盾澳门"，都是关于澳门的"想象物"。所
谓的具有本土特色的"事件"和"看法"是预先设定的，关键在于参赛者所选取
的本土题材是否具有足够的"说服力"，以及他们对澳门的看法是否符合审美
预期——参赛者若选择某些不被看好的题材，就必须承担相应的风险。

由于评审意见都是公开发表的，有心者不难从中找到规律。澳门文学奖
对宏大题材青眼有加，早已成为众多参赛者获奖的"秘密武器"③。文学作品
的评选既是一个"阅读"的行为，也是一个"看"与"被看"的过程。评委拥有
"看"的权力，参赛者处在"被看"的位置。评选方拥有绝对的决策权，"看"的行
为容易转变为一种富含意味的"凝视"（gaze）。"凝视"实际上是携带着权力运
作或者欲望纠结的观看方法，观看者被权力赋予"看"的特权，通过"看"确立自
己的主体位置，被观看者在沦为"看"的对象的同时，体会到观看者眼光带来的
权力压力，通过内化观看者的价值判断进行自我物化。④澳门文学奖的参赛者

---

① 张堂锜：《新世纪澳门现代文学发展的新趋向》，《中国现代文学》2010 年第 17 期。
② 丁启阵：《澳门文学路在何方？》，《澳门笔汇》第 40 期。
③ 袁绍珊：《革命，就是永无止境的更新——专访诗人卢杰桦》，廖子馨编：《澳门作家访问录 2》，澳门
　日报出版社 2015 年版，第 82 页。
④ 陈榕：《凝视》，赵一凡主编：《西方文论关键词》，外语教学与研究出版社 2006 年版，第 349 页。

为了在比赛中取得好名次,需要按照评委的审美趣味来设计题材、主题、风格甚至是字数。这些符合要求的作品很有可能只是复述了评审者的知识框架与价值立场。澳门文学奖引入外地评委,始自第三届,而参赛作品的"本土色彩"的增强,也是从那时候开始的。可见,"本土热"其实是"引进"域外视角的结果。尽管"本土"的书写者"宅兹澳门",但对"本土"加以认定、阐释甚至创制的主体,是来自五湖四海的"他者"。外地评审是带着对澳门的"前理解"进入澳门文学奖的运作中来的,他们不仅筛选"优秀作品",还筛选那些更接近他们心目中的"澳门形象"。和别的区域举办的文学奖一样,澳门文学奖对澳门地区文学典律的构造起到重要作用,当这些获奖者凭借参加澳门文学奖跻身澳门文坛、并在其中占据相应的位置时,他们的成功经验便如涟漪般层层扩散。

澳门文学奖中的"本土"是由"域外"发明的,这一评选行为隐含的地域政治值得注意。地域政治是阿里夫·德里克提出的概念,它的对立面是全球主义。二者关系的最精简表述是"地域意识……产生于全球化自身的矛盾运动——全球化既包括地域又把它边缘化"①。在我看来,这一理论的精妙之处在于论者发现了地域和阶级、性别、种族一样,内部不是铁板一块,而是有着相应的位阶。"全球"并非一个空洞的能指,它以某一具体的"地域"为蓝本,并倚靠经济或文化霸权将这一模式推广,这样,那些看似走向"全球"的"区域",实际上在进行着艰难的"标准化"改造。刘登翰曾指出,澳门是"一片'化外之地'中几乎被遗忘的边缘角落"②。从文化地理学的角度出发,澳门具有"双重边缘"的特性,作为"化外之地"的一员,澳门自然是边缘的;而在"化外之地"的内部,澳门也是边缘的。澳门文学同样如此。它是一种具有"双重边缘"属性的文学形态:在中国文学的框架内,台港澳文学长期被当作"边缘文学",而在"台港澳文学"的内部,澳门在当中也是"隐形"③的。澳门文学被认为是落后的、有待提升的,因此,它需要被格外"关照"。澳门文学史述当中一个流行的观点是澳门新文学的创制离不开其他区域文学的照拂,跨区域的"文学帮扶"在澳门文坛从未中断。

考察澳门文学奖的运作机制,有助于理解澳门文学的弱势处境。那些被

---

① ［美］阿里夫·德里克著、王春梅、王怡福译:《全球主义与地域政治》,《马克思主义与现实》1998 年第 5 期。

② 刘登翰主编:《澳门文学概观》,鹭江出版社 1998 年版,第 2—3 页。

③ 此处借用了李展鹏的说法,参见李展鹏:《隐形澳门:被忽视的城市与文化》,远足文化 2018 年版。

认为最能代表"澳门"的作品,往往是因为获得了"域外"的认可才被赋予了相应的意义。从某种程度上说,"本土意识"是一个值得怀疑的表述。我们常常将本地人写本地事理解为"本土意识"的外在表现,但实际上本地人所写下的"本土"不见得都是创作主体自我体认的结果,有可能只是符合他者期待的模范产品而已。在接下来的论述中,笔者将通过具体的例子来分析参赛者如何有意、无意甚至刻意迎合澳门文学奖中的审美霸权。我将这些表意实践概括为澳门文学奖中的自我澳门化叙事。

二、自我澳门化叙事

在"被看"与"遮蔽"之间,澳门形象通过怎样的历史记忆保留下来,或许在评选前就已经决定了。参赛者的自我澳门化想象,主要体现在以下三个方面。

(一) 展览"澳门特色"

学界对于什么是"澳门特色"的探讨,大致可分为两大脉络,其一以庄文永[1]为代表,从中国文化的内部来呈现澳门文化的特色,此间的"澳门文化",指的是"在澳门的中国文化";其二则从中西(葡)交往的角度阐述澳门文化,黄晓峰[2]倾向于"交融说",刘登翰[3]和郑妙冰[4]倾向于"并存说",而无论是"交融"还是"并存",论者都肯定了中葡两种文化在澳门"存在着"的事实。相较于庄文永的"内部视角","外部视角"更为学界接受,也成为多年以来澳门文化特色的"固定叙述"。澳门文学奖的评审机制更倾向于外部视角,这在他们对中葡关系题材的鼓励中可看出。比如第六届小说组的评审意见这样写道:"这次参赛有两篇描写历史上澳督亚马留被杀的小说,即《刺客》和《断臂将军》,前者荣获一等奖,后者获优秀奖,这充分显示了澳门作者对于宏大题材的关注和历史思考。"[5]

然而,在实际的书写实践中,参赛者并不一定真的对中葡历史感兴趣,他们也未必就某一具体的历史事件做了深入研究,形成独特的思考。比如陈志峰的《一九六六、一九九九》(第八届小说组优秀奖)。从标题可知,小说试图通

① 　庄文永:《二十世纪八十年代澳门文学评论集》,澳门五月诗社 1994 年版,第 20—21 页。
② 　黄晓峰:《澳门现代艺术和现代诗评论》,澳门文化司署 1992 年版,第 2 页。
③ 　刘登翰:《文化视野中的澳门文学》,《文学评论》1999 年第 6 期。
④ 　郑妙冰:《澳门:殖民沧桑中的文化双面神》,中央文献出版社 2003 年版,第 8 页。
⑤ 　阎纯德:《澳门小说创作的新收获》,《澳门笔汇》第 31 期。

过"1966"和"1999"这两个对澳门社会具有宏大意义的年份,来展示两代澳门人的历史记忆,揭示澳门人对殖民历史的思考。从选题上说,它非常符合澳门文学奖的期待视野,但作者的笔力似乎无法驾驭此类难度颇大的题材。他将1966年的"一二·三"事件简化为葡萄牙人和土生葡人联手镇压华人、华人继而奋起反抗的故事。华人代表陈国强因英勇抗击而使左腿伤残,但他因此收获了云芳的爱情。日后,两人的儿子陈志高因为心底里看不起残疾父亲,父子交流甚少。1999年"回归"前夕,父亲昏迷住院,儿子通过母亲了解了这段往事的来龙去脉,父子间的紧张关系达成和解。"1966"和"1999"这两个年份对澳门社会而言意义非凡,但在小说中,作者并没有对这两个年份作出多少个人化的理解,人物行动的逻辑也并非从人物本身的性格出发,而仅仅是民族立场的简单照搬,那些抗争场面描写的精细程度甚至还不如历史故事本身。为了使这两个特殊年份的意义在同一篇小说中显现,作者设置了云芳这个人物,在1966年里,她旁观了抗争事件的经过;在1999年里,她以回忆的视角复述了整个故事。但这一人物形象何其扁平,她和陈国强的爱情也显得俗气老套。作者只是利用了这两个年份本身所具有的"澳门特色",却没有花多少心思去体认"一二·三"事件和回归事件对"澳门人"(包括中葡两国生活在此的人)所产生的心灵冲击。近年获奖作品《花面蛮姬》(第十二届小说组优秀奖)写的是汤显祖的异国情缘。历史上的汤显祖因上书《论辅臣科臣疏》触怒皇帝被贬为徐闻典史,赴任路上,他先到广州,沿途游览了罗浮山,次年在澳门作短暂游历。目见澳门之景后,他写下《听香山译者》:"花面蛮姬十五强,蔷薇露水拂朝妆。尽头西海新生月,口出东林倒挂香。"这首诗是小说《花面蛮姬》的"本事"。显然,这是一个与澳门有关的"故事新编"。小说甫开篇说:"世人都以为汤显祖是在1591年(明万历十九年)四十一岁时才初到澳门,其实他在二十一年前的1570年已到过澳门,并且留下了毕生难忘的回忆。"[1]所谓"毕生难忘的回忆",在小说中指的是汤显祖初到澳门时邂逅了葡国少女蛮姬,并与她开展了一段短暂的恋爱故事。此文文笔生动,可读性强,可以推测作者对汤显祖的文学作品较为熟悉。他将《紫钗记》和《牡丹亭》的创作缘起大胆地想象为受启发于这段西洋恋情,体现出作者的个性化思考。不过,此文也有不少为展示澳门特色

---

① 陈锦添:《花面蛮姬》,陆奥雷编:《文学的守望——第十二届澳门文学奖得奖作品集(本地组)》,澳门笔会2018年版,第133页。

而展开的标签化书写,削弱了作品的"真实感"。"仿佛使人置身于异国"是小说中的汤显祖到埠澳门后的初感受,作者也紧紧围绕着这一空间特性展开叙事,比如蛮姬教他跳土风舞,比如蛮姬那异国的"南京官话口音"让他听来"更觉可爱",还有小说中提到的天妃圣像出游、逛庙会、看神功戏等等,"频繁"的中葡文化交流让人应接不暇,使得小说中两个人物的"文化功能"远大于其他属性,遮蔽了"人"本身的丰富性。

澳门文学奖的评审机制对"澳门特色"的鼓励,有可能将参赛作品导向一种仅为"展示"而写作的文化行为。一些作者也许对澳门风物、民俗、历史并不熟悉,但为了博得评委好感,他们往往将自己最擅长的书写题材和所谓的澳门元素进行拼贴。二者的关系倘若处理不好,就可能会出现"澳门特色"和"澳门故事"是"两张皮"的情况。青年作家太皮的《爱比死更冷》是第一届"中篇小说征稿"的入选作品,在得知他的作品成功入围后,他曾说过这样一段意味深长的话:

> 这部作品拿去参赛,一直害怕过不了评判关,因为小说中的澳门元素不是特别多,没有"显性地"专门针对澳门的情况作故事发展,由于上半部是主角的少年时代,从他的视角中更没法出现澳门的时代脉搏,而依存我记忆和想象而出现的故事人物和情节,主角的大学生活自然而然地发生在大陆,这些东西对于以澳门题材为征稿目的的这次活动而言有点离经叛道,我曾经想过,要不要硬把澳门的时代背景套在前半部中呢? 要不要把发生在大陆的情节缩减呢? 后来一想,今次活动主旨之一是为澳门的影视作品提供素材,而这些影视作品一旦出现的话,主要受众也不会是澳门人,因此在作品开头一古脑儿地谈澳门未必让人接受,倒不如待人家熟悉情节和人物后,才将整个澳门的意象摆出来更让人投入;我也假定这部作品有一些受众不是澳门人,而这作品最大的潜在受众只会是内地人,有些大陆的情节,让他们可以看得更投入,相信这更能达到宣传澳门的目的。我又想,文学是人学,只要你描写的是澳门人,无论他去到哪里,这也是一部澳门人的小说。当然,我写作时没想那么多,而我也预感这部作品很大可能会在澳门的书店里度其余生。①

---

① 太皮,《一额汗:我的小说入围中篇小说征稿了》,太皮的 BLOG:https://ww999ww.blogspot.com/2008/10/blog-post_10.html,访问日期:2022 年 2 月 18 日。

可见,作为参赛作品的隐性门坎,评委眼中的"澳门特色"已成为文学青年在下笔时不得不面对的"影响的焦虑"。

(二) 启蒙视野下的"历史"风景

上文已分析,在澳门文学奖的评审机制中,"澳门历史"是一个讨喜的本土题材,尤其是那些涉及政治、经济、文化变迁的宏大历史。在一众书写澳门历史的作家群体中,邓晓炯(李尔)的创作最有代表性。

邓晓炯出手不凡,多次获得"澳门文学奖"奖项。他从不掩饰自己对"历史"的浓厚兴趣:

> 澳门本身是一个有相当历史沉淀的地方,有深厚的历史内涵,当中最引人入胜的,不单止有关中国和东方的,还有西方的元素。澳门主要历史的源点就是中西方早期相汇的滥觞,澳门像一块镜子,折射住东西方两大板块最初的交流与碰撞,里面有好多可能性。澳门被讲述得太少,钱纳利、利玛窦等历史人物的故事都未曾被叙述,无论是相关的正史、野史或者文学创作都极少,这一切对我来说是一个宝库,没有人来过和取用过——起码在文学创作上,整个屋子都是宝贝,为我的写作提供了取之不尽的素材。[①]

在小说集《浮城》的后记中,他将《刺客》《迷魂》和《浮城》称为属于自己的"澳门历史三部曲":"《刺客》和《迷魂》两个故事都建基于发生在澳门的真实历史事件,贯穿了澳门历史的过去与现在,于是我忍不住想,未来呢?未来的澳门,将会变成什么样子?于是,就有了《浮城》的构思与写作。"[②]《刺客》和《迷魂》都是澳门文学奖的获奖作品,前者获第六届小说组冠军;后者以第一名的成绩入围第一届"中篇小说征稿"。在《迷魂》中,邓晓炯将目光锁定在这一大事件:1622年荷兰东印度公司舰队企图攻占澳门。这部小说获得了评审者的高度评价:"'2008澳门中篇小说征稿'得奖之作《迷魂》……'想象历史'但又能根据史实,带领读者回到17世纪在澳门发生的葡萄牙和荷兰之战。情节紧凑,在历史连结中又能反思现在。我们盼望未来能看到更多这类具澳门历史特色、

---

① 太皮:《写作是与城市的一场亲密对话——专访作家邓晓炯》,廖子馨编:《澳门作家访问录2》,澳门日报出版社2015年版,第21页。

② 邓晓炯:《浮城》,作家出版社2014年版,第248—249页。

又有人性写真、文化反思的作品。"①从评审意见看,澳门文学奖似乎终于迎来一部"模范"的历史小说——它既"具澳门历史特色",又"有人性写真、文化反思"。从作品本身而言,《迷魂》要比那些仅仅将"历史"和"故事"制成"两张皮"的作品无疑优秀得多,但在"什么是澳门的历史""由谁来表述澳门历史"这些问题上,邓晓炯接受了澳门文学奖的评审机制所认定的那套知识框架,因而他的历史书写是另一种类的自我澳门化叙事。

《迷魂》的主人公麦奇供职于澳门《历史》杂志,他和这本杂志都是金光璀璨的澳门社会的"异数"。小说一开头就塑造了一个与现实社会格格不入的人物形象,这个人物后来成为讲述澳门历史的"天选之子"。邓晓炯有意将麦奇塑造成一个启蒙者的形象。他穿越到1622年的澳门,被错认为布鲁诺神父,由于他熟知荷兰—澳门海战始末,他的战术指导一字千钧,受他指挥的葡萄牙军队最终成功击败荷兰人;在回到当下的澳门后,他又被邀请讲述澳门的历史故事。也就是说,麦奇不仅具有"讲"故事的能力,更具有所讲"故事"的知识储备,因此,他还具有"讲故事"的权力。在小说的尾声部分,麦奇出现在保护灯塔联署行动的现场,受到人群的簇拥,这表明麦奇作为历史导师的身份得到极大认可。值得追问的是,麦奇的"启蒙者"身份为何具有合法性?邓晓炯在设置启蒙者形象的同时,也书写了他的对立面:他们或麻木,或无知,或朦胧。麻木者,即小说中的一般民众,他们对澳门历史漠不关心;无知者,以小说中的警察白朗天和他的上司为代表,他们对澳门的这段历史毫无概念,只顾如何将报告写好,保全自己;而在东望洋山顶呼吁签名的年轻人,则对澳门历史有着朦胧的求知欲,他们渴求一场广场式的启蒙宣讲。有意思的是,在宣讲的过程中,这群青年人除了"鼓起掌来""七嘴八舌地提出问题"和"听得聚精会神"以外,没有别的举动,他们只是麦奇"历险记"的听众,不是参与者,更没有资格对他的故事链条提出质疑。因此,麦奇的历史宣讲会,具有巴赫金所说的"独白"的意味:"独白原则最大限度地否认在自身之外还存在着他人的平等的以及平等且有响应的意识,还存在着另一个平等的我(或你)。"②在邓晓炯的想象中,讲故事的人和听故事的人之间并非平等的关系,即便是那些对澳门历史感兴趣的年轻人,他们也只有在麦奇的"烛照"下,方能认识澳门历史。小说在更深

---

① 张堂锜:《新世纪澳门现代文学发展的新趋向》,《中国现代文学》2010年第17期。
② 〔俄〕米哈伊尔·巴赫金:《巴赫金全集》(第五卷),河北教育出版社1998年版,第376页。

的层次上否定了澳门人具有自我启蒙的能力。邓晓炯这种否定性的思维决定了他笔下的"澳门历史"以及他的小说主人公麦奇重返的"澳门历史",其实都是一种限知视角的历史呈现,什么是澳门的历史,是由讲故事者所认定的:

> 麦奇开始把自己的记忆倒拨回去——回到在自己醒来的大炮台小屋、回到看到汤若望和罗雅各布的那个黄昏、回到尚未完工的圣保禄大教堂,所有的景象开始从他的记忆里浮现出来:炮台、战船、海滩、军队、战斗、爆炸……一切都栩栩如生,仿若昨昔。
> 他紧紧地抿了一下嘴唇,然后,开始慢慢讲述起来。

麦奇穿越过去所见之"景",带着启蒙视角的认识范式。何为"澳门历史",全然由麦奇指认。而麦奇对澳门历史的讲述,又来源于邓晓炯所掌握的历史知识。于是,《迷魂》的叙事者在叙述故事时,还需兼及"传授知识"。一旦故事情节涉及本土历史风物,叙事者就会跳出来,对它的历史作简单的介绍,比如华士古达嘉马花园、嘉思兰炮台、圣母大教堂等。实际上,这些说明性的文字损害了小说的叙述节奏。这可能不是小说家的力绌,而是他认为"小说"除了能给读者提供一个故事以外,还需要承担更深刻的文化责任——唤起澳门人对澳门历史的认知和认同。小说《迷魂》有两层启蒙结构:借麦奇之眼,"还原"1622年荷兰—澳门海战始末,向小说中的澳门人讲述这段鲜为人知的"澳门历史";而邓晓炯又借助《迷魂》,向读者介绍了包括荷兰—澳门海战在内的澳门历史风物的历史。可惜的是,无论是 1622 年的那场海战,还是那些被选中的本土风物,都不是邓晓炯经历/体验而来的,是受控于文学奖的批评机制而刻意制造的。在他的想象中,澳门历史的阐释权应牢牢地掌握在麦奇这样的人手中,听众永远是沉默的一方,这一症候暗示了他认同了文学奖的审美标准对参赛者的规训。尽管他将自己和小说中的主角设置为启蒙阵营的一员,但他并不"先锋",他笔下的"历史澳门"仍然是一种臣服于他者期待的迎合式产物。

(三) 符号演绎"时代风云"

1988 年,首届澳门文化研讨会召开。文艺界人士提交了《文学、出版界的报告》。在这篇文章中,撰稿者鼓励澳门的作家立足本土,多创作有关澳门的文学作品。在第二届澳门文学奖的颁奖礼上,吴志良旧事重提,从组织者的角度期待澳门文学奖的参赛者能够写出"反映澳门社会时代脉搏"①的作品。往后每一届颁奖词中,都能看到这种论调的再生产,落实到具体的评审中,就是对那些能够"寄寓时代风云感思的作品"②予以鼓励。这是主办方对多年以来澳门文学缺乏"史诗"架构的作品的呼唤。

李宇梁的《血色迷宫》是第十二届澳门文学奖中篇小说组的得奖作品。故事开展的时间横跨了三十五年,可见作者有相当自觉的史诗意图。李展鹏在为此书作序时这样说道:"《血色迷宫》从八十年代讲到今时今日,主线是四个主角跨越数十年的爱恨情仇,大背景是这个城市的沧桑变化。这是本非常'重'的小说。它并不很厚,但却负载了关于这个城市的很多故事、很多思考、很多感情;它就像个俄罗斯娃娃,你打开一层,里面还有一层,以为没有了,却又藏着另一个娃娃。"③字里行间,对李宇梁的新作褒奖有加。

李宇梁的文学身份在澳门文学奖的众多参赛者中有些特别。在澳门文学奖举办之前,他已是港澳地区享负盛名的剧作家,20世纪80年代已发表剧作《怒民》《Made In Macau》等,前者因为话题敏感曾遭禁演;20世纪90年代又创作了日后被文学史记载的"李宇梁三部曲":《亚当＆夏娃的意外》《男儿当自强》和《二月廿九》。1997年,《请于讯号后留下口讯》获首届澳门文学奖戏剧组冠军;1999年,《捕风中年》再度夺魁。李宇梁在戏剧方面的造诣使得他成为澳门文坛的代表作家之一,也因此受到邀请,成为澳门文学奖第八届和第十届戏剧组评委。可以想见,李宇梁对澳门文学奖的审美标准和运作机制都有切身的体会。有意思的是,相较于戏剧,李宇梁说他更喜欢的文类其实是小说,"因为受到的掣肘较少,可以更天马行空,而剧本始终受到舞台的局限"。④在戏剧成就广受认可后,他又以小说新人的身份跨界参赛,成绩依然亮眼。李宇梁在澳门文学奖中的双重身份(既是戏剧组评委成员,又是小说组参赛者)使得他的参赛作品值得进一步探讨。

李宇梁无疑有出色的文学才华,但《血色迷宫》或是一部受制于评审霸权的平庸之作。李宇梁太知道澳门文学奖需要什么作品了,他很聪明地将那些

---

① 详见吴志良:《发展澳门本土文学》,《澳门笔汇》第12期。
② 张堂锜:《发光的平台——第七届澳门文学奖小说评审意见》,《澳门笔汇》第35期。
③ 李展鹏:《序:这个屠房,金光灿烂——读李宇梁的〈血色迷宫〉》,李宇梁:《血色迷宫》,澳门日报出版社2019年版,第10页。
④ 太皮:《用喜剧的手法描写沉重的人生——专访剧作家李宇梁》,廖子馨编:《澳门作家访问录2》,澳门日报出版社2015年版,第121页。

备受期待的澳门元素嵌入作品当中。与那些生硬地展览澳门特色的作品有别，李宇梁那高超的叙事技巧可以修补"故事"和"特色"之间的裂隙，使读者获得较佳的阅读体验。《血色迷宫》采用的是编年史的写法，在笔者的阅读视野中，这是澳门作家第一次使用这样的叙事模式。在时间段的截取上，李宇梁有意将一些对澳门乃至中国具有重大意义的年份标示出来，作为小说情节突转的大背景。故事从 1982 年说起，但李宇梁真正想说的是"四年前"那一场巨变。改革开放以后，长期在内地生活的哥哥金光终于能够来到澳门，"融入"这个以卖猪肉为生的底层家庭中，弟弟文创在澳门土生土长，有一个家住香港的表姐沈雪和从小青梅竹马的邻居"土生"顾小菁(Fatima)。故事即围绕这四个少年的成长经历展开叙述。为展现澳门的"时代风云"，李宇梁没有放过任何一个"大事件"：偷渡潮、中英谈判、八九风波、移民潮、黑帮势力、香港回归、澳门回归、开放赌权、金融海啸等，小说人物的命运直接受到这些"事件"的牵连，因此他们的人生轨迹可谓大起大落。这样的写法确实能够反映"时代风云"，但也仅此而已，正如寂然指出的那样："小说家都会以各种性格特征描绘人物的形象，但在这本有澳门特色的小说中，四位主角在澳门的'身份'似乎发挥了影响他们性格与命运的功能。"① 与其说《血色迷宫》写的是四个身份各异的年轻人在澳门的成长经历，不如说是展现了四种不同的"身份"在变革时代中的"应激反应"——"人"在时代的浪潮中没有多少主体性可言。

李宇梁精心设置的四个主要人物充满了"可看性"。他拨用了局外人视角对澳门的兴趣：哥哥金光代表的是中国内地的形象；弟弟文创代表的是澳门的形象；表姐沈雪代表的是香港的形象；邻居顾小菁代表的是葡萄牙的形象。简言之，这是一个向读者展示澳门人如何看待自己、土生葡人、香港人和中国内地人的叙事文本。李宇梁将这些人物进行具有地标指涉性质的符号化处理，比如将金光/中国内地人理解为唯利是图的代表，将沈雪/香港人理解为高傲的代表，将文创/澳门华人理解为抗争无效的代表，将顾小菁/土生葡人理解为逆来顺受的代表，以此组合他们之间的故事。而他们那已被固定化的形象在"大事件"面前会自动生成一套关于他们的行动逻辑。当本应复杂多变的人性化约成一个个简单可辨的符号时，小说所要展现的并不是活生生的"人"在唱一出名叫"澳门风云"的戏，而是几个提线木偶合力搭建了一个被认可的"大时代"舞台。

① 寂然：《如何讲好澳门故事？》，《澳门日报》2019 年 12 月 11 日。

在这种惯性思维下,《血色迷宫》中的澳门人形象难有突破。澳门文学和澳门人向来被各方话语塑造成沉默不语的客体,沉默并非因为它不存在,而是因为没有被看见。但如柄谷行人所说,风景能够被发现其实是因为它暗合了某种认识装置①,而非风景本身如何动人。在这部小说中,李宇梁采纳了"澳门以外"的读者认识澳门的知识框架,他笔下两个代表澳门的人物(文创和顾小菁)和"他者"心中的澳门人形象一样懦弱、乖巧和顺从。小说写道,进入屠宰场的猪是不能操控自己的命运的,"整个城市本身已经变身为屠宰场"②。李宇梁认为"只活赌业"的城市没有出路,因为"这小城的人没有触感神经,对任何事情都无关痛痒"③。小说以血腥开始,以血腥结束,但人物由始至终没有血性。

李宇梁的文学实践将澳门文学再次自我边缘化。他按澳门文学奖的要求,塑造了一个处处彰显"时代风云"的澳门形象,也塑造了多个"典型"的澳门人,但这些被认可的"澳门元素"越多,越说明主体价值的匮乏。

澳门文学奖对澳门大历史的偏爱,并非域外评审的"个人意见"所致,而是一整套批评机制运作的结果。无论是踌躇满志的文学青年,还是功力深厚的资深作家,都不由自主甚至苦心孤诣地在澳门文学奖所设定的框架下写作。对于这种可能导致作品走向"自我澳门化"的倾向,一部分澳门作家试图提出自己的思考,其中,梁淑淇的文学实践值得注意。

三、另类澳门故事:梁淑淇的文学选择

1995 年,18 岁的梁淑淇以一篇《等》获得第一届澳门文学奖冠军,正式步入澳门文坛。此后,她曾以"顾盼"和"邱岚岚"为笔名,在《澳门日报》的《小说》副刊连载小说。她是澳门文学奖的"常客",也是"常胜将军",除了《等》之外,还有以下作品获奖:

《距离》,第三届澳门文学奖(小说组)季军

《死亡时间》,第六届澳门文学奖(小说组)季军

《哭泣的天使》,第六届澳门文学奖(戏剧组)亚军(冠军从缺)

《小心爱》,第一届"中篇小说征稿"获奖作品

① 参见[日]柄谷行人著、赵京华译:《日本现代文学的起源》,生活·读书·新知三联书店 2003 年版。
② 李宇梁:《血色迷宫》,澳门日报出版社 2019 年版,第 266 页。
③ 李宇梁:《血色迷宫》,澳门日报出版社 2019 年版,第 210 页。

《我和我的……》，第二届"中篇小说征稿"获奖作品

《阳光最是明媚》，第三届"中篇小说征稿"获奖作品

梁淑淇是澳门文学奖的"异数"。当大部分作者有意识，甚至刻意地将澳门特色"博物馆化"时，她沉浸在一些古老而永恒的主题上。她的写作并没有锁定在"澳门人写澳门事"上，而是试图描绘一个更广阔的天空。她的写作路数能够在一个鼓励"本土书写"的奖项中得到认可，是一个值得探讨的现象。

（一）"无地域空间"书写

法国理论家亨利·列斐弗尔（Henri Lefebvre）曾提出"空间的生产"（the production of space）这一概念。承接马克思历史辩证法的哲学思路，列斐伏尔认为社会生产关系的再生产辩证法的进一步发展是"空间的生产"："资本主义的物的生产关系与生产力的极端与高度发展，最终必然是超越空间中的物的生产界限，变为'空间本身'，即生产关系本身的再生产。"①他还分析了20世纪法国作家赛林纳的作品中的巴黎、巴黎市郊以及非洲这些"场景"/"地点"如何作为一种有意味的形式作用于作品当中。其后，阿尔君·阿帕杜莱（Arjun Appadurai）在其影响深远的著作《消散的现代性：全球化的文化维度》（*Modernity at Large：Cultural Dimensions of Globalization*）中，提出了"地域的生产"（the production of locality）理论。在他看来，媒体技术的发展和各种民族散居社群的形成解构了传统民族国家和地域观念，赋予原来具有明晰疆界、相对固定的地域和民族国家以前所未有的"流动性"。在此情形下，关于当代全球化现象的理解必须超越过去受限于民族国家或固定地域的思维定势，转而以"去地域化"或"跨地域性"的视野透视当代文化的转型与契合②。孙绍谊受此启发，又提出了"无地域空间"这一概念，并指出这个概念包含两层意思：第一层涉及可触可感的物质、生活空间，第二层涉及经由各种话语和想象所建构的空间。在空间之前冠以"无"这一修饰词，并非指其子虚乌有，不能被感知、触摸或体验，而是意在显示此类空间的无名性、去地域性、普在性。③孙

---

① 刘怀玉：《现代性的平庸与神奇：列斐伏尔日常生活批判哲学的文本学解读》，北京师范大学出版社2018年版，第443页。

② 详见[美]阿尔君·阿帕杜莱：《消散的现代性：全球化的文化维度》，上海三联书店2012年版。

③ 孙绍谊：《"无地域空间"与怀旧政治："后九七"香港电影的上海想象》，《文艺研究》2007年第11期。

绍谊所提出的"无地域空间"概念是用来分析回归以后香港电影中的场景影像的。在他看来,这些超越地域特质的空间符号可看出香港与内地的复杂含混的关系。这一概念同样适用于分析梁淑淇的作品。梁淑淇笔下的故事发生在"澳门",主人公也是"澳门人",但"澳门"的含义是被抽空的,"澳门人"的身份属性也因此模糊。在《小心爱》的楔子部分,梁淑淇写了一个单身女人被跟踪、偷窥和杀害的惊悚故事,从开头"附近赌场酒店林立"到结尾"十八个小时之后,女人被发现置身于高士德一个垃圾站中",可看出故事的背景发生在"赌城"澳门,但作者并没有在随后的故事中借人物之口表达"澳门人"对"赌城"的看法,"赌城"也并未对故事的走向产生多大作用。梁淑淇对"澳门特色"的探讨兴趣索然,她真正感兴趣的是"抉择"本身如何影响一个人的命运,生命是否存在着多种可能性。这一构思受到了德国电影《罗拉快跑》的启发。影片中的罗拉有二十分钟的时间筹钱救她的男友,这个过程在电影呈现了三次。她三次奔跑,每次都遇到不同的人和事,而微小的变化都能够让事情的结果迥然不同。在小说《小心爱》中,陶心伶是一个充满幻想的小说家,她的真实生活平庸琐屑,这让她开始虚构/模拟人生。她将自己作为她小说的主人公,为她"安排"了三段不同的爱情,想以此探讨缘分是否天定。在她的想象中,小说中的陶心伶也像电影中的罗拉一样,因为选择的不同而拥有了不一样的人生。而主人公的人生故事无论是否发生在澳门,主角是不是澳门人,对其命运的走向都不会带来任何改变。可见,梁淑淇无意在小说中刻画这个故事的"澳门性"。

同样,在戏剧作品《哭泣的天使》中,梁淑淇也并未将目光聚焦于澳门这一特殊的空间所演绎的戏剧人生。一般而言,戏剧是空间的艺术,剧场表演十分注重"场景"的搭建。20 世纪 60 年代以后,彼得·布鲁克和理查德·谢克纳从相反的思路提出剧场空间的改革思路,前者提出"空的空间",将舞台简化、去物质化,后者倡导"环境戏剧",认为演出环境是演出事件的有机构成,因此,除了剧本和演员以外,恰当的"选址"也被认为是促成戏剧成功出演的重要因素。无论是对"空的空间"的追求,还是竭力寻求与剧本风格契合的"环境剧场",都表明剧作者对剧场空间本体的重视,认为它可以为戏剧带来新的美学体验。为了贴合"立足本土"的审美期待,澳门文学奖的戏剧作品,多从"地点"这一维度着力,常见的叙事技巧便是作者在某个特定的澳门场景中开展戏剧冲突。如王智豪的戏剧《江记士多》将场景设置在澳门旧城区街道上的一间士多店内,试图通过店铺的兴衰折射澳门社会人情的更替;而吕志鹏在剧作《七星饭店》借澳门饭店在地产商的压榨下被迫结业的故事表达作者对跨国资本主义的批判。他们所选的场景,都具有十分鲜明的"澳门特色"。但是在《哭泣的天使》中,梁淑淇将剧本的地点虚化为"第十六街"。这条街上发生了一宗交通意外,夺去了两个家庭的欢乐。在案件审理完毕之后,其中一个死者的家属认为该事件还有很多疑点,于是她继续寻找目击证人。但苦苦追查之下她发现这一切都是"巧合",而不是人为制造的"阴谋"。梁淑淇想借这个剧作探讨所谓事件真相的虚妄性以及个人命运的不确定性。这个剧本并不依赖"本土特色",剧作中的"第十六街""医院""餐厅"等空间也只是一个具有普遍性意义的"无地域空间"。孙绍谊指出,"无地域空间"因其"超越文化和地域特质、或被抽去原地域或文化因素"而具有"可移植性",因而可以不断被复制和"再生产"。梁淑淇设计了多个"无地域空间",使得她的故事背景具有可被任意置换的可能性。这种刻意不向读者展示具体的时空,或将时空虚化的叙述模式,与澳门文学奖的评选导向是相悖的,体现了梁淑淇对这一审美霸权的反抗。而她不断地书写"无关宏旨"的日常故事,则是她提出抗辩的另一种方式。

(二)"奇异"与"日常生活"

"生活如此无聊"在《阳光最是明媚》中多次出现,也是梁淑淇构思的所有故事的"原点"。比如在《我和我的……》中,梁淑淇借小说人物之口说:"每天上班下班,起床睡觉,吃喝拉撒,重重复复的人生到底有什么意义?"①但是,梁淑淇的故事恰恰发生在这些"重复"且"无聊"的日常生活当中。

梁淑淇笔下的人物完全没有随着"澳门历史"的发展而经历大起大落,也没有陷入某些攸关生死的人生选择,一切都依托在日常生活之上,呈现出有关人生的多样形态。作为土生土长的澳门人,这一创作理念或许嵌入了她对自己成长环境的体认:新生代的澳门华人很少再为那些未曾经历而流传下来的苦痛经受煎熬了。

日常生活(everyday life)也是列斐伏尔提出的概念,刘怀玉对此解释如下:"日常生活固然有其顽固的习惯性重复性保守性这些普遍平常的特征,但同时也具有着超常的惊人的动力论与瞬间式的无限的创造能量。"②20世纪

---

① 梁淑淇:《我和我的……》,澳门日报出版社 2011 年版,第 77 页。
② 刘怀玉:《现代性的平庸与神奇:列斐伏尔日常生活批判哲学的文本学解读》,北京师范大学出版社 2018 年版,第 40 页。

90 年代以来,中国内地文坛的日常生活书写,是 80 年代启蒙思潮失落后的反应;而梁淑淇作品中的日常生活书写,是对"澳门宏大叙事"的解构。对此,她没有像刘震云、池莉等人那样用自然主义的创作手法展现日常生活的"一地鸡毛",而是试图以"日常故事"中的"奇异性"来表达她的文学观:"传奇"脱离了宏大叙事一样有其生命力。首先值得注意的是作品中的超现实主义创作手法。法国诗人和评论家安德烈·布勒东(André Breton)在《超现实主义宣言》(1924)中,给"超现实主义"所下的定义是:"超现实主义,阳性名词。纯粹的精神无意识活动……建立在相信现实,相信梦幻全能,相信思想客观活动的基础之上,虽然它忽略了现实中的某些联想形式。超现实主义的目标就是最终摧毁其他一切超心理的机制,并取而代之,去解决生活中的主要问题。"① 超现实主义注重人的潜意识和想象力,具有非理性色彩。在《阳光最是明媚》中,五个兄弟姐妹各有"异能",大哥能让所有人愿意跟他发生关系;二姐的双手能接收身体所发出的求救讯号;主人公"我"总是预见不属于自己的未来;四妹是语言天才,可以模仿任何声音;五弟则能嗅到灵魂的气味。正是因为这些异于常人的潜能,让小说世界中的"麻烦事"最后都得到顺利的解决。梁淑淇擅长在她的故事中设置一些稀奇古怪的元素,使得她的作品带有某种神秘色彩。而这些违背常理的非理性因素,是对机械而单调的日常生活的超越。比如小说中的五弟可以和人死后的灵魂沟通,因此他能够和自杀多年的亡母沟通,并将亡母想说的话转述给其他亲人。小说表达了作者对亲情的珍视,这一情感的"输出"既真实又不合情理:它有悖于现实,像梦境一样,但每个人所说的话、所做的微表情又让人感到一切都真切地发生着。正如超现实主义的代表作达利的那幅名作《永恒的记忆》一样:画面上的大海、峭壁和平原原本不应该出现在同一平面上,但作者却将三者并置;而在生活中原本质地坚硬的挂表,却瘫软地躺卧在同一空间内的桌子上,桌子上长出了一棵树。梦境和真实的界限如斯模糊。梁淑淇动摇了日常生活的逻辑、规则和秩序,最终造成了日常生活本身的"断裂"。

　　为了加重小说世界——日常生活情境——的断裂感,梁淑淇还用了拼贴(collage)的手法。collage 一语源出法语 coller,意为粘贴,即是说,将不同的形式粘贴到一起,拼合成一个新的整体,由此产生"陌生化"的艺术效果,与传统

---

① 　[法]安德烈·布勒东著、袁俊生译:《超现实主义宣言》,重庆大学出版社 2010 年版,第 32 页。

油画判然有别。拼贴的典型材料是报纸剪辑、缎带、花花绿绿的纸片,以及照片和残缺不全的艺术作品等。[①]在小说中,拼贴法即是将若干本来毫无逻辑的片段联系在一起。梁淑淇擅长此道。在《小心爱》中,她打破传统小说的线性叙事,将"爱""命""缘"这三个看似没有关联的话题"拼凑"在一起,从而探讨一个女人是否能够拥有三种截然不同的命运的可能;《阳光最是明媚》则主要依靠"我"的"闪灵片段"来推动叙事,在小说中,梁淑淇将其命名为"未来的未来"。"未来的未来"在小说中共发生了七次,经由作者任意"拼贴",它干扰了原来的叙述时序,将现在和未来两种时态的故事交错进行。这样,她笔下的日常生活得以化平凡为非凡,变得既破碎又奇异。

梁淑淇之所以将她的小说世界天马行空化,在我看来,是对一种线性的、完整的、宏大的历史观的解构和颠覆。这可以作两个方面的理解。其一是梁淑淇想通过她的文学实践力证"日常生活"也有"故事"。她刻意卸下了澳门作家在凝视—被凝视的结构中生成的那些与"澳门特色"有关的文化包袱,使其"自然"地存在于日常生活当中。比如博彩业是澳门经济的支柱,它与澳门的殖民史有错综复杂的关系,但在《阳光最是明媚》中,作者借人物之口说"我对赌博这回事没有任何意见"[②]。梁淑淇近乎执着地相信,在澳门这个地方从事写作,除了写澳门以外,还有很多值得书写的题材。仔细分析她的作品可知,她最关注的两个话题莫过于爱情和亲情。当某种被认定的"本土"成为"文化常识"横亘在澳门作家的眼前,梁淑淇用各种现代主义的技法,竭力挖掘日常生活中的潜意识、梦幻、想象力等非理性元素,实际上是在为通行所定义的"现实"注入全新的理解。其二是消解历史意识。梁淑淇关注日常生活,并不意味着她沉醉于此,她书写日常生活中的"断裂性",更想表达的是"生活不应该是这个样子的"[③]。这种对日常生活的理解方式,极具后现代色彩。杰姆逊认为,后现代的时间意识有如"精神分裂症",或者如拉康所说的"符号链条的断裂"。在前现代和现代的观念中,"历史"是一个由前至后连续的、牢固的线性链条,而后现代观念中的历史是跳跃的、间断性的、非线性的,"历史意识的消

---

① 陆扬:《日常生活审美化批判》,复旦大学出版社 2012 年版,第 323 页。

② 梁淑淇:《阳光最是明媚》,澳门日报出版社 2014 年版,第 112 页。

③ 此处化用了王安忆的说法:"我在《长恨歌》中虽然孱弱地无法表现生活应该是怎么样的,至少我表现了,生活不应该是怎么样的。然而,人们都以为我在说——上海。"详见王安忆:《在现实中坚持虚构》,《文学报》2008 年 4 月 17 日。

失产生断裂感,这使后现代人告别了诸如传统、历史、连续性,而浮上表层,在非历史的当下时间体验中去感受断裂感。……历史感的消退意味着后现代主义拥有了一种'非连续性的时间观'"。①梁淑淇对非线性叙述/时间观的痴迷,对拼贴技法的了然,以及采用一种饶有意味的后设叙述策略,均宣告了她对那种依次递进的、封闭自足的历史叙述的拒绝。在澳门文学奖的框架下,梁淑淇的文本是一场华丽的冒险,因为它不仅解构了展览"澳门特色"的必要性,还解构了书写澳门历史的"正当性"。梁淑淇的写作具有反凝视的意味,她挑战了域外想象澳门的话语体系。在这场力量悬殊的较量中,她部分地赢得了建构澳门自我形象的主动性,因此她所写的是另类的"澳门故事"。

四、结　语

在建构澳门文学形象的过程中,"文学澳门"是一个重要的维度。但由于澳门和澳门文学长期形成的边缘地位,来自本土的声音其实是被压抑的。澳门文学是一种不被看见的"隐形文学"。1993年筹划设立的澳门文学奖,鼓励澳门人写澳门事,看似在鼓励本土性知识的生产,实际上,由于长期以来各区域文学间的不平等关系及引入了跨域评审机制,所谓的"澳门特色"是由外地专业读者所界定、创造甚至是操控的。澳门文学奖所建构的"澳门",在很大程度上只是域外视角下一种确证想象本身具有合理性的文化构想物。在审美霸权的制约和参赛者的迎合下,一批又一批"自我澳门化"的作品得以生产,最终形成关于澳门的刻板印象。

以梁淑淇为代表的部分参赛者,以"无地域空间"写作和"日常生活"书写作为自己反宰制的武器,具有一定的意义。但是这一意义在今日看来还不适宜夸大,因为梁淑淇本人也在澳门文学奖的评价体系当中,她只不过是选择了"非澳门"/"非历史"的路径表达她的不满,在她极力避开澳门文学奖所设定的"路标"时,却又希冀借助这一奖项的影响力,将她所挖掘和书写的故事纳入一个能被观看的模式里。所以,这些作品在澳门文学奖中所扮演的角色更多是审美霸权的延伸。"梁淑淇们"借着体制的权力,告诉那些还未参赛的文学青年"澳门"的"处女地"在何方,以及由他们所开辟的"处女地"是有可能被认可的。澳门形象生产的知识结构依然稳固。这一文学选择不具备根本的反叛

---

① 王岳川、尚水编:《后现代主义与美学》,北京大学出版社1992年版,第27—28页。

性,它既无法超越现行澳门文学奖制定的规则和方向,也没有能力改变各区域文学之间那种不平等的关系。

考察澳门文学奖的运作机制,可知大部分获奖作品倾向于向拟想读者呈现澳门的"异质性",不排除部分写作者开展了"策略性"的"自我澳门化"的思考,以期获得主流批评话语的青睐。不管出于何种考虑,结果是现行获资出版的许多作品都"制造"了一个他者澳门的形象。要追问澳门文学奖在澳门为何具有如此强大的复制能力,端看太皮的说法便知分晓:"澳门文学奖倒不像外地的文学奖,得奖不是一个阶段的胜利,只是一个开始,路还有好长,甚至要重复夺奖才能巩固认受性和'地位'。澳门文学奖更像是'招聘会',那次文学奖有特殊意义,获'聘用'的人至今仍是澳门文坛的中坚力量。"①由于澳门文学的市场几可忽略不计、本土的文学园地分散而狭小、评论家对批评建设无力无为等现实因素的制约,澳门的文学青年要想"成为"认受性较高的澳门作家,除了"离岸"②发展,"墙外开花"以外,唯有选择参加澳门文学奖一途而已。这些作者不一定没有意识到澳门文学奖的暗面,但在各种内外条件的限制下,他们选择了妥协或迎合。这是澳门作家的局限,也是澳门文坛的困境。

Macao Literature Award and the Production of "Literary Macao"

Abstract: In the process of constructing the literary image of Macao, "literary Macao" is an important dimension. However, due to the long-term marginal status of Macao and Macao literature, local voices are actually suppressed. Macao literature is a kind of "invisible literature" that cannot be seen. The Macao Literature Award, planned and established in 1993, encourages Macao people to write about Macao affairs. It seems to be encouraging the production of local knowledge. In fact, due to the long-standing unequal relationship between

---

① 太皮:《如果贺绫声可以像散文般阅读——〈她说,阴天快乐〉序言》,《澳门日报》2020 年 5 月 20 日。

② 离岸文学(Offshore Literature)是澳门文学史上一个特殊的文学现象,为这一现象命名的是港澳双栖作家及学者凌钝。他根据《文艺世纪》《海洋文艺》《当代文艺》三种二十世纪六七十年代流行于香港的文学刊物,辑录三十余位澳门作家在 1959—1980 年间发表的各种文体作品,编成《澳门离岸文学拾遗》。作家/作品为何"离岸",在凌钝看来,乃澳门投稿园地不足所致;而外流至香港而非其他区域,则是因为香港的文艺环境更为包容。本文的"离岸"泛指离开澳门本土。

literature in various regions and the introduction of a cross-regional review mechanism, "Macao" constructed by the award is largely just a cultural construct from an external perspective that confirms the rationality of the imagination itself. Under the constraints of aesthetic hegemony and the catering of contestants, batch after batch of "self-Macaoization" works were produced, eventually forming a stereotype about Macao. Some contestants, represented by Liang Shuqi, challenged the discourse system of imagining Macao outside the territory by using two strategies of "non-territorial space" writing and "daily life" writing. This behavior has a certain significance of defense, but it is not fundamentally rebellious, which is more of an extension of aesthetic hegemony. The Macao Literature Award is the only way for Macao literary youths to enter the literary world. Examining its operating mechanism will help to understand the limitations of contemporary Macao writers and the plight of Macao's literary world.

Key words: Macao Literature Award; Literary Macao; Local Writing

作者简介：霍超群，澳门科技大学国际学院讲师。

名伶、洋场才子与晚清上海的梨园文化①

林秋云

摘　要:晚清洋场才子与伶人的交往形态与此前及同时期的京津地区显著有别。二者传统身份等级关系在十里洋场本已有所松弛,在特殊的戏园经营体制催化下,伶人更加注重提高演技以获取更高戏酬,侑酒取利较为少见。西人对狎伶的厌恶也使得洋场才子对士优交往礼节颇为强调,甚至率先公开批判京津狎伶风气。用形容文士的"词友"称呼伶人、伶人设宴回请洋场才子,都使得二者的交往具有平等意味。借助报刊所具有的公共性,品伶诗作客观上变成了对特定伶人的吹捧,原本局限于文人圈中的花榜等评伶游戏也变成了打造梨园明星的一种方式。洋场才子与伶人的关系变化呼应了二者地位在近代的升降,同时也深化了伶人在晚清上海作为"职业人"的形象。

关键词:洋场才子　伶人　词友　捧角　职业化

如果说,清代文人与伶人是"护花",是"玩狎"②,这种关系在晚清的十里

---

① 本文系江西省文化艺术科学规划项目"清初至清中叶戏曲行业的变革"(YG2018092)的阶段性成果。修改过程中得到中山大学中国语言文学系黄仕忠老师、香港大学中文学院陈亮亮老师惠赐意见和建议,谨致谢忱!
② "护花"是清代文人对自己与伶人关系的一种描述;叶凯蒂曾使用"护花人"来形容传统文人之于旦角的身份;笔者也曾撰文指出清代文人与伶人的关系还是和其他消费者有别;不过吴存存、吴新苗等学者认为,这种关系本质上还是一种玩狎。详见小铁笛道人:《日下看花记》,傅谨主编《京剧历史文献汇编·清代卷·专书(上)》,凤凰出版社 2011 年版,第 164 页;叶凯蒂:《从护花人到知音——清末民初北京文人的文化活动与旦角的明星化》,王尧、季进编《下江南:苏州大学海外汉学演讲录》,复旦大学出版社 2011 年版,第 185 页;林秋云:《交游、品鉴与重塑——试论清代中后期北京的梨园花谱热》,《史林》2016 年第 4 期;吴存存:《清代士人狎优蓄童风气叙略》,《中国文化》1997 年第 15—16 期;吴新苗:《从狎优到捧角——〈顺天时报〉中堂子史料及文人与"相公"的关系》,《文艺研究》2013 年第 7 期;程宇昂:《明清士人与男旦》,上海古籍出版社 2012 年版,第 242—323 页。

洋场开始发生了变化。伶人出局侑酒的情况较为少见,洋场才子以"词友"称呼伶人,强调交往礼节,甚至公开批评京津地区"叫相公"的风气。他们也编纂花谱、写品花诗、开菊榜等,但评选范围、品评标准已与同时期的北京有所不同。从报上题赠伶人的诗词来看,沪上名伶(尤其是旦角)背后往往都有一个主要文人在为之提倡,从而形成同人团体的支持。这些行为已有捧角的意味,虽然当时并无捧角的说法①,实可视为后来捧角的滥觞。再是娱乐小报的崛起,不仅强化了伶人"艺"的取向,也使得二者交往之道由"雅"变"商"。文人与伶人关系的变化深刻地嵌入了近代社会结构的变动历程中,探讨该议题对于理解伶人身份的近代转型,观察这种身份演化如何冲击传统等级秩序具有重要意义。

关于士优关系,学者多注意到清末民初"从狎优到捧角""从护花人到知音"的转变,认为改良戏曲思潮的兴起、相公堂子的没落、伶人的自我救赎、文人狎优心态的淡化,包括报刊及政治文化的相互作用,促使文人从狎优的客人转变成捧角的戏迷,由护花人转变为旦角的艺术指导者、幕后策划人,捧角文化朝公众化发展的同时也推动了男旦的明星化。②这些观点深具启发,然而他们的研究过分聚焦在清末民初的京津地区,忽略了在戏曲史上同样重要,氛围显著与京津有别的上海在清末民初之前就已经孕育着的不同可能性。

长期旅沪的姚公鹤(1881—1930)曾指出"上海与北京,一为社会中心点,一为政治中心点,各有挟持之具,恒处对峙地位",北京为戏曲的出产之地,上海则改变了戏曲原来"供旧社会之玩物"的局面③。而上海之所以能够成为社会中心点,并对国人戏曲消费观念产生冲击,与其开辟为通商口岸,欧风东渐不无关系。作为最早设立租界、华洋杂居的口岸城市,西方的物质、制度、精神文明,由表及里、逐层渗透,日渐改变华人固有的生活习惯与行为方式,进而塑造了上海近代都市文化的新格局。④

---

① 海上漱石生:《徐介玉见赏名流》,《戏剧月刊》1929 年第 2 期,第 5 页。
② 详见叶凯蒂:《从护花人到知音——清末民初北京文人的文化活动与旦角的明星化》,王尧、季进编《下江南:苏州大学海外汉学演讲录》,第 183—196 页;吴新苗:《从狎优到捧角——〈顺天时报〉中堂子史料及文人与"相公"的关系》,《文艺研究》2013 年第 7 期。
③ 姚公鹤:《上海闲话》,上海古籍出版社 1989 年版,第 121—122 页。
④ 张仲礼:《近代上海城市研究(1840—1949)》,上海人民出版社 2014 年版,第 666—723 页。

就戏曲史而言,正是异于京津的文化土壤,催生出了新的剧场运作模式。这方面已经积累了一些讨论①,但伴随这种新的经营体制而来的伶人身份地位之变动、文人与伶人关系的改变,却鲜有关注②。文化的发展从来就不是封闭孤立的,伶人在京沪之间频繁流动势必会沟通了两地风气,从而对北京戏曲传统的转变产生影响③。只有明了文人与伶人关系在晚清发生的变化,才有可能更好地理解二者角色在清末民初的进一步发展。本文利用晚清时人的日记、笔记,《申报》《新闻报》等报刊上登载的相关论说、诗作,以及《消闲报》《繁华报》等娱乐小报,梳理晚清时期十里洋场的文人与伶人之交往情况④,通过最基本的史实钩沉,描绘二者关系的微妙变化,以期加深对清末民初伶人明星化背后的运作机制、男旦艺术的兴起等问题的认识。

一、新将伶人呼"词友":和平蕴藉、绝无俗态

洋场才子与伶人的交往记录最早可追溯至咸丰年间。时京班未来,沪上昆腔盛行,大章、大雅、鸿福、集秀四班尤著,昆旦荣桂、三多都是其中的佼佼者,色艺并擅。供职于墨海书馆的王韬曾观荣桂演剧,称其扮演角色入木三分⑤,"每演《跳墙》《著棋》《絮阁》《楼会》四出,观者率皆倾耳注目,击节叹赏不止"⑥。友人王子根招沪上曲友创立的集贤班来家演剧时,作为受邀的首席嘉宾,王韬"特呼荣桂隅坐,执壶殷勤相劝"⑦。王韬时常出入花丛访艳,召青楼

---

① 详见林幸慧:《上海京剧市场的运作:1867—1886》,《戏曲研究》2007 年第 2 期;王省民:《京剧演出中的班园一体制及其历史作用——对近代上海剧场的运作模式的考察》,《戏曲艺术》2013 年第 1 期;陈恬:《上海租界时期戏院生产与营销》,《戏曲艺术》2014 年第 1 期。

② 管窥所及,只有解玉峰和陈恬在讨论京剧"名角制"时注意到上海戏园的组班方式破坏了戏班旧规,演员与班社的关系日趋松散。演员可以个人为单位直接和戏园接洽,他们几乎都成为戏园的长、短期雇员。详见解玉峰《论角儿制》,《戏剧》2006 年第 1 期;陈恬:《京剧"名角制"成因初探》,《戏剧艺术》2008 年第 4 期。

③ 叶凯蒂就曾发现,光绪年间升平署选拔内廷供奉的机制与上海戏园经营模式极为相似,由此提醒读者留意京剧伶人明星化过程中上海的贡献。详见 Catherine Yeh,"Where is the Center of Culture Production? —The Rise of the Actor National Stardom and the Peking/Shanghai Challenge(1860—1910s)." *Late Imperial China* 25.2(December 2004):74—118。

④ 本文的"洋场才子"主要指租界文人,他们大都因仕途受挫寄迹海上,与近代出版印刷业尤其是报业关系密切,且都拥有一定的追随者。

⑤ 王韬:《弢园老民自传》,江苏人民出版社 1999 年版,第 71 页。

⑥⑦ 王韬:《淞隐漫录》,李天纲、张安庆编《海上文学百家文库·王韬卷》(第 5 册),上海文艺出版社 2010 年版,第 413 页。

女子侑酒①,但类似唤伶人侍座的情形很少见,他与荣桂的交往也仅限于做客友人家的那次。荣桂后来蓄厚资,自为领班,不复唱戏。

　　令王韬十分欣赏的还有昆旦周凤林和小桂林。周凤林原隶姑苏名部,后来沪搭班三雅园。桂林为其爱徒,"每演《折柳》《絮阁》两出,意态逼真,听者为之神移"。大概和桂林有过交往,王韬说他工于唱曲而拙于应酬,不能饮酒也不习拇战,人与之言则作腼腆色,但于曲谱之阴阳清浊一见即辨②。又夸凤林性情和平蕴藉,无时下优伶积习,在苏州满仙园演出时贵官毕集,"铭佩农尚衣招同徐晼苏令尹、潘东园郎中张宴于拙政园,桐荪所演诸剧,群蒙赞赏"③。"潘东园郎中"就是游寓沪滨,经常与王韬、何桂笙、黄式权等诗歌唱和的浙江举人潘月舫,他听说周凤林尤善钟鼎文字,尝执贽黄式权门下为诗弟子,客有日暮途穷者无不解囊助之。他曾在租界茶楼偶遇周凤林,望之觉其"和平蕴藉,略无近日诗人侠客习气",遂赋诗赠之④。周凤林随即作诗酬和⑤,不过他们的交往仅限于此。

　　道光年间移居沪上的"绛芸馆主人"之好友曾在席上招周凤林前来侍酒,凤林时在老三雅,年未及冠,"目娟秀,天真烂漫,足称昆部翘楚"。和王韬一样,"绛芸馆主人"及其友人与昆旦有所往来更多是因为他们的戏,所以初识周凤林,"绛芸馆主人"迫不及待在席散后与友人同至三雅看戏,"惜凤林酬应甚忙,不能上台演唱,以致未观其技";第二次与友人前往三雅时,友人特嘱凤林演《会真记》之《跳墙》等两出,"绛芸馆主人"称赞其身形、词调均恰好地步,洵是后来冠首⑥。近代著名曲家俞粟庐曾谈到,苏州四大昆腔老班"自咸丰庚申乱后,同治年中止剩一马一瑄者,双目已瞽,尚能教曲,年六七十矣,又有周姓,为顾竹城留于署中"⑦。顾竹城曾任吴县知县,与俞粟庐甚善,周姓即凤林。黄式权也说顾大令尤爱雏伶周凤林,文酒之筵必招使侑座,时十三旦驰声菊部间,沪人众口交称,"而大令独提唱(倡)凤林"⑧。

───────────────

① 　详见徐茂明:《19 世纪中叶江南寒士的"三不朽"与民间生活伦理——以〈王韬日记(增订本)〉为中心》,《历史研究》2019 年第 4 期。
② 　王韬:《淞隐漫录》,李天纲、张安庆编《海上文学百家文库·王韬卷》(第 5 册),第 414 页。
③ 　王韬:《淞隐漫录》,李天纲、张安庆编《海上文学百家文库·王韬卷》(第 5 册),第 413—414 页。
④ 　《赠周桐荪词友并序》,《申报》1887 年 1 月 11 日,附张第 1 版。
⑤ 　《意琴室主人赋得见赠率呈一绝乞赐点定》,《申报》1887 年 1 月 12 日,第 4 版。
⑥ 　绛芸馆主人:《绛芸馆日记》,傅谨主编《京剧历史文献汇编·清代卷·日记》,凤凰出版社 2011 年版,第 362 页。
⑦ 　郭宇主编:《俞粟庐俞振飞研究》,中西书局 2013 年版,第 76 页。
⑧ 　黄式权:《淞南梦影录》,上海古籍出版社 1989 年版,第 138 页。

与时任《申报》总主笔钱昕伯有旧的"味馨室主人"也称赞凤林声技为诸伶之冠,且酬应之工,绝无俗态。他曾偕凤林游静安寺,又曾于除夕夜"饮于桐生(苏)词友之修篁别墅",当他离沪前往金陵,凤林亦至轮舟送别①。值得注意的是,"味馨室主人"称周凤林为"词友"。潘月舫、黄式权及其好友毕玉洲,同在《申报》襄理笔政的高太痴,雅爱昆曲、与何桂笙、王韬皆有往来的"之溪居士"蒋肇龄,与钱昕伯、何桂笙、袁祖志等诗酒唱和的"藏锋逸史",也都如此称呼周凤林。②与周凤林并称为"海上二周"的昆生周钊泉(字补枝)、曾在三雅园登台的昆旦小金宝徐介玉,也都被洋场才子呼为"词友"③。《申报》的重要作者"东武惜红生"居世绅,也用"词友"来形容小桂林④。

"绛芸馆主人"日记中也有两次宴请"诸词友"的记录,一次是同治十三年(1874)八月初四傍晚,"绛芸馆主人"与友人至庆兴楼,"约孙鞠(菊)仙、任振家、杜蝶云、吴凤鸣、孙春蘅、谢梅卿、薛桂山、周长山、陈倚云、李棣香、谢宝玲、韩桂喜诸词友来小酌",共设两席⑤;还有一次是九月廿七日,与友人往复新园夜膳,"并招春蘅、宝玲、凤鸣、棣香、倚云、长山诸词友来同饮"⑥。"绛芸馆主人"宴请的"词友"大都是时在丹桂戏园演唱的伶人,他们大都从京津地区南下,平时主要演京戏。可见洋场才子将伶人视为"词友"在当时是较为普遍的现象。

只要对古籍进行粗略检索便会发现,用"词友"称呼伶人是晚清才出现的新现象。此前"词友"只用来形容诗词唱和的友人,比如明嘉靖年间进士李开先为友人西野先生词集作序,开篇即言"予与西野先生为词友将四十年矣"⑦;又如清初文坛大家朱彝尊编纂的《明词综》收录的乌程监生董遐周,"有《静啸

---

① 《偕伶人周凤林游静安寺归途饮醉春园酒楼赋赠》,《申报》1882 年 6 月 14 日,第 3 版。
② 详见《赠桐苏词友四首之二》,《申报》1886 年 6 月 7 日,第 4 版;《忏情词并引》,《申报》1886 年 12 月 3 日,第 10 版;《赠周桐苏词友并序》,《申报》1887 年 1 月 11 日,附张第 1 版;《赠徐郎介玉》,《申报》1888 年 9 月 23 日,第 4 版;《周凤林海上骚坛所称之桐苏词客也》,《申报》1888 年 2 月 19 日,第 4 版;《赠周桐苏词友》,《申报》1883 年 4 月 20 日,第 4 版。
③ 《赠周补枝词友并引》,《申报》1887 年 8 月 2 日,第 10 版;《补枝词友以手绘墨兰见赠,赋此报之》,《申报》1887 年 12 月 11 日,第 4 版;《拈二十八字题之即以赠介玉词友》,《申报》1888 年 2 月 21 日,第 4 版;《五律一首奉赠徐介玉词友》,《申报》1888 年 11 月 13 日,第 4 版;《赠徐介玉词友并请镜中花史棻正》,《申报》1888 年 3 月 16 日,第 4 版。
④ 《赠桂林词友》,载梦畹生《粉墨丛谈》,上海古籍出版社 1989 年版,第 193 页。
⑤ 绛芸馆主人:《绛芸馆日记》,傅谨主编《京剧历史文献汇编·清代卷·日记》,第 309 页。
⑥ 绛芸馆主人:《绛芸馆日记》,傅谨主编《京剧历史文献汇编·清代卷·日记》,第 311 页。
⑦ 李开先:《李中麓闲居集》"文之六",明嘉靖刻本。

斋词》一卷,与周永年、茅维为词友,周有《怀响斋词》,茅有《十赍堂词》"①。在这两个例子中可以看到,被称为"词友"的首先都是能诗善词、文化修养较高之人。以上被呼为"词友"的伶人中,周凤林、周钊泉皆通文墨②。徐介玉亦"工词曲,嗜翰墨,喜与文士亲,举止态度无尘俗气"③。但这毕竟是少数,大部分伶人才学浅陋,遑论写诗。故而将他们称呼为"词友",表达更多的其实是尊重④。

曾有某孝廉因在茶楼瀹茗时遇周凤林,"若迎大宾也者,为之起立逊坐,亦复殷勤,甚至若自忘其身为孝廉,彼为优伶",招致批评⑤。何桂笙的入室弟子高太痴也曾因在戏园观剧之时、大庭广众之下为其欣赏的伶人"起立把手亲为移坐,殷勤备至"而遭侧目⑥。尽管洋场才子与伶人存在不同程度的交往,但还是很注意礼节与分寸,不同于京津地区的"叫相公"。所以面对诘难高太痴表现得非常坦然,不但不回避,还主动在报上声明那篇批评文章中"所称某词人者即仆,八琴旦实系余玉琴之误"⑦。他夜夜到戏园看戏,夜夜招呼余玉琴前来,对余玉琴的迷恋不过近似于今日的"追星"。

这些举动在当时会招致批评,主要是论者担心"叫相公"的风气会影响上海:

> 相公者,伶人之为旦脚者,本曰像姑……后乃转其音为相公,而京都、天津,则并生、老、净、丑俱名之为相公,凡遇饮宴,辄以一纸唤之来,以是为玩具,如南边之叫局然。盖京都为首善之区,官员之所荟萃,不敢公然狎妓以败名声,而又苦于无可为乐,乃以伶人代妓女,然闻京师之呼相公,不过侑酒唱歌,不若天津之风气败恶。至于南边,则向来并无此风,虽上

① 朱彝尊编,王昶辑:《明词综》"词评卷下",清嘉庆七年王氏三泖渔庄刻本。
② 周钊泉曾手绘墨兰、梅花赠答何桂笙、毕玉洲,在《申报》上发表有相关诗作。详见《送张少轩副戎赴连城营次》,《申报》1888年3月5日,第4版;《集表圣语频紫章照》,《申报》1889年9月11日,第10版;《月泉将赴闽峤,因仿人临别赠言之意,率成俚句饯之》《申报》1889年12月16日,第9版。
③ 《拈二十八字题之即以赠介玉词友》,《申报》1888年2月21日,第4版。
④ 任荣也注意到了"绛芸馆主人"将伶人呼为词友的现象,但他认为这个词"在《日记》中多用于称呼那些半演员半娼妓的女艺人,可见在作者眼里,这些色相颇好的男旦其实与娼妓没有什么区别"(详见任荣:《论〈绛芸馆日记〉中戏曲史料的价值》,《戏曲艺术》2011年第3期,第61页)。翻检《日记》可发现除了伶人,"绛芸馆主人"只用过一次"词友"来称呼女优陆小琴,其他则称呼为"校书"。而陆小琴之所以被作者称呼为"词友"而不是"校书",很大程度上乃因她不是纯粹的青楼女子,而是兼有演员的身份。可见"词友"绝不是贬义,而是对演员的一种敬称。
⑤⑥ 《弊俗宜防其渐论》,《申报》1885年7月19日,第1版。
⑦ 《润资助赈》,《申报》1885年7月23日,第9版。

> 海之风俗流荡,犹无此事……

这篇发表在光绪十一年(1885)《申报》上的论说篇幅几乎占据了整个头版。尽管作者认为京师叫相公情有可原,但还是将其形容为"最坏之风气",庆幸上海尚未沾染。他主张伶人"专以唱戏为生活",演戏之外不应该有其他应酬活动,这会影响他们在舞台上的寿命,"第数年之间,容华减色,或更以供应烦数,劳弱堪怜,因而沾染嗜好吸食洋烟,以至面目全非"。

再是上海的情况与北京不同:

> 以京师宴会,大都贵官显宦,与夫词人风雅之所聚集……是以大庭广众之中,皆能容之,不觉其清浊之淆涽,冠履之倒置也。盖京师伶人出而应酬者,无非幼年童子,其师专教歌唱兼习礼仪,并有延师教读、工写小楷者。文人学士雅尚风骚,经此辈之揣摩承迎,逞妍献媚,自然色与神授。然有操持者,究能守正不污,无所陷溺……

上海"以商贾多而官宦少",万一叫相公风气在南中流行,诚恐"溺爱周至则略省福文,小人得志辄忘本来,弄欢怙宠,弊不可问,甚且知爱其色,而悞(误)会其意,风雅扫地,龌龊形骸,争相角逐,艾豭娄猪之耻何可胜言"。高太痴等人虽只是提倡风雅,一旦众人从风而靡,很有可能会变成下流勾当。①事实上,北京相公堂子的主顾也不乏追求皮相的硕贾富人、杂役跟班乃至部院堂官,导致此业发展到后来日益浊恶不堪。

简而言之,洋场才子与伶人更像是具有平等性意味的朋友关系,而非同时期北京私寓中的"相公与恩客/老斗"。这也可以从《绛芸馆日记》中所揭示的"绛芸馆主人"和沪上伶人的具体交往中得以窥见②。

二、宴请与回请:戏迷式互动

"绛芸馆主人"身份不详,只知原籍杭州,旅居上海,在科署任闲职,交游的

---

① 以上引文皆引自《弊俗宜防其渐论》,《申报》1885 年 7 月 19 日,第 1 版;《广弊俗宜防其渐论》,《申报》1885 年 7 月 23 日,第 1 版。

② 任荣曾讨论过《绛芸馆日记》的史料价值,并注意到作者与伶人交往之事,但却对此持批判的态度,认为本质上和娼妓的交往没有什么两样,并未注意到日记中所反映的晚清文人与伶人的关系变化。

友人既有科署官员,如首任会审公廨谳员、时驻理事衙门办理中外交涉案件的陈福勋,后来担任上海道台的袁树勋等,也有时任《申报》主笔的钱昕伯,并时在海上画坛享有盛名的任伯年。[①]和其他租界文人境况类似,"绛芸馆主人"仕途偃蹇,收入有限,不得不兼职为人校书,经济一直处于窘迫的状态。[②]在其日记记载的近十二年生活中,"绛芸馆主人"共看戏九百四十八次,平均每年要看戏九十余次[③],是个不折不扣的戏迷。

最早有舞台下交往的伶人是武生杨月楼。同治十一年(1872)二月十七日,友人溶卿邀其饮于庆兴楼,同席的除了杨月楼,还有其他三位溶卿的朋友。尤值一提的是,杨月楼是"同席"的身份,而不是"隅坐"陪酒。席散后,溶卿复邀众人至杨月楼所搭的金桂轩看戏。此后杨月楼从金桂跳槽到丹桂,以及从京城回沪登台复演时,"绛芸馆主人"都前往戏园捧场,并且还点了杨月楼的戏。[④]次年五月十二日,"绛芸馆主人"请友人至泰和馆夜膳,"并邀沈芸庭及杜蝶云、孙鞠(菊)仙、杨月楼同饮,饮颇畅"[⑤]。数日之后,作为回请,杨月楼与杜、孙二人"招饮"绛芸馆主人于庆兴楼[⑥]。

"招饮"是作者的原话,可见这个词在洋场才子看来,并不具有狎狭的色彩,也没有主顾的姿态,洋场才子可以"招饮"伶人,伶人也可以"招饮"洋场才子,使用场合视设宴主体而定。"同饮"也再次说明"绛芸馆主人"邀请伶人前来吃酒并不是侍席的性质[⑦]。通过宴席上的一来一往,"绛芸馆主人"逐渐与杨月楼等丹桂脚色熟络,该年六月初二,他再次"往邀鞠仙、月楼、蝶云、桂芳至金谷园小饮"。六月廿九日,杨月楼又"招往庆兴楼夜饭",孙菊仙等亦均同席,席散后,"月楼邀(绛芸馆主人)至渠寓清谈"[⑧]。

这年十一月初二,杨月楼与粤女韦氏完婚,"绛芸馆主人"与友人,包括孙菊仙等丹桂伶人一同前往庆兴楼参加月楼喜筵。次日他听说月楼因完姻事被

① 详见绛芸馆主人:《绛芸馆日记》,傅谨主编《京剧历史文献汇编·清代卷·日记》,第 199 页,第 384 页,第 323 页,第 243、271、278 页。

②③ 任荣:《论〈绛芸馆日记〉中戏曲史料的价值》,《戏曲艺术》2011 年第 3 期。

④ 详见绛芸馆主人:《绛芸馆日记》,傅谨主编《京剧历史文献汇编·清代卷·日记》,第 242、251、257、258 页。

⑤ 绛芸馆主人:《绛芸馆日记》,傅谨主编《京剧历史文献汇编·清代卷·日记》,第 277 页。

⑥ 绛芸馆主人:《绛芸馆日记》,傅谨主编《京剧历史文献汇编·清代卷·日记》,第 278 页。

⑦ 如果是侑酒侍席的性质,作者在日记中会写成诸如"招月仙、爱卿来侑酒"之类。

⑧ 绛芸馆主人:《绛芸馆日记》,傅谨主编《京剧历史文献汇编·清代卷·日记》,第 279—280 页。

获公堂,随即出城探听。第三日,当"绛芸馆主人"得知月楼已解县严训,酷刑拷问收禁,顿感"以风流小过,办如江洋大盗,诚不解问官何心,总之,欲加之罪何患无辞",深为月楼抱屈。当他看到《申报》上有人议论县官处置失当时,忍不住赞叹"理正词严,不特深合吾意,实属先得我心,可知公道自在人心"①。虽然"绛芸馆主人"没有为解救杨月楼出任何力,从他和杨月楼的交往,以及日记中表达的对杨月楼因与民女通婚而下狱一案的看法,包括杨月楼的回请、亲赴杨月楼的喜宴等,已足以说明他们并非狎优的关系。

和孙菊仙、杜蝶云的交往也可以进一步作为印证。"绛芸馆主人"结识孙、杜二人主要是他前往丹桂看戏之时,适逢二人作为新到角色登台表演②。因为认可二人的表演,接下来才会有邀请他们俩和杨月楼同饮、小酌之举。同治十三年(1873)春,孙菊仙自立门户,在法租界的小东门开设昇平轩。戏园开张后,孙菊仙曾以园主的身份做东,邀请"绛芸馆主人"及其友人前来看戏③。孙菊仙经营戏园期间,"绛芸馆主人"多次光顾,并称赞昇平轩的戏"较之丹桂、金桂似胜一筹"④。后来孙菊仙重回丹桂演剧,"绛芸馆主人"亦前往捧场⑤。

这种重艺的戏迷心态还可以从他对武旦韩桂喜评价的转变中看出来。韩桂喜初到丹桂之时,"绛芸馆主人"并不欣赏他,认为他"武戏颇好,而姿色则远不如盖山西"⑥。但在看了韩桂喜饰演的《烟火棍》以后,他不仅为韩桂喜叫好,甚至认为"沪上优伶不知凡几,要得文武兼长,色艺双绝者,惟韩桂喜一人"⑦。他还看过韩桂喜演的《三世修》和《余堂关》,演出"令人声泪俱下",不由得感慨"好脚色扮演悲欢离合,无不确肖人情"⑧。虽然"绛芸馆主人"品评韩桂喜不乏从"色"的角度出发,但最终令他刮目相看的还是韩桂喜的技艺——对戏剧人物的刻划,对戏情的揣摩以及舞台表现力。

尽管心折韩桂喜,他们在舞台下的接触并不多,除了上文提到设席款待孙

① 绛芸馆主人:《绛芸馆日记》,傅谨主编《京剧历史文献汇编·清代卷·日记》,第277—279,290—291页。
② 绛芸馆主人:《绛芸馆日记》,傅谨主编《京剧历史文献汇编·清代卷·日记》,第260页。
③ 绛芸馆主人:《绛芸馆日记》,傅谨主编《京剧历史文献汇编·清代卷·日记》,第313页。
④ 绛芸馆主人:《绛芸馆日记》,傅谨主编《京剧历史文献汇编·清代卷·日记》,第317、320、322页。
⑤ 绛芸馆主人:《绛芸馆日记》,傅谨主编《京剧历史文献汇编·清代卷·日记》,第325页。
⑥ 绛芸馆主人:《绛芸馆日记》,傅谨主编《京剧历史文献汇编·清代卷·日记》,第246页。
⑦ 绛芸馆主人:《绛芸馆日记》,傅谨主编《京剧历史文献汇编·清代卷·日记》,第284页。
⑧ 绛芸馆主人:《绛芸馆日记》,傅谨主编《京剧历史文献汇编·清代卷·日记》,第289、297页。

菊仙、杜蝶云等人，韩桂喜也在受邀之列，其他仅有的四次，一次是出城访友不遇，"转访韩桂喜词友，缘渠患河鱼之疾，交加味正气丸去也"①，韩桂喜患腹泻之症，送了药后便很快离开。另有两次是在戏园，一次"至丹桂闲步，适桂喜自都门来晤谈，快慰之至"，一次至丹桂看戏，"访桂喜畅谈"。还有一次是在天仙看完戏后，前往澡堂洗澡扦脚，韩桂喜正好也在，畅谈甚欢②。君子之交溢于言表。

演员扮相造型的优劣也是近代剧评家品评伶人的角度③，不能因为"绛芸馆主人"经常提到"色艺俱佳"就断定他对伶人的品评还带有"旧式品花的趣味"④。他和友人不仅常常前往戏园观剧，还曾托孙春恒、韩桂喜排演新戏《三疑记》，"神情逼肖，颇为悦目"⑤。与"绛芸馆主人"有往来的钱伯昕、何桂笙等报人也都是戏迷，孙玉声便说过，钱、何"二人皆嗜音律，各能歌花曲"，"何桂笙也嗜京剧，与诸伶往返，何桂笙目近视，不须入座观剧，每入后台谛听之，遇佳处，必击节称赏，越日为文刊诸报端，使之顿增声价"⑥。孙玉声自己也是戏迷。无论是"绛芸馆主人"，还是王韬等人，他们会和伶人产生进一步的交往，很大程度上是因为戏，关注更多的还是演技层面。其交往的伶人，不论是昆班的荣桂、周凤林，还是京班的杨月楼、杜蝶云、孙菊仙等，都是当时活跃在沪上的角儿。

如果说，北京的花谱花评以及"状元夫人"的故事反映的是传统"才子佳人"理想的失落，士人的身份焦虑⑦，以及通过对伶人的品评、书写重新掌握士优交往话语权的努力，"绛芸馆主人"与伶人的交往及其对伶人的书写品评则少了很多这样的色彩。其在与伶人交往过程中的表现，与其说是"护花人"，毋宁说是他们的忠实"戏迷"。《日记》也揭示了洋场才子不同于北京士大夫那种"招相公饮酒作乐"的交往方式。租界之中有侑酒经历的伶人屈指可数，可能

---

① 绛芸馆主人：《绛芸馆日记》，傅谨主编《京剧历史文献汇编·清代卷·日记》，第 305 页。
② 绛芸馆主人：《绛芸馆日记》，傅谨主编《京剧历史文献汇编·清代卷·日记》，第 322、330、334 页。
③ 朱瘦竹的《修竹庐剧话》中对演员的评论就涉及扮相问题。
④ 任荣：《论〈绛芸馆日记〉中戏曲史料的价值》，《戏曲艺术》2011 年第 3 期。
⑤ 绛芸馆主人：《绛芸馆日记》，傅谨主编《京剧历史文献汇编·清代卷·日记》，第 311 页。
⑥ 徐载平、徐瑞芳：《清末四十年申报史料》，新华出版社 1988 年版，第 24 页。
⑦ Andrea S. Goldman, "Actors and Aficionados in Qing Dynasty Texts of Theatrical Connoisseurship", *Harvard Journal of Asiatic Studies* 68.1(June 2008)：1—56；村上正和：《嘉庆道光年间的士大夫与优伶——以"状元夫人的故事"为中心》，《清史研究》2009 年第 2 期。

有过侑酒取利行为的,只有上文提到的荣桂、周凤林和小桂林。但即便如此,他们的酬应方式——自重自爱,注重规矩和礼节,也与同时期北京的相公显著有别①。

类似"绛芸馆主人"重戏甚于演员色相的并非个例。时《申报》上的系列"观戏记",大都强调的也是伶人技艺,书写风格与近代剧评很接近。如"岭南羁士"观看丹桂《雷击张计宝》后撰写的《观剧小记》,通篇都在谈戏,演员只点评了扮演张计宝之父的吴凤鸣,"声情激越,刻划逼真"②。"惜惜主人"的《观剧书所见》揄扬金桂武旦黑儿与丹桂武旦韩桂喜,如身轻如燕,跳掷则如猱升木、迅疾则如隼腾空;飞刀剑之光、作婆娑之舞等,着眼点也是舞台表现③。"都门惜花子"的《观剧闲评》认为金桂仅以武技见长,"至生旦唱口做工,终有格格不入者,反不如丹桂之文武兼优"。对丹桂伶人的点评,如认为杨月楼长于武技;韩桂喜飞舞跳跃,尽态极妍;陈吉太、天黑疾如猱升,轻若飞燕;景四宝、吴凤鸣摹拟入神;王桂芳、李棣香珠喉宛转等,也多是从表演出发④。

三、"品花诗"新变与捧角的滥觞

和京城文人编纂花谱花评一样,洋场才子也有为伶人评定甲乙的作品。开风气之先的应该是"饭颗山樵"杜求烺与其友人孙顽石编订的《梨园声价录》⑤。该书小引作于 1878 年,但大部分内容此前都已在《申报》上发表。作者自序《声价录》之缘起,乃因"见《沪游杂记》中载金、丹二园角色,品列颇当",只是其"不别何项角色,而统为甲乙"的做法,恐未见伶人专门之长,且金桂、丹桂之外,遗珠亦复不少,故拟将薄游海上十余年来所见伶人"分各项角色,列上中次三品","各详名姓籍贯,隶何园擅何技,上品者缀以评赞,并列其当行之剧"⑥。《沪游杂记》为仁和(今杭州)葛元煦始作于光绪二年(1876),后多次重

① 吴新苗指出,迫于经营压力及个人生存,清末时期北京的相公堂子中很多歌郎已无暇训练自己的演技和培养优雅性情,自甘下流做出种种污浊不堪之事,导致行业素质下滑。详见吴新苗:《从狎优到捧角——〈顺天时报〉中堂子史料及文人与"相公"的关系》,《文艺研究》2013 年第 7 期。

② 《观剧小记》,《申报》1872 年 8 月 13 日,第 3 版。

③ 《观剧书所见》,《申报》1873 年 1 月 4 日,第 3 版。

④ 《观剧闲评》,《申报》1873 年 2 月 3 日,第 2 版。

⑤ 《梨园声价录》,傅谨主编《京剧历史文献汇编·清代卷·专书(下)》,第 101 页。关于饭颗山樵真实姓名的考证详见吴存存:《"软红尘里著新书"——香溪渔隐"凤城品花记"与晚清的"花谱"》,《中国文化》2006 年第 2 期。

⑥ 《梨园声价》,《申报》1877 年 5 月 19 日,第 3 版。

修再版。此书卷四最末有"丹桂、大观、天仙各茶园名班脚色"条目,收录同光之际丹桂、天仙、大观著名脚色五十三人,并列出演员姓名、擅演剧目、扮演的剧中角色等信息,但并没有杜求煃所说的品第甲乙的情况①。

同治年间杜氏曾与友人北上参加科考,友人曾和多位京城伶人交往,并撰有《评花新谱》等多部梨园花谱,光绪年间汇集成《鸿雪轩纪艳四种》由申报馆刊刻出版,杜求煃为此书题词。可见沪上这种为伶人评定甲乙的风气很可能受到了京城的影响。但同时这种风气在租界之中又有新变,寓沪文人关注的不再只是那些色艺俱佳的旦角,品评标准也不再局限于伶人的容貌性情,对伶人的书写少了北京梨园花谱的那种香艳风雅。无论葛元煦,还是杜求煃,品评标准更重视的都是技艺。葛元煦的书中,旦角排在最后出场,《梨园声价录》排在最前的行当是老生,次青衣,继之花面、武生、武丑,然后才是花旦、武旦等。

但这并不意味着十里洋场就没有北京风格的以旦角为主的"品花诗"或花谱。"鸳湖恋恋子"的《春明品花诗》品题的对象主要是都中旦角②。"半天居士"的《梨园十艳吟》以秀艳、幽艳、哀艳等品评沪上十位名旦③,明显受到成书于嘉庆年间的《莺花小谱》之启发。"新安崔宗鲁少棠氏"的《梨园百花词》也是"借百花之列等,评妙伶之低昂",以莲花、梅花等花卉比拟小一盏灯、想九霄等十位花旦④。此外,黄式权与好友毕玉洲编纂的《粉墨丛谈》也收录了"名旦小传四十余篇,或表其貌之出众,或扬其技之超群,要皆旖旎风华,清新艳丽"⑤,风格、体例与当时在北京流行的梨园花谱无甚差异。

不过这类将群伶放在一起品列高下的著作在沪上还是相对少见。洋场才子更常见的做法是在报上发表单首题赠某位伶人的诗词。梳理报上这些诗作便会发现,咏赠对象主要集中于数位旦角演员⑥,且不同演员背后都有一个主要文人在为之提倡,他的友人会因此很快加入唱和题咏。仅对得诗较多者进行考察发现,想九霄的支持者主要是吴中名士金免痴;周凤林的支持者主要是

①　笔者查阅了天津图书馆所藏光绪二年刻本、国家图书馆所藏武林葛氏啸园光绪二年刻本,均未有对演员进行品第甲乙的情况。
②　《春明品花诗》,《申报》1873 年 5 月 12 日,第 3 版。
③　《梨园十艳吟》,《申报》1889 年 2 月 9 日,第 4 版。
④　《梨园百花词并叙》,《新闻报》1893 年 10 月 23 日,第 10 版。
⑤　《新著粉墨丛谈出售》,《申报》1887 年 4 月 21 日,第 1 版。
⑥　具体的咏伶、赠伶诗作篇目详见林秋云:《戏曲行业的变革与边缘身份的演化:清代京沪男伶群体研究》,复旦大学博士学位论文 2018 年,第 240—253 页。

黄式权;徐介玉的支持者主要是何桂笙;小金翠、余玉琴和牡丹花的支持者主要是高太痴。除高太痴时还年少尚在何桂笙门下学习,号召力相对有限,其他几乎都是一经提倡,赠诗盈箧。

金免痴名继,橐笔海上鬻书画为生,作品风行一时①,《申报》上最早咏想九霄的诗即出自其笔下。光绪七年(1881),友人在戏园中看了田际云的演出,向其称道弗衰,金免痴"追其登场时见之,洵足争北地胭脂之胜",因集唐人句三章以赠②。此后金继又在《申报》上发表过数首诗词,内容大同小异,皆是描摹田际云袅娜身姿、婉转歌声。从"我有新诗频寄与,都凭翰墨话因缘"来看③,他与田际云似未有过接触。即便如此,在他的索赠之下,还是有不少人参与了唱和——起初是友人,如他的经纪人"梦鹿子""金竺山人",在海上文坛颇有名气的"醉墨生"吴益三等,接着是朋友圈外的人物,在海上享有文名的落职知县李芋仙士棻、"石竹馆主"曹运昌、"怡红生""经香阁主人"等。直到光绪十一年(1885)田际云回京,几乎年年报上都能见到咏赠他的诗词。如金免痴说的那样,自想九霄诗登诸报章,"从而和之者,颇不乏人,窃谓颠倒无虚,不亚当年王喜寿"④。田际云初至海上便能很快享有名气,与这些诗词文章应当分不开关系。

黄式权初识周凤林亦是在戏园观剧之时,此前一直听闻其名而未见其人。光绪六年(1880)夏,黄式权前往三雅看戏,乍见周凤林,觉其"绮年花貌,明艳可人,归而绳之于潘树百盟兄,树百谓:君于王翠儿曾赋诗揄扬,兹独阙如,未免抱向隅之憾",遂赋绝句四首以揄扬之。这也是报上最早吹捧周凤林的文字⑤。同在《申报》担任主笔的何桂笙、高太痴,《益闻录》主笔"梁溪瘦鹤词人"邹弢皆很快参与了唱和。再就是与这些报人往来密切的毕玉洲、汪昀绶、居世绅、潘月舫、周子英、蒋肇龄,与高太痴有旧的"庐山旧隐"王省斋,与潘月舫熟识的"龙山擅梦生"查济元,黄式权的友人"鹤沙浮槎仙侣"张郁周等,亦皆有诗赠周凤林。黄式权编纂《粉墨丛谈》的初衷也是为揄扬周凤林,故此书以凤林为"状头花"。这些题赠周凤林的诗词大都会在诗题中注明"并乞梦畹诸同人

① 孙玉声:《沪壖话旧录》,熊月之主编《稀见上海史志资料丛书》(第2册),上海书店出版社2012年版,第109—112页。

② 《集唐人句赠想九霄》,《申报》1881年10月17日,第3版。

③ 《雨窗无事再作燕儿诗以赠之》,《申报》1881年10月29日,第3版。

④ 《湖州沈云酒舲氏寄怀想九霄词》,《申报》1885年1月9日,第9版。

⑤ 《小伶周凤林久饮香名》,《申报》1880年7月1日,第3版。

赐和""录请梦畹生政和""因成韵语即奉梦畹生哂政""呈诸梦畹同人乞和""录请梦畹生粲正"等。他们题赠周凤林大都缘于黄式权"赋诗嘱和"。黄式权偕"海上二周"游园的合照也得到了友人大量的题咏。

可以看到，围绕某个伶人诗词唱和的背后其实是洋场才子的交游网络，题赠昆伶徐介玉的诗词也是如此。徐介玉原名小金宝，何桂笙于三雅园观剧之时，小金宝向其乞要题名，遂"名之以玠，字以介玉而系之诗"①。因为欣赏徐介玉，当徐改搭田际云经营的丹桂云记之后，何桂笙虽不喜秦腔，亦时常前往丹桂看戏。统计《申报》上咏赠徐介玉的诗词，何桂笙发表的数量最多，其以"镜中花史""高昌寒食生"两个别号赋诗十四首，其余则是友人黄式权、居世绅、蒋肇龄、"种榆山人"胡悦彭、"绮禅庵主"陈崇礼、"两呆山人"谢朝恩、"西湖花隐"杨槐卿、"水镜散仙"等的赠诗。寓沪卖画为生的"小顽仙庐生"陈璋达，以及"燕市酒徒"和"润玉堂主陇西也云氏"虽然看上去和这个圈子无甚互动，他们题赠徐介玉主要也是因为"雏伶徐介玉为镜中花史所激赏"②。

除了何桂笙及其友人的题赠，徐介玉也有主动索诗的情形，比如"水镜散仙"的赠诗，即是因他在何桂笙的书斋偶遇徐介玉，"殷殷索诗，余不能却"③。魏塘郭少泉以手绘兰石及博古盆景、菖蒲条幅四帧赠徐介玉，徐介玉也曾"泥"何桂笙作诗以谢之④。从主动乞名到后来的索诗，可以看出徐介玉"与海上名流相往还"的背后，或许还在于洋场才子的文字对于包装自己的作用。孙玉声对于徐介玉见赏于名流的评价是：这些老名士发表于《申报》上的诗词文章"积日既久，而徐介玉之名乃大噪，在当时并无捧角二字之名词，实则确乎其为捧角也"⑤。题赠田际云、周凤林等伶人的诗实质也是如此。

四、娱乐小报与商业联盟

受申报馆股权变动与人事纠纷的影响，自光绪十六年（1890）起，《申报》不再刊登任何旧体诗⑥。洋场才子也失去了最重要的发表阵地。随着时局的恶

---

① 《三雅园雏伶徐小金宝乞余题名》，《申报》1887年11月17日，第4版。
② 《雏伶徐介玉为镜中花史所激赏，赋此为赠并示花史》，《申报》1887年12月2日，第4版；《丹桂茶园观剧赠徐介玉录请高昌寒食生大词坛哂政》，《申报》1888年3月17日，第9版。
③ 《（小金宝）殷殷索诗，因口占二十八字出赠》，《申报》1888年3月7日，第4版。
④ 《酬魏塘郭少泉先生》，《申报》1888年3月9日，第4版。
⑤ 海上漱石生：《徐介玉见赏名流》，《戏剧月刊》1929年第2期。
⑥ 花宏艳：《申报刊载旧体诗研究（1872—1949）》，凤凰出版社2018年版，第126—136页。

化以及各种新学说的鼓动,何桂笙、黄式权等老名士的做派,也日渐被指责为"藉风月笔墨,游戏文章,以书写其郁闷无聊之意",耽于逸乐而无益于现实①。不过,虽然以《申报》文人圈为核心的题咏、题赠伶人的诗词唱和传统中断了,娱乐小报的出现却又以另一种新的方式延续并改变了洋场才子与伶人的交往。

先是光绪二十三年(1897)李伯元创办《游戏报》,"节取花界及剧界新闻,编辑成文,有时间用吴侬软语,读之殊可人意,故得风行于时",继之又有孙玉声创办《采风报》《笑林报》,邹弢创办《趣报》,吴趼人创办《寓言报》等。此外,自《字林沪报》易名《同文沪报》后,"笔政则由王若香君主持之,旋易太痴生高侣琴君,于报中辟一栏,曰《同文消闲录》,专刊各种小品文字,为阅者作消闲之作,由病鸳词人周品珊君主任"。②这些小报也会刊登梨园品花诗,但比重非常小③,且题咏对象已不全是旦角,而是有如汪桂芬、李春来、何家声之类唱须生、武生、丑角的伶人。尤值一提的是《消闲报》于庚子(1900)、辛丑(1901)两度举行的菊榜评选活动。两次菊榜均由毕玉洲操定,共分为武榜、文榜、菊榜、女榜四张,结果在《消闲报》上公布,入选的伶人来自各个行当④。

与梨园花谱等评伶文字不同的是,《消闲报》的菊榜引起的反响不仅限于友人与同好之间。庚子菊榜揭晓以后,丹桂戏园率先打出广告,以园中七盏灯、夏月润、小喜禄、张顺来分别夺得菊榜一甲状元、武榜一甲状元、菊榜一甲榜眼、武榜一甲探花,扎菊花山庆贺为噱头招徕观众⑤。桂仙茶园紧随其后,以"敝园诸伶多蒙拔到前茅",汪笑侬、吕月樵、小喜凤分别夺得了文榜一甲状元、武榜一甲榜眼、菊榜二甲传胪,"特延名匠扎就菊花山"⑥,并顺势推出焰火灯戏,"倩文魁与前榜诸名角举行会串三夜"⑦。虽然戏园广告强调活动主办

---

① 张默:《六十年来之申报》,《申报月刊》1932年第1卷第1号。
② 孙玉声:《沪壖话旧录》,熊月之主编《稀见上海史志资料丛书》(第2册),第103—105页。
③ 从保留下来的资料来看,《游戏报》登载的此类文字仅有两篇:《名伶新咏》,《游戏报》1897年8月16日,第2版;《名伶杂咏》,《游戏报》1899年1月1日,第3版;《消闲报》登载的此类文字仅有《苏台梨园十二花选》,《同文消闲报》1901年8月12日。
④ 详见《共庆升平》,《同文消闲报》1901年4月15日;《榜期特志》,《同文消闲报》1901年4月20日;《并不饰非文过》,《同文消闲报》1901年4月26日。由于保留下来的《消闲报》不全,目前仅能看见"辛丑科梨园庆榜"二甲后十七名、三甲十二名的名单、赞语及擅长戏目(《续辛丑科梨园庆榜》,《同文消闲报》1901年4月22日)。庚子年梨园榜见晓如厂主选辑:《海上梨园旧事·庚子梨园"文"榜》,《中国艺坛画报》1939年第64—65期。
⑤ 《丹桂茶园》,《新闻报》1900年11月14日,第6版。
⑥ 《桂仙告白》,《新闻报》1900年11月19日,第6版。
⑦ 《桂仙茶园告白》,《新闻报》1900年11月22日,第6版。

方"秉笔公正",但从评选结果"三鼎甲"多集中于丹桂、桂仙两园来看,不免让人产生商业运作的怀疑。毕竟《消闲报》曾公开揄扬丹桂、桂仙两园,称赞其剔选角色,在在认真,以故庚子年三开伶榜,占鳌者多隶其部下①。

菊榜可能存在的商业性质也反映在评选结果引发的争议。辛丑菊榜甫经公布便有读者以万盏灯为沪上著名角色却未能入选,去信指出二三甲名次欠公。《消闲报》以万盏灯已编入《粉墨丛谈》,作为前辈不能屈入榜中作为答复,但却无法平息议论,因为"二甲之小金红"同样厕身《粉墨丛谈》中,去年已入菊榜的佛动心今年又复入榜上②。尽管《消闲报》菊榜评选不像《世界繁华报》评选花榜、曲榜那样,由读者投函推荐③,但这些争议的存在,已经使得毕玉洲品评伶人的行为具有了某种公众参与性。

正是这种面向公众的考虑,菊榜评选的标准更注重伶人的"艺"。针对每位入选的伶人,评选者除列出其所搭戏园,给出四字评语外,重点在于他们擅长的剧目。这种强调"艺"的取向还可以从娱乐小报对伶人的报导角度看出。以创办时间最早的《游戏报》为例,庚子以前该报曾报导过李春来、汪桂芬、夏月润、三盏灯、高彩云、十三红、何家声,除了三盏灯和高彩云报导角度有些特殊之外④,余者无不着眼于他们的舞台表现⑤。庚子以后,该报的梨园新闻更侧重名伶行踪及各戏园脚色变动、演出剧目等信息的报导,又有"菊部琐谈""菊部谭新""观剧剩话"一类点评各戏园当日演出情况的小专栏。

其他娱乐小报也先后推出了类似栏目,如《消闲报》的"梨园赘语""菊部琐谈""乐部琐谈""菊部丛谈""菊部碎金""菊部新闻",《笑林报》的"菊部赘谭""梨园杂记""梨园丛话""乐部飞声""菊部卮言""菊部采新""菊部琐谈",《繁华报》的"菊部要录""菊部要志""繁华杂志",《花天日报》的"顾曲闲评",《寓言报》的"梨园杂录""歌台偶拾""梨园谈艺""粉墨丛谈"等。虽然栏目名称并不

---

① 《聆音偶记》,《同文消闲报》1901年3月8日;《名角借来》,《同文消闲报》1901年4月15日。

② 《万盏灯是前辈》,《同文消闲报》1901年4月25日;《并不饰非文过》,《同文消闲报》1901年4月28日。

③ 《曲榜征荐》,《世界繁华报》1901年6月24日。

④ 详见《张可青能通词律》,《游戏报》1897年12月9日,第2版;《严办淫伶逞凶》,《游戏报》1899年3月30日,第1—2版;《论高彩云事》,《游戏报》1899年3月30日,第1版;《彩云何在》,《游戏报》1899年3月31日,第2版;《公堂惩淫余志》,《游戏报》1899年4月1日,第2版;《遽干众怒》,《游戏报》1899年4月4日,第2版。

⑤ 详见《梨花枪》,《游戏报》1897年11月8日,第2版;《歌传名角为菊部生辉》,《游戏报》1897年11月9日,第2版;《夏月润巧排戏剧》,《游戏报》1897年11月12日,第2版;《梨园生色》,《游戏报》1898年10月4日,第2版;《何多能也》,《游戏报》1898年10月6日,第2版。

固定,但已不难看出有内容专门化的趋势。1905 年《消闲报》推出固定的"剧谈"专栏,专门刊载戏园每夜的名角戏;次年《笑林报》的"菊部"小栏目也变为固定的"粉墨丛谈"专栏。

叶凯蒂讨论过清末洋场才子与名妓的关系,认为传统文学中名妓与文人一直都是"才子佳人"模式的最好注脚,然而,晚清现代城市兴起以后,这种关系发生了根本性的变化。名妓生意在租界十分兴隆,她们已经演化成了职业的女商人和女艺人,不再是需要被保护的弱女子。洋场才子很快也嗅到了名妓作为城市公共领域的重要角色所带来的商机,开始将名妓作为一种可以消费的文化产品进行推销,无论是城市指南书、画报、还是竹枝词、娱乐小报、小说,名妓都是他们书写的主角。而诸如《游戏报》这样的娱乐小报,则使得名妓由传统卑微的角色变成了风靡全国的明星,乃至形成了一种明星文化,洋场才子与名妓的关系,也由惺惺相惜变成了一种相互依赖的、商业联盟的关系。

洋场才子与伶人的关系其实也经历了类似变化。晚清上海特殊的"班园一体"经营模式使得戏园在竞聘角色的同时,也提高了伶人唱戏的薪酬,"优伶之著名者每岁工资均在千金以外,其余亦皆工赀数百金"①。一方面伶人生存境遇的改善,无需通过舞台下的侑酒来谋生,只要精进自己的表演技艺便可在沪上立足,甚至还可以用自己积累的财富投资戏园,既充任戏园主演,又身兼戏园老板②。伶人已经不需要洋场才子的保护,相反,洋场才子有时候还需要伶人接济。李伯元主沪报笔政时与梨园中人多有往来,而与孙菊仙尤笃,"三十二年丙午,伯元死,堂有老母,年九十余,诸子幼,不能自存;菊仙乃经纪其丧,护返常州原籍,并赠银千两,作养老恤孤之费"③。

还有仰仗伶人之名气的。比如以下这则最早的"明星广告":

> 凤林于秋冬之交,忽患湿热下注,致溃而为疡。幸蒙百花祠主人毕君耐仙,俯赐诊治,妙手回春,正欲告痊,又患喉症。斯时势甚岌岌,医者皆束手无能,而毕君仍恳恳勤勤,施以妙剂,未及数日,即已霍然。凤林迩来

①　《论上海繁华》,《申报》1874 年 2 月 14 日,第 1 版。
②　林秋云:《晚清伶人戏园开办管窥》,《戏曲研究》第 122 辑。
③　王芷章:《清代伶官传》,商务印书馆 2014 年版,第 301 页;魏如晦撰《李伯元》亦载李伯元"光绪三十二年以瘵卒,年四十,伶人孙菊仙为理其丧",详见魏绍昌编《李伯元研究资料》,上海古籍出版社 1980 年版,第 24 页。

处境日艰,愧无以报,然恩同再造,感戴良深。肺腑深铭,无时或释。因敬志数语,以扬仁风,并制匾一方,择日送往。涓埃之报,愧恧良深,幸垂谅焉。丹桂园主人周凤林谨述。①

这位百花祠主人就是曾赠诗周凤林、评定菊榜的毕玉洲。娱乐小报对名角的报导一方面传播和积累了伶人的"名气",同时也是对伶人"名气"的一种消费。所以,和梨园花谱、品花诗等注重自我表达的文字不同,小报文人并不是通过书写或者品评伶人来凸显自己的志趣和品位,伶人从藉以抒情的载体,成为了客观的报导对象,通过对他们的行踪、拿手戏以及表演状况的及时跟进,小报吸引了大量的读者。或许,当黄式权编纂完《粉墨丛谈》,在《申报》上刊登出售广告的那一刻起②,"雅道"已经变成了"商道"。商业的力量最终改变了还保留有一丝"才子佳人"理想的捧角游戏。

一个非常有意思的现象是,当田际云1887年底开始经营丹桂云记时,之前争先赠诗给他的洋场才子集体沉默了。周凤林开办戏园以前在诸多洋场才子笔下的形象都是"和平蕴藉""不失雅人深致",然而,接手丹桂之后,戏园却多次推出"海淫海盗"的戏曲而被指责为"以赚游人,败俗伤风,为害滋甚"③。连孙玉声也批评他"有时恒多冶荡之作,且喜裸其色身,以博台下之彩声四起"④。此种书写既反映了一定的事实,但又未尝不是洋场才子与伶人权力关系发生深刻改变的写照。

五、余 论

何炳棣在研究明清社会阶层流动问题时曾指出,时人有更换职业以改变身份地位的自由,因此法律无法真正对社会各阶层流动构成障碍。⑤该观点道出了职业之于个体的重要性,如经君健阐明的那样,传统社会倡优为贱与他们所从事的职业有关。⑥伶人身份地位在近代的演化,实际上与戏曲行业在近代

---

① 《奉扬盛德》,《申报》1892年12月28日,第6版。
② 《新著粉墨丛谈出售》,《申报》1887年4月21日,第1版。
③ 《饬禁淫戏》,《申报》1895年6月23日,第3版。
④ 孙玉声:《沪壖话旧录》,熊月之主编《稀见上海史志资料丛书》(第2册),第209页。
⑤ Ping-ti Ho, *Aspects of Social Mobility*, 1368—1911, New York: John Wiley & Sons, Inc., 1964, pp.54—67.
⑥ 经君健:《清代社会的贱民等级》,浙江人民出版社1993年版,第42—44页。

的发展息息相关。晚清洋场才子和伶人的交往形态之所以和此前包括同时期的北京显著有别,很大程度上受惠于上海新型的剧场运作模式以及由此带来的戏曲行业的职业化——职业化很重要的一层涵义是"专业化",亦即伶人除了从事与戏曲表演相关的活动,努力提升自己的舞台技艺,不再继续从事与唱戏无关的侑酒等经营项目。正是特殊的戏园经营体制,使得伶人凭借出色的叫座能力便可获取较高的薪酬,通过侑酒获得生存资料的动力因而消退。收入的增加,也使得他们在参与办学、赈灾等社会公益活动中崭露头角,并在这个过程中为自己争取到更多的话语权,增强了职业认同感①。

　　同时还应该看到的是,在华洋混居、五方杂处,不受官府直接管辖的租界之中,按照传统社会身份和特权地位形成的上下尊卑身份等级关系原本就相对松弛②。再就是十里洋场可能接触到的一些新观念。比如《申报》上那篇最早批评"叫相公"风气的论说,其中非常明确地提到此事"为西人所深恶"③。庚子以后出现的一些批评相公堂子的文章无不延续着同样的思路,堂子有碍风俗不只是因为像姑"以优伶之身份,效倡伎之行为"④,关键还在于此种现象乃全球万国之所未闻的野蛮丑行,"为全球各国所无之最贱生业,不独深为国耻,且亦大反人道"⑤,亦即不符合西方的文明观念。狎伶现象与中国传统社会盛行的男风有关,然而,习以为常的传统在西方文化中很可能变成冒天下之大不韪⑥。由此可以想见来华西人对该现象的观感,以及在这种排斥心理的作用下,受雇于西人报馆的洋场才子在与伶人交往之时不得不有所顾忌。

　　此外,晚清租界的外文报刊中也常常能够读到一些不同的声音。《字林西报》(The North-China Daily News)在对同治年间的杨月楼案进行报导时多次表达了对杨月楼的同情。⑦得知杨月楼被监禁,韦氏女被强行发配至沪北栖流公所,一位读者还专门去信表达了他的忿忿不平,认为此事体现了"中国文化

---

① 林秋云:《晚清"淫伶"案中的华洋交涉与集团竞争——以李春来案为中心》,《学术月刊》2019年第4期。
② 李长莉:《从"杨月楼案"看晚清社会伦理观念的变动》,《近代史研究》2001年第1期。
③ 《弊俗宜防其渐论》,《申报》1885年7月19日,第1版。
④ 《论北京宜禁优伶侑酒》,《笑林报》1904年12月16日。
⑤ 《伶界知耻矣》,《大公报》1909年12月12日,第5版。
⑥ 吴存存:《"旧染污俗,允宜咸与维新":二十世纪初关于私寓、倡优并提的讨论与中国性史的西化》,《中国文化》2008年第2期。
⑦ "Apropos of Yang Yeh-liu", *The North-China Daily News*, January 16, 1874, p.3; "The Extiement Caused by the Yang Yeh-liu Case", *The North-China Daily News*, January 23, 1874, p.3.

的野蛮与残忍"——杨月楼获罪仅仅因为其演员的身份。①正因为西人对伶人的态度和国人迥然有别，李春来在清末被指控为"淫伶"时，曾任美国驻华领事的著名外籍律师佑尼干(Thomas Roberts Jernigan)才会接手他的案件，并且在公堂上为其进行公开辩护，批评中国传统社会"演员身份极其低贱，没有基本权利保障"，同时援引欧洲的例子告诉围观庭审的公众，曾经英国的演员地位也很低下，甚至被律法视为无业游民，然而十九世纪以来，情形发生了很大的改变，演员已然成为英国社会的最高阶层。②

没有直接材料可以证明西人改变了洋场才子对待伶人的态度和方式，但很明显的是，他们在当时一定是有途径接触到这些异于传统的观念。从这个角度出发或许便不难理解，为何《申报》在刊出主张严惩杨月楼的舆论时也会发表为杨月楼抱屈的中文读者来信。清末知识人喊出"尊伶"的口号，表面上看石破天惊，但实际上离不开此前接触到的新思想作为准备。包括很早就在为废除私寓制奔走努力的名伶田际云③。1911年初他向京城警察局递交了查禁相公堂子的请求并得到当局批准，至此传统文人视为风雅韵事的狎优行为被明确定性为"玷污全国、贻笑外邦"的陋俗。④田际云之所以有这方面的行动可能与他早先的上海经历有关，光绪初年他便南下唱戏，后来更是自己充任戏老板。在沪期间他积极参与公益，四年之后回京又率先践行戏曲改良，编演新戏助学。他曾因拒绝出演总署各官宴请李鸿章的堂会戏被差役强行锁往⑤。如果不是在上海感到不同于北京的文化氛围，感受到此种氛围之下伶人不是低贱的戏子，而是具有平等资格的社会阶层，大概不会这么急切想要改变行业的地位现状。

相对于器物等其他层面，观念层面的改变最为艰辛、漫长而又反复，一直到民国，歧视伶人的现象还是很普遍，以至程砚秋下定决心不让子女再踏入此途。无论影响程度如何，这些异质元素的输入，总归为传统观念的松动提供了一种可能，就像葛兆光强调的那样，尽管费正清在上个世纪提出的"冲击——反应"理论已略显陈旧，但在传统帝国到近代国家的艰难转型中，确实有"(西

---

① "The Yang Yeh-liu Case", *The North-China Daily News*, February 6, 1874, p.3.
② "The Case of Li Chun-lai", *The North-China Daily News*, June 17, 1908, p.8.
③ 《伶界知耻矣》,《大公报》1909年12月12日，第5版。
④ 张次溪编:《清代燕都梨史料正续编》(下),中国戏剧出版社1988年版,第1243页。
⑤ 《都下委谈》,《申报》1885年10月20日,第1—2版。

方)冲击——(东亚)反应"的关键作用①。还可以补充的是,虽然上海特殊的经营体制有否受到西方剧场的影响无法确定,但在租界掀起创办戏园风潮的满庭芳,戏园主罗逸卿正是英籍新加坡人,而满庭芳开张的 1867 年正好也是租界海外侨民剧场兰心大戏院建成的年份。上海梨园文化与京津有别,伶人能够与"倡"的角色相剥离,从而进一步走向职业化,固然得益于上海剧场市场化、商业化运营带来的伶人戏曲表演收入的增加、经济地位的提升,外来的文化因素同样值得关注。

Actors, Intellectuals, and Opera Culture in Shanghai in the Late Qing Dynasty

Abstract: The interaction between the intellectuals and the actors in the late Qing Dynasty was significantly different from that of the Beijing-Tianjin region before and during the same period. The traditional status hierarchy between the two had been loosened in the Shanghai foreign settlement. Under the special theatre business system, the artists focused more on improving their acting skills to obtain higher pay for their performances, and it was less common for them to make profits by serving customers. The Westerners' aversion to homosexuality also led the literati to place considerable emphasis on the etiquette of their dealings with actors, and were even the first to openly criticize the culture in the Beijing and Tianjin of treating actors as escorts. The use of *ciyou* to describe the actor, the actor invited the literati to a banquet, both make the interaction between the two with equal meaning. Due to the public nature of the press, the poetry of comment on an actorobjectively became a way to praise a specific actor, and the game of tasting actors, which was originally confined to the literati circle, became a way to create opera stars. The changing relationship between the intellectuals and the actor echoes the rise and fall of their status in modern times, and also deepens the image of the actor as a "professional" in late Qing Shanghai.

Key words: Intellectuals; Actors; *Ciyou*; Sponsorship and touting of actors; Professionalism

作者简介:林秋云,江西师范大学历史文化与旅游学院历史系讲师。

---

① 葛兆光:《倾听来自韩国学界的声音——响应桂胜范教授对〈想象异域〉的评论》,《文汇学人》2020 年 3 月 16 日。

重新审视大众抵制辱华电影运动
——以"金陵大学影片辱国案"为例①

张　楷

摘　要:面对美国辱华电影,中国人渴望改变中华民族在银幕上的负面形象,将电影同民族/国家概念有机地联系起来。在民族主义的召唤下,一个抵制美国辱华电影的民间大众群体悄然形成。伴随"《不怕死》事件"的发生,大众抵抗美国辱华电影也达到高潮。在此背景下,"金大影片辱国案"走入世人的视野中。1930年,金陵大学美籍教授夏慕仁在学校举办同乐会期间,放映有辱华内容的电影,遭到学生集体抵制。金大学生一方面在《中央日报》等报刊上发文,谋求社会各界广泛支持;另一方面积极地向国民政府请愿,要求严惩辱国教徒,销毁辱华影片。南京社会各界纷纷发文响应金大学生。国民政府在事件处理过程中,更是扮演了重要角色,惩办涉案当事人及相关机构,禁止外人在华摄影。此事件对南京社会产生重大影响。国民政府在南京社会中建构起以其为主导的电影大众联盟。

关键词:美国辱华电影　"金大影片辱国案"　国民政府　民族主义

一、中国电影大众抵制辱华电影运动之历史经纬

作为一种特殊商品,电影本身附有一定的文化内涵与意识形态。美国电影进入中国,更着重营利,并非专门输送美国意识形态。但是,我们又不能否

---

① 本文为山东省高等学校青年创新团队"山东影视文化传承与社会服务创新团队"(2022RW071)的阶段性成果。

认,美国意识形态正在对中国人的思想观念与社会生活产生影响。中国电影观众在潜移默化中,接受并认同美国意识形态,他们谈论美国电影,崇拜美国电影明星,追求美式生活方式。殷明珠"好观电影,剧院每一片出,虽载风雨,亦必往观,海上所演者,殆无或遗。其装束均摹影戏中女郎,故尤得西方美人之丰(风)度"。①她也因追求剧中明星的时髦装扮,而被朋友亲切地称呼为 FF(following fashion)小姐。

正因如此,中国电影观众被置于美国所编制的西方殖民话语体系之中。电影商品的"中心化"决定着,美国电影内容首选于国家宰制性意识形态。②一战后,美国官方已经意识到电影的宣传价值,并将其用来表现、改造美国。一方面,电影成为了一种例证,为官方的国家理论与殖民发展提供视觉材料。"早期西方电影和其他众多图像媒介协力构造了一种国际主权文化,这一文化又基于白人至尊的科学概念";另一方,电影也表现出美国政治上的一种成见。正如傅满洲,便是美国基于对亚洲扩张的不安,虚构出一个集神秘、危险于一体的"黄祸"典型。③因此,中国观众观看美国电影,既有一种跨文化观影的新奇与快乐,又有一种焦虑与不安。相比前者,后者对中国电影产生的影响更为深远。美国电影中的种族歧视深深地刺痛了国人的民族自尊心,促使他们走上了一条文化自觉之路,利用电影来重塑国家与民族。

自格里菲斯的《落花》问世以后,美国电影公司开始将目光投向涉华的电影题材,先后涌现了《逍遥法外》《影子》《中国鹦鹉》等影片,这些电影无一例外呈现出共同的辱华视觉特征。其一,"影片都是利用唐人街作为进行罪恶活动的背景来构成神秘故事和犯罪案件的"。④此举将唐人街进行了定型化表达,将其等同于神秘与犯罪处所。其二,中国人多以负面形象呈现。中国人在电影中多从事厨师、仆人、洗衣匠等工作,"囚首垢面,弯腰曲背,形状猥琐,丑态可憎"。⑤国人观看此类影片,"令人如坐针毡",深感为国家之耻辱。⑥其三,影片多表现中国穷恶的风俗形象。美国电影通过搬演中国风俗习惯,去满足西

---

① K.K.:《F.F.》,《半月》1921 年第 1 卷第 2 期,第 2 页。

② [美]约翰·费斯克:《理解大众文化》,王晓珏等译,中央编译出版社 2001 年版,第 34 页。

③ [英]马修·D.约翰逊:《战地之旅:早期外国电影中的中国形象构建》,《当代电影》2018 年第 1 期。

④ [美]陶乐赛·琼斯:《美国银幕上的中国和中国人(1896—1955)》,邢祖文,刘宗锟译,中国电影出版社 1963 年版,第 23—25 页。

⑤ 曹大功:《影戏概论(九)》,《影戏生活》1931 年第 1 卷第 28 期,第 20 页。

⑥ 《电影杂谈(二)》,《申报》1923 年 5 月 19 日。

方观众的猎奇欲望。因此,中国女性裹足、男性吸鸦片、聚众赌博等社会陋俗成为美国影片着重表现对象,从时人的描述中可见一斑。

> 纵观此片、编剧、布景、导演、摄拍、均操外人之手、对于制造方面、不必评论、至于红灯照女子之事实、是否如此、无从确断、惟开场第一幕、演拳乱前之北京、所见为华人露天饮食、随街赌博、兴污秽无秩序之象、其后每幕之附演华人者、其举动服饰类皆奇形怪状、百端苛谑。①

　　辱华问题不仅以直观的视觉画面呈现于世,而在美国电影的叙述中也得到充分彰显。此举在爱情电影中尤为突出。西方人与中国人之间的爱情往往以悲剧结束,然而,悲剧的根源在于恋爱一方是不是美国人。正如美国影评人在评论《东方与西方》中所言:“因为明棠不是中国人,她有资格作为本逊的新妇进入高尚的西方海岸的社会。”②又如在影片《红灯照》中,马利是中外混血儿,并非纯正的美国人。因此,她暗恋的美国人安特联,“以种界故、视女殊泛泛”,并对马利的妹妹——一个纯正美国人——一见钟情。此后,马利祈求与美国显宦的父亲相认,然“宦睢目无言、卒置不理”。心灰意冷的马利“仰药自尽”。③此后,关于中外异族通婚的爱情电影也逐渐形成一种固定的悲剧模式。另外,涉及中外通婚的爱情电影还存在另外一种处理范式,即“把中国男人或女人对白种异性的关切描写成为一种威胁”。这种模式深受“黄祸”影响,通常是以“黄种人”迷恋“白种人”为情节线索,进而威胁到白种人的安全,最后被另一个白种人所搭救。如在《邪路》中,漂亮的美国姑娘受到黄种包车夫的威胁,后被一个爱尔兰冒险家所搭救。④

　　美国辱华电影进入中国之后,便遭到国人一致反对。他们首先反对电影中被丑化的华人视觉形象。

> 美国电影界,因屡有描绘我国丑状之影片。……乔扮我国人者,泰半为日人,形既不类,而又不加意做出种种不堪入目之丑态,如露长爪、拖长

① 欧阳昌:《观〈红灯照〉影片后之感想(二)》,《申报》1923年9月16日。
② [美]陶乐赛·琼斯:《美国银幕上的中国和中国人(1896—1955)》,第26—27页。
③ 欧阳昌:《观〈红灯照〉影片后之感想》,《申报》1923年9月15日。
④ [美]陶乐赛·琼斯:《美国银幕上的中国和中国人(1896—1955)》,第29—30页。

辫、穿满清制服等。最奇者,凡长片中恶党首领之服装,辄冠以晶顶翎毛之帽,(如曾在本埠映过之《妖党》一片)面容则尤为狞恶,二目突视,唇髭作八字式。①

盖从前欧美各影片公司,对于非白种人之制片,大都注意其风俗而于其风俗之极腐败者,尤喜探入。其目的无非欲以此引欧美人之一笑。故下流人之生活、男子之发辫、女子之裹足等,均为中国影片之材料。②

因此,国人极度渴望改变中华民族在银幕上的负面形象。一方面,他们鼓励国人投身于电影行业中。他们期望国人能够在外国电影中,"充一剧之要角,出人头地为一剧之主人,足使我中华国民扬眉吐气于影戏界者"。当郑美出演《东方自由花》,硫磺颇为称赞道:"郑美演此思想高尚之剧,为中国人争人格,扬国光。"③然而,他们深知若要彻底地纠正外人对华人的错误认知,只有发展本国电影业。电影作为一种宣传利器,既可以宣传中华美德,为国增光;也可以与外商争利,防止金钱外溢。④另一方面,他们呼吁抵制辱华电影。周剑云指出,外国电影"则在遇有需用华人时必以'卑鄙龌龊野蛮粗犷'形容之"。因此,他公开呼吁国人抵制此类不良影片,"影戏园主亦当慎加选择",若国人团结一致,"庶可纠正西人观察华人之错误也"。⑤

较之于其他普通观众而言,部分知识分子已不再局限于讨论辱华电影的视觉形象,也开始涉及国体的论述,即"从银幕形象问题上自然衍生出国体观念,从而使电影与民族/国家概念有机地联系起来"。⑥雪俦指出,"若《红灯照》及其他种种侮辱国人之影片,其主旨即在描演国人之丑态及种种之怪状","诚足使外人发生蔑视华人之心,岂尽具劣根性,而无一可陈之善事乎",因为,国人应竭力洗去此等污点,"摄制影片,输运外国,宣扬国光,结联欧美人民之好感"。⑦又如 K 女士将《古井重波记》誉为佳片,希望"他日运往外洋,亦可为我

---

① 《申报》,1923 年 5 月 16 日。
② 管大:《中国影戏谈》,《影戏杂志》1921 年第 1 卷第 1 期,第 35 页。
③ 硫磺:《郑美》,《影戏杂志》1921 年第 1 卷第 1 期,第 23 页。
④ 严独鹤:《影片杂谈》,《电影杂志》1924 年第 1 卷第 1 期,第 1 页。
⑤ 剑云:《影戏杂谈(三)》,《申报》1922 年 3 月 15 日。
⑥ 秦喜清:《欧美电影与中国早期电影:1920—1930》,中国电影出版社 2008 年版,第 29 页。
⑦ 雪俦:《观〈红灯照〉评论后之感想》,《申报》1923 年 9 月 19 日。

国一雪此耻。深愿该公司能精益求精，以跻于膺受爱敬之地位。则不但可执影片业之牛耳，亦可为我中华民国荣耀于全球"。①这些声音可以视为部分中国大众反对美国电影塑造的意识形态的微观声音，属于内在的、私人化的抗争。

一旦这种微观的个人斗争被赋予一种社会维度，"以一种正式或非正式的关系与其他行为人联系起来，表达他或她的内在抗争"，个人斗争就会发展成为宏观政治层面的社会变革。②在 20 世纪 20 年代，列宁的帝国主义理论及其对西方世界的分析，被国共两党的政治活动家及与其接近的知识分子所接受。他们注重运用民族主义发动与组织群众，来建设统一的民族国家。③五卅运动之后，中国观众的民族主义激情被激发，开始将电影与民族、国家有机地联系起来。与此同时，电影是一种塑造想象共同体的最佳工具，具有强大内敛性与排他性。电影画面具有直观可视的特性，尤其是辱华镜头，在强化观众的共同民族记忆时，更容易将异族他者从民族认同中剔除。因此，在民族主义的召唤下，一个抵制美国辱华电影的大众群体悄然形成。

大众抵抗美国辱华电影的现状也发生了巨大变化。在抵制的范围上，个人抗议延展为一种群体抵制。此前个人的微观声音因缺乏某种联系而难以引起其他国人的共鸣。然而，在民族主义感召之下，其他观众将这微观声音代入到各自的生活与工作中，在全国范围内开始抵抗美国辱华电影。在抵制的态度上，由柔和对待发展成为一种激进对抗。1925 年之前，部分中国知识分子更多强调对外输出本国优质电影，宣传本国文化与美德。随着大众力量不断壮大，尤其是国民政府的加入，大众的反抗演变成为一种激进对抗。总之，大众抵抗美国辱华电影愈演愈烈，直至"《不怕死》事件"的发生而达到高潮。正如顾倩所言："洪深通过'《不怕死》事件'，成功地将反对'辱华片'由个人行动推广到全国行动，将周剑云的所谓'孤愤'扩展到全社会。"④在此背景之下，全国掀起一场抵制美国辱华电影运动。

南京作为国民政府的首都，自然也不能例外。1929 年之后，美国电影才

---

①　K 女士：《观〈古井重波记〉后之意见》，《申报》1923 年 5 月 3 日。

②　[美]约翰·费斯克：《理解大众文化》，第 223—224 页。

③　[美]费正清编：《剑桥中华民国史（上）》，杨品泉等译，中国社会科学出版社 1994 年版，第 434—436 页。

④　顾倩：《国民政府电影管理体制：1927—1937》，中国广播电视出版社 2010 年版，第 198—200 页。

大量地进入到南京各家电影院。因而,南京电影大众刚形成不久,随即就加入声援洪深的洪流中。同上海的舆论相比,南京地区舆论的语气较为缓和,并未出现失去理性的咒骂①,但也出现泛政治化的趋向,即解读美国电影时,将其视为帝国主义的侵略工具,"政治判断超越了艺术的、商业的、道德的判断,成为评判作品的首要标准"②。短时间内,南京社会以"民族主义"为准绳,形成了一种以中华民族与帝国主义相对立的二元模式。南京电影大众对美国电影的记忆,从先前的娱乐消遣转移到帝国主义之侵华工具的认知上,对美国电影更是抱有严苛的审视态度。由此,"金大影片辱国案"走入世人的视野之中。

二、"金陵大学影片辱国案"之缘起

1930 年 3 月 22 日晚,金陵大学基督教青年会在体育馆举办同乐会,最后节目为放映电影,本应放映上海新到影片,但因未能按时寄送,当晚临时由社会学教授美国人夏慕仁③凑集数片代为放映。"第一卷,为柯达克公司所摄制之《中国与中国人》,内容为我国北平,天津,上海,香港等处,风景及民俗状况。第二卷,为笔画滑稽片,此二片均为夏君由友人借来。第三卷,为夏君所自摄之影片,内容为本校一带风景,足球比赛,及新年街景,农民平民之实际生活状况。第一卷柯达克公司所制片中,附有英文字幕中有一段乡间风景,题字'为外人劳力所未至之内地',观众至此,便感不快,及见第三卷夏君自制影片中之贫民状况,继增不快。"事后,学校职员将所放映的影片送至校长寓所,"旋有第九区党部代表踵至索取该片,即由校长交与保管"④。虽然校方也采取补救措施,以息民愤。但学生普遍认为,夏慕仁是有意侮辱国人,"片上附语","实为帝国主义侵略野心之表示"。与此同时,影片内容是展示"首都之下破漏情状","意在宣传革命政府只在破坏而无建设,实为阻碍革命运动"⑤。双方相持不下,事态持续发酵,呈现愈演愈烈之势。

---

① 任伟指出,对罗克的批评"已近似于辱骂","宣称罗克'是一个聪明的骗子',更为激烈的指责其'真是个不怕死的东西'"。参见任伟:《娱乐、商业与民族主义——1930 年"辱华"电影〈不怕死〉引起的纷争为中心》,《史学月刊》2011 年第 2 期。
② 汪朝光:《泛政治化的观照——中国影评中的美国电影(1895—1949)》,《美国研究》1996 年第 2 期。
③ 关于此人名称,报道中出现多种说法,如薛福尔、雪佛尔、夏慕仁等,但均指同一人。参见《金大校长呈处理辱国影片案经过》,《中央日报》1930 年 4 月 25 日。
④ 《金大校长呈处理辱国影片案经过》,《中央日报》1930 年 4 月 25 日。
⑤ 《教部允封金大青年会》,《中央日报》1930 年 4 月 5 日。

　　3 月 23 日，金大学生迅速组建了反基督教运动大会，并将其宣言刊登在《中央日报》上，以谋求社会"各界秉诸公论"。金大学生认为中国内乱与民气之消沉皆受帝国主义操纵之故，而基督教与教会学校分别是"帝国主义之先锋"和"文化侵略之工具"。此次电影放映便是"外人有意放映"，意在"侮辱我国"。他们进一步指出基督教青年会对国人造成的毒害。"青年会办事诸洋奴"，"竟以走狗自任"，"观映之时，竟无丝毫感觉于中"，并"犹洋洋自得，直至会场火〇①，始强辞辩护"，此后又"代为道歉"。金大学生指责他们"已廉耻伤尽，甘心亡国"。②此番言论一出，立马在南京各界引起强烈反响，并得到广大市民的支持。

　　陈大悲将此次事件同"《不怕死》事件"进行一番比较后，认为纪实性短片更具公信力，因而，"薛先生的影片似乎比罗克的更进一步"，更具有文化侵略性。夏慕仁在国外放映此类短片，"报告中国人是怎样的缺少教育，缺少信仰，缺少这样，那样，以至于内乱闹得没有一个定，百姓们都没有面包吃"。他们用募捐来的资金建设学校，兴办基督教育，这样"可以把〇四万万半开化的人全吸引过来信仰我们的基督"。基于此，陈大悲认为应当警惕这种文化殖民的现象，但更要"在挨骂的资料里去寻出一条不挨骂的路来"。③离尘也认为此类辱国影片是西方文化侵略的工具。夏慕仁受雇于基督教，他"来到中国，唯一的使命"，也是"传教士的本能"，"就是要採(采)集中国人的丑态和穷相"，以此说明中国是一个愚昧、落后与半开化地区，需要西方国家"代天宣化"。由此，离尘非常支持金大学生的爱国行为，盛赞其为"都是和洪深一样有志气有爱国心的青年"，并指出，"首都不是租界，有直接的取缔权，凡侮辱中国的'物'或'人'有随时没收和拘罚的权力"。对于此次辱国电影放映，"无论如何当不致〇声无臭的完事"。④上海特别市学生联合会通电全国，指出"窃帝国主义者以基督教为文化侵略之工具、其麻醉我国青年无所不用其极"。对于金大夏慕仁所制影片，表现国人种种丑态，"蓄意侮辱"，国人应严加反对。由此，他们呼吁"全国同胞一致反对，进而防止文化之侵略，励行收回教育权"。⑤

①　因年代较为久远，报纸与文献保存不善，部分字迹已无法辨识，故用〇代替。下文凡是出现〇，皆为此种情况，不再另外说明。
②　《金大青年会开映辱国影片》，《中央日报》1930 年 3 月 24 日。
③　陈大悲：《罗克与薛福尔》，《中央日报》1930 年 3 月 27 日。
④　离尘：《金大与大光明》，《中央日报》1930 年 4 月 2 日。
⑤　国民社：《市学联会反对金大映放辱国影片》，《申报》1930 年 4 月 18 日。

在社会舆论不断地发酵过程中，金大学生也积极地奔走各方。3月22日晚，金大学生"每夜召集反基督教同学约有二百余人，开会讨论对付方略"，并于24日晨，推派代表分别向中央党部、教育部及市党部请命，"请求严办辱国教徒，非达取消该校青年会，惩办薛福尔及青年会中坚江文汉等，并销毁该辱国影片"。①与此同时，"近为办事便利起见，更组织一'反对金大青年会映放辱国影片大会'，代表多数爱国同学，负责办理一切"。3月30日晚，该会决议：

> （一）推代表赴中央大学，请求该校学生会，予以有力援助。（二）春假中离校学生，即代表本会，于其所到地点，向各团体机关各学校，接洽报告此项事件之经过，并请求援助。（三）春假中离校同学，随带本会宣言，分发经过及到达之○众。（四）校内张贴标语及散发小标语。②

国民政府接到金大学生的诉求后，便迅捷地采取行动。国民政府一直积极地维护三民主义的正统地位，加强控制国民的意识形态。南京作为国民政府的首都，其意识形态格外受到国家权力机关的重视。在"金大影片辱国案"之前，南京特别市政府先后禁映了《万王之王》《十戒》。由此，3月28日，教育部颁发第三二○训令。训令指出此次事件"事关国家声誉，又发生于首都高等学府"，急需南京特别市教育局详查具体情形，核准下列情况是否属实："该西人显系有意侮辱我国；而该校当局事前毫无觉察，亦属疏忽。"③南京特别市教育局接到指令后，积极派人予以调查。④4月1日，在南京特别市教育局尚未作出裁断之前，京市党部依据第一、八两区分部呈请，以及该区党部、区分部与金大学生报告，认定此次事件是一起辱华事件，并提出五项处置办法：

> （一）函市政府着制造侮辱国人影片之薛福尔，将底片交出焚毁；（二）函请教育部转饬金陵大学撤退教员薛福尔；（三）函市政府饬社会局制止金陵大学基督教青年会○动，以免发生意外；（四）函市政府饬教育

---

① 《金大学生请求严办辱国教徒》，《中央日报》1930年3月28日；《又一污辱国人影片》，《新闻报》1930年3月25日。
② 《金大学生反对该校青年会》，《中央日报》1930年3月31日。
③ 《为仰将金陵大学演放电影侮辱我国情形详查复以凭核夺由》，《教育部公报》1930年第2卷第14期，第16页。
④ 《各学校机关团体映放电影须先送教育局审查》，《首都市政公报》1930年第59—60期，第6页。

局,凡影片未经审定,不能公开放映;(五)呈请中央执行委员会令国府禁止外人在内地摄影,及摄取电影片。①

三、"金陵大学影片辱国案"之解决经过

南京特别市党部颁发决议后,分别向有关机关发函,请求予以配合。各家机关接到公函后,普遍认可此项决议。此后,事态完全朝着两个方向发展,即惩办涉案当事人及相关机构;禁止外人在华摄影。

1. 惩办涉案当事人及相关机构

起初,校方不敢采取高压措施压制学生的抗议,决议"提前放春假,以作消极之抵抗"。②待京市党部决议颁发后,校方仍以"当答复执行该两案,须得校董会同意",以此拖延,并未立即执行。③学生见校方并无诚意,"特再推派代表,请各界援助,并拟出版专刊,唤起全国同胞之注意"。④鉴于此,金大校长陈裕光在"总理纪念周席上,报告青年会演放电影辱国案,处置办法分两项:一,董事会已训令摄制及演放该片之洋教授夏慕仁,正式向国人道歉。二,命青年会重要职员,自动辞职,以谢全体同学。"诚然,金大教授夏慕仁迫于舆论压力,已经在京、沪各大报纸上刊登道歉声明;⑤青年会成员也纷纷辞职离去。然而,校方却是采取避重就轻的做法来敷衍各方,并未彻底地执行京市党部决议,即解散青年会与辞退夏慕仁。

由此,国民政府在随后的事件处理过程中,扮演了重要角色。4月15日,时任市长刘纪文认为"该外国教授竟于我国首都高等学府,演映此种侮辱我国之影片,殊属荒谬",责令金陵大学将夏慕仁所放映的影片交出,以便定期当众焚毁。⑥此时,教育部部长蒋梦麟接见了金大学生,认为学生代表陈述理由充足,"当令该校校长陈裕光,查封该校青年会;并辞退夏慕仁,以平众怒"。⑦迫于压力,金大校方拟定了五项措施,并呈请南京市府予以查核。

一,销毁夏慕仁自制片中之贫民生活一段。(现该片由市党部保管。)

---

① 《京市党部对金大青年会放映辱国影片案办法》,《中央日报》1930年4月2日。
② 《金大学生反对该校青年会》,《中央日报》1930年3月31日。
③④ 《金大校长忽视电影辱国案》,《中央日报》1930年4月7日。
⑤ 《金陵大学夏慕仁来函》,《申报》1930年3月31日。
⑥ 《转请勒令焚毁侮辱国人影片案》,《首都市政公报》1930年第58期,第16页。
⑦ 《金大校长呈报处理辱国影片案经过》,《中央日报》1930年4月25日。

二,青年会负责人辞职。(现该会全体职员业已辞职,所有活动亦告停顿。)三,夏慕仁声明道歉。(已在京沪各大报纸声明向国人道歉,并说明摄制该片之动机。)四,致函摄制第一卷《中国与中国人》影片之美国柯达克公司,修正该片删去该段字幕。五,通告校内各团体,以后无论映何种电影,均须先经审查。①

5月14日,继任市长魏道明据社会局呈告,核准市执委的第一九号公函,并签发市府第十三号公函,停止金大青年会活动。②夏慕仁因"又摄制关于我国民间陋习之影片多种",而招致多方声讨。鉴于民情激愤,校方恐生意外,遂将夏氏撤职,"由学校送北平专教外人之华语学校练习中国言语,考究我国习俗"。③7月16日,美使詹森就《不怕死》影片案及金大映放辱国影片案,向中国外交部表示歉意,并饬美商将上述影片予以销毁。④最终,辱华影片被焚毁;夏慕仁被辞退;金大青年会被解散。

2. 禁止外人在华摄影

中央执行委员会接到京市党部呈请,"令国府禁止外人在内地摄影,及摄取电影片",⑤予以核准,并转交行政院。行政院接到中执委秘书处函请后,由秘书处发函,令内政、外交、教育三部门查照办理。⑥不久,经三部门共同研究,拟出《禁止外人在我国内地摄影及摄取电影片办法》,"分列治标治本两项办法":

　　(甲)治标　我国内地各种卑陋习俗,如贫民窟、燕子窝,小脚妇女,褴褛乞丐,和尚做斋,乡村神会,及有关风化,侮辱国体等项,自当由内政部通令禁止摄取相片或电影片,即有关国防之要隘海口炮台等项,亦应由中央军事机关开明地点,转交内政部一并通令各级警察机关切实查禁。

　　(乙)治本　查外人摄取各种乡僻陋俗,往往乘人不备,或引诱愚民

① 《金大处理影片风潮的五项办法》,《中华基督教教育季刊》1930年第2卷第6期,第100页。
② 《停止金大青年会活动案》,《首都市政公报》1930年第59—60期,第78页。
③ 《金大校务会议决撤退夏慕仁》,《中央日报》1930年5月26日。
④ 《关于两种影片案美使表示歉意》,《申报》1930年7月17日。
⑤ 《京市党部对金大青年会放映辱国影片案办法》,《中央日报》1930年4月2日。
⑥ 《外人在内地摄影》,《中央日报》1930年4月19日。

以金钱,警察设置未周,防不胜(胜)防,事实上殊难概予禁止,根本办法应由教育部设法通令,实施社会教育,提高人民智识,不为外人诱惑,一面并使固有陋俗逐渐革除,外人即无所使其伎俩。①

8月5日,行政院认为上述办法,"尚属可行应即如拟办理",遂发出行政院第二八六三号训令,令内政部、外交部、教育部、军政部等部门遵照办理。②与此同时,行政院也严令各地市县当局,"嗣后遇有外人在我国内地摄取影片、应一律严加禁止"。③

《禁止外人在我国内地摄影及摄取电影片办法》是国内最早一份规范外人在华摄影的规范章程。然而,它是在特殊语境之下仓促制定,很多地方并不完善。章程内容多以"禁止"为主,并未明确外人拍摄的可许之处。当然,规章的模糊不清也增加了执行机构的困难。仅在同年8月底,国民政府处理美国科学考察团拟往新疆摄取影片一事上,足以说明执行章程之困难。④此后,鉴于陆续出现"各国影片商人直接或间接潜入我国内地私摄影片"的事情,内政部认为"事关国际宣传,民族光荣,国体荣辱",理应对先前规范加以修订。⑤经过多方讨论,《外人在华摄制电影片规程》得以通过。此后,国民政府根据现实情况,又几番修订条文,内容变得更加细致,也更易于遵照执行。他们也正是从查禁辱华电影与规范外人在华摄片两方面着手,处理辱华影片,并取得不俗成绩。

四、"金陵大学影片辱国案"之社会反响

无论是传播范围,抑或是观影人群数量,"金大影片辱国案"是无法与《不怕死》事件"同日而语。或许恰如张隽隽所言,"《不怕死》引发的民族情绪正在全国范围内发酵",是金大学生过于敏感与情绪化所致。⑥时人醉三也曾撰文

---

① 《禁止外人在内地摄影》,《中央日报》1930年8月13日。
② 《令内政外交教育军政部为禁止外人在我国内地摄影及摄取电影案办法仰即遵照由》,《行政院公报》1930年第175期,第20—21页。
③ 《交涉取缔侮辱华人影片之结果》,《申报》1930年7月18日。
④ 《国立中央研究院院务月报》1930年第2卷第2期,第3期;《外人拟赴新疆摄影》,《申报》1930年9月12日。
⑤ 《外人在华摄影新法令》,《兴华》1933年第30卷第23期,第46页。
⑥ 张隽隽:《中国基督教青年会的电影放映活动初探(1907—1937)》,《当代电影》2016年第6期。

指出,这一切仅是凑巧,"谁都正含着这口外人侮辱我的毒气,无处发泄"。学生仅是"站在陈腐的论调上瞎批评",时间一久,便会自动散去。①不置可否,辱华镜头在过去很长的时间里深深地刺痛了南京市民的民族自尊心。因此,本能地反对辱华影像则构成了金大学生观影的情感语境。然而,事态并未逐渐平息,反而不断恶化,令人始料未及。若仅用"反应过度"予以解释,理由似乎有所欠妥。那么究竟是何原因促使事态进一步升级,并迅速发展成为一次重大社会事件?

南京被官方民族主义塑造成为中华民族的象征之地。国民政府定都南京后,开始进行全国建设。此时,"民族主义思潮席卷全球",首都建设被置于至关重要的地位,通常被"装扮成一个用来展示自我民族风貌的舞台,唤醒社会共同历史记忆,以达到强化社会认同、加强权力和整合社会的"外在物质实体。②因此,国民政府想要通过南京建设,在充分动员群众的基础上巩固自身政权。恰如本尼迪克特所言,官方民族主义是一种马基雅维利式的民族主义意识形态输出,"把民族那既短又紧的皮肤撑大到足以覆盖帝国庞大的身躯的手段"。③南京所担负起的职能已经远远超于城市自身的意义,逐步发展成为一座符号性城市,向国民渗透着民族主义意识形态。国民政府通过道路建设、总理奉安大典仪式、建筑象征等系列措施,逐步将南京塑造成为民族化象征。

南京市民也认可了南京作为民族想象共同体的空间象征。五卅事件冲击了国人的政治情感,使其看到"帝国主义"的存在,"一个政治化的过程被调动起来"。④国民党提出的"民族主义",获得社会各界的普遍认可。中国社会各界也对南京建设寄予厚望,急于通过这种方式,获得国际社会的认可,增强民族自豪感。南京在国人心目中居于至高的地位。恰如何廉所记述,他同蒋廷黻等人特意从天津赶到南京。"我们在南京见到新国旗时是多么激动呵——对我们来说,那或许是一个伟大新时代的象征。"⑤经过数年发展,南京城市建

① 醉三:《金大反基运动的真象》,《兴华》1930 年第 27 卷第 12 期,第 32 页。
② 董佳:《民国首都南京的营造政治与现代想象:1927—1937》,江苏人民出版社 2014 年版,第 65—70 页。
③ [美]本尼迪克特·安德森:《想象的共同体:民族主义的起源与散布》,吴叡人译,上海人民出版社 2011 年版,第 83—84 页。
④ [美]费正清编:《剑桥中华民国史(上)》,第 417 页。
⑤ [美]易劳逸:《1927—1937 年国民党统治下的中国流产的革命》,陈红民等译,中国青年出版社 1992 年版,第 11 页。

设也取得不俗成绩。正当国民为此感到欣喜万分之时,夏慕仁公然将南京负面形象,以纪实影像展现在公众面前,必然招致南京市民的强烈反对。金大学生抵制夏慕仁所摄影片,更足以说明此类问题。

最初,金大学生自发地抵制辱华电影。他们曾在宣言中谈道,"其电影为何,则该西人本人所摄,专事暴露国人之弱点者,诸如出殡之繁仪,闲民之游荡,贫妇之缝穷,乞丐之捉蚤等,丑态种种,笔难尽述,一时观众莫不愤愤"。[1]此种说法在金大校长送至南京市府的呈文中得到印证。"第一卷柯达克公司所制片中,附有英文字幕中有一段乡间风景,题字'为外人势力所未至之内地'观众至此,便或不快,及见第三卷夏君自制影片中之贫民状况,继增不快。"[2]由此可见,金大学生抗议的焦点主要集中在第一卷中出殡之繁仪与第三卷中贫民之状况。影片暴露了国人之弱点,深深地刺痛了金大学生的民族自尊心。金大学生基于一种民族主义热情,自发地抗议此次电影放映活动。

此后,金大学生的抗议诉求似乎发生了转移。他们抵制此次电影放映的原因,不再局限于辱华的视觉画面,更在于视觉画面拍摄自南京。4月4日,金大学生面谒教育部部长蒋梦麟时,曾列举夏慕仁的三大罪状:其一,该教授实则蓄意侮辱国人;其二,"有谓外人之势力未达到之地"。其三,"片上所映,俱为革命政府首都之下破漏情状"。甚至在某种程度上,金大学生将抗议聚集在最后一条罪状,将其视为破坏中国革命之举。"其意在宣传革命政府只有破坏而无建设,实有阻碍革命运动。"[3]南京对于他们而言,已不再是一座普通的城市,而是成为一种民族主义意识的象征物,是彼此认同的精神纽带。显然,金大学生已经进入到官方民族主义所设定的框架之内。

由此可见,金大学生的抗议诉求则也恰恰彰显了他们对官方民族主义的认可。与此同时,国民政府也决不容许任何个人与团体对官方民族主义构成威胁。所以,事态并未如醉三等人所言,渐趋平息,反而愈演愈烈,并对中外电影交流产生了深远影响。国民政府采取立法的措施,杜绝外人在华摄影。当然,此案也对南京电影消费产生了巨大影响。

南京市民接受官方民族主义的同时,也是在接受与认同国民政府。吴聪萍指出,国民党掌权之后,"所试图塑造的是一个以现有国民党政权为认同对

---

[1] 《金大青年会开映辱国影片》,《中央日报》1930年3月24日。

[2] 《金大校长呈报处理辱国影片案经过》,《中央日报》1930年4月25日。

[3] 《教部允封金大青年会》,《中央日报》1930年4月5日。

象的民族国家"。①因而,南京电影大众在抵制辱华电影过程中,甘愿接受国民政府的领导。一方面,国民政府运用行政权力来策应其他的电影大众成员,从而建构起一个更为强大且拥有实际权力的南京电影大众联盟。最终,"金大影片辱国案"以美使詹森致歉而宣告大众获得胜利。另一方面,其他大众成员在国民政府所设定的框架中进行活动。他们认同国民政府出台的电影政策,尤其是在电影文化宣传等政策的制定与推行中,同国民政府保持一种彼此相呼应的关系;而对美国电影也保持一种警惕性。

南京市民积极响应国民政府,利用电影宣传来维护民族自尊。1931 年 2 月间,吴稚晖与褚民谊等人向中央常委会递交提案,提请设立中央电影文化宣传委员会,专司电影宣传之事。他们认为,"电影事业为各种事业宣传之最利工具,其功效远在文字语言之上"。他们希望借助电影之宣传功效,一来使"三民主义"深入人心,巩固自身统治,将民众变为"强有力之后援";二来"作成有系统之中国旅行访问片及历史",重塑中国在世界上的国家形象;三来"辅助教育之不及","转移社会习尚,改良民众思想",发展工农商业,提高国民生活水平。②此提案一经《中央日报》报道,在南京社会各界中产生了广泛影响。张蓬舟率先发文响应,并提出自己的三点建议:其一,用艺术水准精良的故事电影来宣传三民主义,以新闻片来宣传中国文化;其二,采用非营业的办法,加以推广此项事业;其三,严格控制委员会的人数。③裴庆余将此则报道称之为"一个欢喜的消息"。他认为此举可以"发挥中国民族的光荣,向国际间宣扬我族隐藏的特性,而洗〇遗留世界〇不忠实的耻辱"。④在民族主义统辖之下,南京电影大众联盟内部联系更为紧密,彼此之间似有相互呼应之态。

南京市民对美国电影保持一种警惕性。他们普遍认为美国电影对中国的民族文化与政治、经济构成巨大威胁。"如果一种理论实现了人们头脑中的情感功能,那也就实现了它的意识形态功能,因为理论所包含的观点是从属于人的头脑的。"⑤所以,美国电影开始被南京电影观众所谴责,进而被贴上"坏的

①　吴聪萍:《南京 1912——城市现代性的解读》,东南大学出版社 2011 年版,第 150 页。
②　《吴稚晖等呈请中央组织电影文化宣委会》,《中央日报》1931 年 2 月 16 日—19 日。
③　张蓬舟:《电影文化宣传问题》,《中央日报》1931 年 2 月 23 日。
④　裴庆余:《京城的艺术(续)》,《中央日报》1931 年 4 月 22 日。
⑤　[美]莱恩·昂:《〈达拉斯〉与大众文化意识形态》,罗岗,刘象愚编:《文化研究读本》,中国社会科学出版社 2000 年版,第 386 页。

东西"的标签。正如市民威尼曾对美国电影《飞船》的名字,提出异议。他认为
"征空史"比"飞船"更适合作为此部影片的名字。因为,前者更能暴露出帝国
主义征服天空的野心。①此后,这种意识形态的支配性还延伸到日常思维的常
识性内容,为普通市民进行电影消费,提供了一种先验式阐释性框架,即美国
好莱坞电影是帝国主义侵华之工具,理应加以控诉与抵制。

　　在此种消费环境之下,部分观众开始转向消费国产电影。南京首轮影院
开始放映国产电影。国民大戏院为促进国片复兴运动,在 8 月间首次放映国
片,即《故都春梦》。②南京观众看过后,纷纷予以赞扬,并在一定程度上重新树
立起对国片的信心。一位无名的观众谈道,他对国片极度的失望,"益发不敢
领教了"。但他还是认为此部电影"确比以往国产影片有长足的进步"。③曼恺
在观看《故都春梦》后,同样对国产电影充满了信心,"中国电影的前途是不为
无望的"。④此后,南京市民重新拾起对国产电影的信心。在一种此消彼长的
市场环境中,美国电影宰制力量无形之中也受到了抑制。而国民政府正借助
民族主义意识形态,开始在南京电影市场中建构起一种全新宰制。

Re-examination of Film Movement of the
People Opposing Anti-China Movies
—Take the "Case of Humiliating-China Film in University of Nanking" as an Example

Abstract：In the face of the American Anti-China movies, the Chinese are eager to change the negative image of the Chinese nation on the screen and organically link the film with the concept of nation/state. Under the call of nationalism, a non-governmental mass group that resists the American Anti-China movies has quietly formed. With the occurrence of the "Unafraid of Death" incident, the public's resistance to the American Anti-China movies also reached a climax. In this context, the "Case of Humiliating-China Film in University of Nanking" came into the eyes of the world. In 1930, when the American professor Schafer of the

① 　威尼:《飞船》,《中央日报》1932 年 12 月 7 日。
② 　《国片复兴的革命军》,《中央日报》1930 年 8 月 16 日。
③ 　无名:《〈故都春梦〉的跋尾》,《中央日报》1930 年 8 月 30 日。
④ 　曼恺:《〈故都春梦〉》,《中央日报》1930 年 8 月 27 日。

Nanking University held a concert at the school, he showed a movie with insulting content to China, which was collectively boycotted by students. On the one hand, the students of Nanking University published articles in "Central Daily News" and other newspapers to seek widespread support from all walks of life; on the other hand, they actively petitioned the Nanjing National Government to severely punish the state followers and destroy films that insulted China. All sectors of the Nanjing society have issued articles in response to students of Nanking University. the Nanjing National Government played an important role in handling the incident, punishing the parties involved in the case and related institutions, and banning outsiders from taking photos in China. This incident had a major impact on Nanjing society. The Nanjing National Government established a film mass alliance led by it in Nanjing society.

Key words: the American Anti-China Movies; "Case of Humiliating-China Film in University of Nanking"; Nanjing National Government; nationalism

作者简介：张楷，西北大学文学院戏剧与影视学博士后，山东艺术学院传媒学院副教授。

左翼都市体验、事件与"陶派诗"
——重审 1940 年代袁水拍的诗歌转型①

洪文豪

摘　要：诗人袁水拍早期以抒情诗写作登上诗坛，而在 1940 年代中后期，他又以创作系列讽刺歌谣体"马凡陀山歌"而闻名。大致而言，1940 年代中期袁水拍经历了从一个抒情诗人到"讽刺歌人"的诗学转型。这一时期袁水拍往返于重庆、香港、上海等地，独特的左翼都市体验重塑了他的诗歌主题与感受力，对他的诗歌转型起到了至关重要的作用。另外，他对诗歌大众化理念的逐步接受，特别是陶行知等人诗歌及诗歌观念的影响，使他自觉在新闻事件与戏仿的基础上创作讽刺歌谣体，创造出一种独特的美学风格。1940 年代袁水拍的诗歌转型，是经验、观念与诗学综合构造的结果。重审这一转型的诗学内涵，对理解 1940 年代新诗的整体转型也有重要启示意义。

关键词：都市体验　事件　"陶派诗"　讽刺　诗歌转型

一、抒情的变奏：一个问题的提出

袁水拍，原名袁光楣，江苏吴县人，1938 年起开始在《文艺阵地》《星岛日报》等报刊发表诗歌。1940 年，袁水拍出版他的第一本诗集《人民》。袁水拍早期诗歌多以清丽、哀而不伤的抒情诗见长。在回顾袁水拍的诗歌写作生涯时，徐迟曾把他的诗歌分为三大类：抒情诗、山歌和政治讽刺诗，徐迟评价："从我个人的爱好来说，他写得最好的还是抒情诗。那应当是他最擅长的诗歌形

---

①　本文为国家社科基金重大项目"现代汉诗的整体性研究"（20&ZD284）的阶段性成果。

式,自有他特具的优势和卓越的禀赋的。"①但不可否认的是,在 1940 年代中后期,袁水拍经历了一次个人诗歌创作的重大转变。虽然这一时期袁水拍仍然写作了少量的抒情诗,但把讽刺性山歌体诗歌作为他相当自觉的诗歌实践,使他迎来了属于自己创作的高峰期,对于 1940 年代整体性的新诗写作也具有重要意义。1944 年起,诗人袁水拍化名"马凡陀"开始在重庆、上海等地的报刊上密集发表政治讽刺诗,或以市民阶层的眼光戏谑式地传达对社会生活的不满情绪,或以尖锐犀利的手法对政治、文化、经济生活的诸多现象进行辛辣的讽刺。诗人借鉴山歌、民谣、小调、俚曲等诸多民间形式,以鲜活的日常口语、方言入诗,受到市民阶层的欢迎。正如杨文耕在《论马凡陀的山歌》中说:"它不是生长在自然的山野间的花,它实际是都市的城歌而不是真正的山歌。"②马凡陀的"城歌"在《新民报》《世界晨报》《联合晚报》《大公报》《文萃》等报纸上大量发表,在重庆、上海等地形成市民群体争相阅读的盛况。

关于这一诗学转变,其实早在当时即被作为诗人兼好友的吕剑所提出。在 1944 年袁水拍转而密集写作幽默讽刺诗后,吕剑在《听马凡陀》一文中提出何以"从抒情诗人袁水拍到城市歌人马凡陀"的问题。过去研究者大多把视角聚焦在"马凡陀山歌"的书写本身,实际上,不理解袁水拍个人诗学的转变过程,也就难以对 40 年代中后期蔚然成风的讽刺诗写作有更深入的理解。而由抒情诗人到"讽刺歌人",由袁水拍而马凡陀,这一诗风的转变的确如吕剑所试图揭示的,并非一蹴而就,而是有着内在持续而深刻的诗学动因。

袁水拍在家乡江苏吴县农村和苏州城度过了青少年时光,高中毕业即离家工作,所以在他第一部诗集《人民》中,有不少抒发乡土情怀的抒情之作。如在《你的家》《乡间和都市》《歌》等诗中,诗人都以深情的笔调回忆乡村的风景与生活场景。城市与乡村之间的对照是这类诗歌的元结构,如《乡间和都市》一诗:"乡间的小河如道路。/车辆是没有轮子的/平船底,摇着橹/往来,往来在乡间/到都市来,都市有/坚硬的,熨平的/不起波纹的河,柏油路。/我漂流在都市的水上,/一双皮鞋如小船。"在乡间/城市与小河/道路之间进行对位式的联想,表达客居他乡的诗人徘徊在都市与乡村的独特感受,运思巧妙。但袁水拍很快就不再写这种相对纯粹的抒情小诗了。袁水拍很早就在学校里参加

---

① 徐迟:《谈袁水拍的诗歌》,《袁水拍研究资料》,中国国际广播出版社 2003 年版,第 166 页。

② 杨文耕:《论马凡陀的山歌》,《文艺春秋》1947 年第 4 卷第 6 期,第 36 页。

了中共地下党的读书会,工作之余积极参加文协活动、编辑杂志、写政治杂文专栏,是一个地地道道的左翼文艺青年。因此即使在早期的抒情诗歌中也表现出强烈的关怀现实的思想倾向。如第一部诗集中的《秋季里》《八月》《乡土》《陆地上的船》等诗,在抒情的笔调之下密集出现的是破败的乡村、困苦的农人与侵略者的暴行,展现出一种抒情叙事诗的特征。而《一个"政治家"的祈祷》《仙人》等诗则已经显露出袁水拍作为一位讽刺诗人的才华。

从对袁水拍早期诗歌的观察中,我们发现袁水拍写作比较单纯的抒情诗的阶段是很短暂的,之后就被一种带有强烈现实精神的抒情叙事诗所置换。但某种现实感被纳入诗歌后,这种"不纯"的抒情似乎并没有让诗歌更加具有感染力。要么陷入对现实的平铺直叙的叙述中,在诗歌的结尾转为直接的标语式的呐喊,显得过于散文化与口语化(如《海》的最后:"当心,那些恶棍们,/要把救国捐款,/咽下自己的脏肚子!/盗窃,抢劫,在白日/我们要打这些狗的耳光!/我们要打这些狗的耳光!");要么采用大量近似的排比句,看似增强了抒情语气,实则拉伸与冲淡了仅存的诗意内涵,整体显得颇为累赘(如《一九三八年的秋雨》中总共六段,每一段前面都重复"秋雨落在这里,/秋雨落在那里。"①《脚步的歌》以短句、复沓的形式重复着"谁在唱歌""是他们"②)。这是很多左翼诗人写作都会遭遇的问题,袁水拍也并不例外。不过难能可贵的是,袁水拍与一般左翼诗人不同,他始终在不断调整中尝试不同的诗歌风格,试图在变化中找到诗歌写作的最佳方式。虽然袁水拍在与臧克家互相致信讨论诗艺时,认为不能太过强调诗歌的形式、技巧层面,诗歌更重要的是托尔斯泰所说的诗的"态度"与情感。这种态度是"丰富的人情,热烈的心肠,对于弱小的悯怜,对于强暴的憎恨"③。但这并不意味着对形式的否定,恰恰是在对形式的不断调适中,袁水拍的诗歌才具有突破的可能,这一切当然也与他的生存经验密不可分。

二、蒙太奇:左翼青年的都市体验

自 30 年代末起,袁水拍因为工作原因往返于香港与重庆之间,抗战结束后又在上海长期居留。在经历了短暂的从都市回返乡村的抒情诗写作后,袁

---

① 袁水拍:《一九三八年的秋雨》,《文艺阵地》1938 年第 2 卷第 1 期,第 428—429 页。
② 袁水拍:《脚步的歌》,《中国诗坛》(广州)1939 年复刊号,第 5 页。
③ 袁水拍:《论诗歌中国的态度》,《诗与诗论译丛》,诗文学社 1945 年版,第 176 页。

水拍便迅速在诗中以一个左翼青年的眼光打量身处的都市空间。抗战后方的香港、重庆,战后的上海,都在 40 年代的中国各自占据着重要的经济、政治与文化地位。尤其是抗战时期,从江南水乡的恬静过渡到香港与重庆这两座宁静与混乱杂糅的大城市,这给袁水拍以相当大的文化与心理冲击。袁水拍在诗中写下他独特的观察,创作了一批都市题材诗歌。这种都市体验不再是新感觉派或象征派诗人的都市"游荡",对现代都市投以现代性的惊诧一瞥,而是左翼诗人在强烈的现实关怀感影响下的"现实主义"经验。这种"现实主义"并非只是停留在知识结构与文学素养意义上的"主义",而是一种被"抛入"的切身感受,融合着热切的逡巡与冷峻的观察。因此我们可以看到,袁水拍很早便实践在诗中用新闻素描或者说某种诗歌的摄影术来描绘特定的都市空间。他的关注点常常聚焦于城市"内面的风景",因此那些挣扎在生存线上的都市贫民("下流人")成为诗中的主角。例如 1939 年在香港写作的《后街》一诗,便是这种摄影主义的较早尝试。袁水拍描写"后街"里各色人等忙乱而又混杂着屈辱与艰辛的生活。叙述语言像极了凛冽干脆、快速切换的蒙太奇镜头:

　　　　凶暴的下流人出出进进

　　　　在赌场的烟雾咒骂里

　　　　咭咭咭咭

　　　　直上三楼扶梯

　　　　搽三仙一匣的鸡蛋粉的娼女

　　　　街心的流浪汉是丈夫

　　　　她们有压扁的脸

　　　　压扁的性情

　　　　花柳病和痨病

　　　　扶梯上各人家烧纸烛

　　　　因为我们哎哎

　　　　大家都是穷鬼

　　　　还有广州逃来的难民

　　　　零碎的家庭

　　　　北方话的乞丐

　　　　唱歌的盲妹和琴

用腐烂的下肢卖一个仙

初生的闭眼的婴儿赚哀怜

……

1940 年即将离开香港的徐迟曾撰文回忆："我住过九龙的弥敦道,漂漂亮亮的马路,从房间的窗子后面溜过去,却是一条后街,已有诗人袁水拍把可怕的后街的情形一一写出来。"[①]这让我们知道所谓"后街"正是对应着繁华的"前街"(九龙弥敦道)。一前一后的巨大差异,衬托着作为殖民地的香港畸形的繁华。这种空间的异质性与混杂感必然给予客居此地的诗人们相当的心理冲击与独特的都市体验。作为袁水拍好友的徐迟就从书写者的角度认为此时的香港的确是一个"材料丰富的地方":"非常整洁的德辅道皇后大道中间,一条肮脏的推[堆]着垃圾的小巷,而无数人就睡在里面。出得小弄,国泰舞厅的美丽的音乐,就飘舞而下。香港有麻雀馆烟窟,人们的精神和健康就这样消磨去。"[②]

《后街》是一首篇幅相当长的都市诗歌。虽然袁水拍刻画香港的诗歌在数量上并不算多,但从这首长诗中就能见出诗人试图用诗歌深度描绘都市空间的野心与抱负。诗歌开头这一段我们就能看出诗歌的展开方式:诗人从一个定点视角开始,然后像摄影镜头般不断跟拍、推拉。景别的调整、场景的切换似乎完全可以成为某部电影的开场脚本。诗人在叙述的转场插叙不同的感叹句:"木蚤的后街""印度巡捕的后街""二房东的后街""难过日子的后街""盗窃的后街""谋害妓女的后街""日本花布的后街",使得全诗在一波一波的转场与推进中不至于冗长与枯燥。需要强调的是,虽然笔者以蒙太奇、摄影主义的手法概括袁水拍的都市诗歌,但这并不意味着诗人完全是一种随意性、漫无目的的记录。首先,和所有影像一样,镜头画框在展示的同时也意味着遮蔽画框之外的事物。在这点上,可以拿袁水拍和以类似蒙太奇手法描述上海闻名诗坛的刘呐鸥作比较。刘呐鸥的兴趣与关注点在于通过诗歌展现目迷五色的现代都市给人心理产生的奇异感受。城市空间彻底改变与重塑了人们的生活方式,这种生活"结构"变迁所带来的"新感觉"让刘呐鸥痴迷,以至于他后来干脆模仿苏联纪录片大师维尔托夫,自己拍摄了一部纪录片《持摄影机的男人》,记

---

①② 　徐迟:《谈香港》,《野草》1940 年第 3 期,第 40 页。

录不同都市的生活、娱乐场景①。而袁水拍的都市诗歌题材本身就蕴含着左翼诗人感时忧国的价值取向,这让他的诗歌"镜头"自觉对准了与繁华大街相对的"后街"。其次,袁水拍的诗歌本身也是有着强烈的"结构"意识,而非自然的观察与素描。《后街》一诗在叙事与抒情的感叹中交叠推进,避免了他抒情诗雷同的排比句式所带来的机械感。而且在诗的最后,诗人镜头一转,从"后街"挪开:"过去在那面/那面有林荫路的晴日/红砖教堂的尖塔/滑着亚热带的风凉/一排伟大的殖民地兵的/保持清洁的马厩那面/大道带着勋爵骑士的贵名/才有缭绕的诗情/梦中的绿树叶。"在这面与"那面""下流"与"缭绕的诗情"之间,诗歌的"结构"意识瞬间呈现出一种悲剧性反讽的意味。

诗人在 1940 年写作了《上海》一诗,同样表达了对城市空间混乱的感知:"这条路口,那条街头,像迷宫,像棋局……"同样聚焦于贫穷与死亡线上的城市底层,但因为缺少更多具体的展开,全诗几乎成了一系列身份词汇的聚合。因而这首诗没有《后街》的饱满,显得支离破碎而缺乏结构感。如果不仅仅局限于诗歌,袁水拍同年写作的杂文《暴发户的上海・贫困的上海》则更加显豁地传达出作为战时"孤岛"的上海给予诗人的割裂感与不安感:"每天必备的暗杀,炸弹,绑架,勒索。河道里面的浮尸,垃圾箱里面的一双膀子。马路上穿逐着装扮着像花朵般的女人,也穿逐着手枪的流弹。贫民窟中的自杀,富豪者的自杀。疾病流行,死亡率激增。投机,冒险,赌博,欺诈,日益增加的娱乐场所,和酒馆。"②

我们依照作者的生活轨迹,再来看看面对"陪都"的重庆,诗人又是如何观看的呢? 1940 年的《关于米》不仅为我们展示了诗人一贯的诗学立场,更重要的是,从这首诗我们看到了诗歌风格的某种转变。诗人在诗中以散点聚焦的方式描写了战争期间的重庆围绕米价上涨的社会众生相。排队买米的普通市民在米店连夜排队却无法买到粮食;不耐烦的米市商人囤积居奇;报纸媒体与短评家虚妄地指点江山;政府官员荒诞不经的审查,如同多角度多机位的摄像

① 刘呐鸥的《持摄影机的男人》为黑白默片,拍摄于 1933—1934 年间。全片 46 分钟,包括人间卷、东京卷、风景卷、广州卷、游行卷五个部分。其中如"人间卷"记录的就是自己家庭的生活场景。《持摄影机的男人》是"都市交响曲"、旅行电影、业余电影的混合,也是现代"新感觉派""私小说"在影像上的延伸。对这部影像的讨论具体可参见张泠:《刘呐鸥与〈持摄影机的男人〉:隐喻性声音、节奏性运动与跨文化之跨媒介性》,《文学》2018 年春秋卷,第 136—168 页。
② 袁水拍:《暴发户的上海・贫困的上海》,《笔谈》1941 年第 1 期,第 18 页。

场景被摄入笔下,而场景的来回切换也的确产生如电影蒙太奇的效果。诗中黄包车夫的自嘲,官员荒腔走板的发言却被指为"说得对",市民买米的窘态与囤积家的"美梦"之间鲜明的对比,都具有强烈的反讽意味,轻俏而新鲜。全诗多以对话结构全篇,语言通俗直白。虽然没有严格的韵律,但注意韵脚的重复交叠安排,明显是受到民谣俚曲的影响。另外,马凡陀的"山歌"常常由报刊上的时事新闻而有感而发,这首《关于米》最后的"注"在后续的讽刺诗中经常作为"山歌"重要的"副文本"形式出现。其他更显著的例子如《水齐到颈根的人们》,围绕发生于城市的自杀事件描写城市的贫富差距与四处潜伏的不安与危机,说每个人都是"水齐到颈根的人"。在诗歌中间更是直接附上"本埠新闻""广告""训令"等大段材料,这些"材料"也就已经不能称为"副文本",而是成为诗歌文本的有机组成部分,具有跨文类的先锋实验意味。虽然这时候的诗还不如"山歌"时期的轻松与辛辣,但无论从形式还是内容上看都已非常接近《马凡陀山歌》中收录的讽刺诗。

三、"事件"与戏仿:"马凡陀山歌"的观念与实践

1946 年,袁水拍以马凡陀的名字出版诗集《马凡陀的山歌》,1948 年又出版《马凡陀的山歌续集》。诗集中的诗大多借鉴山歌民谣的形式,形式活泼自由。从国民党官僚、美国政府到诸多不合理的社会现象,诗人都进行了辛辣的讽刺与批判。如《上海物价大暴动》《抓住这匹野马》把物价戏拟为"暴徒""野马",与杜运燮的《追物价的人》有异曲同工之妙;《亲启》讽刺社会上无处不在的走后门、找关系现象;《送"审"》以情人分别来调侃严苛的新闻检查;《民国卅五年的回顾和民国卅六年的展望》嘲讽当时官员人物讲话空洞无物,废话连篇。马凡陀很多讽刺诗创作都是以当时报刊上具体的新闻事件为原型,因此这些诗具有非常强的语境依赖性。这也可以解释马凡陀常常采用前面所说的"副文本"形式来说明事件的前因后果,或干脆直接在诗中引用报刊文字。这一方面是一种不得已而为之的文本补充策略,另一方面也是袁水拍主动建构的文体实验。当时袁水拍在不同的报刊上以类似每日连载的方式发表短小精悍的讽刺诗,而这些讽刺诗的题材思路又常常来自报刊报道的新闻事件。常常是受到关注的一个新闻事件出来,几天之后就可以看到马凡陀对此进行诗歌的"评述"。这种诗歌与报刊的双向生成与深度勾连,使得"马凡陀山歌"成为真正依托于报刊媒介的报刊文学。如果不理解这种诗歌与社会事件的在场

性与时效性,就很难理解"马凡陀山歌"的现实意义。有研究者提醒我们注意诗歌背后的政治因素,当时正值国共争夺政治话语权的关键时刻,抗战胜利后中共在各大城市创办报刊,宣扬民主理论,试图广泛吸纳市民阶层的民主爱国力量,这成为中共文化战线上的重要决策部署。1946 年何其芳在《新华日报》上发表《大后方文艺与人民结合问题》中说:"旧形式也好,新形式也好,都应该研究如何更好地与更大城市,各中小城市的报纸结合。……鲁迅先生创造了适宜于报纸上发表的杂文。除这以外,还有许多旁的形式可以利用或创造,如连载小说(或者说章回小说),短的记事文,掌故,笔记,以及马凡陀式的短讽刺诗。"①显然,无论是党内知识分子,还是政策决策者都意识到报刊媒介的重大意义。因此"马凡陀山歌"从具体的新闻事件构思,非常具有现场感地参与了新闻事件本身的意义生成。"马凡陀山歌"把事件以讽刺诗的形式再次重述,不仅使得事件获得更大范围的扩散,也使之重新聚合为指向一种社会、政治批评的表征被反复阅读。而最终,上百首讽刺诗结集出版,又集合成一个新的社会文化事件。

值得注意的是,虽然所谓具有严肃批判性的"政治讽刺诗"占据了"马凡陀山歌"的大部分,但其中还有一些被评论家认为政治性不强,反映市民牢骚的"城歌"。如《公共汽车抒情诗》《致黄泥浆,我的老友》《挤电车》《怀念黄色公共汽车》《看病记》等诗,以小市民的口吻"吐槽"交通的堵塞,价格的昂贵,看病难等问题。《嫖经序诗》等诗针对报上有些荒诞的新闻报道敷衍成诗,语调戏谑,游戏的成分更多。这提示我们,马凡陀的山歌之所以在当时获得欢迎,并非仅仅因为其具有强烈的批判性,而毋宁说是因为这些山歌体诗歌切合了当时普通市民阶层的情绪。袁水拍在重庆、上海生活多年,深切体会了市民生活的苦与乐,所以这种情绪的共鸣共振是这类诗歌受到极大欢迎的原因之一。

正如前面所说,1940 年代中后期是一个讽刺诗的时代。但袁水拍的讽刺诗最独特之处在于其仿山歌、民谣的形式特征。他的一些诗歌句式、结构甚至完全参照之前被大众所熟知的民歌,因此他的一些诗是可以直接哼唱出来的,如《黄金,我爱你》仿照《妹妹,我爱你》曲调;《抗战八年胜利到》借用《王大娘补缸》曲调等。有的干脆直接使用别人创作的革命歌曲曲式,进行重新填词创作,如他戏仿贺绿汀的《游击队歌》(《我们都是神枪手》)创作了《下江人歌》《登

---

① 何其芳:《大后方文艺与人民结合问题》,《新华日报》1946 年 5 月 5 日。

记歌》等诗。贺绿汀的《游击队歌》由贺绿汀创作于1938年,因为旋律轻快流畅,很快就在抗日根据地与后方传播开来,受到军民的热烈欢迎。袁水拍直接挪用这首歌的曲调,又赋予其新鲜的内涵。在"声音"的层面直接让读者产生亲近感,在内容上又与原歌词形成戏谑的反差感。这种戏仿也就不单单是形式的戏仿,更是声音与节奏的戏仿。而模仿年代更为久远的山歌曲调,其实也是左翼歌谣运动中已经实践过的写作策略,如任钧等人的中国诗歌会诗人在1940年代初便主动采用这种方式创作民谣体诗歌。通过这种声音的诗学试图让诗歌与民众产生直接的心理勾连,看似显得随意,创造性不强,但在某种意义上的确是左翼诗学内部一种激进的文体实验。这种诗学态度与一般批评家对民间形式的批判式继承不同。袁水拍等人不执着于对民间形式进行文学性的改良与"提高",而恰恰通过这种戏仿获得了某种诗歌大众化的效果。

四、"陶派诗"与歌谣化:"马凡陀山歌"的诗学资源

这种戏仿的诗学策略,虽然值得商榷,但无疑的确有着诗人的内在逻辑性,需要放置在具体的文学与历史场域中审视。和许多左翼诗人一样,袁水拍很早就认可了民谣、山歌在诗歌大众化上的重要性。1940年代初袁水拍还翻译了大量外国诗人彭斯和霍斯曼的诗。苏格兰诗人彭斯正是以吸收苏格兰民歌著称的抒情诗人,英国霍斯曼也多是民谣体。另外,陶行知的诗歌及诗学观念对袁水拍产生过重要影响,这一点一直以来被研究者所忽视与低估。袁水拍对陶行知的诗歌可以说是情有独钟①。陶行知的诗题材多样,语言通俗易懂、广泛采用旧体、自由体与民谣等,注重韵脚,在诗中寓教于乐,传递教育理念与民主政治思想。他的诗也被称为"陶派诗"或"陶行知体"。正如有评论者说:"陶先生并不像某些'职业诗人'那样为写诗而写诗的,他是把诗作为斗士向前冲具的'打仗的号筒'来写的。"②陶行知诗歌的特点或许就在于其对某种诗歌观念不以为意,经常率意为之。因此在一般人看来,他的诗不免有结构松散、口号化的弊端,被人批评"不像诗"。但袁水拍却非常倾心于陶诗的民谣化

---

① 吕剑在《听马凡陀》中以多篇袁水拍写于1940年代前中期的文章梳理其诗学的转变脉络,其中提到:"他这篇文章前面说,他'在重庆时'读陶诗,他是于一九四五年秋冬离渝去沪的,那么所谓'在重庆时',当在一九四五年之前了。'马凡陀的山歌'也就在一九四四年开始出现。"参见吕剑:《听马凡陀》,《读书与出版》,1947年第6期,第29—34页。
② 高克奇:《管窥陶诗》,陶行知先生纪念委员会编:《陶行知先生纪念文集》上海三联书店1946年版,第138页。

倾向、异常鲜活的语言与民主政治的主题。在《读陶派诗》一文中,袁水拍回忆他阅读陶行知诗歌的情形:"在重庆时我向陶行知先生借了他的十册诗稿回家读了几天。因为崇拜他的诗读了他的近作和儿童书局出版的一二本,还不满足。要窥全豹,只有向他去借了。"①陶诗也常常运用讽刺的手法针砭时事,如《留学生治国好比乡下人吃大菜》一诗:"乡下佬,/吃大菜,/刀儿当作筷。/我的妈呀,/舌头去了一块。"袁水拍称赞这首诗"老少皆合,四季咸宜"。"陶先生的诗多数是包含教育意味和政治意味的。在形式上,他的诗像民间歌谣,像偈,像口诀,他的读者对象决不是狭小的诗人文人圈子,而是群众,他的学生,他的演讲的听众。"②据陶行知的学生高嘉回忆:"一次,袁水拍先生到我们学校演讲,我们问起了中国现代的新诗,他说应该向陶校长学习新诗,早在十年前,他已为我们找到了一条正确的道路,人民大众的诗的道路,既通俗,又易上口,看来很简单,意义却深远,他能用最单纯的形式,表现最深的意义,可是,我们这些后来人都走错了路,该快点改正。"③陶行知的诗在一般文学史上的评价并不高,但袁水拍却判定"陶派诗"是新诗的方向,正因为他极其看重陶诗的通俗与大众化的面向。

袁水拍推崇诗歌的大众化、通俗化,他的诗歌很早就有了民谣的句式、节奏与幽默风格。因为在袁水拍那里,民谣不仅一个形式外壳,而是看到其能够很好地与强烈的现实批判精神相契合。在不止一篇文章中,袁水拍都提倡诗人向民谣学习。他以发展的眼光看待民谣,认为民谣本身也已经与旧时代分离,而被赋予了"政治性"内涵。这体现了这主动借鉴民谣的理论自觉。例如他在《通俗诗歌的创作》中讲到:

> "反映着男女爱情或是家庭生活的老歌谣,已经逐渐失传了,代之而起的是非常严肃的迫切的题材,正是不折不扣地'政治性'的。谁能说歌谣的内容不能超越旧时代的风俗习惯,歌谣的形式也只能表现表现这些呢?今天的抗议现状的新歌谣已经证明了这个观点的错误。作为人民自己的诗歌的歌谣一点也没有脱离时代,是有它的光辉的前途的。"④

---

① 袁水拍:《谈陶派诗》,《文艺生活》(桂林)1946年光复版第8期,第19页。
② 袁水拍:《谈陶派诗》,《文艺生活》(桂林)1946年光复版第8期,第20页。
③ 高嘉:《诗人陶行知》,见陶行知先生纪念委员会编《陶行知先生纪念文集》上海三联书店1946年版,第434页。
④ 袁水拍:《通俗诗歌的创作》,《文联》1946年第1卷第7期,第4页。

袁水拍对民谣的认同,已经不止于对民谣形式层面的套用,而是有意识地把民谣作为方法,一种与现实短兵相接的方法,自信"我们从这里可以发现一条人民诗歌的大路"。他还以鲁迅的民谣体讽刺诗为例,证明民谣的独特优势:"当然这巨人的所以伟大不就是这些'轻松诗',但亦可从这里看到他的多样的作风,以及他的严肃的对丑恶的抨击。"①

　　随着"马凡陀山歌"的影响越来越大,诗歌批评界也产生了相当热烈的讨论。赞誉者有之,贬低者也不乏其人。冯乃超说:"《马凡陀的山歌》的出现,意见之多,批评的热烈,是《尝试集》以来所少见的。"②现代新诗史上,一直未受批评界重视的讽刺诗获得罕见的关注度,被推上诗学舞台的前景之中,这还是第一次。马凡陀的山歌所引起的对民间形式的讨论,或许可看作是 1940 年代初就出现的有关民族形式/民间形式讨论的延续。如何利用民间形式来建构所谓的民族形式,更像是一个移动的"标准与尺度"的问题。面对具体而丰富的文学实践,这一问题始终没有一个统一的答案。洪遒提到一个观察:"早在前几年大后方有过一番'民族形式'的讨论,那时候,一般热心份子提倡,并且也填了不少的大鼓词,金钱板,后来,大约此路不通了,渐渐冷了下去。"③1940年初的民族形式大讨论中,评论家们迸发出前所未有的理论热情,直接促进了文艺作品包括诗歌向民间形式的学习与借鉴。不过理论与实践总是存在着某种错位,在诗歌中,除了《王贵与李香香》等少数作品产生了一定影响,借鉴民间形式的诗歌作品很难在艺术性与社会性上达到良好的平衡。而"马凡陀山歌"的出现与巨大影响力无疑让民间形式的议题再次回到评论家的视野。同时代人回忆:"马凡陀的诗对上海的民主运动起了很大的作用,他今天作一诗发表,明天游行时就唱出来了……上海反饥饿反内战游行,写在旗子上的是马凡陀体的诗"④,剧社把马凡陀的诗编进"有歌,有诵,有舞"的新式戏剧中。但同样需要辨析的是,"马凡陀山歌"的讨论与 40 年代初的民族/民间形式讨论相比又有着巨大的差异。此时的民间形式问题已经并非在相对独立的理论框架内进行阐述,而是与讽刺诗"先天"承载的形式政治、文体效果缠绕在一起。所以我们才看到,虽然论争双方都涉及民间形式的利用与优劣,但实际上林默

---

①　马凡陀:《鲁迅先生的轻松诗》,《联合晚报》1946 年 10 月 19 日。
②　冯乃超:《战斗诗歌的方向》,《大众文艺丛刊》1948 年第 1 期,第 26 页。
③　洪遒:《向马凡陀学习》,《文萃》1946 年第 48 期,第 14 页。
④　吕剑:《听马凡陀》,《读书与出版》1947 年第 6 期,第 34 页。

涵等人所持的批评视角与立场与洁泯、李广田等人存在着明显的不同。邵荃麟、冯乃超当时都是中共香港工委及文委的重要领导人,负责中共在香港的文化及统战工作。他们对马凡陀的关注与观点,反映了"马凡陀山歌"所具有的诗学政治潜力,讽刺诗发挥着一种特殊的诗教功能而获得带有官方层面的认可。

关于"马凡陀山歌"所引起的论争,马凡陀自己倒并没有过多发言。不过在 1946 年《联合晚报》上发表的《轻松与严肃的诗》中,马凡陀还是非常委婉地表达了自己的观点。面对批评家对讽刺诗的不够严肃的批评,他说:"可是写讽刺诗者似乎自己也明白,这些东西到底是'开玩笑'而已。说得庸俗些,便是不登大雅之堂,没有什么耐人寻味的价值,更难和一些严肃的诗相比。今天写了。明天没有了。不管是欣赏者或被讽刺者,都会忘记它。"①马凡陀看似承认讽刺诗在文学地位上的"不足为外人道",但如果了解他诗学观念的话就能看出,这实际上更是一种以退为进的反批评。正如他对陶行知诗歌的赞赏,在马凡陀(袁水拍)看来,不严肃的诗或者说轻松的诗,的确与严肃的文学作品不同,但仍然也有它此时此地的价值所在。因此我们也就不难理解马凡陀在文章最后说的话了:"那么讽刺诗终究是作者的不幸,或者是时代的不幸吧?"②

结　语

如果从诗歌艺术性上来看,"马凡陀山歌"也与袁水拍其他的抒情诗、叙事诗不同。这种诗歌写作通常围绕具体事件展开,篇幅不长,在游戏笔墨中富于刺世意义,在诗歌形式上又采取更为普通大众接受的民谣体。这让"马凡陀山歌"克服了袁水拍早期诗歌写作乃至广义上左翼诗歌写作的很多缺陷。从抒情诗人到"讽刺歌人",不仅是袁水拍完成了他个人诗学的转变,也是左翼诗歌乃至整个 40 年代现代新诗变奏的一个鲜明的样本。袁水拍 1940 年代独特的左翼都市体验重塑了他的诗学主题与诗歌感受力;他对社会现实急峻的关切使得他主动创造一种把诗歌与新闻相结合的"事件"诗歌写作,在诗歌中熔铸不同的文体,让诗歌具有某种跨媒介的实验意味;对歌谣体尤其是"陶派诗"的主动借鉴,把民歌变为"城歌",成为 40 年代后期左翼诗歌在城市空间中独特的展开形式。无论是讽刺诗还是政治讽刺诗,如果不仅仅看作是某种诗歌体

①②　马凡陀:《轻松与严肃的诗》,《联合晚报》1946 年 10 月 10 日。

式的创造,而是作为新诗自身可能性的打开,在诗歌与现实的关联中开拓出一种独特的诗歌风格,袁水拍 1940 年代的诗歌转型都具有再思考的意义。

Left-wing urban experience, events and "Poems of Tao type"
—Re-examining Yuan Shuipai's Poetic turn in the Mid-1940s

Abstract: The poet Yuan Shuipai entered the world of poetry in the early days by writing lyrical poems, and in the mid-to-late 1940s, he was famous for creating a series of satirical ballads called "Mafantuo Folk Songs". Roughly speaking, Yuan Shuipai experienced a poetic turn from a lyric poet to a "sarcastic singer" in the mid-1940s. During this period, Yuan Shuipai traveled to Chongqing, Hong Kong, Shanghai and other places. The unique left-wing urban experience reshaped his poetry theme and sensibility, and played a crucial role in his poetry transformation. In addition, his gradual acceptance of the idea of poetry popularization, especially the influence of Tao Xingzhi and other people's poetry and poetry concepts, made him consciously create satirical ballads based on news events and parodies, creating a unique aesthetic style. Yuan Shuipai's poetry transformation in the 1940s was the result of the comprehensive construction of experience, ideas and poetics. Reviewing the poetic connotation of this transformation also has important implications for understanding the overall transformation of 1940s' new poetry.

Key words: Urban experience; events; "Poems of Tao type"; satire; Poetic turn

作者简介:洪文豪,文学博士,安徽师范大学文学院讲师。

论苏区法制建设中的劳动感化制度①

李 萌 杨 峰

摘 要:第二次国内革命战争时期,中国共产党领导的苏维埃政权在法制
建设方面进行了卓有成效的探索,创建了具有苏区特色的劳动感化院,形成了
劳动与教育相结合的劳动感化制度。马克思主义思想理论、苏联劳动改造经
验以及中外狱制文化传统是苏区劳动感化制度的理论基础与历史来源。先进
的狱政思想理念、合理的监所组织体系、创新的监狱管理制度是苏区劳动感化
制度成功实践的基础和保障。劳动感化制度是苏区法制建设乃至中国监狱制
度的一个创举,为后来的陕甘宁边区、新中国乃至当下的监狱制度建设,积累
了经验,提供了启示。

关键词:苏区 劳动感化制度 监狱管理 法制建设

第二次国内革命战争时期,中华苏维埃共和国成立后,中国共产党在艰苦
卓绝的战争环境下,领导工农红军和广大人民群众致力于革命斗争和红色政
权建设,在法制建设方面进行了一系列卓有成效的探索,颁布了宪法大纲、刑
事、经济、土地、劳动、婚姻等一系列的法律、条例和训令;创立了司法人民委员
部、国家政治保卫局、临时最高法庭和各级裁判机构等人民司法机关;制定并
实施了公开审判制度、巡回审判制度、人民陪审员制度、回避制度、人民调解制
度、劳动感化制度等一整套司法制度。其中,劳动感化院的创立和劳动感化制

---

① 本文为江西省社科基金重点项目《中国共产党领导中央苏区土地法制建设经验研究》
(22ZXQH08)的阶段性成果。

度的形成可谓是苏区法制建设的创举,为此后解放区、新中国的监狱法制建设和监所管理工作积累了成功经验,提供了重要启示。

近年来,苏区法制建设日益受到学界关注,既有大量相关史料的整理,譬如厦门大学法律系和福建省档案馆选编《中华苏维埃共和国法律文件选编》、瑞金县人民法院选编《中华苏维埃共和国审判资料选编》、韩延龙等选编《中国新民主主义革命时期根据地法制文献选编》等,也有不少研究著作和相关论文,譬如杨木生等著《中央苏区法制建设》、张希坡著《革命根据地法制史》、唐志全著《闽浙赣苏区法制建设的成就和基本经验》、金若山著《苏区法制建设的特点及当代价值》、薛梅卿等著《中国革命根据地:狱制史》等。已有研究对苏区法制建设的特点、成就和意义进行了较为广泛而深入的探讨,但苏区的监所管理工作和劳动感化制度并没有得到足够重视。据"知网"检索,相关论文仅3篇,虽然论及了劳动感化制度,但大多是粗略的情况介绍,而缺乏从司法制度层面对其进行深入探讨,即便是关于中国革命根据地狱政建设的唯一专著《中国革命根据地:狱制史》也是如此。中央苏区和赣东北苏区的劳动感化制度建设在当时全国苏区中具有典型示范意义,因而本文试图在中外狱制史的背景下,以中央苏区和赣东北苏区为中心,对苏区劳动感化制度的发生衍变、功能特征、历史经验和当代价值进行深入探讨,以期为当下狱政工作和监狱法制建设提供参考借鉴。

一、劳动感化院的创立及其制度化形成

劳动感化院是第二次国内革命战争时期,苏维埃工农民主政权执行徒刑,进行劳动改造和感化教育的监所机构。劳动感化制度是中国共产党和苏维埃政府在革命战争环境下,以马克思主义思想为指导,借鉴苏联法制建设经验,继承中华优秀文化传统,结合苏区法制建设实践,而开创的具有中国特色的监所制度。1932年10月,时任中央苏区司法人民委员会委员的梁柏台在《中央司法人民委员部一年以来工作》中指出:"司法机关过去在苏区是没有的,是中央政府成立后的创举。在司法上,每种工作都是新的创造和新的建设,所以特别困难。"①同样,苏区劳动感化院的创立及其制度化形成不是一蹴而就的,而是经历了尝试探索、发展完善和转型嬗变的过程。

---

① 瑞金县人民法院编:《中华苏维埃共和国审判资料选编》,人民法院出版社1991年版,第248页。

　　土地革命前期，初创阶段的工农民主政权大多处于流动游击状态，没有建立起完善的司法组织机构和制度体系，也没有执行徒刑的专门机关，肃反机关的拘留所和看守所便成为主要监所组织。这些早期的临时监所大多没有固定场地，设施简陋，职能混乱，关押的对象既有未决犯，也有已决犯，甚至还有地痞流氓、无辜群众和红军战士。值得重视的是，作为土地革命时期最早创建的六大苏区之一、有着"苏维埃模范省"之称的赣东北苏区（后期称闽浙赣苏区），早在1928年5月弋阳县苏维埃政府成立时，便设立了全省第一个劳动感化院，后来上饶、横峰、德兴、贵溪等地苏维埃政府也相继设立了劳动感化院。赣东北苏区的初期劳动感化院虽然设立较早，但并不具备后来中央苏区劳动感化院的监所性质，从其关押对象和管理方式来看，更像是看守所一类临时拘押劳改机构，苏维埃政府有时"将一些罪恶较轻的土豪劣绅、地痞流氓、小偷小摸集中到劳动感化院去劳动改造"，后来"由于曾洪易肃反扩大化，许多无辜群众、红军战士被错误打成反革命，关进了劳动感化院"。[1]虽然苏区早期监所在处置反革命分子，巩固苏维埃政权方面发挥了重要作用，但是由于监所管理简单粗放，"审问的时候采用肉刑，苦打成招的事，时常发现，处置犯人的时候，不分阶级成分，不分首要附和，以致应当轻办的，却把他重办了"，这些问题造成了较多负面影响，"使得好些地方的工农群众对于苏维埃政府的肃反工作发生怀疑"。[2]

　　1931年11月中华苏维埃共和国成立后，中央政府意识到"苏区中有一件急于要做的事，就是建立革命秩序，保障群众的权利"[3]，很快展开了较为系统的法制建设，苏区监所组织和管理制度也提上了重要议程。1932年2月19日，中华苏维埃共和国中央人民委员会第七次常会讨论通过了中央司法人民委员部代表梁柏台关于创办劳动感化院的提议，并决定由他起草"感化院组织法"[4]。1932年6月9日，由梁柏台起草的《裁判部的暂行组织及裁判条例》经中央执行委员会主席毛泽东，副主席项英、张国焘签署颁布实施。"条例"规定："在各级裁判部下可设立看守所，以监禁未审判的犯人，或判决短期监禁的犯人。县省两级裁判部，除设立看守所外，还须设立劳动感化院，以备监闭判决长期监禁的犯人。"[5]作为中央苏区司法审判的基本法律，"条例"首次明确

---

①　横峰县法院编：《闽浙赣苏区法治文化建设展厅资料》（内部资料），2014年，第7页。

②③　瑞金县人民法院编：《中华苏维埃共和国审判资料选编》，人民法院出版社1991年版，第37页。

④　瑞金县人民法院编：《中华苏维埃共和国审判资料选编》，人民法院出版社1991年版，第17页。

⑤　瑞金县人民法院编：《中华苏维埃共和国审判资料选编》，人民法院出版社1991年版，第52页。

了劳动感化院的法律地位和监禁功能。随后,中央苏区所辖江西、福建两省及瑞金直属县先后建立起劳动感化院。1932 年 8 月 10 日,司法人民委员部以"命令"的形式颁布了由梁柏台起草的《劳动感化院暂行章程》。"命令"规定:"劳动感化院暂行章程,为劳动感化院进行工作的暂行规则,每个劳动感化院必须按照该暂行章程去组织和进行劳动感化院的工作。"①作为红色革命政权颁布的第一部较为系统的监狱法规,《劳动感化院暂行章程》规定了劳动感化院的目的任务、设立条件、组织机构和各项管理制度。"章程"不仅在中央苏区管辖的江西福建两省及瑞金直属县颁布实施,而且要求"其他未与中央苏区打成一片的苏区,自文到之日起发生效力"②。随后,劳动感化制度在其他苏区得到不同程度的贯彻落实。1933 年初,闽浙赣苏区(1932 年 12 月赣东北苏区更名为闽浙赣苏区)先后两次召开各县裁判部长联会,强调了设立劳动感化院的重要意义,要求各县必须很快切实建立起劳动感化院,发布了《关于劳动感化院工作决议》,对劳动感化院的组织机构、监所职能、工作制度等进行了明确规定。③

为了进一步加强和完善劳动感化制度建设,中央司法人民委员部、革命法庭、省县裁判部等各级司法机关常常通过报告、命令、指示、条例、巡视等不同方式指导、监督、检查各级劳动感化院工作。1932 年中央司法人民委员部的工作报告《中央司法人民委员部一年来工作》,对劳动感化院一年来的工作状况进行了总结,指出"劳动感化院目前对于教育工作还很缺乏,因为工作人员少,不能按时替犯人上政治课,大都由犯人自己看书报,这是劳动感化工作上的一个大缺点,以后当极力设法去补救"④;1933 年中央司法人民委员部发布《中央司法人民委员部命令第十四号——对裁判机关工作的指示》,对劳动感化院工作人员的业务素质、犯人的禁闭规定、生产与感化工作等作出指示,要求"劳动感化院的工作人员,应经常研究看守的技术",加强"文化和政治水平","同案的犯人应该分开禁闭","免得他们商量口供","组织'劳动感化院企业管理委员会',来管理和监督生产","感化犯人的工作,是劳动感化院的主要部分,应当特别注意"⑤;1936 年中华苏维埃共和国执行委员会颁布的《革命法

①② 瑞金县人民法院编:《中华苏维埃共和国审判资料选编》,人民法院出版社 1991 年版,第 18 页。
③ 横峰县法院编:《闽浙赣苏区法治文化建设展厅资料》(内部资料),2014 年,第 81 页。
④ 瑞金县人民法院编:《中华苏维埃共和国审判资料选编》,人民法院出版社 1991 年版,第 250 页。
⑤ 瑞金县人民法院编:《中华苏维埃共和国审判资料选编》,人民法院出版社 1991 年版,第 62 页。

庭条例(草案)》规定了革命法庭内部感化院的设置、地位与职责,"劳动感化院:设院长一人、管理员二人、看守队一排,一切事宜直属于革命法庭"①。

随着《裁判部的暂行组织及裁判条例》《劳动感化院暂行章程》《关于劳动感化院工作决议》等法律规章的颁布实施,苏区各地劳动感化院陆续建立起来,初步形成了中央、省、县三级劳动感化院体系架构,如中央司法人员委员部在瑞金、兴国、宁都、长汀、于都创办的中央第一至五劳动感化院;江西省在兴国、宁都建立的江西省第一、二劳动感化院;福建省在永定建立的福建省劳动感化院;赣东北省在葛源成立的赣东北省劳动感化总院,及其下设的考坑、烈桥、湖塘分院。自此,以监闭判决长期监禁犯人为职能,以劳动改造和教育感化为手段的苏区监所制度——劳动感化制度初步形成。

二、劳动感化院的职能及其制度规定

根据《劳动感化院暂行章程》《裁判部的暂行组织及裁判条例》《革命法庭条例(草案)》等相关法规,劳动感化院是苏区省县以上审判机关裁判部下属的监所机构,"专为判决长期监禁的犯人而设立"②,其职能主要表现在三个方面,一是监禁看守,二是劳动改造,三是教育感化。

作为审判机关的监所,监禁看守是劳动感化院的首要职能。《劳动感化院暂行章程》第一条规定:"劳动感化院是裁判部下的一个附属机关,其目的是看守、教育及感化违反苏维埃法令的一切犯人,使这些犯人,在监禁期满之后。不再违反苏维埃的法令。"③闽浙赣省《关于劳动感化院工作决议》强调:"看守的工作要加紧,使他们得到看守犯人许多办法与经验。"④劳动感化院的监禁看守职能,在机构设置和规章制度方面都有充分体现。劳动感化院设有管理科和看守队,专司犯人的看守职责。管理科负责"管理各种工场,监督和指导犯人的工作等事宜"⑤。看守队由专门警卫人员组成,中央苏区劳动感化院设"看守队一排","负责看押案犯与担任警戒"⑥;闽浙赣苏区劳动感化院分院"有省裁判部派来的一个警卫班监管犯人。总院有一个警卫排,警卫人员都由

① 瑞金县人民法院编:《中华苏维埃共和国审判资料选编》,人民法院出版社1991年版,第31页。
② 瑞金县人民法院编:《中华苏维埃共和国审判资料选编》,人民法院出版社1991年版,第249页。
③ 瑞金县人民法院编:《中华苏维埃共和国审判资料选编》,人民法院出版社1991年版,第18页。
④ 横峰县法院编:《闽浙赣苏区法治文化建设展厅资料》(内部资料),2014年,第81页。
⑤ 瑞金县人民法院编:《中华苏维埃共和国审判资料选编》,人民法院出版社1991年版,第19页。
⑥ 瑞金县人民法院编:《中华苏维埃共和国审判资料选编》,人民法院出版社1991年版,第31页。

共产党员组成"①。为了加强对犯人的看守,劳动感化院制定了各种严格细致的规则:"犯人的进出,必须要有很好的登记,没有裁判部的条子不能放人","每天早晚须点名两次";②"看守人员必须日夜分班看守,以免发生意外,如有外人与犯人会面,必须得裁判部的许可,送来给犯人的东西,及犯人写出去的信,必须经过严格的检查"。③

通过劳动生产的方式对人犯进行惩戒和改造,是古今中外各类监所较为普遍的职能,苏区劳动感化院当然也不例外。然而,需要注意的是,苏区劳动感化院对人犯执行劳动改造的目的和方式与此前的各类旧式监所明显不同,彰显了工农民主政权的"苏区"特色。苏区劳动感化院设有工场,组织犯人劳动生产,主要目的不是体罚,而是要把犯人改造成自食其力的劳动者,实现监所自给的同时,为苏区经济建设服务。苏区各级政府和司法部门都明令禁止体罚和"肉刑","对于一切已经就逮的犯人,却是禁止一切不人道的待遇"④,"如再有用肉刑的事情,当以违反苏维埃法令治罪"⑤。劳动感化院设置劳动管理科,负责"建设及管理各种工场,监督和指导犯人的工作等事宜",严格规定作息时间,"每日的工作时间规定为八小时,上午自八时至十二时,下午一时至五时,其余为教育和休息时间"⑥。在劳动生产方式上,劳动感化院"按照各犯人的专长而分配其工作"⑦,赣东北苏区劳动感化院一般都设有木工部、铁工部、缝衣部、石工部等,木工部生产桌椅、道具,铁工部生产镰刀、锄头,缝衣部缝制衣裤,石工部垒建房舍等,"对于无特长的犯人,感化院则组织他们上山砍柴、种烟叶、蔬菜或给烈军属打短工"。⑧劳动感化院还根据需要开设有工厂和店铺,生产销售硝盐、油墨、毛笔、墨汁、信纸、信封等苏区紧缺物资。随着生产经营规模的扩大,劳动感化院与国民经济部共同组织"劳动感化院企业管理委员会","来管理和监督生产与发行的事宜,有计划的进行生产和发行"。⑨

通过文化教育的方式感化犯人是苏区劳动感化院"最重要而中心的工作"⑩。中央司法人民委员部命令明确指出:"感化犯人的工作,是劳动感化院

---

① 横峰县法院编:《闽浙赣苏区法治文化建设展厅资料》(内部资料),2014年,第7页。
②③⑨　瑞金县人民法院编:《中华苏维埃共和国审判资料选编》,人民法院出版社1991年版,第62页。
④ 《苏维埃中国》,中国现代史资料编辑委员会1957年(翻印),第265页。
⑤ 瑞金县人民法院编:《中华苏维埃共和国审判资料选编》,人民法院出版社1991年版,第132页。
⑥⑦　瑞金县人民法院编:《中华苏维埃共和国审判资料选编》,人民法院出版社1991年版,第19页。
⑧ 横峰县法院编:《闽浙赣苏区法治文化建设展厅资料》(内部资料),2014年,第9页。
⑩ 横峰县法院编:《闽浙赣苏区法治文化建设展厅资料》(内部资料),2014年,第78页。

的主要部分,应当特别注意。"①劳动感化院的教育感化工作主要表现在如下方面:一是专门设立文化科,"组织和管理犯人的教育事宜";二是开展各种"以犯人为前提"的文化教育活动,如识字班、政治课、俱乐部、列宁室、墙报编辑、游艺晚会、音乐、弈棋、编剧本等,②赣东北省裁判部还专门编纂感化读本印发给犯人,要求人手一本,"每晚教读"③;三是不断充实文化教育工作人员。中央司法人民委员部在《对裁判部工作的指示》中强调,"感化方面,充实文化工作人员,要有计划的来教育犯人"。④闽浙赣省裁判部长联席会议要求"裁判部或其负责同志,要在每星期去劳动感化院和犯人讨论一次",并"请求当地共产党部苏维埃负责同志,向犯人演讲,取得感化犯人的最大作用"。⑤

可见,在监所职能上,苏区劳动感化院不以刑罚惩戒为中心,而以教育感化为目的,要"使这些犯人在监禁期满后,不再违反苏维埃的法令"⑥,正如毛泽东在"二苏大会"报告中所指出:"苏维埃的监狱对于死刑以外的罪犯是采取感化主义,即用共产主义的精神与劳动纪律去教育犯人,改变犯人犯罪的本质。"⑦

三、劳动感化制度的理论基础及历史渊源

虽然劳动感化制度是苏区法制建设中的一大创举,但是这种以"感化主义"为中心的监所制度当然不是无本之木,其理论基础与历史渊源主要包括三个方面:一是马克思主义思想理论;二是苏联劳动改造经验;三是中外狱制文化传统。

第二次国内革命战争时期的苏区是马克思主义与中国革命实践相结合的产物,马克思主义思想及其相关监狱理论为苏区劳动感化制度的形成提供了指导思想和理论依据。首先,马克思主义的国家学说和无产阶级专政理论是苏区劳动感化制度的指导思想。马克思主义经典作家认为,国家是阶级矛盾不可调和的产物,是一个阶级统治另一个阶级的工具。"工人阶级不能简单地掌握现成的国家机器,并运用它来达到自己的目的"⑧,无产阶级革命必须打

①④ 瑞金县人民法院编:《中华苏维埃共和国审判资料选编》,人民法院出版社1991年版,第62页。
② 瑞金县人民法院编:《中华苏维埃共和国审判资料选编》,人民法院出版社1991年版,第19页。
③⑤ 横峰县法院编:《闽浙赣苏区法治文化建设展厅资料》(内部资料),2014年版,第79页。
⑥ 瑞金县人民法院编:《中华苏维埃共和国审判资料选编》,人民法院出版社1991年版,第18页。
⑦ 《苏维埃中国》,中国现代史资料编辑委员会1957年(翻印),第226页。
⑧ 《马克思恩格斯全集》(第6卷),人民出版社1979年版,第292页。

碎资产阶级国家机器,建立起无产阶级的民主专政国家,并"凭借着无产阶级专政的国家机器镇压敌对分子的反抗和破坏"①。中华苏维埃共和国是中国共产党领导创建的第一个工农民主专政的国家政体,劳动感化院是其国家机器的组成部分,是实现工农民主专政的工具,它的创设及其制度化形成始终离不开马克思主义的思想指导。其次,马克思主义的劳动学说和教育思想为苏区劳动感化制度提供了理论依据。马克思主义经典作家认为,"劳动创造了人本身"②,劳动这种生命活动和生产生活不仅是人类"维持肉体生存需要的手段"③,而且还是人的社会本性和社会关系形成和发展的基础;"我们可以把教育理解为以下三件事:第一,智育;第二,体育;第三,技术教育"④,教育与生产劳动相结合"不仅是提高社会生产的一种方法,而且是造就全面发展的人的唯一方法"⑤。苏区劳动感化制度对罪犯"采取感化主义,即用共产主义精神与劳动纪律去教育罪犯,改变罪犯的本质"⑥,这种通过劳动生产和文化教育相结合的改造罪犯的方式,正是马克思主义劳动学说和教育思想在监所制度上的生动实践。第三,马列主义的监狱理论及其劳动改造思想为苏区劳动感化制度提供了更直接的理论支撑。恩格斯认为,监狱是构成国家公共权力的"物质的附属物",是属于"国家实质的东西"。⑦马克思认为,生产劳动是"防止一切社会病毒的伟大的消毒剂"⑧,是犯人改过自新的"唯一手段"⑨。列宁明确提出"改造可以改造好的人"⑩,"利用劳动改造感化的办法来促使违法者适应苏维埃社会的生活条件"⑪等著名论断。苏区劳动感化院是"专为判决长期监禁的犯人而设立"⑫的监所,让犯人进行生产劳动主要目的是为了"感化"和"改造","使这些犯人在监禁期满之后,不再违犯苏维埃的法令"⑬,这种劳动

① 《马克思恩格斯选集》(第7卷),人民出版社1995年版,第104页。
② 《马克思恩格斯选集》(第3卷),人民出版社1995年版,第508页。
③ 《马克思恩格斯全集》(第42卷),人民出版社1979年版,第96页。
④ 《马克思恩格斯全集》(第16卷),人民出版社1979年版,第218页。
⑤ 《马克思恩格斯全集》(第23卷),人民出版社1979年版,第530页。
⑥ 《苏维埃中国》,中国现代史资料编辑委员会1957年(翻印),第226页。
⑦ 劳改专业教材编辑部编:《中国监狱史》,群众出版社1986年版,第3页。
⑧ 《马克思恩格斯全集》(第31卷),人民出版社1979年版,第538页。
⑨ 《马克思恩格斯选集》(第3卷),人民出版社1995年版,第25页。
⑩ 《列宁全集》(第33卷),人民出版社1985年版,第209页。
⑪ 中国劳改学会编:《中国劳改学大辞典》,社会科学文献出版社1993年版,第292页。
⑫ 瑞金县人民法院编:《中华苏维埃共和国审判资料选编》,人民法院出版社1991年版,第249页。
⑬ 瑞金县人民法院编:《中华苏维埃共和国审判资料选编》,人民法院出版社1991年版,第18页。

感化制度充分体现了马列主义的监狱理论和劳动改造思想。

众所周知,以"苏维埃"命名的中华苏维埃共和国在政权组织形式和司法制度建设方面很大程度上受到苏俄的影响,苏区劳动感化制度更是与苏俄劳动改造制度之间有着直接的历史渊源。十月革命胜利后,列宁的劳动改造感化思想成为苏维埃政权初期制定劳动改造政策的基本方针。1918 年 7 月,苏俄司法人民委员部颁布了《关于作为刑罚方法的剥夺自由及执行这种刑罚方法的程序的临时指示》,首次将"有益社会的强制工作"作为改造犯人的基本方法。①1919 年 4 月,全俄中央执行委员会通过了《关于强制劳动营的决议》,规定被判刑的人不与正常的社会生活相脱离,而是在劳动改造机关指定的强制工作营进行劳动改造,随后又制定了《强制劳动营工作细则》,对劳动营的组建、管理、警卫等各种事宜做出详细规定。1920 年 11 月,司法人民委员部正式颁布实施《苏俄普通监禁场所条例》,进一步强调了监狱对于犯人进行劳动教育改造的职能和意义。1924 年 10 月全俄中央执行委员会通过了第一部《苏俄劳动改造法典》,以"法典"的形式对劳动改造机关的任务、劳动改造的基本原则和具体劳动改造制度进行了全面系统的规定。至此,以拘押惩戒、经济生产和改造犯人为职能的苏俄劳动改造制度体系完全形成。1932 年,曾在苏俄长期学习法律和从事审判工作的梁柏台,正是在充分吸收借鉴苏俄劳动改造经验的基础上,结合苏区法制建设实践,提议并创建了劳动感化院及其相关规章制度。

苏区劳动感化制度的核心理念是"劳动感化",而"劳动感化"的概念原本来自西方。最早的感化院是英国 1557 年设立的布莱德维尔(Bridewell,后来成为感化院的专门称谓)感化院。早期的感化院是在正式监狱之外,用以惩治和训诫乞丐、流浪汉和无业游民等不从事劳动者的机构。福柯在《癫狂与文明》中说,17 世纪的欧洲,懒惰成为一种罪,被监禁的人必须强制劳动,于是一种新型的禁闭所——感化院或称教养院,迅速发展,遍布整个欧洲,这类感化院不仅是强制劳动的集中营,还是进行道德训诫的机构。②后来,感化院逐步向监狱转型,成为监所系统的组成部分。18 世纪晚期,西方监狱系统的黑暗混乱状况引起各方关注,被誉为"监狱改革之父"的约翰·霍华德(John

---

① [苏]A.盖尔青仲:《苏联和苏俄刑事立法史料汇编》,法律出版社 1956 年版,第 64 页。
② [法]米歇尔·福柯:《癫狂与文明》,孙淑强、金筑云译,浙江人民出版社 1990 年版,第 60 页。

Howard)在对英国监狱状况调查之后,提出了改善监舍条件、重视劳动感化等一系列监狱改革建议,认为"对于人犯,不可以监禁和驱逐为满足,必须以劳动教诲、善导感化之"①。这一针对监狱犯人的劳动感化主张可以看作是现代狱制思想的开端,强调劳动与教育相结合的苏区劳动感化制度显然与此不无关联。

诚然,对于苏区劳动感化制度,我们在关注外来理论经验的同时,不能忽视"本土资源"。我国法制历史和狱政文化源远流长,早在西周时期便产生了"明德慎罚"的思想,在刑罚中注重教化的功用。春秋时期,孔子更是强调刑罚必须建立在"德化"和"礼教"的基础上,认为"礼乐不兴,则刑罚不中"。汉唐以来,"德主刑辅""礼法并用"逐渐成为法制和狱政的指导原则,"以礼入法,得古今之平"的《唐律疏议》成为封建法典的范本。②尽管古代狱政文化中不乏专制、滥刑、冤狱等糟粕,但是也形成了尊礼法、重教化等优秀法治传统。苏区劳动感化制度对犯人实行"革命人道主义",注重"教育感化",赓续了我国古代优秀法治文化传统。

四、劳动感化制度的历史经验及其启示

劳动感化制度是苏区法制建设的重要成果,是在革命战争背景下,中国共产党领导的工农民主政权运用马克思主义理论,借鉴吸收中外优秀狱政文化经验,而创建的具有中国特色和红色基因的革命监狱管理制度,是中国监狱发展史上的一个创举。它在思想理念、组织机构和规章制度等方面,为后来的陕甘宁边区、新中国乃至当下的监狱制度建设,积累了丰富经验,提供了重要启示。

苏区劳动感化制度充分体现了法治、人道、公正、效益等现代狱政思想理念。《劳动感化院暂行章程》第一条开宗明义,劳动感化院设立的"目的是看守、教育及感化违反苏维埃法令的一切犯人,使这些犯人,在监禁期满之后,不再违反苏维埃的法令"③。首先,从法治角度,明确了劳动感化院作为刑罚执行机关的看守职责;其次,基于人道立场,对犯人实行的是"感化主义",而非"报复主义"和"惩办主义"。第三,执行的对象是"违反苏维埃法令的一切犯

① 中国劳改学会编:《中国劳改学大辞典》,社会科学文献出版社 1993 年版,第 292 页。
② 薛梅卿:《中国监狱史》,群众出版社 1986 年版,第 65 页。
③ 瑞金县人民法院编:《中华苏维埃共和国审判资料选编》,人民法院出版社 1991 年版,第 18 页。

人",体现了法律面前人人平等的公正原则;第四,从效益的角度,强调了改造的成果,要"使这些犯人,在监禁期满之后,不再违反苏维埃的法令"①。

劳动感化制度的核心理念是"感化主义",即通过生产劳动和思想教育相结合的方式教育感化犯人,使其成为守法的劳动者。苏区"感化主义"的狱政思想理念对后来陕甘宁边区和新中国的狱政思想产生了深远影响。延安时期,陕甘宁边区政府主席林伯渠在《边区政府工作报告》中反复阐明,边区政府"对犯人采取教育感化的方针"②,《陕甘宁边区宪法原则》更是以宪法的形式把"对犯法人采用感化主义","把生产工作和思想教育工作紧密结合起来"③确定为基本狱政方针。新中国成立后,1954年颁布实施的《中华人民共和国劳动改造条例》规定:"劳动改造机关对于一切反革命犯和其他刑事犯,所施行的劳动改造,应当贯彻惩罚管制与思想改造相结合、劳动生产与政治教育相结合的方针。"④1994年颁布实施的《中华人民共和国监狱法》规定:"监狱对罪犯实行惩罚和改造相结合、教育和劳动相结合的原则,将罪犯改造成为守法公民。"⑤可见,尽管陕甘宁边区和新中国的监所制度随着时代变迁而不断调整完善,但"劳动与教育"相结合的感化主义基本原则始终没有改变。

苏区劳动感化院的组织体系设置科学合理,对外相对独立,对内职责分明。从外部体系来看,劳动感化院分为三个层级,一是直接隶属中央司法人员委员部的劳动感化院;二是隶属省级裁判部的劳动感化院;三是隶属县级裁判部的劳动感化院。此外,省级苏维埃政府的革命法庭也设有劳动感化院。根据《劳动感化院暂行章程》规定,劳动感化院"仅隶属于各该级的裁判部,没有上下级的系统组织"。因此,劳动感化院虽分为中央、省、县三级,但彼此之间并没有上下隶属关系,这使得劳动感化院的管理工作具有了较大的自主性和灵活性。然而,劳动感化院需要对各自审判机关负责,而各级审判机关之间是有着明确的权属关系的。根据苏维埃中央政府颁布的《地方苏维埃暂行组织法(草案)》和《裁判部的暂行组织及裁判条例》相关规定,省审判部是设于省苏

① 瑞金县人民法院编:《中华苏维埃共和国审判资料选编》,人民法院出版社1991年版,第18页。
② 陕甘宁革命根据地工商税收史编写组,陕西省档案馆编:《陕甘宁革命根据地工商税收史料选编》(第2册),陕西人民出版社1985年版,第18页。
③ 甘肃省社会科学院历史研究室编:《陕甘宁革命根据地史料选辑》(第3辑),甘肃人民出版社1983年版,第130页。
④⑤ 法律出版社法规中心编:《中华人民共和国法律法规全书》(第3卷),中国民主法制出版社1994年版,第551页。

维埃政府执行委员会之下的省级临时审判机关,受省苏维埃政府执行委员会主席团指导,在司法行政上隶属于中央司法人民委员部,在监察与审判方面受临时最高法庭或最高法院节制,对其报告工作。因此,作为苏区司法行政机关的劳动感化院,其独立自主性当然是相对的。

从内部组织来看,劳动感化院主要分为两个层级,职责分明。一是由院长、副院长和各科科长组成管理委员会,"负劳动感化院全责",院长为委员会主任;二是下设总务科、劳动科、管理科、文化科,每科设科长一人,"总务科是管理劳动感化院的一切财产、器具、经费、生产品的出卖,原料的购置及制造劳动感化院的预算决算等事宜","劳动管理科是进行建设及管理各种工场,监督和指导犯人的工作等事宜","文化科是组织和管理犯人的教育事宜"。[①]可见,苏区劳动感化院主要是按照拘押看守、生产劳动和文化教育等三大职能来进行机构设置和权责分工的,这种科学合理的机构设置为苏区劳动感化制度的成功实践奠定了坚实的基础,也为后来陕甘宁边区和新中国的监所机构设置积累了丰富经验。

延安时期,边区监所在承继苏区经验基础上有了进一步发展。1939 年根据《陕甘宁边区高等法院组织条例》规定,高等法院设立劳动感化院;后经高等法院院长雷经天提议,在各县设立劳动感化院;1941 年晋察冀边区将劳动感化院改为"自新学艺所";1942 年陕甘宁边区高等法院及其分庭设立拘禁管教长期徒刑犯人的监狱,在机构上设正副典狱长各一人,下设总务科、文牍科、管教科、医务科、警卫队。新中国成立后,1954 年颁布实施的《中华人民共和国劳动改造条例》规定:监狱设监狱长一人,副监狱长一至二人,下设管教、生产、总务等工作机构。可见,苏区、边区和新中国的监所机构设置可谓一脉相承。

通常而言,制度是在一定历史时期一定社会范围内,要求成员共同遵守的一系列规章、准则,"或者更规范地说,它们是一些人为设计的、型塑人们互动关系的约束"。[②]劳动感化院是专门拘押长期徒刑犯人的监所,而且"所判的这些犯人,政治犯约占总数的 70%,普通刑事犯占 30%"[③]。为了看守、教育和感化这些违反苏维埃法令的犯人,苏区各级司法机关通过了一系列决议、指示、

① 瑞金县人民法院编:《中华苏维埃共和国审判资料选编》,人民法院出版社 1991 年版,第 18—19 页。
② [美]道格拉斯·诺斯:《制度、制度变迁与经济绩效》,杭行译,上海人民出版社 2014 年版,第 3 页。
③ 瑞金县人民法院编:《中华苏维埃共和国审判资料选编》,人民法院出版社 1991 年版,第 249 页。

法令和规章,形成了富有创新精神的劳动感化制度。一是拘押看守制度,规定"犯人进劳动感化院时,必须填写登记表,每天早晨起床及夜晚睡觉时,必须各点名一次"①,"看守人员必须日夜分班看守,以免发生意外"②,"犯人家属若想探监,由警卫人员报告院长,经批准后方能见面"③,"同案的犯人应该分开禁闭不准关在一个房间里"④。二是劳动生产制度,"按照各犯人的专长而分配其工作","每日的工作时间规定为八小时",⑤"与国民经济部共同组织'劳动感化院企业管理委员会',来管理和监督生产与发行的事宜,有计划的进行生产和发行"。⑥三是学习教育制度,定期组织犯人参加识字班、政治课、俱乐部、列宁室、墙报编辑、游艺晚会、音乐、弈棋、编剧本等活动。⑦四是财务保管制度,要求严格按手续没收和保管犯人的财物,犯人的金钱和物件要"当面用纸写成记录","封好保存","交还其本人时,须取得他本人的收据,以免发生舞弊或纠纷"。⑧五是犯人自治制度,"将犯人编组管理,每组10人,并由犯人推选出正、副组长各1名。组长负责全组人员学习、生产、生活,有情况直接向院长请示汇报"。⑨六是评比激励制度,"每个月院部都要对在院的犯人进行一次总评","每半年院部要召开一次全体犯人大会。根据犯人表现,院部宣布对一些犯人加刑或者减刑"。⑩

毋庸讳言,革命战争时期,工农民主政权草创阶段的劳动感化制度也存在一定的局限。一是物质条件简陋。苏区劳动感化院大多由一些民房或宗祠改建,功能设施不健全,如中央苏区第一劳动感化院原为钟唐裔公祠,闽浙赣劳动感化院原为蒋家祠堂;二是工作人员不足。梁柏台在《中央司法人民委员部一年以来工作》中指出,"劳动感化院目前对于教育工作还很缺乏,因为工作人员少,不能按时替犯人上政治课,大都由犯人自己看书报,这是劳动感化工作上的一个大缺点"⑪。三是制度条例粗放。一方面由于受到当时左倾思想的影响,另一方面作为专门制度的《劳动感化院暂行章程》较粗放,共计十六条,

① 瑞金县人民法院编:《中华苏维埃共和国审判资料选编》,人民法院出版社1991年版,第20页。
②④⑥ 瑞金县人民法院编:《中华苏维埃共和国审判资料选编》,人民法院出版社1991年版,第62页。
③ 横峰县法院编:《闽浙赣苏区法治文化建设展厅资料》(内部资料),2014年,第8页。
⑤⑦ 瑞金县人民法院编:《中华苏维埃共和国审判资料选编》,人民法院出版社1991年版,第19页。
⑧ 瑞金县人民法院编:《中华苏维埃共和国审判资料选编》,人民法院出版社1991年版,第79页。
⑨ 横峰县法院编:《闽浙赣苏区法治文化建设展厅资料》(内部资料),2014年,第7页。
⑩ 横峰县法院编:《闽浙赣苏区法治文化建设展厅资料》(内部资料),2014年,第8页。
⑪ 瑞金县人民法院编:《中华苏维埃共和国审判资料选编》,人民法院出版社1991年版,第250页。

缺少一些必要的细则规定,这使得劳动感化制度在具体实施过程中出现一些偏差,如严刑、苦工、逃跑等时有发生。

然而,苏区劳动感化制度创新实践所取得的显著成效是令人瞩目的。一是改造了犯人的思想。"犯人在院接受政治的感化教育,促进他悔悟过去的反革命罪过,以至彻底了解与仇恨反革命的欺骗,坚决回到苏维埃政权之下,出院后成为苏维埃良好的公民"[①],有的犯人刑满释放,选择留在劳动感化院农场劳动就业,如弋阳窖头的闽浙赣劳动感化院总院农场,1933 年、1934 年先后有 100 多名刑满释放的犯人在此劳动、生活;二是使犯人学习了生产技能,实现了自食其力。"犯人在院从事劳动生产,以生产所得改善他们自己的生活,减少国家开支","同时在院学习生产上的技能"。[②]三是为苏区经济建设做出了一定贡献。劳动感化院生产的文化、生产和生活用品都是苏区所需物资,以前大多"仰给于白区",现在"劳动感化院的出品,实为苏区商品市场上的一大供给者"。[③]苏区劳动感化制度在监所管理、生产经营和教育感化方面的一系列制度创新不仅为苏区革命和法制建设做出了重要贡献,而且为此后的陕甘宁边区和新中国的监所制度积累了丰富经验,这在《陕甘宁边区高等法院监狱管理规则》《中华人民共和国劳动改造条例》《中华人民共和国监狱法》等各个时期的监所法规制度中得到充分体现。

"法与时转则治,治与世宜则有功。"(《韩非子·心度》)十八大以来,习近平总书记反复强调,要坚定不移走中国特色社会主义法治道路更好推进中国特色社会主义法治体系建设,"既要坚持过去行之有效的制度和规定,也要结合新的时代特点与时俱进,拿出新的办法和规定"。[④]第二次国内革命战争时期,中国共产党领导的苏维埃工农民主政权以马克思主义思想为指导,学习借鉴中外优秀监所制度经验,结合苏区监所工作实际,"废除了司法范围内的一切野蛮封建遗迹",第一次将劳动与教育相结合,对犯人实行革命人道主义,创设了劳动感化院及其劳动感化制度,不仅是苏区法制建设的"创举",也是中国"历史上的绝大的改革"[⑤],它所蕴含的求真务实作风和开拓创新精神是苏区

---

①②　横峰县法院编:《闽浙赣苏区法治文化建设展厅资料》(内部资料),2014 年,第 8 页。
③　瑞金县人民法院编:《中华苏维埃共和国审判资料选编》,人民法院出版社 1991 年版,第 250 页。
④　习近平:《在党的十八届六中全会第二次全体会议上的讲话》,《求是》2017 年第 1 期。
⑤　《苏维埃中国》,中国现代史资料编辑委员会 1957 年(翻印),第 226 页。

精神的重要体现，它所提供的经验启示对于当下中国乃至世界监所治理工作仍然具有重要意义。

On the System of Labor Probation in the Legal Construction of Communist-controlled China

Abstract：During the second domestic revolutionary war，the Soviet regime led by the Communist Party of China made fruitful exploration in the work of rule of law，established a labor probation school with the characteristics of the Soviet area，and formed a labor probation system combining labor and education. Marxist thought and theory，the experience of labor reform in the Soviet Union and the cultural tradition of prison system at home and abroad are the theoretical basis and historical source of labor probation system in the Soviet area. Advanced prison administration ideas，reasonable prison organization system and innovative prison management system are the basis and guarantee for the successful practice of labor probation system in the Soviet area. The labor probation system is an initiative of the rule of law in the Soviet Area and even the prison system in China. It has accumulated experience and provided enlightenment for the later construction of the Shaanxi Gansu Ningxia border region，new China and even the current prison system.

Key words：Soviet Area；Labor probation system；Prison management；Legal system construction

作者简介：李萌，南昌大学马克思主义中国化专业博士研究生；杨峰，南昌大学法学院教授、博导、院长。

"文学"如何讲述"进城"故事

——重审"许立志事件"①

沈建阳

摘　要:作为第三代"打工作家",在许立志开始"打工文学"创作之前,"打工文学"已形成四套相对完整的话语体系,"打工"也早已发生了翻天覆地的变化,这在很大程度上决定了他创作发展和腾挪的空间。"文学"如何讲述"进城"故事?从"打工文学"看"许立志事件",可以揭示"许立志事件"的内在逻辑;而从"许立志事件"看"打工文学",则可以看出"打工文学"发展的困境,以及当代文学讲述"进城"故事的局限。

关键词:许立志　"打工文学"　"文学"　"进城"

　　2014年9月30日,年仅24岁的青年男工许立志从富士康AAA大厦17层窗口一跃而下,就像他自己生前在诗歌里无数次设想过的一样②,选择以自杀的方式结束了自己年轻的生命。由于"富士康"此前接连的跳楼事件所引发的"轰动效应",这次"跳楼事件"再一次绷紧了众人的神经。但与以往不同的是,这一次媒体的报道不仅有名有姓,而且言之凿凿③。许立志的诗稿旋即就被发掘整理出来,并通过"众筹"的方式在作家出版社迅

---

① 本文为集美大学人才引进科研启动金项目"'打工文学'的文化政治"(Q201913)的阶段性成果。
② 许立志后期写作的诗歌,像他最喜爱的诗人顾城和海子一样,他不止一次设想过自杀的方式以及自己死后的情景,"死亡"是他后期诗歌写作的主题。自杀之前,他甚至在自己的新浪微博上将10月1日要发表的状态设置为"新的一天"。
③ 与之形成鲜明对照的是,其他的十余起"跳楼事件",我们到今天也不知道受难者姓甚名谁。

速得到出版①，他生前的创作也很快便在"中国诗歌网"《人民文学》等媒体平台上频频亮相，并先后入选《中国诗歌2014年度诗选》《新世纪诗典》《飞地自由与跳荡》等诗选。某种意义上可以说，经过这"惊天一跃"，许立志身上"打工仔"和"诗人"这两个互相冲突的身份才真正得以焊接，最终得到了承认和加冕——这正是许立志生前梦寐以求，却又求之不得的。

生前籍籍无名的许立志，在去世后引发了媒体上铺天盖地的"缅怀"，以及诗坛对错失了这位"天才诗人"的惋惜。在2014年12月11号的《成都商报》上刊印的题为《他的才华　逝去后才被发现》的文章中，著名诗人、出版人沈浩波对记者表示，许立志是一个很好的诗人，这与他是否自杀无关：

> 无论一个诗人是生是死，我都只能用诗歌内在的艺术标准来做出评价。我以为，这才是对一个诗人真正的尊重。但到了许立志这里，我的惯性被强行打破，我有强烈地推荐他的诗，为他写文章的冲动——因为他的诗歌已经体现出过人的才华。②

《星星》诗刊主编、著名诗人梁平则特意在杂志2015年的发刊词《我们有〈星星〉，就是任性》一文中，表达了对错失许立志的遗憾和惋惜：

> 深圳打工诗人许立志走了，生前没有与《星星》发生任何关系，他留下的诗歌，给我们留下的是惋惜、错过与痛切的思考。③

2015年4月23日，诗人余秀华在一档名为《久违了，诗歌》的节目中接受鲁豫采访，在谈及许立志时也表示：

> 就诗歌本身而言，如果没有他这个生命的结束，放到众多诗人中间，水平相差不大，不会比别人高，也不会比别人低。但让我觉得很悲哀的是，大家因为死亡，来关注一个人的诗歌。

---

① 许立志的诗集《新的一天》在他死后不到两个月的11月21日就由秦晓宇编辑完成，次年的3月便由作家出版社出版。
② 商报记者：《他的才华　逝去后才被发现》，《成都商报》，2012年12月4日。
③ 梁平：《我们有〈星星〉，就是任性》，《星星》诗刊，2015年第1期，第1页。

尽管三位诗人一再强调关注许立志的诗歌是因为艺术（"文学"），但是表态性的发言反而又坐实了他们的关注并不只是出于单纯的"文学"。许立志的"纵身一跃"，既真正开启了自己的"打工文学"，同时又宣告了它的结束。在将自己"打工者"和"诗人"等身份黏合在一起的同时，他也将"文学"如何讲述"打工"故事的难题凸显在世人面前。从"打工文学"看"许立志事件"，可以揭示"许立志事件"的内在逻辑；而从"许立志事件"看"打工文学"，则可以看出当前的"打工文学"发展的困境，及其在讲述"进城"故事时的局限。

一、"诗人"许立志的生成

如前所述，"许立志事件"很快被媒体和批评家们阐释为"诗人之死"，而帮助许立志完成这一身份转型的是批评家秦晓宇。正是在他的张罗下，许立志的诗集《新的一天》①得到整理并出版。同时，他还和财经作家吴晓波合作出版了《我的诗篇——当代工人诗典》②一书，并选取了其中的六位诗人，拍摄了同名纪录片。许立志"有意"被放在了十人当中的最后一位——用纪录片导演吴飞跃的说法，"我们希望这个片子的出现，哪怕能够推动一点点改变"，"我们希望用许立志来做最重的一次敲击"③。可以说，通过这一系列活动，秦晓宇等人重新"发明"了"打工诗人"许立志。

在为许立志的诗集《新的一天》所写的序言《"一枚螺丝钉掉在地上"》当中，秦晓宇像侦探一样，从"诗人之死"出发，层层倒推，重新为我们讲述了许立志的一生。既然是为许立志的"死"寻找原因，讲述的重点"自然而然"地落在了他在富士康"打工"和写诗的经历上。在这种视角的关照下，与前期诗歌创作当中"青春期写作常见的无病呻吟"（比如《短袖》一诗）和"少年愁"相比，如今来看那首《流水线上的雕塑》便给许立志的诗歌创作带来了非凡的意义：

> 这是他在富士康所写的第一首诗……巨细无遗的规章制度以及庞大冷酷的工业机器系统雕塑着的躯体，被牢牢地固定在流水线上，还那么年轻，却仿佛在几个月里历尽沧桑，"古老"提示了这一点，此外它也暗示

---

① 许立志著，秦晓宇编选：《新的一天》，作家出版社，2015年版。
② 吴晓波策划，秦晓宇编选：《我的诗篇 当代工人诗典》，作家出版社2015年版。
③ 高四维：《许立志：我咽下一枚铁做的月亮》，《中国青年报》，2014年12月10日。

"我"的经历乃是一种古老的命运。①

虽然发现许立志并不热衷阅读马克思的著作,可能只是在中学时代接触过马列主义的基本原理,秦晓宇还是认为"在长期的打工生涯中,许立志的阶级观念也在逐渐地萌生并发展,并由此造成了他笔下的深沉的人道主义和强烈的批判性"。②由此可见,许立志的诗是被现实逼迫出来的灵感,而造成许立志之死的凶手是由"巨细无遗的规章制度"和"庞大冷酷的工业机器系统"所组成的工业社会。

许立志其实已经是"第三代打工者"。此时中国的城市化已然翻开了新的篇章,"打工"本身也发生了翻天覆地的变化。1995 年《劳动法》颁布,2003 年暂住制度废止,从 2009 年开始,广东开始接连出现大面积的"用工荒"现象,"打工文学"中一再书写的题材先后失去了对应物。随着经济全球化程度的进一步加深,全球产业布局进一步调整,因劳动力成本不断抬升,曾经催生"打工文学"的劳动密集型产业也相继向内地、东南亚和非洲等地区转移。加之科技日新月异的发展,机械化、智能化正在逐步地取代人力,流水线上的血汗劳工已经一去不复返。这是许立志的"打工文学"创作不得不面对的问题。

与第一代打工者安子、林坚,以及第二代打工者王十月、郑小琼等前辈不同,作为第三代打工者的许立志进入城市并开始他的"打工文学"创作之前,"打工文学"早已不是白纸一张。经过 30 多年的发展,"打工文学"已经形成相对完备的知识体系。这也是许立志开始他的"打工文学"创作时不得不面对的知识问题,将在很大程度上决定了他发展和腾挪的空间。

经批评家的几番阐释,"打工文学"也已经形成了四套相对完备的知识体系。率先登场的是杨宏海式的"打工文学"研究。身兼地方文化官员与批评家二职的杨宏海以安子③、林坚④等"第一代打工作家"作为研究对象,一方面将

---

① 秦晓宇:《"一颗螺丝掉在地上"》,许立志著《新的一天·序》,作家出版社 2015 年版,第 5 页。
② 秦晓宇:《"一颗螺丝掉在地上"》,许立志著《新的一天·序》,作家出版社 2015 年版,第 7 页。
③ 安子,原名安丽娇,"第一代打工作家""五个火枪手"之一,且是其中最具代表性的人物。她在《青春驿站》《青春絮语》等系列作品中提出"谁都有做太阳的权利",曾在打工者中引发轰动效应。安子也凭借"打工文学"完成了个人的华丽转身,最终成为一名家政公司的老板,为打工者所津津乐道。
④ 林坚,"第一代打工作家""五个火枪手"之一。他于 1984 年发表于《特区文艺》上的《深夜,海边有一个人》一文被杨宏海追认为"打工文学"的起点。林坚凭借"打工文学"摆脱了流水线上的劳作,成为一名专业作家。

"打工"视作"青春驿站",当作"青春寻梦"的过程,试图通过"文学"的方式把"打工者"的生活重新组织起来,重新赋予"打工者"的生活以希望和秩序;另一方面是要借助"打工文学"来打造深圳特区的文化,并以此来回应外界对于"深圳是文化沙漠"的讥刺。这是一种带有启蒙色彩的、乐观的现代化的叙事,而为这一"深圳梦"直接赋形的是"打工女皇"安子。代之而起的是张清华、张未民、刘东等学院派知识分子对"打工文学"批判现实主义阐释。他们以王十月、郑小琼等"第二代打工作家"作为研究对象,认为"打工文学"是"在生存中写作"①,并将其看作"我们这个时代的写作伦理"②,是对当下陷入技术主义的、中产阶级化的写作的救赎。"打工文学"因此被看作是重建文学与现实之间的关联的重要途径,被置入"三农问题"等问题视域中进行讨论。几乎与此同时,韩毓海、旷新年等新左派知识分子借助对曹征路《那儿》等作品讨论,将"打工文学"视为"左翼文学"在当下的自然延伸,将"打工者"看作是工人阶级的前世今生。在"左翼文学"的关照下,"打工文学"最重要的问题演变为"为谁而写"。最后出现的是柳冬妩③等人,他们借助卡夫卡等"现代主义文学"资源对"打工文学"进行的现代主义阐释,他们更强调的是"打工文学""怎么写"的这一面,即试图通过对"打工文学""文学性"的强调,要将"打工文学"导引进"纯文学的殿堂"④里去。"打工诗人"之于深圳,正如波德莱尔之于巴黎,"打工"独特的苦痛遭遇也被看作是人类城市化进程当中的一般体验。至此,"打工文学"得以先后形成了"青春驿站""三农问题""工人阶级的悲歌"和"卡夫卡的城堡"等多副面孔。

由此可见,"打工"与"文学"的冲突其实由来已久。不只是在许立志身上,"打工文学"自诞生之日起,其实就可以分成"打工"和"文学"两个部分。从逻辑上讲,是先有了"打工",才有的"打工文学"——"打工"现象作为"打工文学"的社会基础,"打工文学"是"打工"现象的文学表征。在"打工"与"文学"之间,在"政治性"与"文学性"之间,在"写什么"与"怎么写"之间,"打工文学"都长久地处于冲突的状态之中。这一冲突的状态为"打工文学"的发展提供了充足的动能——正因为冲突,批评家们才不得不一而再,再而三地发明新的"打工文

---

① 张未民:《关于"在生存中写作"——编读札记》,《文艺争鸣》2005年第3期,第56页。

② 张清华:《"底层生存写作"与我们时代的写作伦理》,《文艺争鸣》2005年第3期,第48页。

③ 柳冬妩,"打工诗人""打工文学批评家",为第二代打工作家中的代表人物。

④ 柳冬妩:《过渡状态:打工一族的诗歌写作》,《粤海风》2002年第5期,第51页。

学",用以应对各种不同的社会现实问题。

初入工厂,许立志尽管会有这样那样的不适应,但要与第一、二代打工者所遭遇的"被卖猪仔""断指""伤残""暂住证""收容所"等经历相比,此时的用工环境已经有了显著的改善。此时若再把许立志简单地定位为一位"打工诗人",这将只会是一个陈旧而老套的"故事"。同时,秦晓宇也不无尴尬地发现许立志在抒写自己的富士康打工经历的时候,"的确有种史诗的动机"且写得"不无夸张",看起来像一名熟练工,是"在一套驾轻就熟的模式下如法炮制"①。真正的诗人定不会止步于此。

许立志的创作无疑有多个面向,"打工诗人"许立志也并不总是创作"打工诗歌"。在秦晓宇的眼中,某种意义上正是这些"非打工诗歌"作品让许立志脱颖而出,成为"一名真正的诗人"。顺理成章的,他在许立志的诗歌当中发现了浓重的"死亡"意识。许立志是如此地热衷于描写死亡,频频地在作品中向他最喜爱的两位当代诗人、同时也都自戕而死的海子和顾城致敬;翻阅许立志的藏书,秦晓宇也发现了与死亡有关的句子,十有八九的也都被他画上了黑线。"死亡"可以说是许立志诗歌写作的"第一主题",他沉迷在对"死亡"的写作状态中无法自拔,而他惨烈的自杀行为也就被秦晓宇解读为许立志诗歌写作的最后完成,并由此赋予了他的诗歌震撼人心的力量——"他真的并非只是写写而已"②。

毫无疑问,与其他"打工诗人"的写作不同,"许立志的死是典型的诗人之死"。在秦晓宇把许立志从"打工者之死"向"诗人之死"擢升的同时,他在不知不觉中又将自己重新置于"打工"与"文学"的二元冲突之中——一方面他认为许立志之死是具体的社会原因造成的,表明了"底层打工青年的绝望"(即死于"打工")③;另一方面他又煞费苦心地论证许立志死于艺术,是被写作中黑暗的死亡意识吞噬(即死于"文学")。

二、另一个"许立志"

这是一场倒放的"电影",也是一个漏洞百出的"侦探故事"——最终秦晓宇也没能说清楚许立志到底是死于"打工",还是死于"文学"。在"我的诗篇"

---

①② 秦晓宇:《"一颗螺丝掉在地上"》,许立志著《新的一天·序》,作家出版社 2015 年版,第 21 页。
③ 秦晓宇:《"一颗螺丝掉在地上"》,许立志著《新的一天·序》,作家出版社 2015 年版,第 23 页。

拍摄团队采访许立志父亲的时候,他也对这一套说辞将信将疑——既然在外边过得这么苦,孩子为什么不回家? 家里虽然清苦,但终归吃住不愁;儿子被媒体追捧的作品,在他看来也多是"不太阳光""消极的"东西,他觉得儿子"太年轻","一开始就想错了"以致"走错了路"①。

这是一个被"剪辑"过的"故事"。在秦晓宇这里,许立志和他的诗歌创作至少经历了两次"剪辑"。许立志先由一个初入社会的青少年被"剪辑"成一位有着强烈的阶级意识,通过诗歌抨击和控诉不合理的工业社会的"打工诗人";紧接着,再由"打工诗人"向真正的"诗人"攀升。被剪掉的部分是许立志的前史(包括他的家庭和出生)以及他在富士康的日常生活,当然还包括他大部分的诗歌创作和其他写作。

许立志大多数的创作都发表在无人问津的网络空间里。像大多数躁动而焦虑的青少年一样,他同时开通了新浪博客和微博,在网络上像流水一样记录了自己的心事和"都市寻梦"的全过程。在成为"打工诗人"之前,许立志曾以全班第一名的成绩中考毕业,但严重偏科的他仍旧离重点线还差 10 分,因家里拿不出 1.5 万元的择校费他只好留在镇中学读高中。在父亲的印象里,这件事对许立志的打击特别大,从此"变得内向了"②。2009 年高考失利后,许立志在揭阳市当地的店里卖了一年的验钞机后,2010 年的 7 月便前往深圳富士康打工。这在许立志的高中班主任看来,这是非常普遍的现象——"玉湖中学的生源流失非常严重,这只是一所普通的乡村中学,其中大部分的学生,考上个好大学并不容易。他们可以预见自己的未来,打工或者务农"。③许立志的大哥和二哥便一个学了修电脑,一个学了厨艺。在父亲的眼里,许立志"不认命"——他也并没有听从家里的安排,去读技校或者到模具厂当学徒,像两位哥哥一样去学一门技术,他选择了"负气出走"。在出走的一年多后,许立志想起当初的决定时还心潮起伏:

> 妈妈打电话来,说怎么那么久没打回去,我说五月四号不是打了吗,她顿了顿,说是吗,我怎么觉得好久了……当初负气出走,本打算好电话里不冷不热的……④

①② 张瑞:《流水线上的兵马俑 打工者许立志的写作史》,《南方周末》,2014 年 11 月 28 日。
③ 高四维:《许立志:我咽下一枚铁做的月亮》,《中国青年报》,2014 年 12 月 10 日。
④ 许立志:《妈妈的电话》,(2011-5-21)[2023-3-14], https://weibo.com/u/1766211094?source=blog。

　　许立志出走的一个重要原因是"他觉得每月 1 000 元的工资太少,或许也想去外面看看世界"①。尽管父亲百般不解,许立志仍旧坚持每天练习两三个小时的吉他。但他很快发现自己没有天赋,陷入焦躁之中。在自己的"音乐梦想"破灭之后②,他决定将文学作为自己的"逆袭"之路:

　　　　于是阅读把我从苦闷与急躁中救了出来,文学的世界对我的吸引取代了音乐在我心里的位置。于是从去年的四月份开始,我就放弃了对吉他的追求,转而投入文学的怀抱。③

　　在富士康期间,许立志的经济状况有了很大的改观。作为一名普工,他有将近 1 700 元的收入。他开始大量地购书——在他的微博里保留了他每一次购买的记录;每个月也都会给自己算账,反复叮嘱自己不要吃零食乱花钱;在"富士康"打工期间,他还先后更换了四次手机。他有着强烈的成功欲望,是一个不折不扣的上进青年——他不断地给自己鼓劲,近乎苛刻地要求自己:"明天真的重新开始!""社会是这样的现实,除了自己努力,没人会可怜你。""谁他妈能断定以后一定怎样怎样? 命从来就没有一定的!"④他不断地以这样的话来鼓励甚至刺激自己。除了大量地从网上和书店购书,他还到深圳书城去读书,并且在写作上勤加练习⑤。从诗歌、小说、时评、影评到歌词创作,他几乎尝试了每一种文体的写作,并为自己的文字化为铅字欣喜不已。他把"文学"当作一项事业认认真真地经营,他把自己的所有创作(包括不成功的部分)都张贴在博客空间里,但凡有报纸甚至是网络博客转载他的诗文,他都会在博客和微博里一再致谢。他仅有的一次"走进天堂一般的编辑部"的经历,也足以让他"终身难忘"⑥。截至 2014 年 2 月,他在富士康的厂刊《富士康人》上一共

---

① 高四维:《选择死亡为主题的打工诗人许立志》,《中国青年报》,2014 年 11 月 24 日。
② 许立志:《纪念我逝去的吉他热情》,(2011-7-13)[2023-3-14]: http://blog.sina.com.cn/s/blog_69463e160100msan.html。
③ 在他的微博里,他转载了大量他所喜欢的作家郭敬明、韩寒,还有余华、慕容雪村等人的"心灵鸡汤"用以激励自己。
④ 许立志:《重新开始》,(2013-6-13)[2023-3-14],https://weibo.com/u/1766211094?source=blog。
⑤ 在诗集《新的一天》中,许立志的每一首诗歌下都有具体的写作日期。他几乎隔天都有创作,有时一天还创作了好几首诗歌作品。
⑥ 许立志:《终身难忘》,(2013-2-2),[2023-3-14],https://weibo.com/u/1766211094?source=blog。

发表诗歌、征文、影评、散文、时评共计 25 篇。为此他专门写了一篇名为《存档：一份报纸带给我的成长》的博文，表示要"一步一个脚印"去获取自己在文学上的成功。

第一、第二代"打工作家"在文学上的成功无疑给许立志造成了强烈的示范效应，不论是作为"第一代打工作家"代表人物的安子、林坚、张伟明，还是后来的王十月、郑小琼、谢湘南等人，他们都凭借自己的文学才能从繁重而单调的流水线上挣脱出来，在一众打工者中脱颖而出，或成为著名企业家，或成为作家、诗人或记者。许立志曾在一首名为《我来自潮汕》的诗中，这样诉说自己平生的抱负：

> 我来自潮汕
> 我不是李嘉诚
> 就是饶宗颐①

可许立志并不知道，此时的"打工文学"早已今非昔比。机会的大门正在悄悄关闭，不会再有更多的机会留给他。实际上，许立志的作品见刊的机会并不多，但不得不说，《富士康人》确是少有的几家愿意刊登他文字的报刊。

媒体和大多数的批评家（包括秦晓宇）都将"打工诗人"许立志之死归罪于富士康不人道的用工制度和环境，他们主要依据的是许立志写于富士康打工期间的《流水线上的雕塑》《流水线上的兵马俑》《我咽下了一枚铁做的月亮》《一颗螺丝掉在地上》等诗篇，但在此期间，他同样有《青春期》《诗人的遗嘱》《春天来了》《英雄本色》《赠林志玲》《苏菲》《点菜》等游戏之作发表。阅读这些诗歌，我们仿佛看到了另一个许立志，比如这首《苏菲》：

> 那时我们都还小
> 相对于那些不知所云的广告词
> 我们更感兴趣的是
> 广告里的女明星

---

① 许立志著，秦晓宇编选：《新的一天》，作家出版社 2015 年版，第 194 页。

我们一群小伙伴

有时喜欢朱茵

有时喜欢张柏芝

有时喜欢林依晨

还是村头的二愣子感情专一

每当苏菲的广告出现时

无论代言人是谁

他都会边指着电视

边吸着嘴角的口水说

苏菲这姑娘

长得真他娘好看

2013-5-23①

　　像个邻家大男孩一样，喜欢周星驰电影的许立志常常开一些促狭的玩笑，他也追过星，也曾因为失恋寻死觅活②，甚至还专门为林志玲写过一首缠绵悱恻的"情诗"《致林志玲》。打工期间，他发表了大量的微博。通过翻阅这些像流水一样的文字，我们发现他也喜欢唱KTV、看电影、打游戏、聚餐喝酒。他街舞跳得很好，还是梅西的球迷。只不过为了能出人头地，在更多的时间里，他像个奴隶主一样驱赶着自己。在诗歌创作之外，许立志还写过包括《傻子》《阿嬷》等在内的十二篇小说，正如秦晓宇在批评许立志早期诗歌创作时指出的一样，这些作品也都"有着青春期写作的一些毛病"，他多是模仿安妮宝贝、郭敬明等人的写作，书写青春的残酷和孤独。和他在诗歌上对海子和顾城的崇拜一样，郭敬明和韩寒也一度是他的"文化英雄"。他还曾写过影评为郭敬明的电影《小时代》辩护，自认是郭敬明的"脑残粉"，说自己和他一样有"成功的强迫症"——"依然在大大的绝望里，小小地努力着"③。应该说秦晓宇其实

---

① 许立志：《苏菲》，见《新的一天》，作家出版社2015年版，第121页。

② 许立志曾在网上结识了一位女大学生，后因家庭原因分手，许立志很长时间都为此失眠、一蹶不振。

③ 许立志：《影视心得》，（2013-7-1）[2023-3-14]，http://blog.sina.com.cn/s/blog_69463e160101gs59. html。

并不能完全理解作为"90后"的许立志,在许立志为自己编选了一部名为《冬深了》①的诗集中,那些被秦晓宇推崇备至的诗篇,比如《一个人的手记史》《一颗花生的死亡》等诗篇就根本没有入选。

除了在厂刊上发表作品,许立志的诗歌鲜有见刊的机会。2011年民刊《打工诗人》的主编罗德远刊发了许立志的作品,并邀请他赴惠州参加《打工诗人》创刊十周年的聚会。"他给我打电话,说请到假了,高兴得不得了"②,这也是罗德远和许立志生前唯一的一次会面。受到邀请的许立志可谓踌躇满志,尽管在聚会上"沉默寡言",按捺不住欢喜的许立志接连发了好几条微博,一再表示"再一次看到自己的文字变成铅字,那种自豪感和满足感是多少金钱都买不到的,旅程才刚刚开始"③。罗德远眼里的许立志,满满的都是自己年轻时候的样子。也正是在这一次聚会上,因为许立志是唯一的"90后",顺理成章地被称作是"打工诗歌接班人"。但罗德远自己也明白,这只是说说而已。年轻的罗德远尚且能凭借自己的文学才能完成"人生的逆袭"——在1996年的圣诞晚会上,罗德远模仿《白杨礼赞》为他当时供职的康惠公司写了《康惠礼赞》,得了二等奖,并很快由普工擢升为文员。如今他已经是广州增城区文体局的办公室主任,还是单位年度的先进工作者,却没有多少时间写诗了——"成为办公室主任的这些年,罗德远最主要的工作是写报告,掌握不同领导的喜好,写出让他们满意的稿子"④。类似的,在采访中,"第二代打工作家"当中的佼佼者郑小琼也称自己为"办公室女工"⑤。

三、结　语

初入社会的许立志自然不会明白其中的道理。在"打工文学"像"打工"一样全面退潮的2014年,他仍旧执拗地要把"打工文学"当作"青春的驿站"。实事求是地讲,除了上"夜班",许立志几乎没在工厂里受到什么委屈。"夜班"似乎也没有想象的那么可怕,虽然枯燥,但"无忧无恼也自得其乐",自得其乐的方式就是写诗⑥。正像秦晓宇在序言当中不无矛盾的发现,在许立志前期的

① 许立志:《冬深了》,(2014-4-15)[2023-3-14],http://blog.sina.com.cn/s/blog_69463e160102uyyq.html。

② 商报记者:《绝望许立志流水线旁书写痛彻青春》,《新商报》,2015年1月20日。

③ 许立志:《旅程才刚刚开始》,(2011-11-10)[2023-3-14],https://weibo.com/u/1766211094?source=blog。

④⑤ 张瑞:《流水线上的兵马俑　打工者许立志的写作史》,《南方周末》,2014年11月28日。

⑥ 许立志:《上夜班》,(2011-2-21)[2023-3-14],https://weibo.com/u/1766211094?source=blog。

"打工诗歌"写作中曾大量出现的"暂住证""工伤事故"等题材,更多是在向前一辈诗人致敬,是在重复前辈们的"打工"书写;而他在《团聚》一诗中当中写到"破败的祖屋……塌得只剩半堵墙了",实际上坍塌的也是邻居的祖屋,他家的祖屋还住着自己的父母。在一首诗题为《他们要将我大卸八块》的诗中,许立志为我们描述了那种即将到来的惘惘的威胁:

> 陌生人啊请听我说
> 他们要将我大卸八块
> 他们正磨刀霍霍
> 陌生人啊你们停一停且听我说
> 他们要将我大卸八块
> 他们就要来了
> 他们要将我大卸八块①

在各式各样的批评话语的争夺中,许立志也因此同时拥有"打工文学"的好几副面孔。但不论是杨宏海式的"青春驿站","批判现实主义视角下"的"三农问题",新左派学者的"工人阶级的悲歌",还是现代主义视角下"卡夫卡式的城堡",其实都已经无法有效地解释许立志及其一代人的"进城"经验。

不同于西方城市化的一般经验,当代中国的城市化从经济特区的设置开始,经历了一点一线一面全面铺开的过程,并在短期内就引发了规模空前的农民工迁徙大潮。这一场轰轰烈烈的"进城"运动,不仅为中国经济的腾飞注入了强劲的动力,帮助中国走出经济危机,并带领世界走出了金融风暴,走向了经济复苏②。或许更为重要的是,"进城"带来了许多新观念和新认识,这些经验刷新了国人对于城市的认识和情感结构。而作为中国特色城市化重要的文学表征,诞生于特区深圳的"打工文学"以进城打工者的视角如民族志般详细地记录了中国城市化发生、发展的全过程。如果从这个视角来看,则"打工文学"的重要性至今还未被充分认识。

在许立志之后,自然还会有"打工文学"。只要社会发展的现实动力还存

---

① 许立志:《他们要将我大卸八块》,见《新的一天》,作家出版社 2015 年版,第 155 页。
② 鉴于中国农民工对世界经济发展与稳定做出的巨大贡献,2019 年 12 月美国《时代周刊》将中国农民工作为封面人物。

在,"打工文学"自然会演化出更多的面孔,或者只是在业已被发明出来的话语中兀自旋转。而"文学"如何讲述"打工"的故事? 这不仅是许立志留给"打工文学"的难题,对于当代文学来说这也是一个巨大的挑战。

How does "Literature" tell the story of "Going to the City"
—Re-examination of the "Xu Lizhi Incident"

Abstract：As a third-generation working-class writer, "labor literature" had already formed four relatively complete sets of discourse systems before he began his work. This has, to a large extent, determined the space for his creativity to develop. How does "Literature" tell the story of "Going to the City"? Looking at the "Xu Lizhi Incident" from the perspective of "labor literature" can reveal the inner logic of the "Xu Lizhi Incident"; while looking at "labor literature" from the "Xu Lizhi Incident" reveals the dilemma of the development of "labor literature" and the limitations of contemporary literature in telling the story of "Going to the City".

Key words：Xu Lizhi; "labor literature"; contemporary literature; "Going to the City"

作者简介:沈建阳,集美大学文法学院文创系副教授。

从记忆形态的转变看人工智能
文学创作的时间性
——以人工智能"微软小冰"的诗歌创作为例①

蒋好霜

摘　要:近年来,人工智能(AI)创作在艺术领域屡获突破,"微软小冰"的诗歌创作是其在文学领域的表现。记忆是以人为创作主体的传统文学创作的重要因素,也是文学呈现出时间性维度的内在原因。人工智能时代,记忆依然是算法的基本组成部分,在"微软小冰"的诗歌创作中,记忆以数字化的形式呈现,并以空间排列组合的方式参与到文学文本的生成,记忆在文学创作中的显现形态由"深度时间体验"向"空间性现时"转变,文学的时间性维度被算法的空间逻辑打乱,呈现出一种脱离"世界"、出离"时间"的美学特征,暗合了后人类时代"去人类中心主义"的美学精神。

关键词:记忆　人工智能创作　时间　后人类

人工智能虚拟机器人"微软小冰"的诗集——《阳光失了玻璃窗》,是人类历史上第一部完全由人工智能创造的现代诗集,相较于传统文学,该诗集没有真实的创作主体(人),不存在属于创作者的连贯的、统一的个体记忆,但是,该诗集仍然是人类文化记忆按照算法原则排列而成的组合物。文字作为凝聚了人类文化记忆的符号,被算法依据与客观物象的组合频率重新排列组合,形成

---

① 本文为河南师范大学博士科研启动项目"文化记忆理论及其对文学理论构建的价值研究"(5101099171821)的阶段性成果。

自身在诗歌中的空间位置,在这个过程中,凝聚在语言中的人类记忆、情感、意识等时间性原初体验被类化为概念,文学文本这一在时间中的运动也以纯粹的空间结构呈现出来。人工智能创作使文学中的记忆脱离生物性身体的影响,使作品中的时间和人类经验呈现碎片化、无逻辑性的特征,瓦解了作品在各个维度的统一性取向,但不失为一种还原和体验生命源初意识流的尝试。

记忆是人的知觉体验和情感经验的先在条件,也是文学创作的重要材料来源,由于作家在文学创作中的主体地位,文学与记忆的关系成为文学理论和文艺心理学无法规避的议题,尤其在一些自传性作品、意识流小说中,记忆更是发挥了基础性的作用,杰出的意识流作家,诸如普鲁斯特、乔伊斯、伍尔夫等,其作品都是个人记忆和意识的不规则编织物。文学是保存、复活人类记忆的天然载体,由文学语言的诗意属性(隐喻、张力、含混等)建构起来的文学形象与记忆的非连续性、非逻辑性、形象性等是异质同构的,英国著名女作家 A. S.拜厄特认为:"只有写作活动才能给这些经验赋予它们在生活中的一些重要性,并因此赋予它们一个位置、形式和秩序,以使它们获得理解。"①("它们"指记忆)传统的文学创作,记忆来源于创作主体,是创作主体意识的一部分,作家通过对记忆的筛选、变形、组织,构造鲜活的文学形象。随着现实主义文学在文学创作中的式微,叙事学的不断更新,文学体裁边界的进一步模糊,以及作者中心论的消解,一些学者开始质疑记忆在文学创作中的合法地位,"实际上,记忆从来都只有两种合法的形态:历史的和文学的。但这两种形态并行不悖,只是在我们这个时代,它们分离了。记忆被推到历史的中心,这是文学辉煌的葬礼"。②在人工智能创作中,真实的创作主体(人)的消失更是造成记忆缺席的假象。其实不然,在算法中,记忆并未消失,以"知识驱动"和"数据驱动"为动力的人工智能,"知识路径则突出了记忆在知识形成中的作用,记忆则被看作是信息的存储和编码;数据路径则偏重智能体对相关数据的提取,突出的是记忆的提取环节,记忆被看作是数据的存储和提取"。③"我讨论了认知、识别、记忆、抽象、分析、理解和信息检索,作为智能算法的基本部分。"④记忆是算法

---

① 法拉,帕特森著,户晓辉译:《记忆》,华夏出版社 2006 年版,第 40 页。
② 皮埃尔·诺拉著,黄艳红等译:《记忆之场》,南京大学出版社 2015 年版,第 28 页。
③ 杨庆峰:《从记忆与智能的关系看人工智能的发展》,《长沙理工大学学报(社会科学版)》2020 年第 2 期,第 1 页。
④ 安东宁·图因曼著,答凯艳等译:《智能就是算法吗?》,机械工业出版社 2019 年版,第 23 页。

的基本构成成分。微软小冰诗歌创作运用的算法模型(循环神经网络,RNN),较传统的神经网络在神经元上增添了记忆功能,具有记忆性,这为我们从记忆视角切入对 AI 创作的研究提供了技术依据。小冰的诗歌创作过程显现了记忆的两种功能:其一,记忆的存储功能,语言作为一种载体,将人类记忆的信息和能量储存起来,记忆的能量在创作时再次释放出来。"它的象征符号就是一个文化能量储存器。艺术和文化正是以这些象征符号的记忆为基础的。"[①]只要文学仍以语言为媒介,文学就是记忆的储存器。其二,记忆的提取功能。词组与词组组合频率的高低显现了人类不同情感记忆呈现出来的规律性聚合,小冰正是依据频率高低的排序挑选词语构成句法。

一、文学的时间性与运动着的记忆

在 20 世纪后半期文学理论的空间转向发生之前,文学一直被认为是时间性的艺术。亚里士多德在《诗学》中提出:"悲剧是对于一个完整而有一定长度的行动的摹仿,有的东西虽然完整,但可能缺乏长度。所谓完整,即有开头、中部、结尾。"[②]其中"有一定长度的""开头""中部""结尾"都是对情节的时间性描述。莱辛在《拉奥孔》中从题材和媒介两个方面将诗划定为"时间艺术":从题材看,诗适宜于写在时间中持续的动作,从媒介上看,诗用语言为媒介,语言的线性特征使诗表现为"在时间中先后承续的符号"[③]。"经典叙事学"和"后经典叙事学"都偏重对文学叙事的时间维度的研究,20 世纪法国结构主义叙事学的代表热奈特在《叙事话语》中从时序、时长、频率等方面讨论故事时间和叙事时间的关系。

从根本上说,文学作品的时间性以记忆的时间性为依托,记忆的时间性由人的存在的时间性决定,存在的时间性在此时的身体与世界不断进行能量交换的场域中展开,对记忆时间性的探讨离不开对身心关系的讨论。在关于记忆的哲学研究中,伯格森的记忆哲学将记忆上升到世界存在和生命存在的本体论高度,为我们超越先验、客观、理性的预设,从直觉、经验、知觉等意识的直接材料研究记忆问题提供了更加原始、本真的入口,"柏格森试图消解'二元对

① 皮埃尔·诺拉、安斯加尔·纽宁:《文学研究的记忆纲领》,阿斯特莉特·埃尔、冯亚琳主编,余传玲等译:《文化记忆理论读本》,北京大学出版社 2012 年版,第 213 页。
② 亚里士多德著,陈中梅译:《诗学》,商务印书馆 1996 年版,第 75 页。
③ 莱辛著,朱光潜译:《拉奥孔》,商务印书馆 2016 年版,第 90 页。

立'传统,用影像的运动替换物质与精神,并以此来理解身心关系和记忆"。①
伯格森将材料(物质)和精神的种种呈现统统称之为"形象",而我们的身体这
一形象不仅能作为客体从外部进行研究,还能够通过内在情感来把握,同一个
形象能够同时进入"科学"和"意识世界"两种体系。在意识世界,"所有形象都
依赖于一个中心形象,即我们的身体,并且随着它的变化而变化"。②记忆也依
赖于身体的变化而变化,身体与客观世界处于持续的能量交换和行为互动之
中,因此产生自身体的知觉和情感也处于不断变化之中,记忆是知觉的延留,
自然也处于不断变化之中。身体与外界的互动不断生成新的知觉,从而保证
了记忆的不断更新、不断生成,推广到更广泛的整个人类的记忆,正是身体这
个物质载体的存在,保证了人类记忆的历史的不断生成。记忆与身体的不可
分割也为个体记忆的整体性、连贯性提供了保障,人总是立足现在回忆过去,
记忆可以被认为是"大脑基于过去模拟未来可能发生的事件的工具"③。

　　参与文学创作的记忆是被重新建构起来的运动着的记忆。伯格森将记忆
分为"习惯的记忆"和"形象的记忆",贝克特将记忆分为"自动记忆"和"非自动
记忆",本雅明将记忆区分为"自觉的记忆"和"不自觉的记忆(梦一样的记
忆)",J.希利斯·米勒将本雅明意义上的两种记忆分别对应于"重复"的两种形
式——"柏拉图式重复"和"尼采式重复"。在这些分法中,"习惯的记忆""自动
记忆""自觉的记忆"意义是相似的,这种记忆的本质是"柏拉图式重复","构筑
了一个清晰的模型,'生活'在里面消失了,剩下的只是按时间顺序对事实所做
的干巴巴的叙述"④。这种记忆是对真实发生过的事情的复制,比如背诵这一
记忆形式,每次产生都是相同的,可以重复发生。"形象的记忆""非自动记忆"
"不自觉的记忆"性质相似,记忆与真实发生过的事情是一种"尼采式重复",即
记忆中的种种表面上与发生过的事情的实体相似,但本质上是相异的,这种记
忆"所恢复的不仅是过去物品……说它恢复了更多,是因为它把有用的、合适
的、偶然的抽离出来,因为它的火焰吞噬了习惯及其所有作品,而且它的火光

①　尚杰:《伯格森哲学如何摆脱了康德和胡塞尔——读柏格森的〈物质与记忆〉》,《哲学动态》2017年
　　第7期,第57页。
②　伯格森著,肖聿译:《材料与记忆》,华夏出版社1998年版,第16页。
③　Daniel L. Schacter, Donna Rose Addis and Randy L. Buckner. "Remembering the Past to Imagine the
　　Future: the Prospective Brain", *Nature Reviews Neuroscience*, Volume 8, September 2007, p.660.
④　J.希利斯·米勒著,王宏图译:《小说与重复——七部英国小说》,天津人民出版社2007年版,第
　　8页。

揭示了经验的模拟现实永远无法也永远不会揭示的东西——真实"①,非自动记忆决不可能依靠模拟的方式恢复已发生的过去,非自动回忆抵抗习惯性重复,揭示经验之外的真实。文学创作涉及的主要是非自动记忆,诚如本雅明所说,"对于这个回首往事的作者来说,重要的不是他所经历的事情,而是自身对于记忆的编织……"②这种记忆绝不是对发生过的事情的按部就班的模拟和复制,它被贝克特形容为"爆炸性"的,它剔除了记忆中有用的、合适的、偶然的等诸如此类的成分,被当下知觉唤起,被作者的想象力重新组织和编织,"记忆、想象和知觉这三者之间的协同活动,在作家的记忆功能里是互相融合的"。③这种记忆甚至是一种无意识的记忆,积淀在作家的意识深层,灌注在作家深厚的心胸和充满生气的情感里,随时准备着发生作用。

　　与人工智能创作相比,通常的文学创作具备一个真实的创作主体,这个创作主体是真实的、完整意义上的人,人的内在心理时间具有统一性,这是人自我内在同一性的表现。这种内在同一性与现代主义以来主体性的瓦解并不矛盾,主体性的瓦解是现代性危机的一个表征,但这并不意味着人的内在意识之流、记忆、经验、直觉是分裂的,主体性的瓦解指向的是人的理性思辨和价值判断不能与外部世界调和而呈现出的"非同一性",而不是感性世界的混乱,如果人的意识、记忆等呈现出混乱状态,一般是就病理学上来说的。"人对自身的认识并非建立在直接意识的自明性之上,相反,必须借助象征符号、话语文本和他者的'中介化',对存在与世界进行诠释,才能实现对自身的认识与理解,从而实现对自身主体性的确立。"④文学创作正是人借助符号、话语确证自身主体性、统一自我的实践,创作主体的记忆具有内在统一性,"内在生活具有质的多样性、进步的连续性以及方向的统一性"。⑤这种记忆混合了作者的情感,"它们潜伏在那里,时刻等待着我们的身体和行动的'召唤',从而苏醒为我们当前的知觉(意识)。"⑥这种记忆是运动的,它依靠知觉串联起过去和现在,回忆同时是一个动态的认知过程,"认知发生的内部(大脑、身体和环境)需要动

① 萨缪尔·贝克特著,陈俊松译:《论普鲁斯特》,湖南文艺出版社 2017 年版,第 23—24 页。
② 本雅明著,李茂增、苏仲乐译:《写作与救赎:本雅明文选》,东方出版中心 2017 年版,第 220 页。
③ 杨健民:《艺术感觉论:对于作家感觉世界的考察》,海峡文艺出版社 2012 年版,第 137 页。
④ 黄钏、冯寿农:《构建自身,寻回主体——保罗·利科诠释学的理论体系探讨》,《当代外国文学》2019 年第 3 期,第 135 页。
⑤ 柏格森著,刘放桐译:《形而上学导言》,商务印书馆 1963 年版,第 7 页。
⑥ 王理平:《差异与绵延——柏格森哲学及其当代命运》,人民出版社 2007 年版,第 301 页。

态工具来描述"。①记忆同样产生于大脑、身体和环境的互动过程中,记忆是不断生成的,不是死去的、储存起来的记忆碎片,身体运动与外在环境相遇,产生的知觉使创作主体的记忆不断更新和延绵,向前运动,呈现出时间属性。记忆就如同个体生命时间轴上的一个个点,个体的情感、意志、思想观念赋予这些点以因果关系,从而形成文学的情感叙事。

二、从"深度时间体验"到"空间性现时"

20 世纪后半期,亨利·列斐伏尔的《空间的生产》(1974)与米歇尔·福柯的《不同空间的正文与上下文》(1984)先后问世,这为文学理论的空间转向奠定了坚实的哲学基础,空间问题迅速进入文学研究的视野。此后,菲利普·韦格纳的《空间批评:批评的地理、空间、场所与文本性》、布朗肖的《文学空间》、巴什拉的《空间诗学》、布尔迪厄在《艺术的法则:文学场域的生成与结构》等重要的文学空间批评著作先后问世,促使人们思考文学的空间表征。人工智能诗歌创作中记忆形态的转变能为我们思考文学时间性与空间性的关系提供一个新的有效视角,既显示出空间性在 AI 创作实践的重要性,也显示了算法的空间逻辑对文学时间维度的挤压和变形。

微软小冰利用 1920 年以来数千位诗人的作品,通过反复从前向后学习和从后向前学习,得到 Forward RNN Model 和 Backward RNN Model 两个循环神经网络模型,"循环神经网络(Recurrent Neural Network,RNN)是将序列信息作为输入,对序列演变过程做迭代运算的一种算法模型。与经典的神经网络非常相似,只是在神经元上增加了一个记忆状态……可同时包含上一时刻和此时刻的数据,使神经网络有对序列数据的'记忆'能力"。②预测未来时间序列信息是循环神经网络的独特功能,但循环神经网络很难处理时间跨度较大的数据之间的关系。对于微软小冰的诗歌创作来说,循环神经网络的记忆功能落实在对数据(字词)的空间位置排列上,这两个模型将不同词组的结合方式按照现代诗数据库中出现频率的高低有序排列,微软小冰先通过图片提取关键字,再利用模型生成后面的字(选取与关键字结合频率最高的字词),以

---

① T.V. Gelder, What Might Cognition Be, If Not Computation? *Journal of Philosophy*, Volume 92, Issue 7, July 1995, p.379.
② 景子阳:《基于乐谱识别的深度学习算法作曲系统》,南京艺术学院博士学位论文,2020 年,第36 页。

此类推,直到遇到换行符为止。小冰对人类的情感这一抽象实体进行数据化处理的方式是统计表征着人类文化记忆的字词,并依据与客观物象的组合度重新排列,举例来说,给出"船"这一物象,两个模型显示"船"前后出现次数最多的字词依次是"上""一只""的""游子""沙土"等词语,那么与"船"相邻的词语就是"上",依此方法,再决定下一个词语的出现。小冰正是通过此种方法将"物象"与人类的"情感记忆"联系起来,并通过对词性上的搭配检测、语法检测、完整性检测等程序完成诗歌创作。

微软小冰的诗歌创作过程彰显了人工智能创作的空间思维。首先,AI 将人的记忆、人的情感等产生于时间中的体验都"类化"为概念,人工智能创作并不需要直接感知现实的物理世界,也不存在与外在现实世界互动的过程,自然不会像人一样对审美客体产生知觉、意识、情绪等。"算法中对'类'的提取,相当于现象学所说的'范畴直观'。人类'感知'到桌子的同时,一定会直观到了'桌子'这个普遍的观念。而算法或程序在正常运行过程中,并不存在感知对象的问题,因为程序在编码的时候,已经给定了'桌子'的观念(范畴对象)。所以,算法直接在普遍直观中构造普通对象。换句话说,整个过程其实是从桌子概念的输入到桌子概念输出的过程。"①微软小冰的诗歌创作就是由"概念"并置而成的句法结构。法兰克福学派的代表人物阿多诺曾明确反对艺术中"概念""体系"的产生和运用,认为"概念"是工具理性对客体存在的压缩和吞并,不可能完全覆盖客观物质,且"概念化之所以与审美现象格格不入,是因为后者根据定义属于殊相"②。微软小冰将审美客体、人的记忆、情感等数字化、类化为概念,规避了审美体验的时间维度和审美体验的个体性,造成对人类情感记忆的"同一化"处理,如此一来,相同情感性质的词语就可以随时实现位置互换。概念并置成句子是空间思维的显现,"这些概念具有一种并置的关系,它们就像思想货架上大大小小的有标签的盒子,我们可以按照这些标签把它们组织排列成各种序列。但是,柏格森说这样的情形属于空间思维、数量思维,它逃离了悖谬(康德对真理的认识止步于理性的'二律背反')"。③在小冰进行

---

①　汤克兵:《作为"类人艺术"的人工智能艺术》,《西南民族大学学报(人文社会科学版)》2020 年第 5 期,第 181 页。

②　阿多诺著,王柯平译:《美学理论》,四川人民出版社 1998 年版,第 286 页。

③　尚杰:《柏格森哲学如何摆脱了康德和胡塞尔——读柏格森的〈物质与记忆〉》,《哲学动态》2017 年第 7 期,第 58 页。

诗歌创作的数字模型中,概念依据组合频率的高低决定在句法结构中的空间位置,诗歌意象与人类情感记忆的亲疏关系表现为实践创作中字词之间距离的远近,微软小冰将人类的情感记忆类化为概念,不但将记忆、情感、意识等时间性的原初感性体验抽象化为理性概念,也将文学创作过程这一时间序列中的运动以空间结构的形式呈现。其次,在微软小冰的诗歌创作中,空间性意味着现时性(或共时性)。由于小冰将表征着人的情感记忆的字词以"关键词"为中心类化,类化的标准是与关键词聚合频率的高低,类化的语言承载着发生在不同时空、不同情境的情感记忆,被共时性地排列、组合到只面对虚拟现时性的同一首诗中。由于人工智能尚不能将不同时空维度内的情感记忆进行统摄,也不能处理这些情感、记忆与虚拟的创作现在时之间的关系,诗歌的时间逻辑和情感逻辑是偶然的、随机的、紊乱的,导致诗歌语意不明,例如"看我睡在苔上的石头一般熊掌",抛却本句语法结构的错误,"苔""石头""熊掌"很难说承载了人类相似的文化记忆,如此并置让人不知所云,也看不出与虚拟作者"我"现在的情感状态的关系,整首诗还有其他许多在人类情感记忆中不甚关联的意象,这导致整首诗的意义难以捉摸。在传统的诗歌创作中,创作主体同样拥有属我的不同时空的记忆,但这些不同时空的情感记忆能够被作为统一体的"我"整合,"我"的情感和意向是统一的、圆融的,即使是表面看来缺乏关联的意象,也能被统一的情感和意向所统摄,从而实现不同时空的情感记忆在同一首诗中的逻辑统一和情感统一。诗歌的想象力可以天马行空,意象也可以风马牛不相及,但必须遵从统一的情感逻辑。例如北岛的诗"在那镀金的天空中,飘满了死者弯曲的倒影","镀金的天空""死者的倒影"本不甚关联,在人类的文化记忆中在情感上甚至是相互排斥的,但被诗人的"悲愤"之情统摄,反倒产生美丑不分、黑白混淆、是非颠倒的效果,从而大大增强了诗歌情感的力度。苏轼说:"诗以奇趣为宗,反常合道为趣。"[①]诗歌的趣味、意象可以反常,但必须"合道",即贴合情理逻辑。最后,在微软小冰的诗歌创作中,由于数字化的语言表征的文化记忆被削除了时间的维度,并规避了对外部世界的感知过程,诗歌的历史理性、社会价值就被削除了,在已出版的小冰的《阳光失了玻璃窗》这本诗集中,遴选的 139 首诗皆为虚拟主体"我"的小情绪抒发,与历史、社会没有关联。

---

① 苏轼:《苏轼文集》,中华书局 1986 年版,第 2552 页。

　　当然,我们严格以传统的文学批评标准解读小冰的"类人艺术"是苛刻的,但是小冰的创作为我们思考新的文学创作实践中文学文本的时空结构提供了现成的有效视角,小冰的诗歌创作显示了数字化时代文学实践空间转向的必然趋势,也暗合了后现代语境下人的体验的空间性和现时性。杰姆逊在《关于后现代主义》的对话录中指出的:"现代主义的一种专用语言是以普鲁斯特和托马斯·曼为代表的,就是时间性描述语言,在这种语言背后,有一种柏格森的'深度时间'概念。但这种深度时间体验与我们当代的体验毫不相关,我们当代是一种永恒的'空间性现时'。"①所谓"空间性现时"体验,即在现代科技的帮助下,我们能够以不在场的方式在网络上看到世界任意时空正在发生的,甚至已经发生的事情,比如通过网络,我们可以在家中看美国去年的"NBA 实况转播"(我们看到的是过去正在发生的事情,过去以它"当时"的形式显现出来),"空间性现时"体验可以使发生在不同时间、空间的情景同时再现。大卫·哈维提出"时空压缩"的概念,来形容自工业革命以来人类科技实践对时间、空间的客观品质进行的革命化压缩,"时空压缩"表现为跨越空间的时间急剧缩短(时间压缩),同时空间由于经济和科技的作用收缩成"地球村"(空间压缩),哈维敏锐地捕捉到文学、艺术面对"时空压缩"体现出来的新的审美特征,并肯定文学、艺术以空间形式表现时间体验的本质特征:"审美实践与文化实践对于变化着的空间和时间的体验特别敏感,正因为它们必须根据人类体验的流动来建构空间的表达方式和人工制品。"②微软小冰的诗歌创作正是在没有创作主体的情况下,利用技术以空间结构容纳人类时间性流动体验的一次全新尝试,但是此次尝试以"空间消灭时间"的形式结束。情感的生成需要记忆,人工智能创作只能将记忆问题转化为因果关系,并进而以空间的形式执行,机器的灾难性遗忘使得因果链接和空间排列打乱了原有的统一性的时间逻辑,人工智能可以数字化语言,却无法数字化语言表征的体验。罗兰·巴特将具有历时性特征的组合段和具有共时性特征的系统视为语言符号的两根轴线③,小冰的诗歌创作依然属于语言符号的艺术,由于无法统一语言历时性组合之间的逻辑,语言不能表达完整的、有意义的命题,语言的共时性特征也无

①　杰姆逊:《关于后现代主义,或后期资本主义的文化逻辑》,中国社会科学院外国文学研究所《世界文论》编辑委员会:《后现代主义》,社会科学文献出版社 1993 年版,第 132 页。
②　戴维·哈维著,阎嘉译:《后现代的状况》,商务印书馆 2003 年版,第 409 页。
③　Roland Barthes, *Elements of semiology*, New York: Hill and Wang, 1968, p.60.

法完整地呈现,语言系统呈现出来的空间性图像、场景、联想平面是断裂的、碎片式的,这预示着如何使数字化后空间结构着的语言符号有逻辑地释放人类体验,并在读者心中内化出完整的影像成为人工智能创作的瓶颈。

三、"去时间"的文学创作与审美体验

一直以来,文学是建构作者完整生命世界、整合个体认同多样性、重构个人现实的有效尝试,记忆借助文学提供了一种有效地参与个体无意识或人类集体无意识的方法,记忆参与文学创作,开启了作者的精神还乡之旅,是作者维持自我同一的主体能力,文学存在的这一本质特点决定了文学创作必然有一个"隐含作者"。记忆是个体的存在本身,这首先表现在记忆的主体是独特、唯一的,"我"对"我"的记忆具有唯一所有权,别人不能直接拥有"我"的记忆;其次,记忆主体的认知世界决定了记忆具有自我指涉功能,即记忆具有建构自身的因果逻辑,对于个体来说,任何偶然记忆的存在本质上都是记忆自身的一种叙事能力,"我们已经看到,由于记忆代表过去的知觉经验,而这些知觉经验又代表我们是它们的主体,所以记忆受到保护,不会出现某种特定的错误"。①记忆的自我指涉功能使记忆在单一主体的意识中呈现出符合因果逻辑的时空结构。在存在主义哲学家海德格尔看来,回忆正是诗人的存在方式,回忆等同于诗人的自我生成。尽管德里达在《多义的记忆》中从解构的角度否定了记忆的"自我性",肯定了记忆的"他者性",但依然不能否定自我是产生、重构记忆的重要媒介和场所这一客观事实。

在人工智能创作中,记忆形态的转变使传统的文学创作显现出新的特征,参与文学创作的记忆的"自我指涉"功能遭到破坏,时间体验的非连续性和非逻辑性成为新的、不可避免的创作风格和审美体验。文学不再成为作家通过将往事经验组织成连贯叙事的形式建构统一自我,进而精神还乡的尝试,尽管人工智能创作假设了虚拟的情感主体,但作品在整合和还原这一虚拟情感主体时却遭遇了失败。文学创作的"去我化"直接呼应了去除人类中心主义的后人类精神,后人类是当代各个领域的热点议题,我们必须承认,无论在何种意义上,人类社会都正在进入或已然进入一个不同于以纯粹的"自然人"或"生物

① JORDI FERNÁNDEZ, *Memory: A Self-Referential Account*, New York: Oxford University Press, 2019, p.207.

人"为主体的新时代。人机界限越来越模糊,物质化"身体"的消失或部分消失是后人类的形体特征,知名人文学者 N.凯萨琳·海尔斯认为,消失的不只是人的生物性身体,随着生物性身体的消失,知觉、情感、信息等传统的依靠人类身体与外界互动才能产生的意识形态也失去了身体性。一种新的主体正在生成,"去身体化"和"离身性"是这种主体的主要特征,这种主体性依赖虚拟身体,并质疑"一个稳定的、连贯的自我,足以见证一个稳定一致的事实"①,人工智能创作正是文学文本这种信息不再依靠人的身体实体的典型体现。

　　在微软小冰的诗歌创作中,实在的创作主体(身体的"我")消失了,而作品中的虚拟抒情或叙事主体"我"依然没有确立。在这种情况下,文学创作不再成为"我"的存在叙事或精神还乡,这意味着遵循传统的文学审美经验去向人工智能作品中寻求作家(个人)的思想、意志、精神都是徒劳的。传统文学创作和审美经验中的显在的或隐含的"我"是在"时间"和"世界"中显现的、被创作者整合过的"我",或者说,这个"我"是作者的意向相关物,而不是一个生命的自身显现。根据现象学的研究,作者意向的相关物必须借由"世界"才能呈现,"世界"是事物显现自身的一种先决条件,"世界"的外在化就是时间的三个维度——过去、现在、将来的绽出过程,因此"时间和世界是同一的,它们指称'外在'不断自我外在化的单一过程"。②在这个意义上,有逻辑的、统一的时间是这个"我"展开的必然要求,这正是海德格尔将时间性视为审美体验显现自身的先验条件的原因。人工智能创作中时间维度的统一性被打乱,无法通过记忆的回溯或整合再建构一个在"世界"中被显现的"我",这意味着在后人类视域下,文学创作和审美体验不再把连续性的"时间"作为事物显现的必要条件。人工智能通过将语言数字化的方式储存更大量的经验、记忆碎片,并打乱这些记忆碎片惯常的、在时间之流中的位置,反倒与我们日常生活中未经理性和意志整合的、紊乱的意识之流更加接近,这种紊乱的、破碎的意识碎片是生命自身的源初显现。当代著名的法国现象学家米歇尔·亨利(Michel Henry)认为,审美体验正是生命显现自身、生长自身、转化自身的源初过程,"作为一种实践,审美(体)指称感受性生命的一种形态,……艺术家或艺术爱好者的具

① N.凯萨琳·海尔斯著,赖淑芳、李伟伯译:《后人类时代:虚拟身体的多重想象和建构》,时报文化出版企业股份有限公司 2018 年版,第 16 页。

② Henry Michel, *I Am the Truth : Toward a Philosophy of Christianity*, trans. Susan Emanuel, California: Stanford University Press, 2003, p.17.

体活动仅仅是感受性生命的一种实现,即生命为了自身和依赖自身的运用,即生命的自我发展、自我充实,从而包括它的生长"。①审美体验就是感受生命源初形态,人工智能文学创作打破了文学文本中的时间维度,不失为一种还原和体验生命源初意识流的尝试,我们只能感受生命,但无法命名或建构一个在"世界"中呈现的生命,生命(审美对象)不再是某个在"世界"中显现的存在者,不是在时间性视域中绽出的对象,而是生命自身,是审美体验本身,审美对象与审美体验是同一的。

人工智能文学创作及其呈现出来的审美体验之所以呈现出这种"去时间"的审美风格,主要原因是智能机器尚不具备属人的情感,但却无意中暗合了后人类"去人类中心主义"的精神指向,即被外在建构的、文化意义上的"人"不再成为一切实践活动(包括文学艺术)的出发点或目的本身,在不久的将来,"文学即人学"这一响亮的宣言或许会迎来有史以来最致命的一击。然而,人类正在努力使人工智能向拟人的道路上无限逼近,"随着技术的发展,人工神经网络将能精确模仿人类神经元的刺激——反应(stimulus-response),让 AI 具备人类的情感,并非天方夜谭"。②届时,人工智能创作必然会给文学创作带来新的冲击,引发人们新的思考。

Viewing the temporality of artificial intelligence creation from the transformation of memory form

—Take the poetry creation of the artificial intelligence
"Microsoft Xiaoice" as an example

Abstract:In recent years, artificial intelligence(AI) has made breakthroughs in the field of art creation, and the poetry created by "Microsoft Xiaoice" is its performance in literature. Memory is an important factor in traditional literary creation where human beings are the creative subjects, and it is also the inherent reason why literature presents a temporal dimension. In the era of artificial intelligence, memory remains a basic component of algorithms. In the poetry created by "Microsoft Xiaoice," memory is presented in a digitized form and participates

---

① Henry Michel, *Barbarism*, trans. Scott Davison, London: Continuum, 2012, p.28.
② 程羽黑:《人工智能诗歌论》,《华南师范大学学报(社会科学版)》2019 年第 5 期,第 179 页。

in the generation of literary texts through spatial arrangement and combination. The manifestation of memory in literary creation has shifted from "deep temporal experience" to "spatial present." The temporal dimension of literature is disrupted by the spatial logic of algorithms, presenting an aesthetic characteristic that is detached from the "world" and beyond "time", which corresponds to the aesthetic spirit of "post-humanism" in the post-human era.

Key words：memory；artificial intelligence creation；time；post-human

作者简介：蒋好霜,文艺学博士,河南师范大学预聘副教授。

生存·情感·信仰:战后上海的市民自杀现象研究(1945—1949)

——以遗书为中心的考察①

刘长林　谈　群

摘　要:抗战胜利后,上海出现大量自杀现象,成为社会关注的热点话题之一。部分自杀者在自杀前写有遗书,以便向更广泛的"读者"传达自己的诉求。自杀者的遗书表明,战后上海城市中的民众在社会交际中饱受失业之苦,高昂的物价又进一步加剧生存危机。家庭生活中,一些违背传统婚姻关系的两性交往模式,受到家庭和社会的干涉,没有情感或家庭支持的婚恋关系十分脆弱。精神层面,战乱的时局和不公正的社会制度,使得上海市民逐渐失去对和平、民主、公平、正义的信念。对于普通市民而言,他们缺乏应对这些问题的资源和智慧。基于社会混乱产生的恐慌与无助,给个体心理造成了巨大压力,自杀这一极端的人类行为正是上海市民阶层对战后上海社会不正常状态的回应。

关键词:上海　自杀　遗书　社会失序　第三次国内革命战争

一、引　言

　　抗战胜利后,上海被国民党接收,人们盼望生活会好起来,但各种社会问题很快频现,其中自杀尤为突出。有人感到"上海的报上差不多每天都登着触目惊心的自杀新闻"②,也有人认为上海只有两大特征,"一是物价狂跳;一是

---

①　本文为国家社会科学基金项目"自杀问题防范与处理的中国经验研究"(15BSH017)的阶段性成果。
②　杨实:《关于自杀》,《大公报》,1947年1月17日,第12版。

自杀者激增……无论哪一个自杀者,背后都有无数推他(或她)下水的人"①。除媒体报道,沪市警察局关于自杀的调查则为我们留下了丰富的官方档案。通过阅读有关战后上海自杀事件的文献,不免让人产生一系列疑问:胜利后的上海为何有如此多的自杀现象? "无数推他(或她)下水的人"指的又是什么? 总之,引起自杀发生的机制是什么? 然而,对于这些问题,目前学界关注不足②。法国汉学家安克强即认为:"(上海)自杀是一个被写过很多次的题目……但大部分的研究都仅集中于对数据的分析,而少有对档案馆中待历史学家发掘的众多个人案例进行深入研究的尝试。"③

然而,由于档案文献的庞杂,致使我们很难对每一个自杀个案进行详实的研究。虽然有的自杀事件被媒体报道,看似史料丰富,但媒体的商业性使得它们更倾向于报道能立即吸引公众眼球,制造更多舆论话题和噱头的自杀事件,正如相关学者所言,"公众所看到的自杀事件,是经过媒体过滤了的自杀行动"④,这为史学中的自杀研究带来不便。但是,关于战后上海社会中的自杀者,有一显著的特征,即自杀者大多识字,部分自杀者甚至有着较高的教育水平。根据上海市警察局的统计,自杀者中"有三十分之一是大学生,七分之一是中学生,三分之一是小学生,四分之一是文盲"⑤,较高的识字率为留下丰富的遗书提供了可能。汉语中,遗书在不同的语境下有着不同的内涵。在自杀事件中,遗书通常指自杀者在临死前所遗留的书信,包括与自杀者相关的日记、留言条等。美国学者施耐德曼曾说过,"自杀者的留言刚好是在自杀行为背景下写的,而且常常是在实施自杀行为前的几分钟内,所以它能够为探究这一行为的想法和感受提供一扇窗户。在其他人类行为中则看不到文献与行为之间存在着如此紧密之联系"⑥上海市档案馆中存有大量自杀者遗书,这为

① 碧遥:《看自杀》,《时与文》第 2 卷第 10 期(1947 年)。
② 关于近代上海自杀问题的,学界关注的时段主要在二三十年代,专著方面如侯艳兴:《上海女性自杀问题研究:1927~1937》,上海辞书出版社 2008 年版;相关科研论文有王合群:《20 世纪二三十年代上海自杀问题的社会透视》,《史学月刊》2001 年第 5 期;侯艳兴:《20 世纪二、三十年代上海女性自杀探析》,《妇女研究论丛》2006 年第 4 期;刘长林、彭小松:《歧路与拯救:1928 年上海的自杀与政府应对》,《史学月刊》2013 年第 11 期。
③ [法]安克强:《镰刀与城市:以上海为例的死亡社会史研究》,刘喆译,上海科学院出版社 2022 年版,第 6 页。
④ 刘长林:《社会转型过程中一种极端行为研究:1919—1928 年爱国运动中的自杀与社会意义》,上海大学出版社 2015 年版,第 289 页。
⑤ 《社会的另一角》,《立报》,1947 年 4 月 24 日,第 3 版。
⑥ [美]伊琳娜·帕佩尔诺:《陀思妥耶夫斯基论作为文化机制的俄国自杀问题》,杜文娟,彭卫红译,吉林人民出版社 2010 年版,第 110 页。

我们研究战后的上海市民自杀提供了第一手资料。

因此,遗书在自杀事件中具有研究价值是毋庸置疑的,尤其是对于不受社会媒体关注的普通市民阶层自杀者而言,遗书是自杀研究的最佳文本。本文即对上海市档案馆中大量的自杀档案进行梳理,并选取自杀者遗书为研究文本,以档案完整、字迹清晰为基本原则,共整理出 111 封遗书,涉及自杀者 66 名,其中男性 54 名,女性 12 名;20 岁(含 20)以下 7 人,21—49 岁共59 人;自杀死亡者 23 人,自杀未遂者 43 人。以该 66 名自杀者,111 封遗书为本文研究样本,其中因生存危机自杀者 30 人,占样本总数 45.5%;因情感危机自杀者 15 人,占样本总数 22.7%;因信仰危机自杀者 12 人,占比18.2%,其他原因者 9 人,占比 13.6%。①通过对该项样本的研究,初步分析战后上海社会中的自杀者类别及自杀动机,揭示在国共异势这样重大转型期的各种社会矛盾,并以自杀的微观视角展示当时上海城市基层社会的生活状态。

二、生存危机中的短见行为

抗战胜利,虽然中华民族的生存危机暂时得到了解除,但是个人的生存危机很快在社会中突显出来。首先,失业问题进一步恶化,直接导致大量工人失去收入来源。国民政府接收上海时,有 90%的工厂陷入停顿状态,造成 50 万工人失业②。尽管国民政府在上海恢复了执政地位,但是失业问题并未得到缓解。仅 1946 年上半年,上海市有 1600 多家工厂倒闭,失业工人达到 30万③。另一方面,由于很多来沪人员并未报进户口,实际失业人数更多,预估"在全市四百万人中占有十分之二三"④。其次,恶性通货膨胀进一步加剧生

① 上海市档案馆藏的自杀遗书总数,由于不少破损严重,已无法确定。本文中的遗书资料来源于1945—1949 年间的上海市档案馆中的警察局档案,档案号:Q131-5-409、Q132-2-348、Q186-2-21527、Q186-2-53198、Q137-3-352、Q133-2-432、Q133-2-431、Q133-2-430、Q133-2-429、Q133-2-428、Q133-2-426、Q133-2-425、Q142-2-554、Q139-2-121、Q139-2-120、Q139-2-119、Q134-3-95、Q155-2-107、Q131-5-779、Q134-3-259、Q134-3-258、Q134-7-31、Q155-2-110、Q153-2-132、Q137-7-74、Q153-2-92、Q137-3-367、Q152-2-70、Q215-1-4063、Q132-2-292、Q132-2-195、Q132-2-104、Q131-5-9968、Q133-2-425、Q151-2-217。
② 《上海失业工人五十万》,《通俗周报》,1945 年第 1 期,第 5 页。
③ 中国人民政治协商会议上海市委员会文史资料工作委员会编:《文史资料选辑》第 2 辑,上海人民出版社 1979 年版,第 183 页。
④ 张乃刚:《失业者的队伍正在扩大中》,《大公报》,1946 年 11 月 8 日,第 5 版。

存危机。据统计,第三次国内革命战争期间,国民政府的法币发行量增加1 206倍,最后"印刷机已经跟不上它的速度"①。恶性通货膨胀使得上海的物价暴涨,其中食物和日用品增速尤快②,严重威胁到普通民众的生存基础,国民党官员陈克文甚至认为物价上涨"是政府最大的威胁,比共产党的军事进攻还要可怕"③。

因此,在失业与恶性通货膨胀的双重打击下,自杀现象频现于沪上。沪市警察局对自杀事件的调查表明生存危机已成为自杀发生的主要因素之一。如1946年,因生存问题导致的自杀者有261人,占自杀总人数的26.3%;1947年达到316人,占当年自杀总数的33.8%,超过因"家庭纠纷"导致的自杀者,成为引发自杀发生的第一因素。④如杜郭氏,与丈夫结婚已有十多年,感情甚好。战后,杜郭氏却因生活困难,服水银自杀。⑤扬州人樊唐氏在丈夫去世后,于1943年带女儿一起来沪投奔亲戚,在亲戚的善待下生活不错,但1947年二月间突然吞金自杀,根据警方提供的本人笔录,自杀原因是"近来物价昂涨"。⑥可以说正是不断攀升的物价使得原本趋于安定的寡妇再次丧失了求生的希望。

多位自杀者所留的遗书亦重点谈及失业与高物价,认为就业难与高物价是促使他们自杀的动机。1947年元旦后不久,25岁的徐秀因失业而萌厌世之念,遗书中略谓自己受失业之苦,"自愿自杀,与别人无关"⑦。同年6月22日,年仅26岁的浙江人钱昌鹤在汉口路570号金城旅社内辟室自杀,被茶役发现后送往仁济医院急救。警察在后续的调查中发现钱昌鹤留有三封遗书,在致其兄长的遗书中写道:"弟至今并无相当职业,康兄,我左想右想,这辈子总是找不到职业,为什么呢? 因为我的人格失了,信用没了,一切都完了,左想右想,还是自杀痛快,因在世界上并无所走之路,这还是自杀痛快,我决定最近自杀,一切也不必多说。"在留给母亲的遗书中同样提及"在这社会里,再没有事业的一天了,并不是儿不孝啊"。⑧该遗书表明钱昌鹤在多次就业未果的情况,

① 杨培新:《旧中国的通货膨胀》,生活·读书·新知三联书店1963年版,第62、65页。
② 《各地物价》,《新闻报》,1946年6月16日,第5版。
③ 陈方正编辑校订:《陈克文日记:1937—1952下》,社会科学文献出版社2014年版,第984页。
④ 《上海市警察局统计年报》,上海市档案馆,档案号:Y3-1-58-81。
⑤ 《上海警察局闸北分局关于服毒吞金自缢等自杀件》,上海市档案馆,档案号:Q145-2-309。
⑥ 《上海市警察局黄浦分局关于自杀》,上海市档案馆,档案号:Q132-2-195。
⑦ 《上海市警察局新成分局关于经办服毒自杀、跳楼、持刀割自杀、美军汽车撞死、木板倒塌之死、途中病死等案卷》,上海市档案馆,档案号:Q142-2-554。
⑧ 《上海市警察局卢湾分局关于自杀》,上海市档案馆,档案号:Q137-3-352。

逐渐陷入自我否定的过程。对于失业问题，他并没有指向外部的原因，而是认为是自己的原因，可能经过了一些工作，自己做的不好，就对自己的人格、信用否定，进而个人意志否定。自我否定是自杀发生的一个关键环节。

　　失业者不仅面临能否再次找到职业机会的心理压力，同时会立即遭受生活困难的窘境。拥有工作对于个体而言，不仅意味着可以养活自己，同时也是他们能够在上海城市立足的依靠。大量的案例显示战后上海市民因失业而贫困的生活境遇，失业者因无法再次就业或者为未来生活担忧是促使他们选择自杀的重要动机之一。如年仅十八岁的昆山人顾思福，在上海五福织造厂做学徒已有一年左右，因为与厂内其他被解雇同事关系颇深而受到牵连，一同被厂方经理张庆祥辞退。即使有同事邹厚淦为其说情，认为顾思福"为人聪明，平日工作努力"，且"自小为人养子，身世堪怜"，依旧未能改变局面。顾思福本人亦通过介绍人"二次以上请求介绍人恳求厂方收回成命，均遭厂方拒绝"。因而在 1949 年 4 月 30 日当天上午，顾思福在职工宿舍内背人吞服一瓶 DDT（有毒，一般作杀虫剂用）药水自杀。在其所留的两封遗信中，顾思福写道："在这种情况下，我是不能忍受了，所以只有死，倒觉得爽快些。虽然这是弱者的举动，而高傲成性的我，竟亦会走此最后的路，不，也许是黑暗社会的结果。"在给父亲的信中交代了自己欠厂内同事的债务情况，希望可以替他还清。同时写道："昨天你叫我回家，可是我没有脸再来了。"①

　　在上述案例中，顾思福与钱昌鹤有着同样的遭遇，区别在于顾思福不仅年龄更小，且尚未开始寻找新的工作。也许顾思福十分清楚自己失业后再次寻找到工作的机会渺茫，在其采取自杀行动前，主要的目标是希望保住现有的工作机会。但是在同事与介绍人说情均无效的情况下，最后才采取自杀行动。由此可以看出，对于留有遗书的自杀者而言，他们的自杀行为通常是经过深思熟虑后的无奈选择。尽管他们在失业后并未首选自杀，如钱昌鹤有过多次寻找职业机会，顾思福则想方设法保住现有的工作，但生存的现实境遇与他们努力的心志往往矛盾，致使处于底层社会中的失业者挣扎在生存边缘。一旦丧失生存的希望，他们就有可能采取自杀的行动。通过遗书可以窥探出，对于这些努力生存而不得的失业者们，自杀也是他们极力改变被压迫境

① 《上海警察局杨浦分局关于自杀已死、报告人的讯问笔录和杀人未遂嫌疑人的询问笔录等》，上海市档案馆，档案号：Q151-2-217。

遇的选择之一。

值得注意的是,战后上海不正常的经济环境亦影响到家庭生活。对于普通市民阶层而言,已然处于糊口经济的状态。在社会整体面临生存危机的前提下,传统中国社会中的家庭情感亦在淡化,家庭亲人间本身的亲密关系在经济破败下被严重忽略。这样的社会状态下极容易出现非理性行为,典型案例是发生在基层社会中的因家庭关系中的琐事而出现的自杀案件。

如广东人方珍,于 1947 年 7 月 6 日在上海复兴公园内服安眠药自杀,留有两封遗书。其中一封遗书交代了自杀原因。她说"我自杀之故因身染肺病五年之久,至今病入骨,无救之望,才走入此途"。但在另一封遗书中,却发现疾病并非其自杀的唯一原因。缘是方珍的父母在几年前相继去世,到沪后得到其娘舅和表姐的收留,这一现象说明原来上海一些家庭有能力接纳或接济外地的亲戚。但在物价不断升腾之下,娘舅家的生活成本逐渐增加,使得他们之间的关系开始紧张起来,方珍自言"受表姊与外人的冷言语种种打击",面对生存成本的不断增加,方珍感慨道:"想我定是寄生虫,活着也要多害别人,赶早逃避人生。"①虽经园内巡警发现送医,最终仍不治身亡。方珍自杀案说明疾病是引起自杀发生的内在机制之一,尤其在物质条件不丰富的家庭中,疾病的发生会进一步加剧生存危机。

此外,有宁波人柳和明在战后突遭失业之苦,而未婚妻洪素球已身怀六甲。在岳母多次催婚之下,柳和明最终选择自杀,在给未婚妻的遗书中自陈已无生存能力,"何能结婚呢?"表示"如今我只有自杀能报您恩,我不能一错再错,害您终身,愿找个美满郎君做永久的伴侣"。给其姊的遗书中说其"早已精神错乱……明知来沙尔是能送人之命,我如今已管不了其他"②。在他看来,自杀是不得已的举动。在生存危机面前,自己尚无自保能力,更加无法保障婚后的妻儿生活,自杀可以体现自己的担当,换得未婚妻重新寻找幸福的机会。

通过对比方珍和柳和明两案,发现他们的共同之处均发生在家庭范围内。迪尔凯姆曾以"集体情感"解释家庭中的自杀现象,认为"家庭生活和宗教生活完全一样,是一个防止自杀的强大因素"。③迪尔凯姆对此解释道:集体的情感可以使得家庭中的每个人体验到这种情感的力量,所以家庭人口数量越多,家

---

① 《上海市警察局卢湾分局关于自杀》,上海市档案馆,档案号:Q137-3-352。
② 《上海市警察局老闸分局关于刑事自杀案卷》,上海市档案馆,档案号:Q133-2-426。
③ [法]埃米尔·迪尔凯姆:《自杀论》,冯韵文译,商务印书馆 2001 年版,第 205 页。

庭构成密度越大越牢固,因而越能避免自杀发生。①当我们以集体情感的强度来审视上述自杀案时,发现迪尔凯姆将集体情感归于人口数量的增加,很难解释战后上海市民中受家庭因素压迫自杀的现象。方珍在其娘舅家已生活多年,娘舅家虽然人数增加了,但是这种集体情感并未辐射到方珍,导致在出现物价上涨后表姊突然对其冷言冷语,方珍因无法承受这种来自亲人的语言暴力而自杀。柳和明虽然与未婚妻同住一室,已有名有实,但毕竟未举行婚礼,柳和明担忧的则是结婚的成本以及婚后的生活。很显然,作为未婚者的柳和明在结婚前更多追求的是自己的"个人期望"。方柳两案表明,家庭人员的增加并不能降低家庭成员出现自杀倾向的风险,而外在的社会环境变迁则会冲淡家庭内部的情感,酝酿自杀发生的危机。因此,"集体情感"是迪尔凯姆在社会正常情况下强调的促进家庭和谐的内在机制,但在社会秩序混乱的状态下,特别是面临生存危机时,家庭的作用就会被弱化乃至失去作用。

当然,自杀作为一种极端且反常的行为,只有在相当大的压力存在下才有可能发生。失业和高物价引发的生存危机正是构成自杀发生机制的压力源之一。面对生存危机的强化,普通民众缺乏相应的各方资源、认知以及将资源和知识转换成解决生存问题的办法,使其从根本上摧毁了人们求生的意志,如江苏人徐淮清在家背人服毒自杀时,仅留有"因为失业,另无别事"的八字字条。②面对此类惨剧,《大公报》发表社评,称战后的上海社会为"凌乱的上海",呼吁"市政当局犹待努力,就是市民百姓也切不可自暴自弃"。③《民国日报》则直接指出:"本市光复以来,虽逾年余,但物价飞腾,人民经济生活并无好转,一般市民在此煎熬之下喘息不遑,过去一年间由于生活之压迫,引起厌世之念而自杀者,为数尤多。"④

三、情感危机中的自我否定

婚姻家庭关系是一种基本的社会关系,中国社会亦十分重视婚姻家庭关系,认为这是维系社会稳定的核心关系。但是,上海自开埠以来,随着移民的剧增,出现了畸形的情感认知:如男女双方私订终身,"姘居"关系,妇女"弃

---

① [法]埃米尔·迪尔凯姆:《自杀论》,冯韵文译,商务印书馆 2001 年版,第 210—211 页。
② 《上海市警察局卢湾分局关于跳楼自杀、服毒自杀》,上海市档案馆,档案号:Q137-3-367。
③ 社评:《凌乱的上海》,《大公报》,1946 年 5 月 10 日,第 2 版。
④ 《生活难·自杀众》,《民国日报》,1947 年 1 月 19 日,第 3 版。

夫"、男子"弃妇"等现象。这种不正当的婚恋关系,因男女双方缺乏相应的感情基础或家庭基础,致使在情感交流过程中始终暗含着一定的情感危机,成为情感类自杀行为发生的主因。

1946年5月23日,报纸上报道了一则情杀新闻:一名为吴介池的男子突然闯入外交部平津特派员公署科员沈玉清位于上海的家中,当时沈玉清正与一月前订婚的未婚妻袁立秀闲谈。吴介池闯入后欲与袁立秀密谈,致沈玉清怒火中烧,向袁诘问闯入男子为何人,"袁女面红耳赤不能答",之后袁立秀走出门口,吴介池跟随其后,走至弄口时,吴介池拔出手枪向袁颈部开了一枪,见其倒地后,随即对准自己脑部开枪,自杀死亡。[1]警察到达后,在吴介池身上发现有"绝命书"一纸。通过内容可知,该绝命书正是写给沈玉清的,开头即对其与袁订婚表示祝贺,但在遗书中也表明了自己与袁的关系以及此次枪杀的起因。吴介池写道:"然秀早在去年八月许身与余,情感素笃,一旦比翼遭拆,其悲痛可想,此实人生所最难堪者,秀亦自相理屈,爰经双方议定,在不愿同生愿同死之誓愿下共赴天堂,尚望台端节哀为祷。"[2]说明此次行动属于吴袁二人提前商定的行动。但袁氏为何会突然嫁与沈?该案的真相随着吴介池和袁立秀的死亡已成为历史悬案,透过遗书,唯一可确定的是三人之间存在不正常的婚恋关系,这是惨案发生的关键所在,而吴介池的行为则是婚恋失败后的报复之举,在众多的情感问题中,最具悲剧性的莫过于他杀后自杀,以至于付出多条人命为解决问题的代价。

吴介池案以悲剧收场,然而纵观全案,其诱发机制在于婚恋关系中的忠贞问题。吴介池与袁立秀"情感素笃",却另嫁他人,是促使吴介池采取疯狂行为的起因,而婚恋中的忠贞,自古以来即是国人最为重视的品质之一。忠贞也包括女子的贞操,尽管五四以来的许多思想家都在提倡女性解放的同时,对"处女""贞操"等知识谱系进行了重构,胡适曾批判道:"贞操是男女相待的一种态度,乃是双方交互的道德,不是偏于女子一方面的。"[3]但是对女子的贞操观念,始终未能从男性的世界观中完全破除。如湖北籍男子陈汉臣发现新婚妻子并非处女,"因此闷闷不乐,继而自叹不幸",1947年6月6日,陈汉臣背人吞

① 《昨晚情杀》,《大公报》,1946年5月23日,第4版。
② 《上海市警察局调查吴介池杀其同乡女友袁立秀并自杀案》,上海市档案馆,档案号:Q131-5-409。
③ 中华全国妇女联合会妇女历史研究室编:《五四时期妇女问题文选》,生活·读书·新知三联书店1981年版,第113页。

服黄锑水意图自杀,遗书中有这样一段文字:"此女与众不同,且亦荒淫过度,说不定已产育过婴孩,无耻过胜……诬害我的名誉……天涯海角,何处是予安身之地。"①通读遗书,句句如针,充满了对新婚妻子不贞行为的控诉,字里行间并未流露一丝夫妻间应有的情感。由此可知,陈汉臣对于女子贞操问题极为看重,并将妻子的贞操问题与自己的名誉关联起来,使之上升到"脸面"的高度。在中国的文化内涵中,脸面"代表社会对于自我德行之完整的信任,一旦失去它,则个人很难继续在社群中正常运作"②。因此,陈汉臣感觉"在世一日,则多增一日痛苦",将自杀视为解脱的方式。

　　此外,未婚同居关系也因其没有法律保障而使得男女双方的情感状态十分脆弱,由此导致的自杀也常见于战后的上海。沪市本地人吴本镛和同事陆兰芳自1945年1月后开始同居。8月18日晚,二人从其岳母家返沪途中发生争执,随后陆兰芳至其姐夫家留宿一晚,吴本镛则在当晚服毒身死。吴在致其姐的遗书中对争执的起因进行了说明:"兰芳非但不回家,并且向弟威胁,声言离婚,并由其姐夫程仲贤从中在途中与弟口角而致殴打。"但吴本镛并未还手,而是思及自己"为了她抛弃法商水电公司职务,并家庭间也情感破裂",其妻却"以离婚为要挟,并声言若不离婚,将出置法庭解决"。使其倍感"无面目再活在人世,致被他人耻笑,故弟只有自杀以免再被人羞笑"。③显然,吴本镛认为他的自杀是由没有回报的爱情而引起的,同时亦涉及颜面问题。但在当时的环境下,陆兰芳的离婚之语属于实话抑或一时气话,无法确定,却可反映姘居关系下的脆弱关系,自杀属于弱势一方在极度不安全感下的无奈之举。

　　当然,如果感情没有双方家庭的支持和祝福,对于中国民众而言,亦是极大的缺憾,甚至演变成悲剧。如23岁的镇江女子许荣宝,在丈夫去世多年后,与同住一屋的堂客胡开华相识,并发生关系。但是两人的恋爱没能得到许母的祝福,原因是胡开华另有妻室,因此许母极力反对女儿与其恋爱。尽管二人表示"感情颇洽",且"经胡开华之妻商得同意",许母仍旧不为所动。在许母的强力干涉下,许荣宝突于1946年1月29日在家背人吞服鸦片自杀。遗书中有这样几句文字:"当事情发生时,吾就想死。可是,对不起胡开华,母亲和吾

---

① 《上海警察局邑庙分局关于在自杀》,上海市档案馆,档案号:Q134-3-258。
② 胡先缙:《中国人的面子观》,黄光国编:《人情与面子:中国人的权力游戏》,中国人民大学出版社2010年版,第46页。
③ 《上海市警察局邑庙分局关于自杀》,上海市档案馆,档案号:Q134-7-31。

的孩子。吾是一个下贱女子，在吾的灵魂上已沾了不少的污迹，毁灭了自己，消灭了自己的罪恶。求人们同情吾，救赎吾。"①纵观全案，许氏的自杀原因在于许母反对其与人姘居的不正常婚恋关系，而失去至亲的支持和祝福，催生了许荣宝的自杀意念。遗书亦反映了许氏在这场婚恋关系中的自我道德评价：因母亲反对自己的恋爱，继而对自己的名誉进行了全盘否定，对女性而言，实际上否定了自己的生存价值。在这样的情境下，自杀既是许荣宝逃避现实的无奈之举，亦是寻求自我救赎的途径。由此可知，自我否定不仅是自杀发生的关键环节，亦是自杀发生的重要机制之一。

值得注意的是，由于婚恋情感的私密性，如果出现因暴力事件导致自杀发生的事件，往往很难进行司法审判。在这种情况下，遗书不仅是本人对自杀原因和动机的叙述，也是其进行斗争、控诉的一种有力的工具。自杀者亦可在死后通过遗书与公共领域发生联系，表达个人诉求。例如在杨玉钏自杀案中，杨氏常年遭受丈夫许湘年和婆婆许李氏的折辱，终在 1947 年 4 月 24 日吞服鸦片自杀身死。尽管许湘年与许李氏矢口否认有虐待、抛弃和辱骂杨氏等情节，但是杨玉钏在致其母亲的遗书中明确写道："女儿的命薄，寻了一位丈夫，野蛮不讲理，把女抛弃，他的母亲替他带马拉皮条，在外成家，母子回家冷言冷语恶骂一顿，女是母亲的掌中珠，她拿我是眼中沙，我为母亲百般的忍受，不允许再忍受下去了，乃出此下策，这是女儿不孝之罪恶，祈请原谅女的痛苦，望母勿以女死为悲。"另外，在留给公公的遗书中写道："这样的家庭太摧残人，寸步难行，这个热油锅里的生活，实在难熬，非人所能受啊！请原谅媳一切的痛苦，敬祈把媳之尸下葬可也，死而感谢，请以后做事先思而行。"借助遗书的揭露，杨玉钏自杀案受到湖南同乡会的关注，在湖南同乡会致上海地方法院检察署署长的书信中表示："可怜流水桃花，虽无挽救，钧长能代死者申雪，湖南省同乡会有会馆有公会，未必无一公正人，钧长能否同情？其姑有罪无罪，法律系国家所立，办与不办，权在官所承办官长究办与否"。②最终，上海地方法院检察署介入其中，对违法犯罪者予以法律审判。此时，遗书已发挥着控诉状的作用，在涉刑的司法审判中充当重要的证据。

通过上述案例可知，违背传统家庭伦理秩序的婚恋关系从一开始便暗含

① 《上海市邑庙分局关于服毒自杀》，上海市档案馆，档案号：Q134-3-95。
② 《上海地方法院检察处关于许杨氏自杀案》，上海市档案馆，档案号：Q186-2-21527。

危机,这种危机源于战后中国社会松散的婚恋关系以及缺乏对婚姻的法律保障。尽管国民政府曾明文禁止男子纳妾①,意图稳定传统的家庭秩序,但是纵观国民政府统治时期,不正常的两性关系始终未能得到真正解决。同时,来自亲人长辈的"他者"对此类不正常关系的否定与传统社会对长辈的尊重,和对婚姻忠贞的坚守与自由恋爱的追求等多种情感问题的交织,使得处于婚恋中的男女备感压力,在错综复杂的矛盾中逐渐走向自我否定,最终演绎出自杀的悲剧。

四、信仰危机中的自绝选择

信仰作为一种精神力量,对于人们的存续发展至关重要。近代中国,对崇高理想信念的坚贞不渝更是人们在黑暗社会里不断抗争的力量源泉。当然,信仰并非完全指代宗教信仰,刘长林认为:"信仰问题的确立不一定要皈依某种宗教,相信某种理论,但一定是要对人生、人与人之间的关系,人与社会的关系,人、人类与自然之间的关系,人与历史的关系方面有一个基本的认识,对人生的意义与价值问题,如何度过短暂的人生方面有一个基本的认识和价值判断。"②因此,在中国人的文化基因中,除了宗教信仰外,一种基于人与人、人与社会间美好关系的信仰,更是普通民众努力生存下去的动力。

抗战胜利,对于中华民族而言是个全新的开始。但是,人们对即将到来的美好生活的信仰,却在第三次国内革命战争的炮火中被彻底粉碎。尽管上海没有发生战争,但是国民党搜刮上海,尤其是金圆券改革在上海的推行,致使物资更加紧张,物价上涨,导致很多上海市民生活艰难。于是,民众不仅厌战,也开始对自己坚持的信仰产生了怀疑,在民族战争中,他们坚信打败了日本侵略者即可迎来和平的生活,但是无法理解为什么在抗战胜利后又要"中国人打中国人"? 当对美好未来生活充满期盼的心理与残酷现实发生激烈碰撞时,二者碰撞形成的合力即成为部分上海市民自杀的推动力。

1946 年 6 月 28 日,年仅 24 岁的退伍军人汪洋,在广西路太平旅馆服毒自杀,被送往仁济医院后不治身亡。汪洋的死,媒体仅作了简短的报道,甚至连自杀原因都未提及。③但根据所留遗书内容,说明汪洋的自杀正是战火再起所致。

---

① 高福明:《中国婚姻家庭》,安徽教育出版社 2003 年版,第 152 页。
② 刘长林:《社会转型过程中一种极端行为研究:1919—1928 年爱国运动中的自杀与社会意义》,上海大学出版社 2015 年版,第 294 页。
③ 《广西路太平洋旅馆,有军人汪洋服毒自尽》,《立报》,1946 年 9 月 29 日,第 4 版。

　　汪洋在死前曾留有一封遗书和一张便条,遗书中有一段话写道:"在抗战时我房屋被炸毁,在内战时我父母被打死,前者我已报仇,后者使我感到无限的悲伤,不,我替全中国的同胞悲伤,你使我现在再去做情报工作,再去从军,这不是拿力量去打自己人吗? 我觉得这牺牲太无聊了,于是我又徘徊着,现在我不能做一个打自己人的军人,又不能做一个寄生虫,只好自杀吧。最后,我希望全中国的军士同志一致放下枪杆,给中国同胞换一口气,过一些安乐的日子。现在我们是建国养军时期,在这个时候我们把全中国的物力人力集蓄起来,生产起来,抵抗将来侵略我们国家的敌人。劝中国的志士们,大家醒醒吧,现在抗战已经胜利了,我们需要好好的休息,如生产,不要盲从吧,我希望你们这样想,国家第一,人民第一。"

　　便条写道:"发现我尸骸的先生们,请你们发现我尸骸的时候请不要救我,如果救活了我,我会杀害你们,让我安静的离开这污秽的世间吧,谢谢诸位先生,一个流亡者绝笔。"①

　　遗书中流露出汪洋对内战的厌恶和中国未来的无限希望,在汪洋看来,抗战胜利,应该和平建国,发展生产,"给中国同胞换一口气,过一些安乐的日子"。便条内容表面上有"威胁"的色彩,却暗含其必须再次入伍,参加战争的意思,更表明其宁死不参加内战的决心。汪洋的悲剧是其对和平美好生活的信仰与参加内战的现实碰撞的结果,由此形成的矛盾心理,成为这些抗日英雄们无法去除的压力源,唯有通过自杀行为来摆脱内心的不安,同时用自己的生命,激励人们认清现在的国家任务。

　　汪洋的惨剧并非个案,1947 年 1 月 24 日中午,中山公园有人以手榴弹自杀死亡②。经记者调查发现,自杀者名为王志远,为现役军官,随身携带的七份委任状表明王志远正面临调动,并非因生计困难而自杀。再细读其遗书,王志远写到:"内战杀死了我,多残酷。"在装遗书的信封上,也有一段话:"情愿死,不愿参加各党派打内战的军队。杀鬼子杀过瘾,何必再杀我们的同胞呢。其(岂)有此理,劝我服务内战区的人民先生们,恕我古直(固执)不悟吧。对不起,永别了!"同时,在遗书中向呼吁蒋介石立即"停战和平",认为"内战今日起决不能再拖下去,内战无人道,多残酷。内战不停,国家前途不堪设想。民生

---

① 《上海市警察局老闸分局关于刑事自杀案卷》,上海市档案馆,档案号:Q133-2-426。
② 《上海市工务局关于中山兴革事项的条陈及园内屡出自杀抢劫案件等文书》,上海市档案馆,档案号:Q215-1-4063。

不能安定。内战造成许多的弊端黑暗欺骗,不幸的事都轮到小民的身上。"坚持内战"等于民族自杀"①。毫无疑问,王志远自杀,是用生命反抗那七份委任状,作为亲历九一八事变和抗日战争的一名老兵和现役军人,他知道服从命令是军人的天职,但正如其遗书中所言"杀鬼子杀过瘾,何必再杀我们的同胞呢"。王志远此刻面临着是否执行军令和自我正义理念的冲突,于是自杀成了必然的选项。

战争导致的信仰危机不仅使得爱国民众无所适从,也让普通人群陷入了对社会民主、公平正义的怀疑,并上升到否定生命价值。32 岁的浙江人魏敦礼曾在抗战大后方工作,胜利后返沪复学,就读于中华工商专科学校。1947年 1 月 5 日,魏敦礼突然在宿舍内背人服毒,经中国红十字会第一医院急救无效死亡。复学后,魏敦礼作为一名普通学生,为何会突然自杀呢? 不免让人产生各种猜疑。经警察调查,其在死前共留有五封绝命书,除了对父母等亲属进行安慰的话语外,其中一封遗书表露了自杀动机,内容如下:

> 我常奇怪,人究竟为什么而生? 最体面的话莫过于是为"服务"而生,但究竟是否可称真理? 世界上的人很少不在"夺取",我本身就在"服务""夺取"中活了卅年,现在我厌倦了,服务不能,夺取也不能,就这样矛盾的过着痛苦日子,有点受不住,"孺弱","自我",我只有离开您们了。

> 上面我已告诉了您们为什么要离开,就请不要帮我加上许多帽子,不要为我流泪,同时,还恳商您们不要诅咒,因为过去是我在"夺取",但请诅咒我的人,自己扪心问一声,"我曾夺取了没有?"为我流泪的人,我也请您想一想:"他活了卅年,究竟服务了些什么?"这样有谁会流泪呢? 又有谁会诅咒呢?

> 我的残体,最后还是"服务"一次吧! 送给谁去利用一下,不能再叫我"夺取"了! 这样"自我"的我,心里或许可安矣! 再会! 关心我的人们。②

魏敦礼在遗书中对人的生存价值进行了反思。其实,按照生物学的角度,自然界本就是一个弱肉强食的环境,但魏敦礼反感人类社会中的巧取豪夺。

---

① 《反内战自杀军人》,《大公报》,1947 年 1 月 28 日,第 5 版。
② 《上海市警察局徐汇分局关于自杀》,上海市档案馆,档案号:Q139-2-120。

也许重新复学,使其有时间对社会和个人现状进行反思。于是,他厌倦了过去的生活,自感学生的身份使其不能"服务"社会,又不愿"夺取",在这矛盾的情绪状态中,内在信念冲突最终导致人格冲突。魏敦礼的信仰由此开始崩塌,以致走向极端。其弟魏静嘉亦坦言胞兄返沪后,"悲观失望常表露言行之间"。这在其遗书的最后也有所体现,他希望自己的遗体能够被人利用,最后服务一次社会,以求心安。

面对混乱的社会现状,也有人因看不到国家和个人的未来,在彷徨中走上绝路。如22岁的苏州人邱振燦在上海一药材行充当职员达五年之久,1946年8月14日,突然服毒自杀,同事们均向警察表示,其品性优良,亦不存在生存困难,"唯言语间时有愤世之语",但不知其为何自杀。经过对其遗书解读,发现邱振燦不满于时局,尤其是内战爆发以后,时感"生存于社会之中,甚觉乏味,于个人无损,亦无利济于世"。①可以说,邱振燦的自杀行为,完全来自个人的苦闷,这种苦闷与少年以来形成的要对国家与社会有所作为、有所责任的价值及信仰形成了冲突。

这样的现象在上海并非个例。同年12月,在上海联合勤务总司令部交通器材储藏所供职的19岁男子萧祥惠,因屡受上司欺压,于18日下午辟室扬子饭店服毒自杀。其在遗书中写道:"我是生长在民主的国家里,为什么有类似专制般的势力来压迫我?叫我圆就圆,叫我扁就扁,没有我讲话的余地,强奸了我的意志,难道只有服从吧?不!可是我只晓得'头可断,志不可馁'。不过,我处在这般恶环境下,人生有什么可留恋!"②在萧祥惠的认知中,抗战胜利,标志着中国进入到民主国家行列,在民主的社会中不应该受到不民主的对待。从正常逻辑上看,他认识到了这一层,更应该勇敢斗争、与"恶环境"对抗。但他有限的认知中,感到这样的人和事太多,得出环境恶劣的结论,自己不能对抗,摧毁了斗争意志和求生意志,认知的偏执导致心理的偏执和生存意志的丧失。

由上可知,信仰与自杀之间存着很强的关联性,坚定的信仰可以成为人们生活下去的明灯,对信仰的任何怀疑却容易导致民众对生存意义的自我否定。1947年6月2日,有一名学生给胡适写信,信中提及自己在抗战胜利初期对"蒋主席之崇拜,无法形容",但这种崇拜的心情并未持续太长时间,因为"自四

① 《上海市警察局黄浦分局关于自杀》,上海市档案馆,档案号:Q132-2-104。
② 《上海市警察局老闸分局关于刑事自杀案卷》,上海市档案馆,档案号:Q133-2-429。

月下旬物价暴涨,同时内战更打得起劲。学生亲眼见到同胞受饥饿而自杀,以及内战的惨酷,联想到祖国的今后前途,不禁悲从中来","伤心,悲哀,绝望"取代了胜利之初的崇拜,甚至"一度悲观到萌生自杀的念头"①。因此,如果说生存环境的恶化,情感世界的崩塌摧毁了个体从社会和家庭中汲取生存意识的源泉,那么信仰危机的出现,则直接导致人们自我世界观的彻底毁灭,进而促使自杀悲剧的发生。

五、结　语

综上所论,遗书对于自杀者而言,是他们死前的寄托,自杀者们相信遗书可以将他们的诉求在其死后呈现出来,自杀的意义也会因为遗书的留存而得到最大彰显,甚至有不少自杀者在采取自杀行动前会有意识的书写遗书,期待自己最后的留言能够公开,产生更大的社会效应。如同济大学学生黄有清,于1947年2月9日晚自缢死亡。在遗书中,黄有清控诉学校附设医院"把人命为儿戏,以赚钱为目的,不顾人之生命",最后呼吁"同学将本文公布主持公道"②。另有光华大学学生万甲三于同年11月8日服毒自杀身亡,留有四封遗书③。其中两封致市长吴国桢和公安局长俞叔平。遗书中,万甲三交代了自己的自杀经过。由于学校有学生的西装和现钞失窃,而其有偷盗前科,在未调查的情况下,直接将其认定为盗贼,命其休学。但万甲三否认此次偷盗行为,并以自杀证明清白,遗书中强调"这不是畏罪,是因为我觉得这太不容易辨清楚,所以才呈请钧长千万请下命令,严查此案"。④

上述两位自杀者充分意识到自己的死亡具有公开性和社会意义,因而在遗书中详述了自杀原因,用自杀的手段抗议不公的社会现象,并表达了相应的诉求。媒体也对他们的期待作出了回应,不仅多家报纸报道了两起自杀案,对于万甲三案的调查,亦得到政府两位高官的亲自安排⑤。显而易见,遗书具有

---

① 胡适:《青年人的苦闷》,《益世报》,1947年6月27日,第2版。
② 《上海警察局新市街分局关于杀人、自杀、自杀未遂》,上海市档案馆,档案号:Q153-2-92。
③ 《上海市警察局调查光华大学学生万甲三自杀案》,上海市档案馆,档案号:Q131-5-516。
④ 《辨清嫌疑何必轻生》,《申报》,1947年11月10日,第4版。
⑤ 《同济大学苦学生黄有清自缢身死》,《大公报》,1947年2月10日,第4版;《同济大学学生黄有清病后悲感自缢而死》,《中华时报》,1947年2月10日,第2版;《万甲三遗书,吴国桢批交警察局彻查》,《新闻报》,1947年11月11日,第4版;《万甲三自杀案昨已开始侦查》,《大公报》,1947年11月11日,第4版;《万甲三自杀事,校方措置失当》,《上海人报》,1947年11月18日,第1版。

自我表达遗愿的社会功能,一旦与媒体结合,又能增强自杀者的死亡意义与社会影响。

通过对自杀者的遗书进行分析,可知引发战后上海自杀问题的根源在于社会环境。正是战后急遽恶化的经济形势、畸形的婚恋关系、战乱的时局和不公正的社会关系,使得民众失去了生存的信念。战后上海市民的自杀在其动机、自杀时的心理状态以及针对的对象方面,显示出明显的社会性。在某种程度上,这些自杀类型符合迪尔凯姆所说的社会失范,即"在我们的现代社会里,社会混乱是经常和特别引起自杀的因素,是每年使自杀的队伍得到补充的来源之一"。①战后的上海市民自杀,大多属于社会混乱导致的极端行为。

由于任何个体都无法脱离社会家庭而存在,当混乱的社会秩序无法得到有效管控的时候,不可避免地波及生活在这个社会中的任何人。对于国民政府而言,在抗战胜利初期,虽然得到了人们的赞美和支持,但是随着一系列反动政策的实施,特别是内战的发动,使其无法保障大多数人正常的过日子和体面的做人,实现全民幸福生活和维护个体的人格价值亦成为虚幻的政治口号。在此种历史背景下,普通市民阶层所受影响最大。对于上海市民阶层而言,他们缺乏应对社会宏大问题的资源和智慧,在遗书的字里行间,流露着自杀行为既是他们出于对所处大时代的无奈之举,亦是激烈的抗争表现。因此,战后上海大量的市民自杀现象表明,要根本解决自杀问题,需要建立一个依靠法律维护的真正为人民服务的国家,如此才能塑造良性的家庭关系,构建正确的理想信仰。

Survival • Emotion • Belief: Research on Citizen Suicide in Post-war Shanghai(1945—1949)

—A study centered on suicide notes

Abstract: After the victory of the Anti-Japanese War, a large number of suicides occurred in Shanghai, which became one of the hot topics of social concern. Some suicides wrote suicide notes before committing suicide in order to convey their appeals to a wider "reader". The suicide note of the suicide shows that after the war, the people in urban Shanghai suffered from

---

① 〔法〕埃米尔·迪尔凯姆:《自杀论》,冯韵文译,商务印书馆 2001 年版,第 280 页。

unemployment in social communication, and the high prices further exacerbated the survival crisis. In family life, some gender interaction patterns that violate the traditional marriage relationship are interfered by the family and society. Marriage and love relationships without emotional or family support are very fragile. On the spiritual level, the current situation of war and unjust social system have made Shanghai citizens gradually lose their belief in peace, democracy, fairness and justice. For ordinary citizens, they lack the resources and wisdom to deal with these problems. The panic and helplessness caused by the social chaos have put enormous pressure on the individual psychology. The extreme human behavior of suicide is the response of the Shanghai citizen class to the abnormal state of post-war Shanghai society.

Key words: Shanghai; suicide; suicide note; social disorder; the third civil revolutionary war

作者简介：刘长林，上海大学文学院历史系教授，博士生导师；谈群，上海大学文学院历史系博士研究生。

从移民聚居区到国际化社区：
上海国际化社区的形成、演变及特点①

赵晔琴

摘　要： 在近代上海的都市化进程中，外籍人口历来是一个不可忽视的因素，它通过政治、经济、文化等多种不同的形式嵌入城市的发展进程中，而城市的发展与转型也潜移默化地影响着外籍人口的变迁起伏。1949 年以前，上海租界内的外国人居住区可以被看成是中国最早的国际化社区形态，这些生发于被动殖民化进程中的国际移民社区使得上海在短时间内迅速实现了人口的国际化。改革开放以来，伴随着城市发展的结构转型、城市管理水平的提升以及经济的飞速发展，上海对外籍人口的吸引力稳步提升，国际化社区建设也加快了步伐。特别是在全球城市的建设过程中，国际化社区被认为是城市国际化发展的重要指标之一。纵观近代以来上海国际化社区的演变进程可以发现，历史积淀、经济导向、政府、市场和社会三者合力是上海国际化社区建设兴起、发展和转型的重要内在机制。

关键词： 外籍人口　国际化社区　演变过程　上海

党的二十大报告指出要"完善社会治理体系，健全共建共治共享的社会治理制度，提升社会治理效能，畅通和规范群众诉求表达、利益协调、权益保障通道，建设人人有责、人人尽责、人人享有的社会治理共同体"。这一表述不仅明确了社会治理的路径、目标和愿景，也抓住了社会治理的难点和痛点。国际化

---

① 本文为国家社科基金一般项目（23BSH003）的阶段性成果。

社区治理作为城市基层社会治理的特例,将成为探索社会治理模式创新的试点。本文通过对近代以来上海国际化社区的形成过程、发展模式和表现特点的梳理,旨在把脉国际化社区发展演变的内在机制和结构性特征,进而为推动当前国际化社区治理在经验研究层面的深入和拓展做好铺垫。

一、兴起:被动殖民化进程中老上海租界地区的形成

1842 年,中英《南京条约》的签订为外籍人口进入上海创造了条件,由此,上海开启了长达百年的被动殖民化进程。租界的形成奠定了上海外籍人口居住空间的基本格局,而伴随着租界由南向北,由东向西的扩张进程,外籍人口空间分布也经历了同样的过程。租界的发展推动了近代上海都市化进程中的国际化趋势,对城市人口、城市生活、城市治理等不同方面产生了重要的影响。

1. 租界时期的外籍人口发展

近代上海外籍人口的迅速增长与上海对外贸易中心地位的巩固和上海近代工业的兴起有密切关系。1895 年《马关条约》的签订,外商取得了在华设厂的权利,日商和英商首先在杨树浦一带设立工厂,在华设厂带动了外商直接投资的高潮,同时,他们又享有治外法权等各种特权以及租界优渥的生活条件,这些都吸引着越来越多的外国人涌入上海,进而推动了外籍人口的快速增长。此外,租界的发展、扩张对外籍人口的人口规模、空间特征、居住时间及活动内容也起着决定性的作用,外籍人口数也随国内外环境呈现波段式增长。[1]

从外籍人口的数量来看,从 1843 年到 1910 年,上海的外国人口增加了500 多倍。1860—1862 年,租界人口约在 30 万—70 万人之间,1864 年太平天国运动失败后,人口数量有所回落。租界早期的外侨人口增长非常缓慢,资料显示,1845 年租界区的外侨人数仅 90 人,至 1865 年增至 265 人,二十年间仅增加了 175 人[2]。1865 年,公共租界和法租界同时公布了它们在太平天国运动失败之后的首次人口调查数据。根据《上海租界志》所记载的租界区人口数量统计,上海公共租界的人口由 1865 年的 92 884 人增长到 1942 年的 1 585 673 人,平均每年增长约 19 138 人。其中,外侨由 2 297 人增长至

---

① 朱蓓倩:《上海外籍人口城市融入研究》,华东师范大学博士学位论文 2016 年,第 44 页。

② 马长林:《上海的租界》,天津教育出版社 2009 年版,第 34 页。

57 351 人,平均每年增长约 706 人。法租界人口由 1865 年的 55 925 人增长至 1942 年的 854 380 人,其中,法租界外侨由 460 人增长至 29 038 人,增幅达 62 倍。①至 1945 年租界收回,大批侨民陆续回国,1949 年上海的外国人口降至 28 683 人。②

表 1　近代上海外国人口变迁　　　　　　　　　（单位:人）

年份	合计	华界	公共租界	法租界	年份	合计	华界	公共租界	法租界
1843	26	26			1915	20 924		18 519	2 405
1844	50		50		1920	26 869		23 307	3 562
1845	90		90		1925	37 808		29 997	7 811
1850	220		210	10	1930	58 607	9 795	36 471	12 341
1855			243		1931	65 180	12 200	37 834	15 146
1860			569		1932	69 049	9 347	44 240	15 462
1865	2 757		2 297	460	1933	73 504	9 331	46 392	17 781
1870			1666		1934	78 308	11 084	48 325	18 899
1876			1673		1935	69 429	11 615	38 915	18 899
1880	2 504		2 197	307	1936	72 940	10 400	39 142	23 398
1885			3 673		1937	73 273	10 125	39 750	23 398
1890	4 265		3 821	444	1942	150 931	64 542	57 351	29 038
1895	5 114		4 684	430	1945	122 798			
1900	7 396		6 774	622	1946	65 409			
1905	12 328		11 497	831	1949	28 683			
1910	15 012		13 536	1 476					

资料来源:邹依仁:《旧上海人口变迁的研究》,上海人民出版社 1980 年版。

　　从外籍人口的来源地来看,从开埠之初以英、美、法等欧美人为主到 19 世纪末南美、非洲的殖民地国家以及亚洲的一些移民增加,尤其以日本人大量增加为特征。③这一明显的分界线以 1915 年前后变化最为显著,1915 年以前上

----

① 《上海租界志》编纂委员会:《上海租界志》,上海社会科学院出版社 2001 年版,第 117 页。
② 邹依仁:《旧上海人口变迁的研究》,上海人民出版社 1980 年版,第 141 页。
③ 王世军:《城市社会学研究前沿——以上海为中心》,同济大学出版社 2017 年版,第 4 页。

海市国际移民以英国人为主,之后以日本人为主。①关于租界时期外籍人口来源地的多样化,相关统计也显示,除英、美、法外,还包括德国、奥地利、比利时、荷兰、意大利、挪威、日本、瑞典等诸多国家,最多时曾达到58个国家。②也有学者从1936年上海市公安局查验外国人入境统计表的档案中发现,仅这一年中就有多达61国2万余外国人进入上海,③如果再加上未登记和无国籍者,实际上可能远不止这些国家和地区。可见,租界时期的外国移民不仅数量巨大,且具有高度的异质性。

从外籍人口的空间分布来看,租界基本奠定了外籍人口的居住空间格局,且受租界变化而逐步扩大,外籍人口空间分布历经由东向西、由南向北的变化,并在总体上从高度聚居走向一定程度的散居。④晚清时期公共租界外籍人口主要分布在北区,中区由于地价高,人口增加不多,西区和东区人口开始逐渐增加,而法租界经济增长缓慢,外籍人口数量增长幅度也较小,外籍人口在此分布不多,此外在浦东和越界筑路区也有少量的外籍人口分布。这一时期在各国侨民中,英美侨民在租界占据着统治地位,不仅表现在人口数量上,在政治、经济、文化各个方面都占据着主导地位。⑤法租界建立初期,5万多人集中居住在英租界和城厢之间的狭小地带。随着界址不断向西扩张,人口数量增加,居民开始分散居住。至1936年,法租界内人口约三分之一集中在霞飞捕房区,三分之一集中在卢家湾捕房区,另外三分之一则分散居住在小东门、麦兰、福煦、贝当捕房区。公共租界建立初期,大部分人口聚居在中区,而随着租界逐步发展,公共租界东区、北区人口大量增加,超过了中区的人口。20世纪初起,日本人比重迅速增加,1890年在沪日本人仅386人,至1935年仅公共租界中日本人即达20 242人,增长了52倍,占租界内外国人口半数以上。⑥日本人主要集中在北区与东区,即苏州河以北虹口一带。

---

① 邱国盛:《城市化进程中上海外来人口管理的历史演进(1840—2000)》,中国社会科学出版社2010年版,第5页。

② 戴春:《社会融入:上海国际化社区建构》,中国电力出版社2007年版,第35—36页。

③ 忻平:《从上海发现历史——现代化进程中的上海人及其社会生活》,上海人民出版社1996年版,第56页。

④ 朱蓓倩:《上海外籍人口城市融入研究》,华东师范大学博士学位论文2016年,第45页。

⑤ 黄祖宏、高向东、朱晓林:《上海市外籍人口空间分布历史变迁研究》,《南方人口》2013年第3期,第54—64页。

⑥ 邹依仁:《旧上海人口变迁的研究》,上海人民出版社1980年版,第82页。

2. 从"华洋分居"到"华洋杂居"

租界辟设之初,《上海土地章程》中明确规定华人不得在租界内购地置产,但没有具体说明非英籍的西方买主应该遵循的程序。①租界内除少数本地居民和外商洋行雇佣的华人仆人外,很少有华人居住,也就是说,租界早期的外籍人口居住区是与华人区隔离的,即"华洋分居"。1853年9月,小刀会起义军占领了上海县城,清政府派军队镇压,上海县城陷入战争之中,民房被大量焚毁,许多居民纷纷逃往租界区避难。虽然外国驻沪领事竭力阻止难民的涌入,但大批华人的进入给租界中的外国商人带来了商机。最终,各国领事与上海道台一起把穷人赶出了租界,却不得不允许富裕华人在租界区居住。1855年2月,上海道台颁布了《华民住居租界内条例》,承认了华人在租界内居住的合法性。从此,租界内形成了"华洋杂居"的局面,且国内移民很快超越了国际移民的数量。②19世纪60年代初,太平军逼近上海,导致江浙一带的富商巨贾前往租界区避难,租界区再次出现华人数量激增的热潮。1860年和1862年,租界内的华人数量一度猛增到30万和50万。至1936年,公共租界人口超过118万,其中华人超过114万(见下表)。同年法租界总人口接近50万,其中外国人为23 398人。③

表2　1865—1942年公共租界人口统计表　　　　　（单位:人）

年份	华人	外侨	总计	年份	华人	外侨	总计
1865	90 587	2 297	92 884	1910	488 035	13 526	501 561
1870	75 047	1 666	76 713	1915	620 401	18 519	638 920
1876	95 662	1 673	97 335	1920	759 839	23 307	783 146
1880	107 812	2 197	110 009	1925	810 279	29 947	840 226
1885	125 665	3 673	129 338	1930	971 397	36 471	1 007 868
1890	168 129	3 821	171 950	1935	1 120 860	38 915	1 159 775
1895	240 995	4 684	245 679	1936	1 141 727	39 142	1 180 969
1900	345 276	6 774	352 050	1937	1 178 880	39 750	1 218 630
1905	452 716	11 497	464 213	1942	1 528 322	57 351	1 585 673

资料来源:《上海城市规划志》编纂委员会:《上海城市规划志》,上海社会科学院出版社1999年版。

---

① 白吉尔著,王菊、赵念国译:《上海史:走向现代之路》,上海社会科学出版社2014年版,第17页。
② 马长林:《上海的租界》,天津教育出版社2009年版,第35页。
③ 《上海租界志》编纂委员会:《上海租界志》,上海社会科学院出版社2001年版,第116—117页。

租界是上海最早、最大的国际化社区,是被动殖民化进程的产物。西方列强通过与清政府签订一系列不平等条约,强行打开了上海的大门,迫使上海对外开放,使得上海从一个内向型的商贸节点型城市转变成一个外向型的国际商贸中心。开埠之后的上海在城市建设、金融贸易、市民生活等方面得到了迅速的发展,西方国家的城市建设、管理和先进的科学文化流入上海,同时,中西文化在租界内相互碰撞和交融。在这一历史过程中,近代上海在租界的殖民化中开始了其早期的国际化进程。

二、断裂:1949 年至 1980 年以管控为主,
在沪外国人口大幅度下降

1949 年上海解放前后,英、美、法等国陆续撤离一些在沪的侨民,从 1949 年下半年到 1953 年是撤侨的高峰期,有 1.5 万余名外侨陆续离沪出境。[①]1949 年 6 月,上海有 50 多个国籍的外侨共 32 049 人。其中,侨民人数在千人以上的有:英国籍 3 905 人,美国籍 2 547 人,法国籍 1 442 人,葡萄牙籍 1 832 人。9 月上海出现外侨第一次出境高潮,大批英美籍侨民离境。同年 11 月上海外侨人数为 28 683 人,12 月减少到 25 917 人。1950 年 4 月后,上海出现外国人第二次出境高潮。[②]

建国初期,国家采取了"打扫干净屋子再请客"的外交方针,成为建国初期管理在华外国人的基本原则。1950 年代开始,国家相继颁布了一系列关于外国人管理的法律法规[③],这些法律法规以管控为主,对外国人出入境、过境、居留与旅行等在华期间的活动实施严格规范管理。1950 年 10 月上海市公安局公布了《上海市外国侨民登记办法》。至 11 月底,依法登记的在沪外侨有 5 698 户、11 939 人,分属 53 个国籍,登记率达 99%。此时在上海 30 个辖区[④]中,有 27 个区有外侨居住,人数最多的是常熟区,为 2 767 人,人数最少的是江

---

① 《上海人民政府志》编纂委员会:《上海人民政府志》,上海社会科学院出版社 2004 年版,第 818 页。
② 《上海外事志》编辑室:《上海外事志》,上海社会科学院出版社 1999 年版,第 334 页。
③ 相关法律法规如:1951 年的《外国侨民出入境及居留暂行规则》,1954 年的《外国侨民出境暂行办法》《外国侨民居留登记及居留证签发暂行办法》《外国侨民旅行暂行办法》和 1964 年的《外国人入境出境过境居留旅行管理条例》等。
④ 1949 年 5 月,上海市人民政府成立,辖 20 个市区和 10 个郊区。资料来源:《上海通志》编纂委员会,《上海通志》第一卷建置沿革,上海人民出版社,2005 年 4 月。

湾区,仅 2 人。①此后,上海的外籍人口数持续减少。至 1953 年上海有常住外国人口 4 896 人,1955 年底常住外国人口剩下 2 185 人。②

除了人口总量下降之外,外国人口结构也从租界时期的多元化逐渐趋于纯化。1956—1965 年,第三世界和社会主义国家的留学生、实习生成为上海常住外国人的主体。③至 1965 年底,上海的常住外国人为 2 730 名,其中外国留学生和实习生为 2 092 名,大多来自亚非拉国家。④1966 年“文化大革命”开始后,在沪外籍教师和外国留学生陆续离沪回国。⑤到 70 年代末,常住外国人剩下 700 余人,不到解放时的 3%。⑥

总体而言,建国以后上海的外国人口变迁随着我国政治、经济和对外政策的变化而跌宕起伏。从总量上来看,较 1949 年租界时期大幅度下降,且人口结构也逐渐趋于纯化,从以欧美等西方发达国家为主转变为以第三世界亚非拉等国为主。由于外国人口数量的整体下降,这一阶段的国际化社区建设不甚明显。

三、发展:改革开放以来上海国际化社区的发展进程

改革开放以来,上海对外籍人口的吸引力稳步提升,国际化社区建设也加快了步伐。伴随着城市发展的结构转型、城市管理水平的提升以及经济的飞速发展,上海的国际化社区建设先后经历了发展主义导向、全球经济一体化和“国际化和士绅化”的城市更新导向等多个不同的发展阶段。

1. 1980 年至 1990 年:基于“发展主义”导向的国际化社区建设

1970 年代末我国开始实行对外开放政策。1983 年 7 月 8 日,邓小平同志发表了著名的《利用外国智力和扩大对外开放》重要谈话,指出“要利用外国智力,请一些外国人来参加我们的重点建设以及各方面的建设”。⑦此后,为尽快

---

① 《上海外事志》编辑室:《上海外事志》,上海社会科学院出版社 1999 年版,第 334 页。
② 《上海人民政府志》编纂委员会:《上海人民政府志》,上海社会科学院出版社 2004 年版,第 818—821 页。
③ 何亚平:《建国以来上海外国人口变迁与人口国际化研究》,《社会科学》2009 年第 9 期,第 65—71+189 页。
④ 胡焕庸主编:《中国人口(上海分册)》,中国财政经济出版社 1987 年版,第 121 页。
⑤ 《上海外事志》编辑室:《上海外事志》,上海社会科学院出版社 1999 年版,第 344—345 页。
⑥ 骆克任、马振东:《上海国际迁移变动分析》,《人口研究》2000 年第 5 期,第 51—56 页。
⑦ 中共中央文献编辑委员会:《邓小平文选(第三卷)》,人民出版社 1993 年版,第 32 页。

缩短与发达国家的差距,国家开始大规模引进国外先进技术,鼓励外国人前来投资、考察、合作、旅行,并积极引进国外人才。与此同时,在外国人居留、旅行、出入境等方面也逐步进入法制化轨道。①

随着各方面对外交流合作关系的发展,在上海投资、参加经济技术合作项目、留学、任教和从事各种交流合作事务等常住外国人也逐年增多,1980 年为 400 多人,1982 年为 966 人②,1990 年增至 3 500 多人③,且外国人的来源地也日益多元化。根据 1982 年 9 月份的统计,当时常住上海的外国人中,日本人居第一位,占 40.27%,美国人居第二位,占 10.97%,来自其他发达国家的人口占 22.98%,来自发展中国家的流入人口为 25.78%。这些常住型流入人口中,来自发达国家的大多为经济方面的专家、技术人员、教师和商人等,来自发展中国家的则以留学生和实习生居多。④1979—1990 年常住外国人的平均增长率为 18%。从绝对人数而言,1991 年较 1979 年增长 5.39 倍。⑤

改革开放以来,"发展"(development)成为推进现代化建设的内在要求和举国共识。在以经济增长为主要诉求的"发展主义"导向下,国家向全球资本开放并导入市场机制。外商直接投资(FDI)成为经济增长和城市发展的重要资源和主要力量。地方政府通过招商引资等方式搞活地方经济、促进产业发展。在外商直接投资的影响下,凭借自身历史、地理区位以及优惠政策等多方面优势,上海也经历了经济上的转型和城市空间的重塑。1979 年上海政府开始规划建设虹桥经济技术开发区,它是全国最早以发展服务业为主的国家级开发区,1983 年启动建设。开发区的建设及随之大批日韩企业中高层管理人员、港台商人的到来直接促成了改革开放后上海第一代国际化社区的兴起。

古北国际社区是改革开放后上海兴建的第一代国际社区,尽管自 1990 年代以来,碧云、联洋、大宁、张江等国际化社区都陆续发展,但是古北国际社区仍然吸引了许多境外人士,其中日本人在此地的聚居最为明显。这一方面是由于古北新区靠近虹桥经济技术开发区和虹桥机场的区位优势,另一方面,也

---

① 1985 年 11 月颁布的《中华人民共和国外国人入境出境管理法》,标志着对外国人管理工作逐渐步入法制化轨道。
② 胡焕庸主编:《中国人口(上海分册)》,中国财政经济出版社 1987 年版,第 170 页。
③ 《上海人民政府志》编纂委员会:《上海人民政府志》,上海社会科学院出版社 2004 年版,第 821 页。
④ 胡焕庸主编:《中国人口(上海分册)》,中国财政经济出版社 1987 年版,第 171 页。
⑤ 何亚平:《建国以来上海外国人口变迁与人口国际化研究》,《社会科学》2009 年第 9 期,第 65—71+189 页。

是由于居住环境和配套设施都十分优越的古北新区能够满足日本居民对于居住环境的偏好,该群体较高的付租能力也能够支撑他们的择居行为。①

2. 1990 年至 2000 年:"全球经济一体化"背景下的国际化社区建设

进入 1990 年代,随着全球经济一体化的进程加速,上海加快了发展外向型经济的速度和与世界经济接轨的步伐。按照国家的战略部署,上海逐渐形成了开发开放的总体思路和战略布局,对外经济也出现跨越式发展。这些都推动了上海的外籍人口呈现迅速上涨的趋势。1994 年上海市常住外籍人口达到 10 732 人。2000 年,上海常住外籍人口数量达 4.54 万人,涉及 177 个国家,其中日本、澳大利亚和美国位居前 3 位。②

浦东的开发开放成为上海转型发展的重要契机。1990 年 4 月 30 日,上海市政府正式对外发布《上海浦东开发十项优惠政策》③,允许外商投资能源交通项目,兴办第三产业、增设外资银行,10 条优惠政策有 5 条都与外商有关。数月后,上海市政府再度发布《上海市鼓励外商投资浦东新区的若干规定》④,将十项优惠政策进一步扩充至二十五条,同时明确港澳台公司、企业和其他经济组织或个人在新区投资兴办企业和项目,参照本规定执行。这些优惠政策的先后出台为浦东的开发开放提供了极大的便利。数据显示,1991 年川沙全县批准开设"三资"企业 51 家,1992 年增长至 275 家,为 1991 年批准数的 5.39 倍,总投资 31 776.45 万美元。⑤1993 到 2000 年是浦东大规模吸引外资落户阶段。截至 1999 年 8 月底,共有 5 793 个外资项目落户浦东新区,总投资 288.3 亿美元,合同外资 112.72 亿美元。1998 年,外商投资占浦东新区固定资产投资比重达 22%,外商投资企业出口创汇占新区出口总数的 67.14%,税收占新区财政收入的 50.9%。⑥2003 年,浦东新区的外商直接投资 28.75 亿美元,

---

① 周雯婷、刘云刚:《上海古北地区日本人聚居区族裔经济的形成特征》,《地理研究》2015 年第 11 期,第 2179—2194 页。
② 上海市统计局和国家统计局上海调查总队:《上海市统计年鉴(2004)》,中国统计出版社 2005 年版,第 75 页。
③ 《上海浦东开发十项优惠政策》(摘自朱镕基市长在 1990 年 4 月 30 日浦东开发新闻发布会上的讲话),1990 年 4 月 30 日上海市政府发布。
④ 《上海市鼓励外商投资浦东新区的若干规定》1990 年 9 月 10 日上海市人民政府第 35 号令发布。
⑤ 1992 年国务院批复撤消川沙县,设立上海市浦东新区,浦东新区的行政区域包括原川沙县、上海县的三林乡、黄浦区、南市区、杨浦区的浦东部分。参见上海浦东新区史志编纂委员会:《川沙县续志:参与浦东开发开放纪实》,上海社会科学院出版社 2004 年版。
⑥ 《浦东招商引资成功奥秘何在》,https://www.gmw.cn/01gmrb/1999-11/22/GB/GM%5E18248%5E5%5EGM5-2213.HTM,1999 年 11 月 22 日。

占上海市全年总量近一半。①经过近十年的开发开放,浦东地区成为上海吸收外资最高的区域,浦东俨然成为外商投资的热土。

随着上海迈入国际城市建设的新阶段,浦东的开发开放以及上海"两个中心"的建设,新一轮的人口迁移,特别是外籍人口的迁入成为浦东新区人口发展的重要趋势。1990年代浦东金桥国家级开发区集聚了大量的外资企业,也吸引了大量外籍人口在此区域内集聚。大量外商、外企管理人员、职员及其家属陆续落户浦东,使得浦东地区成为外籍人口数量最多最集中的区域之一。截止2009年底,浦东新区共计有外籍人口64 401人,主要分布在花木地区、张江、陆家嘴和金桥等区域。②1990年代开始兴建的碧云、联洋等国际化社区,正是迎合了外企人员的居住需求,它们成为继古北社区之后上海第二代国际化社区。

以碧云、联洋为代表的第二代国际化社区的形成一方面是依托浦东开发开放的时代大背景,另一方面也是上海接轨全球经济一体化的必然结果。这一阶段的国际化社区集中体现了"政府引导—市场主导—社会缺位"的特点,地方政府对吸引国外高端产业和人才的政策引导以及市场为这类国际社区提供的配套服务,构成了这一阶段国际社区发展和维护的内在动力。这些国际化社区的建设均引入了"社区规划"理念,突出生态理念,布局大型开放绿地,部分物业只租不售,设施配置更具有针对性,如国际学校、国际医院、西式教堂等。③浦东的建成与开发不仅深化了上海城市产业布局和城市空间的重组,也一定程度上对外资涌入、外籍人口的聚集产生了重要的拉力。

3. 2000年至今:基于"国际化和士绅化"城市更新导向的国际化社区建设

进入新世纪,随着上海城市吸纳力的迅速增长,上海的外籍人口也呈现明显的增长趋势。越来越多的外籍人士进入上海投资、就业、求学和生活。数据显示,2000年上海常住外籍人口数量为4.54万人,2005年达到10万人,2001年至2005年这五年间的增长速度最快,增长率都达到20%以上,2008年以后增长速度减缓,到2010年常住外籍人口为16.25万人。2013年上海常住外籍人

---

① 上海市统计局和国家统计局上海调查总队:《上海市统计年鉴(2004)》,中国统计出版社2005年版,第199页。
② 王晓虎:《浦东新区外籍人口集聚与国际社区建设》,复旦大学博士学位论文2011年,第22页。
③ 罗翔、曹慧霆、赖志勇:《全球城市视角下的国际社区规划建设指标体系探索——以上海市为例》,《城乡规划》2020年第2期,第102—107+124页。

口数达到了 17.64 万人,2014 年为 17.19 万人,占常住总人口的比重由 2000 年的 0.28% 上升到 2014 年的 0.71%。2018 年在沪外国常住人口增长至 17.21 万人。①

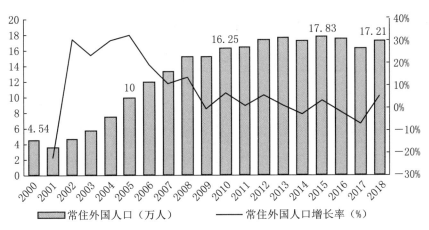

图 1　在沪外国常住人口数和增长率变化

资料来源:《上海统计年鉴》(2000—2019 年)。

　　从区域分布来看,上海外籍人口空间分布呈现"大分散,小集聚"的特点。除偏远郊区的几个街镇无外籍人口居住,其他各街镇都有外籍人口,在广域空间上呈现出既分布分散,又具有局部区域集聚的特点。②2007 年上海市公安局数据显示,上海的外籍人口主要分布在浦东新区(占 24%)、中心城区的长宁区(占 16%)、静安区(占 11%)、徐汇区(占 8%),以及近郊的闵行区(占 24%)。③2010 年"六普"数据显示,上海常住外籍人口 14.32 万人④,其中外籍人口最多的为浦东新区,达到 33 703 人,占到总数的 23.54%;其次为长宁区、闵行区和徐汇区,外籍人口所占比重分别为 21.59%、16.17% 和 10.16%。(见表 3)此外,不同国籍的移民在居住空间的选择上也有明显的差异。在上海的日本人主要集中在长宁区古北地区;韩国人主要集中在闵行区龙柏等地;新加

①　上海市统计局和国家统计局上海调查总队:《上海统计年鉴(2019)》,中国统计出版社 2020 年版,第 41 页。
②　朱蓓倩:《上海外籍人口城市融入研究》,华东师范大学博士学位论文 2016 年,第 58 页。
③　王晓虎:《浦东新区外籍人口集聚与国际社区建设》,复旦大学博士学位论文 2011 年,第 19 页。
④　主要指普查标准时点在上海居住三个月以上的外籍人口,但实际居住在上海的外国人远不止这个数。

坡人主要集中在浦东、长宁、闵行等区;亚洲其他国家的人数量较少,分布也相对较为分散。西方人住在浦东新区的最多,比较典型的是老外扎堆的碧云社区与联洋社区,其次是浦西的长宁、徐汇、闵行和静安等区;北美人与欧洲人的居住偏好也存在一定程度的差异,北美人住在浦东的数量更多;欧洲人更倾向于住在长宁、徐汇、静安、黄浦等老上海租界地区。

表3　2010年各区县外籍人口分布情况

区县	人数(人)	比重(%)	区县	人数(人)	比重(%)
浦东新区	33 703	23.54	虹口区	3 728	2.60
长宁区	30 908	21.59	松江区	3 239	2.26
闵行区	23 152	16.17	黄浦区	3 058	2.14
徐汇区	14 542	10.16	闸北区	1 496	1.05
静安区	9 036	6.31	宝山区	1 180	0.82
杨浦区	4 735	3.31	嘉定区	987	0.69
卢湾区	4 658	3.25	奉贤区	396	0.28
青浦区	4 013	2.80	崇明县	199	0.14
普陀区	3 984	2.78	金山区	142	0.10

资料来源:2010年上海市第六次人口普查数据。

　　2000年以来,在中国加入WTO和经济全球化的新形势下,上海迈入国际化发展的新阶段。根据国家发展战略要求和上海市政府发展规划,上海要在2020年前后初步建成国际金融中心、国际航运中心和世界城市。2001年5月国务院批复的《上海市城市总体规划(1999—2020年)》明确上海将逐步建成社会主义现代化国际大都市,国际经济、金融、贸易、航运中心之一。[1]2018年发布的《上海市城市总体规划(2017—2035年)》明确上海将建设成为卓越的全球城市、具有世界影响力的社会主义现代化国际大都市。从"与国际接轨"到"卓越的全球城市","国际化"当之无愧成为上海城市发展的重要战略目标。早在1990年代,美国芝加哥大学教授萨森就创建了全球城市理论的分析框架,她从世界经济体系的视角切入,探讨城市中主要生产者服务业的国际化程

[1]　国务院:《国务院关于上海市城市总体规划的批复》,《中华人民共和国国务院公报》2001年第20期,第28—29页。

度、集中度和强度,通过对全球领先的生产者服务公司的分析来诠释全球城市。①作为世界城市,上海具有巨大的人口规模,是全球资本运动的空间节点和国内外移民的集散地,这种国内迁移和国际移民最终导致上海市的人力资源聚集,促进城市竞争力的提升。②

与此同时,随着政府对旧城改造、商圈整治、道路建设的推动,上海的城市更新也迈入了士绅化(gentrification)的发展阶段。所谓士绅化,通常指旧城区在经过开发改造之后,实现街道和商铺的翻新、引入更多文化娱乐产业,以此吸引中产群体回归中心城区居住的一系列过程。数据显示,1995 年上海全年共征收(拆迁)面积 322.77 万平方米,此后几乎每年增长,至 2006 年全年拆迁面积达 1 516.85 万平方米,是 1995 年的 5 倍。③上海中心城区的士绅化进程重塑了城市的社会空间格局,也改变了旧有的社会文化结构。

国际化社区的建设与发展成为上海持续拓展对外交往的结果,也是上海追赶国际化发展目标的重要表征。对外的国际化发展战略和对内的城市更新建设相互印证、互为表里,为上海的国际化社区建设搭建了重要的平台。国际化社区成为城市国际化程度和竞争力的重要发展指标。除了市中心原租界地区聚集较多的外籍人士之外,中心城区周边如杨浦、闵行等也开始推进国际化社区建设。此外,浦东成为上海郊区城市化发展最快的地区。随着浦东金桥、外高桥、陆家嘴、张江等核心园区和办公区的形成发展,涌现了一批高档的国际化社区,如张江社区、森兰社区等。这些国际化社区吸引了大批欧美、日本籍人士从浦西移居至浦东,重塑了上海城市国际化的空间图景和想象。

总体而言,新一代国际化社区的兴起和发展构建了上海经济全球化的"空间表达",与全球城市的发展战略息息相关。国际化社区建设也逐渐从经济因素转向社会发展和文化驱动。第三、第四代国际化社区对境外人士的集聚效应,虽不如古北、碧云、联洋社区显著,却也呈现出境内外人士逐渐融合的趋势。内嵌于上海国际化发展定位和士绅化的城市更新建设之中,这一时期的

① 丝奇雅·萨森著,周振华等译:《全球城市:纽约、伦敦、东京》,上海社会科学院出版社 2001 年版,第 1—11 页。
② 王世军、周佳懿:《国际大都市建设中的移民与移民政策——以上海为例》,《河海大学学报(哲学社会科学版)》2010 年第 3 期,第 22—25+91 页。
③ 上海市统计局和国家统计局上海调查总队:《2016 年上海统计年鉴》,中国统计出版社 2016 年版,第 363 页。

国际化社区成为上海迈向全球城市的内在要求和重要空间表征。

四、结论与讨论

上海的国际化社区最早可追溯至近代的租界时期。近代上海发展所带来的开放传统和由此而形成的多元文化的内在动力,以及近代租界的形成与发展所带来的中西文化的冲突和融合,构成了上海发展国际化社区的基础。[①]自20世纪80年代古北国际社区之后,碧云、联洋、新江湾城、张江等国际社区也逐步发展起来。但值得注意的是,自第三代国际化社区之后,国际化社区已经不以社区中外国人的比例而界定,而是逐步向政府或房地产商规划的角度转变,国际化社区更多地被定义为社区规划与国际接轨、符合国际化标准、国际化理念、吸引国际化人才的这一类社区。尽管各类国际化社区的具体形成原因不同,但从上述梳理中不难看出,历史积淀、经济导向、政府、市场和社会三者的联动合力是上海国际化社区形成、发展和转型的最主要因素。

1. 近代上海的国际化色彩奠定了国际化社区发展的历史文化根基

在美国社会学家萨森看来,上海建设全球城市的一个关键性因素是上海的国际化特质,这种多样化的特质是在历史多个发展阶段中逐渐累积起来,并深入到城市方方面面的。[②]在历史上与国外资本、人员的深度交流,使得上海这座城市天然地具有国际化的精神气质。自十九世纪中叶开埠以来,外国商品和外资纷纷涌进长江门户,开设行栈、设立码头、划定租界、开办银行,上海在外力的驱动下被迫进入了近代化的发展进程中。口岸的开放与外国资本的进入、国内民族资本主义经济的发展,催生出新的生产力和新的城市生活方式。进入二十世纪,上海以其迅速发展的工商业和不断扩展的租界版图,吸引着越来越多的外国人涌入上海居住。至二十世纪二、三十年代,上海已赢得远东第一大都市的美誉。

近代上海的开放与移民,两者互为表里,相辅相成,构成海纳百川的一体两面,不仅带给上海资本与商业的繁华,也促进不同国家和地区间的文化交流与融合,丰富了上海的文化历史底蕴和多元的社会格局。[③]正是由于这些历史

---

① 戴春:《社会融入:上海国际化社区建构》,中国电力出版社2007年版,第29页。
② 2018年4月1日,萨森应邀参加"迈向卓越的全球城市:全球城市理论前沿与上海实践"高端研讨会。期间,她接受上观新闻的专访,就全球城市的发展与问题、上海如何建设全球卓越城市等话题发表看法。参见 https://www.jfdaily.com/news/detail?id=85998,2018年4月16日。
③ 周武:《开放传统与上海城市的命运》,《史林》2003年第5期,第13—25+123页。

条件,为上海孕育了适宜外商发展的土壤,也使得上海在社会深层次就存在对国际移民所带来的多元文化和多样生活方式的包容性和承受力。

2. 改革开放以来国际化社区发展与区域经济发展紧密相关

改革开放以来,上海国际化社区的演进历程与上海的城市发展战略、工业布局和城市化进程等密不可分。从几代国际化社区的发展来看,分别经历了"发展主义""全球经济一体化"和"国际化和士绅化"的城市发展战略等多个不同的阶段。第一、第二代国际化社区建设几乎都背靠经济、技术开发区,作为配套的生活居住区而形成。作为第一代国际化社区的古北新区,它的形成、发展就与虹桥机场、虹桥经济技术开发区的发展紧密相关。外企在此集聚,吸引了一大批国际人士在此聚居。随着浦东开发开放、陆家嘴、金桥等地的快速发展,以联洋和碧云为代表的第二代国际化社区也随之发展。第三代国际化社区则以原生态环境为依托的新江湾城为代表,大宁国际社区也与上海多媒体谷紧密相连。而随着互联网经济的快速发展,第四代国际社区如唐镇、张江等国际社区也逐步形成。随着临港新区的布局,配套的国际社区也随之规划。由此可见,改革开放以来,上海国际化社区的形成、发展与区域经济、产业发展、郊区城市化进程紧密相关,在空间版图上也呈现出从中心城区向浦东次级中心城区及城郊逐渐拓展的城市空间图景。

表4 上海国际化社区的演进历程

时　间	形成机制	区位选择	代表社区	族裔特征
2000年至今	城市国际化发展战略与定位快速城市化和士绅化的城市更新	浦东板块闵行等近郊板块	浦东张江社区、森兰社区;闵行华漕国际社区等	欧美人士居多
1990—2000年	全球经济一体化	浦东板块	碧云、联洋社区	欧美人士居多
1980—1990年	"发展主义"导向	虹桥、古北地区	古北新区	日本、韩国等亚洲其他国家和港澳台人士居多
1843—1945年	被动殖民化由内而外	中心城区	老上海租界地区	英、美、法、日为主,族群差异化明显

资料来源:作者根据资料整理。

3. 政府＋市场＋社会三者合力推动上海国际化社区的发展转型

1980 年代以来上海的国际化社区建设中,政府发挥了重要的引导作用。政府通过规划、引导对于国际化社区的形成起着重要的推动作用。上海的国际化社区的形成机制多是由于经济技术开发区所引发的对于国际社区的需求,进而促使政府开展国际化社区的规划。与此同时,市场作为国际化社区的建设者,起到了重要的参与性作用,而此时,社会力量介入极其有限。国际化社区内的外籍居民人群相对单一,也相对封闭,对其管理主要限于常规的移民审批和出入境管理等方面,因而也谈不上什么社会治理。

2000 年之后,随着全球化的推进和中国经济的飞速发展,进入上海的国际移民愈发多样性,除了商务精英这类群体之外,还有以务工、留学、探亲等为目的的普通外籍人口来华定居,移民构成和聚居形态也更加复杂和多元。政府开始从引导角色转变为有意识的主导角色,主要体现在城市的国际化战略制定上。在上海第三代国际化社区的建设中,各类政府的规划文件明确指出其国际化的战略定位。例如政府文件中明确提及了新江湾城的国际化功能定位。市场的驱动作用依然存在,但不是唯一的因素。而原来缺位的社会因素也开始进场。特别是十九大对社会治理提出了"四化"要求,即"提高社会治理的社会化、法治化、智能化和专业化水平"。作为城市社区的一类特例,国际化社区治理将成为探索基层社会治理创新的重要试点。例如,自 2015 年以来,浦东新区就对国际人士集中居住的十个社区设立了涉外服务站[1],为外籍居民提供服务。政府在国际社区建设和外来移民治理上也表现出强烈的主动嵌入色彩。居委会所代表的国家理论在形式上都成功地进入了国际社区。[2]如古北新区的荣华居委会就是国家嵌入国际化社区的一个案例。通过探索党建引领下的国际社区治理模式,初步形成"'纵向优化、横向拓展、协商协作、资源共享'的居民区党建、'两新'党建、区域化党建'三建融合'新模式"。[3]

---

[1] 杨佳譞:《上海浦东新区国际化社区治理体系研究》,《中国国情国力》2020 年第 7 期,第 28—30 页。

[2] 吕红艳、郭定平:《中国外来移民小社会治理研究——基于上海、义乌和广州的实证分析》,《湖北社会科学》2019 年第 9 期,第 38—50＋95 页。

[3] 《长宁区虹桥街道:探索党建引领下的国际社区治理新模式》,https://www.shjcdj.cn/djWeb/djweb/web/djweb/home!info.action? articleid＝8aafb7056ea32acc016eb1d7663c0061,2019 年 11 月 29 日。

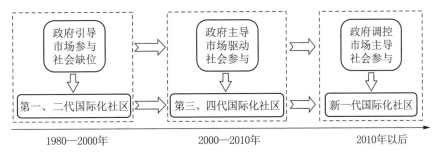

图 2　改革开放以来上海国际化社区的开发模式

近些年,随着房地产业的深入发展,市场的主导力量进一步凸显。新一代的国际化社区已经不再以社区内居住的外籍人口比例为重要依据,而是逐步向房地产开发商的角度转变。只要是按照国际化理念设计、符合国际化标准建造的社区皆被地产商标榜为"国际化社区"。国际化社区被视为高档社区、富人区的代名词。从这个意义上讲,"国际化"俨然成了市场主导的产物和房地产开发商的卖点。

From Immigrants' Enclaves to International Communities: Formation, Evolution and Characteristics of Shanghai's international communities

Abstract: In the process of urbanization in modern Shanghai, the foreign population has always been a factor that cannot be ignored. It is embedded in the development process of the city through various forms such as politics, economy and culture, while the development and transformation of the city also subtly affect the changes and fluctuations of the foreign population. Before 1949, the foreign residential areas within the concession of Shanghai could be regarded as the earliest form of international communities in China. These international immigrant communities that emerged from the process of passive colonization enabled Shanghai to achieve the internationalization rapidly in a short time. Since the reform and opening up, along with the structural transformation of urban development, the improvement of urban management level and the rapid development of the economy, Shanghai's attraction to the foreign population has steadily increased, and the construction of international communities has also accelerated. Especially in the process of building global cities, international communities are considered as one of the important indicators of urban international development. Through examining the evolution of Shanghai's international communities in modern times, it can be found that historical accumulation, economic orientation, the combined forces of government, market and society are important internal mechanisms for the rise, development and transformation of Shanghai's international communities.

Key words：foreign population; international community; evolution process; Shanghai

作者简介：赵晔琴，华东师范大学中国现代城市中心暨社会发展学院教授、上海市"中国特色的转型社会学研究"社会科学创新研究基地研究员。

魔怪城市:《彩图集》的城市想象与现实关怀

王洪羽嘉

摘 要:探究兰波《彩图集》中想象与资本主义现实的关系,可以发现现实关怀指引了兰波的诗歌写作和人生选择。兰波在《彩图集》中发挥想象力,创造一个个难以解释的"魔怪城市",甚至故意让诗歌"没有任何意思",终极目的在于以诗歌改变生活。作为波德莱尔的继承者,他使波德莱尔笔下面貌可辨的城市陌生化,让现实体验服务于极致的想象。但是,他的诗歌想象不仅基于现实,也为了现实,他从城市抽取碎片化的意象,通过含义模糊的诗歌内容激发人的想象力,提升人的思想力,进而推动社会进步。当他发现诗歌作用有限,便立刻走出诗歌的想象世界,回归现实。他走出资产者的城市,前往非洲改变生活。

关键词:兰波 城市 《彩图集》 现实 想象

19 世纪中期,随着资本主义经济的飞速发展,巴黎的城市化进程加快,给人们生活带去巨大变化,也衍生了一系列社会问题。这些社会问题吸引了诗人的目光,波德莱尔曾如此描绘他所生活的巴黎:"成千上万飘忽不定的人——罪犯和妓女——在一座大城市的地下往来穿梭。"①波德莱尔是法国"城市"书写的集大成者,他用巧妙的隐喻和象征揭开"大城市的地下"的恶与黑暗,带领读者领略巴黎各个角落的城市建设痕迹,体会真实存在的各类人物

---

① [法]波德莱尔:《波德莱尔美学论文选》,郭宏安译,人民文学出版社 2008 年版,第 274 页。

命运。作为波德莱尔的继承者,阿尔蒂尔·兰波(Arthur Rimbaud,1854—1891)也在《彩图集》(*Illuminations*)中书写城市,不过他并未复制波德莱尔表现城市的艺术手法,而是创意性地拼贴巴黎、伦敦等地的城市印象,嫁接现实社会与想象之中的现代体验,使城市原型不可辨认。李建英探究兰波几首以"城市"为题的诗作,指出他所展现的"城市彩图"不受现实束缚,旨在发明诗歌的新形式,使诗歌从此可以"没有任何意思"①。问题在于兰波并非崇尚"纯诗"、追求艺术美的诗人,在《我们需要的兰波》中,博纳富瓦对兰波和波德莱尔进行比较,发现波德莱尔反而关注美,兰波则将心血倾注于日常社会。②兰波对现实生活的关切和诗中不可辨认的现实形成了冲突,提醒我们继续追问,他为何要通过碎片化的"城市彩图",模糊《彩图集》的现实指向,使诗歌"没有任何意思"? 他如此坚决地打乱现代城市的一切,又体现出诗歌与时代、城市之间怎样的关系?

一、从波德莱尔到兰波,使现实通往想象

目前学界一般认为《彩图集》写作于1873—1875年之间,是兰波的封笔之作,表达了兰波放弃诗歌前最后的诗学主张。诗集由42首诗构成,其中,《城市Ⅰ》《城市Ⅱ》《城市Ⅲ》《大都会》4首诗以城市为题,《工人们》《倾售》《民主》《滑稽表演》《运动》《致一理式》《焦虑》7首诗通过对城市场景的变形或碎片化呈现,抒发对资本主义发展的整体看法,还有13首诗包含和城市有关的意象或从城市景观生发的想象,如《青春》的"市郊赛马场"和"碳瘟"、《场景》的"林荫大道""砖砌工程的浮桥"和"现代俱乐部",《车辙》的"千百道飞快的车辙"……③

---

① 参见李建英:《〈彩图集〉中的"城市彩图"》,《都市文化研究》2014年第2期,第110—120页。

② Yve Bonnefoy, *Notre besoin de Rimbaud*, Paris: Seuil, 2009, p.22.

③ 这13首诗的主流阐释未必总是从城市角度切入,但兰波的诗歌一般包含多种意思,允许多重解读,因此本文举出其中容易引起城市相关想象的内容,引导读者以城市为切入点阅读诗歌:"魔怪城市"(《童年》);城市的政治、工业历史以及诗人个人的经历(《洪水过后》);"圣国的大道,神庙的地坛"(《生命》);兰波和魏尔伦在城市间的游历和"漂泊"(《浪子》);"市郊赛马场"和"碳瘟"(《青春》);北欧的城市印记,诗歌全篇描写涵盖过去与如今、各类人物、各种生活方式的世界图景(《虔祷》);"德国搭起脚手架"(《历史性夜晚》);"水晶般的灰色天空"与伦敦的工业化有关(《桥》);"千百道飞快的车辙"(《车辙》);诗中的空间有可能是城市剧场、海边别墅、历史建筑等(《繁花》);自然和城市、古代和现代的多个空间(《海峡》)、"林荫大道""砖砌工程的浮桥""现代俱乐部"(《场景》);"在大城市里,她逃逸于钟楼和拱顶之间"(《晨曦》)。

寄托在城市景观中的都市经验,属于现代经验的集中表达。兰波在《民主》中写道:"爆炸献给将要前往的世界。这是真正的进军。前进,冲!"①这句诗产生于青年兰波的时代体验,他用"爆炸""进军"等词语表现进步的步伐,面对资本主义世界永不停息的发展和前进,他新奇之中夹杂忧虑。

兰波与波德莱尔不同。波德莱尔是典型的巴黎人,他一生唯一一次海上旅行,发生在 1841 年左右,当时继父奥比克出于阻止他"彻底堕落"的考虑,"要把他从巴黎光滑的路上拉走"②。和这趟短暂的出行相比,城市占据了波德莱尔的记忆,也成为其诗歌几乎不变的背景。兰波 1854 年出生在夏勒维尔的小镇,《童年》的前四篇展现了他对村镇的记忆,比如充满梦幻色彩的牧场、村庄、树林。他以乡村儿童的质朴语气回忆:"树林里有一只鸟儿,它的歌声让你停下并令你脸红。"《童年》的最后一篇,诗人则抒写进入城市的感受:"在我这地下客厅高高之上,房屋建起,浓雾汇聚。泥浆或红或黑。魔怪城市,无尽的夜!"③诗人在夏勒维尔的村镇景象和光怪陆离的城市景象中,寄托了颓废感伤、失望恼恨的负面情绪,暗示他的诗学追求、诗性人生几度陷入失败。在城市记忆中,孩童般的天真口吻已经被更强烈的情感和更极致的想象替代。"魔怪城市"是这一阶段诗人想象力的寄生场所之一,而且他惊人的想象力也可能受到城市经验的影响。兰波是位"一直在路上"的诗人,巴黎、布鲁塞尔、伦敦带给他并不重复的感受,比如以伦敦记忆为蓝本的"桥"和以巴黎记忆为素材的"林荫大道",就在诗歌中展现了截然不同的城市面貌,不同城市的记忆有时又以文字游戏的方式融合在同一个意象中。事实上,尽管兰波与波德莱尔写作风格不同,他们之间也许还存在某种"影响的焦虑",但兰波从波德莱尔的时代走来,那时城市经验已经是社会与文学艺术的纽带之一,是与审美、诗学密切相关的创作要素。

幻想,是兰波诗歌评论的重要关键词。弗里德里希用"创造性幻想"形容波德莱尔的诗歌,却用"专制性幻想""被摧毁的现实""感性非现实"等词形容兰波的诗歌,足以表明兰波的想象比波德莱尔更疯狂。④波德莱尔对城市的描

---

① [法]阿蒂尔·兰波:《灵光集:兰波诗歌集注》,何家炜译,商务印书馆 2020 年版,第 81 页。

② Jacques Crépet, *Propos sur Baudelaire*, éd. Claude Pichois, Paris: Mercure de France, 1957, p.631.

③ [法]阿蒂尔·兰波:《灵光集:兰波诗歌集注》,何家炜译,商务印书馆 2020 年版,第 6—11 页。

④ 参见[德]弗里德里希:《现代诗歌的结构:19 世纪中期至 20 世纪中期的抒情诗》,李双志译,译林出版社 2010 年版。

写,虽也运用了想象,但很快便主动拉回现实,因而只被评论家称作"创造性幻想"。以《盖子》为例:

> 放荡者的恐怖,疯隐士的希冀,
> 天空是一口大锅的黑色盖子,
> 煮着数不清的人类望不到边。①

黑色锅盖般的天空、在锅中被乱炖的人,反映了波德莱尔哥特式的想象风格。罗伊德指出,50 年代中期,波德莱尔刻意"营造哥特式的幻想氛围",甚至"还以(散文诗)这种'危险的'自由形式表现现代生活,尤其是当代城市生活"②。50 年代波德莱尔所体验的"当代城市生活",便是以奥斯曼工程为背景的巴黎生活。当时拿破仑三世为防止革命党利用蜿蜒曲折的巴黎小道暗中发动革命,命令奥斯曼进行城市改造。但城市改造具有两面性,一方面,它能保障社会稳定、改善城市环境、促进经济发展,另一方面,它牺牲了当时城市贫民和弱者的利益,使他们无家可归,因此酝酿了另一种不安定的因素。波德莱尔用大锅形容人群头顶的天空,用放入锅中形容他们被挤压到郊区的无奈命运,想象看似夸张,却并未超出戏剧化的生活巨变以及民众面临的尖锐现实。与之相比,兰波笔下,城市的面貌则愈发抽象于现实:

> 当站在窗前,我看见新的幽灵滚动着穿过厚重而永在的煤烟,——林木的阴影,我们的夏夜!——新的复仇女神们站在我的村舍前,它是我的祖国和心脏,因为这里所有的村舍都像它,——无泪的死神,我们勤劳的女儿和女仆,一场绝望的爱情,还有一桩漂亮的罪行,在街道的泥沼里啼哭。③

兰波以"城市 I"命名诗歌,但诗中城市的"浓度"却被天马行空的想象"稀释",被林木、村舍等形象掩盖,城市转变为碎片化的,甚至有意区隔于城市表象的元素,体现出绝对的现代和空间的裂变,在字面上"没有任何意思"。列举

---

① ［法］夏尔·波德莱尔:《恶之花》,郭宏安译,上海译文出版社 2013 年版,第 345 页。
② ［美］罗丝玛丽·罗伊德:《波德莱尔》,高焰译、陈永国校,北京大学出版社 2013 版,第 175 页。
③ ［法］阿蒂尔·兰波:《灵光集:兰波诗歌集注》,何家炜译,商务印书馆 2020 年版,第 33 页。

的修辞方式反映了当时文学中一种受城市影响的"累积式的时间类型"。岱旺指出,"从一般情况来看,大城市构成了累积模式的大范围","在一个现代大都市的范围内所表现出的那些活动、运动、财富、激情的累积就是例子"①。如果说波德莱尔1850年代的表达处于传统与现代之间,其中抽象的、概念化的想象有限,那或许是因为现实已经让人惊愕不已。1870年代,奥斯曼改造进入尾声,兰波的写作,面对的是城市建立新秩序后的车水马龙,他想象的方式、思考的城市问题也已经是全新的。以《出发》为例:

> 看够了。视野已遍及所有天空。
> 受够了。城市的喧闹,夜晚,以及阳光下,总是这样。
> 经历够了。生命几度停滞。——哦,嘈杂与幻象!
> 出发,在崭新的情爱和喧哗中!②

城市的变化塑造了艺术家观察城市的眼光和表述方式。莫奈在《圣拉扎尔火车站》(1877)中描绘快速进站的列车和车站的现代结构,在兰波笔下,这一阶段城市的高速发展则被表述为"喧嚣""嘈杂""幻象""出发"。城市化过程中,城市居于变动的状态影响了诗人追求诗性生活的状态,从抽象化的角度理解这首诗作,诗人几度陷入失望,但不断变化的外环境也影响了他的内环境,指引他继续"出发",寻找新的爱和喧哗。

二、想象基于现实,想象为了现实

波德莱尔的想象与现实的关系,已不是一个新鲜话题,他的想象基于现实,基本是学界共识。但兰波笔下的奇幻世界已经离人们习以为常的现实很远,甚至显得"没有任何意思",若说他的想象基于现实,可能受到一些争议。然而写作不是在真空中产生的,上文已经表明,从城市的角度进入兰波的想象,他的想象力一定程度由高速发展的城市塑造。如果进一步分析他的诗歌表达方式,可以发现他继承了波德莱尔的现实关怀,其想象不仅基于现实,且为了现实。

---

① [法]伊夫·瓦岱:《文学与现代性》,田庆生译,北京大学出版社2001年版,第62页。
② [法]阿蒂尔·兰波:《灵光集:兰波诗歌集注》,何家炜译,商务印书馆2020年版,第22页。

  兰波的自由想象之中,常常流露对城市现实的讽刺情绪,尽管他的嘲讽有时隐藏在具有割裂感的画面切换和似是而非的表达内,被读者忽视。在《城市Ⅰ》开篇,诗人写道:"在现代粗俗的大都市里我是一个蜉蝣,一个极端不满的市民,因为无论室内陈设,房屋外部,还是城市规划,所有有名的爱好都已被规避。"①1850年代,波德莱尔从底层民众的角度,看到城市为保障权力集团,裹上名曰建设的美衣,驱赶和边缘化人民;20年后,兰波则站在城市之中,作为未被边缘的巴黎"市民",亲身体验钢筋水泥的冰冷和人的异化。他敏感地捕捉现代人在大都市中的"蜉蝣"感受,认为城市建设需要真正考虑作为个体的人。《城市Ⅲ》开篇,诗人用"现代野蛮观念"的矛盾修辞形容城市建设的思想根源:"官方的神殿夸大了最庞大的现代野蛮观念。"②城市被帝国式的话语控制,成为一个冷漠无情的官方神殿,仿佛一个巨大机器操纵人类世界。帝国光芒辐射,使天空暗淡无光、地面永远积雪。"我"则作为一个格格不入的外来者,以不解的口吻描述这一切。《场景》中,诗人在一连串的碎片化表达中插入"黑纱"(gaze noire)意象,使人联想到同音异形词黑烟(gaz noir)及废气污染的场景。《工人》中,诗人则更加细致地回忆在工业区的游历:"城市,带着烟尘和职业的噪音,很远还在路上跟着我们。"诗人将视线聚焦到市郊的工业区,那里空气不佳,"南风激起了毁坏的花园和枯干的小牧场各种难闻的气味",工人贫穷,"昂丽卡有一件棕白方格的棉布短裙,可能是上个世纪穿的,还有一顶有饰带的便帽,和一条丝巾。这真是比服丧还要哀伤"③。这些诗句反驳了兰波是位唯美主义诗人的片面看法,表现了诗人对现代城市发展过程中行为伦理、生态伦理等问题的忧虑。

  另有一些诗歌,看似与"魔怪城市"无关,实则以抽象化的手法,剖析资本主义现代化的发展逻辑和人的异化。比如《滑稽表演》一诗,诗人将世界想象成一个剧场,各类人物轮番走上舞台,场景也如闹剧般不断变换。诗人说:"他们"在"三色"旗的资产阶级革命中发笑;"他们被派去城里背东西,穿戴奢华,恶心而可笑";"他们唱着悲歌,演着匪兵和神的悲剧,就像历史或宗教从未有过似的"④。安托万·方伽罗指出:"兰波在《滑稽表演》中确实鞭挞了每个人,

---

① [法]阿蒂尔·兰波:《灵光集:兰波诗歌集注》,何家炜译,商务印书馆2020年版,第33页。
② [法]阿蒂尔·兰波:《灵光集:兰波诗歌集注》,何家炜译,商务印书馆2020年版,第39页。
③ [法]阿蒂尔·兰波:《灵光集:兰波诗歌集注》,何家炜译,商务印书馆2020年版,第30—31页。
④ [法]阿蒂尔·兰波:《灵光集:兰波诗歌集注》,何家炜译,商务印书馆2020年版,第14—15页。

包括他自己。原因在于文明人的生活从本质上就是谎言和喜剧。生活,'法国人的生活,荣誉之路',都是假象。"①诗人回顾资本主义社会的建设历史,将"现代荣誉"的虚伪剥去,因此无论是政治革命、城市建设还是人文失落,都成为滑稽戏的一部分。诗人嘲讽所见的世界,并以诗歌提示身处剧中,也就是生活当中的每一个人,因为,就像博纳富瓦所说,兰波"对一个从压迫中被释放出来的社会怀抱想象"②。

博纳富瓦用"希望"和"理智"不断拉扯的过程,展现兰波和波德莱尔的亲缘关系和相异性。"希望"和"理智"在意象的构建上,可以简要理解为"现实"和"想象"互掺程度的差别。波德莱尔的想象符合日常逻辑,是抽象的、自行创造的对应,与"理智"相关,就如博纳富瓦的评价:"波德莱尔做梦,但知道自己在做梦。"③正因波德莱尔是有意识地做梦,他的"希望"和"理智"无限交织,理智在外,希望在内,尽管"现实"被强烈的艺术"希望"引领,但外在的"理智"使诗歌表达经得住理性分析,符合"现实"。其诗歌意象多为现成品,即使在他的人为提炼下美得恐怖、美得怪诞,也大多能经受住人眼的观察。兰波则"理智"地、有目的地增强"希望"在诗歌中的表现力,扩大"想象"对"现实"的改造能力。他的意象虽来自真实世界,但被新语言解构和重新赋码,成为诗人独创而旁人难解的"谜语",这也说明了为何他的想象被理解成"专制性幻想"。就像上文举出的《出发》一诗,诗人不仅发挥了想象,还进一步把诗歌创造的世界抽象化,这种从具象联想到抽象想象的过渡,使世界和语言的对应性关系陌生化,属于兰波"语言炼金术"的重要部分,也反映了幻想的连贯性和理解的可变化性。兰波的描写虽然越来越趋于模糊,与真实世界的关系难以捕捉,但其"希望"正在于改变生活,在于"此处和此在"④(ici, maintenant)的"现实",因此,现实世界从未脱离其理智观照,其现实关怀掩藏在强烈的"幻想"下。兰波发挥极致的想象,以叛逆的姿态创造一个个"魔怪城市",甚至故意让诗歌"没有任何意思",是不愿诗歌沦为现实的记事簿。何况,诗歌的目的并不仅是揭示资本主义弊端而已,他不仅要通过诗歌严肃发问,还要让诗歌成为改变生活的武器。

① Antoine Fongaro, "'Parade' unique et universelle", *De la lettre à l'esprit—Pour lire Illuminations*, Paris: Champion, 2004, p.137.
② Yve Bonnefoy, *Notre besoin de Rimbaud*, Paris: Seuil, 2009, p.17.
③ Yve Bonnefoy, *Notre besoin de Rimbaud*, Paris: Seuil, 2009, p.18.
④ 参见 Jean-Luc Steinmetz, "Ici, maintenant, les «Illuminations»", *Littérature*, No. 11 (1973), pp.22—45.

三、走出想象，进入现实

《童年》中，"我"在森林、大海、乡村、城市之间"穿行"。森林是自然的造物，但被人类踏足，又被人类废弃；海边也有一些人类建设的痕迹，比如小露台，供人休憩；高楼拔起的城市则更清晰地体现了人类匆忙前进的脚步，头顶"无尽的夜"就像资本主义世界没有止境的"进步"神话，反映了空间的不断扩张。生活中温度的缺失和速度的提升，使诗人在从乡村到城市的一路探索中几经失望。对现实的失望促使他把有限的体验转换为无限的想象，将视线投向资本主义主导的"开发"和扩张。

《民主》想象了殖民地的开发场景："在撒满胡椒水的国度！——服务于最庞大的工业和军事开发！"①《倾售》讽刺了金钱交易的无情与消费者的狂热，诗人担忧现代市场的冷漠会最终侵占人的主体性："出售肉身，人声，无可争议的巨大富足，这从不出售的一切。店员最后不会被连同卖掉！游览者没这么早就付佣金！"②《历史性夜晚》进一步点明西方城市内部的经济建设与殖民战争、利益输送具有一体性："出于奴隶的幻想，德国搭起脚手架要通向诸多月亮；鞑靼沙漠熠熠生辉；古老的暴动云集于天朝中部；通过岩石筑就的楼梯和座椅，一个灰白平坦的世界，非洲和西方，即将创建。"诗人认为整个世界都被资产阶级的魔术箱操控，诘问"一样的资产者魔术，那箱子把我们搁置于无论何地"③。

无论是波德莱尔还是作为"通灵人"的兰波，都已经洞悉所处时代资本主义建设的本质，产生深深隐忧。但兰波不愿止步于揭示、讽刺生活，他主张诗人要走在社会前面，帮助普罗大众摆脱命运的操控，让全人类一同参与建设生活。所以文学需要考虑的根本问题，是如何破坏"资产者的魔术"，使文学想象有益于现实，有利于"改变生活"。

为了这个目标，兰波尝试以《彩图集》的写作打破文学行动的边界，告诉所处时代的诗人文学无定法，人文的意义不在于确定的语言和样式，不在于审美，而在于思想的自由和创新的能力。他首先分析了第一代浪漫派诗人的诗歌写作：拉马丁为形式所扼杀，雨果陈腐固执，缪塞缺乏理想、懒散地复制前人

① ［法］阿蒂尔·兰波：《灵光集：兰波诗歌集注》，何家炜译，商务印书馆2020年版，第81页。
② ［法］阿蒂尔·兰波：《灵光集：兰波诗歌集注》，何家炜译，商务印书馆2020年版，第61页。
③ ［法］阿蒂尔·兰波：《灵光集：兰波诗歌集注》，何家炜译，商务印书馆2020年版，第23页。

的写作模式。①这些诗人未从过往的文学经验或个人追求中解脱出来,囿于定见,思想观念陈旧,不符合快速发展的时代。接着,他将目光投向第二代浪漫派,发现波德莱尔能真正地观人所未见,听人所未闻,只是他的形式实验仍不够先进。②兰波对波德莱尔的批评涉及诗人思想解放后的下一个问题,即如何发挥诗歌的作用,让诗歌回归现实,产生意义。诗人作为盗火者,背负人的命运,但只有诗人自己了解和揭示世界的真相,并不足以使社会走向进步,需要引导全人类挖掘思想力,与时俱进。

在强烈的现实关怀下,他最大程度地利用文学的表达能力,创造不同以往的新表达,引导人思考,改变人的思想方式。《彩图集》中,诗人放任潜意识里的想象、认知、"希望",对真实世界进行改造,他跳跃的表达方式让人云里雾里,使所述内容难以确定。这种打破框架束缚的文学实验,旨在通过全新的、怪异的、有冲击力的表达帮助读者产生各不相同的联想,使诗歌拥有无尽的解读空间,激发人在其中主动思考的能力,从而提高人的理解力和思想高度,产生共同进步、主动求新的意愿。

但"改变生活"也是一种有目的的建设,在这个意义上,文学和资本主义社会的其他活动一样,陷入了无休无止、没有答案的"开发"。兰波的文学是时代的产物,他在抨击时代现代化建设的同时,本身也共享着自由、进步、求新的精神,所以《彩图集》和《彩图集》中的"城市"隶属于同一个"进步"的神话。《出发》的叙述也可以看作兰波以"改变生活"为目的进行诗歌探索的历程,无论是以几座城市的地理位置为标记的生命历程还是以几部诗集为标记的诗歌创造,都经历一次次的"出发",始终在路上,追逐可能无法得到的"新的爱与喧嚣",因为"新"在被诗人追上的瞬间,就已经沦为旧历史的一部分。《运动》的标题则高度概括了资本主义链条上一切存在的命运,诗人将世界想象成一艘巨船,用"陡坡""漩涡""汹涌海流"概括现代的进步观,用"休憩和眩晕""骇人的研究"概括"有关种族的、阶级的、野兽的"生命在这巨船上的命运,只有诗人"在方舟上远离人群"③、唱歌发呆,但悖论在于,诗人也身处在方舟之上,无法逃离。

① 参见[法]阿·兰波:《"通灵人"书信之二》,王道乾译,《法国研究》1988年第2期,第37—38页。
② 参见[法]阿·兰波:《"通灵人"书信之二》,王道乾译,《法国研究》1988年第2期,第38页。
③ [法]阿蒂尔·兰波:《灵光集:兰波诗歌集注》,何家炜译,商务印书馆2020年版,第23页。

因此,求新的诗歌既是对现代社会的批判,又融入其中,本身构成了对现代的反讽。在诗歌中,兰波以想象力结构这种反讽,在诗歌之后,兰波则以现实反讽诗歌,走出想象,回到现实。

> 在扩展了诗歌的边界之后,他回归生活本身,为发现世界的未知而再出发,但放弃诗歌不意味失败,沉默反过来补充了诗歌的话语。他的话语和沉默,他的出走和回归,都是在创造新的可能性,提供通向未来的通道,对后世产生了重要影响。①

兰波完成《彩图集》,便彻底放弃了诗歌,他前往非洲,成为一名工程师、记者、贸易从业者,似乎是加入了《运动》中受到批判的"世界的征服者"之列。诗人过去以疯狂的、叛逆的想象介入现实,如今却以顺从的、放弃的姿态成为现实的一部分,这亦是一种反讽。但归根究底,兰波并非"寻找着个人的化学财富"的白人征服者。他在非洲各地工作和旅行,以促进贸易、写作地理报告、摄影、进行科学勘探等方式,深入非洲生活十余年,真正在日常生活中改变一些人的生活,因此他依然秉持着《彩图集》时期的现实关怀。

四、结　语

从波德莱尔到兰波,城市的现实面貌逐渐模糊,甚至成为一个个"魔怪城市"。与其说兰波在具体展现某个城市,不如说他从走过的、未走过的城市中抽取元素,进行联想,让城市成为承载想象力的场所。而他笔下保留的现实痕迹,来自城市发展过程中出现的具体问题,其想象基于现实,想象为了现实。他对想象力的"开发",与城市开发乃至广义的现代发展形成了悖论关系:作为盗火者,诗人走在人群前面,希望通过怪异的诗歌表达,引导人们挖掘想象力,促进思想力的提升,然而这种求新的精神,也正是现代发展的一部分。由于诗歌的求新被纳入这一悖论,他选择走出想象,进入现实。这依旧是一种重新出发,属于现代进步观的一部分,但这一次,他接受进步的正面意义和负面问题,走出精神探索,回归生活之中,促进非洲的发展,改变眼前所见的生活。

---

① ［法］德·维尔潘:《被诅咒的兰波或不可能的逃离》,王洪羽嘉译,《上海师范大学学报(哲学社会科学版)》2020 年第 2 期,第 5 页。

Monstrous Cities: The Imagination of Cities and Realistic Care in the *Illuminations*

Abstract: By exploring the relationship between Rimbaud's imagination and the reality of capitalism in the *Illuminations*, we can find that realistic concerns guide Rimbaud's poetic writing and life choice. Rimbaud uses his imagination to create unexplainable "monstrous cities" in the *Illuminations*, and even deliberately makes the poems "meaningless", with the goal of changing lives through poetry. As Baudelaire's successor, he makes Baudelaire's identifiable cities strange, allowing the experience of reality to serve the ultimate imagination. He extracts fragmented imagery from cities, stimulates people's imagination through indistinguishable poetic contents, enhances people's thinking power, and thus promotes social progress, so his poetic imagination is not only based on reality, but also for reality. When he finds that poetry is of limited use, he immediately steps out of the imaginary world of poetry and returns to life, even out of the city of the bourgeoisie and travels to Africa to change life.

Key words: Rimbaud; city; Illuminations; reality; imagination

作者简介：王洪羽嘉，上海师范大学人文学院博士生。

地域文化视野下的上海徐家汇
赵巷革命往事研究

陈健行

摘　要:上海徐家汇赵巷,曾经是一片红色热土。在新民主主义革命时期,中共知识分子长期在这里扎根,发动群众,参与革命的组织动员和文化宣传工作,产生了不小影响,但由于其规模小、隐蔽性强,在很长一段时间内被历史淡忘。赵巷之所以吸引中共革命者的青睐,有几个方面的原因。本文着重从地域文化的视角进行分析:首先,近代上海特殊的政治形态,以及徐家汇赵巷独特的地缘环境和便捷的交通系统,为进行革命活动创造了物质条件;其次,近代徐家汇工商业的兴起、工人力量的发展,加上外来党员知识分子的组织动员,为在赵巷开展革命提供组织基础;第三,徐家汇地区多元的文化形态,为赵巷的革命活动开展提供思想基础。

关键词:赵巷　地理环境　地域文化　组织动员

徐家汇地区曾是中共上海地下斗争的活跃地带。赵巷是徐家汇东边接壤的一个小村落,据赵氏族谱记载,南宋灭亡后,赵氏后裔散居江南。至明代,有一支脉迁居浦东三林塘。清顺治年间,浦东三林塘的"赵老太太祖荣"始迁至"浦西徐家汇东首肇嘉浜水南上海县二十七保四图羊字圩二百五十二号阳宅基地,计三亩有零并建造房屋一所。"从 1936 年 10 月国民政府参谋本部陆地测量总局绘制的上海市区地图看,赵巷为今徐家汇辛耕路北至肇嘉浜路,西至天钥桥路东至宛平南路一带。在奔向赵巷的共产党人中,查阜西是"两航"起义的参与策划者,关露是左翼女性作家,柳湜是进步出版机构读书生活出版社的创办人之一,艾寒松为中共上海地下党文委委员,穆汉祥则是中共交大总支组织委员,他们都在中共革命史上尚有一席。受他们思想影响和组织动员而走向革命道路的赵巷青年徐鸿、刘大明、赵金秀等后来成为中共革命骨干。同时,上海市地下党文委和交大夜校党支部都曾在赵巷设立联络点。自 1927 年至上海解放,在赵巷这块偏僻之地,先后有 15 名革命者,其中包括 9 位中共地下党员,[①]在这里生活或从事过革命活动。徐家汇赵巷之所以引起革命者的关注,极具地域色彩。因此,本文试图以地域文化为视角,探讨徐家汇赵巷成为中共革命之地的原因。

**图 1　1936 年 10 月,国民政府参谋本部陆地测量总局制上海市区图第 34 号,
原图藏于上海图书馆**

一、特殊的社会环境和地理条件

徐家汇赵巷因其特殊的地缘环境而受到革命者的青睐,不断地产生革命

---

① 据赵巷后人赵景国先生统计,15 人为柳湜、关露、艾寒松、徐鸿、刘大明、赵敬耕、穆汉祥、赵维龙、赵钰龙、赵维南、查阜西、徐问铮、赵子云、赵子竸、赵金秀。

输入与输出。如果说敌对政策的高压导致"隐蔽战线"的革命形式,那么近代上海"三家分治、事权不一"的社会环境以及独特的地理条件,则为赵巷革命的开展准备了必要物质条件。

首先,近代上海社会"一市三治四界"的特殊格局,为赵巷能够顺利展开革命提供前提。史学家熊月之认为"一市"是指上海市;"三治"是指上海的三个区域,即华界、公共租界和法租界,有三个城市管理机构,三个司法体系,三个警察局,三个公共交通系统;所谓四界,是指公共租界和法租界各为一区域,华界又分为南市与闸北两个区域。这四个区域在市政设施、居住条件、建筑风格上都有明显差异,在人口素质、文化教育、社会管理方面也有所不同。无论是在公共租界还是法租界,中国地方官员均不能随意抓人。[1]因此,华界与公共租界、华界与法租界之间、公共租界与法租界之间,就出现了城市管理上的薄弱地带。[2]

这一特殊裂痕,使不满政府执政的异见者注意到这点,并充分利用了这个缺陷。如 1903 年蔡元培、吴稚晖等人在上海多次发表集会演说,抨击政府,反对专制。华界政府认为其意在"谋反",应当逮捕严惩,但租界当局则不这么认为。工部局巡捕房将吴稚晖等人传去,问:"你们藏兵器否?"答:"断断没有"。巡捕说:"没有兵器,你们说话好了,我们能保护你们!"[3]类似这样的传讯发生过多次。但是,在西人看来,言论自由是天赋权利,应予保护。1921 年,中国共产党在上海成立,中共及进步人士积极利用租界与华界的制度落差,开展民主革命。中共一大、二大、四大会址,均选择上海"三界四方"控制的裂缝地段。

可见,近代上海的多元治理结构,无形中为各种政治势力提供了生存与活动的空间,吸引革命者奔赴而来,寻求新的世界。五方杂处,不查户口,这就使近代上海变得更具隐蔽性和流动性,为中共领导秘密斗争创造了较为理想的环境,为徐家汇赵巷能够顺利开展革命提供了前提条件。

其次,独特的地理条件和便捷的交通系统,为徐家汇赵巷革命活动得以顺利进行提供有力支撑。据《徐汇区地名志》记载:赵巷近代史上以菜地、荒地、

---

[1]　熊月之:《上海城市与红色革命》,《东方早报》2013 年 8 月 13 日。

[2]　熊月之:《论近代上海特殊的市政格局》,《当代上海论丛》第 9 辑,上海社会科学院出版社 1993 年版,第 330 页。

[3]　吴稚晖:《上海苏报案纪事》,《辛亥革命》第一册,上海人民出版社 1981 年版,第 403 页。

河浜、坟丘为多,有赵、潘、侯姓等百余户人家,以赵姓为主。抗日战争期间,由于战乱、灾荒的影响,大批难民从江苏和山东等地涌入上海,在这里搭建草屋。赵巷原住民以田耕为生,随着人口逐渐增多,逐渐形成聚落。①

毛泽东在《井冈山的斗争》,论及"湘赣边界的割据"时,认为中共红色根据地往往存在于各省边区交界处,那里是反动统治相对薄弱的地区,革命力量可以在此进行武装割据。②徐家汇赵巷就是这样一个"薄弱地区"。赵巷北临肇嘉浜。法租界西扩至徐家汇以后,肇嘉浜成为法租界与华界的界河。浜上建有谨记桥与天钥桥,两桥将赵巷与法租界连接起来。赵巷西临天钥桥路,毗邻天主教会学校启明女校以及圣母院。徐家汇设立天主教区较早,始于清朝中期,其中圣母院是由耶稣会传教士薛礼昭奉天主教江南代牧区主教郎怀仁委托而发起,1869 年迁往徐家汇。③启明女校亦由圣母院创办,圣母院是天主教修女读书、修道、慈善之所,与肇嘉浜对岸的耶稣会协同,一东一西,相得益彰,成为徐家汇地区最为重要的两大宗教团体。赵巷南边不远为龙华,20 世纪二三十年代,龙华地区曾先后设置过上海的最高军政机构淞沪商埠督办公署和国民党淞沪警备司令部,堪称华界政治军事重镇。④同时,这里也曾是国民党淞沪警备司令部关押和残杀中国共产党员和革命烈士的刑场,是国民党情报信息的主要源头。赵巷东侧为枫林桥,1927 年在此设立了国民党上海特别市市政府,以及财政局、公用局等地方行政官署。综上可知,赵巷是一块由四面重镇所环抱的"洼地",其农村聚落的地域形态,使它受到法租界和华界当局的忽视。法租界、国民政府和宗教团体对赵巷的控制有限,这对中共革命者身份的隐藏和开展活动是有利的。

近代徐家汇地区交通便捷,道路通达。鸦片战争前,赵巷附近除徐家汇、小木桥和龙华几个小型集镇外,余则沟浜纵横、杂草丛生,尚为人烟稀少的荒僻地区,仅有几条官道和乡间小径。上海开埠后,英法在租界与郊县之间,越界修建道路。法租界自 1860 年到 1914 年间共筑路 20 多条,其中徐家汇路、福开森路、姚主教路、福履里路直通徐家汇。除此,华界的江南制造局修建龙华路,民间出资兴建裕德路,沪南工巡捐局修建斜土

---

① 徐汇区人民政府编:《上海市徐汇区地名志》,上海社会科学院出版社 1989 年版,第 100 页。
② 《毛泽东选集》第一卷,人民出版社 1991 年版,第 57 页。
③ 张璜:《徐汇纪略》,上海土山湾印书馆 1993 年版,第 16 页。
④ 上海市地方志办公室编:《上海名镇志》,上海社会科学院出版社 2003 年版,第 351—356 页。

路、天钥桥路、大木桥路、小木桥路、漕溪路、谨记路等,其余多是清末民初的泥土小道。①这些道路分布在市郊结合处,是徐家汇地区联系市内的交通要道。

渐成市貌的徐家汇及其附近地区,公共交通成为重要的出行工具。早在1908年,法商有轨电车延伸至徐家汇;1927年,法商公共汽车自爱多亚路开往徐家汇贝当路;1934至1935年,增设线路终点站抵达龙华和枫林桥。同时,英商公司专辟自交通大学至程家桥的公共汽车。日商华中都市汽车公司在1941年开辟有从老西门到龙华镇的公车路线。1945年,上海市政府接管日商汽车公司后,辟有从交通大学开往曹家渡的公共汽车,1946年开通枫林桥往南京路外滩的公交汽车。是年,民营大福汽车公司在徐家汇至吴家巷开通徐吴线。1948年,增辟北火车站往徐家汇的公共汽车。②可以说,徐家汇地区来往市内的城市交通四通八达。

铁路交通上,沪杭铁路于1909年通车,设有徐家汇和新龙华站。1937年,原沪杭线新龙华至日晖港的铁路改建为日新支线,承载着黄浦江水陆联运。航空方面,赵巷南面的龙华机场始建于1922年,1929年投入民航运输,1936年客运量达1万余人次。抗日战争期间,龙华机场被日本海军占领,抗战胜利后,机场由国民政府航空委员会接收和扩建。邮电通信上,1897年,徐家汇和龙华已设立邮政代办所。抗战前夕,成立徐汇邮政支局,投递范围,遍及法华镇、虹桥及上海县境的一部分。抗战胜利至上海解放,徐汇境内的邮局业务可与全国各地互通有无,甚至可以联通世界。③

据赵巷后人赵景国口述,赵巷内小巷繁多,错综复杂,容易迷失,房子门号跳跃,容易隐藏。加上周边农田居多,庄稼成熟时,可以起到很好的掩护作用。城乡接合部的独特地缘环境和发达的交通系统,对共产党人在赵巷发动革命活动创造了有利条件。查阜西、关露、柳湜、艾寒松、穆汉祥等中共地下党人和进步人士,以赵巷为根据地,活动足迹遍布在上海乃至国内各地。他们大多隐居赵巷,与外界及上级党组织保持紧密的联系,如果缺乏有利的地理和交通条件,是一件很困难的事情。

---

① 徐汇区人民政府编:《徐汇区地名志》,上海社会科学院出版社1989年版,第257—258页。
② 徐汇区志编纂委员会编:《徐汇区志》,上海社会科学院出版社1997年版,第511页。
③ 徐汇区志编纂委员会编:《徐汇区志》,上海社会科学院出版社1997年版,第519页。

二、近代徐家汇经济繁荣、工人阶级壮大与
中共在赵巷的组织动员

近代上海,在外国侵略势力的掌控下,迅速发展成为中国的多功能经济中心。20 世纪 20 年代,上海与世界一百多个国家的三百多个港口有着贸易往来,对外贸易值始终要占全国总额的一半。20 世纪 30 年代,上海拥有外国对华银行业投资 80％份额,设有几乎所有银行在华的总部。[①]同时,上海近代工业起步较早,根据对有关机器制造企业的调查,至 1933 年为止,上海的正规机器制造企业占当时被统计的全国 12 个城市总数的 36％,至 1947 年时达到 55％,占据半壁江山。[②]上海也是民族资本最集中的地区,1933 年民族工业资本占全国的 40％,1948 年工厂数和工人数占全国的 50％以上。[③]

上海工商业的蓬勃发展,促进了区域经济的崛起。20 世纪 30 年代前后,徐家汇地区的工业已颇具规模,出现了以轻工、纺织、食品、造纸为主的首批工业基地,如五洲固本肥皂厂、瀛洲织造厂、大中华橡胶厂、百代唱片公司等,工厂大都设于肇嘉浜和蒲汇塘沿岸。因此,徐家汇诞生了第一批产业工人。至上海解放前夕,徐汇、常熟两区的工业企业已达到 500 家,职工 2.3 万人。[④]赵巷内也建有工厂,东北角是 1908 年建立的德商固本肥皂厂,1912 年改由华商经营的五洲固本肥皂厂。住在赵巷 10 号的徐鸿曾在固本肥皂厂当童工,日工资一角八分,加上夜班收入,每月能领 5 至 7 元。[⑤]东南角为根泰和合粉厂,1921 年由实业家程霖生出资 20 万元在徐家汇路谨记桥堍(今肇嘉浜路宛平南路附近)创设。[⑥]此外,20 世纪初的徐家汇地区商店增多,渐成商市,并与西南市郊农村相接,成为城乡结合的枢纽。至 30 年代中期,徐家汇已成为私营和个体商店的主要集散地。抗战爆发后,从东南沿海各地避难入境定居徐家汇的人数剧增,商业随之得到较快发展。随着徐家汇地区工商业的繁荣,原本从事农业生产的赵巷居民,出现许多"一工一农"家庭。

近代上海城市化和工业化,使上海社会结构发生了明显分化,工人阶级不

① 熊月之主编:《上海通史·第 8 卷民国经济》,上海人民出版社 1999 年版,第 13 页。
② 熊月之主编:《上海通史·第 8 卷民国经济》,上海人民出版社 1999 年版,第 14—15 页。
③ 熊月之主编:《上海通史·第 8 卷民国经济》,上海人民出版社 1999 年版,第 3 页。
④ 徐汇区志编纂委员会编:《徐汇区志》,上海社会科学院出版社 1997 年版,第 540 页。
⑤ 赵景国:《徐鸿:奔向延安的上海女童工》,《上海滩》2019 年第 6 期。
⑥ 柳和城:《广告里的民国名流》,《档案春秋》2005 年第 10 期。

断发展壮大。据 1935 年上海社会局调查统计，全市外商企业共有 113 家，官办、华商企业 3 618 家。与此同时，工人队伍越发强大，1926 年对棉纺、制革、造纸、水电、翻砂等 58 个行业统计，拥有员工 13.37 万人，1935、1947 年分别为 25.92 万、36.74 万人，其中大部分是工人。但上海工人工资收入水准极低，只能勉强糊口。据统计，1929 年上海男性工人平均日工资应为 0.73 元，女工 0.44 元，童工 0.34 元，以每月 30 日计算，平均月工资分别为 21.9 元、13.2 元、10.2 元。①因为男工的工资低廉，收入不足维持全家生计，而他们不得不使子女、幼童帮同工作，贴补家用。②

上海工人因遭受严苛的经济剥削和政治压迫，在工厂实行集中生产，具有组织性、革命性和纪律性。早在 1879 年，上海英商耶松洋行和祥生船厂发生工人罢工，抗议无故克扣工资、任意殴打工人。至 1910 年的 30 年间，上海工人罢工共计 73 次。③"五四"时期，上海工人以独立姿态登上政治舞台，显示出强大的阶级力量。"五四"以后，一批接受马克思主义思想的先进知识分子，看到工人阶级的力量，纷纷到工人中间去宣传马克思主义，把马克思主义和工人运动结合起来。1921 年，中国共产党在上海诞生，为工人运动提供了组织基础。中共四大以后，上海党组织推行支部制度，深入工厂发展党员，建立党支部，把工人运动推向新阶段。④1934 年，徐家汇斜土路的美亚织绸厂第六分厂工人，在厂共青团支部的领导下，发动反抗资本家削减工资的罢工运动。⑤抗日战争期间，徐家汇及邻近地区的丝绸行业美亚织绸九厂、仁记祥绸厂、华强绸厂和龙华水泥厂都成立了党支部。到上海解放时，徐家汇地区的工厂均建立起党组织。⑥上海工厂支部数量的增加，促使工人运动的蓬勃发展。

毛泽东在《中国社会各阶级的分析》一文中指出，工业无产阶级是我们革命的领导力量。贫农是各阶层中最贫穷的、也是最革命的，应该成为革命的主力。革命的关键在于动员，革命者都非常重视动员工作。⑦徐家汇赵巷居民以

①　张忠民：《近代上海工人阶层的工资与生活——以 20 世纪 30 年代调查为中心的分析》，《中国经济史研究》2011 年第 2 期。
②　上海市政府社会局编：《上海市工人生活程度》，中华书局 1934 年版，第 13—17 页。
③　《上海工运志》编纂委员会：《上海工运志》，上海社会科学院出版社 1997 年版，第 4 页。
④　张仰亮：《中国共产党早期支部制度及其实践——以大革命时期上海党组织支部建设为例》，《党的文献》2019 年第 4 期。
⑤　《上海工运志》编纂委员会：《上海工运志》，上海社会科学院出版社 1997 年版，第 29 页。
⑥　徐汇区徐镇街道志编写组：《上海市徐汇区徐镇路街道志》，1995 年，第 175 页。
⑦　《毛泽东选集》第 1 卷，人民出版社 1991 年版，第 8 页。

农民和工人为主,是革命动员的团结力量。根据中共的斗争经验、革命形势和自身发展需要,逐步形成了组织建设、宣传教育、感情联络等多管齐下的动员机制。[①]这种动员机制在赵巷的革命动员中取得了丰厚成效。中共党员来到赵巷后,通过构建组织框架、开办补习学校、发行刊物等方式,对当地居民开展政策宣传和劳动教育,在一定程度上提高了政治觉悟,促进思想传播。同时,党员利用个人关系,熟识当地青年,介绍他们加入革命队伍,壮大力量。

组织建设上,在赵巷秘密设立中共上海地下党文委、交大民众夜校地下党支部联络点。中共上海地下党文委是中共在上海的秘密宣传和统战组织。抗日战争和解放战争时期,中共上海地下党文委的秘密联络点曾设于赵巷。1939 年 9 月,组织上派艾寒松到上海主持读书生活书店的出版工作,并担任中共上海地下党文委委员,藏身于赵巷 7 号岳父赵琴舟家中,从事宣传、统战,并编辑《集纳》杂志。不久,艾奉命调往苏北根据地。抗战结束后,艾寒松再次被派往上海,续任上海地下党文委委员,仍住在赵巷 7 号。艾寒松把这里打造成中共上海地下党文委的联络点,对外联络由赵氏族人赵子兢担任,以编辑出版进步刊物的形式团结文化界人士,同梅益、陈其襄、丁之翔、郑振铎、唐守愚、周建人、王蕴如等人来往密切。1948 年,因文委委员姚臻被捕,艾寒松夫妇和周建人夫妇被迫北上,至此中共上海地下党文委在赵巷的活动宣告结束。此外,交通大学民众夜校地下党支部也曾在赵巷设立据点。由于民众夜校宣传革命思想,在交通大学附近的工厂、学校中颇有影响,引起上海教育当局的不满,多次被勒令停办。到了解放战争后期,国民党疯狂地逮捕和屠杀共产党人和进步民主人士。1949 年 3 月,民众夜校主要领导人穆汉祥的身份已暴露,组织指示他和交大夜校党支部转移至夜校学生、共产党员赵维龙的家中(赵巷 19 号)。赵巷 19 号位于赵巷东北角,据赵维龙长子赵延年回忆,赵维龙家后面便是徐家浜,浜中有一条赵巷居民修筑的暗堤,可以作为撤退通道。4 月 30 日傍晚,穆汉祥在虹桥路被捕,5 月 20 日遇害在闸北宋公园,赵维龙逃脱了特务的追捕。赵巷 19 号的斗争活动就此戛然而止。[②]显然,中共在赵巷的组织建设,使得该地区成为区域性革命斗争的主要力量。

宣传教育上,举办劳动补习教育是中共动员工人的主要途径。受十月革

---

① 张仰亮:《建党初期中共对上海工人的动员机制以及成效(1921—1923)》,《苏区研究》2020 年第 6 期。

② 赵景国:《我写〈星火赵巷〉感受信仰的力量》,《徐汇报》副刊 2021 年 12 月 13 日。

命的影响,中国的马克思主义者开始关注工人和农民的教育问题。1919年,李大钊发表《劳动教育问题》《青年与农村》等文章,关注工人、农民、青年问题,强调劳工教育的重要性。[①]他号召知识分子到工人中去从事宣传和组织工作,重视农民思想的启蒙和教育。[②]作家关露受组织指示到工厂发动群众,在上海美亚织绸厂给工人上文化课,兼做革命宣传。除此之外,她还与赵子云合作,在赵巷开办识字班,学员主要有五洲固本皂药厂女工,以及居住赵巷的青年人。

同时,中共还通过编辑、发行刊物的形式,对工农群众开展宣传教育。艾寒松是一名老编辑,1945年他从苏北再度派往上海担任宣传和统战工作,来沪后居住在赵巷7号。艾在此编辑《民主》周刊、《新文化》半月刊等刊物。《民主》周刊于1945年10月13日在上海创刊,至1946年10月30日停刊,共出版54期,是抗日战争胜利后全国的主要进步刊物之一,由郑振铎任主编,主要编辑人员先后由蒋天佐、郑森禹、艾寒松等担任。[③]《新文化》半月刊是解放战争时期中国共产党领导下的一份文化理论刊物。1945年10月在上海创刊,1947年4月出版至第3卷第5期停刊,共出刊29期。周建人任主编,发行人谢吉然,郭沫若、郑振铎、马叙伦、许广平、夏衍、夏康农等为撰稿人。《新文化》从创刊到第2卷第7期由方行等任编辑,从1946年11月7日第2卷第8期起改由艾寒松担任编辑。[④]此时的艾寒松刚好居住在赵巷。此外,1949年2月由穆汉祥组织民众夜校创办的《民众报》,在徐家汇地区河畔周边工厂有不少读者,是宣传思想的渠道之一。上海解放前夕,民众夜校党支部在国民党当局的高压下,转至赵巷19号的赵维龙家中。1949年3月至上海解放前,赵巷19号也成为《民众报》的编辑和印刷场所。[⑤]中共在赵巷编辑和发行报刊,不仅有利于提高当地工人的政治觉悟和理论水平,而且具有宣传动员作用。

感情联络上,党员通过建立革命婚姻,利用个人关系(即血缘、亲缘等)与工人、农民建立感情联系,这是组织动员的主要渠道。早期来到赵巷的中共党员多为外地知识分子,比较著名的有三位"赵巷女婿"和一位"女先生"。他们

① 王英、姜德辉:《牢记建党初心传承红色基因》,《光明日报》2019年1月31日。
② 中国李大钊研究会编:《李大钊全集》第二卷,人民出版社2013年版,第292、307页。
③ 毛梦溪:《名人记忆中的〈民主〉周刊》,《民主》2020年第10期。
④ 张俊飞:《〈新文化〉半月刊研究》,湘潭大学硕士学位论文2020年6月。
⑤ 赵景国:《赵维龙:穆汉祥引领下走向革命的送奶工》,《徐汇文脉》2021年第3期。

通过感情联络,涌现出十多位中共党员及进步人士。首先是 1923 年加入中国共产党的查阜西,大革命时期他曾任湖南省委组织部长,1927 年"四一二"反革命政变失败,查阜西被逮捕入狱,经营救出狱后于 1927 年秋流亡上海,改名"查镇湖",住在徐家汇赵巷。1928 年,查阜西经人介绍与居住赵巷 10 号的徐文铮结成伉俪,成为赵巷的第一位外来女婿。查阜西和左翼作家关露本是旧识,1933 年,关露奉命到徐家汇调查底层工人的生活情况,请查阜西帮助介绍工人作为采访对象。查阜西把徐文铮妹妹、五洲固本肥皂厂的女工徐鸿介绍给关露。关露还在赵巷结识了赵子云,并与赵子云一起开办识字班。在关露介绍下,徐鸿认识了共产党员柳湜,两人并于 1937 年 1 月 3 日在赵巷 10 号成婚,柳湜成为第二位赵巷女婿。此时,李公朴、柳湜、艾思奇等在静安寺路斜桥弄(今吴江路)71 号,创办了读书生活书店。1936 年,徐鸿又将赵子城推荐给柳湜,进入读书生活书店当练习生。"八一三"淞沪抗战爆发后,柳湜和赵子城转移汉口。1938 年 8 月,武汉形势危急,徐鸿与艾寒松同船撤往重庆,徐鸿借此向艾寒松介绍了远在上海的赵金秀(即赵子诚之姐)。1939 年 9 月,艾寒松赴上海主持读书生活书店出版工作,并任中共上海地下党文委委员。艾寒松带着徐鸿的嘱托去找赵金秀,1941 年两人在赵巷完婚,艾寒松成为赵巷的第三位女婿。[①]同样,交通大学夜校党支部负责人穆汉祥发展了夜校学生赵维龙入党,并在 1949 年 3 月,将夜校党支部转移到赵维龙家赵巷 19 号。[②]由此可以看出,来到赵巷的中共党员利用其亲缘、业缘等关系,动员当地群众加入革命队伍。

三、多元地域文化的影响

赵巷之所以能够成为"红色热土",除了其特殊的地理环境以外,还与徐家汇地区的文化传统有着密切关系。近代徐家汇地处法租界的西南边缘,基督教文化浓厚,赵巷与徐家汇宗教区仅隔天钥桥路,地域文化和革命文化是赵巷受到中共革命者青睐的重要思想基础。

从地域文化的角度来看,徐家汇地区是近代中国西学东渐的主要发源地,

---

① 参考赵景国:《徐鸿:奔向延安的上海女童工》,《上海滩》2019 年第 6 期;《赵子云:上海地下斗争的民主志士》,《上海滩》2019 年第 10 期;《刘大明:战斗在太行山的上海苦孩子》,《上海滩》2019 年第 8 期;《艾寒松:敢于讥讽日本天皇的抗日斗士》,《上海滩》2019 年第 9 期。
② 赵景国:《赵维龙:穆汉祥引领下走向革命的送奶工》,《徐汇文脉》2021 年第 3 期。

也是明代政治家、科学家徐光启的故土和墓地所在之处。徐光启是中国早期的天主教徒,明朝时期天主教传教士随着东方地理大发现来到远东,带来基督教与西方科学知识。徐光启与传教士利玛窦、郭居静、罗如望、汤若望等有密切联系,徐光启死后,其后代中,大部分也信奉天主教。①鸦片战争之后,西方列强把传教列入了对华政策的范围。欧洲的天主教传教士也纷纷来到上海,以徐光启的故乡徐家汇为根据地,试图通过传播西方文化、科技的方式,来影响中国社会,扩大天主教在上海的影响。因此,他们在徐家汇建立了教堂、修院、学校、天文台、藏书楼、印刷所、育婴堂等各种设施,②徐家汇的面貌也开始逐渐改变,成为上海西学东渐的重要基地。

如果说早期西学东渐的主角是外国传教士,那么1840年以后,中国的有识者纷纷成为西学的重要传播者。同时,马克思主义也是西学东渐的重要成果之一。继清政府洋务派之后,以崇厚、张德彝、黎庶昌等为代表的清政府外交人员和翻译,以及早期欧美留学生,不仅把西方的政治、经济、文化介绍到国内,而且以著述的形式介绍了巴黎公社和社会主义的有关情况,从而客观上在中国传播了马克思主义。③资产阶级改良派在宣扬西方君主立宪制的同时,也将马克思主义引入中国。康有为发表的《大同书》,吸收了社会主义的思想。梁启超先后在《新民丛报》上刊载《中国之社会主义》④等系列文章,介绍了马克思及其思想。另外,资产阶级革命派也关注社会主义,1905至1907年,孙中山曾在《民报》上发表过许多社会主义的译文,其他革命党人也相继撰文宣传马克思主义。⑤1911年7月,为推动马克思主义在中国的传播,上海成立社会主义研究会。西学东渐在客观上起到马克思主义早期传播者的作用,成为"五四"时期的一股重要思潮。另外,西学东渐也为李大钊、陈独秀、毛泽东等中国

---

① 顾卫平、顾卫名:《近代西方文化东渐与徐家汇的形成》,《社会科学》1991年第8期。
② 苏智良:《中西邂逅徐家汇》,学林出版社2020年版,第4页。
③ 1870年6月天津教案发生后,清政府派崇厚前往法国道歉,张德彝以英文翻译的身份随从法国。其间正值巴黎革命爆发和巴黎公社建立,崇厚将他所见载入日记中。张德彝亦将其目睹情况写成《三述奇·随使法国记》一书。稍后,王韬翻译和写作了大量关于巴黎公社的报道,并汇编成《普法战记》,该书于1893年由中华印务总局刻刷发行。此外,高从望写了《随轺笔记》,黎庶昌撰写了《希望杂志》等,这些书籍都从不同层面介绍了马克思主义。转述自张金荣:《近代西学东渐对马克思主义在中国传播的推动作用》,《湖南师范大学社会科学学报》2010年第4期。
④ 《中国之社会主义》,《新民丛刊》1903年第46—48期,第302—303页。
⑤ 张金荣:《近代西学东渐对马克思主义在中国传播的推动作用》,《湖南师范大学社会科学学报》2010年第4期。

早期马克思主义者,接受马克思主义架起一座桥梁。俄国十月革命以后,中国先进知识分子看到了马克思主义在中国的希望。马克思主义在中国传播与发展离不开西学东渐。

上海地处江南。晚清以来,江南亦涌现出大批革新务实人才。在中国共产党创建中,江南知识分子并没有置身事外。中共一大召开时全国 50 多名党员中,皖、苏、浙三省就有 10 人,约占总数的五分之一。①开埠后,上海成为不同肤色、不同信仰、不同语言者的汇聚之地。以江南文化为底蕴,在融合中国其他地域文化的特点,吸纳西洋文化元素的环境下,形成了兼容并蓄的海派文化。徐家汇就是这种亦中亦西文化的碰撞之地,不同的文化群体在这里各抒己见,如左翼文化与自由派文化的争论,双方各有拥趸,却又相安无事。同时,江南文化、海派文化能够容纳激进的革命文化(即红色文化),马克思主义研究会在上海成立,新文化运动在上海发生,1925 年"五卅"运动在上海爆发,中国共产党在上海创建,这些都映射出上海革命的地域文化元素。可以说,多元的上海地域文化,为中共革命创造了有利条件。

从革命文化看,上海的革命文化发展早在 19 世纪末 20 世纪初期就积淀下深厚的根底。它经过新文化运动的洗礼,成为抗日战争和解放战争中凝聚民族力量的载体。上海是长江流域出东海之门户,便捷的交通和区位优势使得上海领先于中国其他对外开放之地,率先得到近代化开发。1843 年后,西方势力在上海设立租界,租界内部的资本主义市政管理方式和近代化的建设手段,客观上推动了上海城市的近代化。上海近代化、近代工业化的兴起和对外贸易的发展,为文化发展奠定了物质基础。上海巨大的商业价值引诱着帝国主义的青睐,各国侵略者在掠夺上海的同时,也把西学思想和文化带到上海。传教士以租界为基地,通过西文中译,出版报刊以及创办学校等方式,广泛地传播西方文化。到 20 世纪初,上海掀起西学热潮,成为中国文化中心。

1915 年,陈独秀在上海创办《青年杂志》,从此开始了一场新文化运动,随着新文化运动的兴起,中国出现了许多新的思想,引发了思想解放运动。上海是新文化运动的策源地,1917 年《新青年》杂志和陈独秀等人迁移北上,但是《新青年》的出版发行工作仍由上海的群益书社负责。1919 年,五四运动爆发,北洋军阀政府镇压学生,向新文化运动施加压力,致使新文化运动在北京

---

① 束晓冬、邵雍:《江南文化与中共建党》,《中国延安干部学院学报》2021 年第 4 期。

举步维艰,知识分子纷纷南下,上海再度成为新文化的中心。①毛泽东在《新民主主义论》中,评述了五四运动后中国文化新军对社会发展所扮演的角色:"二十年来,这个文化新军的锋芒所向,从思想到形式,无不起了极大的革命。其声势之浩大,威力之猛烈,简直是所向无敌的。"②

抗日战争期间,上海以文化抗战方式,开展抗日救亡运动。赵巷的革命者大多从事文化宣传工作。1937年,柳湜赴汉口与邹韬奋主编《全民抗战》杂志,徐鸿将刚出生的儿子寄养长沙后,来到汉口支援杂志事务。创建于上海的读书出版社,抗战时期内迁重庆,受到日军的空袭,赵子诚火海救图书,后来赵奉命来到太行山创办新书店,1941年成立了第一家三联书店——华北书店。③解放战争时期,上海各界为推翻国民党反动统治,同反蒋势力开展了一系列的斗争。1946年,艾寒松、赵金秀夫妇回到上海,住在岳父赵琴舟家的赵巷7号。当时赵琴舟是赵巷的保长,而赵金秀的堂兄赵子云,则通过国民党"民选"担任徐汇区副区长,这为艾寒松所在的上海地下文委活动提供了一层保护伞。④

纵观上海革命演变史,可以看出上海革命文化的发展与中国共产党的领导密不可分。从1932年"一·二八"事变到上海解放,中共在上海的艰苦斗争中,大部分工作都在隐蔽状态下开展,并设立了诸如中共上海地下党文委等特殊的领导机构。上海革命文化的斗争拥有广大民众的参与,艾寒松、关露、查阜西、柳湜来到赵巷后,在他们的带领下当地青年徐鸿、赵金秀等人投奔革命道路。同时,革命文化团体对宣传救亡运动发挥重要作用。20世纪30年代,中共领导的"左翼作家联盟"成立,推动着上海左翼革命文化运动的蓬勃发展。一·二八事变后,上海教育界抗日救国联合会、上海各大学教授抗日救国会等组织相继成立,⑤并在抗日宣传中发挥着不可替代的作用。其中,报刊是抗日文化的重要载体,上海先后创办了100多种抗日救亡报刊,使上海成为全国抗日救亡的宣传中心。⑥解放战争期间,革命文化界直接或间接掌握着部分报刊舆论阵地和文化团体,他们利用报道、评论、杂文等形式,与敌对势力作斗争,

---

① 刘红:《近代上海革命文化发展的历史追溯》,林克主编《上海研究论丛(第十六辑)》,上海社会科学院出版社2005年版,第184页。
② 《毛泽东选集》第2卷,人民出版社1991年版,第697页。
③ 赵景国:《刘大明:战斗在太行山的上海苦孩子》,《上海滩》2019年第8期。
④ 赵景国:《艾寒松:敢于讥讽日本天皇的抗日斗士》,《上海滩》2019年第9期。
⑤ 齐卫平等:《抗战时期的上海文化》,上海人民出版社2001年版,第94—95页。
⑥ 齐卫平等:《抗战时期的上海文化》,上海人民出版社2001年版,第213页。

开展爱国革命思想教育。赵巷 7 号、19 号作为中共建立的秘密联络点,主办杂志为宣传革命抒写了浓重的一笔。

综上所述,1927 年至 1945 年,赵巷吸纳与输出革命,成为徐家汇地区民主革命的重要组成部分。红色革命在赵巷独树一帜,具有非凡的"魅力"。首先,由于上海特殊的政治格局,使位于外国租界与华界交界处的赵巷,为中共开展秘密斗争提供了较为理想的藏身之所。其次,赵巷及周边地区交通发达,为革命信息的收集和传递提供便利。当然,徐家汇近代工商业的兴盛和工人力量的壮大,无疑是吸引中共革命者的阶级基础。来到赵巷的党员知识分子,通过个人关系介绍熟识的亲友参加革命,组织动员当地群众。同时,受江南文化、海派文化的熏陶与催化,偏居一隅的赵巷也形成了半殖民地半封建社会时代所需要的革命文化,在文化宣传和统一战线中扮演了重要角色。

不过,赵巷毕竟是一个地域狭窄的村落,规模与上海其他的红色革命相比虽小,但是它的时间之长、人员之多、足迹之广,在中共领导的上海文化宣传和统战工作中具有一定的影响力。可以说,徐家汇赵巷是上海城市革命史的小型案例,查阜西、关露、柳湜、艾寒松、穆汉祥等共产党员先后在这里深入基层,组织和动员群众,扩大革命力量。赵巷的青年以天下为己任,奔赴革命战场,书写了中国革命历史的壮丽之歌。赵巷的红色文化是中国共产党深入群众、发动群众投身革命的生动实例。

A Study of the Revolutionary Past in Xujiahui Zhaoxiang, Shanghai from the Perspective of Regional Culture

Abstract: Xujiahui Zhaoxiang in Shanghai was once a red hotbed. During the New Democratic Revolution, Chinese Communist intellectuals took root here for a long time, mobilizing the masses and participating in the organizational mobilisation and cultural propaganda work of the revolution, making a considerable impact, but due to its small scale and secrecy, it was forgotten by history for a long time. There are several reasons why Zhaoxiang attracted the Chinese Communist revolutionaries. This article focuses on the analysis from the perspective of regional culture: firstly, the special political form of modern Shanghai, as well as Xujiahui Zhaoxiang's unique geographical environment and convenient transportation system, created the material conditions for conducting revolutionary activities; secondly, the rise of Xujiahui's industry and commerce and the development of workers' power in modern times, together with the organizational mobilisation of foreign party intellectuals, provided the organizational basis for carrying out revolutionary activities in Zhaoxiang; thirdly, Xujiahui, the diverse cultural forms in the area provided the ideological basis for the development of revolutionary activities in Zhao Xiang.

Key words：Zhao Xiang；Geographical setting；Regional culture；Organizational mobilization

作者简介：陈健行，华东政法大学马克思主义学院博士后。

文学·文化·消费：当代青年废话文学的文化演绎与话语析理^①

徐振华

摘　要:"废话文学"是当代青年网络狂欢的语词新宠,也是一种流行语言形式的范畴指称。青年网络流行语从单一语词到语言形式的演变态势,是当代青年日益复杂的文化心理与社会心态见诸于语言形态的文化症候。"废话文学"融语用编码兼及"文学废话"之长,在社交、消费双重文化空间中呈现了丰富的"废话文学"文化景观。"废话文学"是当代青年在网络媒介藉"文学"符号之名,行"文化"演绎之实的话语实践。网络媒介作为青年群体话语表达的重要场域,其自发、盲目与逐利的机制性弊端一定程度上遮蔽了青年个体话语的表达,警惕群体话语狂欢与个体失语现象,理性认知网络媒介在青年文化生态发展中的双刃性则至关重要。

关键词:废话文学　青年文化　亚文化　消费文化　话语

文学是表现人类情感与思想等审美属性的语言艺术,然在当代青年网络文化中,它被赋予了多种形态并承载了更为丰富的文化蕴意。从早前的"凡尔赛文学""疼痛文学""糊弄文学"到近来的"黛玉式发疯文学""摆烂文学""废话文学"等,无不呈现了近乎模因化的文学质素在青年文化符号新变中扮演的重要角色。相较国家语言资源监测与研究中心以及《中国新闻周刊》发布的同期热词如"YYDS""EMO""绝绝子""躺平"等,"××文学"类语词的独特之处在

---

①　本文在修改完善过程中,汲取了匿名评审专家的相关意见,特此谨致谢忱。

于其不仅是一个流行词,还是一种流行语言形式的范畴指称。青年群体的网络文化狂欢,从单一性的流行语词到多元语言形式的演变态势,映射的不仅是网络流行语的简单迭代,更是当代青年日益复杂的文化心理与社会心态见诸于语言形态的文化症候。

　　作为当代青年网络狂欢的语词新宠,"废话文学"以其特殊的语言方式及话语风格,已然成为席卷网络与现实双重空间的现象级语言形态。从交际社群到消费空间,"废话文学"无处不在。因而,穿透"废话文学"的语言表象,深入其滥觞、传播与泛滥的文化肌理,不仅有助于管窥流行语词演变的文化逻辑,洞察其深刻的文化意义与丰富的时代内涵,也有助于理解当代青年群体的情感诉求、文化心理与社会心态,从而为培育"新时代的中国青年"①提供价值观念与理想信念方面的指引。

一、"废话文学"的语用编码及其风格

　　近来,"废话文学"风靡社交媒介与直播平台。"七日不见,如隔一周""这个西红柿有一股番茄味""雪崩的时候,没有一片雪花是不崩的",类似的句式既令人抓狂,又耐人寻味。"废话文学"语录以似曾相识的句式与怪异陌生的内容,充斥着网络空间,吸引了众多青年的逐捧与玩味。同时,"废话文学"话题讨论也在微博、微信、知乎、豆瓣以及 bilibili、抖音、快手等社交媒介与直播平台层见叠出;"废话文学"现象也引起了"央视新闻"、《南方都市报》《光明日报》《中国青年报》等主流媒体的广泛关注,它们或转载"废话文学让人快乐是因为幽默吗",或刊文感慨"为什么大家不好好讲话了",又或以访谈、问卷等形式追踪"废话文学"的演变动向。由此,"废话文学"语词景观及其相关评论共同建构了当代青年新一轮的网络语词狂欢。

　　"废话文学"之所以具有如此强大的感染力与传播力,与其特殊的语用编码即"一套特殊的语汇以及它被传达的方式"②密切相关。在现代汉语中,"废话"之"废",有"不再使用""衰败""没有用的或失去了原来的作用的"等多种释义,而"废话"之义相对明确,指"没有用的话"或"说没有用的话"。由此来看,"废话"具有否定与消极的感情色彩。同样,在日常用语中,人们用

---

① 中华人民共和国国务院新闻办公室:《新时代的中国青年》(2022 年 4 月),人民出版社 2022 年版。
② 迈克尔·布雷克:《青年文化比较:青年文化社会学及美、英和加拿大的青年亚文化》,孟登迎、忞瑞新译,中国青年出版社 2017 年版,第 15 页。

加强语气的"废话!",或冠以否定前缀的"别废话""少说废话"等表达对冗余信息及无效沟通的拒斥。"废话"本身也往往成为冗余、杂乱甚至令人厌恶的符号所指,颇具"俗文化"或大众文化审美意味。因而,与其将"废话"视为"没有用的话",毋宁将其理解为"失去了原来的作用的话"更合乎"废话文学"的文化本义。

从"文学"上讲,"文学"具有文化含义与审美含义之分。前者是包括文学、历史、哲学等一般文化形态在内的广义的语言行为和文本;后者是包括小说、诗歌、散文等具体体裁在内的狭义的表现人类审美属性的语言艺术。"文学"现今通行的审美含义,脱胎于历史维度的文化含义,且处于不断的演变之中。然而,其演变趋势与演变前后的内涵实质,均呈现了以高雅旨趣为价值指归的"雅文化"或精英文化审美特质。

当"废话文学"以一种流行语词命名出现之时,"废话"与"文学"分别以繁俗冗杂与严肃高雅两种不同风格的文化拼贴,制造了语词搭配的杂糅和语用编码的错乱。"关于语言神圣不可侵犯的观念,与社会秩序的理念有着密切的关联。"①语言作为一种符号表意的意指实践,其意义的传递在内容之外也与其形式相关。"在符号中,我们达到了语言的内在现实,通过句子我们与语言之外的事物建立了联系;符号的组成成分是符号内在的所指,而句子的系统含义却隐含着对话语情景和说话者态度的指称。"②"废话"与"文学"的组合蕴含着语言施事者的话语倾向及其态度,通过冲击语言背后的惯常规则与观念规训,在语用功能上实现了对"文学"之高雅审美旨趣与文化认知秩序的戏谑,进而建构了一种颇具挑衅与扰乱意义的网络青年亚文化风格。由此,可以进一步明确"废话文学"的内涵。"废话文学"在本质上并不是审美意义上的文学,而是当代青年运用拼贴、杂糅、误用、复调、反讽等方法,逆反和侵扰文学审美话语的一种后现代青年亚文化。它既呈现了青年亚文化的"盗猎"性质,又彰显了一种颇具个性化、日常性与民间化的"小叙事"特征。

二、渊源之辨:"废话文学"与"文学废话"

"废话文学"是一种流行语,然而真正流行的却不是"废话文学"语词本身,

①　迪克·赫伯迪格:《亚文化:风格的意义》,陆道夫、胡疆锋译,北京大学出版社 2009 年版,第 112 页。
②　参阅束定芳:《隐喻学研究》,上海外语教育出版社 2000 年版,第 237 页。

而是一种"废话"式的语言形式。当前,大众文化评论多将"废话文学"的形式之源追溯至中国现代文学史上的鲁迅。其实,这种评论存在着严重的认知误区,其不但遮蔽了鲁迅文学作品中相关语言表达的深意,而且极容易误导青少年曲解鲁迅及其作品,从而加剧鲁迅在当代青少年群体中不甚乐观的接受状况。因而,有必要廓清"废话文学"与鲁迅文学作品之间的本质区别。

当然,倘若悬置文学表达的具体语境,那么"废话"式文学书写在鲁迅文学作品中的确屡见不鲜。最为大众熟知的,当如,"在我的后园,可以看见墙外有两株树,一株是枣树,还有一株也是枣树"。①又如,"于是看小旦唱,看花旦唱,看老生唱,看不知什么角色唱,看……,从九点多到十点,从十点到十一点,从十一点到十一点半,从十一点半到十二点,——然而叫半天竟还没有来"。②另如,"所谓 S 城者,我不说他的真名字,何以不说之故,也不说"。③

由静态语言分析视之,示例中冗余的分句集合的确传递了单项语意,分别是"墙外有两株枣树";"从九点多等到十二点……";"不说 S 城的真名字"。在大众文化视野中,单项的语意与分句的累积等诸如此类的相关语言表达,均被贴上了"文学废话"的标签。

不过,从观照语境的语用学视角可知,上述示例一,实为撷"陌生化"④(又译"反常化")修辞之长,有意突破"一株是枣树,还有一株是×(其他)树"或"有两株枣树"的常规句式与固化思维,旨在于熟悉的句式中营造"陌生化"的新鲜感;示例二则借迂缓的时间转移与拖沓的语义重复,有意增加感知语言的难度,延长感受语言的时间,进而传达常规句式难以承载的时间绵延与苦等的寂寥之感;而示例三中的俏皮"废话"可谓作品的点睛之笔,在沉郁的书写底色中增添了文章的活泼与生气。由此来看,鲁迅文学作品中"废话"式的语言表达,其实蕴含着特殊的意义。

此外,鲁迅一向反对在文学作品中掺杂无意义的"废话"式表达,其在文学语言运用上具有高度的理念自觉。比如,他在总结创作经验时曾指出,"写完后至少看两遍,竭力将可有可无的字、句、段删去,毫不可惜"。⑤因而,无论是

---

① 鲁迅:《秋夜》,《鲁迅全集》(第二卷),人民文学出版社 2005 年版,第 166 页。

② 鲁迅:《社戏》,《鲁迅全集》(第一卷),人民文学出版社 2005 年版,第 588 页。

③ 鲁迅:《论照相之类》,《鲁迅全集》(第一卷),人民文学出版社 2005 年版,第 190 页。

④ 维克托·什克洛夫斯基:《作为手法的艺术》,方珊等译,《俄国形式主义文论选》,生活·读书·新知三联书店 1989 年版,第 6 页。

⑤ 鲁迅:《答北斗杂志社问》,《鲁迅全集》(第四卷),人民文学出版社 2005 年版,第 373 页。

从结合作品语境的语用学视角来说,还是从鲁迅对于"废话"式文学表达的态度来讲,鲁迅文学作品中的"废话"式语言表达,并非真正意义上的"文学废话",而是作者藉"废话"式书写,表达特殊意味的一种语言方式。所以,鲁迅文学作品与"废话文学"网络狂欢并没有本质的渊源关系。

然而,不可忽视的是,"废话文学"在传播过程中,又的确与文学作品中的"废话"式表达及其背后的经典文学话语存在着某种联系。"废话文学"及其表达之所以具有强大的穿透性、感染力与传播力,是因为其采用了"文学废话"中的"陌生化"语言表达策略。譬如,"听君一席话,如听一席话""台上一分钟,台下六十秒"等直接套用常规俗语"听君一席话,胜读十年书""台上一分钟,台下十年功"的前半句,而后半句虽化用原俗语的形式,却复述前半句的内容。由此在熟悉的句式之中,营造了新奇的语言体验,从而达到了既出乎意料,又出于情理之中的表达效果。同时,"废话文学"的"陌生化"表达在活跃交流气氛的同时,也较常规句式承载了更为深刻与丰富的文化意义。

"废话文学"是一种青年亚文化,也是一种流行的语言形式,因而其在本质上是一种传递意义的表征符号。"符号代表或表征我们的各种概念、观念和感情,以使别人用与我们表现它们时大致相同的路数来'读出'、译解或阐释其意义。"①当代青年掀起的"废话文学"旨在通过对文学书写、谚语俗语等定型语言的戏仿,解构固定句式背后的语言形式及审美方式,进而以无序化、无意义化的语言规则,建构自我群体的语言规则与话语秩序。在此过程中,其实也蕴含着对于文学作品中"废话"式表达及其经典文学话语秩序的侵扰与戏仿。因而,"废话文学"是当代青年群体藉"文学"符号之名,行"文化"演绎之实的话语实践方式。

三、从社交圈到消费圈:"废话文学"的文化景观

当代青年"废话文学"的话语实践在网络与现实双重空间中展现了丰富的文化景观。"废话"语录、"废话"表情包与"废话"短视频/vlog 等构成了"废话文学"叙事的主要形态。"废话文学"叙事吸纳了"梗文化"的表达策略,即以单位变换、同义替换或语义重复造"梗",用"废话"表达"废话"之外的深层意义。

① 斯图尔特·霍尔编:《表征:文化表征与意指实践》,徐亮、陆兴华译,商务印书馆 2013 年版,导言第 7 页。

这种深层的"言外之意"之于当代青年而言,不仅成为其情绪宣泄的语言方式,也成为其利益诉求的生活方式。同时,"废话文学"也从一种语言现象,继而衍化为一种"泛文化"症候。

(一) 社交圈与"废话文学"文化实践

"废话文学"风靡的关键在于其巧妙地运用传播心理学上的"认知失谐"理论,营造了为当代青年所喜闻乐见的黑色幽默语言特质。"失谐"即由语言施事者提前创设受事者预想的语言条件,而后给予此条件之下预判之外的语言结果,由此扰乱受事者的心理节奏,进而产生不安、诙谐等"非常态"的表达效果。[①]"废话文学"的施事者精准捕捉了受事者的心理预期,有意制造心理落差,增进了交流的趣味。"废话文学"的语言形式彰显着另类、时尚、前沿、叛逆等多种文化意蕴,契合了当代青年标新立异、娱乐至上的审美趣味与社交需求,也成为了其在社交圈进行"废话文学"文化实践的内在动因。

数字技术的迅速发展悄然改变了当代青年的生活方式,在丰富青年群体娱乐生活的同时,也为其提供了便捷高效的视讯媒介。据中国互联网络信息中心发布的《第51次中国互联网络发展状况统计报告》(2023年3月)显示,截至2022年12月,我国即时通信用户规模高达10.38亿,占网民整体的97.2%。[②]得益于如此之高的即时通信渗透率,"废话文学"语录、表情包在微信、QQ、微博、知乎、贴吧等网络社交平台广泛传播。曾火爆全网的"熊猫头""蘑菇头"表情包辅以"说得挺好的,下次别说了""上次这么无语的时候,还是在上次"等"废话文学"语录,往往成为网络青年意欲否定对方,而又不失委婉的图文叙事。穿插于日常交际中的"废话文学","你为什么嫌我懒呀,我明明什么都没有做""如果我没做错的话,那我一定是对了"既缩短了彼此间的距离感,又表达了自己的情感诉求,同时也活跃了交流的氛围,颇显自己与众不同。

网络自媒体平台的"废话文学"力量同样不可小觑。bilibili、抖音、快手与小红书等平台的许多自媒体博主,视影视剧为"废话文学"的发源地,不断从经典剧作如《西游记续集》《仙剑奇侠传》《甄嬛传》中截取"废话字幕"。"这城门

---

① 雷丁:《意识宇宙:心灵现象中的科学真相》,何宏译,科学技术文献出版社2014年版,第184—186页。

② 中国互联网络信息中心(CNNIC):《第51次中国互联网络发展状况统计报告》(2023年3月),第36页。(https://www.cnnic.net.cn/NMediaFile/2023/0322/MAIN16794576367190GBA2HA1KQ.pdf)

上写的是比丘国,怎么改成小儿城了呢? ——原本啊,这是比丘国,这如今啊,改名小儿城了";"其实你不讨人厌的时候,好像还挺招人喜欢的";"小主你什么都不吃,好歹也吃点什么吧"。诸如此类的台词虽非严格意义上的"废话文学",但博主们仍然将其整编入"废话文学"行列之中。网络自媒体平台不仅涌现了"废话文学大赏""废话文学怼人",甚至还出现了"废话文学教学"等大量短视频/vlog。青年"粉丝"们在享受"废话文学"视频盛宴的同时,也往往通过弹幕、评论与博主进行"废话文学"互动。"废话文学"互动拓展了网络平台的娱乐功能,"看了这个视频,就跟看了个视频一样""当我看完这个视频的时候,我发现我已经看完了这个视频",颇有些无聊,又有些风趣。在此过程中,"废话文学"的消遣功能已不再局限于音视频载体,也呈现于"废话文学"互动本身。

"废话文学"互动不仅表现在网络自媒体等媒介平台,也体现在为青年群体所热爱的重要休闲方式——网络游戏之中。截至 2022 年底,我国网络游戏用户高达 5.22 亿,占网民整体的 48.9%。[1]2021 年末"英雄联盟全球总决赛",中国赛区 EDG 激战韩国 DK 的赛事备受瞩目,仅微博官方直播平台的播放量就已达到 8 000 万人次。中国 EDG 战队夺冠的消息不胫而走,并迅速霸榜一众新闻平台,吸引了包括"央视新闻"、《人民日报》等在内的多家主流媒体的竞相关注和报道。网络游戏不只是一种娱乐方式,也是当代青年沟通交友的重要平台。在网络游戏中,游戏玩家以"你玩游戏不菜的话,还挺厉害的""敌人在哪你大概知道了,在敌人那里"等"废话文学"调侃队友,点到之余也不啻为一种黑色幽默。"人们参与流行,与其说是成为某个流行物的拥趸或是仿效某个流行行为;不如说是在此过程中,通过支持和体验这种'附加值'来声明和满足自己的心理诉求。"[2]"废话文学"不仅满足了青年群体网络社交的心理需求,传递了语言施事者的沟通意旨,而且其幽默的表达风格也更易为受事者接受。综上可见,青年群体从视讯媒介平台的"废话文学"语录、表情包到直播、游戏娱乐平台的短视频/vlog,建构了"废话文学"文化实践的社交圈叙

---

[1] 中国互联网络信息中心(CNNIC):《第 51 次中国互联网络发展状况统计报告》(2023 年 3 月),第 52 页。(https://www.cnnic.net.cn/NMediaFile/2023/0322/MAIN16794576367190GBA2HA1KQ.pdf)

[2] 李明洁:《作为流行文化的流行语:概念与特质》,《武汉大学学报(人文科学版)》2013 年第 1 期,第 114 页。

事脉络。

(二) 消费圈与"废话文学"泛文化症候

人工智能、物联网与大数据等新一代信息技术迅速发展,移动网络终端保有量稳步增长,技术赋能生活的优势愈加明显。网络购物、外卖、旅程预订、在线医疗与网络教育等消费平台,在很大程度上方便了当代青年的日常生活。然而,网络消费平台因涉及范围广、准入门槛低和监管难度大,在消费体验方面也暴露出如发货迟滞、质量参差不齐等多种维权难题。当消费者试图与客服协商时,常常被以套话、废话敷衍塞责,部分青年遂抛出大量"废话文学"予以回击,"除了内容之外,你说的都对""你也是明白人,你明白我明白的意思",以无效沟通抵制无效沟通。网络涌现的"废话文学"催发货、催售后等维权"教程",与其说是"废话文学"的流行形式,毋宁说是"废话文学"衍变的泛文化症候。在此过程中,"废话文学"已不只是简单的文化实践,还是青年群体诉诸流行语词以维护合法消费权益的重要手段。

"废话文学"的"泛文化"形态也广泛存在于网络消费平台的评价体系之中。评价体系是维护消费者合法权益与经营商正当利益的重要纽带,评价的数量、质量等因素与推广增益密切相关。然而,近年来部分商家利用评价规则漏洞,诱导评价的乱象频繁发生。个体商家在出售商品或相关服务时,常常私自夹带"好评返现或补发赠品""折扣券""良心语录"等卡片诱导消费者"好评",更有甚者则"明码标价",要求"50 字以上,晒图 3 张,全五星好评,私聊客服奖励 5 元"。消费者为了获得相关利益,难免罔顾实际消费体验,予以好评。他们或上传"废话"式"好评专用图",或复制粘贴"废话"式文字评价,如"宝贝已收到,宝贝已收到,宝贝已……",直至达到评价的字数要求。大量重复而无效的"废话"式消费评价充斥着网络消费平台,不仅侵占了大量网络资源与网络空间,还加大了后来者在网络消费中甄别无效信息的时间成本,影响了其消费体验。

除个体商家外,即使是在相关平台的自营商铺,"废话"式评价乱象也较为突出。不同的是,自营平台的评价机制往往与积分、虚拟币等非直接利益挂钩。消费者通过完成相应的评价,能够获得一定的积分或虚拟币,进而提升会员等级或在之后的消费中享受折扣或赠品等相关福利。诸如此类的捆绑评价体系,使得网络消费平台上"废话"式图文评价泛滥,或遮蔽有效评价信息,或误导正常消费活动,扰乱了正常的网购生态秩序。然而,在此过程中,消费者获得利益与商家获得推广增益,几近形成了"互利共赢"的利益输送链条。尽管不少平台已通过技术手段屏蔽了评价对话框中的"复制"与"粘贴"选项,但评价与利益直接挂钩的机制弊端,使之很难从根源上杜绝"废话"式评价的发生。更为重要的是,"废话文学"在消费圈形成的以"废话"式评价为主体的泛文化症候,并非单纯的消费生态乱象,其也构成了一种无序而紊乱的消费文化,从而对青年价值观的建构产生不利影响。"消费文化对青年价值观的影响,绝不是孤立的东西。它是中国社会持续的社会转型的产物,是代际、代内的生命历程中持续经历社会转型的产物。"①因而,"如果一个民族任凭一些粗劣文本的泛滥,就会逐渐丧失了我们对引导人类精神的审美境界的真正渴求与理解"。②所以,这种现象足应引起消费文化研究者乃至社会相关层面的探索与反思。

综上所论,在网络消费平台,"废话文学"是当代青年维护消费权益的一种"泛文化"症候,而这种症候也广泛存在于评价体系中,并且先行于"废话文学"概念的命名与流行。由此观之,"废话文学"活跃于视讯媒介及娱乐平台的社交圈表现形态,和隐匿于网络消费空间中的"泛文化"症候共同建构了当代青年"废话文学"的文化景观。

四、群体狂欢与个体失语:"废话文学"的话语省思

"废话文学"是部分青年群体社会心态与精神风貌映射于语言的文化表征。当前,我国"经济发展已由高速增长阶段转向高质量发展阶段",社会主要矛盾也已"转化为人民日益增长的美好生活需要和不平衡不充分的发展之间的矛盾"。③在该阶段,经济增速减缓趋稳、社会阶层渐趋稳定、资源分配不均衡与社会竞争加剧等问题较为突出。广大青年群体由于处于人生事业的起步期,经受着来自学业、事业、车房贷款、赡养父母、培育子女等多方面的经济压力。尤其是自席卷全球的"新冠"疫情爆发以来,我国曾在相当长的一段时期内面临着"外防输入,内防反弹"的疫情防控压力。疫情的未知性、紧迫性等非可控因素不可避免地加剧了以"打工人""尾款人"或"社畜"自居的青年群体的

---

① ②　扈海鹏:《消费文化:文化现代性与消费主义》,中国社会科学出版社 2018 年版,第 105 页,第 126 页。

③　习近平:《决胜全面建成小康社会　夺取新时代中国特色社会主义伟大胜利　在中国共产党第十九次全国代表大会上的报告》(2017 年 10 月 18 日),人民出版社 2017 年版。

职业焦虑与经济压力。

在早先常态化疫情防控阶段,"居家办公""保持社交距离""非必要不外出"等抗疫理念逐渐深入人心。当代青年在业余生活中,自觉限制了休闲娱乐的活动范围与出行频率,无形中使得日常的工作生活更为线性与乏味,极易滋生焦虑、烦躁等不良情绪。"疫情什么时候是个头啊,想看看外面的世界""被疫情偷走的这两年""青春才几年,疫情已三年"等诸如此类的话题讨论,频繁成为社交媒介平台的热门话题。"废话文学"契合了青年群体抒发压抑与调节情绪的心理需求,成为青年群体进行心态表达的重要方式。青年群体通过"废话文学""审丑",颠覆了以往正能量"鸡汤文"的"审美"语言策略,缓解了语言"审美"疲劳。"你要开心,这样就不会难过了""既然已经不开心了,那就不要不快乐了",苦趣而无奈的"废话文学"有助于青年群体宣泄苦闷情绪与排解精神压力,是其话语表达的一种语言方式。

在网络媒介场域,"废话文学"是当代青年以特殊的语言方式表达群体性社会文化心理与生活情感体验的话语实践。"互联网提供的文化参与的创造可能性也引发了其他的集体性革新,这些集体性革新通过推进包容性和排他性的观念,也同样提供了一个建构另类的/地下的/亚文化的身份认同的基础。"[1]"废话文学"是当代青年在网络媒介平台,建构身份认同的语言方式与精神纽带,也是其在群体话语表达中获得精神慰藉与情感归属的文化符号。然而,"在社会主义市场经济条件下,网络媒介具有市场的自发性与盲目性,常常在捕捉到市场讯息后轰然而上,甚至不惜歪曲事实而达到吸睛增流的目的"。[2]网络媒介一经捕捉到"废话文学"流行讯息,旋即大肆转载"废话文学"语录、音视频等,试图裹挟青年文化以实现推广逐利的商业目的,从而滋长了"废话文学"在网络文化空间中的拟态环境,遮蔽了"废话文学"文化景观的真实形态。值得警惕的是,部分青年由于社会经验匮乏,理性思考与判断能力不足,或为追随"流行"而参与流行,抑或集体无意识地接受了原本并不热衷但也并不反感的"废话文学",进而使得个体话语在"废话文学"群体话语表达中失声。

---

[1] 安迪·班尼特、吉思·哈恩-哈里斯编:《亚文化之后:对于当代青年文化的批判研究》,中国青年政治学院青年文化译介小组译,孟登迎校,中国青年出版社2012年版,第203页。

[2] 徐振华:《躺平之维:躺平文化的话语表征与省思辩证》,《新疆社会科学》2021年第5期,第145页。

当代青年群体掀起的"废话文学"狂欢,是其情感诉求、精神风貌与社会心态见诸于语言实践的文化表征。在以媒介平台为主体的网络世界中,"每一个人都以真实的身体和灵魂交流对话,没有中心与边缘的区隔"①。因而,他们在很大程度上自由而尽情地表达着自我情感体验与精神诉求。不过,在这样一种看似群体性的"废话文学"狂欢中,个体性诉求及其话语表达也面临着严峻的考验。青年群体在"废话文学"话语实践的集体狂欢中,青年个体话语的失声将影响群体话语实践及其表达的客观性、真实性,也将为群体话语失语埋下隐忧。"话语实践在传统方式和创造性方式两方面都是建构性的:它有助于再造社会本身(社会身份,社会关系,知识体系和信仰体系),它也有助于改变社会"②,同时,它也是相关机构在青年工作方面理性预判与科学决策的重要依据。反顾近年时兴的网络青年文化狂欢,从"佛系""躺平"到"凡尔赛文学""发疯文学",再到"摆烂文学""废话文学",多种网络媒介尤其是自媒体营销号几乎无不染指其中。其裹挟网络文化蓄意骗取流量进行恶意营销的行为极为普遍,不仅扰乱了网络文化应时而生的传播秩序,也遮蔽了青年群体表达中的个体话语,从而影响青年文化生态的健康、稳定与可持续发展,影响青年文化背后相关社会问题的发现与解决。因此,继 2021 年末,国家网信办开展整治互联网账号运营乱象行动之后,深化推动建立清朗媒介长效保障机制,肃清网络文化生态势在必行,这既是深入实施网络强国战略的应有之义,也是培育新时代的中国青年,为"实现中华民族伟大复兴的中国梦"注入强大青春动力的必经之路。

Literature · Culture · Consumption: Cultural Interpretation and Discourse Analysis of Contemporary Youth Nonsense Literature

Abstract: "Nonsense literature" is the new favorite word of contemporary youth online carnival, and it is also a category designation of a popular language form. The evolution trend of youth online buzzwords from single words to language forms is a cultural symptom of the

---

① 王小平:《众神狂欢:后现代美学语境中的大众文化》,中国社会科学出版社 2018 年版,第 280 页。

② 诺曼·费尔克拉夫:《话语与社会变迁》,殷晓蓉译,华夏出版社 2003 年版,第 60 页。

increasingly complex cultural psychology and social mentality of contemporary youth appearing in language forms. "Nonsense literature" combines pragmatic coding and the advantages of "literary nonsense", presenting a rich cultural landscape of "nonsense literature" in the dual cultural space of social and consumption. "Nonsense literature" is a discourse practice in which contemporary youths use the name of "literature" symbols in the online media to carry out the interpretation of "culture". As an important field for the expression of youth group discourse, the network media's spontaneity, blindness, and profit-seeking mechanism have obscured the expression of youth's individual discourse to a certain extent. It is of great importance to be alert to the carnival of group discourse and individual aphasia, and to rationally recognize the double-blade of network media in the development of youth cultural ecology.

Key words: nonsense literature; youth culture; subculture; consumer culture; discourse

作者简介:徐振华,文学博士,聊城大学文学院教师。

政治与法治：走向共同体的社区治理①

宋维志

摘　要：社区是中国城市治理的基本单元，是"基层"的实在场域。源自西方学术话语的"社区"在经历了中国化的过程后，成为中国治理实践中集社会生活共同体与行政区划范围为一体的"治理单元"，这是理解当代中国社区治理的关键所在。中国社区治理既需要通过政治治理凝聚价值共识，也需要通过法律治理规范治理过程。社区治理共同体的建设是政治与法治共同合力方能营建实现的理想图景。在"政党—国家—社会"的复合结构中解读社区治理实践，社区将成为党委领导、政府负责、社会协同、公众参与的治理样板。

关键词：社区　社区治理　共同体　政治治理　法律治理

引　言

社区是社会的缩影，社区治理是社会治理的"最后一公里"。作为当代中国城市最基本的治理单元，社区在中国虽然只有不到 50 年的发展历史，却已经深深融入城市人的生活之中。人们出生在社区中、成长在社区中、生活在社区中，社区已经成为古代"编户齐民"、计划经济时代"单位大院"后最为重要的生活场所。在当代中国，社区规模虽小，却也存在人口密度高、社会层次多样、主体关系复杂的现实状况。社区向上对接着基层政府，向下面对着基层群众；既是社会治理各项工作具体实现的场域，也是群众诉求集中汇聚的平台，更是各类价值理

---

①　本文为江西省哲学社会科学重点研究基地项目"数字社会背景下基层社区治理法治路径研究"（22SKJD02）的阶段性成果。

念表达和汇聚的空间。在基层社会治理中,社区是一个个正在培育或已经形成的治理共同体。提升社区作为共同体的价值凝聚力、把社区建构成具有活力的共同体,是实现治理能力现代化、提高城市治理水平的重要工作。

一、社区治理的基本范畴

"基层"和"社区"是生活中耳熟能详的两个词汇。在政策文件中、在法律法规中、在新闻报纸上、在大街小巷里,随处可见"基层"与"社区"。但倘若问起究竟什么是基层、什么是社区,却似乎又是很模糊的两个概念。社会治理最终落实在基层,厘清什么是基层、什么是社区、为什么研究基层、为什么研究社区等问题,是理解共同体价值、开展社会治理研究的基础。

(一) 什么是"基层"

在《现代汉语词典》中,"基层"是指"各种组织中最低的一层,它与群众的联系最直接"。基层并不会单独存在,有基层就意味着有中层、高层,就意味着组织遵循一定的规则实施运作。显然,当把基层理解为组织最底层的时候,这一理解过程内在地包含了对组织拥有层级结构的认知。层级结构的存在表明,对于组织整体来说,基层对组织的稳定性具有重要影响。

对于行政管理体系而言,基层是科层结构的基本单元。现代管理体制要求行政机关构建科层化的组织结构。层级清晰、规则统一、责任明确的行政科层结构是法治国家的基本组织形式。在科层制语境下,基层意味着最低层级的行政机关。在中国城市管理中,街道办事处是法定的最低层级的行政机构,基层即是指在街道范围内的行政管理。对于权力分配状态而言,基层是权力行使的实际主体。权力不会自动运行,需要相应的主体承载。在法治规则下,不同层级的行政机关拥有不同程度的权力行使权限、行使不同的权力。依照法律法规,地方政府在街道范围派出街道办事处行使行政权力,对于街道办事处的工作,居民委员会发挥协助作用。因此,基层即是指能够行使行政权力的最基础的组织单位,包括街道办事处和居民委员会。对于权力运行过程而言,基层是权力实施的微观场域。权力运行的本质是维护社会秩序,权力的实施需要落实在具体事务上。行政命令层级下发,社会秩序能否实现取决于权力能否在具体事务中发挥作用。执法人员、授权委托人是权力的实际行使主体,权力的实施体现在具体的执法活动中。基层即是指执法活动的具体场景。

从权力的角度可以观察到基层对于权力运行的意义,但对基层的理解不能仅局限于权力的运行。对于权利而言,基层同样重要。对于权利的发展而言,基层是权利产生的土壤。社会生活的多样化表现为公民权利的丰富性,基层是社会事务发生的现实空间,是权利产生的素材来源。在基层,有交易的权利,有服务与被服务的权利,也有要求自我治理的权利。对于权利的行使而言,基层是权利交会的路口。权利的意义之一在于使人有所获得,正是在基层人与人的交往中,权利找到从概念变为现实的落脚点。对于权利的诉求而言,基层是权利与权力直接接触的空间。权力设置的根本目的是为了保障权利,权力与权利的接触是维护权利运行秩序的基本要求。基层是公民与权力机关、执法者发生实际联系的社会事务。

"郡县治,天下安。"基层对于国家而言,是实现稳定运行的基石。在基层,国家能力实现具体运作。当代中国社会,政治治理与法治治理共同构成社会发展的动力源。政治团结的实现需要政党在人民群众中建立广泛的基层党组织联系群众,政党意志的贯彻需要党员在具体工作中推动意识形态的落实;行政机关依法处理人民群众日常生活中"鸡毛蒜皮"的各类事务,公民、各类社会组织、团体在法律规范的指引下行使权利、表达诉求、维护权益。国家能力正是在各类主体依照法律展开行动、生活政治与实质政治的共同兴起中得到展现。[1]基层是国家能力进行运作、获得实现的实际空间,是国家对社会进行治理的核心场域。[2]党的十九大、二十大报告提出,要"推动社会治理重心向基层下移,发挥社会组织作用,实现政府治理和社会调节、居民自治良性互动","健全共建共治共享的社会治理制度,提升社会治理效能"。基层作为具有基础性、直接性、可操作性的治理层级,成为实现国家治理体系和治理能力现代化的重要环节。

(二) 什么是"社区"

"社区"并不是中国本土的学术概念。学界的基本共识是,社区的理念发端于德国社会学家斐迪南·滕尼斯(Ferdinand Tönnies)1887 年的著作《共同体与社会》(*Gemeinschaft und Gesellschaft*)。[3]滕尼斯并没有对共同

① Bennett, Lance W, "The Un-civic Culture: Communication, Identity and the Rise of Lifestyle of Politics", *Political Science & Politics*, 1998, 31(4).
② 参见侯利文:《城市社区治理中整合性服务模式建构研究——以上海新一轮基层治理改革为例》,华东理工大学出版社 2020 年版,第 10 页。
③ 参见[德]滕尼斯:《共同体与社会:纯粹社会学的基本概念》,林荣远译,商务印书馆 1999 年版;[德]斐迪南·滕尼斯:《共同体与社会》,张巍卓译,商务印书馆 2019 年版。

体(Gemeinschaft)作出明确定义,只是在共同体(Gemeinschaft)与社会(Gesell-schaft)的比较中指出,"共同体是持久的和真正的共同生活,社会只不过是一种暂时的和表面的共同生活。因此,共同体本身应该被理解为一种生机勃勃的有机体,而社会应该被理解为一种机械的聚合和人工制品"。[1]作为滕尼斯作品《共同体与社会》(*Gemeinschaft und Gesellschaft*)的英文译者,卢米斯(Charles P. Loomis)于1940年在美国出版的最初译本中并没有找到共同体(Gemeinschaft)和社会(Gesellschaft)在英语世界的对应学术概念,因此回避了这两个概念的直接翻译,只译为《社会学的基本概念》(*Fundamental Concepts of Sociology*);[2]1955年,在英国出版的译本将标题译为《社区与社团》(*Community and Association*);[3]1957年,在美国重版的译本中,标题最终确定为《社区与社会》(*Community and Society*)。[4]自此,社区(community)和社会(society)成为滕尼斯语境中共同体(Gemeinschaft)和社会(Gesellschaft)在英文世界的通用译法,社区(community)开始成为共同体(Gemeinschaft)的对应概念。在滕尼斯的理念中,血缘共同体发展为地缘共同体,地缘共同体又发展为精神共同体,三类共同体之间是密切联系的,"三类共同体核心主题分别是亲属、邻里和友谊"。[5]换言之,共同体的核心所在,就是人们彼此间形成的情感纽带,这既包括共同的文化意识,也包括亲密无间的关系。[6]

中文中"社区"的概念并不来自滕尼斯的共同体(Gemeinschaft),而是作为英文中社区(community)的对译出现的。作为中国社区研究的开创者之一,费孝通回忆道:"最初community这个字介绍到中国来的时候,那时的翻译是用'地方社会',而不是'社区'。当我们翻译帕克(Park)的community和society两个不同的概念时,面对'co'不是'so'成了句自相矛盾的不适之语。因此,我

① ［德］斐迪南·滕尼斯:《共同体与社会:纯粹社会学的基本概念》,林荣远译,商务印书馆1999年版,第53—54页。
② Ferdinand Tönnies, *Fundamental Concepts of Sociology*, translated by Charles P. Loomis, New York: American Book Company, 1940.
③ Ferdinand Tönnies, *Community and Association*, translated by Charles P. Loomis, London: Routledge & Paul, 1955.
④ Ferdinand Tönnies, *Community and Society*, translated by Charles P. Loomis, East Lansing: Michigan State University Press, 1957.
⑤ 参见［德］斐迪南·滕尼斯:《共同体与社会:纯粹社会学的基本概念》,林荣远译,商务印书馆1999年版,第66页。
⑥ 参见姜振华、胡鸿保:《社区概念发展的历程》,《中国青年政治学院学报》2002年第4期。

们开始感到'地方社会'一词的不恰当。那时,我还在燕京大学读书,大家谈到如何找一个贴切的翻法,偶然间,我就想到了'社区'这么两个字样。后来大家采用了,慢慢流行。这是'社区'一词之来由。"①虽然中文中社区由英文的社区(community)译得,但最初的基本理念仍与共同体理念相同。吴文藻在描述社会与社区的区别中指出:"社会是描述集合生活的抽象概念,是一切复杂的社会关系全部体系之总称。而社区乃是一地人民实际生活的具体表词,它有物质的基础,是可以观察得到的。"②构成社区的核心在于文化,文化是某一社区内的居民所形成的生活方式,这与滕尼斯所谓的表现为意向、习惯和回忆的"本质意志"是相通的。③

但社区成为社会治理实践与学术上对社区概念的引入几乎毫无关联。新中国成立后,基层社会通过单位和街道办事处进行组织。直到1986年,民政部为推进城市社会福利工作改革,争取社会力量参与兴办社会福利事业,就将后者称之为"社区服务",以区别于民政部门代表国家办的社会福利。④自此,社区正式出现在社会生活中。20世纪90年代,市场经济体制改革带来大量单位职工下岗待业,如何组织待业人员成为开展社会管理、维护社会稳定亟待解决的问题。1991年,原民政部部长崔乃夫在听取《基层政权建设司关于城市基层组织建设工作情况和今后工作设想的汇报》时指出,"你们搞基层政权和基层组织建设可以抓总,抓社区建设、调动各方面的积极性,共同搞好社区建设"。⑤随着民政部在全国试点、推广"社区建设",社区成为一个行政管理意义上的概念。下岗职工的人事关系被归属于社区,社区作为承接原属于单位管理事项的主体,成为政府管理层级的一部分。⑥

2000年,在《民政部关于在全国推进城市社区建设的意见》中对"社区"做了明确解释:"社区是指聚居在一定地域范围内的人们所组成的社会生活共同体。城市社区的范围,一般是指经过社区体制改革后作了规模调整的居民委员会辖区。"这一定义清晰地凸显了,对于社区而言,首先要明确其所指的地理范围;或言之,在社会生活中,社区首先是一个行政区划上的概念。"由于政府

① 费孝通:《费孝通全集》(第六卷),内蒙古人民出版社2009年版,第296页。
② 吴文藻:《吴文藻人类学社会学研究文集》,民族出版社1990年版,第144页。
③ 参见周庆智:《中国基层社会自治》,中国社会科学出版社2017年版。
④ 高俊良:《关于北京市社区建设的思考》,《北京观察》2007年第9期。
⑤ 唐忠新:《中国城市社区建设概论》,天津人民出版社2000年版,第64—65页。
⑥ 参见费孝通:《当前城市社区建设的一些思考》,《群言》2000年第8期。

在社区建设中的主导作用,使中国的社区建设被赋予了明显的行政化特征,并在很大程度上被纳入地方政府的纵向行政管理体系,尤其在基层行政区和社区层面,两者表现出较为明显的共性特征。"①在行政区划意义上,社区是街道的下位层级,是街道区划内的进一步辖区细分,这也正是社区被称之为"治理单元"的基本含义。

由于社区的形成基于地方政府的行政区域划分行为,作为辖区范围的社区就必然需要对应辖区内某一明确的责任主体。根据民政部的要求,社区的划定并非重新规划,而是与居民委员会的辖区相同。这就意味着社区在形成之时就有了明确的责任主体,即居民委员会。这也可以解释为什么"城市居民委员会"演变为"城市社区居民委员会"。②事实上,对于民众而言,"社区"与"居民委员会"是一定程度重合的,前者对于后者有明显的包容关系。"住在某社区"意思是"住在某个区域范围内","到社区去"是指"去社区居民委员会(办事)","在社区工作"既意味着"在某个区域内工作",也意味着"在社区居民委员会中工作"。

因此,对于什么是社区,可以大致分解为几个层面理解:首先,社区是一个边界明确的地理区域;其次,社区是人们聚集生活的物理空间;再次,社区是居民委员会开展工作的责任范围;最后,社区是一个包含人、物、情感等诸多元素的共同体。正如有学者指出,城市社区本质上是一组或产权结构相同,或空间风貌相近,依托于一定地缘的、有社会边界的复杂社会关系。③

(三) 社区治理中的"共同体价值"

在明确社区的基本概念后,"社区治理"的概念就自然清晰了。社区治理内含于社会治理之中,从治理域的角度理解,其是社会治理中在规模上最为基础的一环。所谓社区治理,是指在社区空间范围内进行的社会治理。有学者将其称之为一种"空间治理"。④参与社区治理的主体包括代表国家的街道办事处与居民委员会、代表市场的物业公司和代表市民社会的业主委员会。有

---

① 刘君德等:《中国大城市基层行政社区组织重构》,东南大学出版社 2013 年版,第 37 页。

② 2021 年 8 月 24 日,民政部发布《民政部关于〈中华人民共和国城市社区居民委员会组织法(修订草案求意见稿)〉公开征求意见的通知》,明确将"居民委员会"调整为"社区居民委员会"。

③ 郭于华、沈原、陈鹏主编:《居住的政治:当代都市的业主维权和社区建设》,广西师范大学出版社 2014 年版,第 5 页。

④ 参见熊竞:《基层政区改革视角下的社区治理优化路径研究:以上海为例》,经济管理出版社 2020 年版,第 26 页。

学者将这三类主体称之为社区治理中的"三驾马车"。①社区治理既包括三者之间的互动治理,也包括各主体在各自系统内的自我治理。

区别于社会治理中的其他治理,基于"社区"理念的丰富性,社区治理自身存在更大的理论张力。通过前文对社区概念的梳理可以发现,中国语境下的社区一直存在着理论与实践两种截然不同的理解。作为一个学术概念,社区强调的是共同体的营造;但在行政过程中,社区首先是一个行政区划概念。因此,学者讨论的社区治理关注点在于如何通过建设市民社会建立社区成员间的情感联系、达成共识,从而在基层形成治理的共同体。但政府对社区治理的侧重在于实现社区辖区内的社会治理效能提升,其主要思路是改社区管理为社区治理,通过拓展社区事务参与主体以提高治理效率。诚然,二者的目标有相当部分能够重合,社区共同体的形成显然能够自然地形成社区范围内的社会治安稳定、民众安居乐业,但在根本上这是两条完全不同的实践进路。

当然,必须认识到的是,中国语境中的社区本身就是一个被"误用"的概念。②在社区已通用为辖区概念的情况下,再强调在社区治理中推翻区划概念的设定前提以单纯追求营造共同体,显然是不现实的。事实上,即使是在滕尼斯那里,社区也只是理想社会。③对于开展社区治理而言,以国家力量主导社会治理的思路推进社区治理亦非不可。正如丁元竹所指出,"国家把社区作为社会问题的社区解决方案纳入社会政策,不理解这点就不能理解现代社区的发展,也不会跳出滕尼斯的社区愿景"。④同时应当看到的是,在民政部对社区的定义中,社区最终的落脚点仍然是"社会生活共同体"。因此,无论社区治理存在多大的理论张力,准确理解社区治理都应侧重于将其纳入社会治理的总体框架内。

在实现"社会生活共同体"的目标下,"共同体价值"成为建构社区治理共同体的关键因素之一。"共同体价值"包含两重含义:其一,作为治理活动的目

① 参见李友梅:《基层社区组织的实际生活方式——对上海康健社区实地调查的初步认识》,《社会学研究》2002 年第 4 期。
② 李文茂、雷刚:《社区概念与社区中的认同建构》,《城市发展研究》2013 年第 9 期。
③ 参见刘继同:《现代社区客观界定与主观建构的中国版社会政策涵义》,《福建论坛·人文社会科学版》2019 年第 1 期。
④ 丁元竹:《理解社区》,《中国农业大学学报(社会科学版)》2008 年第 4 期。

标之一,形成共同体价值是开展社区治理的重要内容。社区治理的本质是人、社会、国家之间的彼此交互,在社区范围内达成政党、国家、社会的价值共识,将社会的整体价值理念映射在社区中,实现社区作为共同体的价值整合,是有机融合"理想中的社区"与"作为行政区划的社区"的有益路径。对于现代城市社区而言,凝聚价值共识是营建共同体的必要环节。其二,从理解社区共同体的角度,共同体价值是社会治理共同体实现整合的基础。现代社会既需要技术支持,更需要通过价值进行整合。①毫无疑问,"理想中的社区"与"作为行政区划的社区"之间存在着张力,这种张力不仅是理论与实践之间的发展实际,也是西方研究与中国国情之间的部分脱节。简单地将滕尼斯的社区理念套用在中国社区治理实际上,显然完全无法解释中国社区。因此,理解共同体不能仅停留在单个社区层面,而应当将基层社会作为整体来观察。亦即,"社会生活共同体"不仅指社区内形成关系亲密的"熟人社会",更是指基层社会成为具有活力和聚合力的社会治理层级。正是在这一意义上,"共同体价值"成为理解基层社会治理、社区治理的关键层面。

当前,社区治理已成为社会治理的重要一环。2017 年,中共中央、国务院发布《关于加强和完善城乡社区治理的意见》,这是新中国成立以来首个以中共中央、国务院名义对社区治理工作专门部署的政策文件。其中明确提出,"城乡社区治理事关党和国家大政方针贯彻落实,事关居民群众切身利益,事关城乡基层和谐稳定"。社区治理的目标也确定为"实现党领导下的政府治理和社会调节、居民自治良性互动,全面提升城乡社区治理法治化、科学化、精细化水平和组织化程度,促进城乡社区治理体系和治理能力现代化"。对于研究者而言,关注社区治理既能够探索中国基层社会权力与权利的实际互动过程,也能够在理论与实践层面进一步思考如何实现共同体在基层社会的产生。社区作为国家治理单元,即通过治理走向"社会生活共同体",这个治理过程的实质就是社区利益相关者"参与、互动、合作、服务"的过程,②也是社区治理从"政府中心主义"走向"居民中心主义"的过程。③

---

① 宋维志:《重回价值治理:韦伯技术治理理论研究》,《法律和政治科学》2019 年第 1 辑。

② 李雪萍:《社区参与在路上》,中国社会科学出版社 2015 年版,第 35 页。

③ 参见孙莉莉、伍嘉冀:《城市社区治理中的居民自治:实践探索与演进》,上海交通大学出版社 2019 年版,第 96 页。

二、社区治理中的政治与法治

中国社区治理发展史是改革开放史的一个缩影。在从传统向现代的转型过程中,社会面临着发育不全、能力不足、秩序缺失等"先天"缺陷,[①]需要在政党和政府的主导下逐步实现成长。与米格代尔(Joel S. Migdal)所考察的非洲政治发展经验不同,[②]中国的社会治理并不是要重新树立国家权威,而是要在新形势下提升党的领导力、增强国家的行动力,更重要的是在互动过程中增强人民的幸福感。在社区治理层面,就是要建构起"政党—国家—社会"的互动框架,探索出以政党为核心、以政府为主导的共同体建构模式。这一过程一方面是政党和政府通过价值塑造、行动引导对社会经济、生活逐步强化的指挥,另一方面也是社会在政党和政府的培育下逐渐发育并形成自主意识的过程。在中国语境中,社区共同体并不是单纯地自下而上形成的自我行动组织,也不是完全自上而下塑造出的科层样板,而是在政党、政府与社会的互动过程中形成的有秩序、有行动力、有活力的治理单元。这是理解作为治理共同体的中国社区的关键所在。

(一) 居于核心地位的政治治理

政治治理是中国社区治理最为显著的特征。政治治理并不意味着仅通过政治动员活动就能够实现社区治理,或是社区治理的主要工作集中在政治理念建构活动中。而是指在社区治理过程中,以中国共产党基层党组织为主体的政党居于治理活动的核心地位,能够通过党建工作的开展实现基层组织团结,既发挥行政组织对治理活动的主导作用,也领导市场主体、基层群众有序参与社会治理。亦即,政治治理是社区治理的核心驱动力。

强调政党在社区治理中的作用,是西方社区治理理论中鲜有涉及的内容。在西方理论框架中,国家与社会的二分是基本的研究路径,政党并不独立地在其中发挥作用。这种对政党作用的忽视在基层社会治理、社区治理中体现得尤为明显——在"国家—社会"二分理论中,政党的作用集中体现在顶层制度设计过程中,体现为政策制定时党派间的政治博弈;而在社会治理的末梢,政

---

① 参见袁方成:《国家治理与社会成长——中国城市社区治理 40 年》,上海交通大学出版社 2018 年版。

② 参见[美]乔尔·S.米格代尔:《强社会与弱国家:第三世界的国家社会关系及国家能力》,张长东等译,江苏人民出版社 2012 年版,第 102—147 页。

党组织没有必要、也没有能力发挥作用。

但在中国社区治理中，忽视中国共产党基层党组织的政治治理作用，就无法有效解释社区治理实践。对于中国社区治理而言，基层党组织开展政治治理既具有必然性，也具有应然性。一方面，新中国成立后建立的单位制为社会提供了一种团结形式，但单位制的解体使得基层社会失去制度化的组织连结。无论是物业公司与业主之间围绕各自利益而相互对抗，还是业主自治过程中搭便车、不团结的现象屡屡出现，其重要原因之一就是在基层社会缺乏必要的组织团结，原子化的个体各自为政。这种合作机制的缺失带来的不仅是治理能力的不足，更是治理秩序的混乱。因此，在社区治理中通过基层党组织的政治治理实现社会团结，就具有现实的必要性。另一方面，中国共产党作为马克思主义政党，通过严密的组织体系把政党组织延伸至社会治理的每一个角落，是马克思主义政党的组织特色。党在革命战争年代总结出的"支部建在连上"的党建经验应用在国家建设、社会治理过程中，就是要实现基层党组织对社会治理领域的全面覆盖，使得党员、党组织活动在社会治理全过程中。党员、基层党组织不仅是先进性的代表，也是践行"为人民服务"的根本宗旨的实际行动主体。因此，在社区治理中通过党员、基层党组织开展政治治理，也是中国共产党作为社会主义事业领导核心的应然体现。

社区治理中的政治治理具体体现在基层党组织开展的党建工作中。党的基层组织是实现党与国家、社会连结的最直接载体，是政治治理活动的实际承担者。对于中国共产党而言，党的组织建设活动对内是政党自身发展的需要，是完善政党组织体系、提高行动能力的必然要求；对外是党实现融入社会治理、连结国家与社会的有效路径。政治治理并不是机械的意识形态宣教，而是体现在党建工作的方方面面。党组织正是通过在各主体、各领域、各环节中普遍开展党建工作，从而实现党在社会治理中的核心领导地位。

社区政治治理体现为基层党组织整合价值观念。现代社会是价值多元的，但在一定程度上也是价值无序的。基于不同的价值观念对于各类事物的认知，使得在社区中存在不同的价值群体、利益群体。基于自身利益的考量对于各自价值观念的表达，往往使得社区中的各类主体陷入相互的不合作状态中，或者出现搭便车现象，或者出现公共的悲剧。政治治理的首要任务就是实现社区中价值观念的整合。这种整合并不是强行统一不同主体的价值观念，而是通过示范和倡导的形式做出价值表率。例如，在疫情防控工作中，号召党员带头做好防疫工作、主动冲锋在抗疫一线,在社区工作中成为典型;再如,在小区物业工作中,鼓励物业公司开展红色物业建设,积极拓展物业服务领域、扩大便民服务范围,尽量减少业主与物业间的价值冲突、增进二者的价值共识。①

社区政治治理体现为基层党组织搭建沟通平台。社区治理出现不畅或是矛盾,往往是由于各主体间沟通不畅。基层党组织搭建起各方沟通的平台,能够有效避免微小矛盾的发酵升级。最为典型的例证是红色物业建设过程中小区党支部的建设。在小区设立由居民委员会、物业公司、业主三方作为成员的党支部,实现了矛盾纠纷预处理和内部化解机制的建立。对于社区治理而言,党组织成为国家与社会之间的缓和地带、领导力量。前者意味着行政主体与市场、民众间出现沟通不畅时,能够通过党组织实现对抗缓解;后者意味着党组织能够协调国家与社会,使三者能够磨合出高效的治理路径。

社区政治治理体现为基层党组织提供服务样板。基层党组织的建设方向是打造服务型党组织,这种"服务"一方面是指党员、党组织通过实际行动"为人民服务",另一方面是指党组织通过提供社区服务示范,带动群众自主开展社区服务。对于前者,典型的体现是社区党群服务中心的建设,通过调度行政资源、财政资金,实现基层党组织在具体工作中服务群众。后者表现在基层党组织组织党员建立志愿者服务队等群众志愿组织,通过示范如何实现组织、组建什么样的组织,实现对社会组织能力不足、组织松散的补充,进而在党建引领社会组织建设的过程中培育社会组织发展。

(二) 实现制度保障的法律治理

社区中的法律治理是依法治国在社区层级的当然体现。法律治理既包括法律规范的制定完善,也包括法治社区的具体建设实践;既包括通过完善立法实现政党有机融入社区治理的实践环节,也包括监督行政组织依法开展行政行为,还包括通过法律规范激励物业公司在社区治理中发挥更大作用、引导业主培育基于物权而产生的业主权利。亦即,法律治理不仅意味着通过静态的法律文本设定规范,也意味着通过动态的法治实践生成秩序。诚然,在社区治理过程中,"讲法"并不是维护社会稳定的唯一方式。在社会治理的末梢,依托"熟人社会"而生成的社会秩序依然存在,法律只是社会规范中的一种。但毫

① 参见徐立娟:《社区物业管理的本土困境及应对》,《都市文化研究》2021年第1期。

　　无疑问,法律规范是最具有权威、最能够在制度层面优化社区治理的方式。"通过规范的建构与逐步制度化来获得社区治理稳定的依托,体现出社区规则和法律制度会帮助社区发挥其应有的治理功效。"①与具有灵活性的精英治理相比,富有规则性的法治的效用在于保障普通居民的权利和自由,维护社区的公平正义。②

　　当前社区治理中的法律规范主要集中在三个领域。其一,以《城市居民委员会组织法》为核心的规定居民委员会组织结构、行动模式的法律法规;其二,以《民法典》《物业管理条例》为核心的规范物业公司与业主间民事关系的法律法规;其三,以《民法典》《物业管理条例》为核心的规定业主基于建筑物区分所有权而产生的业主自治权利的法律法规。应当说,当前围绕社区治理而制定的法律法规已有一定规模,已经基本勾勒出社区治理的法治框架。但目前社区法律治理体系仍不够完善。如图1所显示,以现有法律法规的制定情况来看:首先,社区党组织应当是社区治理的领导核心,但基层党组织应当如何有机融入社区治理当中、以何种方式参与社区治理、通过哪些行动开展社区治理,无论是在现有法律法规还是在党内法规中都尚不清晰。其次,居民委员会是社区治理中的重要主体,但居民委员会究竟应该如何准确定位,仍是制度设

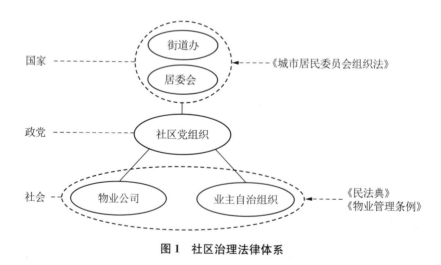

图1　社区治理法律体系

① 参见李广德:《社区治理现代化转型及其路径》,《山东社会科学》2016年第10期。
② 参见袁方成:《国家治理与社会成长——中国城市社区治理40年》,上海交通大学出版社2018年版。

计中需要完善的部分。依照法律法规,居民委员会应当是居民自治组织,但治理实践与法律文本存在较大的脱节,找准居民委员会的定位,是提升社区治理实效必须解决的问题。再次,以业主委员会为代表的业主自治组织的相关法律法规还存在规范漏洞,这不仅体现在业主自治组织自身运作并不流畅上,也突出地表现为在当前社区治理之间中业主自治组织无法有效调整其与街道办事处、居民委员会、物业公司等之间的关系。

在未来的社区治理过程中,应当从"硬法"和"软法"两方面提升社区法律治理效能。"硬法"是指国家制定的法律法规,其中包括:其一,修订完善《城市居民委员会组织法》,明确居民委员会与街道办事处、政府职能部门间的工作关系、工作方式,找准居民委员会在社区治理中的定位,或者推动居民委员会成为行政过程中的法定层级,赋予其相应职权;或者落实居民委员会作为居民自治组织的角色,通过改进选举方式、工作模式等推动其实现制度完善。其二,研究在法律法规中体现基层党组织的核心领导功能。当前,已有部分地方性法规对此做出探索,[1]但基层党组织融入社区治理各主体的方式、组织结构、工作模式等仍较为模糊。其三,完善业主自治组织规范。在当前的法律规范中,业主自治组织的权利渊源是《民法典》物权编中的"业主的建筑物区分所有权"一章。诚然,业主权利应当基于"业主"的身份产生,即将建筑物区分所有权作为权利渊源并没有问题。但如果仅将业主权利视为物权的一种,显然无法解释业主权利中带有政治权利色彩的选举权与被选举权和自治规范制定权利。因此,完善业主自治组织规范,不仅是要完善业主在物权范畴内行使物权所需要的制度保障,更要完善业主自治组织作为社区治理中一个重要的行动主体所需要的主体定位、行动规则、监督制度等。唯有完善业主自治组织的制度规范,才能有效激活业主在社区治理中的活力。

"软法"是指自治规范,既包括社区范围内的居民自治规范,也包括小区范围内的业主自治规范。在广义上理解,法律治理同样包括对自治成员具有约束力的自治规范,因此,完善自治规范亦是提升社区法律治理实效的路径之一。自治规范较之法律规范"更具有灵活性和适应性,更容易得到社区居民的广泛认可"。[2]完善自治规范,并不仅是鼓励和支持群众制定各类自治规范文

---

① 如《重庆市物业管理条例》第二十六条第二款规定,"鼓励和支持业主中符合条件的中国共产党党员、公职人员通过法定程序成为业主委员会成员,依法履行职责"。

② 参见陈光:《社区治理规范中软法的形式及定位》,《广西社会科学》2013年第9期。

本,更重要的是指导居民、业主把自治规范实际应用到社区治理中,使"软法"与"硬法"一样具有实际约束力和规范性。

三、作为治理共同体的中国社区

自滕尼斯提出共同体(Gemeinschaft)的概念至今,社区已经历了百余年的发展。在东西方社会,作为共同体的社区展现出了完全不同的形态。在西方社会,社区意味着民众自我聚集、自我认同的边界。在生活意义上,社区(community)成为近邻(neighborhood)关系的拓展;在政治制度意义上,社区所代表

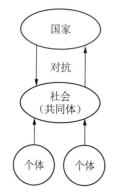

图2 "国家—社会"模式

的共同体是民众自发组织以防范国家权力侵入的制度形态。归根结底,这是一种个人主义的自我保护姿态。(参见图2)而在中国语境中,社区并不是作为对抗组织的共同体,而是社会治理中的一个治理单元。社区的功能与作用,是在治理规模的意义上凸显出来。亦即,中国社区的设立与运行,首先是为了解决国家治理规模过大的问题;将社会分散为若干个微小治理单元,以切实提高社会治理效能,是社区的根本目标。在这一目标的指引下,在社区范围内培育治理共同体,成为提高治理效能的可行路径。不是有了自发的共同体然后有了社区,而是有了社区后再通过多种方式建构共同体。不理解这一逻辑,就无法理解中国的社区治理,也就永远无法跳出西方社区建设模式最终指向国家与社会对抗的理论定式。

因此,对于中国社区而言,如何形成社区并不是关键,核心的问题是如何在社区范围内建构具有活力、能够稳定运行的治理共同体。中国基层社会并不具有较强的组织能力,这种自我治理能力的欠缺在单位制解体后表现得尤为突出。这种现实困难决定了社区治理的实现必须依靠强有力的社会组织者,具有动员和组织能力的中国共产党基层党组织当然地成为了社区治理的领导核心,具有充足治理资源和高效行动能力的政府组织成为了社区治理的主导者。这也就解释了为什么"社区层面的主体关系几乎是政府层面主体关系的翻版,就像是一根垂直的原木在社区做了一个'切面'"①——因为在社会

---

① 吴晓林:《理解中国社区治理:国家、社会与家庭的关联》,中国社会科学出版社2020年版,第295页。

治理的各个层级,"政党—国家—社会"的合作模式被证明是最为有效的,将其延展至社区治理中,既是由于制度具有行动惯性,也是出于治理绩效的考量。

在社区治理中,社区党组织是领导核心、政府基层组织是主要行动者,基层社会在二者的主导下逐渐发育。但这并不意味着党或政府的基层组织包揽一切,"培育社会而不是包办社会"始终是社区治理的核心要义。因此,三者将在行动过程中虽然表现为政党领导、政府主导,但在制度框架上实质上是合作关系。如图3所示,在"政党—国家—社会"的解释框架下,社区治理根源于三者的相互配合,治理并不是政党或国家单向度的行动输出,而是政党、国家与社会间行动资源的相互支持。正是在这一意义上,社区治理中共同体的建构不仅具有提升微小治理单元内治理绩效的作用,更具有政权建设的意义——这一意义不仅表现为自上而下的政权巩固,也表现为自下而上的政权支持。

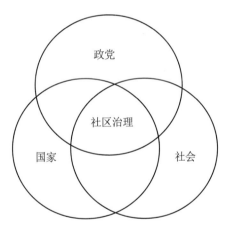

图3 "政党—国家—社会"模式

社区治理的目标是建构生成共同体。"共同体"的理念至少可以在两个层次上展开:其一,共同体意味着多元主体的共同治理,其中主要包括基层党组织、居民委员会、物业公司、业主委员会等。"共同"的制度模式决定了,在治理过程中,各方主体需要相互配合、彼此支持以实现通力合作。其二,共同体意味着治理的成果展现为社区成为有机整体。虽然社区内包含了多元主体,但通过治理活动,各主体间形成行动互补。在宏观层面看来,在基层社会治理领域,社区内形成组织团结,成为整个社会有机的组成单元。由此,社区治理成为社会治理的生动缩影,"政党—国家—社会"在社区治理中找到坚实的落脚点。社区成为党委领导、政府负责、社会协同、公众参与的治理样板。

在社区治理中,政治治理和法律治理是两条主线。政治治理既表现为社区治理中党组织的核心领导作用,也表现为社区治理中的价值整合机制;法律治理既表现为法律法规、自治规范不断丰富完善,也表现为依法治国背景下社区中各主体在法治框架内活动。对于中国社区而言,社区共同体的建构不仅是增强社区内的情感连结,更是实现政党、国家、社会在治理实践中的有效互动,最终实现国家、社会的长治久安。

Political Governance and Legal governance:
City Community Governance towards Community

Abstract: City community is the basic unit of urban governance in China and the real field of "grassroots". After going through the process of sinicization, the "community" derived from the western academic discourse has become a "governance unit" integrating the community of social life and the scope of administrative divisions in China's governance practice, which is the key to understanding the contemporary Chinese community governance. China's community governance needs not only to gather value consensus through political governance, but also to standardize the governance process through legal governance. The construction of community governance community is an ideal picture that can be built and realized by the joint efforts of politics and the rule of law. Interpreting the community governance practice in the compound structure of "political party-state-society", the community will become the governance model of party committee leadership, government responsibility, social coordination and public participation.

Key words: City Community; Community Governance; Community; Political Governance; Legal Governance

作者简介:宋维志,法学博士,上海交通大学凯原法学院博士后研究人员;南昌大学法学院讲师。

赛博格、空间与身体：三重赛博格身体的建构与逻辑

——基于虚拟社区"网络挂人"现象的分析①

赵方杜　彭烨玲

摘　要：随着自动化、信息化、数字化技术的快速发展，作为生物有机体与无机物机器紧密结合而成的复合体，赛博格越来越成为当今社会既具有技术维度又富含文化想象的社会存在。本文使用"意识在场""肉身在场"作为分析变量，构建了三重赛博格身体的理论框架，并基于虚拟社区的"网络挂人"现象，分析在三重赛博格空间中具有"复合性"的赛博格身体的建构过程及其内在逻辑。研究发现，在三重赛博格身体的互动中，虚拟空间中的理想身体得以建立与维系，不断影响着人们的主体意识与身体塑造，并形成跨时空的"全景敞视机制"，但其规训作用存在一定的限度。同时，三重赛博格空间与身体的相互作用，形成了理想身体建构的内在逻辑。后续研究需要进一步关注可能存在的其他类型的赛博格身体，以及正式社会控制机制对赛博格空间与身体的影响。

关键词：赛博格身体　赛博格空间　全景敞视机制　理想身体

一、赛博格身体研究的发展与局限

随着人工智能、基因工程、虚拟现实等技术的不断发展，人们可以通过整

---

① 本文系教育部人文社会科学研究项目"个体化进程中的'空巢青年'及社会共同体建设研究"（20YJA840020）的阶段性成果。

形美容、基因改造、克隆技术和器官移植等来改造或创造新的身体。这使得身体、技术和自然之间的界限越来越模糊。在此背景下,作为生物有机体与无机物机器紧密结合而成的人机复合体,赛博格身体成为当今社会最重要的社会现象与文化景观之一。哈拉维(Donna Haraway)等学者甚至认为当今时代几乎每个人都是赛博格(cyborg)。赛博格是控制装置(cybernetic device)与有机体(organism)的缩写形式,它在 1960 年被曼弗雷德·克林斯(Manfred Clynes)和内森·克兰(Nathan Kline)提出时,其含义便是"借用控制装置增强人类的生存能力"。赛博格的核心思想便是从控制论出发,将人的身体作为一种具有自我调节系统的有机体,同时这种自我调节系统和外在的辅助因素可以达成一种有机体的稳定功能①。

　　作为一种技术与身体相结合而产生的新身体形式,赛博格身体不仅在身体技术、身体美学、身体叙事、赛博空间、性别秩序、元宇宙等领域进行研究,也在科学技术哲学、后人类主义、社会建构论等层面被广泛讨论。然而,关于赛博格身体的相关研究还存在以下三方面的问题有待进一步讨论:

　　其一,赛博格概念不断泛化,对赛博格衍生物还存在进一步阐释的空间。如李国栋②将赛博格分为"填补型""器置型""代理型"与"虚拟型"四种类型。王昊晟③根据赛博格技术的演化逻辑将机器与人体的简单混合、物理混合与心智混合分别称为赛博格的"混合 1.0"阶段、"混合 2.0"阶段与"混合 3.0"阶段。然而,赛博格已经由一个纯粹的技术概念渐渐衍生为一种既有的社会存在与研究领域,甚至成为一种时代特征。赛博格这一概念还无法囊括诸如赛博格身体、赛博格城市、赛博格人类学等不断涌现的新领域。

　　其二,赛博格概念中的"控制"这一基本因素被不断弱化,赛博格身体也多指向"单数"的身体即个体的身体。从赛博格的原始含义而言,赛博格至少包含了技术、身体与控制三个基本因素。唐娜·哈拉维在《赛博格宣言》中打破了性别、种族、年龄、阶层等"二元对立"时,提出个体依靠赛博格技术"控制"身体。由此,赛博格也成为超越这些二元对立身份划分的基本手段,这实际上是

① 冉聃、蔡仲:《赛博与后人类主义》,《自然辩证法研究》2012 年第 28 期,第 72—76 页。
② 李国栋:《"赛博格"概念考辨》,《文艺理论研究》2021 年第 5 期,第 132 页。
③ 李恒威、王昊晟:《赛博格与(后)人类主义——从混合 1.0 到混合 3.0》,《社会科学战线》2020 年第 1 期,第 23—26 页。

将赛博格概念中控制的涵义单一化与理想化，更强调个体对自我身体的自由改造，从而弱化了被社会及他人控制的"复数"的身体，如在城市空间中被技术监控的大众身体。

其三，关于赛博格身体对主体与社会的作用逻辑分析不足。受"单数式"身体研究脉络的影响，在后续研究中的赛博格越来越成为后人类主义的一种身体表现形式，更多关注哈拉维赛博格身体理论或赛博格身体隐喻对女性的解放作用，并将日益模糊的身体、技术与自然界限视为人类发展的必然。但这更多是将赛博格身体作为人类发展与解放路径的乐观化论断，缺乏实证的支撑，并且对赛博格技术如何推动后人类社会的关系变革讨论较少，这将忽视赛博格身体下个体情感、行动与社会结构的复杂变化。

赛博格技术诞生以来便与身体关系密切，它定义了人类身体的变动空间及其未来发展，也包含着人类主体对理想身体的想象。在赛博格技术广泛运用的背景下，赛博格技术如何与身体进行结合？这种结合如何作用于个体的主体意识与身体塑造？并对主体活动空间及社会秩序产生了何种影响？这些都是本文着重探讨的问题。本文在技术、身体与控制等概念基础上，使用"肉身在场"与"意识在场"作为分析变量，基于身体在主体空间、客体空间与虚拟空间的转换构建了三重赛博格身体的理论框架，并以"小红书"这一虚拟社区中的"网络挂人"现象为例，对赛博格背景下的身体、技术与空间之间的关系变动与作用逻辑展开研究。

二、理论框架：肉身在场、意识在场与三重赛博格身体

吉登斯（Anthony Giddens）在讨论时间、空间问题时，曾使用过"在场（presence）"和"缺场"（absence）概念，来表达身体在某一空间内的存在状态①，并将"缺场"的身体互动同具体场所的分离视为现代性发展的动力机制②。吉登斯认为，在前现代社会，人们社会生活的空间与地点是高度一致的，个体严格受到"在场"的地域性活动的支配。与传统"在场"社会不同的是"缺场"的现代社会，"现代性的降临，通过对'缺场'（absence）的各种其他要素的孕

---

① 安东尼·吉登斯：《社会的构成：结构化理论纲要》，李康、李猛译，中国人民大学出版社 2016 年版，第 125—131 页。
② 姚宇：《社会学简明讲义：从实证主义到实用主义的社会分析》，中国经济技术出版社 2020 年版，第 294 页。

育,日益把空间从地点分离了出来,从位置上看,远离了任何给定的面对面的互动情势"。①实际上,当今的赛博格技术改变了身体的在场方式,由以往的意识、肉身均在场变为二者的部分在场,并以意识、肉身为中介产生了身体的叠加状态直接作用于主体本身。吉登斯的这一论述,与赛博格技术对个体生存空间的扩展及身体"在场"形式的变化相契合。因而,本研究将吉登斯的"在场"与"缺场"概念同赛博格技术所构建的三重空间进行整合,进而将赛博格身体划分为第一重赛博格身体、第二重赛博格身体与第三重赛博格身体(见表1),它们分别位于主体空间、客体空间与虚拟空间,通过意识与肉身的不同组合完成三重赛博格身体的塑造。

表 1   三重赛博格及其身体类型

三重赛博格身体	肉身在场	意识在场	所作用的身体类型	空间类型
第一重赛博格身体	是	是	本己身体	主体空间
第二重赛博格身体	是	否	客观身体	客体空间
第三重赛博格身体	否	是	虚拟身体	虚拟空间

(一)主体空间与第一重赛博格身体

第一重赛博格身体是被技术改造的肉身、意识皆在场的身体,包含着个体对肉身的各种意识,以及主体有意识地借用赛博格技术对肉身加以改造的身体。在现象学中它对应着"本己身体(crops propre)"②,即观察者本人自己的身体,第一人称下主体之间体验到的"现象身体"。

本己身体存在的空间就是主体空间。在主体空间内,个体有意识地改造自己的身体并感知他人的身体。在此意义上,第一重赛博格身体指涉了一种人机复合关系,关注人与机械合为一体的状态,那些装有心脏起搏器、肌电手臂或注射疫苗编辑自身免疫系统的个体,与通过手术改变自身外貌与身体形态的人,甚至是哈拉维所指涉的"通过现有技术去性别化的身体"都是第一重赛博格身体。同时,由于肉身与意识的共同在场,第一重赛博格身体成为了第二重赛博格身体与第三重赛博格身体的中介,三重赛博格身体得以在不同空间内产生互动。

---

① 安东尼·吉登斯:《现代性的后果》,田禾译,译林出版社 2000 年版,第 16 页。

② Embree, Lester, et al., eds. *Encyclopedia of phenomenology*. Dordrecht: Kluwer, 1997, p.66.

(二) 客体空间与第二重赛博格身体

第二重赛博格身体是被技术控制的肉身在场但知觉不在场的身体,一般用于描述技术在个体无意识状态下对其实施的身体控制,如电子信息技术、城市地理信息①、电子监控等新型社会治理手段,或健康码、身份信息联网与员工信息采集系统等管理方法。第二重赛博格身体是政府、企业或其他主体管理下的抽象身体,在此情境下,个人肉身在不知不觉中被纳入管理体系,成为无意识的、被控制的肉身。

第二重赛博格身体存在于客体空间中,形成了现象学中所谓的"客观身体",即可供他人或第三方视角进行外部观察的身体②。相较于第一重赛博格身体,第二重赛博格身体缺乏操纵"本己身体"的机会,完成其身体管理的是客体空间中的具体管理者,他们通过各种形式的监督、控制或凝视,不断地制造、改造和生产出客体空间所需要的身体。由于肉身的在场性,当第一重赛博格身体对外界控制反应强烈时,会意识到第二重赛博格身体的存在,并感受到自身主体性的削弱,从而对此进行反思并产生反抗意识。

(三) 虚拟空间与第三重赛博格身体

第三重赛博格身体是肉身不在场但意识在场的身体,也是第一重赛博格身体在虚拟空间中所形成的数字化、虚拟化身体。但不论如何虚拟与匿名化,第三重赛博格身体始终存在第一重赛博格身体的影子。第三重赛博格身体处于数据建构的虚拟空间中,经由"意识在场"存在其中,个体肉身只能数据化"在场"。但第三重赛博格身体也正是由于"意识"在虚拟空间与主体空间的共同在场,从而对第一重赛博格身体产生作用。

在赛博朋克文化中,虚拟空间被看作第一重赛博格身体在觉察到第二重赛博格身体后,为逃脱客体空间控制的隐匿场所,是意识解放的空间。第三重赛博格身体存在于虚拟空间中,它脱离了现实身体的束缚,通过主体意识建立起了自己"虚拟态"的身体,并在虚拟空间中展开系列行动以不断重构自我。

在现代社会,身体不再是平面的,而是复合且不断叠加的立体形态。许多学者也关注到了技术与身体相结合所形成的身体。如周乐帆认为人类已经拥有三个身体:技术与肉体交织的智能身体、现实世界中的血肉之躯和网络世界

---

① 李德仁、邵振峰、杨小敏:《数字城市到智慧城市的理论与实践》,《地理空间信息》2011 年第 6 期,第 1 页。

② Embree, Lester, et al., eds. *Encyclopedia of phenomenology*. Dordrecht: *Kluwer*, 1997, p.66.

中的虚拟身体①；罗泽认为人类至少拥有三个身体并处于三个不同的空间：一个处于自我肉身的中心，一个处在机器人所占据中心的、"真实"的空间，还有一个处在虚拟的、人们通过电子屏幕看到的空间②。这表明，赛博格时代的身体往往是一种"复合型身体"。

本文以"小红书"虚拟社区中的"网络挂人"现象为切入点展开具体分析。"小红书"是以女性用户为主的、集商品种草、生活分享、直播、购物等为一体的虚拟社区。"网络挂人"是个人将他人的相关信息在虚拟空间中公布以惩戒他人的手段。同其他虚拟社区不同，"小红书"在构建女性理想化身体的同时，也通过"网络挂人"构建男性的理想化身体，并通过用户数据的采集与公开形成了较为完整的身体作用机制。一方面，将他人的第一重赛博格身体信息展示在第三重赛博格身体聚集的虚拟空间，实现了从主体空间到虚拟空间的跨越。另一方面，通过主体空间与虚拟空间的连接，形成了对肉身新的控制手段，进而规训着他人的第二重赛博格身体。这种三重赛博格的叠加状态与多空间、多身体的跨越，为理解三重赛博格身体之间的建构关系、转换以及作用机制提供了契机。

三、三重赛博格身体之间的互动：
理想身体的建构、维护与限度

第一重赛博格身体通过数据、信息的整理与加工，在客体空间内转变为第二重赛博格身体，在虚拟空间内又转化为第三重赛博格身体。虚拟空间以"网络挂人"为基本路径，连接着三重赛博格身体之间的互动，并围绕其建立起跨时空的"全景敞视机制"，有限度地建构并维系着基于第三重赛博格身体打造的理想化身体。

（一）从第一重赛博格身体到第三重赛博格身体：虚拟空间中理想身体的建构

借由赛博格技术，第一重赛博格身体即本己身体得以从主体空间"上传"

---

① 周乐帆：《后疫情时代健康码运用中的技术逻辑与身体政治》，《新媒体研究》2022 年第 14 期，第 42 页。

② 弗罗里安·罗泽：《第二个和第三个身体，或者：成为一只蝙蝠或住在另一个星球上会是什么情景？》，载于西皮尔·克莱默尔编著：《传媒、计算机、实在性》，孙和平译，中国社会科学文献出版社 2008 年版，第 129 页。

至虚拟空间,经过加工、美化形成第三重赛博格身体即虚拟身体。在虚拟空间中,这些身体具有理想化、数据化的特征,通过与不同虚拟社区的身体景观相结合,从而形成各式各样的理想化身体。小红书是一个典型的女性友好型虚拟社区,其分区包含美妆、美容个护、穿搭打扮、美食、母婴育儿等,"护肤""穿搭""美甲""恋爱""妆容""情感""减肥"等话题长期占据该社区话题搜索榜总浏览量与互动增量榜首。除去"恋爱"与"情感"话题外,其余热点话题都和身体的改造与美化密切相关。在小红书用户主页中,充斥着各种意见领袖上传的精致妆容与"白幼瘦"身体。与其他虚拟社区不同,小红书社区的精神内核之一是"girls help girls"①,社区内的意见领袖会将高颅顶、大眼睛、A4腰等"变美"秘诀向社区内的居民传授。在互帮互助的氛围下,第一重赛博格身体的美化与改造有了具体方法,小红书也因此不断吸引其他以"美"为核心的虚拟社区居民的加入。

而且,"护肤""穿搭""情感"等热点话题不仅是对女性理想身体的塑造,也包括对男性理想身体的建构。在小红书虚拟社区中,男性除了自己上传或被其女友上传健美体型的照片外,还会上传恋爱或婚姻中甜蜜日常的照片。其中,男友"礼物拆箱"等具有仪式感的行为成为社区常见的景观之一,这些都展示了两性关系中男性的体贴、温柔与专一。由此,理想的男性身体被逐渐塑造出来。这提高了虚拟空间中"模范男友"的流量,为其获得了大量支持者。在2023年1月的小红书红人榜中,模范男友"高泽宇"排名第七,1月互动量高达496.15万,远高于赵露思、白敬亭等新生代明星。其用户画像中,女性粉丝占比92.79%,年龄主要集中于0—24岁②。

这表明,在主体空间与虚拟空间中,女性也参与到男性身体的改造中来。由于社区中"女性成长"话题也包含很多理想男性身体的讨论,甚至暗含着女性越符合理想身体则其男友也越偏向于理想身体的意涵,男女两性的理想身体因而产生了关联。在此情况下,女性在不断靠近理想女性身体的同时,也在极力将其男性好友打造为理想男性身体。她们通过转载、分享与@好友,甚至是学习PUA技术等方式让主体空间或虚拟空间内的男性好友来学习理想男性身体的达成方法。在小红书虚拟社区中,女性也会分享成功使一个或多个

① Girls help girls:早期女性主义的核心思想,其本意是针对女性特有的,男性不方便介入的话题所提出的一句口号,旨在呼吁女性关注、帮助身边的女性。
② 数据来源于小红书数据平台:新红,2023年1月红人榜。

男性达成理想身体的过程,以此延续着该社区中"girls help girls"的基本精神,使理想身体的建构有明确的指导性方法。

可见,虚拟空间中理想身体的塑造,大部分是通过"意识在场"这一中介完成对第一重赛博格身体的改变。首先,第三重赛博格身体是被数据多次整理、加工的第一重赛博格身体,通过修图、变声等技术打造出人们追求的理想身体类型。其次,虚拟社区与意见领袖互相成就,使理想化的身体景观不断固化与重复出现。美妆、美容个护、潮包潮玩、穿搭打扮是该社区的基本分区,也是虚拟空间的变现途径。通过商业资本在社区视频的广告投放与流量变现,社区中部分符合理想身体的意见领袖得以获得现实收入。同时,这也起到了榜样作用,引发社区居民在主体空间的模仿。由于第三重赛博格身体的匿名性特点,其难以受到客体空间的规制,理想化身体的塑造主要随着意见领袖的发声与社群成员的互动而产生。最后,虚拟空间有着不同于客体空间的信息传播速度与推送机制,当虚拟空间检测到个体对事件的兴趣后,将不断推送同质化信息,加大主体对该事件及其价值观念的认同。因而,强调与建立理想化身体,并将美妆、美容个护等商品作为达到理想化身体的基本桥梁,是社区爆火视频与图文推送的基本逻辑。

(二) 从第三重赛博格身体到第二重赛博格身体:虚拟空间中理想身体的维护

虚拟空间所构建的理想化身体,实际上是借用第三重赛博格身体达到改造第一重赛博格身体的目的。然而,这仅能有限影响虚拟社区内的部分个体,理想身体的维护还需要利用第三重赛博格身体与第一重赛博格身体的互通性去影响第二重赛博格身体。"个人曝光""有计划的网络暴力"与"直播审判"等"网络挂人"的诸多形式,都是以虚拟社区的第三重赛博格身体为标准对第二重赛博格身体进行凝视与惩罚,从而形成对理想身体的维护。

1. "个人曝光"

"个人曝光"是个体在遇见符合或不符合虚拟社区中的"理想身体"后,将其第一重赛博格身体或第三重赛博格身体的信息在虚拟空间进行公开的行为。社区内符合理想化身体标准的个体将成为意见领袖,并获得一定声望与物质收入。除了在美妆、健身与穿搭等方面符合理想女性身体的博主外,"高泽宇""一加一等于几""拜托怎么可能是老婆奴"等男性博主也通过在虚拟社区中分享与女友的相处日常,成为其中理想男性身体的代表,从而在社群内获得了一定的粉丝基础。其中，"高泽宇"本人与其女友"丸子"更是在小红书虚拟社区内获得了大量支持与商业资源。

不符合理想身体的则会在虚拟社区内被展示并受到批判。由于小红书主要是女性社区，受到凝视的一般多为男性。当理想男性身体在这一虚拟社区中具有一定规模并长期占据社区推文主页时，基于意识在主体空间、虚拟空间的共同在场，个体能同时对这两个空间中他人的身体进行审视、比较和评价。社区中的素人①或是分享在现实生活中所受到的男性对情感的背叛，或是男友在日常生活中的缺点，期望通过虚拟社区中居民的支持获得解决问题的办法，以缓解理想身体与主体空间的不适应性。

在这一虚拟社区中，也会有理想男性身体的反叛者，但往往会受到批判与抵制。虚拟社区内有部分居民在"网络挂人"帖下表达"人无完人"，"纪念日一定送礼物本身便是对女性的物化"等观点。当 ID 显示为"男"时，往往会被认为是利益既得者在发言。当 ID 显示为"女"时，其后则有留言说"披着女孩子的 ID 来这兴风作浪？""那祝你永远都没有"等。在虚拟空间中充满着社区群众的道德性批判与建议，当他们对故事主角的故事感到气愤时，人肉搜索与网络暴力随之而来。

2. "有计划的网络暴力"

在虚拟社区中，仅将越轨者的故事披露并不能使发帖人得到满足，有时评论区还会出现对分享者的批评。当期待的网络审判乃至网络暴力无法形成，"受害者"便会通过"互助帖"以寻求帮助。"互助帖"是虚拟社区中互相求助所发布的帖子，部分"互助帖"围绕"不确定男友是否忠诚"或"男友不符合理想男性形象"而展开。对发帖人而言，这样更多的是发泄心中的怨气"真的恨（越轨者）到了极点，但我不需要安慰也不需要鸡汤，我只需要帮助"。其形式一般为个人组织具有同类问题的社区居民以"girls help girls"的名义发布图文帖，并告知聚集而来的"互帮者"如何测试或辱骂越轨者。在该帖子下，回复皆为对越轨者恶行的披露，并在每条回复后的评论中，形成了互相使用小号②加人、发短信骂人等有预谋的"网络暴力"行为。

"有计划的网络暴力"主要是通过在虚拟空间中"曝光"越轨者的个人信

---

① 赛博格世界中的粉丝量较低的非意见领袖。
② 小号是为了让认识的人猜不到，在常用的账号外再注册的其他账号。

息,利用电话、短信、微博私信或微信等方式对其进行骚扰的惩戒手段。这在一定程度上会对被曝光者的第三重赛博格身体与第一重赛博格身体形成规训。当被曝光的为虚拟空间身份时,其第三重赛博格身体将受到限制。当被曝光的为客体空间身份时,其第二重赛博格身体将受到限制。曝光者所使用的电话、微信、短信等充满道德谴责与言语暴力,甚至让代发人都感觉不适"她(求助者)让我发的短信中的语言措辞都过于激烈了。""他(求助者)这一系列的操作让我和几位网友都感到不适,认为他不应该去网暴一个普通人"。

如此,对虚拟社区居民而言,他们通过意识在第三重赛博格身体与第一重赛博格身体之间来回切换,作为虚拟空间的规训实施者,凝视着越轨者的第二重赛博格身体。对越轨者而言,他们的身体实际上完成了由第一重赛博格身体向第二重赛博格身体的转化,只是控制者由公共管理部门变为了在三重空间中不断穿梭的他者。

3. "直播审判"

直播是虚拟社区维护理想身体的可视化方式。"颜值打分""选模特"等直播间构成了对女性身体的凝视,而"代打电话""测试男友"为主题的直播间则在进行着对男性身体的"审判"。主播们通过帮打电话、发短信邀约粉丝男友,或在"绝地求生""王者荣耀"等联机游戏中邀请粉丝男友打游戏等方式进行"忠诚度"测试。当对方接受电话或邀约并宣称自己处于单身状态时,便会被打上"渣男"的标签。直播现场的观众开始在评论区进入批判状态,甚至顺着其电话、游戏 ID 与虚拟社区账号等多种途径对其进行攻击,而获得主播帮忙则需要不断刷礼物进行打赏或成为"榜一"①来吸引主播注意。在网络直播中,打赏者与观众共同编写主播连线"待测试渣男"的脚本,主播只需将评论区的相关文字念出来便实施了"直播审判"。由此,网络直播间的观众与主播一同构成了短暂的、以讨伐越轨者为目的的行动联盟。

相较于"个人曝光"与"有计划的网络暴力"而言,"直播审判"具有即时性、可视化的特征,是三重赛博格身体在虚拟空间的共同在场。通过"远程连线"功能,"越轨者"无意间被拉入虚拟空间,意识缺场的第二重赛博格身体由此显现。虚拟社区网民通过意识在虚拟空间与主体空间的共同在场,控制着"越轨者"的第二重赛博格身体。同时,"直播审判"也像虚拟社区维护理想化身体的

---

① 榜一是指在网络直播间中,打赏金额排名第一的粉丝。

互动仪式,强化着网民的附属关系。涂尔干把深刻影响社会生活的"宗教力"（religious forces）看作是人类社会集体力量和道德力量的集中表现,而仪式则是组织、强化这种力量并使之得以定期性地生产和再生产出来的手段集合①。在网络直播现场,被测试的对象是否符合理想身体都被主播与观众共同鉴定,当被确定为"越轨者"时,直播间开始共同产生愤怒的情绪,并立即给予语言攻击与批判。社区网民之间不仅因共同的"敌人"而更加紧密,社区基本价值也得到了宣扬与维护。

"代打电话""测试男友"的直播间不仅使主播、虚拟社区网民与社区文化得以融合,也延伸到其他购物平台,成为了虚拟空间中一种独特的盈利模式。对于网络主播而言,他们可以通过帮观众测试男友而获得打赏,并以打电话、检验人心的颇具戏剧性的表演方式获得关注,稳定与提升直播间流量,在社区内获得一定的知名度。对于社区网民而言,这是强化社区认同、维护社区所塑造的身体景观的互动仪式。除了直播间通过"渣男测试""渣男审判"等方式形成一种基于虚拟空间的审判仪式外,一些购物平台与跑腿雇佣平台也开启了"帮发短信""帮打电话"等业务,以市场化的方式维护理想身体的建构。

可见,虚拟空间与主体空间凭借意识的共同在场形成了一种非正式社会控制机制,对个体的第二重赛博格身体进行规训,以维护虚拟空间所建构的理想身体。"网络挂人""有计划的网络暴力"和"直播审判"都是因现实中的个体与虚拟社区所打造的理想化身体相冲突而产生的"惩罚"行为,它们像是联通着虚拟空间与客体空间的中介,形成了跨时空的"全景敞式机制"。虚拟空间展示的理想身体是在第一重赛博格身体上被加工与美化打造形成的,因而它并不能在"肉身"上实现。当把虚拟空间的理想化身体要求放置于现实世界中,很多人都会成为"越轨者"。是否被"挂"或"被审判",在于第一重赛博格身体的"探头"照向谁,当"网络暴力"或正式社会控制施加于"越轨者"的身体时,探头指向者便会感知到被他人关注与审视的第二重赛博格身体。公众知道自己被监视,但又不知道什么时候被注视,而是否被注视决定了我们的言行是否可能招致惩罚②。互联网中的监视有着不同的方向,不仅存在于国家与个人之间,个体之间也可以相互监视,不同方向的监视成为网络社会中的常态③。

---

① 薛艺兵:《对仪式现象的人类学解释(下)》,《广西民族研究》2003年第3期,第39—48页。
② 郑日强:《强化与变异:网络社会中的"全景敞视"》,《社会学评论》2015年第4期,第86页。
③ Ganascia, Jean-Gabriel, "The generalized sousveillance society", *Social science information*, Vol.49, No.3, 2010, pp.489—507.

(三) 从第一、二重赛博格身体到第三重赛博格身体：虚拟空间中理想身体的限度

在虚拟社区，第三重赛博格身体与第一重赛博格身体在意识上共同在场，形成了对他人第二重赛博格身体的规训。然而，因为虚拟社区的异质性与现实作用范围的有限性，其规训效果并不十分显著，作为理想身体维护机制的"网络挂人"并不能对越轨者造成实质惩罚并促使其行为改变。

一方面，虚拟社区具有多样性，其塑造的理想化身体也具有异质性，特定社区的理想身体只对该社区的居民具有约束作用。在偏向女性的虚拟社区中，易梦玲、程十安等具有完美容貌、身材与时尚感的网红，共同打造了女性的理想身体。在小红书虚拟社区中，美妆、减肥瘦身、身体塑形等相关内容不断影响个体意识，使其通过整容、医美、化妆等手段在主体空间直接对第一重赛博格身体进行改造。

然而，虚拟社区中既有基于购物、美妆分享的女性社群，也有因体育、游戏竞技而建立起的男性社群。男女双方对女性的理想身体似乎都达成了共识，男性也会在女性社群中进行闲逛并充当"监督者"，当看到部分女性展示出"肥胖""老化"的身体时，部分男性便会在评论区下对该类身体进行批判，并使用"坦克"等词汇进行代指。受到社群内女性的反击后，男性则会使用文字、图片等形式将原帖转载到男性社群并进行讨论，对图片中的对象进行评价乃至批判。随后，男性社群内的成员则会结成同盟在原帖下进行反击，甚至私聊原帖博主并对其进行言语上的攻击。对虚拟社区中的女性而言，电话骚扰与网络曝光是对现实世界中"渣男"的惩罚。而实际上，很少有男性对女性虚拟社区建立的理想身体产生认同，更遑论受其控制。

另一方面，虚拟空间与客体空间的身体管理系统并不相关联，只能通过社区居民在主体空间与客体空间内肉身的共同在场，影响他人的第二重赛博格身体，但实际的规训手段仅是道德层面上的谴责。即使将越轨者的身份在虚拟社区中"曝光"，也仅能将爆料个体隐私与道德谴责作为惩罚手段，这些行为仅能简单作用于个体的意识而非肉身。成功的"挂人"往往是挂人帖下评论区中客观的、运用现实世界的规则提供的解决路径。如客体空间中的法律、组织规则等正式控制体系才能与身份联网等赛博技术结合，对"被曝光者"的第二重赛博格身体进行规训与惩罚。在部分"挂人帖"及其后续中，真正触犯了法律、组织规则的人在客体空间中受到曝光及相应的处理。而单纯违背"理想化

男性身体"的个体不仅其第二重赛博格身体未受干扰,还会以隐私权被侵犯为由让发帖人受到惩罚。

当人们意识到第二重赛博格身体被并不合法的、来自虚拟空间的力量控制时,便会利用相同手法或法律等手段进行反抗。在互助帖下,也有人留下了互助行为所产生后果的警告:"大家帮忙发短信要注意,之前小红书有个小姐姐,我帮她发短信骂人。但是那个人(被骂者)却反过来一直发骚扰短信轰炸我手机,让我发短信的这个小姐姐也直接把我删除拉黑了。后来我打电话给那个人(被骂者)解释我是帮别人发的,才以此告终。"甚至在部分被挂者眼中,这些网上挂人者都是"心智不成熟者":"正在经历(网络暴力),但是这些对我进行辱骂的、挂我的明显都是不讲道理的小孩子。他们也就是一时兴起,我把评论关了,过一段时间就都忘了。"

有学者①认为涂尔干的道德学说中暗含着对"普遍道德"与"特定道德"的分类。其中,"普遍道德"是一种先验的建构,它有赖于个体道德内化及其自我执行。"特定道德"是在具体社会关系中的建构,是个体之间通过交往所形成的共识。客体空间运用监控技术、身份系统等手段,将个体特征、行动轨迹等信息动态呈现给管理者,形成对第二重赛博格身体的治理。这是社会公权力保护"普遍道德"所实施的正式控制,它并不涉及对"特定道德"的保护与维持。虚拟空间中建立的理想身体则属于人们建立的"特定道德",自然也就难以获得广泛的认同与归属。换言之,虚拟空间所建构的理想身体可以短暂约束的只是部分群体,即对该虚拟社区价值认同的第三赛博格身体,它难以跨域不同虚拟社区对其他群体产生实质的影响。

四、三重赛博格空间与身体的相互作用:理想身体建构的内在逻辑

身体通过不同的呈现方式体现着社会关系变动。通过意识、肉身在主体空间与虚拟空间、主体空间与客体空间的共同在场,三重赛博格身体得以交流、互动与生成。实际上,身体更是空间作用的产物,赛博格技术通过对数据的运用及同现实社会的结合塑造了多形态的空间,不同空间的功能转变与相互作用,构成了理想身体建构、维护与受限的内在逻辑。

---

① 汪和建:《再访涂尔干——现代经济中道德的社会建构》,《社会学研究》2005 年第 1 期,第 149—167 页。

(一) 客体空间对第二重赛博格身体的有限控制

赛博格技术有利于理想身体的构建与达成。在主体空间,通过整形、辅助器械与疫苗等技术增强人体机能,满足人类不断适应生存与社会审美的身体需求。在客体空间,通过电子信息系统、电子监控等技术手段实现精细化管理,满足国家对民众的治理与引导。在虚拟空间,通过美颜、人物虚拟化、美声等数据处理技术,使个体能跨越空间限制达成想象的身体。然而,对于客体空间而言,非正式社会控制的日渐式微为虚拟空间对第二重赛博格身体的规训提供了契机。虚拟空间主要通过对第三重赛博格身体的影响,进而形成对客体空间中第二重赛博格身体的非正式控制。

涂尔干在对"犯罪"和"自杀"的论述中,提到当社会结构变得松散或者瓦解时,也会产生新道德,这种新道德会反过来促进社会的松散和瓦解。公共道德是依靠社会舆论来实施的,由于社会舆论没有明确具体的社会承载主体,所以它往往难以对当事人形成足够的约束①。而且,道德都建立在一定社会环境之中,社会结构格局的差别会引起不同的道德观念,在差序格局下,无数私人关系联结成的网络中的每个结都附着一种道德要素②。如果违背其道德义务或做出其他败德行为,则很容易受到来自关系体内部的惩罚,包括实施谴责、孤立和驱逐等。伴随着社会的复杂化、经济上的分化和政治上的组织化,人们的社会关系中出现了大量的陌生人,依靠血缘、地缘等关系网络作为非正式控制系统的传统道德对个体的约束性减弱。

虚拟空间通过"网络挂人"等方式,建立起了对第三重赛博格身体的非正式控制体系,并期待以此方式对第二重赛博格身体施加影响。在"越轨者"现实身份与个人信息被披露时,虚拟空间便与第二重赛博格身体建立了联系,通过"越轨者"第一重赛博格身体的信息的上传,以网络 ID、电话号码等形式将具体的个人纳入了理想身体的管理之下。当个体违背社区内的道德义务时,便会遭遇虚拟社区居民的攻击,倘若涉及现实中的"公共道德",客体空间中的正式社会控制也会发挥作用,管理个体的第二重赛博格身体,维护道德化身体的建构。于是部分"网络挂人"事件,会通过在各虚拟空间中传播,引发社会舆论的发酵,倒逼客体空间使用治理、技术等规训手段对越轨者实施惩戒。

---

① 汪和建:《再访涂尔干——现代经济中道德的社会建构》,《社会学研究》2005 年第 1 期,第 247 页。
② 费孝通:《乡土中国》,江苏凤凰文艺出版社 2019 年版,第 34 页。

(二) 主体空间中第一重赛博格身体的自我认同危机

如果说客体空间中非正式控制的式微是"网络挂人"行为产生的外在条件,那么社会新道德建构的失败则是"网络挂人"的内在动因。我国正处于社会转型时期,在传统的宗族观念、西方女性主义与消费主义理念的多重影响下,人们逐渐告别了传统社会稳定的、统一的意义系统,面临新环境下的自我认同困境。第一重赛博格身体在客体空间中产生自我认同危机后,可以使用第三重赛博格身体,通过虚拟社区所建立的"公共空间"重塑认同。在这一"公共空间"中,个体通过他人或自己分享的故事,不断进行争论或赞同,从而同他人与社会进行确认并寻求身份认同的建构。这如同朱迪斯·巴特勒(Judith Butler)所希望的,"通过'消解'现有的性别规范开启一场话语创造性活动:制造能够包容新的社会内容、新的性别实践、与过去的话语相勾连同时又能够防止原有的知识无意识地在其中作梗的一种话语"①。

然而,虚拟社区在一定程度上也是资本、商品、消费者和媒介幻觉编织成的超现实世界,商业资本作为背后的驱动力量,贯穿于理想身体的建构与身体控制的全过程。首先,在虚拟空间中,存在着储存用户信息的后台空间,虽然用户通过填写第一重赛博格身体的信息便可在社区内建立第三重赛博格身体,但这些信息与活动都被虚拟社区的后台记录着,并打造为只供资本观看、审视的云空间。在云空间中,商家或投资者可以观看到该社区的搜索排行、话题热度、各博主的互动量以及流量、博主粉丝画像等,从而从市场营销等专业角度选择合作的博主,投放产品广告和倾销商品。虚拟空间中的商家,相当于客体空间中的城市管理者,它们掌握着社区的人口结构等相关信息,用以规划与引导社区居民的心理及行为。其次,资本除了形成对于女性身体的控制,还将理想男性身体与理想女性身体捆绑在一起,促使女性、男性为男性理想身体的打造而买单。在虚拟社区中,"改造男友""帮男友化妆"等词条的兴起使得男性也成为美妆产品的消费者;"恋爱中的仪式感"也是社区所推崇的价值观念,"拆箱礼物"中不断涌现的商品刺激着观众对男友们的凝视,"抠门"等系列词汇给不送礼物的男友贴上标签,使得理想身体的建构与商品、消费联系在一起。最后,第三重赛博格身体并不直接作用于第一重赛博格身体,而是通过将

---

① 范譞:《跳出性别之网——读朱迪斯·巴特勒〈消解性别〉兼论"性别规范"概念》,《社会学研究》2010 年第 5 期,第 241 页。

理想化身体作为一种价值体系,与虚拟空间中的其他个体结成行动共同体,作为一种非正式社会控制手段作用于第二重赛博格身体。

虽然商业资本在客体空间中并没有实际管辖权,但其通过塑造人们的意识与行为方式,在一定程度上替代了部分非正式控制系统,完成了对第一重赛博格身体的影响和操控。这实际上类似于哈贝马斯所说的"生活世界的殖民化"。也就是说,虚拟空间是个体短暂逃离客体空间并放松压力的场所,具有娱乐性的特征;主体空间是个人的生活、工作空间,具有生存性的特征。然而,商业逻辑通过对虚拟空间的掌控进而对第一重赛博格身体产生影响,同时企图替代客体空间中的部分非正式社会控制机制,形塑着第二重赛博格身体。

(三) 虚拟空间中第三重赛博格身体的异质性

随着虚拟空间的规模与容纳人数不断递增,其异质性也不断增强,在此情形下的理想身体建构也呈现差异化特征。在松散的、流动性强的虚拟空间中,不同的理想身体之间不断争夺,构成了理想身体建构的冲突逻辑。

首先,同一虚拟社区中理想身体的形成是社区内话语争夺和建构的结果。围绕理想身体的各种发声与试探,共同构成了虚拟社区的基本道德与价值观。斯图亚特·霍尔(Stuart Hall)认为,身份、知识与权力其实是由话语实践及其表征所构建起来的[1]。如今,随着社会流动的加强,女性愈发融入市场,借由虚拟社区跨越时空的特征,其话语在虚拟空间得以传播。康奈尔(R. W. Connell)认为男性气质主要有四种类型,支配型(hegemony)、从属性型(subordination)、共谋型(complicity)和边缘型(marginalization)。其中,共谋型男性气质与男权制是共谋关系,它们在从男权制中获得好处的同时又规避着男权制的风险[2]。在女性为主体的虚拟社区内,她们通过对话语的运用也建构起了一种共谋型女性气质。虽然,虚拟社区充满着对第一重赛博格身体的夸张化与美化,但其网民并不在乎身体的真实性与伦理性。对他们而言,是否符合虚拟社区内绝大多数人的利益更具有意义与价值。通过第三重赛博格身体的不断上传,以及评论区中的赞赏或批判话语,理想身体被不断形塑。于是,在女性用户为主的虚拟社区往往可以看到这样的情景:当女性自曝同时谈多个男友时,评论区甚至会出现"姐姐出书吧!""吾辈楷模"等崇拜性语气,而同样情

---

[1]　斯图亚特·霍尔:《表征:文化表象与意指实践》,徐亮、陆兴华译,商务印书馆2003年版,第71页。
[2]　R.W.康奈尔:《男性气质》,柳莉等译,社会科学文献出版社2003年版。

况的男性则会遭遇更多的网络暴力与惩罚。

其次,虚拟社区成员在不同空间的"漫游"会引发理想身体的冲突。不同虚拟社区会对其他虚拟社区所建立的理想身体进行打压,以此团结社区内的第三重赛博格身体,维护该社区的价值与规范。如一男子将同时交往两个女生的心路历程上传到一男性社区,在受到赞扬后继续将故事投稿给微博情感类博主"我也不太了解她",后被小红书社区大量转载。由于该故事价值与小红书等女性社区相悖,该男子的抖音账号与现实世界中的个人信息被网友公之于众,在私信轰炸下,男子不得不在抖音上为此事道歉。这表明,第三重赛博格身体的上传跨越了至少四个虚拟社区,并在不同社区理想身体的作用下引发不同反应,惩罚比赞扬更有力地对该男子的行为进行着规训。

最后,当个体意识到第二重赛博格身体被虚拟社区控制时,会产生对理想身体的"反思性"。吉登斯认为,人类行动所特有的反思性特征,是社会实践循环往复的安排过程中根深蒂固的要素①。个体如何确认"时空分离"中的自我,如何实现与"抽象系统"的对话,都离不开反思性这一实现路径。在三重赛博格身体中,当具有反思性的个体感受到第二重赛博格身体受到虚拟空间的控制时,可能会产生对虚拟空间理想身体的反抗。如网络上的"被曝光者"在意识到第二重赛博格身体受他人所控制时,产生诸如法律诉讼等反抗行为。同时,在虚拟社区内,通过对第二重赛博格身体的觉察也会诞生消解该社区理想身体的力量,如"反消费主义者"便是反对商业资本主导的理想身体的代表。

五、结　语

随着赛博格技术对人类身体的改造以及诸如哈拉维等学者的理论贡献,赛博格身体得到了更多的关注。赛博格身体在生物工程、人工智能、军事与医疗等技术领域广泛运用,并在哲学、社会学、后人类主义等领域展开研究。本文旨在以"小红书"这一虚拟社区中的"网络挂人"现象为例,研究具有"复合性"的赛博格身体的建构过程及其内在逻辑。研究发现,首先,赛博格技术的应用产生了三重赛博格空间与三重赛博格身体,"意识"与"肉身"在不同空间中的共同在场使三重赛博格身体得以进行互动,从而对个人身体产生影响。

---

① 安东尼·吉登斯:《社会的构成:结构化理论纲要》,李康、李猛译,中国人民大学出版社 2016 年版,第 3 页。

"意识"通过主体空间与虚拟空间的共同在场,在虚拟空间内对第一重赛博格身体进行加工与"上传"形成了第三重赛博格身体,并在此基础上构建了理想身体。"肉身"通过主体空间与客体空间的共同在场,通过"网络挂人"的系列机制,凝视与监督着客体空间中的他人身体,由此形成客体空间中的非正式社会控制机制。其次,三重赛博格空间之间的作用是赛博格身体互动的基础与内在逻辑。在客体空间非正式控制日渐式微的情况下,商业资本与虚拟空间通过理想身体的建构与"网络挂人"机制打造了跨时空的"全景敞视机制",个体在虚拟空间中被迫接受"理想身体"与"商品"相捆绑的逻辑,从而在主体空间中通过不断消费来获得理想身体。而虚拟社区的异质性与个体"反思性",又在不断回应着虚拟空间对现实世界的"类殖民化",使个体拓展出一定的自主空间(见图 1)。

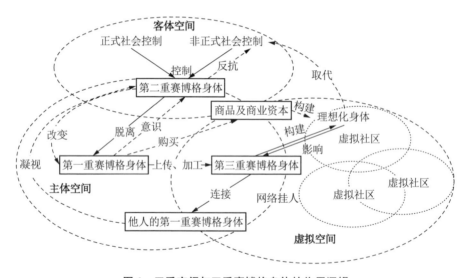

图 1   三重空间与三重赛博格身体的作用逻辑

赛博格技术的发展以来,相关领域大多关注其技术性层面与工具性用途,认为赛博格身体建构了一种模糊的、动态的与具有革命意义的身体论,将其视为未来发展的必然趋势。然而,倘若不了解赛博格身体如何作用于个人身体,打开赛博格身体建构的"黑箱",便只能片面地、乐观地看待赛博格技术的发展,无法讨论其中存在的普遍问题。本文尝试性地构建了三重赛博格身体的理论框架,对赛博格技术对身体影响的逻辑与机制进行了探讨,但本文仅在人机结合的层面上讨论赛博格技术与身体。实际上,赛博格技术还衍生出了一些如电子宠物、智能机器人与阿尔法狗等无意识、无肉身的赛博格身体,以及背后有多人操控的虚拟偶像等赛博格身体,这些或许可以成为第四重或第五重赛博格身体,其与三重赛博格身体的互动也有待进一步讨论。同时,除本文所谈及的虚拟空间对客体空间与主体空间产生影响并逐渐成为一种非正式控制机制外,客体空间的正式社会控制机制也在对虚拟空间产生影响,如相关部门对网络空间的治理与整顿等,这对三重赛博格空间与身体的影响也有待进一步讨论。

Cyborgs, Space and Bodies: the Construction and Logic of the Triple Cyborg Bodies

—The Analysis of the Phenomenon of "Punishment Online" in Virtual Communities

Abstract: With the rapid development of automation, information and digitalization technologies, the cyborgs, as the complex of biological organisms and inorganic machines integrated closely, are becoming the social existences with technical dimension as well as cultural imagination. A theoretical framework of triple cybernetic bodies is constructed by the concepts of "conscious presence" and "corporeal presence", which is used to explore the construction of the composite cybernetic body and its internal logic. Through the analysis of the phenomenon of "punishment online" in virtual communities, the study finds that the ideal bodies of the virtual community are constructed and maintained by the interaction of the triple cyborg bodies and the "panopticism" it creates, influencing people's consciousness and bodies constantly, but there is limitation about its effect on body discipline. At the same time, the interplay of subject space, object space and virtual space form the inner logic of the construction of the ideal bodies. Further research needs to focus on the other cyborg bodies, and to analyses the effect of formal social control on cybernetic space and its bodies.

Key words: Cyborg bodies; Cyborg space; Panoramic; Ideal bodies

作者简介:赵方杜,华东理工大学社会与公共管理学院社会学系副教授;彭烨玲,华东理工大学社会与公共管理学院研究助理。

"超地方实践":特色小镇建设中的
行动者网络建构①
——以上海市Z特色小镇为例

于　俭　方淑敏

摘　要:特色小镇对推进新型城镇化和区域经济转型升级具有重要意义。我国特色小镇建设在"国家—市场"关系的博弈之中经历了从政府支配到市场主导,再到国家与市场互嵌的发展历程,逐渐步入"国家—市场—社会"多方力量上下联动、内外共生的新内生发展阶段。而新内生发展实践的关键则在于构建有机的超地方行动者网络。基于此,本文从新内生发展的理论视域出发,选取Z特色小镇作为案例地点展开考察。研究发现,特色小镇建设过程中超地方行动者的建构首先通过主体充权、组织赋能以及社区增效,推进社区为本的居民整合行动;其次政府部门从制度供给、政策支持以及机制打造方面进行干预;最后以特色产业为基础,引入外部市场主体,实现跨地域资本要素的合理配置与有效协同。

关键词:特色小镇　新内生实践　行动者网络　"国家—市场—社会"

一、问题的提出

特色小镇是我国经济进入新常态背景下提出的一项重大战略举措,也是新历史时期和新发展阶段供给侧结构性改革的创新探索和有效路径。2015

① 本文为2022年度国家社科基金重大项目"新形势下我国社会发展面临的不确定性及其应对机制研究"(项目编号:22&ZD183)阶段性成果。

年浙江省在推动块状经济转型升级基础上率先提出建设特色小镇。2016 年 7 月，住建部、发改委、财政部等三部委联合发布《关于开展特色小镇培育的通知》，提出到 2020 年培育 1 000 个特色小镇的目标。至此，特色小镇作为区域发展的创新事物在全国进入推广发展期。从定位上来说，特色小镇并不是传统行政区划单元的建制镇，也不是传统意义上招商引资的产业园区，而是在大城市内部或者周边农村占据相对独立发展空间且具有明确产业定位、文化内涵、旅游与一定社区功能的生产、生活和生态综合体①。实际上，时至今日"特色小镇"建设已经历了相当漫长的一段时期，但"国家—市场"关系的博弈始终贯穿始终，并且大致经历了从国家主导到市场主导，再到国家—市场嵌合的发展阶段。在"两个一百年"奋斗目标接替的新发展阶段，"特色小镇"建设更是被赋予了新的时代使命，成为提升社会经济发展质量的重要力量。2023 年 7 月 19 日，《中共中央国务院关于促进民营经济发展壮大的意见》指出，民营经济是推进中国式现代化的生力军，是高质量发展的重要基础。新发展阶段的特色小镇为民营经济发展提供重要载体，民营经济也作为动力来源不断驱动特色小镇发展。同时，伴随着"大社会"日益成为现代社会发展的重要趋势，"国家—市场—社会"成为理解特色小镇以及我国区域发展的重要中轴，也直接影响着特色小镇建设的实践效果。

从特色小镇建设过程中"国家—市场—社会"的关系变迁也可以看出，其中以外部力量介入为主导的外生发展模式和以地方居民参与为主导的内生发展模式日渐弥合。当前推动特色小镇高质量发展的关键，便是要构建一种以地方社区为基本单元，推动"国家—市场—社会"三者互嵌与协同的新内生发展模式。具体而言，新内生发展（Neo-endogenous Development）作为一种超越传统"外生—内生"发展二元论的混合模式②，于 2000 年由克里斯托弗·雷（Christopher Ray）正式提出③，强调乡村发展需要在扎根本地资源基础上，整合更大的外部环境与关系网络，进而最大程度发挥地方—超地方力量的互动协作效应④。

① 李强：《特色小镇是浙江创新发展的战略选择》，《今日浙江》2015 年第 24 期。
② Lowe, P. and Philipson, J., "Reflexive interdisciplinary research: the making of a research programme on the Rural Economy and Land Use", *Journal of Agricultural Economics*, 2006, Vol.57, No.2, pp.165—184.
③ Ray, C., *Culture economies*, New castle upon Tyne: Centre for Rural Economy New castle University, 2001.
④ Gkartzios, M. and Mark Scott, "Placing Housing in Rural Development: Exogenous, Endogenous and Neo-Endogenous Approaches", *Sociologia Ruralis*, 2014, Vol.54, No.3, pp.241—265.

新内生发展理论最为核心的要义便是"上下联动、内外共生"。其中,既要通过外部驱动进行自上而下的干预与投资实现乡村增长性发展,诸如国家各级政府层面的政策扶持、设施建设、机制完善等,也要积极注入具有竞争力、开放的自由市场要素以此激活地方沉睡资源,从而为乡村发展创造更大的乘数效应。因此,从理论层面而言,新内生发展模式作为一种整合性的区域发展模式,同样也内在地蕴含着对"国家—市场—社会"关系的回答,"上下联动、内外共生"提供了一种"国家—市场—社会"之间的合作模式或者说联结方式①。

在新内生发展的理论视域下,特色小镇建设正在从传统的地方实践向新型的超地方实践转变,而传统的地方性行动者网络也在向新型的超地方行动者网络转变②。所谓新内生实践的超地方行动者网络,是指以地方社区为基本单位,在实现社区内部主体整合的基础上,建立起与层级政府以及市场力量等外部多元行动者之间的合作关系,并通过协商机制实现各个行动主体之间的联结,以此打造"上下联动、内外共生"的行动者网络。其中多元行动者既包括代表国家力量的层级治理部门,也包括代表市场力量的社区内外部企业、商家以及劳动力人口等,还包括属于社会力量的基层自治组织、各类社会组织以及社区居民等。尤其社区村居民委员会既向下传递国家行政体制的影响力,也向上反映着基层群众的利益和诉求,在多元行动者网络中发挥着重要的枢纽作用。如何构建特色小镇建设中的超地方行动者网络,其中的关键是在社区居民、国家政府以及市场主体普遍参与的多元体系中,通过有效互动与协商将上述多元行动者进一步整合成协同网络,并且实现行动层面的耦合,共同推进特色小镇建设。不同于传统的外生发展模式,新内生实践中的外部行动者介入并非单向度的资源输入,而是追求内外部主体以及层级政府之间基于利益整合而实现的合作共赢③。

当然,超地方行动者网络的缔结实际上也是一个由浅入深的过程,需要在特色小镇建设的新内生实践中逐步完成。基于此,笔者从"新内生发展"的理

① 周庆智:《政社互嵌结构与基层社会治理变革》,《南京大学学报(哲学·人文科学·社会科学)》2018年第3期。
② 张文明、章志敏:《资源·参与·认同:乡村振兴的内生发展逻辑与路径选择》,《社会科学》2018年第11期。
③ Gkartzios, M. and Mark Scott, "Placing Housing in Rural Development: Exogenous, Endogenous and Neo-Endogenous Approaches", *Sociologia Ruralis*, 2014, Vol.54, No.3, pp.241—265.

论视域出发,选取上海市 Z 特色小镇①作为案例地点,亲身进入所在社区的特定场域展开观察,并通过"滚雪球"的方式进行半结构式访谈,访谈对象主要包括各级政府有关工作人员 8 人,社区村居民委员会工作人员 7 人,社区居民 10人,特色小镇工作人员 15 人,入驻企业商家工作人员 8 人。同时搜集相关政策文本、规章制度、发展规划、工作台账等文本资料展开分析,从地方参与、国家介入以及市场驱动三方面深入探究特色小镇建设过程中行动者网络的建构路径以及实践机理,以期为我国新发展阶段的特色小镇建设提供理论借鉴和行动参照。

二、地方参与:社区为本的整合行动

新内生发展模式将必要、正义的"外部行动干预"②与农村、农民作为发展主体的回归相结合,统一"能力本位"与"社区为本"发展理念。一方面将社区本地居民以及社区整体发展能力的提升视作重要目标,另一方面以社区为基本单位的系统思路和整合路径,强调社区化的赋能策略③。Z 特色小镇建设中,从主体充权、组织赋能以及社区增效层面采取了一系列措施推进社区为本的整合行动,具体如下:

(一)主体充权:基于自主性的居民集体行动

本地社区居民作为乡村建设与乡村实践的重要行动主体,对其自主意识进行充分地开发培育,进而推动他们的自主实践,促使其从传统村民向现代居民乃至公民转变对于乡村新内生发展具有重要意义。Z 特色小镇围绕"价值引领""文化认同""自主参与"三个层面对社区居民进行了主体充权。

一是价值引领层面推动地方居民内生意识觉醒。内生意识是一种强调自我具有内在潜能、自由意志,能够通过主观能动性整合资源实现生活、生产所

---

① Z 特色小镇较早开展特色小镇建设,并于 2016 年被住房城乡建设部确定为第一批中国特色小镇,同时于 2018 年入选最美特色小城镇 50 强,时至今日已经形成了相对完善的运行模式和行动者网络。Z 特色小镇处于城乡融合地带,将传统旅游资源的开发利用与新型的金融产业相结合,形成了"文创+基金"的特色发展路径,对于其他的特色小镇建设具有较强的参考借鉴价值。出于上述原因,笔者将其作为案例地点展开探究。

② Leick, B. and Thilo Lang, "Re-Thinking Non-Core Regions: Planning Strategies and Practices Beyond Growth", *European Planning Studies*, 2018, Vol.26, No.2, pp.213—228.

③ 吕洁琼、文军:《从脱贫攻坚到乡村振兴:社区为本的情境实践及其反思——基于甘肃 K 县的考察》,《西北民族研究》2021 年第 3 期。

需的理念。这种意识与理念的获得促使社区居民摆脱对外部力量的完全索取与路径依赖,最大程度地激发主动性积极应对生活挑战。Z特色小镇建设过程中尤为关注社区居民的"内生意识"觉醒,不仅在学生教育、社区课堂以及单位培训环节充分引入积极心理学、抗逆力培育等相关主体建设知识,也通过传统宣传册、新型媒介等多种手段向社区居民宣传社区产业发展、教育振兴等方面的人物榜样及典型案例,促使社区居民不断察觉自身拥有的内在动能。尤其社区内部"弱势群体"是新内生发展模式的重难点,Z特色小镇极为关注他们内生意识觉醒进程,通过老人培训课堂、妇女就业互助、残疾人社区关爱等多种项目形式推动他们实现从内生意识到能力的转化。

二是文化认同层面充分挖掘当地的地方特色。新内生发展实践强调对地方特色的关注,通过打造共同的文化符号促使社区居民自发生成区别于其他地域的居民身份,产生深层次的社区认同感。这种基于本土文化、社区灵魂所打造的"文化符号""文化品牌"也是社区居民能够实现整合的重要力量。Z特色小镇在建设过程中特别注重对本土文化的挖掘、浸润以及熏陶,社区工作人员CW强调"Z人文遗迹非常丰富,桥多、水多、建筑多,要利用特色打造响亮的文化名片"。举例来说,Z特色小镇配合自身发展定位,积极开展以"淀山湖""上海之源"等为主题的文学、音乐、美术等创作与表演,创立"水乡音乐节"等国际文化品牌,将江南特色、水乡风光以及特色文化与现代时尚要素充分融合,从整体上进行全方位的乡村符号管理与品牌传播,切实构筑了社区居民对乡村感知与集体记忆的基础,唤起社区居民对特色小镇的"认同感""责任感"。

三是自主参与层面充分培育地方居民的主体意识。地方居民的充分参与是乡村新内生发展决策、实施的基础①。新内生发展实践突出社区居民作为社区"主人翁"所应具有的社区管理、社区服务以及社区建设的主体意识。Z特色小镇一方面在开发条例、管理章程等文件中明确规定本地居民享有的知情权、参与权以及监督权。另一方面也积极加强各种参与平台、参与机会和参与渠道建设,如打造"幸福合伙人""红色商铺"等品牌项目提供各类志愿服务岗位,运用"法治大讲堂""法理堂"等平台加强对社区人才的指导培训。此

---

① 文军、刘雨航:《迈向新内生时代:乡村振兴的内生发展困境及其应对》,《贵州社会科学》2022年第5期。

外,Z特色小镇也根据居民"微心愿"制定微治理专项行动计划,通过上门走访、电话采访等多种方式积极鼓励地方居民参与小镇建设。社区居民小Y就表示"民众参与这一块社区(工作人员)经常引导我们参与社区建设,'小巷管家''信息员'这些都是我们志愿者同志。"

"社区有很多能人、达人的,做社区工作不能坐在办公室一个人干,要动员这些力量。我们平时经常上门的,和他们多交流,了解他们需要什么,然后打造一些适合他们的志愿服务项目,前段时间我们还设立了一个志愿积分卡,每次参与社区活动都算分,最后可以兑换景区周边,吸引了不少人。"

(二) 组织赋能:基于公共性的组织化建设

随着社会转型的持续推进,城镇社区的流动化、陌生化以及不确定性趋势的增长,乡村新内生发展实践日益面临组织性发展薄弱、集体性不断脆弱等困境,单纯依靠个体化的赋能举措显然难以维系乡村系统的正常运作。社区为本的乡村新内生发展实践依赖于各类正式和非正式组织联结。以公共性为基础的组织赋能是实现乡村社区有机团结和整合行动的关键环节[1]。Z特色小镇开展了一系列组织赋能工作。

以基层党组织建设,夯实治理根基。基层党建始终是乡村新内生实践的重要治理根基,也是特色小镇组织化建设过程中必须依靠的"引领性"力量。Z特色小镇在锚定发展定位基础上,不断深化古镇旅游景区的相关党建工作。一方面,切实构建社区党组织发挥领导核心作用的组织体系,统筹辖区内所有党群服务阵地,以"党群服务示范站点"为标杆,发挥示范区党建创新实践基地(党群服务中心)和游客中心党群服务站"灯塔"作用,进一步推进Z特色小镇党群服务阵地提质增效。另一方面,推动党建力量多层次、多维度的联合与下沉,联络党建办、党群办、城运中心等部门和居民区、"两新"党组织力量部署谋划党建项目,形成党建引领下资源共享、区域共建的强大合力。区级党建部门工作人员表示"近年来Z特色小镇一直以最强配置、最优措施以及最佳服务聚力推动党组织建设,打造魅力党建品牌"。

以正式组织建设,激发专业活力。各类专业性的正式组织始终是新内生发展实践中必须予以关注的强劲力量。作为重要沟通桥梁,"正式组织"有序

---

[1] 吕方:《再造乡土团结:农村社会组织发展与"新公共性"》,《南开学报(哲学社会科学版)》2013年第3期。

运作能够助推地方资源与外部超地方网络的有效贯通。Z 特色小镇在建设过程中始终重视各类正式组织的角色身份,落实轮值等制度,积极引导正式组织发挥专业优势①。如 Z 特色小镇助推红十字会专业力量开展居民秩序维持和紧急救助服务,支持相关基金会、公益组织开展旅游宣传及路线答疑活动,大力鼓励"第三方"机构介入特色小镇的开发维护工作,进一步整合优化正式组织力量,充分发挥各类代表性企业工会、社会工作服务机构等行业自律与社会共治作用。上海 LSH 公益发展中心工作人员提到"政府很支持我们开展景区领航活动"。

"上面也非常支持我们开展这些活动,我们也需要经常反馈活动进展什么的。节假日的时候,景区附近、公交站还有地铁站等区域,我们经常在这边答疑指路,开展各种活动。"

以非正式组织建设,推动多元参与。新内生发展实践将乡村内生发展从地域界限中解放出来,关注参与式的伙伴作用,其中重要主体之一便是由居民自发形成的非正式组织。Z 特色小镇建设过程中将协商民主与自组织融合,鼓励居民在日常的公共生活和社区互动中自发推进自组织建设,并将此打造成为居民参与社区公共生活和社区建设的重要平台与渠道。这里的非正式组织包括各类兴趣爱好小组、志愿服务团体、互助联合会等自发形成的开放系统。近年来,Z 特色小镇大力发展义务消防队,通过常态化应急知识培训和消防演练维护小镇内消防安全。还有成立"小哥服务突击队",维护新就业群体劳动经济利益,引导他们参与社区服务更好融入社区治理。

(三) 社区增效:基于利益整合的协商实践

新内生发展的"社区为本"原则强调基于社区整合而采取的集体行动,其最低限度的整合是居民利益需求层面的协调,即尽可能寻找社区居民的共同利益和相似性需求,以促成居民在社区发展事项上达成共识,实现从利益共同体到价值共同体、行动共同体的转变②。而上述过程的实现,则建立在制度化、常态化和日常化的社区协商机制基础之上,通过行之有效的社区协商实践推进。具体来说,Z 特色小镇围绕"社区增效"开展了一系列社区协商与整合工作。

---

① 马良灿、哈洪颖:《新型乡村社区组织体系建设何以可能——兼论乡村振兴的组织基础建设》,《福建师范大学学报(哲学社会科学版)》2021 年第 3 期。

② 王小章:《特色小镇的"特色"与"一般"》,《浙江社会科学》2016 年第 3 期。

一方面,基于主体利益的社区需求整合。特色小镇建设过程中,地方居民是直接的利益相关者,在价值理念、利益需求等方面的分歧难以避免[①]。不仅政府与居民之间可能存在利益博弈,拆迁居民与未拆迁居民之间甚至是拆迁居民内部因利益分化而产生的"相对剥夺感"[②]也阻碍着居民的深入合作。部分居民认为,应该通过商业旅游开发的形式增加当地财政收入,推动社区发展。而另一部分居民则认为,应该加强对社区传统文化和生活秩序的保护,避免商业化的冲击。因此,推进特色小镇建设中的居民行动整合,首先要在日益分化的主体利益中寻找共识和共同需求,以此奠定群体整合的行动基础。

"最主要的是我们要尊重大家不同的利益,每一个人有每一个人的考虑,你不能说为了开发就牺牲掉其他人。我们组织讨论会,各种上门走访,该补偿就补偿,多做工作。大家也总归是希望我们整体好的呀,所以整体下来协商得也比较顺利,大家的利益也都得到了维护。"

另一方面,打造社区协商平台与协商机制。特色小镇发展作为持续的过程需要稳定、制度化的社区参与环境。为此,Z特色小镇致力于构建制度化、科学性的主体协商机制,打造开放透明的参与平台。机制建设方面,Z特色小镇探索楼栋、小区、社区以及单位内部多级协商机制,如大力健全社区议事定期协商机制与联络员制度,打造常规、应急、专项以及简化等四类协商模式。平台构建方面,Z特色小镇积极搭建多层次、多形式的协商平台,诸如"重点事项议论会""开放空间"与"讨论沙龙"等促使参与主体以协商共治方式处理社区公共事务。此外,Z特色小镇将"微信"视作重要的居民参与平台,不仅在微信公众号开通专门的意见反馈渠道,也以"楼栋""片区"为单位组建居民联络群,方便居民随时随地在微信群里反映自身需求、表达自身想法。社区居民YG表示,"微信群其实很方便我们反馈交流,我们有什么建议也可以第一时间在群里直接说"。

总之,特色小镇协商过程的实现更加有赖于协商实践过程中的不断磨合。换言之,只有在找寻共同利益基础上推动本地居民共同参与、共同发现以及提

---

① 调研发现,Z特色小镇建设过程中,因为项目开发、公路修建、基础设施建设等原因,常常需要对社区范围内的土地进行拆迁和征用,部分居民就拆迁金额未达到预期目标而拒绝搬迁,使得部分项目开发进程有所延缓。

② 刘欣:《相对剥夺地位与阶层认知》,《社会学研究》2002年第1期。

出地方社区发展中所面临的问题,并积极寻找解决对策,居民的治理能力提升以及社区整合才能得以实现。在此过程中,需要避免地方居民对外部力量的过度依赖,积极地引导外部赋能向自主参与转变,引导外生动力向内生动力转化①。同时,社区化赋能、居民参与以及社区整合具有统一性,社区化赋能和社区整合都在居民的实践参与过程中实现,是提升居民参与能力以及社区整合行动能力的重要保障。

三、国家介入:层级政府的上下联动

新内生发展理论认为国家在配置资源和协调责任关系方面发挥着重要作用。近几十年,虽然国家在我国特色小镇建设历程中经历了一系列角色转换,但依旧处于关键地位。具体来说,一是制度参与,从中央政府到地方政府制定了一系列为特色小镇建设提供宏观调控和规制保障的制度文件;二是政策支持,层级政府根据辖区情况制定了纲领性、支持性以及专业性政策,为特色小镇发展提供良好的政策环境;三是机制构建,打造了特色小镇平稳运行的常态工作体系。

(一)制度供给:特色小镇建设的规制保障

"制度"是推动新发展阶段特色小镇建设"国家—市场"耦合的重要方式,即各级政府通过一系列制度设计将特色小镇建设的地方实践纳入规范化、程序化的制度框架之中。这不仅在宏观层面实现了特色小镇的统筹布局,还在具体实践层面对多元行动主体予以规范,并为特色小镇建设提供了规制保障和制度优势。

第一,强化清单管理与审核纠偏制度。为切实推进特色小镇的统一管理与审核纠偏工作,Z特色小镇采取了相关制度性设计:一是严格设定特色小镇发展的"数量、质量清单标准",相关部门组成专班,按照"严定标准、严控数量"原则,对特色小镇进行全面登记、分步审核、分类处置,对特色小镇进行拉网式排查统计②。二是形成科学推进特色小镇建设方案。组织有关部门、联合会

---

① Terluin, I.J., "Differences in economic development in rural regions of advance dcountries: an over view and critical analysis of the ories", *Journal of Rural Studies*, 2003, Vol.19, No.3, pp.327—344.

② 上海市对于清单内特色小镇制定了严格的评分标准,评分标准包括功能定位、产业特色、发展形态、运作机制、重点项目五个类别,下设具体评分指标20个,共计100分。上海市发改委等部门会按照评分标准,对清单内特色小镇进行动态考核和监管。资料来源:《上海市清单内特色小镇评分标准》(附录三)。

商对特色小镇发展方向、功能布局、项目建设、运作机制等方面进行严格指导把关,在此基础上修改形成比较完善的建设方案,作为建设遵循和考核评价依据。并会同相关部门、区镇合力推进特色小镇重点建设任务按目标、按节点顺利推进,及时解决建设中的困难和问题①。三是加大对虚假虚拟"特色小镇"等进行清理更名。《关于印发 2021 年度上海市特色小镇清单的通知》里提到,"要清理规范清单外各类小镇,对各类清单外小镇实行分类管理和动态监测,确保不突破各项底线红线"。

第二,建立新型评价体系与监测制度。考核标准上,在全面考察特色小镇发展整体性、系统性以及综合性的同时,也应突出特色小镇本身"特色"的维护与开发建设情况。考核方式上,打破原有基于数字化指标的绩效主义取向,综合采用过程评估与结果评估、质化评估与量化评估两种方式,在特色小镇发展过程中逐步建立具有社区取向的整合性评估体系②。考核制度上,一方面从责任落实、工作动员以及监督反馈等方面推进具体管理制度建设;另一方面,不断提升政府工作人员的考评胜任力,促使他们能够在动态复杂情境中实现特色小镇政策与实践的有效联结。Z 特色小镇所在区发展过程中,实行特色小镇年度考核制度,考核结果不仅要在省级主流媒体公布,还会纳入各市、县政府,甚至是牵头部门的业绩考核。此外,近年来 Z 特色小镇也效仿其他地区引入第三方机构,从高端要素集聚、功能融合、特色打造和日常工作等多个方面多项指标进行考核监测。

第三,加强动员激励及支持保障制度。主要是针对小镇发展相关人员报酬偏低、激励不足的现象,从而开展相关激励措施,以期激发主体行动活力。具体可以涵盖以下几个方面:其一,健全城乡融合发展方面相关激励制度。积极引导进城落户农民转让土地承包权、宅基地使用权、集体收益分配权等相关权益,不断落实农民转移人口市民化财政政策,完善由政府部门、企业单位以及个人共同参与的市民化成本分担机制③。其二,通过政策、税收优惠等继续完善相关金融支农激励性制度,落实县城金融机构涉农贷款增量奖励政策,引

① 陈思雨、曾刚:《我国大都市郊区古镇保护性开发模式探索——以上海市浦东新区新场古镇为例》,《世界地理研究》2017 年第 1 期。
② 文军、刘雨航:《迈向新内生时代:乡村振兴的内生发展困境及其应对》,《贵州社会科学》2022 年第 5 期。
③ 程响、何继新:《城乡融合发展与特色小镇建设的良性互动——基于城乡区域要素流动理论视角》,《广西社会科学》2018 年第 10 期。

导更多金融资源支持特色小镇发展①。其三,建立创新创业相关激励性机制,如适度放宽特色小镇创业园用水用电用地的标准,确定一定比例用地计划指标用于特色小镇新产业新业态发展②,吸引更多返乡创业人员回到"故乡"施展才能,推动特色小镇吸纳更多本地人才,能够挖掘更多的本土特色、本土特征,在更大程度上激发特色小镇发展潜能与发展活力。

(二) 政策支持:特色小镇发展的环境营造

特色小镇的建设过程与新内生发展理论具有较高契合性,都是在地方率先进行改革创新基础上,被更大范围的政策允许后,由政府力量进行了强力介入。在特色小镇发展历程中,政府力量不可替代,从总体引领、配套支持以及专业化等三方面进行了政策支持。③

第一类是总体性、纲领性的政策要求,主要对特色小镇的指导思想、建设要求、主要任务等做出明确规定。如规划建设要求方面,提出了宜居宜业、记住乡愁两方面的要求,小镇的空间布局上要适宜居住,进一步完善公共服务设施及基础设施建设,通过本地特色来规划引导,保留传统风貌④。第二类是支持特色小镇发展的配套性政策。国家层面通过土地、财政等政策调节资源流向,引导社会资本进入特色小镇的开发领域。如中央出台了《关于开发性金融支持特色小(城)镇建设促进脱贫攻坚的意见》《关于推进商业金融支持小城镇建设的通知》等文件,明确了结合贫困地区实际,对试点项目优先安排贷款规模,优先给予政策、资金支持,引导社会资本广泛参与。第三类是专业化的特色小镇建设政策。国家旅游局、国家林业局、农业部等部门出台了一系列政策,积极推动专业化特色小镇,如旅游风情小镇、森林小镇、农产品加工特色小镇、农业特色互联网小镇、工业文化特色小镇、中医药文化小镇及运动休闲小镇等⑤。

---

① 虞金洲、赵迎军、宣晓等:《特色小镇产业集聚与都市圈区域集聚的耦合机制研究——以浙江省为例》,《软科学》2021 年第 4 期。

② 范玉刚:《特色小镇可持续发展的文化密码》,《学术交流》2020 年第 1 期。

③ 特色小镇的政策演进历程同特色小镇的城镇演进路径一样,总体上经历了探索—推广—成长—纠偏—稳定发展几个阶段,政策路径不断清晰明确,对特色小镇发展发挥了重要作用。

④ 又如 2016 年上海发改委发布《关于开展上海市特色小(城)镇培育与 2017 年申报工作的通知》,提出上海市特色小(城)镇申报和培育要以建制镇为单位,鼓励引导在镇域相对集中地区发展打造特色产业、特色文化和特色环境,为上海市特色小镇发展指明了前进方向。

⑤ 具体政策文本如 2017 年 5 月 9 日,体育总局办公厅下发了《关于推动运动休闲特色小镇建设工作的通知》,启动了运动休闲特色小镇建设工作。2017 年 7 月 4 日,国家林业局发布了《国家林业局办公室关于开展森林特色小镇建设试点工作的通知》。2018 年 8 月底,国家林业和草原局公布了首批 50 个国家森林小镇建设试点单位。

总的来看,这些政策呈现出三大特点:一是由单部门转化为多部门、跨领域的政策主体。以往推进城镇化的政策文件,一般主要由主管部门或国务院统一颁发实施,2016 年首次命名特色小镇的文件制定部门,就是由多个部门牵头协同推进①。二是从中央自上而下的权力行使向参与性、社区主导的行动转变。充分认识到地方性资源和基层主体作用的重要性,在创建、审核、评比等各环节,国家层面设立大原则和标准,更多操作性细则由地方政府制定。更加注重强化上下联动,具有明显的中央调控、赋权地方、上下联动的特点。三是由强调本土为主转化为地方和超地方、内部和外部相结合并行。新内生发展理论认为区域发展的动能,根植于当地,但不局限于当地,需要当地与更广泛的环境之间实现动态互动。特色小镇政策在鼓励地方资源发展的同时,更加注重了外部资本、市场主体和消费群体等在区域发展中的塑造作用。

(三) 机制打造:特色小镇运行的常态体系

特色小镇的有序运行需要依托政府力量进行常态工作机制设计,进一步自上而下优化组织架构,更新小镇治理模式以及创设合理项目时序,及时报送与解决工作进展过程中可能会出现的各类新问题、新情况,助推特色小镇的高质量发展。具体来说,Z 特色小镇在运行过程中主要打造了以下三类常态工作机制:

一是准确明晰的权责均衡机制。特色小镇运行过程中不同层级、不同部门间的管辖分工不同,责任归属不同,应按照权责对等、均衡配置、统筹管理的原则完善特色小镇的运行体系。包括合理界定中央、省市等各级政府部门之间的决策权、事权以及支出责任,不断完善、细化财政资金投入、规划用地空间、建设用地指标、主导产业扶持等工作细节,约束各级政府部门及内部行政人员。Z 特色小镇发展过程中,中央、省、市各级政府主要负责特色小镇的布局设计和宏观调控工作,并联系相关部门和地方政府共同开展相应的基础设施建设等。地方政府主要承担具体政策制定、平台搭建以及中间协调等角色②。Z 特色小镇所在 Q 区级办公室工作人员调研时就表示"特色小镇的建

---

① 如《关于开展特色小镇培育工作的通知》就是由住房城乡建设部、国家发展改革委、财政部三个部门联合发文,体现了很强的多部门协作、跨领域的特点,更加有利于调动各方面的资源。

② 其中 Z 特色小镇所在市市发展改革委、市规划国土资源局、市住房城乡建管委、市财政局等部门建立市级特色小镇工作小组,负责组织开展本市特色小镇培育工作,明确培育要求,进行指导检查,确定市级特色小镇名单,做好国家级特色小镇的申报推荐工作。区县级人民政府是培育特色小镇的责任主体,负责制定支持政策和保障措施,整合落实资金,完善体制机制,统筹项目安排并组织推进。镇人民政府负责做好实施工作。

设必须明确责任分工,而且要设立专项办公室"。

"在建立县区一级特色小镇培育创建工作机制基础上,我们按照分级负责原则设立专项办公室,有专业人员统筹特色小镇建设的相关组织协调、统计监测、政策支持、项目引进、招商引资等工作。"

二是高效统一的行动协同机制。特色小镇的发展不仅是政府部门在前台的"独角戏",也需要政府力量在完善主体功能规划基础上绘制统一行动蓝图,按照特色小镇发展的系统性、整体性确定开发方案,搭建政府、市场、社会以及个人共同参与、对话协商、信息共享的跨区域协同联动机制。Z特色小镇建设过程中政府尤为关注"对话式民主",通过提供"一站式"服务以及议事听证会、定期重大事项讨论会、公共数据平台建设等微观治理机制与其他主体建立合作伙伴关系。

三是正向引导的激励动员机制。为了确保各项政策措施落到实处,激发特色小镇发展的积极性与活力,地方政府也针对不同类型的特色小镇设置相应的动员激励机制,实施分类指导、广泛宣传动员、正向强化激励以及科学考核评价等。Z特色小镇运行过程中政府部门将特色小镇同步纳入年度综合考核,加大在体制、财税以及产业政策等方面的扶持力度,建立了特色小镇过程管理、动态评价以及激励与退出机制。同时,Z特色小镇定期召开特色小镇优秀工作人员及典型案例表彰总结大会,通过传统海报栏以及微信公众号、抖音平台等综合媒介手段宣传特色小镇中的"优秀人物""好故事""新做法",最大程度发挥先进示范效应。社区工作人员CXM表示"我们小镇的各项激励措施都是很大的,不管是各种优惠、支持还有考核什么,都很合理,大家干劲也很足,所以现在发展势头很好啊!"

四、市场驱动:资本要素的流动配置

新发展阶段的特色小镇新内生实践离不开外部市场主体的行动参与,市场是激发特色小镇发展活力的重要来源①。在简政放权、精简职能大背景下,政府将特色小镇建设部分职责向市场力量转移,通过筑巢引凤、产业集群以及资源整合等助推市场主体力量的不断介入。

(一)筑巢引凤:市场化力量的充分引入

我国特色小镇是在政府权力与市场力量持续博弈的基础上生发的。在特

---

① 周晓虹:《产业转型与文化再造:特色小镇的创建路径》,《南京社会科学》2017年第4期。

色小镇开发建设的初期探索阶段,政府力量仍习惯于以主导的方式介入,在为特色小镇建设提供资源和政策保障的同时,一定程度上也影响了社会力量、市场主体的实践参与,进而限制了特色小镇的发展活力。伴随着社会主义市场经济改革和社会治理转型的深入,国家政府开始尝试采取市场化的方式开发建设特色小镇,商业资本的涌入推动着各类特色小镇如雨后春笋般喷涌而出。然而,此时政府所关注的重心偏向于"招商引资",即如何吸引外部市场主体参与投资和开发建设,其结果是特色小镇虽然经历了一段"野蛮生长"时期,但在商业资本的逐利取向下,很容易成为房地产开发的泡沫,特色失灵问题普遍发生,一大批特色小镇以失败告终。鉴于此,国家逐渐加强制度保障,建立健全特色小镇建设的层级制度体系,实现了"国家—市场"的再嵌入。总之,在特色小镇发展历程中,"国家—市场"关系整体上经历了从国家政府支配到市场支配,再到国家和市场嵌合的转变,实现了自上而下政策实践和自下而上市场行为的结合。

目前特色小镇主要通过"筑巢引凤"的方式实现外部行动者的入驻,即先搭建好特色小镇建设的实践平台和整体架构,再根据发展需要选择合适主体。从行动者类型角度而言,参与到Z特色小镇新内生实践中的外部主体主要包括市场化取向的企业商家①、社会组织以及各类型的技术人才、劳动力人口。各种类型的企业与商家是激发特色小镇建设中市场化活力和商业活力的关键,社会组织承担着社会服务和社会福利资源输送的重要职能,各种类型的技术人才和劳动力人口则构成了特色小镇建设所必需的人力资源。

就外部行动者具体引入方式而言,主要包括以下三类:一是政府出面,以招商引资的方式邀请企业商家入驻,或者以项目制发包的方式,直接对外购买服务。二是通过地方社区内部企业商家、社区居民等已有的社会关系网络,与外界市场主体建立联系。三是外部行动主体自主入驻。当然,很多企业、商家以及社会组织也会因为特色小镇所提供的优惠性政策、良好的区位条件、营商环境以及市场规模自发地与特色小镇建立联系。在景区内经营手工艺制品的

---

① 介入到Z特色小镇建设中的企业商家主要包括以下类型:一是开发建设类。此类企业主要负责特色小镇的开发建设项目,包括基础设施建设、软硬件设施提供等。二是运营管理类。此类企业商家主要负责特色小镇的平台建设,例如旅游古镇和基金产业园的运营管理、日常经营、物业管理等。三是市场经营类。此类企业主要是借助Z特色小镇的市场平台和营商环境,进入特色小镇后通常会开展自主性的经营行为。

店主 TLL 表示"我才来没两年,本来是在 W 景区做的,后来感觉上海 Z 这边政策比较好,人流量还可以,我就过来了"。

(二) 产业集群:聚焦特色的产业社区化

特色产业是特色小镇的动力引擎。不同于以往传统"多点开花、分散引导"的创业园区(孵化基地),特色产业本质上是一种基于特色定位和发展规划而形成的较为成熟的产业集群,一种以某一特色产业链为核心融合投资链、人才链以及资金链等要素进而实现创新性和可持续性的创新生态空间[①]。Z 特色小镇建设过程中,其特色产业发展主要定位在"古镇旅游业"和"基金产业园",并以此为主要脉络,吸引外部市场主体入驻。

一方面,依托古镇优势发展文化创意产业。就古镇旅游业本身而言,当地的产业开发已经具备良好的发展基础,如何实现单一旅游业到综合性产业社区化的转型升级成为特色小镇建设的必然要求。在邀请相关学者、实务专家和本地居民制定产业发展规划的基础上,Z 特色小镇根据需要吸引了以下类型的市场主体入驻:一是文旅运营和管理公司。招募专业的运营团队和技术人才负责古镇旅游的设计、开发、运营和管理等环节。二是文创产业开发团队。Z 特色小镇招募了一批专业的文创开发企业和团队入驻,打造以古镇历史文化为品牌的文创产品。游客小 T 提到"Z 这里的文创我觉得特别用心,很多小插画、小物件都有 Z 的地方特色,蕴含了设计师的小巧思"。三是各类大中小型商户。无论在古镇内部还是在古镇周边,庞大人流量催生着相应的商业市场。四是物业管理公司。Z 特色小镇招募专业的物业管理公司负责古镇旅游业的相关管理事宜。

另一方面,基于未来规划开发基金产业园。基金产业因其自身属性使然,是一个具有一定流动性与超地方性的概念。Z 特色小镇基金产业的发展并非一蹴而就,而是不断地进行战略规划、方案制定,在此基础上引入国内外一流的基金投资人和专业的金融创新产业孵化机构,加快资源集聚进而形成鲜明、完善的基金产业集聚区。截至 2023 年 3 月,作为优质项目与资本媒介服务平台,Z 特色小镇内的 CSJ 金融产业园已成功引入德同资本等 160 家金融机构,实现了集聚基金管理规模 1 600 亿元的突破。

总之,Z 特色小镇的特色产业集群发展主要以"文创+基金"的定位而展

[①] 盛世豪、张伟明:《特色小镇:一种产业空间组织形式》,《浙江社会科学》2016 年第 3 期。

开。一方面,以地方性的古镇资源为核心,通过文创产业的形式对其加以保护性开发;另一方面,以超地方性的资源配置为平台,推动当地基金产业园开发和基金产业发展。同时,Z特色小镇充分发挥名人效应,开发多种类型的文化旅游项目,引入一大批高品位艺术展览以及文化艺术名人工作室,并融合音乐等多种艺术表达形式举办各式节庆活动,通过线上线下同步舆论宣传与推广,打造完整的以"古镇水乡"为特色的文化品牌产业链。

(三) 资源协同:跨地域要素的合理配置

新内生实践主张打破资源开发的时空壁垒,根据发展的实际需要链接外部资源并促使资源在跨地域、跨主体、跨方式的复杂情境中能够鲜活流动。Z特色小镇聚焦自身发展实际,通过"平台搭建""技术对接"以及"利益共享"促使资源要素在不同时空实现了协同式发展,最终以更优质的形态汇聚于特色小镇建设进程,进而提供最具活力的产品与服务。

一是以社区平台为基础的资源流动。特色小镇建设作为一种超地方性的区域新内生发展实践,既需要充分挖掘地方社区的优势资源,也需要引入各种外生性资源,因此有必要进一步搭建资源双向流动交互的实践平台,如众创空间和网络众创平台等。这一开放共享的服务平台能够实现创业者—企业—全球市场等不同要素资源的有效聚集与链接,不同主体能够专注于自身的核心业务,推动创新产品与服务的高效能转化。Z特色小镇内部便有不同服务模式的众创空间,或是综合创业生态体系型,或是投资驱动型,无论哪一种都向创业者、企业、投资人等提供了一个资源流动的合作交流平台,能够在最短时间内促使创新资源得到更好效用。

"有了这个平台很方便的,我可以很方便地联系到各种投资人,也可以和其他创业人交流,还能快速知道现在市面上需要什么最新的东西或是设计,那我就可以跟着风向来调整我的投入。之前一个人蒙头苦干很累的,现在在这不孤单,我的小设计目前市场也很好。"(访谈对象:数码设计创业人员 HG)

二是以数字技术为手段的资源互动。在高度流动化、数字化的现代社会,资源的流动需要摆脱地方社区的空间场域束缚,从一种传统的地方性、实体性实践向超地方性、数字化实践转变①。在"互联网+""智能+""智慧+""大数

---

① Lowe, P., J. Murdoch and N. Ward, "Networks in rural development: beyond exogenous and endogenous models", in J. Vander Ploeg, G. Van Dijk, *Beyond modernization: the impact of endogenous rural development*, Assen: Van Gorcum, 1995, pp.87—105.

据＋"等数字技术加持下,Z特色小镇内外资源的互动比以往更加迅速、便捷。通过将数字技术整套运用于特色小镇发展全过程、全领域,Z特色小镇与跨地区、跨省市以及跨国的资源要素实现了最大程度的碰撞,在此基础上不断反馈优化提升自身资源的创新性、能动性与影响力。社区工作人员TYY就提到"Z始终将智慧信息化旅游作为发展目标"。通过智慧化的互联手段促使本土资源与外部资源实现了良好的勾连,助推Z特色小镇不断更新自身品牌资源与产业资源,同时也拥有了跨界创新的多重可能性。

三是以利益共享为核心的资源联动。特色小镇资源流动的利益链条上实质上共存着行动偏好完全不同的利益主体,如何促使资源协同实现有效"联动"需强化以"利益共享"而非"零和博弈"为核心的资源交互原则。为此,无论是规划设计、资金统筹,还是运营管理环节,Z特色小镇都从法规体系、条例章程等层面纳入不同资源主体的发展诉求,尊重其知情、表达以及选择的权利。同时,Z特色小镇积极采取"政府＋企业＋居民＋……"等模式构建"引领多元一体"的产业发展利益联结、风险共担机制,完善利益分配的链条,促使资源联动时不同要素应得利益得到保障。

五、总结、讨论与启示

在高流动性、高脱域性的现代社会,传统的封闭性地方共同体正在向开放性的流动社区转变,内生发展的地方理想也正在向超地方实践转变。特色小镇建设中超地方行动者网络的建构,实际上也提供了一种"国家—市场—社会"三方协作的微观架构和实践参照。特色小镇建设的新内生发展实践既以所在地方社区为依托,通过社区为本的居民整合行动进一步实现主体充权、组织赋能以及社区增效的在地化发展,但也早已超脱了传统乡村社区地方情境的范围。国家视角以及市场力量等外部多元主体围绕社区实践所缔结而成的超地方行动者网络构成了特色小镇建设的中央根基。国家视角下中央以及各级政府"上下联动"所创设的制度体系、提供的支持性政策以及打造的工作机制为特色小镇的运行"保驾护航"。多层次、全方位、多类型的市场力量涌入以及资源的跨地域流动为特色小镇的发展带来了全新活力与多重机遇。简而言之,特色小镇建设离不开内外部主体的共同参与,特色小镇建设的新内生实践实际上就是内外多元主体共同推进的社区发展实践。

进一步补充的是,在招募外部市场主体,形成内外共生合作关系的过程中,尤为需要关注"国家政府"所扮演的角色。一方面,国家政府是对外招商引资的重要主体,也是特色小镇建设中向外争取资源的重要窗口和平台。但另一方面,在国家政府主导的招商引资模式下,特色小镇建设过程中的外部主体介入难免具有一定的政策导向,未能适配自下而上的社区发展需要。因此,也应当赋予地方社区在招商引资和链接外界资源上的足够自主性,以此保证外部行动主体介入的有效性。但现实情况是地方社区和本地居民在了解社区发展实际需要的基础上,所掌握的政策资源和沟通渠道存在一定欠缺,难以凭借自身力量与外部行动主体建立联系,由此一定程度上造成了一种社区发展实践和国家政策实践之间的脱节现象,制约了特色小镇的深入发展。简言之,需要将地方社区自下而上的主体实践和国家政府自上而下的政策实践有机结合,将各种支持性政策转化成为切实的人才吸引力,共同拓展特色小镇建设新内生实践的超地方行动者网络,更好地满足特色小镇建设的实际需求。

在特色小镇多年建设过程中,层级政府、市场主体以及地方居民在共同的特色小镇发展实践和多边协商中逐渐达成了一种围绕"特色"而展开的"松散耦合"式合作关系,这种关系虽然有着规制性制度的保障,有着相对明确的角色分工,但更加依赖于多元行动者的主体性建构,因此在合作形式上也具有较高的灵活性。如何在保障一定灵活性的同时实现多元主体之间的有机整合,使之成为具有韧性的超地方行动者网络则成为关键目标,这一目标的完成基于多元主体之间的协商机制。这种协商机制既存在于地方社区内部,需要通过内部协商实现社区行动主体的整合,也存在于内外部主体之间,多元行动者需要通过协商对话达成合作共识。多元主体之间协商实践的达成建立在相似性的利益需求之上,需要对不同主体的利益需求加以考量,并且尽可能地寻求并维护共同利益。更为重要的是,需要加强不同主体之间的协商对话,在了解彼此利益诉求的基础上,深化社区发展事项上的价值理念、发展策略层面的深入交流,逐步推动初步的利益共同体向价值共同体、行动共同体转变。

总之,在特色小镇建设的新内生实践过程中,超地方行动者网络将以地方社区为平台,共同围绕"特色定位"而展开参与实践。新发展阶段的特色小镇建设是在国家政府的宏观调控和制度保障之下展开,根据区域发展的实际情况和优势资源选定特色内容进行申报,并且会围绕"特色"制定一整套相对完备的发展规划。国家政府、市场主体、社会力量等多元行动主体在特色小镇的发展规划中都有着相对明确的角色定位和功能划分。因此,围绕特色小镇建设而展开的社区发展实践本身便为超地方行动者网络之间的主体整合提供了契机与平台,所需要考虑的更多的是如何在社区发展实践中围绕特色定位深化不同主体之间的协作方式,并且充分调动多元主体的参与积极性、能动性,从而助推新发展阶段下特色小镇的建设构建上下衔接、内外关联、彼此呼应的有机关系网络,加快实现特色小镇的新内生发展与我国区域经济的转型升级。

"Extra-Local Practice": The Construction of Actor Network in Characteristic Town Construction

—A Case Study of Z-characteristic Town in Shanghai

Abstract: Characteristic towns are of great significance to promoting new-type urbanization and regional economic transformation and upgrading. In the game of "state-market" relationship, the construction of characteristic towns in China has experienced a development process from government domination to market dominance, and then to the mutual integration of the state and the market, and gradually entered a new endogenous development stage of "state-market-society" multi-force linkage and internal and external symbiosis. The key to the new endogenous development practice is to build an organic network of extra-local actors. Based on this, this paper aims to start from the theoretical perspective of "Neo-endogenous Development", and Select the Z-characteristic town as the case site to investigate. It is found that the construction of extra-local actors in the process of characteristic town construction first promotes the community-oriented resident integration action through Resident empowerment, organizational empowerment and community empowerment. Secondly, the government intervenes from the aspects of institutional support, policy support and mechanism building. Finally, on the basis of characteristic industries, external market players are introduced to achieve reasonable allocation and effective coordination of cross-regional capital elements.

Key words: characteristic town; neo-endogenous development; actor network; "state-market-society"

作者简介:于俭,华东师范大学社会发展学院博士研究生;方淑敏,华东师范大学社会发展学院博士研究生。

艺术中的都市文化

论上海电影期刊与电影明星的制造
（1921—1949）

徐国庆

摘　要:1921 年至 1949 年间的上海电影期刊在传播电影知识、推广民族电影的同时,还参与了电影明星的制造,形成了以影片为中心和以明星为中心的两种制造模式,并让观众参与其中。以影片为中心的制造模式主要是为影片打通市场并建立起一定的市场信心。以明星为中心的制造模式则把明星与时尚结合起来,成为都市文化的重要组成部分,进一步凸显了明星的社会作用。而观众参与制造电影明星,既是对明星个人的认可,也是对电影文化消费市场的巩固与拓展。作为当时最重要的电影宣传媒介,上海电影期刊在电影明星的制造中有着举足轻重的作用,既提高了自身的销量,也丰富了上海的都市生活与文化。

关键词:上海电影期刊　电影明星　制造　都市生活

自 1921 年《影戏丛报》出版以来,上海电影期刊便开始关注和报道电影明星。《影戏丛报》介绍了鲁克、却别令(卓别林)等好莱坞电影明星。[①]而卓别林、鲁克、玛丽·壁克馥等人也是最早一批进入上海电影期刊报道视野的外国电影明星。紧接着,《影戏杂志》不仅对好莱坞电影明星进行了更多的报道,而

---

① "刊物内容为美国影星介绍和好莱坞影讯,辟有'影戏人物汇志'专栏,刊出却别令、鲁克、罗兰、甲克、琵琶、哀笛司、爱理司、麦克郡等 16 位好莱坞明星的传略,并有署名'席耐'的作者撰写的美国影星轶事花絮。"参见上海图书馆编:《中国现代电影期刊全目书志》,上海科学技术文献出版社 2009 年版,第 1 页。

且准确地将"Star"一词翻译成了"电影明星"。随着民族电影产业的不断向前发展,上海电影期刊逐渐开始了"造星"的工作。从 1924 年创刊的《电影杂志》开始,上海电影期刊逐渐将本土电影明星作为重点关注对象。

电影明星并非凭空出现,而是被制造出来的。"明星"这个词,是伴随电影工业文化传入中国而逐渐流行起来的。但是,与之性质相同的戏曲演出中的"名角""角儿""名家""大家"等称呼在中国早已存在。"'名角'作为同一行当中最为出色的演员,其唱腔和表演受到观众由衷的褒奖和认可。在演员级别上和'明星'同属一流。"①"名角"之所以有名,是因为得到观众的喜爱与支持,使之名声大振,收获了一大批忠实的票友。当然,这也是电影明星会受到万众瞩目的原因之一。但"名角"和电影明星的"有名"又有所区别。电影明星不仅仅是电影角色的扮演者,还是电影工业制造出来的"产品"。20 世纪初期,明星制度逐渐在好莱坞电影工业体系中占据主导地位,并影响全球。美国学者路易斯·贾内梯指出,"大制片厂视明星为有价之投资,所以投注大量金钱、时间和精力来制造明星"②。"制造"意味着电影公司是刻意且努力地在"生产"电影明星。在当时,制造电影明星的工具或手段除电影作品外,还需要借助其他传播媒介,如报纸、期刊、宣传册等。从 20 世纪 20 年代开始,受好莱坞影响的民族影坛逐渐具备了制造电影明星的意识,利用上海电影期刊等宣传载体制造出了王汉伦、胡蝶、阮玲玉、黎莉莉、白云等众多有时代影响力的电影明星。

上海电影期刊对本土电影明星的制造具有一定的必然性。一方面,上海电影期刊从诞生之日起,就关注电影明星,将他们视为电影期刊报道的重要内容。因而,从单纯报道到积极参与制造,本身就是上海电影期刊的明星意识的进一步提升。另一方面,上海电影期刊中的电影特刊、附属性电影期刊都与电影公司之间存在紧密的依附关系,作为电影公司对外宣传的媒介,它们参与到电影明星的制造中既符合电影公司的利益,也合乎这些刊物的创办宗旨。而像《青青电影》《电声》等独立性电影期刊,本身就倾向于把电影明星作为内容的核心,报道和明星相关的一切事情,即使没有像附属性刊物那样主动参与"造星",但也形成了客观上的融入。"走下银幕的明星,在报刊、电台以及各种

---

① 杨远婴主编:《中国电影专业史研究·电影文化卷》,中国电影出版社 2006 年版,第 30 页。
② 路易斯·贾内梯:《认识电影:第 14 版》,焦雄屏译,浙江文艺出版社 2021 年版,第 283 页。

社交场所展现风姿,通过有规律、有意识的公众曝光,在观众心目中保持和延续魅力形象。"①彼时,数量多、受众广、发行量大、风格多样的上海电影期刊是电影明星制造的重要载体。

关于早期电影明星制造的研究,有学者以早期电影公司为个案,通过对明星人格塑造的探究,考察本土明星的生产②。有学者则以具体的明星为例,探讨明星制造过程的意义③。还有学者从明星制造中的某一环节出发,分析其中的深意④。尽管相关研究成果颇丰,却鲜有以电影期刊为视角介入其中,从而无法将传统媒体在电影明星制造中所发挥的作用与意义联系起来。本文主要考察上海电影期刊在电影明星制造过程中经历了怎样的演变,扮演着何种重要的角色。同时,作为上海都市文化构成要素的上海电影期刊参与电影明星的制造,对于上海都市文化、都市生活产生何种影响,亦是本文所关注的。

一、以影片为中心的制造模式

《孤儿救祖记》的大获成功,为本土电影明星的制造提供了有利的条件。这部影片是明星公司"长片正剧"理念指导下的第一部故事长片,一经上映便引起轰动,不仅是民族电影诞生以来的首次巨大成功,更显示出民族影人对长片的驾驭能力。丁亚平认为,《孤儿救祖记》的成功意味着"电影尝试期结束和电影意识自觉的分水岭"⑤。当然,它的重要意义还在于民族影坛开始有了自觉制造电影明星的意识。因此,丁亚平所指出的"分水岭",不应只是电影创新与拍摄的意识自觉,还应包含电影明星制造的意识自觉。龚稼农在回忆录中写道:"《孤儿救祖记》正式在九重戏院放映后,王汉伦、郑小秋、郑鹧鸪、邵庄林诸人真是一夜成名,变成妇孺皆知的人物了。电影明星亦由此时成了观众们

---

① 岳璐:《当代中国大众传媒的明星生产与消费》,岳麓书社 2009 年版,第 43 页。
② 参见游晓光、张晓仝:《塑造"明星人格":论 20 世纪 30 年代中国电影明星生产——以"联华"为中心的考察》,《南京艺术学院学报(音乐与表演)》2022 年第 2 期。
③ 参见徐文明:《韩云珍与 20 世纪 20 年代的中国电影明星制造》,《电影艺术》2012 第 3 期;张莉、徐文明:《电影小生白云与"孤岛"时期中国电影男明星的类型塑造实践》,《中华文化与传播研究》2020 年第 2 期;徐艳蕊:《王汉伦与早期中国电影的明星制造》,《电影新作》2021 年第 3 期。
④ 参见陈永祥:《20 世纪 30 年代上海电影界女明星选举活动简论》,《海南师范大学学报(社会科学版)》2011 年第 5 期;赵晓:《符号之争:重绘中国早期电影的明星选举活动(1924—1937)》,《北京电影学院学报》2021 年第 9 期。
⑤ 丁亚平:《中国电影通史:全二册》,中国电影出版社 2015 年版,第 54 页。

所向往的时代偶像。"①不难看出,《孤儿救祖记》在上海乃至全国影坛掀起了一股民族电影的拍摄热潮,同时也让普通大众看到了电影明星的魅力。对于上海电影期刊来说,这部影片可以说是真正地激发了编者们对民族影片和电影明星的关注热情。更确切地说,自《孤儿救祖记》开始,上海电影期刊真正参与到了电影明星的制造中。

《孤儿救祖记》成功后,上海电影期刊开始了以影片为中心的电影明星制造模式。《晨星》第3期名为"《孤儿救祖记》号",除刊载影片本事、字幕、演员表等宣传物料外,还特别介绍了片中演员王汉伦、郑鹧鸪、郑小秋等人。《晨星》开创了电影特刊的先河,由明星公司以晨社的名义发行,是明星公司实际意义上的附属性刊物。所以,《晨星》对演员进行特别介绍,也就表明了明星公司希望将王汉伦等人作为影片宣传元素的意图。继《晨星》之后,同样与明星公司关系密切的《电影杂志》,进一步地宣传了明星公司的电影演员。如第1期刊载了《孤儿救祖记》演员王汉伦(见图1)、杨耐梅等人的照片与事迹,赞赏她们的才华、演技,一定程度上突出了她们的特质,颇有宣传她们个人的意味。在评价王汉伦时,任矜苹称其"性慧,喜英文,而尤注重英语,所交欧美女友极多交际日广,思想亦为之转移"②。彼时,经过了"五四"的洗礼,普通大众在新文化、新思想的影响下,看待

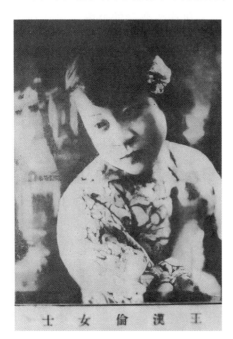

图1　电影明星王汉伦照片

电影演员的视野无疑有了新的拓展。《电影杂志》在介绍王汉伦的时候,也着重突出了她"新"的一面,展示了她开朗的性格与开放的思想。正如张真在《银幕艳史》中评价初入电影界的王汉伦时,认为她"已经带着她的松了绑的小脚

---

① 龚稼农:《龚稼农从影回忆录》,中国大百科全书出版社2013年版,第13页。
② 任矜苹:《王汉伦女士》,《电影杂志》1924年第1期。

进入到文化景观之中"。①值得注意的是,尽管此时的《电影杂志》有意识地宣传明星公司的电影演员,提升他们的影响力,试图让他们成为普通大众所崇拜的电影明星,但可以清晰地发现,期刊宣传王汉伦等人的时候,主要还是围绕着明星公司的电影作品。如《王汉伦女士》一文中结尾处所言:"今年,明星议摄玉梨魂,女士饰剧中之梨娘,表情益精进。"②同样,在宣传杨耐梅时也指出,"女士曾重阅玉梨魂小说者数遍。所有诗文。多能咏诵。对于剧情。遂易体会。能适合筠倩之身份云"③。很显然,《电影杂志》对王汉伦、杨耐梅的宣传,最终都是落脚于明星公司当年的新片——《玉梨魂》。

此外,《电影杂志》以影片为中心制造电影明星的方式也体现在期刊封面上。自第 2 期起,《电影杂志》封面多以电影明星半身像为主,这些照片大致占据了一半的封面面积,显示出封面设计者意图给予读者的强烈视觉感受。尽管每一期的封面明星并不相同,但这些照片的下方则大都指出该明星是某部影片的主角。如第 3 期封面(见图 2)明星下面配有"《人心》主角张织云"的文字,第 6 期为"但二春主演《弟弟》",第 7 期为"采茶女主角'庄蟾珍'",第 8 期为"《水落石出》主演徐素娥女士"等。这样的封面设计方式仍然体现了以影片为中心的明星制造思维。之所以将明星与影片绑定在一起宣传,主要是因为"明星作为一种特殊文化产品,必须经历选拔、培养、包装、宣传等一系列的生产环节,其生产成本是相当高昂的"。④电影明星不是与生俱来的,而是电影公司培

图 2 《电影杂志》第 3 期封面

① 张真:《银幕艳史:都市文化与上海电影:1896—1937》,沙丹、赵晓兰、高丹译,上海书店出版社 2019 年版,第 84 页。
② 任矜苹:《王汉伦女士》,《电影杂志》1924 年第 1 期。
③ 卢伯:《耐梅女士》,《电影杂志》1924 年第 1 期。
④ 岳璐:《当代中国大众传媒的明星生产与消费》,岳麓书社 2009 年版,第 42 页。

养出来的,从电影学校到摄影厂,从普通演员到大牌演员,都需要投入大量的资金,而最终的利益则取决于影片的效益,这就不可避免地形成了以影片为中心的明星制造模式。简单来说,电影明星要为电影作品的市场效益而服务。

《明星特刊》创刊后,以影片为中心的电影明星制造模式更加突出。明星公司凭借《孤儿救祖记》奠定了在上海影坛不容忽视的地位,以雄厚的资金和强大的影响力,制作了大量影片,这使得《明星特刊》的发行量比一般特刊更大,生命力也更持久。电影特刊自然要突出"特"字,即以影片为宣传中心。所以,《明星特刊》仍然保持着以影片中心的明星制造模式,并且更为显著。比如第 1 期的"《最后之良心》号"中的《演员小史》一文,介绍了萧养素、宣景琳、黄筠贞、林雪怀、黄君甫、王献斋、王吉亭等七位演员。简短的文字配以电影明星图像勾勒出他们的基本面貌,期望大众在了解他们的基础上,产生观看这部影片的欲望。共计 29 期的《明星特刊》全都采用了这种宣传电影明星的方式。其他的电影特刊,也基本如此。可以说,电影特刊时期的电影明星制造,并不是为了集中地宣传、制造某个明星个人,而是采取一片一"制造"的方式,将影片中的明星以现实化或者真实化的方式凸显出来,激发大众对影片的兴趣。学者陈涛指出,明星制度下的电影明星"不仅需要在银幕上扮演角色,而且承担了影片市场宣传推广的重任——从新闻发布会到预告片,从海报到报纸杂志宣传,从电视采访到绯闻炒作,明星往往是电影宣发的最核心因素"[1]。虽然当时的电影市场没有今天这样发达的宣传渠道,但从电影特刊上的宣传情况来说,电影明星已然承担了极为重要的宣传任务。电影明星和电影公司之间的合约关系,决定了明星们在自家电影特刊上的宣传行为具有一定的被动性和必须性。因此,电影特刊中的电影明星制造尚无明星自发的自觉。同样,电影特刊对于电影明星的制造,依靠于电影公司的决策和指挥,在某种程度上也不具有刊物本身的自发性。

在电影特刊时代,电影明星制造以影片为中心,本质是电影公司利用明星的噱头来拓展影片的市场。比如在 1926 年,还出现了以明星命名的特刊——《杨耐梅画报》(见图 3)。从刊名上来看,杨耐梅应该是宣传的核心。但是该刊的副标题却是"她的痛苦专号"。《她的痛苦》是明星公司在 1926 年制作的

---

[1]　陈涛:《电影导论(第二版)》,中国人民大学出版社 2022 年版,第 56 页。

由杨耐梅主演的影片。画报虽然刊载了杨耐梅的照片、生平等表现其个人特质的内容，但是大部分内容都集中于电影《她的痛苦》上。20世纪20年代，民族电影公司林立，为了增加影片的市场份额，或者说放映量，使得电影特刊层出不穷。而电影明星则在电影公司处理影片和市场关系时扮演了重要角色。理查德·戴尔指出，明星作为一种生产现象，有其经济方面的意义，"明星既能安排好市场，又能影响到他们所演出影片的'质量'"①。由于明星的巨大作用，电影公司利用电影特刊展开宣传时，将影片与市场之

图3 《杨耐梅画报——她的痛苦专号》首页

间的重要关系在一定程度上转化为电影明星和市场之间的关系。基于这一点，此时电影明星制造的最主要目的是为影片打通市场并建立起一定的市场信心。

以影片为中心的电影明星制造，虽然表明当时的上海电影期刊已经在有意识地开展制造活动，但这种意识并不强烈，或者说不明显。这就势必造成电影明星形象塑造上的不足。他们的形象也就会随着不同影片形象的出现而呈现出一定的动态变化。当一部影片获得市场认可后，明星个人形象往往容易会被影片中的形象所定型。以王汉伦为例，人们对其印象最深的还是《孤儿救祖记》中的悲情形象，而非日常生活的真实形象。当时，民族影坛在模仿好莱坞摄制类型电影的同时，对明星的"运用"也存在类型化的思维。王汉伦凭借《孤儿救祖记》一炮而红后，明星公司让其出演的《玉梨魂》《苦儿弱女》等影片，依旧充满了悲情气息，这让王汉伦一时半会很难摆脱"悲剧女星"的光环。如此一来，也削弱了电影明星们的"演出活力"。过于类型化的角色，再加上依据

---

① 理查德·戴尔：《明星》，严敏译，北京大学出版社2010年版，第15页。

影片而设定的宣传策略,很难制造出一位独立于影片之外,既有艺术美感又有青春气息的巨星。同时也反映了上海电影期刊在电影明星制造上的矛盾。有些刊物会将电影明星与影片形象不同的一面展现出来,突出明星的独特个性。但碍于以影片为中心的宣传策略,最终的效果并不尽如人意。

值得注意的是,在电影特刊时代尾声期,个别上海电影期刊试图摆脱以影片为中心的电影明星制造模式,比如《中国电影杂志》。1928 年第 1 卷第 11、12 两期的《中国电影杂志》刊载了《怎样的制造明星?》。从题目上看,此时的电影期刊编者已经较为明确地认识到电影明星可以被制造。文章指出:"她们之所以成明星,纯赖观众之力所造成的;那些观众就是独一无二的明星制造者了。"①尽管编者过于强调观众在明星制造中扮演的角色,但这也说明他们已经清楚地意识到明星与观众之间的关系。事实上,强调观众对于电影明星的重要作用,就是在突出电影明星个人要符合观众的期待或满足观众的欲望。这种强调明星个性、突出明星个体的制造方式,也在电影特刊时代的终结中逐渐显现出来。

二、以明星为中心的制造模式

经历了电影特刊时代由盛转衰之后,上海电影期刊在 20 世纪 30 年代进入了"双峰并峙"的时代,共同推动了以明星为中心的电影制造模式的形成。首先,20 世纪 20 年代末,民族电影产业发生了大规模的产业大整合,从天一的迅速崛起到明星的合纵连横再到联华的来势汹汹,呈现出一种全新的面貌。学者闫凯蕾认为,20 年代的民族电影产业属于自由竞争阶段,随着产业模式的越发完善,电影公司必然会经历一次"优胜劣汰"的过程,所以"经过前一时期'适者生存'的残酷市场竞争,在整个电影行业中,公司数量减少,有的合并成为一个新的大型公司,使这一时期的生产资源由原来散布于各公司趋于集中,这样,各大公司的资源可得到有效的利用,影片的质量也有了一定的保证"②。在新的竞争环境中,联华、明星、新华等电影公司在 30 年代取得了长足的发展,使民族电影产业达到了一个新的高度。同时,它们还以雄厚的财力建立了各自的宣传阵地——附属性电影期刊。《联华画报》《明星月报》《明星

---

① 　泽民:《怎样的制造明星?》,《中国电影杂志》1928 年第 1 卷第 11 期,第 38 页。
② 　闫凯蕾:《1930—1933:中国电影明星制度的初步完备》,《电影艺术》2009 年第 6 期,第 114 页。

半月刊《新华画报》等附属性影刊,虽然和电影特刊一样有着鲜明的依附性,但它们却不是一片一刊,而是拥有固定的发刊时间以及明确的报道范围。附属性电影期刊代表着电影公司的意志,不仅专注于公司的影片计划、重大活动、电影作品,而且还会包装宣传自己公司的电影明星,在一定程度上可以"把观众对影片的注意力转化到片中的明星身上,从而导向观众对明星个人气质的追求与产生消费欲望的心理"①。当这种"转移"达到一定程度后,观众们就会对某些电影明星产生一种近乎痴迷甚至癫狂的喜爱与崇拜,也就会形成当下人们常说的"粉丝文化"。"一个群体对同一明星的疯狂迷恋便构成了'粉丝迷群',成员争先恐后为其相关的一切买单。"②这里的"买单"自然也包括了与电影明星相关的影片。电影公司利用所属的附属性电影期刊来构建这种"粉丝式"的电影消费模式,以获取更大的影片利润。

其次,30 年代上海地区出版业在经历了"五四"变革与 20 年代的发展后,逐渐形成规模。此时,"上海有比较成熟的文化市场,书籍、报刊的生产、流通、消费等环节都发育得相当完善。一批文化人来沪,有相对独立的经济来源,能够依赖市场而生活"③。上海出版产业的形成与成熟吸引了出版界的有识之士,增强了上海地区的出版力量。30 年代,民族电影产业在以有声电影为代表的新技术、以明星制度为核心的制片模式、以多元思想为维度的拍摄思路的引领下,吸引了大量外部人员以不同形式进入电影行业、分享电影产业带来的硕果,其中就包括新闻报刊类的从业者。出版业和电影业的蓬勃发展催生了一大批民营机构和文化人,纷纷投身创办电影期刊。这些机构和报人参与创办的电影期刊往往不依赖电影公司或组织机构,具有独立自主性,属于独立性电影期刊,以《电声》《青青电影》为代表。由于独立性,它们需要更多的销量,才能保证自身的出版发行与人力成本,所以它们必须要有足够的吸引力,激发普通大众阅读与购买的兴趣。在不用为特定影片摇旗呐喊的情况下,最好的办法就是以明星为内容核心来吸引大众。学者岳璐指出,"以明星为内容的各种媒介文本的广泛出现一方面是电影公司的宣传机制使然,另一方

---

① 谭丽丽:《中国早期电影(1928—1937)明星现象研究:以胡蝶为例》,见吴冠平、全颖华主编:《迷人形象:身份性别与明星研究》,中国电影出版社 2015 年版,第 166 页。

② 刘飞:《粉丝文化视阈下的电影传播研究》,《电影文学》2018 年第 17 期,第 51 页。

③ 陈昌文:《上海近代出版业对都市人口的吸纳与整合》,《上海师范大学学报(哲学社会科学版)》2003 年第 4 期,第 120 页。

面也是出于市场的需要,明星的影响力和吸引力是各类媒体提高发行量、收听率的不二法宝"①。进一步说,无论是附属性电影期刊还是独立性电影期刊,以明星为中心的宣传思维和报道内容都存在着必然性。对附属性电影期刊来说,有完成电影公司刚需的必然性;对独立性电影期刊而言,有其生存和发展的必然性。这两种必然性交织在一起,就构成并决定了30年代上海电影期刊以明星为中心的电影明星制造模式。

以明星为中心的关键就是凸显银幕外的明星形象。对此,附属性电影期刊和独立性电影期刊在具体报道中有着显著的不同。30年代的附属性电影期刊在之前电影特刊的基础上,注重突出明星的特质,强调他们的个人魅力。

图 4 电影明星黎莉莉照片

比如《联华画报》在第1卷第7期的头版,刊载了一张黎莉莉甜美温婉、青春洋溢的大幅照片(见图4),并在旁边配文称她"美人精,新女性,她有美丽,她有青春;她的热情不过火,她的勇敢不让人,还像小孩那么天真,虽然那般端庄,温静"。②这样的评价向读者展现了一位性格、相貌极佳的"新女性"。《联华画报》上有关黎莉莉的照片、趣事、生活状态,无不显示了她时刻充满活力、状态饱满的一面,既彰显她的个性,又契合她"甜姐儿"与"体育皇后"的美名。《明星月报》和《明星半月刊》在报道胡蝶时,刊载了她大量的旗袍照片,意在塑造其传统、知性、优雅的形

象。尤其是在她赶赴苏联参加莫斯科电影节以及游历欧洲的一系列报道中,不仅图文并茂地展现了她独特的东方美,还处处彰显了她"电影皇后"的身份。如《周剑云胡蝶在苏俄》一文写道:"莫斯科的各大报纸皆登载有胡女士的新闻及照片(见图5),胡女士每出入于戏院或是舞厅,皆有人鼓掌欢呼,表示欢迎,

---

① 岳璐:《当代中国大众传媒的明星生产与消费》,岳麓书社2009年版,第43页。
② 《黎莉莉》,《联华画报》1933年第1卷第7期。

图5　电影明星胡蝶与苏联导演爱森斯坦(右一)合影

至于往大百货商店购物,或是行经街道,则更为行路人所注意。"①由于报道对象基本为母公司的电影明星,所以附属性电影期刊主要表现他们正面、积极的一面,很少涉及负面绯闻,以维护他们的形象,巩固他们的地位。这也恰好体现了明星制的特点,电影公司在自家刊物上尽可能地展现着明星的完美无瑕。"明星制从来不是个人的、天生的或者不可避免的结果,它是多方参与者有组织的集体行动。"②很大程度上,附属性电影期刊就是这种集体行动的中间物,体现了电影公司及其自身明显的经济意图。在电影公司看来,"明星是这样一些演员——观众对他们在银幕下的生活方式和个性有着浓厚兴趣,这种兴趣可能会转化成可以测算的票房收入"③。这意味着附属电影期刊在强调明星个体的同时,必然刻意地"控制"和遮蔽明星的行为与形象,以满足票房需求和公司利益。因此,普通大众通过附属性电影期刊了解到的银幕外的电影明星可能并不真实。

在没有电影公司预设立场的情况下,《电声》《青青电影》等独立性电影期刊更倾向于将一个完整的电影明星个体呈现给普通大众。在它们的报道中,明星的日常生活、婚恋情感、人生经历等诸多方面都被公之于众,明星的形象

①　《周剑云胡蝶在苏俄》,《明星半月刊》1935 年第 1 卷第 4 期,第 11 页。
②　保罗·麦克唐纳:《好莱坞明星制》,王平译,世界图书出版公司北京公司 2014 年版,第 7 页。
③　吉尔·布兰斯顿(Branston, G.):《电影与文化的现代性》,闻钧、韩金鹏译,北京大学出版社 2012年版,第 148 页。

与性格得到了最大程度的展现。虽然这种展示有时候并非明星本人的意愿，但正因为如此，大众才能看到更真实、更有生活气息的电影明星。同时，独立性电影期刊打破了在附属性电影期刊报道明星范围的限制，人们可以在同一份电影期刊上看到各大电影公司的明星。在独立性电影期刊中，电影明星的影片与日常、工作与家庭、趣闻与丑闻相互交织，展露无遗。如胡蝶在《电声》中的形象，普通大众既能看到类似于《明星月报》《明星半月刊》具有赞扬性质的报道。《胡蝶梅兰芳在苏俄行动速写》一文写道："胡蝶之身材容貌颇受赞美，所居旅馆常有人前往访问。"①同时，人们也能看到一些更贴近生活的报道。《潘有声胡蝶欠租被控》一文指出，"胡蝶因面子有关和丈夫大发脾气"②。在明星公司的电影期刊中，大众很难看见因身陷租金官司而大发脾气的胡蝶。对明星公司来说，这不利于包装和宣传胡蝶，也有违她的知性大方。明星制度下，电影明星被视为可以增加票房的神话。电影公司对他们的制造无疑也是遵循着所谓的"神话"路线。路易斯·贾内梯说："明星的神话中常强调明星的魅力，使他们的地位提升到与一般人有分别。"③但明星并不只有"神话"的一面，他们也有自己的情绪和生活，更多时候处在一种"非神话"场景内。那些"非神话"的私生活才是他们的真实存在。如果大众一直以一种固定的视角看待电影明星，必然会有厌烦、麻木的时候。因此，当附属性电影期刊努力强化明星神话，试图制造一个完美的电影明星时，独立性电影期刊则使他们更加真实、鲜活。

无论是附属性电影期刊还是独立性电影期刊，它们以明星为中心的制造模式，实际上是把明星与时尚结合起来，成为都市文化的重要组成部分。在电影期刊的曝光下，明星日常生活中的衣食住行被大众所关注与模仿，明星的社会作用进一步凸显。首先，明星成为时尚的代言人。齐奥尔格·西美尔说："时尚是既定模式的模仿，它满足了社会调适的需要；它把个人引向每个人都在进行的道路，它提供一种把个人行为变成样板的普遍性规则。但同时它又满足了对差异性、变化、个性化的要求。"④在以电影明星为中心的制造模式下，与明星有关的一切都可能成为大众追捧的对象。电影明星引领时尚潮流

---

① 铁笔：《胡蝶梅兰芳在俄行动速写》，《电声》1935年第4卷第17期，第339页。
② 《潘有声胡蝶欠租被控》，《电声》1936年第5卷第42期，第1106页。
③ 路易斯·贾内梯：《认识电影：第14版》，焦雄屏译，浙江文艺出版社2021年版，第283页。
④ 齐奥尔格·西美尔：《时尚的哲学》，费勇、吴蔷译，文化艺术出版社2001年版，第72页。

的同时,也为大众提供了一种满足都市生活需求的"既定模式"。每一位明星都有自己的独特性,并且不同电影期刊报道明星时尚生活的角度也存在差异,因此他们提供的模式或样板也各有特点,满足了普通大众对差异、变化、个性的多样需求。其次,明星成为上海都市生活不可或缺的一部分,丰富了上海都市文化的内涵。"电影不仅是第一个伟大的消费时代的伴生物,而且是一种刺激性的广告,也就是一种重要的刺激性的商品。"①电影之所以具有"刺激性",其中一个不容忽视的原因,就是电影明星对大众的刺激和引导。当电影成为都市生活一部分的同时,电影明星也自然而然地成了都市生活的组成元素。以明星为中心的制造模式,进一步凸显了这种元素的重要性。上海电影期刊对电影明星的关注与报道,为普通大众的都市生活提供了娱乐资源和模仿对象。"作为时代宠儿和消费偶像的电影明星是上海这座现代都市的象征。因此,他们的身影和活动就与各种都市摩登紧密相连。"②从某种意义上说,20世纪三四十年代的电影明星就是摩登的象征,他们在电影期刊精美的图像、有趣的内容、劲爆的新闻中演绎并且丰富了上海的都市生活与文化。

三、明星制造中的观众参与

在讨论上海电影期刊如何制造电影明星的时候,还要明确为谁制造的问题。从以影片为中心到以明星为中心的变化过程,除了为影片、电影公司乃至电影期刊本身以外,还必须包括为了观众的目的。事实上,对电影期刊来说,读者即电影观众。电影期刊作为一种专门类型的刊物,其读者群体自然是以电影观众为主。陈晓云主编的《中国电影明星研究》一书指出,"一个成功的明星形象塑造,不仅需要电影制作机构、新闻传媒对明星生产与包装,在另一个层面上,也离不开一定数量的电影观众对明星形象的接收与确认"③。具体而言,"接收"应该是一种基本的形象认同,即观众通过观影,认识某个明星,并对其有一定的基本印象。但这是一种肤浅的印象,只存在于观影过程中,当观众脱离了观影环境,不再进行观影活动的时候,印象就可能随之消失,待下次观影时,才会重新建立起来。"确认"则是在"接收"的基础上出现的,可理解为观众认可并持续地喜爱与追逐某个明星。它的发生和电影观众的生活密切相

① 麦克卢汉(McLuhan, M.):《理解媒介:论人的延伸》,何道宽译,商务印书馆2000年版,第359页。
② 张彩虹:《明星制度与中国电影产业化》,中国广播影视出版社2017年版,第163页。
③ 陈晓云主编:《中国电影明星研究》,中国电影出版社2012年版,第42页。

关,并且具有明显的持续性。但是,"确认"并非观众的必然行为,因此既需要电影公司和电影期刊不懈努力地围绕明星展开一系列的制造活动,引导观众对明星的确认,又有必要让观众亲身参与到制造过程中,引起连锁反应,赢得更多观众的支持。

观众在电影明星选举活动中,表达着自己对电影明星的"确认"。在上海电影期刊史上,最早的选举活动是《电影杂志》1924 年第 11 期举办的以"谋促进各影片公司进步"为目的的"中国自制影片一览表"评比打分活动。这次活动只涉及影片和对应的电影公司,并未涉及具体的演员。但是,随着民族电影事业的发展,电影明星的地位愈发显著,关于电影明星的选举活动也随之出现。例如,《影戏杂志》在 1929 年联合《影报》《影报画刊》举办了"中外电影明星混合大选举"。选举章程强调,选举者由"三大刊物之读者及电影观众组织而成人人皆可加入"①。不难看出,《影戏杂志》迫切希望观众参与电影明星的制造。最终,阮玲玉摘得本次选举的桂冠。1932 年底,《电声日报》与《玲珑》《摄影画报》《幕味周刊》联合举办了"电影明星、影片空前大选举",并宣称"十大明星""十大影片"的结果"以决全国群众公意之结晶而定"②。这次选举除了强调"公意",还及时公布每周选举进展及最新结果,无疑强化了读者的参与度和重要作用。这场持续了三个月的选举最终以胡蝶夺冠落下帷幕。《电声日报》公布结果时称:"承读者之不弃踊跃投票、前后总数达一万五千以上、实为本报创刊以来之空前盛举。"③由此可见,观众对电影明星选举的热情。"经过影片公司的打造,他/她们在银幕上的亮相只是明星之路的起点,只有获得广大观众的认可,'明星'才能最终诞生,并在电影产业体制中发挥其作用。"④很大程度上,观众决定了电影明星的星途是否顺利。我们当然可以认为明星为影片而服务,但更应清楚地认识到观众也是电影明星制造中的重要一环。电影是面向观众的,无论它是娱乐工具,还是教育工具,又或是革命工具,最终的接收对象都是观众。所以,明星必然也必须服务于观众。只有得到了观众的认可,明星才能真正地成为明星。明星选举活动凸显了观众在明星制造中的重要性,既能反映观众对明星的认可程度,又能"助长了社会上'偶像崇拜'

---

① 《选举章程》,《影戏杂志》1929 年第 1 卷第 3 期,第 36 页。
② 《电影明星影片空前大选举》,《电声日报》1932 年 11 月 8 日。
③ 《电影选举:正式发表》,《电声日报》1933 年 2 月 3 日。
④ 杨远婴主编:《中国电影专业史研究·电影文化卷》,中国电影出版社 2006 年版,第 39 页。

以及电影界'明星制'的风气,反映出电影与社会的互动作用日益加剧"①。

相对于集中反映观众对电影明星"确认"的选举活动,上海电影期刊中的"读者专栏"则是一种零散而持久的运作方式。例如,《联华周报》的"读者园地"、《联华画报》的"读者版面"、《电声》的"读者呼声"、《青青电影》的"读者信箱"、《影迷周报》的"观众心理"、《电影新闻》的"读者邮局"等,都反映了观众在明星制造中的积极性。以《青青电影》的"读者信箱"专栏为例,每期专栏刊载多位读者关于明星的稀奇古怪的问题。如好奇明星相貌的读者问道:"据许多周璇小姐之照片上看来,她是单眼皮,而她上眼皮之一黑线是画上去的对吗?"②渴求明星联系方式的读者问道:"周璇小姐家居何处? 电话何号? 向她讨照片肯否? 每月薪水多少?"③猜疑明星婚姻状况的读者问道:"听说白云跟杨文英在明春要结婚了? 这消息可靠吗?"④关心明星演出的读者问道:"汪洋小姐主演一部戏,不知叫什么戏名?"⑤质疑明星"耍大牌"的读者问道:"白云的架子为什么这样的大,……?"⑥不难发现,观众向电影明星投来了近乎全方位的窥视。电影明星与观众在电影期刊的"搭桥"下显然已经建立起了一种紧密的联系。这就意味着,电影明星可以不再依赖影片而独立成为观众的消费对象。上海电影期刊中的"读者专栏"反映了观众对消费对象——电影明星的看法,既有追逐与迷恋,也有质疑与不满。它们反映了电影明星在观众中的口碑。陈涛指出:"电影口碑能够较为客观真实地反映观众对于电影(及其导演和演员)的认知和满意程度,并能影响观众对于影片的消费和推介行为。"⑦同样,电影明星也会受到口碑的影响。当电影明星被电影公司与电影期刊推向市场后,必然要经历观众口碑的淘洗。那些"读者专栏"中的热切追问或批评指责反映出观众对明星的认知与满意程度,从而影响了电影明星的制造。

观众参与制造电影明星,既是对明星个人的"确认",也是对电影文化消费市场的巩固与拓展。从20世纪20年代起,电影开始真正融入上海的都市生活,上海电影期刊等传统媒介将普通大众引向新的娱乐活动,建构了他们的观影行为,促进了电影文化市场的形成。因此,"去电影院看电影,意味着一种现

① 陈永祥:《20世纪30年代上海电影界女明星选举活动简论》,《海南师范大学学报(社会科学版)》2011年第5期,第158页。
②④⑥ 《读者信箱》,《青青电影》1939年第4卷第39期,第20页。
③⑤ 《读者信箱》,《青青电影》1939年第4卷第35期,第16页。
⑦ 陈涛:《电影导论(第二版)》,中国人民大学出版社2022年版,第66页。

代化的休闲方式,一种与传统艺术生活模式完全不同的现代文明生活方式,甚至还意味着一种追逐时潮的艺术生活方式"①。观影活动是电影文化消费市场的基石,由此衍生出来的追星行为或活动,不仅使得这一市场得以进一步发展,而且令上海的都市生活充满活力,继而反哺于民族电影产业。观众通过上海电影期刊中的明星选举、"读者专栏"等形式,向明星表达自己的看法、意见和期望,亲身参与电影明星的制造,使追星活动和观影活动共同成为电影文化消费市场不可分割的组成部分。观众以自身对电影明星的影响作用,使他们不断地向自己所期望的方向靠拢,并给予他们更多的支持和更大的市场。二者在无形中形成一个有益的消费循环过程。在观众的"确认"中,与明星有关的一切收藏、模仿、消费,都将成为新的电影文化的延伸,并有效地拓展了电影文化消费市场的边界。

四、结　语

电影明星制造模式的转变,反映出明星效应的增强。20 世纪 20 年代以影片为中心的制造模式,其目的在于强化影片本身的价值与意义,这与当时民族电影产业的发展水平和生存环境有着密切的关系。之后出现的以明星为中心的制造模式,是由于好莱坞明星制在民族电影产业中的逐渐成熟。明星制意味着"一部影片几乎都是围绕一个或几个明星建构起来的,而销售也是以此为依据。明星是吸引观众持续不断地到影院观看的核心元素"。②以明星为中心的模式有利于塑造出具有强大吸引力的时代巨星,进而实现以明星为中心的电影运行机制。杨远婴主编的《中国电影专业史研究·电影文化卷》一书指出,"20 世纪 30 年代的'明星'不再是一个单薄的外来名词,而实在地成为一种广泛流行、初具规模的社会现象和工业制度"。③这意味着明星影响力不断扩大,不再单纯地被银幕所影响和限制,观众观影的兴趣也随之上升到追星的兴趣。以明星为中心的制造模式,推动了明星成为普通大众都市生活中模仿与消费的对象。所谓模仿对象,正如岳璐所指出的,"明星引领着流行时尚的趋势,明星们的发型、服装、化妆都能成为流行报刊上的焦点,对明星的崇拜模

---

① 朱寿桐、王小波:《中国电影文化百年史》,南京师范大学出版社 2018 年版,第 49 页。
② 理查德·麦特白:《好莱坞电影:美国电影工业发展史》,吴菁、何建平、刘辉译,华夏出版社 2011 年版,第 144 页。
③ 杨远婴主编:《中国电影专业史研究·电影文化卷》,中国电影出版社 2006 年版,第 38 页。

仿是当时非常普遍的社会现象,商家正是利用大众对明星的模仿心理,纷纷不惜重金聘请当红明星为自己的产品做广告"①。当电影明星成了普通大众的"参照物"时,他们也就在大众中起到了引导与认同的作用。所谓消费对象,就是电影明星被制造出来后,在大众的瞩目下成为都市生活中的一部分,其日常生活、婚恋情感、人生经历等都将为大众所消费。

作为当时最重要的电影宣传媒介,上海电影期刊在电影明星的制造中起着举足轻重的作用。首先是版面,一般的报刊不具备足够的版面去报道明星。而电影期刊却让明星有了足够的"表现"空间,有关的封面、海报、剧照、自传、访谈、感悟、趣闻、绯闻等都被展示出来,供读者欣赏、娱乐,使明星的摩登气质得到充分发挥。其次,上海电影期刊通过选举活动、"读者专栏"等形式,让观众参与制造明星,既推动了全民性的制造狂欢,又丰富了都市生活的形式。而上海电影期刊在制造中不仅提高了自身的销量,而且和电影明星之间发生了紧密联系,并成为电影明星、普通大众、都市生活之间的纽带。

On Shanghai Film Periodicals and Manufacturing
of Film Stars(1921—1949)

Abstract:From 1921 to 1949, the Shanghai film periodicals not only disseminated the film knowledge and popularized the national films, but also participated in the manufacture of film stars. The film manufacturing mode is mainly to open up the film market and establish a certain market confidence. The star-centered manufacturing mode combines star with fashion and becomes an important part of urban culture, further highlighting the social role of stars. But the audience participates in making the movie star, is both to the star individual approval, is also to the movie culture expense market consolidation and the expansion. As the most important film media at that time, Shanghai film periodicals played an important role in the production of film stars, which not only increased their sales, but also enriched Shanghai's city life and culture.

Key words:Shanghai Film Periodicals;Film Stars;Manufacturing;City Life

作者简介:徐国庆,上海师范大学人文学院 2020 级中国现当代文学专业博士生。

---

① 岳璐:《当代中国大众传媒的明星生产与消费》,岳麓书社 2009 年版,第 47 页。

性别·身体·媒介:赵竹光与健身健美文化在近代上海的传播(1930—1949)①

马晓驰　李秉炜

摘　要:近代中国社会的身体焦虑之下,改变衰弱的身体状态、达到普遍健康的目标成为知识分子和国人的迫切愿望,因此各式西式体育运动传入中国并逐步推广开来。20 世纪 30 至 40 年代,赵竹光继承欧美健身健美运动的推广和锻炼经验,通过翻译书籍、创办报刊和组织培训在上海系统传播以徒手体操、器械运动、负重练习为主要锻炼形式的健身健美运动。他主张直接关注身体结构,以精确测量的形式审视身体部位和锻炼效果,并结合上海都市社会对两性身体的审美期待建构了符合社会性别规范的运动目标。赵竹光的推广实践不仅发出了唤醒身体意识、积极改造身体的倡议,而且使肌肉美、力量美、身体形态美成为评判男性身体美的指标,使健康、自然感、身材匀称等因素成为女性身体审美的指标,极大丰富和发展了都市社会市民群体的审美观。

关键词:赵竹光　健身健美运动　上海　社会性别　媒介

　　晚清以来,中国知识分子和社会大众面对病夫之蔑称产生自审式的焦虑、忧思和耻感,大力呼吁强国保种并缔造“少年中国”。一时间,身体救亡论成为城市社会的主流身体观,来华外国人和中国新式教育家相继引入球类、体操等各类西式体育运动,以发展学校体育和社会体育事业的形式加以推广,提倡人

---

①　本文为教育部人文社会科学重点研究基地重大项目“性别视域下晚清制度变迁与日常生活”(22JJD770044)的阶段性成果。

人参与其中、提高身体素质,字面意义为"建造身体"的健身健美运动(Body-building)即为其中之一。该运动发端于古希腊奥林匹克运动传统,于 19 世纪末期由东普鲁士人尤金·山道(Eugen Sandow)①系统总结创立并加以商业化推广,目的是发达男性身体肌肉,改善身体形态、打造完美身形。②20 世纪初传入美国后迅速流行,麦克法登(Bernarr Macfadden)、列戴民(Earle E. Liederman)的研究使之拥有了更多医学、营养学基础和竞技特征。

据笔者管窥所及,健身健美运动的部分锻炼方法在清末民初已传入中国。赵元任曾在自传中提及中学时代(1908 年)阅读山道所著《力量培养法》的经历③;1917 年,青年毛泽东在《体育之研究》一文中,也提到山道身体由弱变强的案例④,暂未发现史料表明此时已有人做专门普及。至 20 世纪 30 年代,沪江大学文学院学生赵竹光发起成立沪江大学健美会和上海健身学院,开始系统推广。他和合作者通过翻译、编写教材,创办期刊并撰写文章,使广为报刊讨论的"健身"和较多指涉女性的"健美"成为重点关注男性的 Bodybuilding 的译名,也承接都市社会的性别观念,在市民群体尤其是青年社群中建构了基于性别差异的锻炼目标,进而普及了健身健美文化。

体育运动既是社会现象,也是一种生活方式,其传播的过程并不孤立,往往与城市社会文化和社会生活变迁密切相关。赵竹光引入、推广健身健美运动的历程建基于运动本身的成熟发展,也与近代上海社会的身体观、审美观相关,厘清赵竹光的体育思想对上海城市文化史研究尤为必要。目前以赵竹光为中心的研究成果多侧重叙述生平经历和推广活动的标志性意义⑤,较少关注他在办刊、办学实践和著作文章中体现的身体观、审美观。基于此,本文拟以赵竹光推广健身健美运动的经历为研究对象,在社会性别视域下从身体观、

① 尤金·山道(Eugen Sandow, 1867—1925),也译作欧根·山道、孙棠、先道、桑多,1867 年 4 月 2 日生于东普鲁士康尼斯堡,原名 Friedrich Wilhelm Müller,曾坚持锻炼改造身体状态、创办《山道杂志》并筹办赛事推广 bodybuilding。

② David L. Chapman, *Sandow the Magnificent : Eugen Sandow and the Beginnings of Bodybuilding*, University of Illinois Press, 1994.

③ 赵元任:《赵元任早年自传》,岳麓书社 2017 年版,第 90 页。

④ 二十八画生:《体育之研究》,《新青年》1917 年第 3 卷第 2 号。

⑤ 汤景山、毛永新:《中国健美运动的历史发展——来自文化社会学角度的窥视》,《体育文史》1994 年第 2 期。陈江:《主编我国第一份健美杂志的编辑家》,《编辑学刊》1995 年第 4 期。刘淑娟、章华明:《中国健美第一人——赵竹光》,《兰台世界》2012 年第 1 期。薛艳丽:《民国时期的女性健美研究》,河北师范大学历史文化学院硕士学位论文,2015 年,第 21—38 页。

审美观层面切入,探索其核心要义并审思时代价值,为相关研究提供借鉴与参考。

一、科学审视身体:赵竹光身体观的历史生成

作为关注身体形态的体育项目,当代的健身和健美在生活和竞技两个维度下分属不同的项目类型和评价体系。在锻炼目标方面,前者更多地表现为通过适当力量训练、营养干预和体重控制使肌肉发展、身体健康、体型匀称,后者则在此基础上还有充分发达肌肉的高阶目标,以及在身体造型、力量方面的审美追求。据体育史学者考证和亲历者叙述,近代体育史上的健身与健美二词则无此明显分别,目标都是改善瘦弱身形、提高身体素质,连用或单用的情况并存;用健身、健美二词共同指称 Bodybuilding,是赵竹光在 20 世纪 20 年代末以后翻译和推广的结果。[①]在宏观上,这得益于上海通商口岸城市和西风东渐窗口的开放性地位——上海是中国首批开展体操、游泳、跑马、排球、乒乓等竞技项目的城市,并由此传入中国内地城市。[②]在微观上,可追溯至赵竹光幼年时期关于虚弱的切身体验和对健康身体的急迫需求。当时,他因父亲长期在美做工不归、母亲早逝而生活艰难,在亲属支持下勉强维持学业,由此导致意志消沉、身形消瘦、体力弱小。

1929 年于沪江大学学习期间,繁重的课业使赵竹光再次持续地精力不支、身体虚脱。此时,他注意到一位华侨同学因学习美国健身课程取得良好效果,便一同开展训练。[③]一年之间,他的体重和体态迅速改善,引起其他同学效仿。为共享成果,赵竹光发起成立沪江大学健美会(Physical Culture Club)加以推广。其办会宗旨也直接承继了弥漫于近代中国社会的身体焦虑——会刊发刊词将身体状态与国民的国家责任相联,指明社团之目标不仅是使成员"尝到生命力之甘泉",更强调其为"四万万五千万同胞之福音"[④],认为这是对个人身体的重新审视和直接改良,也是实践"身体救亡"理念的途径。沪江大学体育教练彭三美同为上海体育界运动精英,极为支持健美会的活动,因此帮助

---

① 本文连用健身健美指称 bodybuilding。参见赵犇:《形式逻辑视角下健美、健身概念的历史、问题及界定》,《四川体育科学》2015 年第 4 期。
② 郎净:《近代体育在上海 1840—1937》,上海社会科学院出版社 2006 年版,第 27—29 页。
③ 赵竹光:《十五年来的体育生活》,上海健身学院 1948 年版,第 107—112 页。
④ 赵竹光:《十五年来的体育生活》,第 149 页。

寻觅资金,添置了杠铃、哑铃等器械,聘请教师教授西洋拳、柔术,吸引众多男生参加。1933 年,赵竹光毕业之后进入上海商务印书馆工作,他凭借此前优势开始从事体育书籍的译介工作。1938 年赴商务印书馆香港分馆创办《健与力》①期刊,1940 年返回上海创办上海健身学院和《健力美》期刊。其间,他以上海为主要地点专职推广,并在两份期刊以编辑和主要作者的身份发表大量文章。

在同时期的欧美,健身健美运动吸纳医学、营养学知识丰富了自身理论体系,健美杂志也不断生产健康和美的知识,山道推崇的古典完美身体被规则、条件、正规化的训练制度所重塑,以肌肉训练为主要目的的现代健美观念成为主流。②伴随此时摄影术与报刊的紧密结合,大量专业期刊开始以纪实摄影表现男性身体形态、展示锻炼效果,从而将现代健美观念以视觉的形式进一步具象化,并拥有在世界范围内传播的可能性——经由商务印书馆引进时,成为赵竹光获取相关知识的直接来源。③据他本人回忆,求学和工作期间阅读的健身健美教材计有美国《身体文化》(Physical Culture)《力量》(Strength)《强者》(Strong Man)《体育》(Physical Education)《卫生》(Hygiene)等期刊,英国《健与力》(Health and Strength)《超人》(Superman)等期刊,以及《简易体能训练》(Physical Training Simplified)《体能改善》(Physical Improvement)《强力》(Super Strength)《健康百科》(Encyclopedia of Health)等书籍。④此外,他还参加了美国私立体育训练学校开设的函授班,包括 Lionel Strongfort 和列戴民的函授学校,以及 Jowett、Milo Bar-bell Company 的函授课程。由此,赵竹光完成从实用理性出发到开始系统地学习健身健美理论知识的转变,是对西式运动直接的移植与引入。

从历史渊源和锻炼方式的角度而言,诞生之初的健身健美运动是旨在改变男性身体、生产男性气质的运动。20 世纪 30 年代赵竹光在上海组织锻炼活动、推广健身健美运动时将其受众扩展至女性,直接呼应了上海社会对性别气质的讨论。晚清以来,知识分子一直试图改造国民身体。至赵竹光青年时

---

① 1938 年至 1947 年,《健与力》受时局影响辗转于香港、重庆和上海出版。
② 刘丽颖、杨军、史友宽、陆小聪:《视觉媒介与男性身体观念变迁——基于西方健美历程发展的回顾与反思》,《武汉体育学院学报》2022 年第 3 期。
③ 赵竹光:《译者序》,列戴民:《肌肉发达法》,赵竹光译,商务印书馆 1937 年版,第 2—3 页。
④ 杂志和书籍的译名是笔者的翻译。Hygiene 及下文 Lionel 原文为 Hygier、Lional,似为编印之误。

期,军国民运动、反缠足运动以及西式体育运动的传播使"锻炼"的观念在上海存在一定的接受基础。作为高速发展且充满现代性的摩登都市,上海文化出版和电影制片业、消费市场均极为发达。在《申报》商业广告和舶来的欧美电影中,肌肉发达、身材健挺的男性随处可见,宣扬有健身、减肥、瘦腰功能的方法、药品乃至仪器也风靡一时。刻画健美形象的电影《健美的女性》《健美运动》《中国的健美女性》相继上映,商务印书馆及民间报馆出版大量体育类书籍、期刊[1],王人美、英茵、金焰等明星健美摩登的身姿在报刊中十分常见。凡此种种,都为新社会成员——市民群体提供了"健美"形象的感性认知。因此,30年代的上海市民群体中一定程度上形成了关于理想身体的具象标准,尤其是白领职员阶层追求健康生活和潮流打扮,形成独特的都市审美趣味,并愿意为此消费。学者指出,当时的上海市民阶层中,理想的男性身体应是"肌肉发达、身材健挺"的,理想的女性身体应"身材匀称、肤色健康、体态自然"[2]。这与中国古代主流观念崇尚的"肥厚""腰圆背厚"的男性身体[3],以及纤弱、恭顺的女性身体显著不同。

在此背景下,赵竹光推广健身健美运动拥有良好的社会文化基础,也有特殊使命。他认为,体育的繁荣固然对青年人摆脱肥胖和瘦弱状态均有益处,但形式和目的均有不足——球类和田径只是娱乐类游戏,名义上为了锻炼身体,但实际效果往往是积累运动知识、彰显新式体育理念、提升运动技能和提高运动成绩,并非直接改造身体本身,终究不能使"肌肉和体力发达到其最高的限度"[4],对于改善身体状况帮助不大。而且,身体焦虑之下的体育运动宣传过于关注身体的社会意义,强调身体对国家的功能,往往在集体无意识中忽略了之于个体的价值,和对健康身姿身形实现途径的探索。因此,赵竹光在不否定球类等运动的情况下,更加提倡运动者要注意身体本身,要练习直接作用于肌肉、提升体力的运动,包括单双杠、吊环、爬绳、徒手、自力、哑铃、杠铃、角力和拳击等在内的健身运动[5]。为此,在身体观和运动观方面,赵竹光主张摒弃

① 程心怡:《民国时期上海体育类书籍的出版与传播(1927—1937)》,上海体育学院传媒与艺术学院硕士学位论文,2019年,第5页。
② 游鉴明:《近代中国女子健美的论述(1920—1940年代)》,李贞德主编:《性别、身体与医疗》,联经出版事业股份有限公司2008年版,第245—278页。
③ 许静波:《瘦腰:大众媒介、政治博弈与近代男性形体审美的变迁》,《史林》2018年第5期。
④ 竹光:《当前的运动问题》,《健与力》1939年第1卷第1期。
⑤ 赵竹光:《体格锻炼与民族更生》,《健力美》1946年复刊号第3卷第2期。

"身体的好坏由天命决定"①、身体大小无法改变的固有观念,提倡将有节奏、有计划的锻炼视作改变身体的方法。不难发现,与轻视身体、遮蔽身体、崇尚静态、重视道德性的中国传统身体观不同,他强调唤醒自身的身体意识、倡导锻炼者重视与了解身体构造,关心身体的可变性。

这种身体观体现于他翻译、撰写、编著的大量书籍(表1和表2②)和文章中。如果说早期的锻炼属于源自身体直接经验的主动实践,后期的译介及主动推广则更加强调找寻身体意识、系统化塑造身体形态。具体而言,他的译介和研究进一步明晰了身体与健身健美运动之间的联系,强调从两方面认识身体。其一,指出身体是一个整体,"各部位的器官互相连贯互相影响",欲使脑神经增强,除了使颈部肌肉发达,也要注意全身的运动③,尤其可达到全身肌肉之发达。其二,吸纳西方医学、解剖学的基本身体观,认为应当而且可以将促进身体整体健与力的任务分散至身体各部分——胸、肩、背、腹、颈、腿、臂、肌肉、心脏、肺部(参见表2),从而通过提升各组成部分的性能促成整体身体状态的改进。两方面理念吸收了中国传统身体观中重视脏腑、经络、气血相互联系的理念,也继承了西方还原论身体观——强调器官之于全身的重要意义。

表1 赵竹光译著一览

作 者	题 名	出版年	出版者
麦佛登(今译麦克法登)	健康之路	1934	商务印书馆
列戴民	肌肉发达法	1934	商务印书馆
列戴民	力之秘诀	1937	商务印书馆
马识(Maxick)	肌肉控制法	1937	商务印书馆
Madame Sylvia	妇女的健康美	1937	中华书局
H.E. Parker	体育之训练与健康	1937	商务印书馆
麦佛登	我五十年来的体育事业	1940	商务印书馆
麦佛登	男子性生活	1941	商务印书馆
巴利(Mark H. Barry)	体格锻炼法大全	1946	商务印书馆
麦佛登	女子性生活	1947	上海健身学院

---

① 赵竹光:《十五年来的体育生活》,上海健身学院1948年版,第147页。
② 表内资料的来源为《健与力》《健力美》《申报》等报刊中书籍广告及《上海体育志》。
③ 《读者信箱》,《健与力》1938年创刊号。

表2 赵竹光著述一览

著者及编者	题　名	著述形式	出版年	出版者
赵竹光	最新哑铃锻炼法	专著	1938	商务印书馆
赵竹光、王学政	胸部锻炼法	编著	1939	商务印书馆
赵竹光、王学政	肩部锻炼法	编著	1939	商务印书馆
赵竹光、王学政	背部锻炼法	编著	1939	商务印书馆
赵竹光、王学政	腹部锻炼法	编著	1939	商务印书馆
赵竹光	肌肉发达问题解答	专著	1940	商务印书馆
赵竹光、王学政	颈部锻炼法	编著	1940	商务印书馆
赵竹光、王学政	腿部锻炼法	编著	1940	商务印书馆
赵竹光、王学政	臂部锻炼法	编著	1940	商务印书馆
赵竹光	十五年来的体育生活	专著	1948	上海健身学院

从表中著述可以看出,健身健美运动虽然对男性和女性都有优势,但生理性别差异使其锻炼方法不同。对于男性而言,发达男性肌肉、增强身体力量的方法本就是山道体系的原初关注对象,因此首先要求男性锻炼臂部、胸部、腿部、腹部以使其肌肉发达,并认为肩部是连接上身肌肉的关键。其次区分锻炼重点,"最重要的仍是腰背两部……如背部和腰部的肌肉衰弱,胸,腰,臀等部纵能发达至最完善的地步,仍不能有怎样强大的体力"[1],表现出明确的程序性。女性参与健身健美运动的方法则与此不同。20世纪30年代,无论在欧美还是在中国,发达女性肌肉的观念都未被普遍接受,中国特别是上海社会提倡的是重塑女性健康美——表现为身材匀称、肤色健康、体态自然等特质。因此,赵竹光等人承接这类讨论,认为女性也可以参加健身健美运动进行力量训练,但锻炼的空间和原则有所差异。例如有文章作者认为,"女子运动主要的目的也和男子一样,即锻炼内脏、发达肌肉和增进体力",但重要的是圆滑和柔软的曲线[2]。赵竹光归纳女子身体至少存在独特的三方面问题:过于重感情,常因琐事多愁善感并将不良情绪郁积于心中;很少有运动的机会,且极少数肯主动运动;身体在成人过程中、妊娠过程中发生的剧烈变化和精力耗费,令抵抗力低下[3]。而且,

---

[1]　黄百旦:《怎样增进你的体力》,《健与力》1940年第2卷第3期。

[2]　德贞:《最适宜于女子的运动》,《健与力》1939年第1卷第3期。

[3]　赵竹光:《妇女与肺病》,《健与力》1938年创刊号。

男性与女性分别拥有不同的训练方法,例如提倡呼吸运动锻炼时,提倡男子多用腹部呼吸,女子多用胸部呼吸以便怀孕之时不至对腹部多施压力①——不一而足,体现了明显的性别差异。

二、阐发多重目标:健身健美运动的社会文化背景

在健身健美运动推广者和锻炼者看来,身体不只属于自己也属于国家和社会,但让自己健康是实现其他目标的根本前提。赵竹光的首要目标是打破锦标主义体育观,帮助青年人低成本地参加纯粹的体育运动、得到切实的健康,这是面对体育热的冷思考。晚清以降,中国体育运动迅速发展,在校际、省际乃至国际运动会上屡获佳绩,并反哺学校体育、社会体育使之趋于繁荣。在上海,1929 年后逐步开展的"大上海计划"中就包括推动体育事业的内容②,体育场和体育设施大量修建,综合性运动会、全国运动会相继在上海举办,促成体育文化的发达,但竞技主义和锦标主义体育观也随之生成。赵竹光观察到,繁荣景象之下重视运动员的培养却忽视了体育之于普通人的本源意义;学校体育运动设施和指导员长期服务于"跑家"、运动家和健将,使运动员享受特权、备受重视而成为学校中可以不遵守规则的特殊阶级,严重挤压普通学生的锻炼机会。③因此,践行体育普遍化原则成为赵竹光推广健身健美运动的一个重要原则。他创办上海健身学院时,即面向社会招收学员,学费不高,力图使锻炼方法超越学校体育范畴、普及至社会层面,实现普遍的社会体育指导。

在此基础上,他将上海健身学院的院训定为"健全的身体,健全的人格,健全的头脑,健全的灵魂",将身体、心灵、人格、思想四方面的全面提升作为健身健美运动的宏观目标,实践步骤则是从观念和实践中切实地改变身体状态。《健力美》《健与力》作为体育指导类期刊,推动了市民体育意识的形成。其中设有固定栏目刊登编读往来信件,由赵竹光一一回复。文本显示,青年男性读者的身体焦虑严重影响健康、自尊和自我认同。他们被健身健美文化吸引,不仅源于其舶来性、时髦性,更缘于身体的社会意义。在青年读者的诸多叙述中,疾病、衰弱的直观体验及由此而生的心理羞耻感,无时无刻不在日常生活中弥漫;体育渐渐褪去军事和尚武的本体特征,作为一种生活方式进入日常生

---

① 《读者信箱》,《健与力》1939 年第 1 卷第 8 期。
② 郎净:《近代体育在上海 1840—1937》,第 351 页。
③ 赵竹光:《中国体育运动过去之弱点及其补救方法》,《现代学生》1933 年第 3 卷第 1 期。

活,体育运动成为个人成长和自我满足的一个方面。一位来信青年指出,"(自己)身体不大强壮,常常感到缺陷,虽功课方能差强人意,终非是一个健全的国民"①。对此,编者赵竹光在回信中强调,健身健美运动第一层次功效就是全民改造身体、增强体力,"衰弱实在是一种罪过,疾病就是触犯健康的规律之责罚……任何男子都能有最强大的体力……任何女子都能有最健康的体格"②。

这并非个案,在赵竹光及其合作者看来,身体衰弱塑造不良性格特征,已不属于中国社会推崇的男性气质,实为"彻底的倒退"——中国传统的行侠精神早已消失,取而代之的是青年人中颇为流行的面黄肌瘦、弯腰驼背及过度手淫、梦遗、神经衰弱、失眠、痨病、不加节制的性行为等病征和不良习惯③,因此大多数中国人不能像欧美人一样达到老年阶段自然死亡,多在青年阶段草草结束一生。为改变虚弱的身体状态,他们认为具备娱乐性质的球类运动并不能彻底达到目的,与之相比健身健美运动具备更大的优势。因为锻炼者的优美体型关联着苛刻的锻炼方式,是坚持、忍耐疼痛和苦练的结果。这既是对精神和情绪的磨炼,也可帮助参加者获得看得见的身体利益:通过锻炼内脏,促进各系统的机能;增强体力、耐力和活力;发达肌肉,强健筋腱、韧带、软骨和骨骼;增进动作的敏捷性,身体的柔韧性和优越的平衡性④。

为给读者以直观了解的途径,赵竹光和曾因抱病而羞耻的青年们相继撰文,讲述自己通过锻炼由瘦弱变为强健、由疾病缠身到健康的经验,和以运动提振情绪的方法。与之相配合,期刊也选登关乎身体疼痛、疲惫、神经衰弱等不健康身体状态的疑惑,关于哑铃、杠铃锻炼方法的咨询,和肌肉、身高、食物营养等卫生知识的困扰。通过回答问题,期刊阐述改造身体的多重方式,使该项运动同时具备医疗价值和心理辅导价值,对读者的适时引导使疾病叙事下锻造健康身体的目标和方法变得更加具体、明确。编读往来和文章所强调的身体的可改变性,是读者切身体验的直接描述。从另一方面——文章编辑选择的角度而言,信件和文章被编者选择并予以刊登的过程也与作者认知的男性责任有关。在中国传统观念中,家族是人伦观念与行为处世的起点,个人身

---

① 《读者信箱》,《健与力》1939 年第 1 卷第 9 期。
② 《健与力信条》,《健与力》1941 年第 3 卷第 7 期。
③ 赵竹光:《体格与民族前途》,《大公报》(上海版)1947 年 2 月 6 日。余新恩:《强身建国》,《健力美》1946 年第 3 卷第 2 期。赵竹光:《热恋和它的危险性》,《健力美》1942 年第 1 卷第 4 期。
④ 《我的话》,《健与力》1941 年第 3 卷第 5 期。

体是家族生命的显现。近代以来,体育成为实现国家生存目标的途径,在救亡语境下个人的身体超越家庭责任的范畴,转化为与国家命运直接相连的身体。更进一步,近代中国社会对武力、体力的需求和国民对国家实力的想象,特别是在战争的场景下,一定程度上主要是由男性身体的健康状态承载的——强壮的男性身体是强盛国家的象征,因此赵竹光对男性主体责任的讨论构成健身健美运动的另一重使命。

　　1936 年,抗日战争爆发的背景下,新生活运动将身体意识和审美观念变为一种政治话语,指出"要做到健全的现代国民,第一就是要有强健的身体"①,尤其认为青年人要担负复兴民族、完成革命的责任。这一话语之下,身体改造与重塑反映出国人尤其是知识分子对虚弱身体与国家命运关系的审视、反省与重构。赵竹光曾以焦虑、急迫的情绪叙述身体与健身健美的关系。他指出,强健的体魄是近代公民对国家的天职,是负担建设重任和执戈卫国的基础,否则"非独对不起自己,而且还对不起国家对于我们的期望",由此多次提出短期内改造身体的理念和愿望。②上海健身学院 1940 年创办之时正值抗日战争相持阶段,该院地址——静安寺路 1491 号③位于"孤岛"之内,至 1941年 12 月能够相对稳定的发展④,艰难的时局和现实处境也使健身健美运动更具现实意义。赵竹光指出,"我们应把(有志青年)组织起来,并将他们的身体练到强壮起来,俾他们能主动的参加后方艰苦的工作……后来由上海健身学院所训练出的学生,考取陆空军的,的确为数不少"⑤。在此意义上,男性参与健身健美运动目的是在动荡时局和战场上承担家国责任,使身体成为国家的、与民族命运相联系的身体,和依靠强健素质洗尽东亚病夫耻辱的身体。

　　女性身体也是关注对象,期刊作者和编者对中国女性锻炼目标的阐释和设想,建构了与上述男性叙事迥然相异、与上海社会性别规范相适应的话语体系。30 年代,上海报刊、知识精英、社会和电影对女性健美身姿多有讨论和推

①　《力行新生活运动》,新生活运动促进总会编:《新生活运动辑要》,1936 年版,第 43 页。
②　竹光:《当前的运动问题》,《健与力》1939 年第 1 卷第 1 期。
③　1939 年起,赵竹光和曾维祺曾短暂地在爱文义路 1613 号、大华路大都会溜冰场内开办健身房,因场地不够于 1940 年 5 月份转移至静安寺路 1491 号,正式创办上海健身学院。参见《上海健身学院缘起》,《健力美》1941 年创刊号。《上海健身学院近讯》,《申报》1940 年 5 月 14 日。《运动简讯》,《申报》1940 年 2 月 2 日。
④　1941 年 12 月"孤岛"消失后,上海健身学院继续创办至 1943 年,1944 至 1945 年停办,院刊《健力美》停刊,1946 年复办、复刊。
⑤　竹光:《八年来的上海健身学院》,《健力美》1946 年第 3 卷第 3 期。

崇,他们提出"打倒病西施""打倒林黛玉"的口号,批判传统时期关于女人病态、纤弱、恭顺之美的颂歌,主张女子参加运动达到健康美的目标,呼吁中国女性提起疲倦萎靡的精神①。事实上,此处针对女性提出的"健美"既是有"健康美"含义的形容词,也泛指一切有助于身体健康的体操、体式和锻炼方法,不专指力量训练。这导致以健康为美的都市女性审美观与 Bodybuilding 重视的肌肉力量天然排斥。沪江大学健美会存续期间,校内女生较少,依笔者管窥所及,暂未有资料显示有女生参加该社团。1941 年上海健身学院广告言明"男女兼收"②后,才正式将女性纳入推广和动员目标。1942 年,《健力美》首次大规模出现中国女学员的形象③,但在生理差异的基础上主要关心女性健身与健康生活的关系④,而非一味鼓励女性进行力量训练。

此外,女性参与健身健美运动还与家庭责任密切相连。30 年代,尽管五四话语将走出家庭的女性视为新女性的典范,战争动员也将女性纳入政治话语,但从"新生活"运动开始,国民政府又试图引导妇女运动朝向发展安定社会与维系家庭伦理的目标前进。如何成为贤妻良母、国民之母、摩登主妇、科学母亲、万能母亲,成为都市社会家庭领域的关键议题,然而宏观来看,无论何种母亲,女性的健康与她生育健康后代、抚养健康子女和维持健康家庭的能力息息相关,这些被视为家庭和谐美满的根本因素。赵竹光撰写或其主编《健与力》和《健力美》时刊载的相关文章,对女性健身健美目标的讨论寄予相当多家庭角度的期待,尤其强调男性与女性的互动,因此建构了青年夫妇应遵守的规则——夫妇相处之道。

夫妇相处之道是建立新式家庭的尝试,期刊文章不断丰富其内涵。例如,有作者指出,双方关系的维持固然需要良好的道德品格和相投的志趣,身体条件也不应忽视——婚前与婚后的肥胖、瘦弱和不健全的体格是肉体和精神的双重颓废,丧失养育家庭、保护子女和伴侣的能力,也是造成恋爱与婚姻不幸的主要原因。"富有吸引力而健美的体格实为保持青年夫妇之间感情的主要的原素。"⑤赵本人指出,为了更深的认识和更融合的情感,夫妻合作的健身运

---

① 丽光:《奔向健美之路去》,《电影月刊》1932 年第 16 期。
② 《广告》,《申报》1941 年 11 月 1 日,第 7 版。
③ 《上海健身学院的同学们》,《健力美》1942 年第 1 卷第 3 期。
④ 琦:《怎样维护健美》,《现代家庭》1937 年第 3 期。
⑤ 鹤镇:《快乐的家庭:体格锻炼与夫妇之道》,《健与力》1938 年创刊号。

动十分必要①。后期,亦有文章将妻子视为丈夫的审美对象,认为女子本身应当改善自己的服饰和体态、增强"性的吸力",便可"永远保持一个男子对于她的爱情"②,作者随后由此类婚姻焦虑出发介绍女性改善体态和健康状态的方法。

综合以上归纳,健身健美运动塑造了涉及身体本身、家庭、国家与社会三重范围的运动目标,其对身体的关注不是通过身体改造达到教育人的目的,而是意图使锻炼者、读者意识到身体形态、结构和秩序在国家、家庭等空间中的不同作用,进而主动地改造身体、达到健康或理想状态。

三、提供直观榜示:媒介与理想身体的多维呈现

健身健美运动普及的 20 世纪初,恰是摄影技术快速发展的时段。二者结合之下,为了深入推广,山道、麦克法登均强调以视觉形象展示"美学化"身体的重要性,民初以后中国报刊讨论身体议题时也形成了类似的信息传播策略。《健与力》与《健力美》创办之初,便有意识地利用纪实摄影建构理想身体的直观化展演,借助视觉文本的冲击力和直观性,使身体成为被凝视的景观和被效仿的对象,尝试给读者形成直接示范作用和新的视觉体验。

在期刊编者、文章作者和摄影师看来,符合健美标准的男性身体健硕匀称、比例得当,是健身健美运动的良好教材,其展示需模特半裸或全裸以展示肌肉和身体的整体形态,然而这与都市社会的文化语境并不完全相符。从整体来看,近代中国社会对男性身体的凝视,并未如女性一般引发关乎解除身体束缚的社会性运动,而是在呼吁改善疾病、身体焦虑的同时强调男性裸露身体对性别规范的危害。这是因为中国传统观念中,男性以身体展示作为谋生手段或行为习惯的做法,与主流文化对男性修齐治平的道德期许背道而驰。在男尊女卑的宏观话语之下,男性是审视他人身体的主体而非客体,否则极易遭受歧视和批判。1914 年,刘海粟招募男性担任写生课裸体模特时便遭遇极大困难,引起持续十余年的关于"风化"的舆论风波。1924 年,部分官方和民间人士仍不能容忍在公共场合展示美术作品中的男性裸体形象,20 年代后期至 30 年代才有所改观。

---

① 赵竹光:《夫妻合作的健身运动》,《家》1946 年第 9 期。
② 吴起:《怎样增加你对异性的吸力》,《健力美》1942 年第 2 卷第 2 期。

赵竹光的实践也证明这一点,近代中国社会无法立时接受健身健美运动提倡的男性身体展示方式,与山道在西欧展示身体肌肉大受欢迎的场景①不同。1938 年,《健与力》于香港创刊时,动作示范照片中的人物皆为西方男性、女性,以及赵竹光、王学政等编辑和主要作者。该刊虽曾面向发行范围(国内香港、上海、广州等城市及东南亚国家)征求"体格属发育正常"的青年担任模特②,但响应者寥寥。赵竹光将之归因于参与该项运动的人数太少、了解者不多,因此创办健身学院时通过《申报》等报刊加大宣传力度。随着上海健身学院的创办、推广和两份期刊的发行,40 年代起两份期刊的封面图像开始以身材匀称、肌肉健硕的中国男性取代古希腊神像雕塑,内页有中国男性(主要是上海健身学院的学员)展示身体的大幅照片,占据大量版面,极大地扩大了中国人形象的比例和来源。这从侧面说明了中国社会对男性身体审美观念的逐步开放。

深入视觉文本,可以发现男女形象数量增多的趋势,但展示两性身体的方式不尽相同。与追求力量的男性健美不同,女性健美是对反上海摩登的健康美的再次确认和宣扬。近代女性体育极大发展,大众对"摩登"的讨论与批判以及 1930 年兴起的裸腿裸足运动,使报刊敢于展示女性身体线条和身体部位。至 40 年代,健美女性的理想形象已相对固定,其表情、体态、动作、装束及其组合体现的健康美、姿态美是其身体展演着重表现的两个方面。《健力美》也以打造现代美为旨趣,刊登女性精英运动员杨秀琼、黄碧霞、原恒瑞的照片,为女性读者提供人生经历和身姿的榜示——指出普通女性要改造肥胖、瘦弱和两肩前倾、驼背③等不自然的身体状态,以胸、臀为中心点④形成流线型的体格,使之由"超越的健康"到真正的美⑤,以便符合都市社会对现代女性新的形象期待。照片中的女性展示女性跳跃、凌空、投掷、飞跃等各种姿势,体现身体的柔软性和敏捷度。她们一改纤弱形象,与女运动员的拍照姿势几乎相同,均以平静的面容、笑容和挺拔的身姿、舒展的肢体动作示人;她们身着运动上衣和短裤,目光朝向远方,展现与纤弱身姿和都市摩登女郎迥异的女性气质。

---

① 刘丽颖、杨军、史友宽、陆小聪:《视觉媒介与男性身体观念变迁——基于西方健美历程发展的回顾与反思》,第 32—33 页。
② 《征求照片》,《健与力》1938 年创刊号。
③ 《我们的女同学》,《健力美》1947 年第 4 卷第 1 期。
④ 《女性美中心点》,《健力美》1941 年第 2 期。
⑤ 《美的秘诀》,《健力美》1941 年第 2 期。

　　值得注意的是,健身健美运动对男性的关注"方法"远较女性复杂,因之关乎肌肉的形态。从渊源来看,山道曾测量博物馆中古希腊人物雕像的身体比例,尝试得出符合"希腊理想"的完美体格公式,进而以之为锻炼目标努力将肌肉组织发展到预定尺寸,列戴民、麦克法登训练体系也与之一脉相承。20 年代,人体测量学传入中国并应用于身体检查,美国人麦克乐(Charles Harold McCloy)提出标准化身体数据与健康状态的相关关系,度量工具在上海学校中有所应用。这意味着评价身体的方式存在转变的趋向——追求精准、科学和实证的实验方法,取代观察形态、气血、脉象的经验方法。赵竹光在沪江大学健美会时期采取类似方案,推崇精确管理之于塑造理想身体的优势①。他记录锻炼者身高、体重、每分钟脉搏次数等指标,每隔三个月进行检查与总结。《健力美》创刊号上也刊登男子体高体重与肌肉发达程度表,提出与特定身高相匹配的体重及四肢、躯干的尺寸大小,据此评定出欠发达、普通、良好和标准四个等级。②值得注意的是,该度量体系和标准完全移植自列戴民所定标准,但考虑到东方人与欧美人肌肉的差异,将不同部位的"理想"尺寸同步下调 1—2 英寸,作为中国人身材的"标准"尺寸③——体现了测量标准的本土化过程。

　　文章强调的科学管理和锻炼可以把身体练到平均发达、把瘦弱身体锻炼得强大的观点,为"肌肉形态"纳入中国社会的男性身体审美评价指标奠定基础。有作者认为,男性健美就是"简单明了地把力气拿出来"④,通过拉伸或屈伸身体部位展现的健硕、饱满的胸肌、腹肌、二头肌、背阔肌。也有作者指出,健美的男性身体须为"高凸的胸、宽厚的肩,伟大而有力的四肢,再配上累累有规的腹,V 字形的背";练成 V 字形身体与"阔而又厚"的背阔肌有助于完成其"美的目标",前者的量化标准是腰围的尺度与常态胸围的比例须为二比三。⑤身体数据的大小比例及具象化描述,与中国传统观念中推崇的男性"圆腰大腹"审美迥异,而与列戴民基于欧美人身体特征制定的锻炼目标几乎相同。这说明中国推广者阐述锻炼目标时,接受了西式审美观的榜示,已把关于身体形

①　赵竹光:《答"肌肉发达法"读者问》,《商务印书馆出版周刊》1934 年新第 92 期。
②　《男子体高体重与肌肉发达程度表》,《健力美》1941 创刊号。
③　列戴民:《肌肉发达法》,赵竹光译,商务印书馆 1934 年版,第 20 页。《男子体高体重与肌肉发达程度表》,《健力美》1941 年创刊号。
④　滔:《健美:男性的与女性的》,《新时代(1931)》1931 年第 2 期。
⑤　胡维予:《达到"V"字形人体美的捷径》,《健力美》1943 年第 3 卷第 1 期。

态的标准推演成为一个超越地区差异的跨文化观念,而不局限于中国传统身体观和审美观(如前文所述的圆腰大腹审美)的限制。

另外,晚清以来知识界对男性身体的关注,是在身体焦虑的前提下强调"健"和"力"的重要性,较少关注男性身体"美"的范畴。前文所述广告、电影中劲瘦的男性提供了理想的美的形态,但无实现美的方法;而且,普通男性是否可以健美、如何在健的前提下变得美,也无定论和成熟的讨论。推崇露体美的上海《健美月刊》与《健与力》相同,也提倡男性健美①和男性肌肉审美②,然而与报刊讨论女性身体美的热潮相比,对男性健美内涵的关注度、讨论的广度都远远不足。③在某种程度上,赵竹光及相关作者的文章是对此进行讨论的先行者和教男性如何健美的实践者。他们在长期的对外交流和推广实践中,通过身体典型性要素的搭配组合,确立了男性身体健、力、美三要素的关联——除了使彰显肌肉的劲瘦而非瘦弱之瘦成为男性身体美的前提,还提供了完整且系统化的锻炼方案,确立了相应的量化标准。一定程度上,他们使读者和大众意识到,健美不专属于女性,男性也可以健美,只是美的内涵和方法不同。在期刊的诸多视觉文本中,男性圆睁的双眼、俯视或平视的视线、平静或微笑的表情及运动衣物之下,是用以展现肌肉健康感、力量感和美感的极限拉伸、屈伸状态。这种美感的生成剥离了肉体引发的情欲联想和有伤风化的道德桎梏,反而基于完美肌肉和线条生成了新的审美对象,从而使读者认识到运动是身体健康的原因,也是形成身体之美的途径。

编者、作者、摄影师共同倡导的男性肌肉、身材之美和女性健康、线条之美,是通过视觉即能目击的显著身体特性,也与运动本身的技术性、竞技性相辅相成,构成读者共同的审美对象。身体美的展示通过图像展示,其图式也存在相应规范。文章作者指出,"体格之美,不一定要有宏大的肌肉,祇只全身发表平均,并有着刚毅和相当显著的线条即可"④,"构成一张体格照片之美……姿势、角度、光线和面部的表情等,都有着很大的关系"⑤。如前所述,照片中的理想身体是编者所言的运动目标。身体瘦弱、不健康或锻炼效果不彰的男

---

① 《发刊词》,《健美月刊》1934 年第 1 期。
② 《男人肌肉美的表露》,《健美画刊》1932 年第 3 期。
③ 韬晦:《健美不单属女性》,《千秋》1933 年第 6 期。
④ 《健力美的体格》,《健力美》1949 年第 5 卷第 1 期。
⑤ 《本期照片特选》,《健力美》1949 年第 5 卷第 2 期。

性、女性读者阅读期刊时,也被图中的单人或群体注视。在看与被看之间,双方目光交汇构成的关系场中,显现锻炼效果的学员身体和著名运动员的理想身体共同呈现,使理想身体的可获得性、普及性特点得以彰显。

借助照相机,身姿、身形、构图和光影共同渲染之下的健美的男性身体和女性身体,成为报刊传播中的经典形象。时值抗战,《健力美》《健与力》的摄影师常以全景、中景的景别和仰拍的方法呈现男性的肌肉、线条,凸显其高大和力量感,辅以与东亚病夫和身体焦虑话语相关的标题,寄托对强壮身体、强大国家的期望。对于女性,则多以大远景、远景的景别和仰拍的方法,表现女性健美身体融入周遭环境的场景,体现摆脱束缚的、得到自由的身体(参见图1、图2及图3)。照片的人物形象与读者形成俯视与仰视的关系,使人物形象在视觉上被突出、被夸大,分解动作还成为读者和潜在锻炼者的指导者、身心关怀者。因此,照片不仅突出呈现了两性身体的健美景观,实质上也建构、传播了关于身体观及其社会意义的话语,其作用于读者的认知,帮助读者唤醒身体意识,引导读者在潜移默化中效仿理想身体、认同期刊传达的身体观。图像叙事以超越文本叙事的优势,使图像的看与被看演化为读者与个人身体、理想身体及身体责任之间情感关系的确认和不断凝聚。

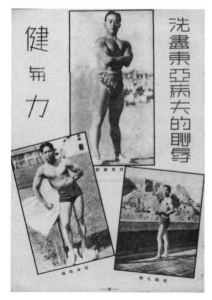

图1 《洗尽东亚病夫的耻辱》,
《健与力》1939年第1卷第2期

图2 《封面人像》,《健力美》
1943年第2卷第5期

图3   《健与力——一切事业成功之母》,《健力美》1938 年创刊号

四、结　语

　　近代上海体育文化发展居全国前列,健身健美运动的引入和传播体现了由全球及地方的发展进程,鲜明地体现了海派体育的开放性、融合性和灵活性。赵竹光作为上海体育界精英,其主导的健身健美运动推广与传播是审视自身身体、效仿理想身体、认同理想身体、改造自身身体等步骤的联通和结合,表现为身体文化、身体教育和身体锻炼的统一①。他将西方初步科学化、系统化的健身健美运动锻炼方法进一步本土化、具象化,从引导市民群体审视身体开始,力陈其对身体、心理、家庭、婚姻的种种益处,帮助两性身体形成健康、力量、美感的有机统一。这为广为讨论的健美目标提供了榜示和实现途径,而且是对男性、女性健美形象的主动建构,拓展了身体审美的影响力。

　　因此从宏观来讲,赵竹光等人的推广对社会层面身体观的转变有所助

---

① 岸野雄三:《体育史——试论体育史学》,白澄声等译,国家体委百科全书体育卷编写组编印,1982年版。转引自郎净:《近代体育在上海 1840—1937》,第 1 页。

益——使锻炼者和读者相信身体可以借由自身锻炼改变,帮助他们从不重视身体到关注身体、从崇尚纤弱、静态之美到崇尚肌体力量,进而改变身体的归属和组织方式①。之于运动本身,健身健美运动还体现了海派体育的先进性和辐射性。在赵竹光之后,上海青年馆、精武体育会、健美体育会、上海中华基督教青年会、香港李氏健身学院纷纷发展壮大。上海健身学院的学员还开办训练班进行二次推广,赵竹光的学生曾维祺还专门创办女子健身会,进一步将女性气质与肌肉、力量相连。以上推广实践在事实上起到了由上海辐射全国体育、促进体育文化发展的作用。虽方法各异,但共均为近代中国社会身体焦虑下关注身体本身、掌握身体主动权的宣言,是帮助锻炼者唤醒身体意识、养成健美身体、培养健康习惯的宝贵尝试。另有史料表明,上海健身学院和《健力美》由于其商业行为曾招致批评,读者认为他们为了营销课程表现得过于商业化乃至庸俗化,并且过于强调女性曲线、关注因身体而起的生理欲望②。这表明健身健美运动的推广,某种程度上得益于上海社会消费文化的浸润和(青年)市民群体的消费欲望,也彰显了营办者与社会大众性别观念的一些摩擦。或许这也分别是海派体育文化社会性、大众性和先锋性的独特表现,需理性看待。

Gender, Body and Media: Zhao Zhuguang and the Popularization of Bodybuilding Culture in Modern Shanghai(1930—1949)

Ma Xiaochi   Li Bingwei

Abstract: Under the physical anxiety in modern China, changing the state of weakness and disease and achieving the goal of becoming healthy had become the most urgent desire of some intellectuals and Chinese people, which gave rise to continuous introduction of various sports from foreign countries. From the 1930s to 1940s, Zhao Zhuguang and his followers began to promote bodybuilding systematically with unarmed gymnastics, instrument sports and

---

① 梁秋语、张宗明、张其成:《从个人养生到大众健身——近代体育事业的发展、身体观之变迁及其当代反思》,《中华中医药杂志》2020 年第 4 期。
② 罗凯:《怎样推行健与力运动》,《健与力》1943 年第 4 卷第 2 期。《肌肉发达法专家在靠着肌肉吃饭》,《健与力》1941 年第 3 卷第 5 期。

weight-bearing exercises. Through translating western professional books, founding magazines, and organizing training, he suggested those exercisers paying direct attention to their body parts and shape them with the empirical scientific system. Besides, in line with gender norms in modern Shanghai society, he constructed the sports goals with the aesthetic expectations towards men's and women's bodies. His practice awakened and promoted the exercisers' self-consciousness of bodies and changed their bodies' order and belonging mode, which also made the beauty of muscle, strength and body shape become the standard to judge the beauty of male bodies, and the beauty of health, natural sense and body symmetry become the standard of female bodies aesthetics. In conclusion, all kinds of their practice had extremely enriched and developed the exerciser's aesthetic outlook.

Key words：Zhao Zhuguang；Bodybuilding；Shanghai；Gender；Media

作者简介：马晓驰，北京电影学院人文学部艺术理论教研室讲师，研究方向为中国近现代社会性别史、电影史；李秉炜，北京电影学院人文学部体育教研室讲师。

"文化间性"视阈下的张爱玲小说解读

关琳琳

摘　要:"文化间性"是一个文化学、社会学、哲学范畴,用来指称不同文化中价值观或意识形态之间相互沟通、求同存异的状态,强调文化的互补与差异。本文借用"文化间性"理论,探讨张爱玲小说创作中的身体书写、租界文化与战争语境,生活环境的混杂特征有利于张爱玲文化间性思维和主体身份优势的获得,同时彰显出张爱玲小说中西杂糅、传统与现代并存、现实主义与现代主义交相辉映的美学特征。

关键词:文化间性　张爱玲小说　身体　租界　战争

"文化间性"是"主体间性"在文化领域中的具体体现形式,鉴于"主体间性"以人的存在、人与人以及人与社会的关系作为存在前提,从概念史的角度上看存在着多种解析模式。以"主体间性"哲学领域先驱胡塞尔为例,他主张个人与他人的主体性展开对话与交流的首要前提是区分"本己之物"和"非本己之物",关乎的重心是如何实现主体对于共同世界的构造。哈贝马斯"交往行为理论"进一步强调一种以交互主体性作为基础、以理解为目的的对话行为,将人放置在特定的社会框架与历史视野范畴中。本文使用"文化间性"概念指向了一个具有极大外延的、广义上的范畴,"文化间性"不是进行一种静态的跨文化比较,而是侧重于不同主体之间或文本之间的互动与互渗。"它兼备文本间性和主体间性的双重特质"①,话语交流和意义重组构成其主要的生成

---

① 蔡熙:《关于文化间性的理论思考》,《大连大学学报》2009 年第 1 期,第 84 页。

方式。张爱玲本人便是在传统土壤中孕育,其后在异域文化空间中成长的"一个独特存在",她的家庭环境使其深受传统文化的熏陶,日后的生活阅历又令其在中国贫弱且混乱的年代,接触到了西方化的生活方式和文化经验。天津、上海、香港的多元文化语境不仅影响了张爱玲的文学创作,这种影响也进一步投射到了她所塑造的人物命运之中。我们既能在张爱玲小说中感受到鲜明的现实主义色彩,也能清晰地察觉到其现代主义特质。于此,有评论家指出"张爱玲并非隔绝于当时的文学思潮、流派之外,反而她是基于自己的思想和认知,以独特的方式与现实主义和现代主义进行沟通、联系并游走于二者之间"①。现实主义与现代主义在她身上交相辉映,绽放出令人着迷眩晕的光芒。"对于张爱玲这样的作家,从一开始起,就必然要遭遇到'两重幻灭':一方面,本土的文化传统不再能让他们信奉,另一方面,从西方引进的现代文明也已经显示出没落的命运,没有一种现成的传统,能够轻易地再赋予她生命的意义感以及对未来的希望。"②因此,以"文化间性"理论视阈讨论张爱玲小说中的身体、租界和战争等场域,既有利于将目光聚焦于传统与现代、东方与西方、世界性与民族性杂糅的中间地带,又可以关注到张爱玲多层次、多方面的侧影,更好地开掘张爱玲的文学观念和小说世界。

一、身体:文化间性的聚合体

"身体——主体"这一哲学范畴由法国著名哲学家、思想家梅洛·庞蒂提出,在梅洛·庞蒂看来,身体——主体既是主动的、又是被动的;既是能动的,又是受动的。"身体既是显现的主体,又是被显现的对象;既是存在者、经验的现象,又是现象的身体、现象的场所。他认为,世界都可以理解为这样的身体——主体。"③"身体"既有自我的主体性特征,又包含着个体与社会、内涵与外延、自我与他者等相互作用的多重性质。换而言之,"身体"是一个多种文化和意志相互对话的特殊场域,其本身便构成一处权力的疆域。无论是西方身体传统中把"身体"视为非理性和欲望的处所加以排斥,还是古老中国"毁灭的手指"的寓言,"身体"都在参与文化与社会的某种建构。

身体性作为张爱玲及其小说的显著特征之一,无论是私人写作,还是女性

① 王源:《浅析张爱玲创作中对现实的个性化艺术呈现》,《东岳论坛》2008年第5期,第202页。
② 刘志荣:《张爱玲·鲁迅·沈从文:中国现代三作家论集》,复旦大学出版社2013年版,第18页。
③ 赵郭华:《现代西方哲学新编》,北京大学出版社2001年版,第133页。

意识,抑或是情欲描写,都一直被研究者所反复讨论。诚然张爱玲的小说创作如果离开了身体,便会丢失掉许多的魅力。但问题在于,身体何以成为呈现"文化间性"的介质?以及张爱玲为何选择身体来言说,她的身体书写与其他现代作家相比又有哪些独特之处呢?对此,有研究者认为张爱玲的身体书写"关注于男权意识对女性身体和心灵的禁锢和钳制,写出她们在压抑中妥协,在焦虑中挣扎和毁灭的宿命,这也构成张爱玲小说阴暗、苍凉的色调,是她眼中'真实'的女性生存本相"①。另有论者吴娱玉指出:"张爱玲从被压抑的肉身出发,颠倒了精神与肉体的等级秩序,把肉身置于精神之前。"②从权力和女性、精神和肉体这样的维度切入张爱玲的小说文本显然具备合理性,但是正如著名的哲学家福柯所主张的,权力并不是一方对另一方的单向度行为,也并非一种一次性签署的永久条约,而是处于持续的变动状态之中。相较于旧制度时代和 18 世纪晚期,19 世纪以后的"规训"主要通过对身体的操练来实现灵魂的改造,其呈现的结果痕迹更为隐蔽。在此,身体"被转换成认识的对象而遭到了支配与征服"③。福柯在著述中援引恩斯特·坎托洛维茨的《两个国王的身体》,力图说明即使作为肉身容器的"国王"去世,作为观念的"国王"依旧存在着并持续影响着人们的日常生活。权力与身体、精神与肉体的关系都在张爱玲小说的讨论范畴,当然这背后除了女性意识带来的对身体本身的关注之外,最主要的是她本人处在中与西、传统与现代之间,多元的文化在张爱玲身上汇聚。张爱玲笔下的身体书写在中西杂糅的社会语境中,自然也具有了传统与现代、自我与他者共同言说的矛盾属性。

以张爱玲的小说《色戒》为例,王佳芝出于革命动机而去色诱易先生,"身体"在此时成为"民族国家"话语的工具。由此可以看出身体的习性与状态始终受到社会的诸般形塑,即身体社会学理论家马赛尔·莫斯所主张的,社会将"自己的特殊习性"以社会符号体系的方式铭刻在"物质的身体"之上。但是,当王佳芝的身体开始慢慢具有主体性,有点爱上易先生时,她听从私人化的女性身体感觉的召唤,不知不觉中由民族国家的身份符码向生命本真的身体意识转移。民族国家观念与个人情感在小说人物的身体场域中碰撞争斗,从而

---

① 王玉:《身体的隐喻——对张爱玲小说的一种解读》,《新疆大学学报(哲学·人文社会科学版)》2008 年第 2 期,第 130 页。
② 吴娱玉:《肉身的救赎:张爱玲的身体诗学》,《南方文坛》2018 年第 3 期,第 93 页。
③ [法]米歇尔·福柯:《规训与惩戒(修订版)》,重庆大学出版社 2009 年版,第 43 页。

传达出张爱玲的真实意图。具体来看,在中国的"大文化传统"之下,民族主义与国家意识构成了传统话语模式的重要部分,王佳芝在爱国话剧学生社团中所接受的任务正是这种意识形态的体现。然而主人公在集体中所习得的意识并不能完全取代个人的爱情幻想与生命诉求,"性"既是实现目的的工具同时也是女性深邃欲望的表达。此时,处在"大文化传统"与"小文化传统"之间,在上海、香港这样多种文明的杂糅地带,作为"各种公/私场域的聚合体"的女性身体俨然成了"文化间性"的表达场所与现实表征。

　　服饰作为身体外延的组成部分,它本不属于身体,但又与身体密不可分。服饰不仅仅是社会风尚的产物,易受到社会文化习气的影响,同时又能显现个体的审美取向、风格态度和性格特征,具有社会与个人的双重属性。张爱玲就曾说:"我们各人住在各人的衣服里"①,衣服包裹的不仅是我们的肉体,也折射出我们的情感结构和心理诉求。张爱玲本人最大的爱好便是服饰,她不仅重视个人的衣着打扮,而且对服饰之变革以及服饰与社会之间的复杂关系也颇有研究。在《中国的生活与服饰》《更衣记》等多篇文章中,张爱玲都指出中国历史发展趋于停滞的原因乃是基于对服饰等不相干的细节的耽溺,历史的演进历程则伴随着服饰方面"这些点缀品的逐渐减去"②。按照日本思想家福泽谕吉的观点,文明的进步体现在衣服饮食器械、政令法律、精神三个层面,其中最难达到的是"智德"层面,"然后改革政令,最后达到有形的物质"③。可见,服饰作为联结内在世界与外部世界的装置,是对话得以显现的重要介质,由此我们既可以认知不同文化的属性特征又可以窥见文明的演进历程。

　　张爱玲小说《红玫瑰与白玫瑰》便积聚了身体与服饰、现实主义与现代主义等多重元素,小说文本构成了多元文化交流与对话的场所。服饰作为呈现文化样态的重要载体,与权力、地位等紧密相关,传统中国服饰具有严格的身份标识意味。达官贵人穿绫罗绸缎,平民百姓穿粗布麻衣,皇帝穿龙袍,官员穿官服,几乎成了不可逾越的定则。然而,主人公王娇蕊常常是衣冠不整的状态,她第一次与丈夫的朋友佟振保见面居然穿着松垮的浴衣。"内室走出一个

---

① 张爱玲:《更衣记》,金宏达、于青编:《张爱玲文集　全本》(第四卷),安徽文艺出版社 1992 年版,第32 页。
② 张爱玲:《更衣记》,金宏达、于青编:《张爱玲文集　全本》(第四卷),安徽文艺出版社 1992 年版,第30 页。
③ [日]福泽谕吉著,北京编译社译:《文明论概略》,北京:商务印书馆 2017 年版,第 14 页。

女人来,正在洗头发,堆着一头的肥皂沫子,高高砌出云石雕像似的雪白的波卷鬘……一件条纹布浴衣,不曾系带,松松合在身上,从那淡墨条子上可以约略猜出身体的轮廓,一条一条,一寸一寸都是活的。"①随后,王娇蕊的多次出场都穿着极具私密性的睡袍或浴衣,或者干脆呈现衣衫凌乱的状态。着装的场合是否得当也是极其重要的,而王娇蕊在会客时仅穿一件浴袍,极力凸显她"红玫瑰"般的艳丽。不管是"浴衣"这件服饰,还是其大胆的行为风格本身,在王娇蕊身上我们都读到了"爱洛斯"(即爱欲)作祟的痕迹。弗洛伊德认为"爱洛斯"(Eros)的驱动使得人们产生与他人结合的冲动,即"生之冲动",可以拯救力比多满足之下即将堕入毁灭的生命。而与开放前卫的王娇蕊形成对照的是"严妆正服"的孟烟鹂,她永远在穿着上是一丝不苟、非常得体的,显露出传统文化保守内敛的韵味。此外,孟烟鹂还具有一个典型的身体特征即"笼统的白":脸"还只单觉得白",肚子"雪白","灯下的烟鹂也是本色的淡黄白"②,俨然一枝空洞白净的白玫瑰。相对红玫瑰欲望的热烈与自我的张扬,白玫瑰则意味着欲望的压制和没有自我,这正是古典女性形象气质的呈现。张爱玲既没有完全否定王娇蕊这样的现代女性,也没有沉迷于传统女性温淑恬静的气质,而是透过对两个女性主体内心世界的掘进和红玫瑰与白玫瑰的并置对照呈现出文化的交互性。小说《红玫瑰与白玫瑰》所呈现的传统与现代两种文化的视野融合,正与张爱玲的生存境遇以及她对自己的身份定位构成了互文关联。张爱玲一向反对一切中心和等级化的价值体系,对于西方价值观与东方价值观并没有非此即彼的判定,生活中亦是既认同母亲和姑妈这种新式女性的主体精神,同时对传统女性的反抗方式加以赞扬。

张爱玲小说《茉莉香片》中亦有刻意借助身体、服饰等细节来营造氛围感的体现。例如,聂传庆在父亲的迁怒和虐待之下产生了想要忤逆父亲的想法,他不仅在思想层面拼命挣脱父亲威严的管禁,而且连同身体层面也在躲避甚至抗拒这种血缘关系带来的不容抹杀的相似性。"他和他父亲聂介臣日常接触的机会比以前更多了。他发现他有好些地方酷像他父亲,不但是面部轮廓与五官四肢,连步行的姿态与种种小动作都像。他深恶痛嫉那存在于他自身

---

① 张爱玲:《红玫瑰与白玫瑰》,金宏达、于青编:《张爱玲文集　全本》(第二卷),安徽文艺出版社1992年版,第138页。

② 张爱玲:《红玫瑰与白玫瑰》,金宏达、于青编:《张爱玲文集　全本》(第二卷),安徽文艺出版社1992年版,第169页。

内的聂介臣。他有方法可以躲避他父亲,但是他自己是永远寸步不离的跟在身边。"①在现实条件无法满足的时候,聂传庆只好借助于想象来实现某种"奇异的胜利"。再举小说中一处例子,"言子夜进来了,走上了讲台。传庆仿佛觉得以前没有见过他一般。传庆这是第一次感受到中国长袍的一种特殊的萧条的美"。②无论是作为"屏风上的鸟"的主人公设定抑或是中国式的长袍,张爱玲小说都传达出凄清与萧瑟的感觉。这种文字的悲凉感主要来自张爱玲对于生活本身的认知与生命意识的渲染,沈启无曾评价"她不是六朝人的空气,却有六朝人的华瞻。六朝也是一个大而破的时代,六朝的人生是悲哀的……虚空的美"。③同时,《茉莉香片》中这一具有隐喻意味的细节也显示出张爱玲对故事主体以外国人的"眼光"看中国的设定。有评论家指出张爱玲是"既可用中国人的眼看外国人,又可用外国人的眼看中国人的'文化杂种'"④,张爱玲本人亦曾在刊发于《二十世纪》的系列文章中,称自己是不同文化之间的沟通者和传播者。

二、租界:文化对话的殖民场

"文化间性"视角不仅意味着身体、服饰等实物载体的呈现,而且体现为不同空间场域的文化对话与互渗。即"文化间性"不可能发生在一个全然封闭的场所当中,而是不同文化之间的视界融合构成其运行的重要前提。置于现代文学史上看,不同空间场域的文学思潮、文学现象和作家作品之间的并峙与碰撞十分显著。黄万华先生便指出尤其要关注文学史的空间性,强调秉持"互为参照"的原则,"关注文学场域中各种资本介入和各种角色扮演的复杂纠结"。⑤因为文学创作本身便与这些因素密不可分,且处于"中间地带"的作家必然在对这样的场域活动进行呈现的过程中也会进行主观的自我阐释。

就张爱玲的小说而言,涉及的空间场域主要有两个:家庭和租界。基于评论界围绕张爱玲小说中的家庭书写已展开诸多研究,在此不再赘述。家庭在

<hr>

① 张爱玲:《茉莉香片》,金宏达、于青编:《张爱玲文集　全本》(第一卷),安徽文艺出版社 1992 年版,第 67 页。
② 张爱玲:《茉莉香片》,金宏达、于青编:《张爱玲文集　全本》(第一卷),安徽文艺出版社 1992 年版,第 55 页。
③ 沈启无:《南来随笔》,静思编:《张爱玲与苏青》,安徽文艺出版社 1994 年版,第 183 页。
④ 杨泽:《阅读张爱玲》,广西师范大学出版社 2003 年版,第 125 页。
⑤ 黄万华:《中国和海外 20 世纪汉语文学史论》,百花文艺出版社 2006 年版,第 567 页。

张爱玲小说中既是上海大众化和现代化的生命形态的活动场域，又是颓废精炼精神的重要载体。租界是一块旧中国土地上扎根的西方"恶之花"，既拥有迷人的所谓现代性症候，又具有侵略性的殖民意识。《良友画报》按照受西方文化渗透程度对文化进行了类别的划分，指出"自从西洋文化侵入中国，租界因为地理上的便利(都在主要口岸)而影响最大，由西洋生活的方式与中国的生活方式混合遂形成所谓'租界文化'"①。作为人类文化之一的"租界文化"，它与"都市""乡村""部落"等文化类型的主要区别是由衣食住行等生活细节体现的。可见，这里的文化不是信仰体系层面，而是由"习惯"和"习俗"构成的大众生活层面的内容。那么，由此空间生产出的"租界文化"本身作为中西文化碰撞、交汇与杂糅的一种文化样态，对于现代文学包括张爱玲的小说创作产生了诸多方面的影响。张爱玲以"都市漫游者"②的眼光打量上海的租界，对此种文化形态下的生活呈现出欣赏与对抗交织的复杂心理。小说《沉香屑　第一炉香》中接受外国教育的周吉婕便以"杂种人"自居，称"跟纯粹的中国人搅不来"③，道出了香港浓厚的殖民地气息。可见"租界文化"不仅构成小说中人物的生活背景和叙事结构的内在张力，同时也参与了张爱玲主体精神取向和作品风貌格调的缔造。具体体现在如下三个方面：

其一是异质文化空间的文学投影。租界作为一块与传统中国社会迥异的"飞地"，有着令人着迷的新鲜感和神秘性，其斑斓多元的都市文化景观影响了现代作家们的生活方式，进而促成了其创作内容的转向。因为生活方式的生成需要借助于特定的空间，亨利·列斐伏尔"生产空间"即指出空间具有意识形态、文化方面的生产性。张爱玲从两岁开始生活在天津英租界，其后的生活也并未长久地离开过租界密布的上海都会，可以说前半生所待过的几个地方都具备极强的殖民属性和西方元素，张爱玲的生活世界与小说文本自然呈现出中西文化杂糅的特质。首先，租界的生活经历深深地影响了张爱玲小说的诸多元素，如"汽车""电影""教堂""马桶""浴缸"等意象无时无刻不在侵入张

---

① 《〈良友〉画报丛书》编委会编：《民国社会百态》，上海科学技术文献出版社 2015 年版，第 221 页。

② "都市漫游者"最初是本雅明以波德莱尔对于都市漫游者形象的描述加以定义，"都市漫游者"具有以下特征：第一，他们以一种"既投入又游离"的目光注视着所处的都市；第二，他们与都市复杂关系的呈现是由类似百货公司、拱廊、电影院这样可以短暂驻足的空间场所实现；第三，他们较多出现在诗人、小说家的文本世界，而非日常生活中。

③ 张爱玲：《沉香屑　第一炉香》，金宏达、于青编：《张爱玲文集　全本》(第二卷)，安徽文艺出版社1992 年版，第 27 页。

爱玲的现实生活与小说创作之中。"上海这时候已经有汽车了,那皮球式的喇叭,一捏叭一响,声音很短促,远远听着就像一声声的犬吠"①,《小艾》中这样的场景描绘不惶枚举。"文化间性"在生成逻辑上强调的便是一种文化在进入另一种文化时,彼此会关注的往往不是文化的整体而是"部分"与"侧面"。其次,租界文化在张爱玲的小说中主要呈现为对女性情欲的肯定与恋爱关系的变异书写。例如,《心经》中小寒和父亲的依恋之情、《封锁》中两个素不相识的人之间产生的"沟通"、《连环套》中糜烂的欲望等等。最后,租界文化体验使张爱玲的小说颇具颓废色彩,既是建立在个体人生体验之上的一种直观感悟,又是现代主义价值观的自我选择。"近现代文学的殖民性、商业性、颓废叙事、民族意识、小资情调、戏谑风格、欲望主题、媚俗倾向、杂糅话语等方面的特性"②,都或多或少地受到租界文化语境的制约,张爱玲自然也无法遁出这一范畴。正是因为张爱玲对租界文化的亲历性,导致这种张力在她身上是自我生成的而非泛泛移植,这也符合"文化间性"的侵越、接受与变形的具体表征。

其二是"空间殖民主义"的对抗与顺应。所谓"空间殖民主义",是"指殖民者在殖民地或者半殖民地通过建筑及街道的命名,举行本国纪念活动等方式在殖民地营造母国文化环境,为殖民者提供母国生活方式的一种殖民主义"③。具体方式涉及生活方式的渗透、知识储备的侵入和审美习俗的习染等,总之在租界空间的打造过程中租界的主体自由被严重倾轧,形成强势话语对弱势一方的威压。那么,现代作家置身于民族性与殖民性的文化夹缝中,同时又面临着民族话语的失落,殖民性使得他们不断地产生沉重的身心压力,并与"空间殖民主义"产生拒抗。鲁迅和周作人都曾表示过对于租界密布且外国人众多的上海所滋生的"上海气"十分憎恶,但也许正因为对租界文化空间的熟悉和自如,张爱玲更多地注意到"上海人是传统的中国人加上近代高压生活的磨炼。新旧文化各种畸形产物的交流,结果也许是不甚健康的,但是这里有一种奇异的智慧"④。用语"奇异的智慧"透露出张爱玲与租界空间的对抗性

---

① 张爱玲:《小艾》,金宏达、于青编:《张爱玲文集　全本》(第二卷),安徽文艺出版社 1992 年版,第332 页。

② 李永东:《租界文化语境下的中国近现代文学》,人民出版社 2013 年版,第 2 页。

③ 李炜:《都市镜像:近代日本文学的天津书写》,天津古籍出版社 2016 年版,第 243 页。

④ 张爱玲:《到底是上海人》,金宏达、于青编:《张爱玲文集　全本》(第四卷),安徽文艺出版社 1992 年版,第 20 页。

方面并没有十分明显,与之相反,她还在《到底是上海人》中明确表示对上海人的喜爱之情。有学者将张爱玲称为"租界文化的代言人",更进一步凸显出张爱玲作为小说家在间性性质中的身份优势与主体认同。"张爱玲的那个平常世界则更令人感受到它的地方性和互动性"①,地方意识和知识景观的呈现对作家的文学书写而言是密不可分的。

其三是现实主义与现代主义的变奏和鸣。从城市地理而言,二十世纪三四十年代的上海有着"东方巴黎"的美誉,中国人眼中的上海与外国人眼中的上海交织形成一种混沌状态,投射出他们对中与西、新与旧、传统与现代的复杂认知。上海市研究专家熊月之先生便指明上海与其他城市的不同之处主要在于,"在上海,西学中学都有知音,雅俗文化都有市场,正是上海对各种文化能够兼容并包的表现"②。作为"一种文化的脉络"抑或作为一种"场所精神"的特质,上海独特的城市气质塑造了上海都会的文学景观,使它成为中国现代主义文学最为发达的区域之一,新感觉派、颓废派、现代诗派等现代主义流派在这里滋生孕育。结合张爱玲小说中的人物命运和性格塑造来看,虽然小说以现实生活为题材,注重细节的真实,并以平淡自然的笔触显示出鲜明的现实主义特征。例如,《红玫瑰与白玫瑰》中的男主角是母亲的朋友,包括私人性极强的《小团圆》中的主角九莉是她自身经历的重复与改写。"她有惊人的观察力和悟性,并且懂得怎样直接或间接地在日常生活中抓取写作的材料,因此她的作品永远多姿多彩,一寸一寸都是活的。"③基于张爱玲对上海城市和小市民"实生活"的描绘,有学者认为"张爱玲用《传奇》和《流言》审视现代大都市的市井生活文化,人们的社会观念、生活方式和情感世界"④,还将张爱玲归入了"风俗文化现实主义"的类型。但是,现实主义之外,作为一种方法、原则和精神取向的现代主义明显占据主导地位。张爱玲在散文《借银灯》中也说:"在今日的中国,新旧思想交流,西方个人主义的影响颇占优势。"⑤张爱玲主张女性无论是婚姻生活抑或收入来源都要有保持独立的能力,文章批驳《桃李争春》

---

① 李欧梵:《上海摩登——一种新都市文化在中国》(1930—1945),浙江大学出版社 2019 年版,第335 页。
② 马长林主编;上海市档案馆编:《租界里的上海》,上海社会科学出版社 2003 年版,第 54 页。
③ 陈子善:《张爱玲丛考 下》,海豚出版社 2015 年版,第 307 页。
④ 王嘉良:《现代中国文学思潮史论》,中国社会科学出版社 2008 年版,第 147 页。
⑤ 张爱玲:《借银灯》,金宏达、于青编:《张爱玲文集 全本》(第四卷),安徽文艺出版社 1992 年版,第182 页。

中的女主人公在男性违背一夫一妻制后,丧失了离开这段关系的自由选择权。反观张爱玲自身,她在婚姻中也遭遇了背叛,但她在思想上和经济上都是有准备的。即精神方面不依赖男人,经济方面作为职业作家的稿费不仅支撑个人生活,而且在胡兰成逃难时也提供了帮助,即使在个人最困难的时期张爱玲仍可以入住美国的"职业女子宿舍"。这种受法国自由主义思想而形成的关于妇女解放的思想,在她的小说中有很好的呈现。张爱玲所具有的现代意味的书写并不是对西方文学思潮的模仿与借鉴,而是来自实感经验的表达与个体记忆的梳理,这种对生命与命运的困惑使得张爱玲的观点具备了个人主义的内涵。

三、战争:人性与文明的碰撞场

张爱玲及其小说创作与现实的关系可以用一句话来概括,就是处在"于其中又隔其外"的关捩。张爱玲在《传奇》一书的封皮设计中便采用了传统仕女加眼睛图案的构图,而《小团圆》中的女主角九莉在香港沦陷战争中从英文教授的书架上取下的也是一幅类似寓意的插图名为《莎乐美》①:图画描绘莎乐美向约翰求爱被拒之后索性就杀了对方,极具反讽与荒诞意味的是莎乐美并没有将这份爱欲弃之不顾,而是把爱人的头颅捧在手心预做亲吻的样态。两幅图画边缘位置的眼状图案营造出一种被偷窥的紧张感和苍凉意味,图画的选取与张爱玲对现实的疏离态度形成了某种呼应。无论是父母的悖离、家族的盛衰、还是世情百态,张爱玲始终以"局内的局外人"的姿态保持着观望。这种世界观的形成首先与她童年时期的阅读体验、成年后的爱情经历、以及观察生活的特定视角密切相关。一方面是来自古典文学的浸染,《金瓶梅》《红楼梦》《醒世姻缘传》和《海上花列传》是张爱玲一直以来非常钟爱的小说,从中汲取了不少精神养料;另一方面,正如有的研究者所指出的"历尽了浮世的悲欢之后,她不再谈论生活,亦不再哀挽人世的悲凉。相反,从悲凉中细细琢磨出生命亮美的色泽,再以文字的形式把它凝定在现时之中"②。童年时期因为没

---

① "莎乐美":莎乐美是比亚兹莱1894年为王尔德改编的《圣经》剧本绘制的插图名称。比亚兹莱是19世纪英国著名画家,以善用黑白对比、流利的线条和颓废的画风享有声誉。他与中国现代作家关联颇深,鲁迅曾为《比亚兹莱画选》写作"小引",田汉、郁达夫等人也都对其画作进行过引荐,叶灵凤更被称为"东方的比亚兹莱",张爱玲小说中的"比亚兹莱"是"一线西方文明"的镜像呈现。

② 张均:《张爱玲传》,广西师范大学出版社2021年版,第307页。

有生母的照顾,需要接受表姐们的旧衣服,张爱玲过早地体会到了受人周济的羞耻感。成年后在与胡兰成的爱恋中,亦体会到爱人荫蔽与叛离的苍茫。张爱玲在亲情与爱情的双重失意中与置身其间的世界形成了某种隔阂,晚年更是将整个生命投注到《红楼梦魇》的写作和《海上花列传》的翻译之中,坚决切断了与世俗的一切关联,选择一种超然物外的生活姿态。作家在面临人生意义的确认难题之际不乏以"沉默"的方式加以应对的,小说家沈从文也是如此,允许自己沉浸于个人的癖好之中。"一个人想证明他的存在,有两种方法:其一从事功上由另一人承认而证明;其一从内省上由自己感觉而证明。我用的是第二种方法。我走了一条近于一般中年人生活内敛以后所走的僻路。寂寞一点,冷落一点,然而同别人一样是'生存'。或者这种生存从别人看来叫作'落后',那无关系。"①张爱玲所选择的正是后面这条道路,1990 年代初雷骧先生执导"作家身影"邀请身为小说家的张爱玲参与,张爱玲声称自己因为体力原因个人的工作时间已经严重缩减所以无法参加,"值得注意的是,张爱玲特别援引好莱坞制片家高尔温的'名言'——'把我包括在外'表明自己的态度"②。无论是作家沈从文试图重建自我抑或张爱玲重述自我,他们所采用的方式无疑都具有一定的颓废色彩。

　　这种世界观与文学观的生成所涉及的另一背景因素则是战争体验。战争是文学创作的宝库,许多作家笔下对生存图景的描绘与战争记忆不无关系。战争自然不用多说也可以看作是两种或多种权力斗争的场域,虽然战争双方的相互对话大多是以一方压制另一方构成的对立关系,因而是不符合"文化间性"的平等性。但是,我们依旧可以透过它窥见迥异的文化观念和"国家历史情态",即侧重对国家历史的种种细节的还原而不是抽象的理论概括,来揭示在此状况下人们的生存方式和精神活动。战争可以说是促使张爱玲寻求实际人生的另一因素,进一步激发了其现代性与个人性的觉醒。张爱玲说自己只愿"保留我俗不可耐的名字,向我自己作为一种警告,设法除去一般知书识字的人咬文嚼字的积习,从柴米油盐,肥皂,水与太阳之中去找寻实际的人生"③。这种世界观必将与她的为人观和为文观产生重要的互动,并投射到张

①　沈从文:《沉默》,《沈从文全集》(第 14 卷),北岳文艺出版社 2009 年版,第 104 页。
②　陈子善:《"把我包括在外"》,原载于香港《明报·世纪》2017 年 4 月 30 日。
③　张爱玲:《必也正名乎》,金宏达、于青编:《张爱玲文集　全本》(第四卷),安徽文艺出版社 1992 年版,第 51 页。

爱玲笔下的小说世界。戏剧家曹禺也是在自己所秉持的文学观念之下进行创作的,他在《雷雨》的序言中写下"我用一种悲悯的心情来写剧中人物的争执。我诚恳地祈望着看戏的人们也以一种悲悯的眼光来俯视这群地上的人们。他们盲目地争执着,泥鳅似的在情感的火坑里打着昏迷的滚,用尽心力来拯救自己,而不知千万仞的深渊在眼前张着巨大的口"。①鉴于小说家张爱玲与戏剧家曹禺在关乎人类命运的思考方面都超越了伦理与道德的判定,而是试图揭示生存的永恒困境,这里借鉴《现代性视野中的曹禺》此部著作对作家现代性的阐释路径,李扬教授在书中将曹禺对人的生存境况的追问与沉思概括为三个方面:一、文化与个人的两难选择;二、本能与意志的徒然挣扎;三、梦醒了无路可走的悲剧。本文认为作为人性与文明的碰撞场——战争给张爱玲带来的困惑在小说中的呈现,可以概括为对人类生存处境的真实描绘与深切思虑,关注在战争中人们时间感与空间感的漂浮与悬置,以及对文明的浮华与美好事物终将消逝的认知三个维度。

　　首先,目睹和亲历战争对张爱玲小说创作的影响是巨大的,由此产生了对于人类处境的思虑,不禁发出"什么都是模糊的,瑟缩,靠不住"②的感叹之音,战争带来的恐惧感使人们急于攀住一点实际的东西,从而转向了对于世俗欢乐的追求。这种持续而深刻的心理影响使远离文明的人类失去对人生价值的追求与生命意义的寄托,进而退化至饮食男女的境地。以张爱玲小说中的女性人物为例,葛薇龙沉浸于物质的享乐之中,"没有天长地久的计划。只有在这眼前的琐碎的小东西里,她的萎缩不安的心,能够得到暂时的休息"③;白流苏在战争中并没有成长为一名革命女性,而是非常渴望轰轰烈烈的爱恋与平平实实的婚姻。按张爱玲的观点这便是现实本来的模样,"因之柳原与流苏的结局,虽然多少是健康的,仍旧是庸俗;就事论事,他们也只能如此"④。张爱玲认为无论是葛薇龙还是白流苏都选择了在战争中偏安一隅,保全自己,这才更接近现实中大多数人的真实选择。而小说中物质、婚姻、"萝卜丝饼"等

---

① 曹禺:《雷雨·序》,田本相、刘一军编:《曹禺全集》(第1卷),花山文艺出版社1996年版,第8页。

② 张爱玲:《烬余录》,金宏达、于青编:《张爱玲文集　全本》(第四卷),安徽文艺出版社1992年版,第57页。

③ 张爱玲:《沉香屑　第一炉香》,金宏达、于青编:《张爱玲文集　全本》(第二卷),安徽文艺出版社1992年版,第47页。

④ 张爱玲:《自己的文章》,金宏达、于青编:《张爱玲文集　全本》(第四卷),安徽文艺出版社1992年版,第174页。

这些衰颓的图景与惊心动魄的战火漫卷构成了镜像关系,映射出了人们空虚的精神状态,并直接影响到人们对于爱情和婚姻生活的现实选择。"张爱玲的日常现代性与五四有一定联系。但她的现代性另有渊源,她主要是以市民中西杂糅的价值观念以及她对人生的独特理解拓展出一种新的文学现代性。"①

其次,战争中最深切的体会便是人们在复杂的斗争场域中常常被战争洪流挟裹而身不由己,由此产生时间与空间的漂浮感与悬置感。即面对既有时间观与价值观的瓦解,人们极易陷溺于对生存的审视与存在的质疑,产生一种近乎原始的荒凉感。阅读张爱玲的小说常常感到被一种命运的压迫感和无以名状的压抑、荒诞和空虚感所包围,《金锁记》中曹七巧在爱情与洋场双重失意下其时间感也发生了改变,这一点可以在张爱玲对她和季泽最后一次会面时的描绘中看出。"季泽走了。丫头、老妈子也给七巧骂跑了。酸梅汤沿着桌子一滴一滴往下滴,像迟迟的夜漏——一滴,一滴……一更,二更……一年,一百年,真长,这寂静的一刹那。"②《小团圆》中也有类似的描述,九莉在和邵之雍初恋的一段时间里,"她觉得过了童年就没有这样平安过。时间变得悠长,无穷无尽,是个金色的沙漠,浩浩荡荡一无所有,只有嘹亮的音乐,过去未来重门洞开,永生大概只能这样"③。小说中曹七巧和九莉这种瞬间即永恒的感受,都建立在主体的内在时间而非客观时间之上。这与张爱玲看待文明的独特方式与陷溺的人生观紧密相连,张爱玲后半生也是在反复回忆并书写过去发生在自己以及身边的人的"故事"。评论家王德威便指出:"从40到60年代,绝大部分的中国作家随着意识形态狂飙起舞,义无返顾地为中国现实造像,并对中国的未来言之凿凿。张爱玲反其道而行。回归过去,'重复'自己,一再拆解记忆,重新拼凑。"④

最后,这种荒凉的历史感来自文明的浮华以及事物消逝的必然性。"她的小说产生出对于现代性与历史的另类探究路径,这些细节着墨的情感背景往往与困陷、毁灭与荒寂有关。"⑤至少于张爱玲而言,战争中不仅毁坏了在香港

---

① 陈绫石:《现代的宽容与中国的世俗:张爱玲文学现代性的两个特征》,《兰州学刊》2008年第8期。
② 张爱玲:《金锁记》,金宏达、于青编:《张爱玲文集 全本》(第二卷),安徽文艺出版社1992年版,第105页。
③ 张爱玲:《小团圆》,皇冠出版社2009年版,第172页。
④ 王德威:《落地的麦子不死:张爱玲与"张派"传人》,山东画报出版社2004年版,第9页。
⑤ 周蕾:《妇女与中国现代性 东方与西方之间的阅读政治》,上海三联书店2008年版,第130页。

大学每日所修课程的成绩单,还有她所在意的那些显焕的衣物,以及她最喜爱的历史课程的老师弗朗士教授。战争使张爱玲意识到个人即使所用十多年的时间做出的成绩很快也会被社会潮流所忘却,由此萌生出一种对于人世与生命新的理解。张爱玲在《华丽缘》文中有这样一段描述,"每人都是几何学上的一个'点'——只有地位,没有长度、宽度和厚度。整个的集会全是一点一点,虚线构成的图画"①。渺小的个体在战争的宏大背景之中抑或在现代化的城市与社会中失去了自己的特征,被符号化和扭曲化为数字上的一点,生命的活力与野性被机械、破碎的日常生活所抹杀殆尽。张爱玲也借助小说中人物悲天悯人的口吻,流露出对于年轻女性困囿在狭窄圈子里的可悲命运的感慨。"叔惠坐在马车夫旁边,一路上看着这古城的灯火,他想到世钧和翠芝,生长在这古城中的一对年轻男女。也许因为自己高踞在马车上面,类似上帝的地步,他竟有一点悲天悯人的感觉。"②冲突双方的势力变迁是一个动态的过程,文明之间的交往与渗透作为构成文化间性的基础亦决定了其动态性。概而言之,无论是对战火中婚恋与家庭的描写,还是生存与人性困境的揭示,张爱玲"表达出连她自己也未必意识到的对人类命运的终极关怀,即超时空之界(上海、香港)与超时间之界(时代)的永恒关怀"③。

　　张爱玲阅人观物的独特方式、租界的生活体验、战争中的生存经历以及西方现代主义的浸润,使她在重视现实素材的基础之上偏重于表达对现代人生存与境遇的思考,在张爱玲的小说世界中显示出现代与现实主义、中西文化和苍凉末世情结等诸多元素平等对话、自然共生的现象。放置于现代文学史来看,张爱玲及其小说的独特性主要在于作家和作品之间的斡旋,传统资源与现代特质的融合等,阅读张爱玲的小说本身就是一种民族文化的对话和精神活动的位移。综上所述,相较于以往张爱玲小说研究中注重"现代性"主题、具体意象与艺术风格方面的微观解读,"文化间性"理论在某种意义上提供了阐释张爱玲小说世界审美表达的宏观视阈。

---

① 张爱玲:《华丽缘》,金宏达、于青编:《张爱玲文集　全本》(第四卷),安徽文艺出版社 1992 年版,第 258 页。
② 张爱玲:《半生缘》,金宏达、于青编:《张爱玲文集　全本》(第三卷),安徽文艺出版社 1992 年版,第 49 页。
③ 刘绍铭、梁秉钧、许子东编:《再读张爱玲》,山东画报出版社 2004 年版,第 36 页。

Interpretation of Zhang Ailing's novels from the perspective of "Intercultural" theory

Abstract："Intercultural" is a category of culturology, sociology and philosophy. It refers to the state of mutual communication and seeking common ground while reserving differences between different cultures' values or ideologies, and emphasizes the diversity, difference and subjectivity of cultures. Based on the "Intercultural" theory, this paper discusses the body writing, concession culture and war context in Zhang Ailing's novels, and holds that the mixed characteristics of Zhang Ailing's living environment are conducive to the inter thinking of the coexistence of multiple cultures and the acquisition of the advantage of subject identity. At the same time, it highlights the aesthetic characteristics of Zhang Ailing's novels, such as the mixture of China and the west, the coexistence of tradition and modernity, and the mutual reflection of realism and modernism.

Key words："Intercultural" theory; Zhang Ailing's novels; Body; colonization; Warfare

作者简介：关琳琳，浙江农林大学文法学院讲师。

电影与动员:以 1950 年代的
上海支内建设为中心①

康越良　张海荣

摘　要:20 世纪 50 年代,在社会主义工业化建设推动下,上海输送了大批人员支援内地工业建设和城市发展,电影在其中发挥了重要的宣传动员作用。围绕支内建设相关主题,电影工作者在银幕上成功塑造了一批奋斗在全国"支内战线"上的上海建设者形象,广大职工与青年通过观影受到激励和教育,积极响应号召加入支内建设队伍。新中国初期的这种艺术创作,既反映了数以百万计的建设者响应党和政府号召参加支内建设的客观事实,也在一定程度上体现出人们对此的认同。

关键词:上海　支内　电影　宣传动员

新中国成立后,在社会主义工业化建设推动下,为加快内陆地区工业建设与城市发展,合理布局全国经济建设事业,党和政府相继从经济相对发达的东北、上海、天津和青岛等东部沿海地区与城市,动员了大批人力支援内地建设(以下统称"支内")。上海作为当时全国工业基础最雄厚、人口最密集的城市,成为输送支内人员的"排头兵"。②在此过程中,电影发挥了重要的宣传作用,

---

① 本文系国家社会科学基金青年项目"上海支援西北边疆社会主义建设资料的搜集、整理与研究(1950—1980 年代)"(20CZS077)的阶段性成果。

② 20 世纪 50—60 年代,上海动员大批人力、物力和财力支援全国各地建设,从行业划分,包括工业、农业、商业服务业、金融业、文教卫生事业以及城市基础设施建设等多个领域的支援;从对象上划分,主要分为支援重点工程建设、支援内地落后地区与新兴工业城市建设、对上海周边地区的协作与支援,上海知青支援新疆建设以及支援大小三线建设等。受限于资料,本文所讨论的 50 年代的上海支内建设主要集中于支援重点工程建设、支援内地落后地区与新兴工业城市建设两类。

其在支内动员工作中所扮演的角色,构成了研究的核心问题意识。本文试图考察党和政府如何利用电影开展宣传动员工作?相关影片放映又取得了怎样的宣传效果?对于支内人员来讲,这些影片在他们的支内事业中扮演过何种角色?针对上述问题,本文拟以上海为中心,以 1950 年代中后期拍摄的一些反映全国各地工农业建设与支内建设的纪录片和故事片为主,并辅以相关档案、报刊和文艺作品等,对上海支援内地建设的宣传动员工作进行考察。不同于既有研究侧重对党和政府支内宣传政策制定与执行的考察①,本文试图透过相关影视作品所表达的主题思想和所塑造的人物形象,并结合上海支内建设的若干史实,探讨电影媒介在这一时期所发挥的宣传动员效果和舆论导向作用。

一、重点工程建设的开展与电影动员

1953 年新中国第一个五年计划开始实施,以苏联援建的"156 项"工程项目为核心,以 900 余个大中型项目(限额以上)为重点的工业建设,使我国开始初步形成独立自主的工业体系。②一方面,出于合理配置资源与维护国防、经济安全的考虑,这些工业项目大多选址于内陆腹地和靠近苏联的边疆地区,沿海地区分布相对较少;另一方面,内陆地区工业基础和城市建设较为薄弱,与重工业生产相配套的设备、技术、人才等严重匮乏。中央遂明确提出要"合理地利用东北、上海和其他城市已有的工业基地,发挥它们的作用,以加速工业的建设"③。上海作为近代以来中国最主要的工业和人才基地之一,从 1954年 6 月起,即开始按照中央各工业部门的委托,在市内招聘技术娴熟的五金技工到各地去参加工业建设,这也是"上海地区大批动员在业技术工人支援外地重点建设工作的开端"④。因部分职工知识文化和认知水平有限,对报名参加

---

① 相关研究只在一些硕士学位论文中有所涉及,内容多以介绍上海市各级党委和政府部门如何开展宣传动员工作为主,参见张彬:《"二五"计划时期上海劳动力支援全国研究》,华东师范大学硕士学位论文,2017 年;李小军:《20 世纪 50—60 年代上海对甘肃的人力支援》,西北民族大学硕士学位论文,2020 年。
② 董志凯、吴江:《新中国工业的奠基石:156 项建设研究(1950—2000)》,广东经济出版社 2004 年版,"前言",第 1—2 页。
③ 《建国以来重要文献选编》第 6 册,中央文献出版社 2011 年版,第 366 页。
④ 《上海市关于动员本市五金技术工人支援外地重点建设工作的具体工作计划(草案)》,上海市档案馆,档案号:C21-1-310-75。

新中国重点工程建设存在一定顾虑。①因此，如何通过宣传动员消除职工思想认知上的"误区"，打破他们对参加重点建设的顾虑，激发参与建设的热情，成为动员工作首先需要解决的难题。

为有效动员职工参加重点工程建设，上海市专门成立了"动员技术工人参加重点建设工作组"，统筹宣传动员工作。各区工作组在制定具体动员方案时，明确提出将电影作为重要宣传工具。②相比于普通纸质宣传媒介，电影通过银幕将声画形象直接诉诸观众的听觉和视觉，更具直接性和生动性，在政策宣传和引导社会舆论方面发挥着报纸难以取代的重要作用。③如《人民日报》的一篇社论所指出："我国人民正面临着把我国建设成为社会主义国家的伟大任务，这个伟大的任务更向我们的电影事业提出了重大的要求。我们的电影应该发挥它的特有效能和巨大力量来动员和组织人民为完成我国的伟大历史任务而奋斗。"④

由于动员工作时间紧、任务重，各区工作组一开始便采取了多种宣传手段相互配合的方式。组织职工观看电影，以便使他们直观了解新中国工业建设的伟大成就和重要意义，同时，配合黑板报、广播台、读报、座谈会、漫谈会等形式，消除职工及其家属思想上的顾虑。以上海提篮桥区为例，1954 年 5 月，该区工作组在对区内符合支援条件的晋华电机厂和一家五金联合厂（由 12 家小厂组成）进行试点动员时，专门组织职工观看了由中央新闻纪录电影制片厂拍摄的纪录片《鞍钢在建设中》和图片展《鞍山风光》。职工在目睹鞍山钢铁公司大型轧钢厂、无缝钢管厂和两座自动化炼铁炉的建设与生产过程后，深感震撼。随即，在区上海总工会办事处的配合下，工作组又围绕这部分职工进行了

---

① 这些顾虑主要包括：怕远离故乡，气候和生活习惯难以适应；怕到内地以后降低工资待遇；怕离开以后家庭难以照顾。更有工人持"五去五不去"的态度，即"近地去，远地不去；集体去，少数不去；困难了去，尚可过活不去；临时去，长期不去；以后去，现在不去"。参见《提篮桥区动员五金技工支援外地重点建设试点工作总结》，上海市档案馆，档案号：A38-2-349-56。

② 《上海市江宁区关于动员本区五金技术工人支援外地重点建设工作的计划》，上海市档案馆，档案号：A38-2-350-25。

③ 在新中国成立初期的一些全国性社会动员工作中，电影均发挥了重要的知识普及和舆论宣传作用。如为了动员民众参与治淮工程，中央新闻纪录电影制片厂拍摄了纪录片《一定要把淮河修好》；在动员全国人民支援抗美援朝战争时，北京电影制片厂拍摄了《朝鲜西线捷报》《抗美援朝》《反对细菌战》等。这些影片主题鲜明、内容丰富、意义深刻，在当时具有很强的宣传教育作用，有效配合了国家动员工作的深入开展。

④ 《进一步发展人民电影事业》，《人民日报》1954 年 1 月 22 日。

一连串的个别动员和举行座谈会等活动,取得了不错的成效。截至 6 月 5 日报名工作结束,两厂报名职工人数达 48 人,大约占全体职工的 13%,占符合支援条件职工人数的 40%。①

从 1954 年 5 月 1 日至 10 月底,在上海总工会电影教育工作队的组织下,《鞍钢在建设中》先后在全市五金、轻工业、海员、纺织等 117 个工厂中放映了 122 场。有些厂内一天连放 4 场,有将近 12 万工人及家属观看了这部影片。此前从未见过大型工业建设和现代化、自动化机械生产的职工在目睹鞍钢所取得的巨大成就后,开始真切体会到"祖国经济建设工作的进行是一场艰巨和伟大的斗争"。有些职工在看到鞍钢工业建设背后数万名农民、学生、转业军人、技术人员和技工的辛勤劳动与苏联专家的无私援助后大为感动,认为"过去我们对正在进行大的规模建设的认识是不够的,所以华东区应该以建设人才去支援东北建设的思想也不够明确。我们决不能满足一个鞍钢,祖国还有许多巨大的工程要建设,我们要以爱国的热情去支援国家建设"。江宁区永安三厂(纺织)原本按照计划只要求动员 6 名技工参加重点建设,职工在观看影片后,报名人数达 178 人。②与此同时,一些职工家属的思想也在发生转变。私营嘉利机器厂钳工王阿华的母亲一开始得知儿子报名参加重点建设后很不高兴,抱怨"好容易把你带大! 现在翅膀硬了就把娘丢在一边了"。为说服其母,王阿华耐心向母亲解释国家工业化建设的道理,并陪她去看了《鞍钢在建设中》,劝道:"这么大的工厂,如果大家都不去,啥人来建设呢?"王母才逐渐打消顾虑。③

通过观看相关电影,再配合过渡时期总路线教育,大部分职工思想觉悟有所提高,认识到国家经济建设所面临的主要困难和工人阶级应承担的重要责任,纷纷表示"要到祖国最需要的地方去",报名参加重点建设的人数不断增多,各区动员任务得以顺利完成。在其他行业的动员工作中,组织观看电影同样被视为必要的宣传手段。1956 年 2 月初,甘肃省教育厅赴上海招收 3 000 名初、高中毕业生支援本省文教事业建设,在召开动员大会时,招生工作组专

---

① 《上海市提篮桥区动员五金技工支援外地重点建设试点工作总结》,上海市档案馆,档案号:A38-2-349-56。

② 《十二万工人和家属看到了"鞍钢在建设中"》,《新民晚报》1954 年 10 月 31 日;《我们看到祖国美丽的远景——纪录片"鞍钢在建设中"座谈会》,《新民晚报》1954 年 5 月 9 日。

③ 田持:《参加国家重点建设上海工人的光荣责任》,上海人民出版社 1955 年版,第 19 页。

门组织放映了电影,并请当地报纸配合进行宣传①,一时间支援甘肃建设成为上海家喻户晓的热门话题。在上海市教育部门的积极配合下,半个月时间不到,学生报名人数远超预期数额。②

　　此外,这一时期还有一些从苏联引进的译制片,同样对上海职工和青年参加支内建设产生了或多或少的积极影响,如《乡村女教师》《乡村医生》《幸福的生活》③等。新中国重点工程建设的开展,离不开苏联的援助和指导,当时的中国人民向往苏联,模仿苏联,特别是苏联青年积极参加社会主义建设的事迹,更是鼓舞着中国人民同样为之奋斗。一些苏联影片中的经典台词成为当时的流行语,《乡村女教师》中主人公瓦尔瓦拉的一句“活着,就要为祖国服务”,就曾激励无数教师将青春和热情奉献给祖国的教育事业。④1956年刚刚初中毕业的桑秀娣在得知上海青年支援西北建设的消息后,放弃了继续升学的打算,毅然报名来到甘肃支援临夏文教事业建设。她后来回忆道,“在快要离开上海的时候,她看了电影《乡村女教师》,这对将要离开家乡,到遥远的西北从事教育工作的她来说,启示和鼓舞很大”⑤。中苏联合摄制的大型地理风景片《阿拉木图—兰州》,在向观众展示阿拉木图—乌鲁木齐—兰州铁路沿线地理特征和自然风光之余,展现了我国西北地区丰富的矿产资源和西北建设的崭新面貌。一位观影者不禁感叹道:“这些生动的描写,人人都会产生要去开发这片土地的愿望。”⑥

二、银幕上的支内形象

　　进入社会主义建设时期后,随着广大劳动人民成为新国家的主人,全社会对劳动的崇尚,更加强化了先进个体塑造和劳动模范表彰在生产建设中的地

---

① 《甘肃省教育厅赴上海招生工作计划》,中共甘肃省委党史研究室编:《20世纪50年代上海支援甘肃建设》,内部资料2007年版,第38页。
② 张掖市委党史研究室编:《上海知青支援张掖文教建设口述历史》,中共党史出版社2016年版,第3页。
③ 《乡村女教师》讲述了主人公瓦尔瓦拉·瓦西里耶夫娜从学校毕业后,离开城市来到乡村成为一名女教师,并将毕生精力奉献给了乡村教育事业的故事;《乡村医生》讲述了女医生柯沙阔娃投身苏联社会主义建设,来到西伯利亚的乡村医院工作并不断成长的故事;《幸福的生活》讲述了苏联农民在集体农庄热情劳动的故事,充分展现了社会主义农业机械化生产的优越性。
④ 李国顺:《“十七年”期间苏联电影的引进译制及影响》,《电影评介》2010年第18期。
⑤ 《关于上海支援甘肃省职工先进事迹汇辑》,上海市档案馆,档案号:B127-2-98-22。
⑥ 缪勰:《一次美妙的旅行——推荐“阿拉木图—兰州”》,《文汇报》1959年3月1日。

位与作用,成为党和政府动员人民群众参加国家建设的有效宣传方式。而电影作为"最有力和最能普及的宣传工具",自然成为宣传先进个体和劳动模范的重要媒介。据此,中央电影局提出:"通过创造国家工业建设中先进的生产者和优秀的建设干部的生动形象,表现他们的艰苦奋斗的精神、创造精神、国家主人翁思想和为社会主义而奋斗的革命意志,用以教育千百万观众,使广大人民认识到创造新中国的劳动事业的无限光荣和国家工业化的美好远景。"①

上海作为全国支内建设的"排头兵",一些沪籍职工和青年凭借先进的技术经验、丰富的知识储备以及认真踏实的工作态度,很快成为各行业的先进生产(工作)者,更有甚者作为代表出席了所在地区乃至全国的群英会,成为家喻户晓的先进个体和劳动模范。围绕相关主题,电影工作者通过拍摄《护士日记》和《上海姑娘》等故事片,成功在银幕上塑造出一批奋斗在全国"支内战线"上的上海建设者形象。

《护士日记》改编自艾明之的小说《浮沉》,讲述了一位上海青年支援祖国建设的故事。②主人公简素华(王丹凤饰)从上海某护士学校毕业后,不顾男友反对,毅然投身祖国社会主义建设的热潮,来到东北支援重点工程建设。无论在影片《护士日记》还是原著小说《浮沉》中,简素华的形象都起到了很好的动员、鼓舞和教育作用,推动了当时的年轻人积极参加支援全国各地社会主义建设。时任上海市电影局局长的袁文殊在谈及这部影片时指出:简素华"作为一个社会主义制度中培养出来的青年学生,为了响应祖国号召,宁愿暂时离开爱人,不怕艰难困苦,到工作需要的遥远的地方去从事建设事业,这正是我们今天所要表扬的优秀品质"③。简素华的形象甚至对雷锋也产生了影响,他在日记中写道:"简素华那种坚强不屈的意志,那种高尚的共产主义风格,那种克服困难的决心和信心,那种艰苦朴素的工作作风,对群众那样的关怀,这位女同志是值得我学习的。"④随着影片的热映,简素华成为人们争相学习的榜样。著名作曲家王云阶在晚年时曾回忆:"影片(《护士日记》)公演后,引起社会上很大的反响,曾激励一代青年扛起背包走天下。"⑤值得一提的是,家喻户晓的

① 吴迪:《中国电影研究资料1949—1979》上卷,文化艺术出版社2006年版,第351页。
② 上海江南电影制片厂1958年出品,编剧艾明之,导演陶金。
③ 袁文殊:《对1957年一些影片的评价问题》,《文汇报》1959年3月5日。
④ 雷锋:《雷锋日记》,中国青年出版社2019年版,第1页。
⑤ 王云阶:《我为〈护士日记〉写插曲》,《新民晚报》1990年9月21日。

儿歌《小燕子》正是王云阶为《护士日记》创作的插曲之一。这首传唱至今的儿歌,因歌词简洁、曲调流畅、情感饱满,极具时代气息,很快传遍祖国各地,结合影片本身,不禁使人联想到这一时期奔赴祖国各地的建设者,正是一只只在社会主义春天里翩翩起舞的"小燕子"。①

《上海姑娘》改编自张弦的短篇小说《甲方代表》,讲述的是另一位上海知识青年支援内地工业建设的故事。②女主人公白玫(陶白莉饰)是一名刚从大学毕业的上海姑娘,来到内地支援钢铁工业建设。她在工地上是负责验收工程的甲方代表,凭借不怕艰苦、认真负责的工作态度,最终改变了人们对上海姑娘"爱穿爱玩,不爱劳动"的固有偏见。影片中白玫所代表的"上海姑娘"形象,毫无疑问是这一时期上海青年参加支内建设的缩影和典范。在 50 年代,"上海姑娘"的身影活跃于全国各条生产建设战线,各地先后涌现出一大批优秀模范。金玉英,同桑秀娣一样,1956 年初中毕业的她响应党和政府的号召,从上海来到西北支援甘肃文教事业建设,在经过短暂的师范培训后,被分配至甘肃省永昌县永宁堡小学当老师。面对艰苦的生活环境和教学条件,她并没有退缩,而是通过自己的努力不断克服,经过几年的锻炼,她不仅成长为一名优秀的人民教师,还出席全国优秀教师代表大会,并如愿加入了中国共产党。③支援西北"纺织城"(西安)建设的 3 000 多名上海姑娘,充分发扬上海工人阶级光荣的革命传统,在生产岗位上积极工作,其中有几百人被评为先进生产者,并获得青年突击手的光荣称号。④还有草原上的上海姑娘宗玲芳,作为包头市青山区百货大楼的售货员,她工作热情负责,不到半年时间,就收到顾客 290 多条书面表扬。⑤这些分布在全国各个生产建设岗位的上海姑娘,以艰苦奋斗的实际行动纠正人们对上海姑娘"是娇滴滴、羞答答的人,是经不起斗争考验的温室之花"的偏见,证明了"自己是毛泽东时代有志有为的青年"⑥。

---

① 张宁:《风华绝代的女护士和女理发师王丹凤——〈护士日记〉中的"简素华"、〈女理发师〉中的"华家芳"》,《北京广播电视报人物周刊》2015 年第 17 期。

② 北京电影制片厂 1958 年出品,编剧张弦,导演成荫。

③ 吴尔祥:《把青春献给边疆——访支援西北文教建设的上海姑娘金玉英》,《文汇报》1959 年 4 月 18 日;张华鑫:《支援西北的两个上海青年》,《新民晚报》1959 年 5 月 4 日。

④ 《上海在第一个五年计划时期里输出二十多万职工支援全国》,《新民晚报》1957 年 12 月 28 日。

⑤ 丁贤才、汤高才:《上海儿女在祖国边疆——群英会上喜逢同乡人》,《新民晚报》1959 年 11 月 9 日。

⑥ 吴庆福:《山鹰展翅,凌空高翔》,上海教育出版社编:《好儿女志在四方》,上海教育出版社 1965 年版,第 128 页。

这两部影片的主人公均为上海支内建设者,通过展示她们在边疆或内陆地区的工作、生活场景,尤其是从一开始的不适应到逐渐接受,再到慢慢喜欢上异地生活的心理变化历程,真实反映了新中国初期数以百万计的支内建设者响应党和政府号召,甘愿放弃原本优越的生活条件到祖国最需要的地方去参加建设,因此对当时的宣传动员工作起到很好的辅助效果。从影片里支援重点工程建设的白衣天使简素华和甲方代表白玫,到现实生活中的人民教师金玉英、3 000多名纺织女工以及售货员宗玲芳等,虽然她们身份、年龄、岗位不同,支援的地区亦不相同,但都共同展现了上海姑娘无私支援内地建设的精神面貌,鼓舞着更多的有志青年奔赴祖国最需要的地方。更何况在上百万来自上海、青岛、天津以及东北等地的支内队伍中,不只上海姑娘,从青春热血的初、高中学生到年过花甲的退休职工,从临时招募的建筑壮工到举校(院)迁来的科研工作者,从国家直接抽调的各级干部和技术人才到自愿报名参加建设的普通群众,他们凭借艰苦奋斗、无私奉献的崇高精神,一道为我国内陆地区的经济发展和城市建设立下了汗马功劳。

三、支内建设者的身份认同

随着社会主义工业化建设的不断迈进,内地工业建设与城市发展都产生了翻天覆地的变化,来自全国各地的支内建设者在亲身参与和见证这些变化的同时,也在此过程中逐渐实现了自我的身份认同。这种情感在电影中的呈现在一定程度上体现出人们对于支内建设的认同。

1959年底,上海各大电影院上映了一部喜剧电影——《今天我休息》,讲述了民警马天民(仲星火饰)在休息日坚持为人民服务而屡次错过与相亲对象见面的故事。[①]影片中有这样一个桥段,一个晚上,正当忙碌了一天的马天民准备去相亲对象家吃饭时,三位红领巾送来一个捡到的皮夹。他通过皮夹中的物品得知,失主是一位来自兰州的采购员罗爱兰(史原饰)。最终,马天民在上海旅社找到失主。在核实身份时,这位名叫罗爱兰的男青年告诉马天民:"我是老上海,支援到兰州去的",并且十分感激他将皮夹送来,坚持要请马天民吃饭。于是两人边吃边聊,青年讲起了自己支援兰州建设的故事和兰州的新变化,"现在我们兰州的大工厂、大学校、大宿舍、大马路……新的基本建设

―――――――――――
① 上海海燕电影制片厂1959年摄制,编剧李天济,导演鲁韧。

一天比一天多,你呀,最好到兰州去看看。嗬,真伟大呀!"马天民听得津津有味,竟忘记了自己的约会。对于为何起"罗爱兰"这样一个稍显女性化的名字,青年自豪地解释道:"一句话,我爱上兰州了! 要不,我怎么把名字改成罗爱兰了呢!"

影片中的罗爱兰给观众留下了深刻印象,不单是因为他的名字和故事充满喜剧色彩,更主要的是其背后所反映出的新中国初期大规模动员人力、物力和财力支援内地工业建设与城市发展的客观事实,引起了观众的强烈共鸣。而且,"罗爱兰"三个字本身也传递着一种价值观念,即支内建设者对于自己事业的热爱和对自己身份的认同。但细而论之,这种身份认同又具体表现为两个层面:一是对自己"建设者"身份的认同,二是对自己"当地人"身份的认同。

50年代,在党和政府的极力宣传与经济建设的迫切需要下,人们逐渐认识到支援国家社会主义工业化建设是一项极为神圣而光荣的事业。通过当时的一些新闻媒体、电影以及个人书信与日记等,普遍可以感受到支内人员对自己能够参加社会主义建设事业的骄傲与激动心情,为"自己能够参加支援重点建设,为广大的劳动人民服务而自豪"[1]。而且,鉴于内地与上海在自然条件、经济发展和文化水平等方面的巨大差距,上海职工对于自己身为"建设者"的这种认同表现出强烈的责任感和"优越感",认识到"上海工人阶级在支援全国的经济建设事业中负有特别重大的责任,这是因为上海是一个工业基础较好、技术工人较多、技术水平也较高的城市"[2]。而在内地看来,上海人有文化、懂技术、爱干净、讲卫生,本身就代表着"先进"。譬如,1956年由上海内迁兰州的佛慈制药厂,作为当时全国唯一一家生产浓缩丸片剂型的中成药厂,上海职工不仅带来先进的制药工艺,还有良好的卫生习惯,特别是对于厂区生产环境的维护和对个人卫生的讲究。后来的第二代佛慈人正是从他们身上继承了对于制药环节的严谨工艺和一丝不苟的职业素养。甚至于说,上海人的干净、讲究,对工作的严谨,某种程度上影响了一代兰州人。[3]至于像"罗爱兰"一样,为纪念支内事业而替自己或下一代取一个颇具代表意义的名字在当时的支内家庭中亦不少见,如1955年支援兰州服务业建设的上海理发师卞达旺,因为"爱

---

① 郑秋影:《我们到达了祖国新兴的工业城市——洛阳》,《新闻日报》1956年3月14日。

② 《参加国家重点建设是上海工人的光荣责任》,《解放日报》1954年7月1日。

③ 张凌云:《佛慈:在西迁中传承中药经典》,《新西部》2019年第16期。

西北,爱兰州",就将两个在兰州出生的孩子分别取名为"建西"和"建兰"。①

对"建设者"这一身份的认同不仅体现在支内人员自身,同样得到家庭和社会的支持。受限于当时经济建设的紧迫性和交通运输条件,在异地工作的上海建设者并不能时常回家探亲。为缓解他们的思乡之情,每年春节期间,上海都会派出慰问团赴内地慰问上海职工,各地慰问团也会来到上海慰问留沪职工家属,既是慰问,也是宣传。1959 年春节期间,甘肃省派代表团来沪慰问援甘的上海职工家属,在为他们送上慰问品的同时,还带来一些特殊"礼物",即 10 多部由兰州电影制片厂摄制的反映甘肃地区解放以来建设和发展面貌的纪录片与故事片,如《甘肃十年建设成就展览会》《群众智慧创奇迹》《战黄河》《猛攻冰川雪山》《英雄渠》《劈山引水》《山上运河》②等。这类影片在上海各大电影院不断插映,不仅使留沪职工家属和其他观众直观地看到甘肃工农业建设的丰硕成果,同时唤起了他们对家人支援国家建设的荣誉感和认同感。正如职工家属蔡文秀所言:"以前被人称为不毛之地的甘肃,现在已经出现了劈山引水、山上运河等神话般的建设成就和许多大型的现代工业设施,甘肃的面貌正在改变,我们为这些成就而高兴,也为你们(指援甘建设的上海职工)在这些成就中贡献了力量而骄傲。"③

相比于对"建设者"身份的普遍认可,支内人员对于自己"当地人"身份的认同则显得颇为复杂。虽然,此时内地工业建设与城市面貌正发生着日新月异的变化,但与上海相比,无论是自然环境、工作条件、个人待遇以及其他城市基础设施建设等方面都存在明显差距。因此,一些人到内地后面对生理和心理上的种种不适应,很快产生了后悔情绪,再加上家庭、个人前途以及政治等因素的影响,不少人不愿留在当地落户,通过各种合法和不合法途径迁回了上海。即便如此,依然还是有相当一部分人选择了落地生根,经历了初期的调整与适应后,在当地政府和居民的帮助下,逐渐融入当地生活,把支援建设的地区和城市当作了自己的"第二故乡",最终在身份和情感上实现了从"上海人"到"当地人"的双重转变。例如,1955 年从复旦大学来到甘肃支援兰州大学建设的朱子清教授,面对兰州一穷二白的科研条件,他带领助手们因陋就简,土

① 卞达旺:《在兰州扎根　以兰州为家》,《兰州日报》1960 年 2 月 19 日。
② 《请看甘肃新风貌》,《新民晚报》1960 年 2 月 3 日。
③ 《上海市劳动局关于慰问上海支援甘肃建设的职工家属大会记录》,上海市档案馆,档案号:B127-2-98-1。

法上马,不仅成功在大西北黄土高原上建立起第一间有机微量分析实验室和生物碱实验室,而且,为了能够更好地在西北工作和生活,他还将年近八旬的母亲、爱人及四个小孩全部接到兰州生活。在扎根兰州的几十年里,朱教授为我国化学事业的发展培养了大批中、高级专业技术人才。①支援青海建设的医务工作者王桂娥、营业员叶丽珠和石油勘探员李惠芬三位上海姑娘更是直接在青海成家立业,生儿育女,"我们把这里已当成了家,这里的领导和老乡就像我们的亲人一样"②。

除工作和家庭以外,上海建设者在与当地人的日常交往中,原有的一些生活习惯和思想观念也开始被同化,逐渐"克服只吃大米,不吃面食,菜上不吃大蒜、辣子,不能蹲着吃饭,星期日只吃两餐的生活习惯"③。甚至不少人在退休后,由于已经习惯当地的生活,再没有返回上海。原来的上海人,早已变成上海人眼中的"外地人""西北人"。对此,在甘肃张掖工作了四十多年的上海姑娘许乃玲就感叹道:"每次从张掖回上海,都说回家,后来从上海到张掖来,也说是回家。几十年的岁月过去了,我们已经习惯了在张掖的生活,回到上海,反而不习惯了。觉得冬天冷,夏天热,都受不了","不知不觉间,我们的口音也发生了变化,刚开始一句也听不懂的张掖话,已经悄悄地渗入我们的话语中了。"④

结　语

美国学者詹姆斯·R.汤森和布兰特利·沃马克曾将新中国改革开放之前的政治运作模式称之为"动员体制",执政党利用明确的官方意识形态使革命的目标合法化和神圣化,并将全体公民政治化和动员起来,通过其领导的群众运动来实现政治或经济目的。⑤在新中国社会主义工业化建设的推动和"到祖国最需要的地方去""好儿女志在四方"及"支援大西北"等口号的感召下,上海

---

① 《上海人在兰州》,《解放日报》1957年2月4日;《萃英大先生——有机化学家、教育家朱子清》,《兰州大学报》2018年9月16日。
② 高肖笑、顾小岚:《"志在四方"的上海女将——访几位妇女积极分子代表》,《新闻日报》1958年12月21日。
③ 中共上海市委党史研究室编:《上海支援全国1949—1976》(上),上海书店出版社2011年版,第286页。
④ 张掖市委党史研究室编:《上海知青支援张掖文教建设口述历史》,第59页。
⑤ 詹姆斯·R.汤森、布兰特利·沃马克著,顾速、董方译:《中国政治》,江苏人民出版社2005年版,第16页。

等东部沿海地区和城市动员输送了大批人力支援内地工业建设与城市发展，为改变我国落后地区的经济面貌做出了巨大贡献。据不完全统计，在 1949 年到 1959 年的十年间里，上海动员外调劳动力 150 万人，其中技术工人和各种专门人才占 20 多万人，为外地培养青工艺徒 12.4 万人，有力地支援了全国各地的工农业生产和各项建设事业。①除上海一地以外，东北地区在此期间外调的管理干部和工程技术人员也达 16 万人之多。②大量人才的外调为我国内陆地区的工业化建设提供了重要的智力资源。

　　在这一历史进程中，电影无疑起到了重要的宣传动员和舆论导向作用。广大职工与青年通过观看相关电影受到激励和教育，从而积极响应号召加入支内建设的队伍当中。同时，电影作为社会的再现，其影像和声音、主题与故事又都是从它们所处的社会环境中派生出来的。③支内建设作为特定时期内国家经济工作的重心，电影的创作与放映理所当然承载着为之服务的职责。围绕相关主题，电影工作者在银幕中成功塑造出一批活跃在全国各地的支内建设者形象，又进一步反映和扩大了支内建设的影响力，在一定程度上体现出人们对此的认同。在物质和精神文化还比较匮乏的 50 年代，观看电影本就是人们为数不多的文娱活动之一。通过将声画形象直接诉诸观众的听觉和视觉，电影既在一定程度上满足了当时人们的精神文化需求，也在潜移默化地影响和引导着人们的思维方式与价值追求，从而有利于社会意识形态和主流价值观、世界观的传递与渗透，这一特质使电影在党和政府的宣传工作中始终发挥着其他媒介难以替代的重要作用。不仅如此，对于广大支内人员而言，他们曾观看过的这些影片也成了其支内生涯中独特的历史记忆，更是一种弥足珍贵的精神慰藉。

　　最后，通过前文的论述可以看出，与支内建设主题相关的影片形式多样，内容丰富，有纪录片、故事片、译制片、国产片，这不仅是新中国电影事业在党领导下不断向前发展的重要体现，也从侧面反映出由国家主导的支内建设已然深入社会各界，并在一定程度上影响着电影工作者的创作。新中国社会主

---

① 柯庆施：《胜利十年：1959 年 9 月 29 日在上海市人民庆祝中华人民共和国成立十周年大会上的讲话》，上海人民出版社 1959 年版，第 7 页。

② 《东北——我国强大的工业基地》，《辽宁日报》1959 年 9 月 26 日。

③ 罗伯特·C.艾伦、道格拉斯·戈梅里著，李迅译：《电影史：理论与实践》，北京联合出版公司 2016 年版，第 185 页。

义建设时期的电影从创作到放映,深受意识形态和社会环境的影响,但由于经济、政治等因素的影响,这一时期电影拍摄的具体背景、主题和侧重点前后各有不同。因此,通过透视相关电影,不仅有助于我们了解上海支援全国建设的相关史实,而且可从中窥探新中国"十七年"电影艺术的发展脉络,为当前学界"重写电影史"或"新电影史"的书写提供更为多元的视角与维度。

Film and Mobilization: Based on Shanghai's support for mainland construction in the 1950s

Abstract: In the 1950s, under the impetus of socialist industrialization, Shanghai sent a large number of people to support industrial construction and urban development of the mainland, in which films played an important role in publicity and mobilization. Around the theme of support for mainland construction, the film workers have successfully shaped the images of a group of Shanghai builders who are striving to support the mainland construction in the country. The majority of workers and young people are motivated and educated through watching these films, and actively respond to the call to join the construction teams. This artistic creation in the early period of New China not only reflects the objective fact that millions of builders responded to the call of the Party and the government to join in supporting the construction of the mainland, but also reflects people's recognition of it to a certain extent.

Key words: Shanghai; support for mainland construction; films; publicity and mobilization

作者简介:康越良,北京师范大学马克思主义学院党的历史与理论专业博士研究生;张海荣,北京师范大学马克思主义学院教授。

公园空间与身体政治：
谷崎润一郎《秘密》^①

王 梅

摘 要:日本作家谷崎润一郎的小说《秘密》讲述了男性主人公将"男人"这个秘密隐藏在女装之下,以肤觉体验构建女性身体与意识、并漫游于浅草公园的故事。得益于明治政府的公园行政,明治末期的浅草公园成为在日常化与普遍化的视觉娱乐消费中规训民众身体的公共空间。小说文本中的"浅草公园"作为主人公身体展演的空间,被赋予了超越物理空间的政治文化意义。主人公男扮女装、跨越性别的身体与多元化的外部空间构成一致性。然而,性别越境所依据的唯一基础是非视觉的肤觉体验,这又与视觉化的公园空间构成背离性。主人公对于"变态"的执着追求与犯罪的浪漫化想象,则可以理解为不甘于被国家化的个体对于明治国家的性别规范与国家秩序的抗拒与挑战。

关键词:《秘密》 浅草公园 肤觉体验 身体政治

"空间"的概念自古有之,作为物质客观的一种存在形式,与"时间"共同构成人类认识世界的基本维度。"身体"同样具有漫长的发展历程,作为个体自我与外部空间的临界点,成为指向人类社会运作方式的重要路标。然而,受制于形而上学宏大叙事与历史决定论的影响,在传统哲学视野中,空间始终处于

---

① 本文为 2022 年度辽宁省高校基本科研项目"明治日本的身体形成与身体政治研究(1868—1912)"(LJKMR20221532)的阶段性成果,获得大连外国语大学学术骨干教师经费资助。

被遮蔽的状态。与此相同,身体在古希腊哲学传统、中世纪基督教传统、启蒙理性时期,也处于被压制的地位。因此,20 世纪 70、80 年代,几乎在同时发轫的"空间转向"与"身体转向"并非历史偶然,而是人文社科领域与知识学界重新获得学术视角与思考方式的重要标志。如今,空间与身体不仅成为社会学、历史学、文学等诸多学科热衷介入的议题,而且衍生出多个交叉学科和新兴领域,形成了"跨界—多维"式的研究范式。

明治时期(1867—1912)是日本脱离封建社会,步入近代民族国家与资本主义社会的时期。1888 年,明治政府颁布《东京市区改正条例》,宣布对于东京的商业、公共卫生、消防和交通进行市政管理,其目的是使东京成为不亚于西方强国首都的近代城市。①在近代城市规划的统一部署之下,江户时代以限制出行为目的而形成的"卷心菜"②式空间布局不仅荡然无存,而且诸如公园、博览会、电影院等近代公共空间应运而生。这些新兴城市空间不仅是"文明开化"的象征,更是近代城市以规范制度、文化再造、微观战略对民众的身体进行锻造与规训的装置。

日本作家谷崎润一郎 1911 年发表于《中央公论》的《秘密》就是这样一篇探讨近代城市空间里的身体实践与体验的小说。小说讲述生于东京的男性主人公"我"断绝一切交际,隐居在浅草公园旁边的寺庙里。白天,阅读侦探小说、神话故事、西方性科学等书籍、浏览佛教古画,沉浸于这些书籍绘画所带来的幻觉之中。夜晚,"我"装扮成为女性在浅草公园里游荡徘徊,想象自己是怀有"秘密"的犯罪者。在浅草六区的电影院里,"我"与曾在太平洋的轮船上有过短暂交往的旧情人 T 女重逢。男扮女装的"秘密"被女人识破后,"我"沉迷于女人设计的游戏中——每晚蒙住双眼、乘人力车来与女人见面。最终,"我"因抑制不住好奇心,如侦探一般探寻女人的住所,由此揭开女人的"秘密"。

作为日本唯美派的代表作家,谷崎润一郎(1886—1965)在日本文坛享有"大文豪"的美誉,对其研究主要围绕唯美思想和女性崇拜而展开。20 世纪 90 年代以来,包括《秘密》在内的 16 篇侦探小说进入研究者的视野,甚至有研究者指出"侦探小说性格是贯穿整个谷崎文学的重要特征"。③永井敦子从"秘

① 曹康、陶娅:《东京近代城市规划:从明治维新到大正民主》,《国际城市规划》2008 年第 2 期,第 14 页。
② 藤森照信:《制造东京》,张微伟译,中信出版集团 2021 年版,第 157 页。
③ 塚谷晃弘:《谷崎潤一郎—その妖術とミステリー性》,東京:沖積舎,1991 年,第 87—88 页。

密"的生成与持有、平盛菜保从身体感觉与性欲望的相互影响、光石亚由美从男扮女装的文化意义进行了论述。①中国学界对于谷崎侦探小说的研究大致从 2015 年开始，王雪从《秘密》对于消解柯南·道尔侦探小说的犯罪者、警察·侦探的二元对立、朱卫红从"我"这一人物设定进行了解析。②本文在先行研究的基础上，尝试从"空间"与"身体"的视角对《秘密》进行解读。首先，梳理明治时期作为大众视觉娱乐空间的浅草公园的发展脉络，并对比小说文本，探究文本中作为身体展演空间的表象意义。然后，聚焦于主人公的身体展演，剖析肤觉体验所带来的性别建构与性别越境行为。在此基础之上，将主人公的性别越境行为置于明治末期的身体文化脉络中进行审视，探究身体对于空间规训与国家权力的抗拒与挑战。

一、明治时期的浅草公园：大众娱乐空间

理查德·利罕在其专著《文学中的城市》提出了有别于传统的城市文学研究模式，他指出"城市和关于城市的文学有着相同的文本性"，③文学和城市之间不再是单一的反映而是互为补充关系。这种研究范式侧重文学与城市的双向构建关系，在关注城市的变化如何促进文学文本转变的同时，更加关注文学文本如何塑造城市的想象性现实。文学中的"城市"已经脱离现实中的城市，成为文学语言建构出来的"词语城市"④和需要解析破译的"符号系统"⑤。以这种研究范式审视小说《秘密》，我们发现主人公选择白天在"浅草公园"周边隐居、夜晚在"浅草公园"里漫步，"浅草公园"如同一块磁石，深深吸引着历经伪装→女装→假想犯罪者的主人公的身体。因此，有必要透过"浅草公园"的

---

① 永井敦子：《谷崎潤一郎「秘密」論：探偵小説との関連性》，《日本文藝研究》2003 年第 55 卷第 3 号，第 83—100 页；平盛菜保：《谷崎潤一郎「秘密」における身体感覚とセクシュアリティの接点》，《尾道大学日本文学論叢》2005 年第 1 号，第 27—45 页；光石亚由美：《女装と犯罪とモダニズム一谷崎潤一郎「秘密」からピス健事件へ一》，《日本文学》2009 年第 58 卷 11 号，第 34—44 页。
② 王雪：《论谷崎潤一郎〈秘密〉中"另一个世界"的呈现》，《日本问题研究》2015 年第 4 期，第 67—74 页；朱卫红：《谷崎潤一郎「秘密」論——「私」という人間像の表と裏》，《日语教育与日本学研究》2015 年，第 257—261 页。
③ 理查德·利罕：《文学中的城市：知识与文化的历史》，吴子枫译，上海人民出版社 2009 年版，第 8 页。
④ 黄继刚、苗胜利：《文学与城市的双向构建——评〈文学中的城市〉》，《华北水利水电学院学报》2013 年第 6 期，第 128 页。
⑤ 张英进：《都市的线条：三十年代中国现代派笔下的上海》，冯洁音译，《中国现代文学研究丛刊》1997 年第 3 期，第 93 页。

物理层面与现实空间思索其文本意义与文学表象。

　　浅草以浅草寺闻名,江户时代是德川将军的朝拜场所。由于前来进香的民众络绎不绝,在浅草寺的后山逐渐形成了曲艺杂耍的庶民一条街。进入明治时期的日本选择西化,将近代公园视为城市文明装置,开始推进公园行政。1873 年,明治政府颁布"太政官布告第十六号",宣布将包括浅草寺在内的五个寺庙神社开放成为最早的近代公园。18 世纪后期至 19 世纪,随着英国等西方国家工业革命与城市化迅速发展,作为一种新型城市空间,近代"公园"(public park)应运而生。公园并非皇家猎苑或贵族私人庭园,而是城市提供给市民与劳动者度过闲暇时间的公共园林。19 世纪的德国等欧洲各国逐渐形成了统一的公园观:其一,教育启蒙、培养人格的设施;其二,激发国民意识、培育爱国心的装置;其三,提供保健、修养、娱乐的场所。①

　　虽然明治政府以政府布告的形式宣布公园制度的开始,但是以公共性与开放性为理念的近代公园真正进入民众生活却是 1880 年代以后的事情。位于横滨的外国人居留地的公园建设起到了示范作用,同时,"公园"一词也开始出现在字典里。②正是在这一背景之下,1882 年至 1884 年,东京府投入 1 万 2 千日元对浅草公园进行改造扩建。改造工程包括转移浅草寺后山的曲艺杂耍摊、掩埋浅草寺西侧的湿地以扩大公园面积、整备园内道路和设施等,并采用西式规划整合公园空间。改造后的浅草公园被划分为七个区域,形成了集宗教信仰、景观园林、大众娱乐、日常生活于一体的多功能空间区域。③其中,通过掩埋而获得的 1 万 4 千坪被命名为"第六区"。承担娱乐功能的"浅草六区"不仅继承了江户时代浅草后山的曲艺杂耍摊,而且成为新兴娱乐设施进驻的区域,于明治末期逐渐发展成为东京有名的大众娱乐空间。

　　1890 年 5 月,"日本全景立体画馆"在浅草六区开门营业。全景立体画(「パノラマ」)是 18 世纪发祥于英国的一种大众娱乐设施,它采用透视技法,配以光线照明,以简单的视觉装置达到模拟现实的效果。特别是在观赏战争场景时能够给予游客身临其境的感觉,"甲午战争平壤之战"就曾给作家齐藤

① 白幡洋一郎:《近代都市公园史:欧化的源流》,李伟译,新星出版社 2014 年版,第 140 页。
② 上安祥子:《「公園」という訳語の誕生》,《白鷗大学論集》2016 年第 30 卷第 2 号,第 59 页。
③ 浅草神社、五重塔、浅草寺本堂周围是第一区;浅草寺门前狭长的商业街是第二区;浅草寺传法院一带为第三区;大水池、林泉地带为第四区;园艺植物园与后山为第五区;浅草寺东南部门前街、马道町一带成为第六区。

茂吉留下了深刻的印象。①同年 11 月,浅草六区的北面又建起了明治第一高塔"十二阶",通过电梯将游客送上塔顶,满足近代民众登高游览的欲望。吉见俊哉指出,这些近代娱乐设施与同时期兴起的博览会意味着"视觉功能一味发达的近代制度性开始渗透进入娱乐领域"。②所谓"近代制度性"是由一种由国家主导的规训行为,通过符合文明开化的近代设施教导民众获得近代民族国家式的视线与眼界,从而创造出"视线共同体"。

而在日俄战争后,随着资本主义的迅速发展,将活动照相术与幻灯放映术相结合的"活动写真"③迅速风靡浅草,成为 20 世纪初最前卫的大众娱乐形态。1907 年的三友馆、1908 年的大胜馆、富士馆、1909 年的歌剧院馆和大幸馆,特别是随着法国电影《怪盗吉格玛》的上映,著名的金龙馆、千代田馆纷纷建成并营业。1916 年更是达到了常盘座、金龙馆、东京俱乐部三馆联营的盛况。值得注意的是,超过一半的"活动写真屋"是由传统的曲艺杂耍屋转型发展而来。吉见俊哉指出,如同近代工厂的大机器生产完全压制手工业一样,"活动写真"这种新型娱乐对浅草六区的曲艺杂耍屋造成巨大冲击力,以最能代表 20 世纪的视觉娱乐装置为主体的浅草六区由此进入"黄金时代"。④

正如前文所述,"公园"作为城市的新型公共空间,从诞生之日起,就具有规训民众身体、教导民众合理娱乐的政治属性。经过西方近代规划思想洗礼的浅草公园形成了功能齐备、布局合理的近代公共空间。特别是作为视觉娱乐区域的"浅草六区",无论是再现战争场景、创造国民认同的"全景立体画馆",还是培养从高处俯瞰的权威视线的"十二阶",抑或是资本主义视觉娱乐装置的"活动写真",都可以归为法国思想家德波所说的"景观统治"。德波认为资本主义对景观统治的实现最擅长的恰恰是对闲暇时间的支配与控制,景观的无意识心理文化控制和对人的虚假消费的制造,无可避免地造成对个性的抹杀,这是资本逻辑对劳动之外的时间实施的一种全新的殖民统治。⑤从这个意义上看,浅草公园正是明治政府提供给民众符合资本主义合理娱乐逻辑

① 《明治・大正 1868—1926:ときとそのとき—パノラマ館》,http://www.meijitaisho.net/toa/pan-oramakan.php[2007-9-23]。
② 吉见俊哉:《都市のドラマトゥルギー》,東京:河出書房新社,2008 年,第 210 页。
③ 日语里是"电影"的意思。明治末期大正初期被称为「活動写真」,大正后期被称为「映画」,即"电影"。
④ 吉见俊哉:《都市のドラマトゥルギー》,第 211—212 页。
⑤ 居伊・德波:《景观社会》,张新木译,南京大学出版社 2019 年版,第 38 页。

的场所,同时也是在日常化与普遍化的视觉娱乐消费中完成对于日本人身体的近代化构建的空间。

二、文本中的"浅草六区":身体展演的空间

发表于 1911 年的小说《秘密》正是以明治末期的浅草为舞台,无论是浅草公园的娱乐设施,还是浅草周边的街道与建筑,基本都使用了现实空间里的名称。小说开门见山地说道"那时候的我,不知道为什么,萌发起想要远离身旁的喧嚣,悄悄逃离一切交际圈的念头。于是,我开始四处寻找合适的隐居地点,最终,找到了一个位于浅草松叶町的真言宗寺院"。①松叶町的寺院"就在六区和吉原跟前的一个小巷里,是一片寂寥又破败的区域"。②隐居在浅草六区旁边的主人公晚上九点左右,等到寺院中的僧人们睡熟后,便将整瓶威士忌一饮而尽,"每晚都换不同的衣服出门,或在公园的人群中潜行,或在旧货店、二手书店里游逛"。③当主人公偶然在二手服装店里发现一件女式和服后,毫不犹豫买下来,并以此为契机,开始装扮成为女人出门。

　　我慢慢朝着<u>人潮拥挤的公园六区</u>走去。(略)

　　我从<u>十二阶</u>前走到<u>池水旁</u>,然后来到<u>歌剧院馆</u>前的十字路口。这里霓虹闪烁,路灯明亮,我化了妆的脸和和服的颜色、条纹,在路灯下清晰可见。我来到<u>常盘座</u>前,看向路尽头那家照相馆门口的大镜子。镜子中的我,站在<u>来来往往的人潮</u>中,完全是漂亮女人的模样。

　　(略)

　　从那以后,我每晚都这样女装出行。渐渐地,我变得可以镇静地挤进<u>宫户座</u>的站票席或看电影的观众中了。(略)

　　那天晚上,我喝的威士忌比往常要多,当时,我正坐在<u>三友馆</u>二楼的贵宾席上。电影院里非常拥挤,充满了像雾一样浑浊的空气。<u>一楼黑压压挤成一团的人群</u>,散发出闷闷的热气,蒸得我脸上的白粉好像要化了一样。④(下画线笔者注,以下同)

---

① 谷崎润一郎:《秘密》,王雪译,上海译文出版社 2018 年版,第 1 页。
② 谷崎润一郎:《秘密》,第 4 页。
③ 谷崎润一郎:《秘密》,第 7 页。
④ 谷崎润一郎:《秘密》,第 10—11 页。

小说里的"十二阶""歌剧院馆""常盘座""宫户座""三友馆"较为写实地再现了明治末期的浅草六区的视觉娱乐设施。正如上节所述,"十二阶"是 1890 年代浅草六区的代表性视觉娱乐设施,"宫户座"是 1887 年进驻浅草六区并在明治末期迎来兴盛期的传统歌舞伎剧场,"歌剧院馆""常盘座""三友馆"则是 20 世纪初最前卫、最时尚的"活动写真"馆。小说里反复使用"人潮拥挤""来来往往的人潮""黑压压挤成一团的人群"的词语来强调来往浅草六区的人员的多样性和混杂性。

张鸿声就中国城市文学的现代主义指出,作家"对城市外在形态的展现似乎并不比对城市作用于作家内心感受的描摹更多。通常意义上,他们以自我强烈的主观性透入都市生活,感觉、想象成分明显多于'经验'成分"。①文学中的城市空间构建通常离不开主人公的身体漫游与移动,身体在空间中的行为方式与集聚展演对空间的建构具有决定性的影响。可以说,谷崎在《秘密》中塑造的"我"这个人物形象与浅草公园的空间气质的同一性与背离性便是作家对于浅草六区的一种城市叙述。

首先,男扮女装的"我"选择在浅草六区里漫步、出入六区的各种娱乐设施,正是想吸引众人的视线,从而获得持有"秘密"的优越感。主人公以"浓艳脂粉与绸缎衣服"的女性外表隐藏"男人"这个秘密,实现从"男"到"女"的性别流动与性别越境。而明治末期的浅草公园也是一个传统与摩登、新旧文化并存的场域,作家谷崎就曾以"混浊里孕育着清新,杂乱中不乏统一"来赞美浅草公园的独特气质。②跨越性别的身体与多元化的外部空间形成互文效果,身体构成空间的原点,空间激活身体的意涵。

此外,更为重要的是,主人公以个性化的方式创造"秘密",这与浅草公园里接受眼力训练与视觉刺激的均质化的大众形成鲜明对比。马克弟指出,一战后日本经济崛起,浅草成为日本的"神经乌托邦",小资产阶级和工人阶级消费者可以以低廉的价格购买到时兴的娱乐刺激。新技术媒体与眼花缭乱的广告碰撞在一起,资本主义在休闲时间消费工人们的好奇心和麻木的精神。③其实,浅草六区作为"神经乌托邦"=资本主义大众娱乐空间的这一特点和功能,

① 张鸿声:《"文学中的城市"与"城市想象"研究》,《文学评论》2007 年第 1 期,第 117 页。
② 谷崎润一郎:《鲛人》,《谷崎润一郎全集》(第 7 卷),中央公論社 1973 年版,第 51 页。
③ 马克弟:《绝对欲望、绝对奇异:日本帝国主义的生生死死,1895—1945》,朱新伟译,中央编译出版社 2017 年版,第 164 页。

在明治末期已显露端倪。如前所述,视觉功能一味发达的近代制度性造就了浅草六区的大众娱乐性,不同阶层的劳动者们在这里接受资本主义视觉娱乐消费的控制,民众的身体被纳入国家权力与资本主义网络之中。然而,主人公却以皮肤触觉对抗视觉功能,以肤觉体验建构性别、创造女性身体(详见第三节),并进而以明治国家性别规范的违背者与国家秩序扰乱者的身份自居(详见第四节)。可以说这一行为实际暗含个人身体对于浅草公园＝视觉空间＝民族国家的冒犯与挑战。

三、肤觉体验与性别建构

正如小说题目所提示的那样,《秘密》是关于"秘密"的创造、持有与消解的故事,主人公男扮女装的秘密被女人识破,女人住所不明的秘密最终被主人公揭穿。无论是主人公对"秘密"的创造、抑或是自己的秘密被识破后与女人结成"秘密"共同体、以皮肤触觉为代表的身体感觉都起到了至关重要的作用。

从生物发展进化的角度来看,生物体出现最早的是皮肤,肤觉包括有触觉、温觉、凉觉和痛觉。皮肤在进行了漫长的历史演化后才有眼、耳、口、鼻——视、听、味、嗅等感觉的分化和独立化。因此,张耀翔先生指出"肤觉是一切感觉之母"。[1]较之视觉,皮肤触觉以其突出的"直接性、在场感、行动性、交互性以及灵魂化而更加贴近人类身体的感觉"。[2]然而,传统西方哲学自柏拉图以来推崇视觉,西方哲学核心概念"理念"一词的词根就是"观看"。伴随着当代哲学"身体转向"兴起,最能体现身体感觉的肤觉逐步脱离被边缘化的位置,成为哲学家与思想家关注的焦点。肤觉既是人类身体的一种形态和属性,同时又具有相当浓厚的社会性、情感性和思想内涵。

主人公的伪装出门以在二手服装店发现一件"蓝底儿、白色霰样碎花的女式和服"为契机,升级成为男扮女装。主人公描述自己"所有美丽的丝织品,都深深吸引着我",而被吸引的原因"不仅是出于好看的色彩搭配或是花样,更看重质料","每当我见到或触摸它们,总有种想要颤抖的感觉,甚至可以感到如同注视着恋人肌理颜色的快感"。[3]这段描写已经清晰交代了主人公对于皮肤

---

[1]　张耀翔:《感觉、情绪及其他》,上海人民出版社 1986 年版,第 19 页。
[2]　张再林:《论触觉》,《学术研究》2017 年第 3 期,第 10 页。
[3]　谷崎润一郎:《秘密》,第 8 页。

触觉怀有异样执着的心理。①当主人公看到"挂在那儿的白色霰样碎花绉绸夹和服时","不禁开始想象安静、厚重而又冰冷的质料粘住我的皮肤,将我的身体包裹起来的幸福感觉"。②由此可见,主人公对于女式和服并不满足于视觉,而是想象皮肤与和服相接触时获得的重量、温度、以及由此产生的知觉——"幸福"。

出于"穿上那件和服,以女人的姿态走在街上"的想法,主人公不仅买下这件和服,还顺便买下"友禅染的和服长衬衣、黑绸和服外褂等,配齐了全套行头"。③深夜,"空荡荡的寺院静寂下来后",主人公开始对着镜子化妆,并试穿和服。

> 首先在黄色的鼻梁上涂上白粉。刚涂上的瞬间,看起来有点儿怪诞。我继续将白色黏液在整个脸上反复均匀抹开,脸便变得像石膏一样雪白。白粉的黏性比想象中要好,如同甜香清爽的露珠沁入毛孔,这种皮肤感觉十分特别。涂上口红和高光粉后,我的脸便呈现出活泼而神采奕奕的女人模样。(略)
> 和服长衬衣、衬领、内裙、还有啾啾作响的红绸里子的袖兜——所有这些给我身体带来的触感,与普通女人所感受的完全相同。我把后脖颈到手腕都涂上了白粉,在银杏髻的假发上戴上了高祖头巾,然后,毅然绝然地向着夜晚的街道走去。④

这段引用堪称感觉描写的集大成者,虽然视、听、味、嗅、肤觉悉数登场,但不难看出肤觉的优越性与绝对性。"看起来""脸便变得""呈现出"这些词语表示以视觉确认化妆效果,也符合大众对于以视觉为中心的化妆行为的理解。然而,有悖于一般大众理解,主人公的最大享受却是"白粉的黏性沁入毛孔"时的"皮肤感觉"以及和服"给我身体带来的触感"。同时,"如同甜香清爽的露珠""啾啾作响的袖兜"所指向的嗅觉与听觉也共同作用,完善了身体对于外界的整体感知。⑤此外,皮肤不仅是触觉器官,同时起到赋予外形并保护躯体的

---

① 平盛菜保:《谷崎潤一郎「秘密」における身体感覚とセクシュアリティの接点》,第38页。
②③ 谷崎潤一郎:《秘密》,第8页。
④ 谷崎潤一郎:《秘密》,第9页。
⑤ 永井敦子:《谷崎潤一郎「秘密」論:探偵小説との関連性》,第88页。

作用。遍布整个躯体的皮肤给予人类最大限度的刺激感觉。从脸部到头部，从"后脖颈"到"手腕"，主人公将整个身躯与白粉、和服这些女性物品结合一体，通过最大限度的接触获得"与普通女人所感受的完全相同"这一认知。

接下来，穿着女装走出家门的主人公的愉悦之情更是达到高潮。

> 遮在唇边的头巾因呼吸变得湿热，每走一步，长绸缎做成的内裙裙摆就会像调情一样和我的脚纠缠一番。紧勒在胸口到肋骨的宽幅腰带和裹住骨盆的捋腰带调整着我的身姿，我感觉，自己体内的血管里自然而然地开始流淌女人的血液，男性的姿态、气质渐渐消失了。①

如果说化妆与试穿是静止状态下的肤觉体验，那么走出家门的主人公则在运动状态下进行肤觉体验。裙摆与脚的"纠缠"感觉、腰带对于身体的"紧勒"感觉突显了肤觉的"在场感"及"交互式"的特点。肤觉体验是通过身体作用的方式被实现，具有"身临其境"的在场感。而这种在场感进一步体现为皮肤与接触之物的相互融合与构成，胡塞尔的"双重感觉"与梅洛-庞蒂的触和被触的"互为表里"都是针对身体触觉不同于其他感觉的"交互式"特点而展开的论述。②更为重要的是，皮肤与女性和服相互接触并成为一体，由此可以建构出新的主体性。"体内的血管开始流淌女人的血液"，"男性的姿态、气质渐渐消失"，这表明主人公获得了女性身体和女性意识。肤觉已不再紧紧停留于身体的表面接触，而是深入身体内部，触动血液肌肉，升华至灵魂意识。

至此，主人公以肤觉体验获得女性身体并实现性别越境，"我将男人这个秘密，隐藏于厚厚的白粉之下，眼神唇角、一颦一笑、皆演绎着女子的风情"，由此获得擦肩而过的女人们"羡慕的目光"。③一周后的一个晚上，身着女装、坐在三友馆二楼贵宾席上的主人公偶遇两三年前去上海旅行的途中，在船上邂逅并有过短暂关系的"T女"。主人公的女装不仅被女人识别，而且在"表情自然生动"的女人面前，主人公"感觉自己讲求技巧的妆容和衣饰丑陋浅薄，如同怪物"。④之后，被女人吸引的主人公每晚都来到女人的住所共度良宵。为了

---

① 谷崎润一郎:《秘密》，第9—10页。
② 张再林:《论触觉》，第13—14页。
③ 谷崎润一郎:《秘密》，第10—11页。
④ 谷崎润一郎:《秘密》，第14页。

隐藏自己的住所与身份,继续维持"梦中的女人"与"秘密的女人"的身份,女人要求主人公每晚从浅草寺的雷门出发,乘坐人力车、蒙上双眼前往住所。

> 车里弥漫着潮湿的气味。车篷上传来的啪嗒啪嗒的雨点声,闷热的车里充斥着脂粉的香味和体温,毫无疑问,我旁边坐着一个女人。
> 为了隐藏方向,人力车在原地转了两三圈后才出发。向右转,向左折,感觉像在迷宫里兜来绕去一样。(略)海上相识的梦一样的女人、滂沱雨夜的车中、夜晚都市的秘密、盲目、沉默——所有这一切都融为一体,将我抛进了神秘的雾霭之中。①

主人公自己创造"秘密"之时,不可避免地涉及视觉。置身于女人创造的"秘密"之中,他可以完全体验"盲目"的状态。这也是主人公能够持续一两个月顺从女人、安于"盲目"的原因。视觉的缺失更加促成了嗅觉"潮湿的气味"(借助肤觉"潮湿")、"脂粉的香味"、听觉"啪嗒啪嗒"、肤觉"闷热""体温""向右转,向左折"的异常灵敏。以肤觉为中心的身体感觉将身体的外部与内部相联系,使主人公获得"神秘的雾霭"这一审美感知。虽然此时的主人公已经卸下女装,而他与女人结成"秘密"共同体,继续以肤觉体验享受"秘密"的快乐。

四、身体政治:"变态"与犯罪

上节就主人公以肤觉体验建构性别的行为进行了分析与论述。需要明确的是,主人公的性别越境仅限于他穿着女装漫步于公园之时,"并非涉及性别认同的问题"。②那么,主人公为何如此执着于非视觉的肤觉体验?笔者认为这绝不仅仅是个人的喜好,身体研究之"身体"是经过意识形态、社会文化、历史传统等被建构的人的身体,需要将主人公的身体行为置于明治时期的历史语境与时代脉络中进行审视。

"秘密"形成的原风景正是十一二岁的主人公与父亲前往"深川八幡宫"时所看到"八幡宫大殿的后面"这段少年记忆。③在那之前,一直以为"八幡宫就像全景立体画一样,只有表面一面,没有背面"的主人公却在八幡宫的后面看

① 谷崎润一郎:《秘密》,第18—19页。
② 光石亚由美:《女装と犯罪とモダニズム—谷崎潤一郎「秘密」からピス健事件へ—》,第35页。
③ 永井敦子:《谷崎潤一郎「秘密」論:探偵小説との関連性》,第35页。

到了"远处广阔的地面无限延伸开去"。正是与神社"背面"风景的不期而遇，使主人公突破了全景立体画式的视觉范式，获得了虽然身在东京，但却"比京都、大阪更远离东京"的"梦中世界"的感觉。①由神社"背面"风景的视觉体验获得"梦中世界"＝反视觉＝反民族国家的身体体验成为长大成人的主人公隐藏自己、创造"秘密"的最原始的心像风景。

隐居在寺庙里的主人公"把魔术、催眠术、侦探小说、化学、解剖学等这些讲述奇怪事件并且附有丰富插图的书，像在晾晒除湿一样，四处散放在榻榻米上，一边躺着，一边信手翻开来读"，同时将从寺院主持借来的"须弥山图、涅槃等这些佛画像""挂满在房间的四面墙壁"。②同样是借助阅读与浏览书籍与古画的视觉行为，"色彩绚烂的诸佛、罗汉、比丘（略）等仿佛从四壁的画中游走"出来，"散落在榻榻米上的无数书中，升腾起残杀、麻醉、魔药（略）"，书籍与古画里的视觉形象变成了能够"游走"和"升腾"的幻象。③"日复一日沉浸在幻觉当中"的主人公不仅从身体内部培育出只属于自己、无法与他人共有的"秘密"，而且这些幻象也成为男扮女装之后进一步发酵"秘密"的素材。

从少年时代的原风景到成人之后的隐居并沉浸于幻觉，从伪装自己到男扮女装，主人公以经由视觉体验逐步过渡到肤觉体验的方式创造了"完全摆脱俗套的、与众不同的生活方式"。④王雪指出主人公有意隐居在浅草六区旁"十二阶"这个"满足上升冲动、提供俯瞰都市全景快乐"的视觉装置下方的行为，含有向权威视线挑战与抵抗的意图。⑤笔者认为不仅如此，主人公有意创造的"与众不同的生活方式"是一种有别于政府规训、具有政治含义的行为意图。

明治政府虽然废除了江户时代以来严格的身份制度，在城市规划发面也实现了空间的自由移动。但是，符合西方文明与科学性的"近代身体"成为政府对于民众的新的要求。为了实现从"臣民"向"国民"的身份转化，个人的身体成为国家权力与城市行政的直接对象。理想与规范的身体作为"物品"被塑形和生产，发挥着保证国家机器有效运转的齿轮作用。1872 年日本司法省颁布了《违式诖违条例》，同年东京都率先实施，之后陆续在日本全国推广实行。《违式诖违条例》总共 90 条，分为违式罪目和诖违罪目，细致地规定了诸多国

---

① 谷崎润一郎：《秘密》，第 3 页。
②③ 谷崎润一郎：《秘密》，第 7 页。
④ 谷崎润一郎：《秘密》，第 5 页。
⑤ 王雪：《论谷崎润一郎〈秘密〉中"另一个世界"的呈现》，第 71 页。

民公德方面的行为规范。如有违背,需接受缴纳赎金或遭受鞭笞的惩罚。《违式诖违条例》成为日本在明治维新以后,以西方"文明"国家为标准制定的首部较为完备的法律条规,诸多方面涉及民众的身体规范。其中,第 62 条明确规定"男性不得女性装扮,女性不得男性装扮,或者装扮奇特、暴露丑态"。①从中不难看出日本在迈向近代化的进程中对于国民身体进行的约束和限制。

光石亚由美指出,源自西方的日本性科学始于明治末期、开花于大正时期,关注"变态性欲""颠倒性欲""同性爱"的杂志与书籍的广泛发行,逐渐建立并普及了性别视觉规范,它使人们认为"身体所呈现出来的性别与内在性别相一致才是自然""男扮女装或者女扮男装被视为不自然"。②换言之,虽然日本自古以来在神话或歌舞伎里一直都有女装,但近代性科学将视觉规范提高到了绝对化的高度。性别视觉规范也将同性爱、异性装命名为"变态心理",将其作为不同于正常的"异常"排除在外。

因此,无论是明治政府所颁布的身体管理条例,还是西方性科学所主张的性别视觉规范,小说《秘密》主人公的"男扮女装"这一行为在明治末期的时代脉络里都具有违背与抗拒主流意识形态的意义所指。如前文所述,主人公化妆时使用的"厚厚的白粉"、刻意选择的"高祖头巾"更接近歌舞伎中的旦角形象,正因如此才败给了"表情自然且生动"的女人。因此,主人公隐居的住所可以理解为旦角化妆的后台,浅草公园正是歌舞伎表演的舞台。每晚,从住所步行至公园的主人公如同是登台扮演女人的旦角。从这个层面上,可以认为主人公不同于常人的欲望并非是"变成女人",或者"装成女人",而是在明治末期所形成的女装=不自然=变态这一主流认识之下,在日常空间里"演出男扮女装的变态"。③虽然,作为舞台艺术的歌舞伎中的男扮女装每天都在上演,但是公园空间的男扮女装只能是一种"变态"演出。主人公正是在编织"秘密"的名义之下,以肤觉体验为路径与手段,构建起违背明治国家的性别规范。

不仅如此,主人公在享受女人姿态所带来的快感的同时,还产生了想要犯罪的心理。

---

① 春田国男:《違式詿違条例の研究—文明開化と庶民生活の相克—》,《別府大学短期大学部紀要》1994 年第 13 号,第 44 页。
②③ 光石亚由美:《女装と犯罪とモダニズム—谷崎潤一郎「秘密」からピス健事件へ—》,第 37 页。

如果能像弁天小僧那样，以美丽女人的姿态犯下种种罪行，该有多么有趣啊！我慢慢朝人潮拥挤的公园六区方向走去。我现在的心情，与正在读着侦探小说、犯罪小说的读者的心情颇为相似，是一种因"秘密""疑惑"而欣喜的心情。渐渐地，我开始可以把自己想象成一个犯了多起杀人，抢劫罪行的穷凶极恶的人。

（略）

渐渐地，我越来越擅长女装打扮，也变得越来越大胆。为了发酵头脑中的奇怪想象，我不时在腰间插着匕首，麻醉药之类的东西。这么做，并不是为了犯罪，只是想充分感受犯罪所带来的美丽而浪漫的芬芳。①

"弁天小僧"是由竹内默阿弥创作的歌舞伎剧本《青砥稿花红彩画》（又名《白浪五人男》）中的人物菊之助，长相俊美，喜爱身着女装实施偷盗。自 1862 年初演以来，成为深受日本人喜爱的剧目。三桥顺子指出，明治时期的警察对于现实世界的异性装扮者怀有实施犯罪可能性高的印象，因而采取打压态度。1904 年到 1906 年被五次逮捕的女装男子下川方雄，只因日常女装打扮，便被判定为"欺诈敛财"。②穿着女装的主人公经由歌舞伎的舞台人物，将女装与犯罪相对接。并依据隐居之初所阅读的"魔术、催眠术、侦探小说等讲述怪奇事件"以及由此产生的幻象，进一步发酵自己的"秘密"——"在腰间插着匕首、麻药"，"把自己想象成一个犯了多起杀人，抢劫罪行的穷凶极恶的人"。穿着女装给主人公所带来的倒错之美，与感受犯罪所带来的"美丽而浪漫的芬芳"具有相似性。身体表演不仅使主人公成为明治国家性别规范的违背者，更是国家秩序的扰乱者。

黄金麟指出，"身体时而变成权力的客体，时而变成情感与伦常的载体，有时则变成意志与行动的主体"。③明治时期的民众身体既是将微观个人与近代空间与时间相连接的媒介与手段，也是受制于国家权力与资本主义规训与改造的对象。《秘密》中的男性主人公从隐藏身体的伪装到演出男扮女装的"变态"，再到幻想成为犯罪者，身体成为"意志与行动的主体"，为明治时期的身体意义所指提供了新的可能性。

---

① 谷崎润一郎：《秘密》，第 10—12 页。
② 三橋順子：《女装と日本人》，東京：講談社現代新書，2008 年，第 142 页。
③ 黄金麟：《政体与身体：苏维埃的革命与身体 1928—1937》，台北联经出版社 2005 年版，第 22 页。

"浅草公园里夜晚平凡无奇的喧嚣景象,在怀揣着'秘密'的我的眼中,焕发出别样的光彩。所有的一切,都好像是初次接触一样,感觉新鲜又奇妙。"①福柯认为"空间是任何权力运作的基础",城市空间可以被看作是渗透了权力的关系共同体。②在福柯的空间理论中,民众的身体以空间为媒介单向被动地受到社会结构与权力体系穿透,资本主义城市化的进程本质上就是身体被政治性地进行空间分配与定位控制,被施以监视与规训并产生政治效果的变化过程。然而,《秘密》中的主人公"我"却将明治日本的规训空间变为身体表演与展示的空间,浅草公园借由"我"的身体成为主体意识展演的畛域。从始至终,"我"所拒绝的是"强调视觉、以经济关系为中心,以男性为中心的资本主义世界"。③

结语　从浅草到田端:异端者的诞生

主人公对于"变态"的执着追求与对犯罪的浪漫化想象是不甘于被国家化与工具化的个体以身体抗拒主流意识形态的政治表达。与T女的重逢导致了主人公的"秘密"被识破,这意味着他不得不中止自己的"变态"表演,与女人结成另一个"秘密"共同体。即从"秘密"生成的主角降至"秘密"生成的协助者。但是,具有讽刺意味的是,女人对于主人公视觉的剥夺,反而促成了另一个"秘密"的消解。"由于长时间不间断来往于雷门和女人的住所,不知不觉中,我记住了人力车的形式规律。"④最终,不安于"秘密"生成协助者身份的主人公"闭上双眼""跟着感觉前行""按照记忆左折右转"⑤,凭借身体记忆锁定了女人的住所,并由此揭开了女人的谜团。

所有的谜团都被揭开之后,在小说的结尾,主人公"离开了小寺院,搬到了田端","我的心开始追究色彩更加浓郁的血色快乐"。⑥位于东京北部的田端与浅草不同,明治时期还只是远离繁华城市闹区的荒郊野外而已。1899年以东京脑医院的开业为契机,作为精神异常者聚集生活的区域,田端逐渐发展成为与狂气、疯癫甚至犯罪相联系的空间。⑦主人公结束了在浅草公园的"变态"

---

① 　谷崎润一郎:《秘密》,第11页。
② 　陈丽:《空间》,外语教学与研究出版社2020年版,第33页。
③ 　王雪:《论谷崎润一郎〈秘密〉中"另一个世界"的呈现》,第72页。
④⑤ 　谷崎润一郎:《秘密》,第23页。
⑥ 　谷崎润一郎:《秘密》,第25页。
⑦ 　永井敦子:《谷崎潤一郎「秘密」論:探偵小説との関連性》,第87页。

表演，"搬至田端""开始追求色彩更加浓郁的血色欢乐"，暗示他将更加接近病态与犯罪。如果说浅草公园时期的主人公还只是以"秘密"为名义暗自追求"变态"与想象犯罪，那么"搬至田端"则是他表明立场、选择成为异端者与反叛者的宣言。

Park space and Body politics：Tanizaki Junichiro's *Secrets*

Abstract：The novel *Secrets* by the Japanese writer Tanizaki Junichiro，tells the story of a male protagonist who hides the secret of a man under a woman's dress，constructs a woman's body and consciousness through skin-feel，and roams through Asakusa Park. Thanks to the Meiji Government's park administration，the late Meiji Asakusa Park became a public space for training people's bodies in the daily and universal consumption of visual entertainment. The "Asakusa Park" in the text of the novel，as the space of the protagonist's body performance，is endowed with political and cultural significance. The protagonist，dressed as a woman，crosses the gender of the body and the diversity of the external space constitute consistency. However，the only basis for gender crossing the border is the non-visual skin experience，which in turn constitutes a departure from the visual park space. The protagonist's persistent pursuit of "Perversion" and romanticized imagination of crime can be understood as the resistance and challenge of individuals unwilling to be nationalized to the gender norms and state order in Meiji country.

Key words：*Secrets*；Asakusa Park；skin experience；body politics

作者简介：王梅，大连外国语大学日本语学院副教授。

视觉文化与游戏特征：视觉小说的故事建构与未来发展①

李　斌

摘　要：视觉小说是一种以"视觉"和"叙事"为主要特征的视听游戏，包含大量文本，配以音乐、声音、动画、视频等多元化要素，具备游戏性、视觉性和互动性等特质。在时代的视觉转向和媒介发展助推下，视觉小说通过塑造视觉场景和视觉角色等方式，实现叙事场景的视觉再现与语义表达的视觉重构，形成独特的视觉文化特征和美学风格。目前，虚拟现实、3D技术等已经在视觉小说领域得到应用，塑造沉浸式体验。未来，视觉小说将会进一步模糊"虚拟"与"现实"之间的界限，基于多媒介融合创造更加独特的"故事世界"。

关键词：视觉小说　视觉文化　虚拟现实　游戏性

进入数字时代，创建"虚拟世界"已经成为拓展人类生存维度和空间的重要举措。现在，每天需要花费大量时间在数字虚拟世界已经成为日常生活的重要组成部分。以"阅读"为例，第二十次全国国民阅读调查结果（2023年4月23日）显示：2022年我国成年国民数字化阅读方式的接触率为80.1%，较2021年增长了0.5个百分点。而六年前，这一比例仅为64%。也就是说，在短短六年之间，数字化阅读接触率增长了16.1%。不可否认，即使在今天，印刷书籍依然是文学阅读的主要方式。然而，随着数字技术的发展，互联网和数字化逐

① 本文为国家社科基金西部项目"莱恩·考斯基马数字文学理论及当代价值研究"（项目编号：23XWW006）的阶段性成果。

渐成为人们通往世界的新窗口。相比于传统的文字阅读,年轻人似乎对融合了动画、视觉效果、语音、音乐等要素的多媒体游戏更感兴趣。为了满足年轻人的阅读需求,保持其对多媒体元素的关注,创作者在数字世界开发了一种多媒体游戏:视觉小说。

作为一种游戏性质的作品,"视觉小说"最大的特点在于以语言文字叙事为主,一般包含大量文本,配以音乐、声音、动画、视频等多元化要素。同时,鉴于其多媒体属性,视觉小说往往能够与玩家(读者)进行有效互动,从而激发玩家的创作力,如通过为玩家提供决策机会等方式,增加玩家对于故事叙事的参与性以及对故事建构的影响力等。学者詹姆斯·纽曼(James Newman)指出,有三件事决定了研究游戏的重要性:电子游戏行业的快速发展,电子游戏在鼓励创造力的社会中流行,以及信息技术时代人与计算机之间互动的持续增长[1]。因此,本文将以视觉小说为研究对象,基于时代的视觉转向和媒介发展,分析视觉小说的游戏性、视觉性和交互性等特质,探讨数字时代视觉小说的视觉塑造与审美特征。

一、视觉小说的特质:游戏性、视觉性与叙事性

目前,学术界对于"视觉小说"的起源还存在一些争议[2]。一般情况下,视觉小说可以追溯到20世纪80年代的游戏《港口镇连续杀人事件(Portopia Renzoku Satsujin Jiken)》。该作品由艾尼克斯(Enix)公司,即现在的史克威尔·艾尼克斯(Square Enix),于1983年在日本市场首次出版,是电子游戏历史上第一部文字冒险游戏,成为后来日本视觉小说的灵感来源。

但也有一种观点认为视觉小说的先驱出现在1985年。这一年,中软(Chunsoft)公司将游戏改编为任天堂娱乐系统(NES)。随后,中软公司在1992年出版了第一部小说:恐怖惊悚游戏《弟切草》。这部作品利用文字配以诡异的图像与惊悚的音效,带来异质化恐怖体验,使玩家实现对着电视屏幕看小说,增强了游戏以及阅读的代入感和吸引力。这些差异化体验使这部作品销售十分火爆,成为同类游戏的榜样,并最终实现系列化发展。

显然,中软公司的巨大成功引起了同类型公司的关注。起初,中软公司将

---

① James Newman, *Video Games*, Routledge, London and New York, 2004, p.3.

② Katerina Bashova and Veno Pachovski, "Visual novel", https://www.researchgate.net/publication/306083425_Visual_novel, 2023 年 3 月 20 日。

这类游戏称作"有声小说（Sound Novel）"。但在随后的发展过程中，叶子（Leaf）公司为了避免在开发过程中使用中软公司的"声音小说"商标，便将自己发行的系列游戏命名为"视觉小说（Visual Novel）"，并于 1997 年成功发布了作品《青春万岁（To Heart）》。这部作品以温暖感人的爱情故事以及高品质的音乐等获得成功。也正是从这时起，此类游戏被统称为"视觉小说"。由此也可以看出，"视觉小说"和"有声小说"其实只是两个公司的不同叫法，本质上并无差别。

那么，到底什么是"视觉小说"？遗憾的是，叶子公司在提出"视觉小说"概念时并没有给出明确定义，这也在一定程度上导致视觉小说领域在后续发展过程中的混乱局面。丹迪·普拉塔马（Dendi Pratama）等学者基于视觉小说作品的特征指出，视觉小说是一种通过人物和视觉叙述提供视觉力量的视听游戏①。简单而言，视觉小说是一种将游戏元素与框架故事相结合的视觉传达类设计作品，通常包含以多种故事线和各种视觉角色。在叙事过程中，每一个场景结束之后往往需要玩家进行决策，作品将根据"玩家"的决定解锁新的附加场景。

目前，根据现有视觉小说作品的特点可以看出，视觉小说具有以下三点特质：一是叙事属性。作为一种游戏性质的作品，视觉小说最大特点之一在于以语言文字叙事为主，包含大量文本。二是多媒介属性。视觉小说是一种多媒体游戏，它包含多媒体元素，如文本、背景、角色、音乐、声音等。三是交互属性。在开发视觉小说时，创作者必须选择一个故事，并从中提取角色对话，根据对话构建叙事场景。一般情况下，视觉小说作品通常利用大量的文本对话进行叙事，辅以通用的背景和对话框（主要是静止的）。作为多媒体叙事游戏，视觉小说能够基于交互式特征激发玩家的创造力，影响故事走向。

从视觉小说的发展历程看，文字冒险是这类电子游戏的初期形态，多功能性和灵活性是其能否成功的关键。事实上，与传统文学阅读类似，在视觉小说阅读过程中，当读者在大脑中自主思考补充作品中的情节间隙时，说明其已经被作品吸引。而二者的主要区别在于传统文学阅读更多依赖读者的想象力，而视觉小说则可以凭借多媒介融合优势把读者吸引到虚拟世界中，从而为读

---

① Dendi Pratama, Winny Gunarti and Taufiq Akbar, "Understanding Visual Novel as Artwork of Visual Communication Design", *MUDRA Journal of Art and Culture*. vol. 32, no. 3（September 2017），p. 292.

者塑造一种想象力层面的"真实"。当然,相比于传统文学作品,视觉小说的优势还体现在作品中补充了丰富的视觉元素(如图片、视频)、听觉元素等,有助于打破冗长的阅读过程以及阅读与游戏之间的界限等,增加阅读的趣味性。

二、视觉呈现与故事建构:视觉小说的发展动因、媒介属性与文化特征

"视觉"是视觉小说的典型特征,展现了视觉小说的时代性和媒介化,代表了视觉小说产生的两个重要动因:

一是时代的视觉化转向。早在 1972 年,贡布里希就指出:"我们的时代是一个视觉时代,我们从早到晚都受到图片的侵袭。"[①]相比于文字,图像拥有更强的吸引力。随着数字化的推进以及视觉文化的兴起,视觉因素成为当代文化的重要组成部分。学者尼古拉斯·米尔佐夫(Nicholas Mirzoeff)指出:"新的视觉文化最惊人的特征之一是它越来越趋于把那些本身并非视觉性的东西予以视觉化。"[②]法国学者让·鲍德里亚曾也不无担忧地指出"媒体制造的超真实取代了真实的状态"[③],媒介正在构建比现实更现实的"拟象"社会,强调表征社会和现实社会的倒置。这些观点敏锐洞察到人类社会的"视觉化转向"。人类社会本质上是一种"景象社会",会更加重视"眼见"的重要性,使视觉媒介成为认识世界的重要方式。我国的传统谚语中也不乏"耳听为虚眼见为实"的说法。相比于传统文学作品,视觉小说的"视觉化"特征往往令读者"耳目一新"。例如,视觉小说《灯塔松(Beacon Pines)》这部作品就主要基于视觉场景展开,使读者在阅读过程中不仅具备"读者"身份,还具备"第一视角",并最终通过选择决定"主角"的命运,逐步成为整个故事真正的"主角"。在这一过程中,读者的视觉参与对于视觉小说的故事建构发挥重要作用。基于多媒介属性特征,图像、视频、语音、文字等多媒介元素的混杂与融合构成对传统文本的冲击,使视觉叙事构成视觉小说的差异化特征。

同时,视觉文化影响了作家和读者的"思维"。正如学者李红秀指出:"到

① 贡布里希:《视觉图像在信息交流中的地位》,范景中选编:《贡布里希论设计》,湖南科技出版社 2001 年版,第 106 页。
② 尼古拉斯·米尔佐夫著,倪伟译:《视觉文化导论》,江苏人民出版社 2006 年版,第 5 页。
③ 让·鲍德里亚:《仿真与拟像》,汪民安编:《后现代性的哲学话语:从福柯到赛义德》,浙江人民出版社 2001 年版,第 329 页。

了视觉文化时代,影像媒介所带来的巨大威力对作家的世界观、审美观、创作观、价值观都产生了强烈的震撼,作家的文学书写开始从单向度的文字思维向文字思维与影像视觉思维相结合的双向度的思维转变。"①与此类似,对于"读者"而言,视觉小说丰富了信息获取渠道,在阅读过程中调动了更多的感官,从而有利于形成更加丰富的、沉浸式阅读体验。例如,视觉小说《远行者(Voyageur)》就为玩家塑造了一次奔向银河中心的冒险旅程。在旅行过程中,玩家将基于所达到的星球和所遇到的人与事,充分体验各种各样的文化。最终,每个玩家都能根据自己的决定和旅行过程构建独特的科幻故事,实现自身与宇宙的结合。《远行者(Voyageur)》这部作品最大的特点之一是在视觉上超越现实,创造多样的异域旅行,为玩家不断提供梦幻般的科幻体验,如一系列行星以及相应的文化、文物和故事等。这种故事模式的建构离不开多媒介元素的有效融合,构成视觉小说以及视觉叙事的独特优势之一。

二是媒介发展的助推。学者保罗·莱文森(Paul Levinson)曾基于媒介进化论提出"人性化趋势(anthrop-omorphic)"理论,指出媒介朝向"越来越多地再现'面对面'或是人性化的传播环境这一方向发展"②的基本规律。也就是说,媒介的发展方向是越来越契合于人体的客观需求、某种功能以及认知模式等。相比于语言文字,视觉更能吸引读者,产生更加丰富的审美体验,也更符合人类的生活特征。在多媒介元素支撑下,视觉小说展现出更加丰富的故事建构方式与文化特征。在数字媒介环境中,基于多媒介融合的优势,视觉文化正在不断影响语义表达以及文学阅读方式。尤其是游戏、短视频以及便携移动端等媒介技术的快速发展,人类的视觉欲望迅速攀升,视觉快感成为重要审美来源。正如南希·贝曼(Nancy Beiman)所言,作为一种具有非线性框架故事线的游戏类型,视觉小说侧重于从观众的情绪中创造心理效果③。而基于多媒介融合的视觉叙事正是创造这种"心理效果"重要因素之一。

就现有视觉小说作品看,视觉叙事参与下的视觉小说故事建构主要基于两种途径:

① 李红秀:《影像时代的文学书写》,《文艺理论与批评》2008年第1期,第118页。
② 保罗·莱文森著,邬建中译:《人类历程回放:媒介进化论》,西南师范大学出版社2017年版,第7页。
③ Nancy Beiman, *Prepare To Board*!*Creating Story and Characters For Animated Features and Shorts*, Focal Press, 2007, p.5.

一是塑造视觉场景。视觉叙事丰富了传统语义表达方式,使玩家可以通过观察作品的各个方面(如场景、图片、环境等)获取故事的叙事线索,为创作者塑造视觉场景奠定基础。例如,视觉小说作品《往事如斯(When The Past Was Around)》讲述了一个女孩和野兽之间的超现实故事。故事发生在一个记忆与时间相脱节的空间(房间)。伴随阅读的推进,一个个线索被收集、一个个谜题被解开,女孩将在玩家的指引下找到自己的过去,解开她和野兽之间的秘密。这部作品最引人注目之处在于它手绘风格的精湛画面,为玩家建构了一种令人惊叹的舒适环境,无声中向读者传递一种温暖,体现出视觉的叙事与审美功能。相比于文字叙事作品,视觉小说往往可以通过动作、反应和视觉角色对话等方式为玩家提供一系列非线性冒险,并辅助以声音效果和丰富多彩的图像,塑造出独特的视觉叙事场景,展现故事叙事的吸引力和表现力,带来不同的感官体验。

二是塑造视觉角色。视觉人物设计是视觉小说的重要异质化特征。在游戏以及其他互动媒体的视觉角色塑造过程中,人物的无限性和角色塑造的潜力、空间等开放性特征将不断激发玩家的想象力,甚至可以邀请玩家参与角色思想、情感等形象的具体建构。例如,视觉小说中的人物特征主要是通过身体比例和体型的物理外观来构建。这种策略主要是为了反映高、矮、大、小等体型的某些特征和个性,以及表明性别、性格等方面的人物形象差异。而这种人物形象的有效组合也在叙事过程中发挥重要作用。如在视觉小说作品中,主角或反派人物往往共同构成故事主线,从属角色的出现一般取决于玩家对故事的选择,可以出现多次或者只在某个特定片段中出现。

相比于传统叙事方式,视觉传播的优势在于叙事场景的视觉再现与语义表达的视觉重构,如隐喻功能等。换而言之,虽然语言文字和视觉图像都具有表意功能,但视觉元素的加入能够改变传统语言文字相对单一的表意方式。同时,视觉图像的多义性、自由性、直接性等特征能够从语义生成和表达等多个层面实现语义重构,从而获得更加丰富的阅读体验。例如,在视觉小说中,作品可以通过色彩、动作等元素(如玩家控制着皮肤黝黑的少女在独具特色的手绘美术环境里东奔西跑),用冒险游戏的形式和大量的对白等塑造角色,让故事情节、气氛、环境等更加深入人心。整个故事在表面上似乎没有任何激烈的冲突,但运行过程中却通过不断凸显角色的情绪以及表象背后的隐喻等内容展现视觉呈现的独特魅力。在这种叙事模式下,故事的最终结局似乎不是至关重要的。在游戏过程中,玩家更加注重叙事过程、审美体验以及独特的共鸣等。

同时,视觉小说中拥有更加丰富的符号元素。罗兰·巴特(Roland Barthes)基于视觉转向和视觉传播研究指出:"言语成了图像的寄生物。"①在视觉小说中,符号结构的阅读可以根据信息意义(通过人物、服装、背景或人物之间的关系)、符号意义(熟悉的符号)和图像意义(从产生解释的符号)来分析。从符号学角度看,图像符号的自然化特征更加契合视觉传播的特质。正如乌蒙博托·艾柯(Umberto Eco)所言:"图像符码看起来更像真实世界里的事物,因为它们再造了电视观众感知的各种条件——编码或者说象征意义。"②从人类的认知模式看,图像符号的视觉化特征能够获得更加直接且丰富的读者反馈。这也在一定程度上印证了媒介补救和人性化等理论。在视觉叙事中,动态的视觉元素与语言文字相互配合,构成一种现实类比的叙事场景与叙事模式,更加接近人类日常感知世界的方式,更容易引起玩家的现实联想与共鸣。例如,《地球是个比我更好的人(the earth is a better person than me)》这部作品讲述了年轻的女主角德尔菲娜逃离日常生活的故事。她逃进了一座森林,与树、花、月亮等展开对话,展现大自然对生命、自我等内容的追问。而这部作品的奇妙之处在于视觉呈现基础上对"自然"的观照。作品将德尔菲娜的表现与周围的环境相观照,在一定程度上互为"隐喻"。在这种叙事风格下,作品试图让读者凝视德尔菲娜的思想情感和周围环境,并以此建构二者之间的关系,形成人与自然融为一体的自然观,如德尔菲娜对大自然的追问同时也展现了她自己的内心活动,尤其是深藏在内心深处的欲望、恐惧等。

整体看来,相比于传统的文本叙事,视觉叙事基于不同的信息传达手段,能够承载更多的符号元素,具有明显的叙事优势,展现出差异化叙事特征。但事实上,作为连接小说、文本与视觉符号的纽带,只有文本叙事的存在才能孕育出可行的视觉叙事。从符号层面看,文本叙事与视觉叙事拥有相同的叙述框架和逻辑。因此,视觉叙事与文本叙事并非对立,而是基于多元化符号与媒介的统一体,共同塑造了具有时代特征和符合读者需求的叙事模式。

---

① 罗兰·巴特著,怀宇译:《显义与晦义——批评文集之三》,百花文艺出版社 2005 年版,第 13 页。
② 罗刚、刘象愚编:《文化研究读本》,中国社会科学出版社 2000 年版,第 350 页。

三、虚拟现实与 3D 视觉：视觉小说的创新、不足与前景

正如前文所言，叙事与视觉是视觉小说的典型特征。其中，"叙事"更多凸显视觉小说的文学属性，而"视觉"则主要凸显视觉小说的媒介技术属性。一定程度上，视觉小说是一类技术驱动型的产品，新技术的创新与运用往往会给该领域带来发展。近年来，虚拟现实技术（简称 VR 技术）以及 3D 技术的创新、发展与运用，不仅改善了视觉小说的视觉呈现效果，创新了语义表达方式，还拓展了作品的叙事空间，模糊虚拟与现实之间的界限，让玩家在故事世界中获得更加真实的体验，开辟了视觉小说新阶段。例如，作品《阿尔特迪乌斯：超越时空（ALTDEUS：Beyond Chronos）》是一款基于 VR 技术的文字冒险类视频小说。它巧妙融合了 VR 和文字冒险，并利用 3D 建模等技术使人物和场景更加立体，利用立体声效塑造更强的临场感，增强剧情和叙事的感染力。

学者阿兰·柯比（Alan Kirby）曾提出"数字现代主义"这一概念，认为数字现代主义将取代后现代主义，以去中心化和多元共生性等特征成为 21 世纪的新文化形态和文化范式。在他看来，相比于后现代主义，数字现代主义更加关注数字媒介语境下生成的拟态世界和虚拟现实等，是"一种新形式的文本性"①。相比于传统视觉小说，VR 视觉小说在视觉表现效果上特点明显。在 VR 技术支撑下，视觉小说中的角色能够以虚拟现实人物的形态出现，玩家可以根据作品中提供的叙事线索进行定向探索，通过寻找故事隐匿线索的方式，以亲身经历的沉浸感深入故事叙事以及角色塑造。在这一过程中，玩家的自由感、参与感和体验感等方面超越了传统视觉小说。例如，在 VR 视觉小说所营造的虚拟现实环境中，玩家可以摆脱场景、时间和空间限制，能够通过手柄控制器（如 Oculus Touch 等）实现翻页、选择等操作，甚至还能和作品进行实时互动，从而获得走入作品世界的体验，使虚拟故事变成数字环境中的"真实"。

此外，3D 技术的发展也为视觉小说带来了新的视觉体验。正如前文所言，视觉叙事是视觉小说的主要特征之一。传统视觉叙事依赖的是 2D 视觉技术，主要在二维空间下完成。相比之下，3D 视觉技术所利用的三维信息更能反映物体、环境等的真实状态，视觉成像更立体、更精准，场景更丰富，也更接

---

① 阿兰·柯比著，陈后亮译：《数字现代主义导论》，《国外理论动态》2011 年第 9 期，第 78 页。

近于人类真实的认知模式。目前,3D 视觉技术已经被广泛应用到人脸识别、智能机器人等领域。对于视觉小说而言,在 3D 技术影响下,"镜头"承担了更多的叙事和引导作用,尤其是电影式光影和构图,增强了作品的视觉效果,将玩家的注意力吸引到故事本身,从而营造出更加丰富且真实的沉浸感。以 3D 视觉小说《终点咖啡馆(Necrobarista)》为例:这部作品的故事情节并不复杂。作品通过"终极境域"的设定建构独特的叙事氛围,即来到终点咖啡馆的人将在这里度过人生的最后 24 个小时。于是,在这个奇特的超自然环境中,人们往往会坦诚相见。在这种情况下,虚拟世界中成果营造了一个无比真诚的环境,并实现用真诚的故事透视真实的世界。当然,这部作品主要特点还是在于对 3D 技术的运用,形成塑造独特的美学特征。虽然它的叙事依然依赖于语言文字,但凭借第一人称视角、全 3D 图形以及动画和电影的表现手法等,作品的每一个场景、每一段对话都借鉴了电影中的"分镜"概念,让读者在视觉叙事上获得电影般的体验,感受更加奇妙的冒险体验。

随着数字技术的发展,"叙事"正在向沉浸式体验转变。尤其是 VR 技术、3D 技术等数字技术的发展与运用,为视觉小说的创新发展提供契机。在其影响下,一波新的娱乐形态正在生成。不过,从现有作品看,视觉小说与 VR 等新技术的结合效果不佳。一方面,就现有 VR 技术而言,尚无法完美兼顾文字的表现力和对话的表达功能。例如,在虚拟环境中,文字常常出现在玩家的身体周围,这种"乱入"往往让人不知所措,影响游戏体验。显然,VR 技术的优势在于增强作品的视觉效果,营造身临其境的沉浸式体验。但是,在沉浸式环境中,过多的人机对话也会给叙事制造障碍,不利于激发玩家的想象力,以至于影响体验感等。另一方面,鉴于技术、成本、VR 分辨率以及整体性等因素,现有的 VR 视觉小说在人物和场景建模等方面依然粗糙,作品画面的视觉呈现表现不佳。而且,受限于一体机运行,大部分 VR 视觉小说作品不得不牺牲 VR 最大的互动优势而回归传统视觉小说,导致交互性、游戏性不强。例如,VR 视觉小说作品《东京时间(Tokyo Chronos)》虽然成功将视觉小说与漫画风格相融合,为玩家提供沉浸式神秘冒险体验,但是由于没有妥善处理作品与 VR 语言的适配等问题,暴露出缺少互动性、字幕不佳以及容易使玩家分心等不足。此外,鉴于 VR 设备不适宜长时间佩戴,在一定程度上也限制了 VR 视觉小说的发展。

总的来说,在新技术影响下,视觉小说作品在视觉、听觉甚至触觉等方面呈现了更为丰富的内容,为玩家营造出更容易融入故事氛围以及更加丰富的感官体验。在未来的发展过程中,视觉小说需要在坚持"叙事"和"视觉"两大特性基础上,突破媒介之间的界限,实现多媒介融合,从而更加有效的融合真实世界和虚拟世界,并以此建构一个新的"综合环境"抑或一个新的"现实世界",为玩家带来更好的游戏体验。学者玛格丽特·莫尔斯(Margaret Morse)指出:虚拟图像是为了"塑造或创造一个世界,而不是代表它"①。学者凯瑟琳·海尔斯(N. Katherine Hayles)也指出:"虚拟是一种文化感知,即物质对象与信息模式的相互渗透。"②就现有技术实践看,虚拟现实、增强现实等成为连接虚拟世界和物理世界的重要门户,使"现实"从"物理现实"扩展到"虚拟现实"。因此,针对视觉小说以及其他互动性媒介作品的媒介批评已经超越了对于先前世界的描述,转而涉及人类与机械作者之间的交流,以及那些虚拟作者和读者互动交流的本质等,以探索用户对文本的控制与延伸。

四、结　语

长期以来,在印刷文化影响下,文本叙事成为文学叙事的主流。相比较而言,视觉叙事能够充分融合视觉图像、符号等元素,能够将"形象"与读者"想象"直接关联,形成新的语义表达方式。在媒介技术发展以及读者审美需求等动因影响下,视觉小说基于"叙事"和"视觉"两大特性,通过游戏性、叙事性、交互性等特质,获得玩家的认可。如今,媒介研究的核心问题是媒介的物质形式,如对文本性及详细功能的关注等。正如文学理论在抽象的文本中追求书籍、印刷品、纸张等的非物质化一样,媒介研究也正面临着对象的非物质化和再物质化。进入数字时代,游戏、文字处理、图像生成和处理、声音编辑、3D 建模等都需要终端用户的亲身参与。数字媒介使读者置身于独特的文本—用户关系中,如依赖屏幕以及与软件的物理交互等。从这个意义上说,鉴于数字界面本质上是短暂且多变的,数字媒介所塑造的"文本"不是一个固定的实体,而是用户与媒介互动下的短暂产物。其中,传统的"文本性"概念主要存在于交流互动中。从另一个角度来看,这代表着数字文本的去文本性与去物质化,即

---

① Margaret Morse, *Virtualities*: *Television*, *Media Art*, *And Cyberculture*, Indiana University Press, 1998, p.21.

② N. Katherine Hayles, *How We Became Posthuman*: *Virtual Bodies in Cybernetics*, *Literature and Informatics*, University of Chicago Press, 1999, p.13.

没有持久性的模型文本以及稳定的文本分析对象。因此,"新"媒介批评所带来的挑战不仅是在已建立的范式中扩展和发展批评原则,还包括一种对话语基础的挑战,甚至可能改变媒介研究的基本条件。面对视觉小说所呈现的视觉文化特征、叙事特征、审美特征等,也需要学术界尽快基于数字时代的媒介特征建立与之相匹配的理论体系和研究范式。

Visual Culture and Game Characteristics: Story Construction and Future Development of Visual Fiction

Abstract: Visual fiction is a kind of audio-visual game characterized by "vision" and "narration", which contains a large number of texts, coupled with diverse elements such as music, sound, animation, video, and so on. These elements make visual novels possess characteristics such as gameplay, visuality, and interactivity. Driven by the visual turn and the development of media, visual novels achieve visual representation of narrative scenes and visual reconstruction of semantic expression by shaping visual scenes and visual roles. Currently, Virtual Reality (VR) and 3D technology have been applied in the field of visual fiction. In the future, visual fiction will further blur the boundary between virtual and reality, creating a more unique "story world" based on multi media integration.

Key words: visual novels; visual culture; Virtual Reality; gameplay

作者简介:李斌,成都大学文学与新闻传播学院中文系副教授。

从"披头士狂热"看 60 年代英国社会
与音乐文化的互动关系

王若屹

摘　要:20 世纪 60 年代英国社会大众文化崛起。"披头士狂热"现象在青年文化中不断扩大,成为摇滚乐和流行文化的标志与推动力。这一"大众文化新势力"的代表被视为"新左派"反文化运动理想的化身。披头士乐队的霸权地位促使人们希望给他们穿上革命的外衣,促进青年的政治参与和社会意识,推动社会进步变革。"披头士狂热"所引发的社会现象紧密地结合了科学技术,消费文化以及政治局势,打破人群与阶层、社会之间的藩篱成为一种总体文化。同时,当代事件对披头士乐队歌曲创作和生活演变的影响比人们普遍认识到的要大得多。

关键词:披头士狂热　摇滚乐　新左派　青年文化

　　20 世纪 60 年代的英国,"摇摆伦敦"(Swinging London)在商业传播的推动下迅猛扩张,成为一种广泛的大众文化和商业现象。[①]1963 年,来自利物浦的披头士乐队录制的原创歌曲广受年轻人追捧,尤其是青年乐迷对这只声名鹊起的乐队的迷恋超越了阶层障碍,唱片和现场表演成为了公众广泛评论的话题,从而引发英国媒体对披头士乐队这一狂热现象的关注,史称"披头士狂热"(Beatlemania)。[②]

[①] Stuart Hall and Tony Jefferson., eds., Resistance Through Rituals: Youth Subcultures in Post-War Britain, London and New York: Routledge, 2006, p.158.

[②] "Beatlemania", Britannica Academic, *Encyclopædia Britannica*, 19 Aug. 2017. academic.eb.cnpeak. com/levels/collegiate/article/the-Beatles/13958. 访问时间:2022 年 5 月 3 日。

作为英国乃至全球最负盛名的乐队,披头士一直受到学界的广泛关注。研究角度也极其多样。艾伦·W.波拉克(Alan W. Pollack)被广泛认为是最早进行披头士研究的学者。在 20 世纪 80 年代末,波拉克开始对每首披头士乐曲的音乐和歌词进行分析和记录,撰写了一系列深入且详尽的分析,被称为《注释系列》("Notes on" ... Series),至今仍被后来研究者和乐迷们引用和参考。①此外,瑞比·加勒法罗、史蒂夫·沃茨、约翰·布莱尼、克里斯汀·劳勒、杰弗里·罗斯纳尔和大卫·图普等学者分别从不同时期不同角度分析披头士乐队的作品及产生的影响。②以上研究主要着眼于乐队歌曲的创作分析以及分期的情感变化。近年来,"披头士研究"在深度和广度上深入掘进和不断拓展,在内容、方法和视角上深受社会科学和人文学科理论发展的影响,笔者认为,于某些特定领域的精耕细作导致披头士研究过于碎片化和分散,对披头士的整体形象和对时代的影响尚未全面把握。因此,本文尝试将披头士乐队置于 20 世纪 60 年代这一变革时期的背景中,以"披头士狂热"为切入口,对英国社会的"青年文化"、政治和音乐之间的互动关系进行探究和解读。

一、集体记忆:披头士的社会属性及影响

1954 年,噪音爵士(skiffle)歌手朗尼·多尼根(Lonnie Donegan)③受到克里斯·巴伯(Chris Barber)的迪克西兰爵士乐(Dixieland)节奏的启发。④录制

---

① 该系列的完整索引详见 https://www.recmusicbeatles.com/public/files/awp/awp.html,访问日期:2023 年 5 月 3 日。

② 具体参见 Reebee Garofalo, "The Beatles on Sgt. Pepper's Lonely Hearts Club Band", *Popular Music and Society*, 1978, 105—118; Steve J. Wurtzler, "He said, she said", Rock 'n' roll, feiminism, and carnal knowledge in the making of the Beatles' "Revolver", *Studies in Popular Culture*, 1993, pp.45—65; John Blaney, "John Lennon and his views on politics", *History Review*, 2005, pp.18—23; Kristin Lawler, "Anti-Romanticism and the 1960s Counterculture: Re-examining the Beatles' Break-up Album", *Sociological Perspectives*, 2011, pp.117—135; Jeffrey Roessner, "1965: The Beatles Play Shea Stadium and Rock Capitalism is Born", *Popular Music and Society*, 2013, pp.155—171; David Toop, *Into the Maelstrom: Music, Improvisation and the Dream of Freedom: Before 1970*, London: Bloomsbury Academic, 2016.

③ 朗尼·多尼根(Lonnie Donegan),英国噪音爵士歌手、词曲作者,被誉为"噪音爵士之王",影响了 20 世纪 60 年代的英国流行音乐和摇滚乐。

④ "Skiffle", Britannica Academic, *Encyclopadia Britannica*, 10 Nov. 1999. academic.eb.cnpeak.com/levels/collegiate/article/skiffle/105715,访问时间:2022 年 12 月 14 日。

了美国蓝调歌手利德·贝利(Lead belly)的《罗克艾兰线》①(Rock Island Line)的翻唱版本,由此意外奠定 20 世纪 60 年代英国流行音乐的基础。约翰·列侬(John Lennon)和保罗·麦卡特尼(Paul McCartney)则正是在这样的启发下,组成了披头士乐队的前身——"采石场人"乐队(the Quarrymen)。

　1960 年,披头士乐队正式组建于利物浦,成员包括约翰·列侬、保罗·麦卡特尼、乔治·哈里森和林戈·斯塔尔。肯·弗格森(Ken Ferguson)在《虎扑》(Tiger Beat)杂志上撰文评价这一乐队的迅速走红,将"披头士狂热"定义为"由四个自称披头士乐队的年轻人煽动的一种歇斯底里的崇拜形式"。②他将这种现象归因于猫王普雷斯利和克里夫理查德在年轻群体中的受欢迎程度下降,以及青少年对新事物的需求。音乐和文化历史学家为披头士乐队的成功和"披头士狂热"现象提出过众多理由,但归根结底它始于当时社会令人完全出乎意料的新声音,这些声音不是来自伦敦,而是来自省级港口城市利物浦。

　当人们今天访问利物浦时,看到繁荣的城市面貌、重新开发的港口,以及披头士乐队在这里留下的生活和音乐印记,很容易对过去的利物浦产生理想化的观点。在 18 世纪末到 19 世纪工业革命期间的经济崛起中,利物浦曾一度超过布里斯托尔和切斯特等旧城市的地位,但在第一次世界大战后遭受了严重的经济衰退,30 年代的经济大萧条进一步恶化。1940 年 8 月利物浦首次遭到希特勒的轰炸机袭击 68 次,并在 1940 年 8 月 17 日至 1942 年 1 月 10 日期间听到了超过 500 次空袭警报。③蒂姆·赖利指出,"希特勒在这座城市投下了 454 吨炸药和 1 029 吨燃烧弹,超过了德国空军在当月(1940 年 8 月)投在任何其他英国城市的数量,包括伦敦"。④披头士成员哈里森回忆说:"直到1963 年我离开利物浦的那一天,仍然有许多街区被直接毁坏,到处是瓦砾。"⑤

---

① 《罗克艾兰线》(Rock Island Line)是一首描写美国伊利诺伊州洛克岛线火车的民谣,歌词中描述了这条火车载着可口可乐、香烟和其他物品穿过了美国各地的场景。歌曲出自 20 世纪初期,后来被翻唱和改编多次,成为了美国民间音乐的代表作之一。因此,如果要在中文翻译中准确地传达这首歌的背景和文化意义,也可以将其翻译为"洛克岛号列车"或"洛克岛铁路"。

② Barry Miles, *The British Invasion*:*The Music*,*the Times*,*the Era* New York:Sterling, 2009, p.64.

③ Barry Miles, *Paul McCartney*:*Many Years from Now*, New York:Henry Holt, 1997, p.4.

④ Tim Riley, *Lennon*:*The Man*,*the Myth*,*the Music—the Definitive Life* New York:Hyperion, 2011, p.3.

⑤ *The Beatles Anthology*, p.25.

　　战后的利物浦和英国其他地区一样,需要时间从战争造成的破坏中恢复过来。因此配给是司空见惯的,住房短缺比比皆是,整个 1950 年代,大多数利物浦家庭都没有室内厕所,包括披头士成员的童年住宅,更不用说电视或汽车了。保罗谈到自己的童年,无不遗憾地表达道:"像许多英国家庭一样,他们从未拥有过汽车,大约在 1953 年伊丽莎白女王加冕时,才购买了一台电视机。"①有学者认为,英国在战后一段时间里依然严格执行定量食物配给制对青少年造成了重要影响,约翰·列侬和保罗·麦卡特尼这一代见证了生活质量的突然拔高,而由此带来的影响是从一个物资匮乏的环境的一代突然看到了衣食无忧的未来,这也是导致英国形成差不多的青年文化圈的原因。②同时,披头士成员在成长过程中均包含阶级分裂的生活经历,这使得他们形成了一种复杂的心理状态。1951 年对英格兰和威尔士的 1 240 万户家庭进行的一项调查显示,"190 万户家庭拥有三个或更少的房间;480 万人没有固定的浴室,而且近 280 万人没有提供专门使用的厕所"。③

　　披头士成员早年的生活环境也印证了这一观点,列侬的父亲是典型的工人阶级,母亲则拥有中产阶级身份,这种阶级冲突让他在童年时期矛盾重重。列侬五岁时被父母抛弃后由姑姑收养,成长于利物浦南郊的伍尔顿一所保持着乡绅风范的宽敞联排住宅。④莱斯莉-安·琼斯在传记《谁是约翰·列侬:摇滚神话的爱、生命与死亡》中记录道:"五岁的约翰依然在学着管理自己的情绪,与穿衣服、扣纽扣、系鞋带的繁复过程作斗争。咪咪(姑姑)总是要求约翰餐桌礼仪要得体、睡觉要按时、别人对他说话要给予回应、吐字发音要清晰。如果约翰操着利物浦方言说话,咪咪是不会搭理的。她还觉得约翰必须上伍尔顿圣彼得教堂的主日学校。"⑤与之相对应,麦卡特尼的住宅是一所典型的工人阶级排屋,位于利物浦南部阿勒顿的福斯林路 20 号,该住所于 1995 年被国民信托基金收购并被改造为博物馆,并于 1998 年向公众开放。通过对这两座住宅的周围环境细节相互比较,尤其是麦卡特尼的住宅环境更逼仄、更黑

①　Barry Miles, *Paul McCartney: Many Years from Now*, New York: Henry Holt, 1997, p.6.

②　埃德·沃德:《摇滚:一部历史,1920—1963》,邱琳茜译,社会科学文献出版社 2023 年版,第 494—495 页。

③　David Kynaston, *Austerity Britain: 1945—1951*, New York: Waller, 2008, p.592.

④　Henry W. Sullivan, *The Beatles with Lacan: Rock "n" Roll as Requiem for the Modern Age*, New York: Peter Lang, 1995, p.61.

⑤　莱斯莉-安·琼斯:《谁是约翰·列侬:摇滚神话的爱、生命与死亡》,王喆译,北京联合出版公司 2023 年版,第 60 页。

暗,基本可以成为 20 世纪 60 年代前后英国工人阶层的缩影,同时也可以理解披头士作为一种较为保守的英国文化现象。①乔治哈里森认为,如果自己没有加入披头士乐队,那他无疑会追随工人阶级的职业,因为他不喜欢学校。②所谓阶级壁垒(Class barrier)往往指不同社会阶层之间存在的明显障碍,尤其是摇滚乐领域中,更是表现得淋漓尽致。例如,20 世纪 60 年代的布莱特纳姆和沃斯利社区,存在着摇滚和流行歌曲领域的阶级分裂和固化。许多中产阶层与上层的人们认为摇滚音乐属于下层和暴力、脏乱等的社会文化,这种心态产生了较大的不公平现象。③因此,我们似乎能够理解披头士乐队的文化生活、音乐风格和创作形态显示出前卫复杂,思辨的反叛语言、形式和内涵的因果逻辑了。这种在心理上对阶级矛盾的体验和解决为披头士乐队的音乐生涯的发展提供了重要的动力和精神力量。

"青年文化"作为新兴文化运动中最引人瞩目的事物之一,青年人成为了政府报告、立法和干预的焦点,也被社会的道德守护者视为一个重要的社会议题,这一概念虽然源自于美国,英国则全盘接受了它们,即青年人思考"应该做些什么"。④"青年文化"不仅反映了青年群体自下而上的文化传承和自我表达,同时也反映了青年群体与主流社会文化的融合与冲突。60 年代的西方社会左翼运动不断高涨,呈现出广泛的紧张态势,社会动荡催生出带有强烈时代印记的文化浪潮。年轻人将不同的激进思想杂糅在一起,形成了各种各样的文化运动。这些文化运动成为反核武器、反冷战、支持共产主义、独立社会主义和新左派的青年学生队伍的汇聚地。在此背景下,个性鲜明、形式激烈的摇滚乐成为了他们批判政治、针砭时弊的重要渠道,"青年文化"也变成了一种有价值的货币形式,品位和时尚的标志。⑤

---

① 包括披头士热衷参与的节目"加冕街"是当时英国最受欢迎以及持续时间最长的肥皂剧,它发生在英格兰北部的一条工人阶级街道上。参见 Henry W. Sullivan, *The Beatles with Lacan: Rock "n" Roll as Requiem for the Modern Age*, New York: Peter Lang, 1995; Sara Cohen, *Decline, Renewal and the City in Popular Music Culture: Beyond the Beatles*, London and New York: Routledge, 2016。

② *The Beatles Anthology*, p.25.

③ 更多详解,参见 Peter Saunders, *Unequal But Fair? A Study of Class Barriers in Britain*, London: St Edmundsbury Press, 1996。

④ Stuart Hall and Tony Jefferson., eds., *Resistance through Rituals: Youth Subcultures in Post-War Britain*, London and New York: Routledge, 2006, p.40.

⑤ Shawn Levy, *Ready, Steady, Go!: Swinging London and the Invention of Cool*, London: Fourth Estate, 2002, p.12.

1964 年 2 月 7 日,披头士乐队前往纽约。历史学家认为,这一事件的影响力只有肯尼迪遇刺和越南战争能够与其相提并论。①披头士乐队代表的"英伦入侵"(British Invasion)运动席卷了整个美国,其影响深远地改变了年轻人们对流行音乐的接受方式,使披头士乐队成功地成为了 20 世纪 60 年代反文化运动的代表。《滚石杂志》主编罗伯特·格林菲尔德评价道:"没有其他艺术家比披头士更有革新性、更有创造力、更独特。他们不但在美国引发了'入侵',也在全球范围内有巨大影响力。"②早期的美国媒体对"披头士狂热"这一现象的报道总带有一种戏谑式的优越感,媒体反复提及英语中带有刻板印象的"古怪"(eccentricity)一词。需提及的是,虽然摇滚乐兴起于 20 世纪 50 年代的美国南部地区,融合了非洲和美国南部黑人音乐传统。但对于 1964 年的美国而言,这种歇斯底里的表演方式已经不再新鲜。美国媒体认为,自"猫王"突然闯入大众视野之后,这位流行青少年偶像到 60 年代已经成为陈词滥调的代表人物。而"披头士"不过是另一个引人侧目的例子,且带有一种莫名其妙的英国特性(Englishness),以及既定的宣传技巧试图利用青春期女性的荷尔蒙来获取金钱和名声。③

这一年随着《民权法案》和《经济机会法案》的通过,标志着民权运动于漫长历史中的重要转折点。与此同时,随着"披头士狂热"现象,美国流行文化历史发生了重大转变。这两件事都是在 1963 年 11 月 22 日约翰·肯尼迪总统遇刺之后发生的。当披头士乐队在著名的埃德·沙利文秀(Ed Sullivan Show)上亮相之前,一场种族骚乱正在发生在克利夫兰,暴力和争议事件席卷全国。肯尼迪去世后,种族紧张局势短暂停顿,在此期间,白人和黑人对暗杀事件感到震惊似乎团结起来。因此,2 月份提出的《民权法案》似乎对理解披头士乐队刚到美国时的气氛以及他们到达时受到的欢迎程度至关重要。这并不是说民权运动和"披头士狂热"之间存在简单的因果关系,而是表明"披头士狂热"不是在政治真空中发生的,而是不断变化的社会的一部分。"英伦入侵"

① 参见埃德·沃德:《摇滚:一部历史,1920—1963》,邱琳茜译,社会科学文献出版社 2023 年版,第494—495 页。
② Gould, Jonathan. *Can't Buy Me Love*: *The Beatles*, *Britain and America*, New York: Three Rivers Press, 2007, p.8.
③ 事实上,美国媒体的这份自傲并没有持续多久,正是在披头士乐队的影响下,美国正趋消散的摇滚乐开始重获生机,并由此掀起了历史上摇滚乐的新一轮高潮。Jonathan Gould, *Can't Buy Me Love*: *The Beatles*, *Britain and America*, New York: Three Rivers Press. 2007, p.13.

这一标志让披头士成为了改变未来几十年流行音乐发展方向的中心人物,但即便他们为英国后续的音乐人才打开了美国市场的大门,最终也没有能够成功复制披头士的成功。

笔者认为,披头士乐队所呈现的工人阶级形象,首先是由其音乐风格和歌曲主题构建而成。音乐学家伊恩·麦克唐纳称麦卡特尼为"天生的作曲家——能写出独立于和声存在的旋律"。他的旋律线主要是"纵向的",使用大的和谐音程来表达他"外向性格的能量与乐观"。与之相反,列侬的"横向"发展旋律、极小的不和谐音程和依赖于和声的重复旋律段,反映了他"沉静、讽刺的个性"。麦克唐纳称列侬为"根本上是个现实主义者,他本能地使旋律的节奏和韵律接近普通说话,为歌词染上布鲁斯音乐的色彩,配上和声,而不是创作出惹人注目的曲调"①。麦克唐纳还赞扬了哈里森作为主音吉他手的演奏"风格鲜明、结构富有色彩",很好地支持了列侬和麦卡特尼的声部,而称斯塔尔为"现代流行/摇滚的击鼓之父"②。披头士乐队的大量歌曲都关心社会存在的问题和人类所面临的处境,包括个体人的情感和心理,尤其反映工人阶级和青年人生存状态的歌曲深深触动了听众。例如,《这是一个辛劳的日夜》生动形象地描绘了工人阶级持续工作的辛苦情景,表现了工人阶级所面临的挑战和压力;歌曲《救!》中,表达了工人阶层对求助和解决方案的迫切需求和困惑,反映了工人阶级内心的挣扎和不安;而在《工人阶级英雄》中,则道出工人阶级在被剥削压迫下的残酷现实,对社会不公的愤慨得到了充分表达。这些有代表性的歌曲通过深入描绘工人阶级生活和心理状态,展现出一种政治和社会视角,体现了披头士乐队的创作理念与价值观;其次,披头士乐队在旋律创作方面的卓越才能——简约和革新性,非常容易与年轻听众之间建立亲近关系。披头士乐队受到传统英国流行文艺复兴时期的众多影响,如在《黑鸟》中运用英国传统民间乐器和将英国民间音乐元素融入其中,歌曲《黄色潜水艇》中包含的海洋文化元素和嬉皮士运动的特点,使歌曲和歌词的涵义发生了改变,激发了大量年轻人使用披头士乐队的曲调进行即兴创作的热情。与此同时,披头士乐队的电影《一个艰难的夜晚》也进一步展现了英格兰成为摇滚

---

① Ian MacDonald, *Revolution in the Head：The Beatles' Records and the Sixties 2nd revised*, London：Pimlico, 2005, p.12.

② Ian MacDonald, *Revolution in the Head：The Beatles' Records and the Sixties 2nd revised*, London：Pimlico, 2005, pp.382—383.

宇宙中心的形象。影片中的歌曲和演出形式成为一种追求自由、反传统和反权威的新文化的象征。在这样的情况下,披头士自然而然地成为了"工人阶级英雄"和青年文化运动理想的化身。

在苏联,"披头士狂热"所引发的音乐革命的影响没有被官方文献记录下来,但他们被认为是最终摧垮这个政体的重要力量之一。①俄罗斯历史学者认为,"披头士风潮冲垮了苏联社会的根基"。②纪录片制作人莱斯利·伍德海德出版的《噪音革命内幕:披头士如何震撼克里姆林宫》一书指出:相对英美等国年轻一代,由于社会环境更加封闭,披头士对当时的苏联年轻人显然意味着更多。冷战年代,西方流行音乐对苏联年轻一代潜移默化地产生了深远的影响;视"披头士"为偶像的他们,不断对官方话语权发起质疑和挑战,加快了"文化铁幕"的瓦解速度。并认为,以"披头士"为代表的西方流行音乐传入苏联并被年轻一代广泛认同,不仅在"铁幕"上打开了缺口,而且潜移默化地削弱了该国政权的社会基础。③实际上,随着"披头士狂热"的蔓延,世界许多国家的流行音乐和青年文化都受到了巨大冲击。除了美国、苏联以外,在德国、加拿大、日本、瑞典、意大利,包括澳大利亚、新西兰等英联邦国家的发展也是异常迅速,但在学术界一度被研究者忽视。

二、议会与新左派对"披头士狂热"的态度及政治效应

披头士乐队的成功对英国的经济和外交政策也产生了重要影响。意想不到的是,披头士乐队曾为当时英国的经济发展带来了转机。经济学教授克里斯汀·福布斯在分析中指出,60年代的英国一度到了美元告罄的地步,无法坚守把汇率固定在1英镑兑2.80美元这一承诺上。尽管英国实施了外汇交易管制措施,限制公司和个人参与某些国际金融交易,但仍然抵挡不住英镑外流的局面。造成这种局面的部分原因就是英国累积的巨额贸易赤字。面对这场危机,救世主并不是那十年间刚刚崭露头角的詹姆斯·邦德,也不是奥斯丁·鲍尔斯④,而是披头士乐队。

---

① 莱斯利·伍德海德:《回到苏联:披头士震撼克里姆林宫》,石晰颋译,广西师范大学出版社2015年版,第2页。
② 莱斯利·伍德海德:《回到苏联:披头士震撼克里姆林宫》,石晰颋译,第5页。
③ 参见章鲁生:《用流行音乐影响一代苏联年轻人,"披头士":摇滚乐队击溃超级大国?》,《青年参考》2013年第22版。
④ 奥斯丁·鲍尔斯(Austin Powers),美国电影《王牌大贱谍》的主人公,该片讲述了英国的最高机密特工奥斯丁·鲍尔斯一次次打败邪恶博士拯救世界的故事。

　　"看看这帮人,披头散发,穿着喇叭裤,走到哪里,那里的人便乱糟糟地聚团扎堆堵塞交通,他们有何能耐来拯救英国? 有,那就是出国巡演。他们挣票钱、挣出场费、挣音乐版税、挣商品许可权、挣表演权,挣得了无数外汇,而后带钱回家,换成英镑。"

　　从 1964 年到 1966 年,披头士因在多国巡演获得的美元创收打破了音乐界的世界纪录。一个庞大且发达的经济体居然需要而且能够依靠一支英国乐队来挣取外汇,这在今天是很难想象的。①

　　历史学家霍布斯鲍姆指出,这一时期的中产阶级父母的收入的所占比例空前,导致儿童和青少年市场改变了音乐产业。从摇滚乐诞生的 1955 年到 1959 年,美国唱片销量每年增长 36%。短暂的停顿之后,1963 年披头士乐队的"英国入侵"美国,引发了一场更为壮观的浪潮。唱片销售额从 1955 年的 2.77 亿美元增长到 1959 年的 6 亿美元,到 1973 年已超过 20 亿美元(包括磁带)。唱片业的商业财富前所未有的依赖于狭窄年龄段和单一类型的音乐流派。②

　　马丁·克卢南和约翰·斯特里特认为,对于披头士政客们既希望监管它,也希望利用它。③据统计,到披头士乐队在 1970 年 4 月宣布解散之前,英国的议会及其成员在下议院和上议院共进行了相关话题的 57 场辩论和 5 个书面问题④,均包含在讨论流行音乐的话题之中。逐年提到披头士的次数一共有 84 次。⑤英国首相詹姆士·哈罗德·威尔逊(James Harold Wilson, 1916—1995)在任期间,披头士乐队已经崛起并成为了全球最知名的摇滚乐队之一。

---

① 参见克里斯汀·福布斯:《金融"逆全球化"了吗——且看资本流动、银行和披头士乐队》,张大川译,《国际社会科学杂志(中文版)》2017 年第 34 期。

② E. Hobsbawm, *The Jazz Scene*, London: Faber and Faber, 1959, pp.34—35.

③ Cloonan and Street, "Politics and Popular Music: from policing to packaging", *Parliamentary Affairs*, 1997, p.223.

④ Marcus Collins, "'The Age of the Beatles': Parliament and Popular Music in the 1960s", *Contemporary British History*, 2013, p.5.

⑤ 1963 年 11 月,披头士的名字首次在议会中被提及,1965 年 6 月,他们被政客们正式承认为英国具有影响力的成员。1964 年议会所提及的次数高达 30 次,同年 2 月乐队也迎来了职业生涯的转折点,披头士跨越大西洋演出并征服了美国的歌迷,这促使议会在一周内至少有 6 次提到他们。参见 *The Times*, 25 February 1964; Marcus Collins, "'The Age of the Beatles': Parliament and Popular Music in the 1960s", *Contemporary British History*. 2013, p.5.

威尔逊政府曾对披头士的音乐做出积极的评价和宣传,战略性地利用披头士乐队推动他自己的政治议程,与之共同塑造"摇滚新文化"所象征的英国形象。例如,威尔逊曾经主张,英国需要发展现代化产业,创造更多就业机会,从而提高国家的经济实力。披头士乐队的商业成功成为了英国 20 世纪 60 年代流行文化出口的标志,也为英国的服务业和创意产业的发展打下了基础。①

　　1965 年是披头士对英国和北美青年文化影响的高峰期。为表彰乐队对英国流行音乐出口的贡献,哈罗德·威尔逊为展现平民主义者的一面,决意向披头士乐队颁赠大英帝国勋章,但国内的保守主义者和曾同样获勋的老军人却表示反对。披头士乐队与当时建制派之间的相互联系和互动被描述为"作为社会统治集团试图对披头士乐队的自我破坏进行干预"。②对披头士的评价则进一步复杂化,批评者认为,威尔逊希望授勋一事可为他在下届大选取得年轻人的支持,但亦有不少人反驳指出英国当时法定的最低投票岁数是 21 岁的成人而不是披头士崇拜者那群 18 岁的毛头小子。但可以肯定的是,此事帮威尔逊成功塑造了现代领袖的形象,披头士乐队当时也把他视为"新英国"的骄傲。同时,披头士乐队也借助威尔逊进一步确立地位,被赋予额外的尊重。但1966 年披头士成员乔治·哈里森创作的两首歌都暗示针对威尔逊,讽刺他的移民和税收政策,例如《我,我,我的》这首歌本身前半部分设置为华尔兹节奏,歌词的第一句"整天,我,我,我的"反复出现,到了高潮的部分出现的是关于信托的争吵和讽刺人性的贪婪,另一首歌曲则引用威尔逊和爱德华·希斯(Edward Heath)的话,来表达他本人试图逃离"那个愚蠢的卡通世界"。③保守党也表明自己对披头士乐队的主张,在提到披头士乐队时,往往把他们描绘成职业道德、企业家精神和自由市场、低税收社会好处的典范。而在很大程度上依赖于其领袖哈罗德·威尔逊标志性的机会主义的工党则不赞成这样的经济自由主义。④

　　1966 年 3 月,当列侬披头士成员公开发表争议性言论后,他们的音乐和

---

① Austin Aldag, "Can't Buy Our Love: Prime Minister Harold Wilson and His Attempts to Woo The Beatles", *Res Publica-Journal of Undergraduate Research*, vol.20. Issue.1/6.

② Michael Brocken, Some other guys! Some theories about signification: Beatles cover versions, *Popular Music and Society*, 1996, vol.20, p.18.

③ 这两首歌曲分别是披头士乐队成员哈里森创作的《Taxman》和《I, Me, Mine》。

④ Marcus Collins, "'The Age of the Beatles': Parliament and Popular Music in the 1960s", *Contemporary British History*, 2013, p.90.

形象开始受到审查和限制。列侬在接受《伦敦晚报》的记者莫琳·克里夫采访时，首次公开声称乐队"比耶稣更伟大"。[1]这是列侬在 1966 年发表的极具争议的言论，通常被认为是他开始在政治上直言不讳的标志。在这场采访中，还有一段被大部分人忽略的言论，那就是麦卡特尼的反种族主义立场，他坦率地讨论了对美国地方主义和种族主义的感受，

> "他们几乎没有任何戏剧在美国的电视上，就像《1984》中那样，戏剧从字典里消失了。他们是自以为是的。这让我为他们感到难过。这是一个糟糕的国家，任何一个黑人都被塑造成肮脏的黑鬼。那里有一座雕像，描绘的是一个善良的黑人在阴沟里脱下帽子，表现得彬彬有礼。我看到了它的照片。"[2]

起初这些言论并未引起争议，但是五个月后，美国的青少年杂志《记事簿》(Datebook)尤其转载了列侬的这段言论，引起了美国南部民众大规模的抗议。此次争议事件发生在披头士乐队 1966 年美国巡演期间，导致他们的几场演出都因受到恐吓而不得不中断，美国一些电台停止播放他们的歌曲，人们公开焚烧他们的专辑，原先安排好的新闻发布会也被取消。乐队的几位成员甚至受到了恐吓和威胁。这一事件直接导致披头士乐队在日后不再进行公开的现场演出，只能在录音室制作音乐，美国巡演成为他们的绝唱。

这一具有争议性的事件对于披头士乐队的职业生涯来说极为轰动，然而议会却鲜少提及该事件。这表明英国议会对于某些政治敏感议题存在回避态度。20 世纪 60 年代，英国社会政治正处于巨变时期，包括移民和种族问题、反战运动、性别平等、宗教自由等议题。这些议题引发广泛社会争议，也在一定程度上影响了英国政治的发展。在这个背景下，英国议会的政治力量分化，各党派之间明显存在分歧和冲突。由于部分议题或会引发政治争议和外交冲突，议会可能选择无视这些议题，以避免不必要的麻烦和矛盾。例如，20 世纪 60 年代，英国和南非之间的种族隔离政策引发广泛国际关注和抗议，英国公众舆论普遍反对种族隔离，特别是在加勒比海地区，议会试图利用这种情绪赢

---

[1]　Mark Sullivan, "'More Popular Than Jesus': The Beatles and the Religious Far Right". *Popular Music*, vol.6, no.3, 1987, pp.313—315.

[2]　*Evening Standard*, 4 March, 1966.

得支持,但是并没有采取明确立场,以免引发外交冲突。同时,英国议会也面临宗教自由和多元文化的挑战,但由于国教为基督教,议会可能会回避介入其他宗教议题,以避免引发社会和政治争议。另外不容忽视的是,英镑贬值具有巨大的象征意义和心理意义,以至于包括威尔逊在内的英国政治家似乎将其视为英国永远无法回头的经济卢比孔河,并将导致未来无数的灾难。一方面,英国人民似乎对他们修改后的社会主义和生活在福利国家的想法感到满意,但另一方面,他们仍然希望自己的国家在世界上承担一些重量,并在经济上与其他国家平等竞争,每个人都可以获得医疗保健等基本福利,而不会牺牲个人富裕和经济增长的机会。这对任何政府来说都是一个艰难的平衡行为,但对于哈罗德威尔逊领导的政府来说尤其如此。①

　　海尔布隆纳认为,英国的马克思主义左派与欧洲大陆的左派类似,赞赏工人阶级的青年文化,并将披头士乐队视为被剥削和绝望现实的真实表现。②例如特里·伊格尔顿认为,披头士乐队之所以在当时的英国社会中具有重要地位,是因为与其他大多数流行歌手相比,他们更能够聚集青年学生和工人阶级,对抗漠不关心的成人世界。③伊格尔顿对披头士乐队与该乐队崛起之前的工人阶级流行歌手进行了比较,指出该乐队中存在阶级矛盾和依恋关系——其中列侬就读于利物浦艺术学院,麦卡特尼和哈里森则接受过利物浦文法学校的教育。这些经历使得披头士乐队成为工人阶级和青年学生之间的文化桥梁。霍布斯鲍姆认为,披头士乐队是一群相当可爱的孩子,他们将明显的嬉皮士气息和某种含蓄自嘲的元素相结合,从而成为这个年龄层的偶像。④

　　左派导演让-吕克·戈达尔在 1970 年拍摄的纪录片《英伦之音》中,试图将披头士置于 1968 年英国学生运动风暴的中心。几个无政府主义者和左派人士改编了披头士的歌曲,以适应他们的革命需要。例如《你好,再见》中的歌词"你说高,我说低"被改为"你说毛(泽东),我说尼克松"。除此以外,他们还把《蜜糖派》这首歌曲改编为另一个革命运动的文本,例如,原歌词中的"蜜糖派,你是我的甜心"被改为"反战派,你是我的甜心";"我只是想抱着你,一整

① 　Kenneth L. Campbell, *THE BEATLES AND THE 1960s*:*Reception*,*Rvolution*,*and Social-Change*,Bloomsbury Academic,2022,p.88.

② 　Oded Heilbronner,"'Helter-Skelter'?:The Beatles, the British New Left, and the Question of Hegemony",*Interdisciplinary Literary Studies*,vol.13,no.1/2,pp.87—107.

③ 　Terry Eagleton,"'New Bearing:The Beatles'",*Blackfriars*,vol.45,no.526,1964,p.175.

④ 　参见 E. Hobsbawm,*The Jazz Scene*,London:Faber and Faber,1959。

天"被改为"我只是想和你一起反战,一整天"等诸如此类的改编让《蜜糖派》成为了一首反战、反政府的革命歌曲,被广泛传唱和使用。这些改编过的作品在当时的社会运动中扮演着重要的角色。

1968年,全球发生了许多重要的历史事件,其中包括美国反战运动、法国五月风暴和捷克斯洛伐克的布拉格之春等,最重要的是婴儿潮一代开始成年,首批成员年满23岁。18至23岁间的年轻人数量激增,加上战后时期的富裕,使得大量学生涌入大学校园。以法国为例,有800万人占人口的16%左右,处于这个狭窄的年龄范围之内。为应对这种情况,新的大学开始涌现,包括巴黎大学在市区以西一个名为南泰尔的郊区成立的分校,于1964年建立。对于法国政府来说,将庞大的婴儿潮一代部分人口安置在这类新建立的教育场所中,暂时缓解就业市场的压力似乎很方便,但这些场所也给予学生一种自由和权利的感觉,使他们有自信挑战既有的秩序。①同年,披头士乐队发表了一张名为《白色专辑》的唱片,其中包含了一首名为《革命》的具有争议的歌曲。

乔伊斯·马修斯在《新视线》(Outlook)杂志上评论作为流行音乐这首歌对于普通听众来说感觉上变得太复杂,并赞扬披头士乐队以"硬摇滚风格,具有硬吉他的开场,稳定的节奏,诗句间的拍手声,以及最引人注目的明确结尾重新回归"。②乔迪·卡明斯在博士论文中提出一种政治性的观点,他认为在1967年和1968年对抗资本主义和帝国主义的激进时代中,斗争在某些地方(越南、南非和中非)甚至演变为武装斗争,这无法用一个简单的四和弦歌曲和诗句/副歌的结构来表达。相反,它必须通过隐喻、暗示和双关的方式来进行,这是古典音乐中常见的一种做法。③

英国新左派批评了披头士在歌曲《革命》中模棱两可的态度,称这首歌是"小资产阶级可悲而又琐屑的恐惧叫嚷"。批评他们正中了精英的下怀,称他们为"叛徒"。而极右派则认为这首歌是一种"支持苏维埃"的煽动颠覆歌曲,

---

① Kenneth L. Campbell, *THE BEATLES AND THE 1960s*: *Reception*, *Rvolution*, *and Social-Change*, Bloomsbury Academic, 2022, p.145.

② Joyce Matthews, "Hey Jude/Revolution", *The Outlook*, Monmouth University, September 27, 1968, p.8.

③ 参见 Jordy Cummings, Forces of Chaos and Anarchy: Rock Music, The New Left and Social Movements, 1964 to 1972, University of York, Toronto, 2017, p.10. https://yorkspace.library.yorku.ca/xmlui/bitstream/handle/10315/34468/Cummings_Jordan_L_2017_PhD.pdf?sequence=2&isAllowed=y 访问日期:2023年6月10日。

宣扬所谓的"温和革命"。披头士对这些批评做出了回应,指出左翼运动过于理论化,缺乏实际行动的指导。他们同时认为音乐和文化可以成为社会变革的力量,而不仅仅是一种娱乐形式。披头士还批评了英国新左派的领袖们,认为他们过于狭隘和保守,不愿意接受新思想和新文化。[1]在这一背景下,一些激进的左翼人士开始寻求比披头士音乐更加叛逆、更能表达他们情绪的声音。于是看起来比披头士更加"危险"的英伦摇滚乐队进入了人们的视野。例如,被视为竞争对手的滚石乐队,他们在同一时刻发行了具有政治色彩的《街头斗士》。[2]

以上分析旨在揭示披头士乐队所代表的一种新文化和新思想,这种思想注重强调青年文化和音乐的重要性,并将其视为社会变革的力量。一些学者认为,在文化讨论中,虚实的边界难以分辨,特别是在近现代社会的背景下,它是通过大众传播媒介以各种形式获得的图像和表现方式的集合。因此,其总体效应是"我们生活体验的所有方面都是通过构建性的表象活动得到的表述和映射"。[3]因此,"披头士狂热"表现形式与青年个人经验之间存在着共振,从而形成了社会现实的"版本"。[4]英国新左派代表了一种传统的左翼思维和政治行为,这一派别注重政治性和实际行动的重要性。然而,新左派对披头士乐队的音乐和暧昧不明的政治立场感到失望,主要原因是披头士乐队的音乐传达了一种个人主义、反政治和反革命的情绪,而这与新左派所倡导的社会变革和政治活动的理念不符。这些不同的思想方式和文化之间的矛盾冲突,反映了当时社会变革的复杂性和困难性。

三、60年代的音乐文化场景和披头士研究转向

实际上,在"披头士狂热"为代表的英国摇滚乐热潮之前,出现了一场战后的民间音乐复兴运动。这场运动指收集、保存和演奏民谣的一系列活动,这些音乐往往具有社会意识,歌者参与了自我意识的建构,兴趣和研究的增加不仅

① D. Walker, "Trends in Youth Culture", *Marxism Today*, July, 1974, pp.215—217.
② Jhon Platoff, "John Lennon, 'Revolution,' and the Politics of Musical Reception", *The Journal of Musicology*, vol.22, no.2, 2005, pp.241—267.
③ David Chaney, *The Cultural Turn: Scene Setting Essays on Contemporary Cultural Theory*, London: Routledge, 1994, p.67.
④ Ian Inglis, ed., *The Beatles, Popular Music and Society A Thousand Voices*, London: Macmillan Press, 2000, p.197.

体现了对传统民间音乐的追求，也成为现代民间音乐诞生的一部分。对英国古典音乐的发展和"民族"或"田园"流派的创建产生了深远的影响，促成了民谣俱乐部和民间节日的产生，以及进步音乐和民间摇滚等有影响力的亚文化的形成。詹姆斯·亨利·米勒（James Henry Miller）被认为是60年代民谣复兴的发起者之一，是一位民谣创作歌手、民谣收藏家、劳工维权人士和演员。他通过收集数百首传统民歌，创作了《第一次见到你的脸》和《肮脏的老城》等著名歌曲，为民谣音乐作出了贡献。他还与A.L.劳埃德、佩吉·西格等人发行了多张专辑，主要收录传统民歌。他一生都是坚定的共产主义者，积极参与政治活动，还创作了许多左翼政治歌曲，例如《曼彻斯特漫步者》。其艺术和政治成就值得我们研究和借鉴。①英国60年代的民谣复兴运动为后来的音乐发展奠定了基础，并对世界范围内的音乐产生了深远影响。它为英国音乐提供了独特的声音，同时也为音乐创作和表达提供了新的可能性。

在这场民谣运动失去势头之后，另一项引人注目的运动在英国出现——社区音乐运动应运而生。社区音乐作为社区艺术运动的一支，于20世纪60年代末和70年代初期出现。在此期间，英国的政治文化发生了变革，新左派和1968年反文化精神的加强在意识形态上影响了社区音乐运动。各种政治运动，如种族意识、女权主义运动、男女同性恋运动以及抗议越南战争等，为社区音乐提供了背景支持。社区音乐运动的发展受到了第二次世界大战的影响，因为历史悠久的工人阶级社区在此期间遭受了摧毁。到了20世纪60年代末和70年代初期，人们从被摧毁的城市迁移到了新城镇，产生了新的流动就业趋势，并创造出新的社区。为了帮助工人阶级在这个新的社会环境中发展更广泛的动力，政府设立了社区工作者的制度。这些努力导致了社区艺术运动的兴起，而社区音乐运动则成为了社区艺术运动中最活跃的分支。②在早期，社区音乐运动明确地与工人阶级政治导向相关联，并批评西方资产阶级价值制度的霸权，特别针对高雅艺术的霸权地位，如古典戏剧、艺术画廊和歌剧等。社区音乐运动通过艺术手段表达自我创造性工作和社区部门的创造性潜

---

① L. Higgins, "Growths, Pathways and Groundwork: Community Music in the United Kingdom", *International Journal of Community Music* 1(1): pp.23—37.

② 参见 G. McKay and B. Higham, Community Music: History and Current Practice, its Construction of "Community", Digital Turns and Future Soundings. https://www. researchgate. net/publication/266316406_Community_Music_History_and_Current_Practice_its_Constructions_of_Community_Digital_Turns_and_Future_Soundings.访问时间：2022 年 7 月 26 日。

力,相信社区音乐可以为社会和政治变革提供有力的媒介。此外,社区音乐运动在20世纪60年代末的反文化运动以及20世纪70年代的朋克运动中获得了灵感,这种思想至今仍然活跃。这些音乐运动与"披头士狂热"共同构成了60年代英国丰富多样的音乐文化场景。

从最初伯明翰当代文化研究中心在大众文化、青年和音乐方面的开创性的研究,关注英国新左派的思想倡导,特别是雷蒙·威廉斯、爱德华·帕尔默·汤普森和斯图亚特·霍尔等学者提出的与精英文化截然不同的大众文化,到批判大众传媒和资本主流意识形态的虚伪和欺骗,推翻文学批评传统的高雅与低俗的文化区分,赋予日常生活以文化的内涵和抵抗的潜能,并把视野扩展到流行文化和青年亚文化。新左派的思想背景为研究中心关于青年亚文化的工作提供了一个政治背景,旨在分析和解释社会地位、愿望表达、战后英国青年组织的阶级冲突和世代冲突(如泰迪男孩、摩登派、摇滚、光头党、嬉皮士和朋克等),并重点关注群体的抵抗的、激进的消费模式。

这也导致对披头士的研究出现一种转向,即将披头士乐队作为学术研究的对象。传统上,学术界主要关注传统学科领域,如科学、历史、文学等,对于流行音乐和娱乐产业的研究相对较少。随着时间的推移和披头士乐队在音乐史和文化中的重要地位的日益凸显,学术界开始认识到披头士乐队的研究价值,并开始以跨学科的方式进行深入研究。学者们开始运用不同学科的理论和方法,如音乐学、文化研究、社会学、人类学等,来研究披头士乐队和其对社会、文化和音乐产业的影响。他们从不同的角度探索披头士乐队的音乐和歌词、文化影响、创作过程、社会和历史背景等方面。

历史学家格雷尔·马库斯认为,"摇滚是唯一能从美学或政治上对生活产生任何意义的媒介"。[①]摇滚音乐作为文化媒介的影响深远,它体现了时代的症状,与社会结构和文化形态始终保持着相互关联的关系。尤尔根·奥斯特哈梅尔和斯文·奥利弗·穆勒呼吁历史学家应将音乐作为塑造历史进程的核心。[②]与音乐学者的研究类似,历史学家也对音乐的历史事件感兴趣,并分析其随时间的变化、形式、发展和意义。然而,历史学家关注的不是音乐作为一

---

① G. Marcus, "Etched in tone", *New West*, September, 1981b, p.124.
② 具体参见 Jürgen Osterhammel and Sven Oliver Müller, "Geschichtswissenschaft und Musik", *Geschichte und Gesellschaft*, vol.38, no.1, 2012, pp.5—20; Osterhammel, "Classical Music in a Global Context, 1860—1930", *Geschichte und Gesellschaft*, vol.38, no.1, 2012, pp.86—132。

个声音活动本身,而是将其作为一个"透镜"来分析权力、政治霸权和文化变化问题。他们认为,音乐不仅仅是研究的主题,更是一种通过揭示群体、个人、组织、事件、物体、行动和现象来重建历史的工具。①思想史学家福柯认为音乐应当从多元主义出发,摇滚乐是一种生活方式,一个事件,一种对社会做出的反应,也是一整套趣味和态度。这种音乐本身是贫乏的,但是倾听它的人却能从中达到对自己的肯定;然而,在其他复杂的音乐面前,年轻人感到脆弱、疏远、充满了问题,好似被排斥在外。我们无法谈论当代文化与音乐的普遍的单一关系,而是应该更加宽容,对音乐的多样性采取一种多多少少是友善的态度。每一类音乐都有"权利"生存,这种权利可以视为价值的平等。每一类音乐的价值都取决于实践和喜爱它的人的认可。②

同时我们也需正视古典音乐与流行音乐研究之间存在的鸿沟。长期以来,传统的古典音乐研究主导学术界,而流行音乐的研究则相对简单,更多地是由业余音乐家所掌握。60年代起步的音乐学研究,日常音乐流派往往未曾成为研究对象,而是作为一个关注社会或社会学的对音乐史或音乐美学的更广泛研究的一部分。这一现象或许与研究者的古典音乐教育背景有关,也可能与流行音乐的审美价值的不确定性有关。2019年,音乐学家菲利普·塔格等人提出"将音乐融入音乐研究网络"(Network for the Inclusion of Music in Music Studies)的倡议。③他们认为,由于传统的西方研究重视古典曲目或爵士乐,前卫或电子作曲和民族音乐。这些机构根据特定社会、文化和技术条件下的结构特点,制定了一套术语库。但其中许多术语,以及它们所携带的意识形态,无法适应被公认的经典曲目之外的音乐类型,因此必须改革。同时呼吁主流的音乐学是综合和集成"音乐的声音、文化和社会的研究"。该协会由来自社会科学和非音乐(non-muso)人文学科的学者主导。由此可见,不论是流行音乐研究的自然发展,还是新左派人士和学者们的有意助推,"具有社会意义的音乐"(music as social meaning)的研究倾向已逐渐形成历史的耦合与共识。

今天,从学术角度探究摇滚音乐现象的意义在不断增强,甚至在大学教育

---

① Jessica C.E. Gienow-Hecht, *Sonic History*, *or Why Music Matters in International History*, New York: Berghahn Books, 2015, p.2.

② 包亚明主编:《福柯访谈录——权力的眼睛》,严锋译,上海人民出版社1997年版,第93—95页。

③ NIMiMS—Network for the Inclusion of Music in Music Studies,该协会的目标是打破孤立,以便将音乐融入文化和社会研究中。http://nimims.net. 访问时间:2022年12月6日。

中也开设成为了一类课程模式。例如,利物浦大学的披头士学位(The Beatles Degree)是为了纪念"披头士乐队"而设立的一项荣誉学位,自 1995 年成立以来,已成为利物浦大学音乐系的一大亮点。该学位旨在表彰从事音乐创作的专业人士,并促进对利物浦乐队的音乐及其在音乐史上的地位有更深入的了解。[①]此外,由利物浦大学出版社出版的《披头士研究杂志》是第一份将披头士作为研究对象的学术期刊。它的目标是汇总关于披头士乐队的研究和想法,并将它们置于一系列学科领域,包括艺术研究、人类学、社会科学、流行音乐研究、社会学、文化史、民族音乐学、博物馆研究、文化政策、档案研究和文化学习。[②]披头士研究的转向意味着学术界开始重视并深入研究披头士乐队在音乐文化领域的重要性,以及其在音乐史和社会历史中的地位,为该领域的学术发展带来了新的机遇和挑战。

四、余　论

从外部视角来看,"披头士狂热"持续了整个 1960 年代,从 1963 年爆红到 1970 年解散为止大约 7 年左右。然而,具体的"狂热"时间长度与后续效应可能因个人观点而有所差异。莱恩·普涅夫斯基(Len Pniewski)认为,就像披头士乐队从《我想握住你的手》到《麦当娜夫人》再到《顺其自然》一样,青年一代也随着他们不同阶段的音乐而变得成熟。披头士通过他们的生活和音乐向他们的歌迷进行教导,教会他们学会欣赏变革的积极价值。你不必喜欢专辑中的所有内容,但专辑中总会有你喜欢的东西。[③]音乐史学家里奇·昂特伯格断言,"毫不夸张地说,披头士改变了一切,不仅对年轻的民间音乐家,而且对北美和世界各地的各种年轻人"[④]。由此可见这一时期没有人比披头士乐队更能塑造年轻人的大众意识。从内部视角来看,披头士乐队的工人阶级出身,在很大程度上奠定了他们作品的底色。成长环境、价值观、宗教信仰、文化审美

---

① 设立披头士学位的目的在于以面向未来的方式关注并研究披头士作为 21 世纪的流行文化遗产。参见 The Beatles:University of Liverpool offers master's degree in Fab Four, 24 February 2021, bbcnews, https://www.bbc.com/news/uk-england-merseyside-56182212.访问时间:2023 年 5 月 20 日。

② https://gloriousnoise.com/2021/beatles-studies.访问时间:2023 年 5 月 25 日。

③ Kenneth L. Campbell, *THE BEATLES AND THE 1960s:Reception, Rvolution, and Social Change*, Bloomsbury Academic, 2022, p.88.

④ Kenneth L. Campbell, *THE BEATLES AND THE 1960s:Reception, Rvolution, and Social Change*, Bloomsbury Academic, 2022, p.184.

等方面矛盾和边缘化体验产生了对自己身份认同的影响,导致了他们一生中不断寻找自我和对外部环境的反抗。

此外,"披头士狂热"所引发的社会现象与歌剧、交响乐、室内乐、巴洛克等传统音乐的效应不大一样,他们更紧密地结合了科学技术,消费文化以及政治局势,打破人群与阶层、社会之间的藩篱成为一种总体文化。成为看似非理性的这一集体想象和行为,反对传统、保守的社会价值观,拥护自由、个性、反叛、反文化的概念的有力注脚,这些多向性与多维度的互动关系,还值得进一步反思与探究。

"Beatles Mania" and the study of the social upsurge in Britain in the 60s of the 20th century

Abstract: In the 60s of the 20th century, popular culture rose in British society. The phenomenon of "Beatles Mania" has expanded in youth culture and has become a symbol and driving force of rock and pop culture. This representative of the "new forces of mass culture" is seen as the embodiment of the ideals of the "New Left" countercultural movement. The hegemony of the Beatles prompted people to want to give them a revolutionary cloak, promote the political participation and social consciousness of the youth, and promote social progress and change. The social phenomenon caused by the "Beatles' mania" closely combines science and technology, consumer culture and the political situation, breaking down the barriers between people, classes, and society to become a general culture. At the same time, contemporary events have had a much greater impact on the songwriting and evolution of life in The Beatles than is generally realized.

Key words: Beatles Mania; rock "n" roll; New Left; Youth culture

作者简介:王若屹,上海师范大学音乐学院教师,意大利威尼斯音乐学院艺术硕士,上海师范大学人文学院世界史博士。

图书在版编目(CIP)数据

历史视野下的城市与社会/苏智良,陈恒主编.—
上海:上海三联书店,2023.12
(都市文化研究)
ISBN 978 - 7 - 5426 - 8339 - 7

Ⅰ.①历… Ⅱ.①苏… ②陈… Ⅲ.①城市文化-文
化史-研究-上海 Ⅳ.①K295.1

中国国家版本馆 CIP 数据核字(2023)第 235574 号

历史视野下的城市与社会

主　　编／苏智良　陈　恒

责任编辑／殷亚平
装帧设计／徐　徐
监　　制／姚　军
责任校对／王凌霄

出版发行／上海三联书店
　　　　(200030)中国上海市漕溪北路 331 号 A 座 6 楼
邮　　箱／sdxsanlian@sina.com
邮购电话／021 - 22895540
印　　刷／上海惠敦印务科技有限公司

版　　次／2023 年 12 月第 1 版
印　　次／2023 年 12 月第 1 次印刷
开　　本／710mm×1000mm　1/16
字　　数／530 千字
印　　张／32.5
书　　号／ISBN 978 - 7 - 5426 - 8339 - 7/K · 750
定　　价／128.00 元

敬启读者,如发现本书有印装质量问题,请与印刷厂联系 021 - 63779028